新編諸子集成

抱朴子外篇校箋

上

楊明照 撰

中華書局

圖書在版編目(CIP)數據

抱朴子外篇校箋. 上/楊明照撰. —北京:中華書局,
1991.12(2024.11 重印)
(新編諸子集成)
ISBN 978-7-101-00779-4

Ⅰ.抱… Ⅱ.楊… Ⅲ.①古典哲學-中國-東晉時代
②抱朴子外篇-注釋 Ⅳ.B235.72

中國版本圖書館 CIP 數據核字(2004)第 039832 號

封面設計:周 玉
責任印製:陳麗娜

新編諸子集成
抱朴子外篇校箋
上 册
楊明照 撰
*
中 華 書 局 出 版 發 行
(北京市豐臺區太平橋西里 38 號 100073)
http://www.zhbc.com.cn
E-mail:zhbc@zhbc.com.cn
大廠回族自治縣彩虹印刷有限公司印刷
*
850×1168 毫米 1/32 · 20⅞ 印張 · 2 插頁 · 360 千字
1991 年 12 月第 1 版 2024 年 11 月第 12 次印刷
印數:23301-23800 册 定價:88.00 元

ISBN 978-7-101-00779-4

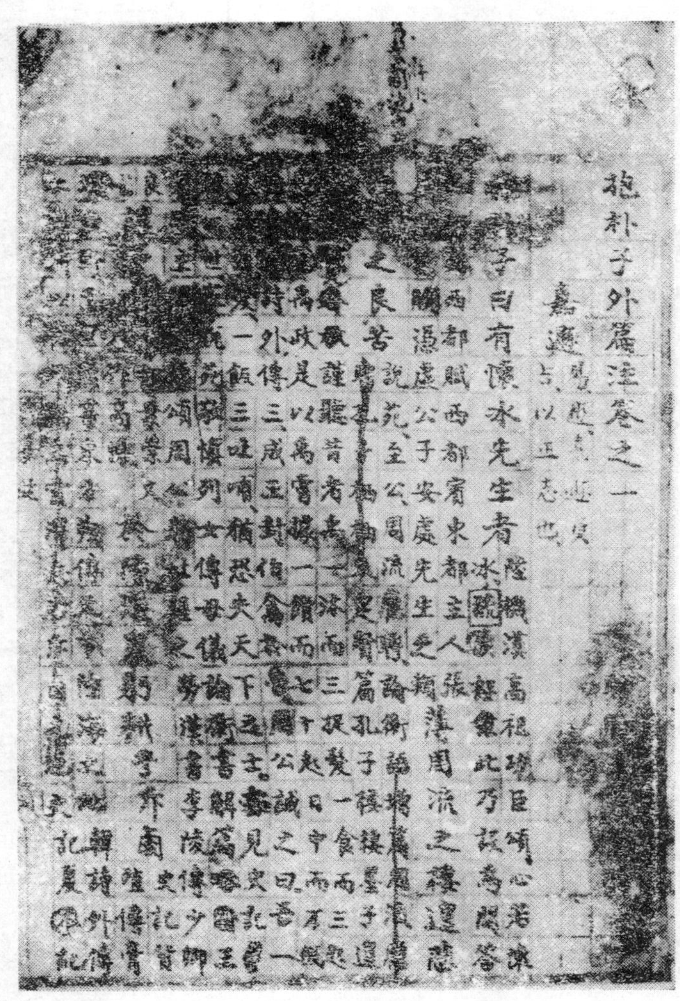
抱朴子外篇注卷之一

〔清〕王廣恕《抱朴子外篇注》(稿本)

北京圖書館藏

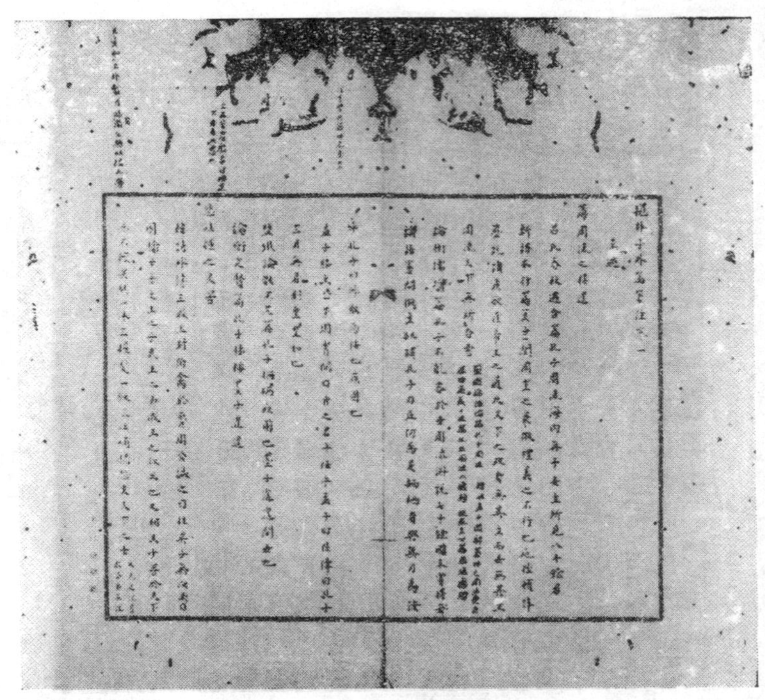

作者《抱朴子外篇校箋》手稿

新編諸子集成出版説明

子書是我國古籍的重要組成部分。最早的一批子書産生在春秋末到戰國時期的百家争鳴中，其中不少是我國古代思想文化的珍貴結晶。秦漢以後，還有不少思想家和學者寫過類似的著作，其中也不乏優秀的作品。

二十世紀五十年代，中華書局修訂重印了由原世界書局出版的諸子集成。這套叢書匯集了清代學者校勘、注釋子書的成果，較爲適合學術研究的需要。但其中未能包括近幾十年特别是一九四九年後一些學者整理子書的新成果，所收的子書種類不够多，斷句、排印尚有不少錯誤，爲此我們從一九八二年開始編輯出版新編諸子集成，至今已出滿四十種。

新編諸子集成所收子書與舊本諸子集成略同，是一般研究者經常要閲讀或查考的書。每一種都選擇到目前爲止較好的注釋本，有的書兼收數種各具優長的注本。出版以來，深受讀者歡迎，還有不少讀者提出意見建議，幫助我們修訂完善這套書，在此謹致謝忱。

本套書目前以平裝本行世，每種單獨定價。近期我們還將出版精裝合訂本，以滿足不同層次讀者的需求。

後續整理的重要子書，將納入新編諸子集成續編陸續刊出，敬請讀者關注。

中華書局編輯部

二〇一〇年一月

抱朴子外篇校箋目録

前言
嘉遯卷一……一
逸民卷二……六四
勖學卷三……一一一
崇教卷四……一四五
君道卷五……一七四
臣節卷六……二四九
良規卷七……二七五
時難卷八……二九六
管理卷九……三〇二
務正卷十……三〇七
貴賢卷十一……三一一
任能卷十二……三一七
欽士卷十三……三二二
用刑卷十四……三三〇
審舉卷十五……三八一
交際卷十六……四二〇
備闕卷十七……四五〇
擢才卷十八……四五六
任命卷十九……四六八
名實卷二十……四八六
清鑒卷二十一……五〇九
行品卷二十二……五三二
弭訟卷二十三……五六〇

酒誡卷二十四……五六八
疾謬卷二十五……六〇一
譏惑卷二十六……六四一
刺驕卷二十七……六六一
百里卷二十八……六八九
接疏卷二十九……七〇〇
鈞世卷三十……七〇五
省煩卷三十一……七二〇
尚博卷三十二……七三八
漢過卷三十三……七六一
吴失卷三十四……七八〇
守埆卷三十五……八一三
安貧卷三十六……八三八
仁明卷三十七……八六〇
博喻卷三十八……八七七
廣譬卷三十九……九六〇
辭義卷四十……一〇三二
循本卷四十一……一〇四一
應嘲卷四十二……一〇四六
喻蔽卷四十三……一〇六三
百家卷四十四……一〇八一
文行卷四十五……一〇八五
正郭卷四十六……一〇八九
彈禰卷四十七……一一一九
詰鮑卷四十八……一一三三
知止卷四十九……一二三六
自敘卷五十……一二八四
附録……一三六三

前言

子論從漢到晉特別興盛，這一方面是子部演爲集部過程中的必然現象，同時也是子書逐漸式微文集日益發達的顯著標誌。葛洪的抱朴子外篇，就是東晉初年寫定的一部傑出子論〔一〕。全書内容豐富，「詞旨辨博」，尤其是對社會和文學，頗能「越世高談，自開户牖」，提出了不少真知灼見，是我國文化寶庫中的一分珍貴遺産。

晉書葛洪傳説：「洪博聞深洽，江左絶倫，著述篇章，富於班、馬。又精辯玄曠，析理入微。」據有關文獻的記載，葛洪撰述之多，方面之廣，記誦之淵博，文筆之茂密，在兩晉士林中是寡二少雙的。雖然絶大部分作品已經佚亡，但幸而流傳下來的如抱朴子内外篇、肘後備急方和神仙傳，就更加重要，成爲研究葛洪僅有的第一手資料了。

抱朴子外篇寫作的時間比内篇早些（見内篇黄白），原「各起次第」（内篇序），分别單行，内容亦迥不相同。外篇自敍説：「其内篇言神仙方藥、鬼怪變化、養生延年、禳邪却禍之事，屬道家；其外篇言人間得失，世事臧否，屬儒家。」由於兩書的性質各異，隋書經籍志以下的目録書，幾乎都是分别著録的。宋尤袤遂初堂書目始將内外篇合二而一，歸入道家類。清四庫全書總目提要子部道家類尤而效之，據明盧舜治本著録，題曰抱朴子内外篇八卷。並謂外篇大旨「亦以黄、老爲宗」。歸類和論斷，都值得商榷。

「言人間得失，世事臧否」，是葛洪撰述抱朴子外篇的主要目的，針對性非常鮮明，哪裏是「以黄、老爲宗」？我們知道，西晉王朝統一全國後，經濟逐漸恢復，社會比較安定，曾呈現過短暫的表面繁榮局面。但隨之而來的是統治集團的争權奪利和腐化墮落，號稱的「太康盛世」剛一過去，就爆發了「八王之亂」，接着又是西北少數民族貴族的入侵。階級矛盾與民族矛盾的交相發展，給廣大人民帶來了無窮無盡的災難，也顛覆了西晉王朝的統治政權。可是，那些享有各種特權的士族，面對日益尖鋭複雜的社會矛盾，却熟視無睹，充耳弗聞。貪婪，險毒，荒淫，奢侈，虚僞，放蕩，便是他們的所行所爲。何曾料到後來「飛鋒薦於扆闥，左衽掠於禁省，禾黍生於廟堂，榛莠秀乎玉階，雲觀變爲狐兔之藪，象魏化爲虎豹之蹊，東序烟燼於委灰，生民爓淪於淵火」（漢過〔二〕）一系列不可饒恕的深重罪孽呢！

在萬方多難，八表同昏的年歲裏，葛洪並未萎靡不振，得過且過，而是自覺地想方設法刻苦學習：

年十有三，而慈父見背，夙失庭訓。飢寒困瘁，躬執耕穡。……又累遭兵火，先人典籍蕩盡。農隙之暇無所讀，乃負笈徒步行借。又卒於一家，少得全部之書。益破功日伐薪賣之，以給紙筆。〔晝〕就營田園，處〔夜〕以柴火寫書。……常乏紙，每所寫〔皆〕反覆有字，人尠能讀也。年十六，始讀孝經、論語、詩、易。貧乏無以遠尋師友，孤陋寡聞，明淺思短，大義多所不通。但貪廣覽，於衆書乃無不暗誦精持。曾所披涉，自正經諸史百家之言，下至短雜文章，近〔將〕萬卷。（自敍）

這段文字告訴我們：一個人的境遇，不管生活有多麼苦，學習條件是多麼差，衹要肯想辦法，没有克服不了的困難，也没有不能自學成材的。

葛洪不僅閲讀了很多的書，而且還寫了不少「彈斷風俗，言苦辭直」的文章。儘管有人擔心將會「取憎在位，招擯於時」，但他却以「不忍違情曲筆，錯濫真僞」作答。這在「虚美隱惡」、「厲華豔以取悦」（並見應嘲）的當時，是多麼不畏强禦！跟那些粉飾現實，「辭意夷泰」的作品相比，簡直是判若天淵。外篇中如酒誡、疾謬、譏惑、刺驕等篇，對社會現實的揭露和抨擊，直言不諱，毫不含糊；就是漢過、吴失兩篇，用意還是在託古刺今，借題發揮〔三〕。魯迅先生所説的「論及晉末社會狀態」〔四〕，大概就包有這些篇在内的吧。

空談非徵，下面無妨選録幾段來印證：

若夫王孫公子，優游貴樂，婆娑綺紈之閒，不知稼穡之艱難，目倦於玄黄，耳疲乎鄭、衛，鼻饜乎蘭麝，口爽於膏粱；冬沓貂狐之緼〔温〕麗，夏縝紗縠之翩飄；出驅慶封之輕軒，入宴華房之粲蔚；飾朱翠於楹棁，積無已於篋匱；陳妖冶以娛心，湎醽醁以沈醉；行爲會飲之魁，坐爲博奕〔弈〕之帥；省文章既不曉，覩學士如草芥；口筆乏乎典據，牽引錯於事類；劇談則方戰而已屈，臨疑則未老而憔悴。雖叔〔菽〕麥之能辯（辨），亦奚別乎瞽聵哉！（崇教）

「世胄躡高位」的晉代，公子哥兒們不學無術，倚仗父兄的特殊權勢，講闊綽，圖享受，荒淫腐化，無所不用其極。吃喝玩樂之外雖一無所知，而他們的特殊地位，却依然如故。

愚夫行之，自矜爲豪；小人徵之，以爲橫階。亂靡有定，寔此之由也。然敢爲此者，非必篤頑也，率多冠蓋之後，勢援之門，素頗力行善事，以竊虛名。名既粗立，本情便放：或假財色以交權豪，或因時運以佻榮位，或以婚姻而連貴戚，或弄毁譽以合威柄。器盈志溢，態發病出；黨成交廣，道通步高。清論所不能復制，繩墨所不能復彈。遂成鷹頭之蠅，廟垣之鼠。……有斧無柯，其如之何哉！（疾謬）

「投鼠忌器」，自古而然。「冠蓋之後，勢援之門」，既有靠山，又騙得信任，拉關係，樹黨羽，其胡作非爲，誰又敢過問呢！

秉維之佐，牧民之吏，非母后之親，則阿諂之人也。……或有不開律令之篇卷，而竊大理之位；不識几案之所置，而處機要之職；不知五經之名目，而饗儒官之祿；不閑尺紙之寒暑，而坐著作之地；筆不狂簡，而受駮議之榮；低眉垂翼，而充奏劾之選；不辨人物之精粗，而委以品藻之政；不知三才之軍勢，而軒昂節蓋之下；屢爲奔北之辱將，而不失前鋒之顯號；不別菽麥之同異，而忝叨顧問之近任。……紲芻狗而責盧、鵲之效，韝鷄、鶩而崇鷹揚之功，其不可用，亦較然矣。（吴失）

「母后之親」和「阿諂之人」，是統治者認爲最可信賴和依靠的力量，必然要分別安插在各個重要部門，哪裏會攷慮他們的勝任不勝任！

世道多難，儒教淪喪，文、武之軌，將遂凋墜。孤貧而精六藝者，以游、夏之資，而抑頓乎九泉〔淵〕之下；因風而附鳳翼者，以駑庸之質，猶迴遑乎霞〔雲〕霄之表。舍本逐末者，謂之勤修庶幾；擁經求己者，謂之陸沈迂闊。於是莫不蒙塵觸雨，戴霜履冰，懷黃握白，提清挈肥，以赴邪徑之近易，規朝種而暮穫矣。……汲汲於進趨，悒悶於否滯者，豈能舍至易速達之通塗，而守甚難必窮之塞路乎？此川上所以無人，子衿之所爲作。愍俗者所以痛心而長慨，憂道者所以含悲而頹思也。（勗學）

「世道多難，儒教淪喪」，勢必導致社會輕視讀書的不良傾向。這在西晉後期最爲突出。一貫重視「儒學」、「儒教」和强調「勗學」、「崇教」的葛洪，難怪要慨乎言之了。

或有德薄位高，器盈志溢，聞財利則驚掉，見奇士則坐睡。繿縷杖策，被褐負笈者，雖文豔相、雄，學優融、玄，同之埃芥，不加接引。若夫程鄭、王孫、羅裒之徒，乘肥衣輕，懷金挾玉者，雖筆不集札，菽麥不辨，爲之倒屣，吐食握髮。余徒恨不在其位，有斧無柯，無以爲國家流穢濁於四裔，投畀於有北。彼雖赫奕，刀尺決乎（孫星衍謂有脱文）勢力足以移山拔海，吹呼能令泥象登雲，造其門庭，我則未暇也。而多有下意怡顔，匍匐膝進，求交於若人以圖其益。（交際）

「文籍雖滿腹，不如一囊錢。」漢代如此，晉代亦復如此。其實，别的朝代又何嘗不如此呢！「德薄位高」者的唯財利是視，的確可鄙，而那些「求交於若人以圖其益」者的摇尾乞憐，也同樣可鄙。

亦有出自卑碎，由微而著，徒以翕肩斂迹，偓伊側立，低眉屈膝，奉附權豪，因緣運會，超越不次。毛成翼長，蟬蜕泉壤，便自軒昂，目不步足，器滿意得，視人猶芥。或曲晏（宴）密集，管絃嘈雜（囋），後賓填門，不復接引；或於同造之中，偏有所見，復未必全得也。直以求之差勤，以數接其情，苞苴繼到，壺榼不曠者耳。……乃衰薄之弊俗，膏肓之廢疾，安共爲之，可悲者也。（刺驕）

卑躬屈己，鑽營捧拍，以圖升遷。目的達到，便得意忘形，自以爲了不起，於是利用職權，既要享受，又要發財了。官場中這樣的事哪個朝代都有，豈止西晉爲然！

小大喪亂，亦罔非酒。然而俗人是酣是湎：其初筵也，抑抑濟濟，言希容整，詠湛露之「厭厭」，歌「在鎬」之「愷樂」，舉「萬壽」之觴，誦「温克」之義。日未移晷，體輕耳熱。夫琉璃海螺之器並用，滿酌罰餘之令遂急。醉而不止〔出〕，拔轄投井。於是口湧鼻溢，濡首及亂。屢儛蹮蹮，舍其坐遷；載號載呶，如沸如羹。或爭辭尚勝，或啞啞獨笑，或無對而談，或嘔吐几筵，或傎蹶良倡，或冠脫帶解。貞良者流華督之顧眄，怯懦者效慶忌之蕃捷，遲重者蓬轉而波擾，整肅者鹿踊而魚躍。口訥於寒暑者，皆搖掌而諧聲；謙卑而不競者，悉裨瞻〔膽〕以高交。廉恥之儀毀，而荒錯之疾發；闒茸之性露，而傲佷〔很〕之態出。精濁神亂，臧否顛倒。（酒誡）

這活像一幅酗酒圖。酒鬼們的各種醜態，描繪得維妙維肖，淋漓盡致。

喪亂以來，事物屢變：冠履衣服，袖袂財（裁）制，日月改易，無復一定。乍長乍短，一廣一狹，忽高忽卑，或粗或細。所飾無常，以同爲快。其好事者，朝夕放效。所謂「京輦貴大眉，遠方皆半額」也。（譏惑）

俗之服用，俄而屢改：或忽廣領而大帶，或（此下似脫一字）促身而修袖，或長裾曳地，或短不蔽腳。（自敍）

操時髦，順潮流，奇裝怪服，日新月異，你追我趕，唯恐落後，遠在西晉已然。如果葛洪生乎今之世，也許還會多寫幾筆。

葛洪論述的八個方面，既深刻，又生動，西晉的政治概況和社會風貌，皆歷歷在目。其觀察之鋭敏，筆鋒之犀利，較諸干寶晉紀總論，有過之而無不及。我們今天要研究晉代歷史，抱朴子外篇確是一部不可多得的晉人著作，有時它比唐修晉書還重要。

漢、魏子論中，如揚雄法言、桓譚新論〔五〕、王充論衡、曹丕典論和桓範政要論〔六〕，都有這樣那樣、或多或少的文論。以「文儒」（自敍）自任，而又强調「聖人實之於文，鑄之於學；夫文、學也者，人倫之首，大教之本」〔七〕的葛洪，抱朴子外篇裏有大量文論，是很自然的。

今勝於古的文學觀，是葛洪的創見，也是他對文學最基本的論點。他是用時代的演變和事物的改進的實例來論證這個道理的：

且夫古者事事醇素，今則莫不彫飾。時移世改，理自然也。至於罽錦麗而且堅，未可謂之減於蓑衣；輜軿妍而又牢，未可謂之不及椎車也。……若舟車之代步涉，文墨之改結繩，諸後作而善於前事，其功業相次千萬者，不可復縷舉也。世人皆知之快於曩矣，何以獨文章不及古邪！（鈞世）

社會是不斷向前發展的，作爲反映社會現實的文學，無論内容和形式都必然要隨着起變化，纔能適應社會發展的需要，也必然是後來居上，今勝於古。葛洪在這裏不僅提出了「時移世改，理自然也」的論點，而且還通過「諸後作而善於前事」的實例來印證。像他這種極其進步的論斷，可以説是發前人所未發。爲什麽葛洪有這樣卓越的識見呢？由於他對事物的看法，具有樸素唯物論的觀點的緣故。他在省煩篇裏也説：「若謂古事終不可變，則棺椁不當代薪埋，衣裳不宜改裸袒矣。」這種論斷，還是從事物的發展出發，與他主張文學的今勝於古是一致的。

葛洪今勝於古的文學主張，不止是用事物的演進作依據，而且還舉出具體的作品來對比：

且夫尚書者，政事之集也，然未若近代之優文、詔策、軍書、奏議之清富贍麗也；毛詩者，華彩之辭也，然不及上林、羽獵、二京、三都之汪濊博富也。……若夫俱論宫室，而奚斯「路寢」之頌，何如王生之賦靈光乎？同説遊獵，而叔畋、盧鈴之詩，何如相如之言上林乎？竝美祭祀，而清廟、雲漢之辭，何如郭氏南郊之豔乎？等稱征伐，而出軍（車）、六月之作，何如陳琳武軍之壯乎？（鈞世）

這些例證，祇從篇章的繁簡和辭句的「贍麗」、「博富」與否來評定其高下，而没有攷慮到它們的思想内容，誠然還不免囿於形式，但對於文學的由簡而繁，由質樸而華麗的發展趨勢有所認識，已屬難能可貴；至於把儒家奉爲經典的書、詩認爲不如漢、晉人的作品，更是别具慧眼，不同凡響。遠在一千六百餘年前，葛洪就有這類不尋常的識見，的確值得珍視。不僅他以前和同時代的人未曾有過，就是後來的文學理論批評專家如劉勰、鍾嶸等，也還沒有這樣的論述哩！

積習已久的貴遠賤近文壇風尚，是與葛洪今勝於古的主張不相容的，自然要極力加以抨擊：

然守株之徒，嘍嘍所翫，有耳無目，何肯謂爾。其於古人所作爲神，今世所著爲淺，貴遠賤近，有自來矣。……是以古書雖質樸，而俗儒謂之墮於天也；今文雖金玉，而常人同之於瓦礫也。（鈞世）

又世俗率神貴古昔而黷賤同時，雖有追風之駿，猶謂之不及造父之所御也；……雖有益世之書，猶謂之不及前代之遺文也。……俗士多云：「今山不及古山之高，今海不及古海之廣，今日不及古日之熱，今月不及古月之朗。」何肯許今之才士不減古之枯骨？重所聞，輕所見，非一世之所患矣。（尚博）

文學本是時代的產物，是隨着社會的發展而發展的。貴遠賤近的不良風尚，是文學發展進程中的一大障礙。葛洪既有今勝於古的主張，其加以抨擊，是很自然的，也是非常正確的。

可是，葛洪並不因爲主張今勝於古和反對貴遠賤近的關係，就全盤否定了古人的著作。鈞世篇説：

然古書雖多，未必盡美；要當以爲學者之山淵，使屬筆者得采伐漁獵其中。然而譬如東甌之木，長洲之林，梓豫雖多，而未可謂之爲大厦之壯觀，華屋之弘麗也；雲夢之澤，孟諸之藪，魚肉〔之〕雖饒，而未可謂之爲煎熬之盛膳，渝、狄之嘉味也。

前人的創作成果本是精華與糟粕夾雜着的，簡單地肯定或否定都不妥當。葛洪認爲「古書雖多，未必盡美」這一總的評價是正確的。同時他又指出，多而「未必盡美」的古書，像「山淵」一樣，「屬筆者」可以從中「采伐漁獵」，汲取精華，化爲己有，從而寫出更好的作品來。這種看法，還是較全面的。

文、德並重，跟今勝於古一樣，都是葛洪不同舊談的論點。衆所周知，重德輕文是儒家的正統觀念，歷代相承無異議。循本篇却説：「德行、文章者，君子之本也。」把德行、文章二者都視爲「君子之本」，並未有所軒輊。前尚博篇曾設爲問答，闡發得更充分：

或曰：「德行者，本也；文章者，末也。故四科之序，文不居上。然則著紙者，糟粕之餘事；可傳者，祭畢之芻狗。卑高之格，是可識矣。文之體略，可得聞乎？」抱朴子答曰：「荃可以棄，而魚未獲，則不得無荃；文可以廢，而道未行，則不得無文。且文章之與德行，猶十尺之與一丈，謂之餘事，未之前聞。……且夫本不必皆珍，末

不必悉薄。譬若錦繡之因素地，珠玉之居蚌石，雲雨生於膚寸，江河始於咫尺，爾則

文章雖爲德行之弟，未可呼爲餘事也。」

簡要的答語，概述了他强調文章與德行同等重要的旨意。上文還有這樣的話句：「德行〔爲〕有事，優劣易見；文章微妙，其體難識。夫易見者，粗也；難識者，精也。夫唯粗也，故銓衡有定焉；夫唯精也，故品藻難一焉。吾故捨易見之粗，而論難識之精，不亦可乎？」認爲文章比德行更勝一籌。像他這種突破前人窠臼，極其大膽的文學觀，在我國古代文論中，是不曾有過的。

與力倡今勝於古、强調文德並重極有關連的，是對文學的社會作用的推崇。葛洪認爲「魯連射書以下聊城」，其力量是「過於百萬之衆」〔八〕的；「韓信傳檄而定千里」，其功效是「勝於雲梯之械」〔九〕的。把文章的功能説得那麽巨大，目的就是要突出文學的社會作用。因此，他强調「立言者貴於助教」，「君子之開口動筆，必戒悟蔽，式整雷同之傾邪，磋礱流遁之闇穢」（並見應嘲）。所以他衡量作品，首先注意其實用價值。應嘲篇説：

而著書者，徒飾弄華藻，張磔迂闊，屬難驗無益之辭，治靡麗虚言之美，……適足示巧表奇以誑俗。何異畫敖倉以救飢，仰天漢以解渴？……管青鑄騏驥於金象，不如駑馬之周用。言高秋天而不可施者，丘不與易也。

「言高秋天而不可施」的作品，儘管辭藻美麗，夸夸其談，畢竟是脱離現實的空論。我們試看王弼、何晏以來所謂的「名理之文」，不正是「屬難驗無益之辭，治靡麗虛言之美」的嗎？據崇教篇「釋老、莊之不急」和重言篇「辨虛無之不急」二語來看，葛洪這段話的鋒芒，是針對着玄言家們的著作的。對於詩歌的品第，辭義篇說：「古詩刺過失，故有益而貴；今詩純虛譽，故有損而賤也。」其衡量準則，還是從它們的實際作用着眼的。

其次是對作品的評價，葛洪並不是把内容與形式同等看待，而是着重在内容。如品評王充的論衡，就是這樣：

且夫江海之穢物不可勝計，而不損其深也；五嶽之曲木不可訾量，而無虧其峻也；夏后之璜，雖有分毫之瑕，暉曜符彩，足相補也；數千萬言，雖有不豔之辭，事義高遠，足相掩也。（喻蔽）

一部著作是否有價值，主要先看它的内容。内容與形式達到高度的統一，當然屬於上乘。如果形式較差一些，那也是次要的；更不能在辭句上挑剔。因爲作品給讀者所起的作用，不完全在於它的形式，最重要的還在於它的内容。葛洪能抓住論衡「事義高遠」的内容，駁斥魯生形式主義的論調，是極有説服力的。

語言和文字的關係，葛洪也有所論述。喻蔽篇說：「夫發口爲言，著紙爲書；書者所以代言，言者所以書事。」鈞世篇又説：「書猶言也，若入談語，故爲知有〔一〇〕，胡、越之接，終不相解。以此教戒，人豈知之哉？若言以易曉爲辨，則書何故以難知爲好哉！」很顯然，葛洪是以語言的「易曉爲辨」來反文字的「難知爲好」的。語言本是隨着社會的發展不斷蕃衍，社會起了變化，語言也隨之起變化。而文字又是「代言」和記録事物的工具，應該通俗「易曉」，纔能起「代言」的作用。「難知」已經不對了，偏要「以難知爲好」，那更是故意使人看不懂，違反了「代言」的本意。葛洪這樣地强調書須易曉，是與他主張文學的今勝於古、重視文學的社會作用和反對貴遠賤近的風尚分不開的。因爲「難知」的作品，決不會起它應起的社會作用，也必然是貴遠賤近的産物，更不可能今勝於古。所以極力反對。同時，他還指出了古書「難知」的底藴：

且古書之多隱，未必昔人故欲難曉，或世異語變，或方言不同，經荒歷亂，埋藏積久，簡編朽絶，亡失者多，或雜續殘缺，或脱去章句。是以難知，似若至深耳。（鈞世）

這真是一針見血地戳穿了那些貴遠賤近和故爲艱深者的借口。

古代典籍雖有「難曉」之處，但葛洪並非不可知論者。他認爲：「蓋往古之士，匪鬼匪神，其形器雖冶鑠於疇曩，然其精神布在乎方策，情見乎辭，指歸可得。」這就是説，「布在乎方策」的作品，既然是「情見乎辭，指歸可得」，那就有認識的可能了。

此外，葛洪曾提出批評者不能「唯見能染毫畫紙者，便概之一例」（尚博）；更不可從個人好惡出發，「愛同憎異，貴乎合己，賤於殊塗」（辭義）。而兩處上文明説是「俗士」和「近人之情」，可見這不是在空發議論，而是有針對性的。

抱朴子外篇中的文論，大致如上所述。無論廣度和深度，都超越了揚雄、桓譚、王充、曹丕、桓範諸家，值得我們進一步研討。毋庸諱言，葛洪的文學思想也有一些缺陷。其中最主要的是：建安以來的文學，本已初步獲得了獨立的生命，人們對文學的認識，也日益明確；而葛洪却又把一切著述都看作文學，這就形成了他那不明晰的文學觀念，也就不可能對文學有進一步的瞭解。但從發展的眼光看，葛洪在我國古代文論上是有較大的貢獻的啊！

外篇爲葛洪「騁辭章」（内篇黄白）之作，行文多韻語和駢言〔二〕，因而書中徵事數典之處比比皆是。過去既無人注釋〔三〕，一般讀者閱讀時不無困難。爲之疏通證明，確有必要。

校注古籍，我是有嗜痂之癖的。一九四零年秋——在燕京大學國文學系作助教的第二學年，因開選修課「昭明文選」，衹承擔兩班「大一國文」課，閒周一次的批改作文任務減少了三之一；次年又改開「文心雕龍」和「讀書指導」兩課，「大一國文」課則止教一班了。批改作文的任務既逐年減少，搞科研的時間自然增多。抱朴子外篇校箋初稿，就是在這兩年內逐篇逐條用毛筆楷寫的。那時年紀輕，幹勁大，體質較好，記憶力也較强，進行得相當順利。其疑難辭句和不知出何典記者，則暫付闕如俟攷。並把它裝池成十册，以便隨時訂補。四十多年來，常置諸案頭，和我結下了不解之緣。

從事抱朴子外篇的校和箋，難度比已校注過的文心雕龍、劉子兩書都大。曾有避難就易，另換一書（擬換徐幹中論或顔氏家訓）打算。張孟劬先生不我遐棄，一再啟迪、勉勵，乃賈勇爲之。駑馬十駕，幸底於成。但由於腹笥儉，水平不高，其中一些「未詳」甚至强作解人的地方還不少。這就有待於今後的繼續鑽研，再行訂補了。

本書以平津館叢書原刻本爲底本。再參校明正統道藏本，魯藩承訓書院本，吉藩崇德書院本〔一三〕，舊寫本（即孫星衍、繼昌所稱舊寫本。現藏北京圖書館），慎懋官本，盧舜治本〔一四〕，清柏筠堂本，四庫全書文溯閣本，王謨漢魏叢書本和崇文局本，凡十一種〔一五〕。皆親自臨校，一筆不苟，從未倩人代庖。過録的名人批校本，有明季徐濟忠（底本爲慎懋官本）、清代顧廣圻（底本爲舊寫本）、陳澧（底本爲平津館叢書原刻本）、近人王國維（底本爲四部叢刊本。以上三書，現均藏北京圖書館）和陳漢章（底本爲平津館叢書覆刻本。現藏浙江省圖書館）四家。亦皆親自迻録，並注明正文辭句，以便采用時易於索檢。前賢至近人著作中有關論述，亦分别輯存備用〔一六〕。專著已刊行的，如清繼昌〔一七〕、陳其榮的抱朴子外篇校勘記，孫詒讓的札迻〔一八〕，俞樾的讀抱朴子〔一九〕和近人孫人和的抱朴子校補〔二〇〕，我都收得有，需要時照録。上列四個方面的資料，對我的校和箋都有很大幫助。

「博聞深洽」的葛洪，在外篇裏使用了大量的典故，要爲之作注，的確不怎麽容易；流傳了一千六百餘年的古籍，要舉正其錯譌衍脱，也同樣不容易。我從開始收集資料、參校衆本到最後定稿，斷斷續續地拖了半個世紀。外廏下乘，其疲鈍有如此者！静言思之，無任愧悚。

學海無涯，聞見有限，決不能自滿。一九八一年秋，赴首都參加會議畢，另换招待所小住，多次去北京圖書館核對抱朴子外篇善本和過録名家批校。每當夜間整理、清寫白天的記録時，總有相見恨晚之感〔二一〕。後來知道該館尚藏有清季盱眙王廣恕的抱朴子外篇注稿本〔二二〕，便欣然借閲。瀏覽嘉遯篇的注文後，却有點失望〔二三〕。但也發現當中有兩處的「校語」挺不錯。於是把注意力集中在以後各篇的「校語」上。尋尋、覓覓，果然不負所望。從嘉遯篇「曾是未吝也」、「匠人之所眩惑矣」到自敍篇「口合神疕」、「是皆賣彼上聖大賢乎」的「校語」，共摘録了三十許條〔二四〕。絶大部分爲拙稿所無，正好匡我不逮〔二五〕。這一意外的收穫，又感到很高興。由失望而喜出望外，倒是滿有意思的。這就説明，校注古籍並非易事，誰都有得有失。豈能「笑古人之未工，忘己事之已拙」，而敝帚自珍，故步自封！

生也有涯，學不可已。我雖垂垂老矣，但眠食無恙，神志尚清。願以炳燭之明，繼續從事科學研究，爭取依次完成舊稿，爲繁榮社會主義學術聊獻綿薄。

本書一再延期交稿，實非得已。倘能儘快出版，早日就正於專家、學者，何幸如之！

一九八九年十月於四川大學厲樓學不已齋，時年八十。

〔一〕外篇自敍説「至建武中乃定」。攷建武僅一年，次年三月卽改元爲太興。鈞世篇又道及郭璞的南郊賦，而此賦奏上於太興元年（見北堂書鈔卷五七引何法盛晉中興書）。是外篇成書後續有訂補，故本文説它是東晉初年寫定。（外篇成書時間，詳自序篇「今齒近不惑」句箋。）

〔二〕引文中的「左衽」二字，本指古代少數民族的服裝，這裏則指劉曜所統的部隊。全段是寫晉懷帝永嘉五年劉曜攻陷洛陽，西晉王朝覆滅的慘象。

〔三〕陳澧説：「不敢言晉朝，託之漢、吴耳。」（崇教篇「漢之末世，吴之晚年」等句批語）又説：「此篇指斥當時之事，託言漢末耳。」（漢過篇篇首批語）王國維説：「漢過、吴失二篇，皆爲晉而作。」（吴失篇篇末批語）按：陳、王兩家批語頗有見地，是可信從的。

〔四〕見孫伏園魯迅先生開列的中國文學入門書十二部中抱朴子外篇批語。載一九五一年人民文學第四卷第六期。

〔五〕孫馮翼問經堂叢書、嚴可均四録堂類集又全後漢文（卷十三至十五）有輯本。

〔六〕羣書治要卷四七節引政要論的讚象、銘誄和序作三篇，都是文論（嚴可均全三國文輯入卷三七中）。惜一直少人稱引，也許尚未注意到吧。

〔七〕今本佚，此據太平御覽卷六百七引。

〔八〕今本佚，此據書鈔卷一百三引。

〔九〕今本佚，此據書鈔卷一百五十引。

〔一〇〕「有」，孫星衍謂疑作「音」。按：「知有」二字係誤倒，若乙作「有知」，文義自通，

〔一一〕全書除閒用單筆外，幾乎都是駢言（當然不如後代的精工），而且還經常押韻（清觀頮道人輯有抱朴子駢言一卷。在閩竹居叢書中）。

〔一二〕內篇原有梁陶弘景注，見其侄陶翊所撰華陽隱居先生本起錄（載雲笈七籤卷一百七）。書早已佚亡。（宋道士賈嵩華陽隱居內傳卷中所列弘景著述，仍有「抱朴子注二十卷」一句，乃照搬本起錄舊文，非宋代尚有弘景的注本流傳。）而外篇在清季之前，則未聞有人爲之作注的。今本閒帶小注（共四十處），蓋出自明正統藏，原爲何人所作，已不可攷。音、釋不僅過於簡闊（少的兩字，多的也祇有十字），而且有誤。吉藩崇德書院本亦閒有眉批，也很簡略。皆難預注家之列。

〔一三〕吉藩本僅刻外篇。弭訟篇明言「文不雅馴，削之」。百家、文行兩篇，亦削而未刻。用刑、審舉、清鑒、行品、疾謬、譏惑、刺驕、省煩、尚博、漢過十篇，都有不同程度的删削：少的十餘字，多的四五十字，最多的是四百四十六字（用刑篇最後一大段）。刻書如此隨意删削，是太不忠於底本了。

〔一四〕孫星衍校語，祇閒引盧本而無慎本；繼昌、陳其榮兩家的校勘記亦然。大概都未見過慎本（四庫全書所據者亦爲盧本）。王重民中國善本書提要：「（慎懋官本）盧舜治序謂曾校宋本、明藩本者，大言欺人耳。」又：「（盧舜治本）然持與慎氏原本相校，其就慎氏原書上版甚明；書題改『抱朴子』爲『葛稚川』，其剜補之跡又甚明。」（二）

三九頁)按王説極是。時人有關抱朴子的論述涉及版本者,置盧本於愼本之前,是不妥當的。

〔一五〕四川省圖書館所藏明鈔本外篇(季滄葦、林則徐和唐百川都曾藏過),以出自道藏,未臨校。又一九四一年夏,曾傳録鄧文如先生藏日本烟道意所校和本一過,因錯譌字特多,可援用者極少,故未列入。

〔一六〕從梁蕭繹金樓子到近人王重民中國善本書提要,凡涉及抱朴子或葛洪者,皆分别輯録。(各種類書和古籍舊注,祇要引有抱朴子,我都將它鈔下,備校勘、輯佚之用。)

〔一七〕據嚴可均鐵橋漫稿卷六代繼蓮龕敍抱朴子校勘記,所謂繼昌校勘記實出自嚴氏之手(嚴氏曾刻入四録堂類集)。

〔一八〕札迻卷十有抱朴子外篇校文六則。

〔一九〕曲園襍纂卷二五有讀抱朴子,其外篇校文十二則,近人李天根刻入諸子平議補録卷十一中。

〔二〇〕抱朴子校補,鉛印本,共四十四頁。其三十七至四十四頁爲外篇校文,凡三十則(内篇校文爲百八十則)。

〔二一〕如核對愼本,始知一九四一年夏,假鄧文如先生所藏愼本以校者,實爲覆刻本。又如過録徐濟忠、顧廣圻、陳澧、王國維四家批校,皆深受啟發。

〔二二〕北京圖書館一九五九年所編善本書目卷五子部下道家類,尚未登録此書。

〔二三〕記得當時總的印象是:第一、凡王注有的拙稿都有,而拙稿有的王注却無;第二、體例不甚謹嚴,引書多未得根柢,引佚書閒漏注出處;第三、誤書名爲篇名(如「道存則尊,德勝則貴」條注,誤以蔡邕的勸學篇爲荀子勸學篇);第四、個别注嫌牽强(如「陳賈刎頸證弟」條注,認爲説的是聶政姊聶嫈的事);第五、引書有空着篇名待補的(也有因篇名誤而貼換了的),全篇原擬注的辭條完後,又有字跡較潦草的增補,可見還不是最後定稿。

〔二四〕校語行文簡略，少證援。因歸期在卽，祇繙檢一遍，可能有漏掉了的。

〔二五〕當中有好幾條，拙稿與之暗合。王校也有與徐濟忠、陳澧的校語相合的。同治一書，偶然巧合，是不足爲奇的。凡采用王注中的校語，皆照原文迻録，並標其姓名，如稱引徐濟忠、顧廣圻、陳澧、王國維、陳漢章諸家之説然。

抱朴子外篇校箋卷之一

嘉遯〔一〕

抱朴子曰：「有懷冰先生者〔二〕，薄周流之棲遑〔三〕，悲吐握之良苦〔四〕。讓膏壤於陸海〔五〕，爰躬耕乎斥鹵〔六〕。祕六奇以括囊〔七〕，含琳琅而不吐〔八〕。謐清音則莫之或聞〔九〕，掩輝藻則世不得覩〔一〇〕。背朝華於朱門〔一一〕，保恬寂乎蓬户〔一二〕。絶軌躅於金、張之閭〔一三〕，養浩然於幽人之仵〔一四〕。謂榮顯爲不幸，以玉帛爲草土〔一五〕。抗靈規於雲表〔一六〕，獨違今而遂古〔一七〕。庇峻岫之巍峩〔一八〕，藉翠蘭之芳茵。漱流霞之澄液〔一九〕，茹八石之精英〔二〇〕。思眇眇焉若居乎虹霓之端〔二一〕，意飄飄焉若在乎倒景之鄰〔二二〕。萬物不能攪其和〔二三〕，四海不足汩其神〔二四〕。

〔一〕陳澧曰：「抱朴之隱遯，所以避害。故此篇首述其旨。」易遯：「九五，嘉遯，貞吉。」孔穎達正義：「嘉，美也。」陸德明釋文：「遯，……隱退也。」

〔二〕本篇假設懷冰先生與赴勢公子爲主客之辭，以申其意，如東方朔之答客難，揚雄之解嘲然（其源則出自楚辭），非果有此二人也。他皆類此。

〔三〕周流，即周游。棲遑，棲棲遑遑之省。呂氏春秋遇合：「孔子周流海內，再干世主，如齊至衞，所見八十餘君。」新語本行：「(夫子)閔周室之衰微，禮義之不行也，厄挫頓仆，歷説諸侯，欲匡帝王之道，反天下之政，身無其立(讀爲位)，而世無其主，周流天下，無所合意。」論衡儒增：「孔子不能容於世，周流游説七十餘國，未嘗得安。」論語憲問：「微生畝謂孔子曰：『丘何爲是栖栖者與？』」邢昺疏：「栖栖，猶皇皇也。」鹽鐵論散不足：「孔子栖栖。」論衡定賢：「孔子棲棲。」是「棲」與「栖」同。孟子滕文公下：「周霄問曰：『古之君子仕乎？』孟子曰：『仕！傳曰：「孔子三月無君，則皇皇如也。」』」法言學行：「仲尼皇皇。」「皇」與「遑」通。文選班固答賓戲：「是以聖哲之治，棲棲遑遑(漢書敍傳上作「皇皇」)。」李善注：「棲遑，不安居之意也。」

〔四〕吐握，吐哺握髮。韓詩外傳三：「成王封伯禽於魯，周公誡之曰：『往矣，子無以魯國驕士！吾文王之子，武王之弟，成王之叔父也，又相天子，吾於天下亦不輕矣。然一沐三握髮，一飯三吐哺，猶恐失天下之士。』」(又見史記魯周公世家、説苑敬慎、列女傳母儀魯季敬姜傳〔呂氏春秋謹聽、淮南子氾論則以爲夏禹事，「握髮」作「捉髮」〕。)漢書蕭望之傳：「今士見者皆先露索挾持，恐非周公相成王躬吐握之禮，致白屋之意。」文選王褒聖主得賢臣頌：「昔周公躬吐握之勞。」漢書李陵傳：「(任)立政曰：『咄，少卿良苦！』」顏師古注：「(良苦)言甚勞苦。」

〔五〕膏壤，謂土地肥沃。陸海，謂物産富饒。史記齊太公世家贊：「太史公曰：『吾適齊，自泰山屬之琅邪，北被于海，膏壤二千里。』」又貨殖傳：「關中自汧雍以東至河華，膏壤沃野千里。」漢書地理志下：「秦地……有鄠杜竹林，南山檀柘，號稱陸海，爲九州膏腴。」顏注：「言其地高陸而饒物産，如海之無所不出，故云陸海。」又東方朔傳：「時朔在傍，進諫曰：『……夫南山天下之阻也，南有江淮，北有河渭，其地從汧隴以東，商雒以西，厥壤肥饒。漢興，去三河之地，止霸産以西，都涇渭之南，此所謂天下陸海之地。』」

〔六〕史記夏紀：「海岱維青州，……厥田斥鹵。」呂氏春秋樂成：「終古斥鹵，生之稻粱。」說文鹵部部首：「鹵，西方鹹地也。……東方謂之斥，西方謂之鹵。」照按：斥鹵渾言則不別，卽鹽鹹地。

〔七〕史記陳丞相世家：「凡六出奇計，輒益邑，凡六益封。奇計或頗祕，世莫得聞也。」漢書陳平傳同（凡漢書與史記同者，後不復出）。嵇康集兄秀才公穆入軍贈詩：「抱玉寶六奇。」易坤：「六四，括囊，无咎无譽。」象曰：『括囊无咎，愼不害也。』」正義：「括，結也。囊所以貯物，以譬心藏知也。閉其知而不用，故曰括囊。」李鼎祚集解引盧氏曰：「愼言，則无咎也。」鹽鐵論雜論：「（車丞相）當軸處中，括囊不言。」漢書公孫賀等傳贊顏注：「（括囊）言自閉愼如囊之括結也。」

〔八〕書禹貢：「厥貢惟球、琳、琅、玕。」孔安國傳：「球、琳，皆玉名。琅、玕，石而似珠。」楚辭九歌東皇太一王逸注：「璆、琳、琅，皆美玉名也。」照按：後君道篇「文則琳琅墮於筆端」、任命篇「吐琳琅於毛（毫）墨之端」兩句之「琳琅」，與此「琳琅」同，皆喻文辭之美也。（文心雕龍時序：「陳思以公子之豪，下筆琳琅。」亦以「琳琅」形容其文辭之美。）

〔九〕說文言部：「謐，一曰無聲也。」清音，指言論。

〔一〇〕輝藻，指文章。

〔一一〕漢書敘傳上：「（答賓戲）朝爲榮華，夕而焦瘁（文選作「憔悴」，同）。」文選郭璞遊仙詩：「朱門何足榮。」李注引東方朔十洲記（序）曰：「臣故捨韜隱而赴王庭，藏養生而待朱門（今本作「朱闕」）矣。」

〔一二〕禮記儒行：「蓬户甕牖。」孔穎達正義：「蓬户，謂編蓬爲户，又以蓬塞門，謂之蓬户。」

〔一三〕軌躅，猶言軌迹。漢書敘傳上：「（班）嗣報曰：『……伏周、孔之軌躅。』」顏注引鄭氏曰：「躅，迹也。三輔謂牛蹄處爲躅。」金、張，金日磾、張安世。漢書霍光金日磾傳贊：「金日磾夷狄亡國，羈虜漢庭，而以篤敬寤主，忠信自著，勒功上將，傳國後嗣，世名忠孝，七世內侍，何其盛也！」又張湯傳：「湯爲御史大夫七歲，敗。……上（武帝）惜湯，復稍進其子安世。……而安世子孫相繼，自宣、元以來爲侍中、中常侍、諸曹散騎、列校尉者凡十餘人。功臣之世，唯有金氏、張氏，親近寵貴，比於外戚。」又蓋寬饒傳：「下無金、張之託。」又揚雄傳下：「（解嘲）有談范、蔡之說於金、張、許、史之間，則狂矣。」文選應璩與從弟君苗君胄書：「且宦無金、張之援。」又左思詠史詩「金、張籍舊業，七葉珥漢貂。」均以金、張並稱。

〔一四〕陳澧曰：「『仵』疑當作『伍』。」照按：陳說是。成都二仙菴道藏輯要本（後簡稱蜀藏本）正作「伍」。「仵」與「伍」本通，但稚川率用「伍」字。時難篇「老死於庸兒之伍」，廣譬篇「若夫放高世之士於庸鹵之伍」，內篇序「藏逸跡於跛驢之伍」，又暢玄「紆鸞鳳之翼於細分（當依敦煌本作介）之伍」，並其證。此固不應獨作「仵」也。當據改。孟子公孫丑上：「我善養吾浩然之氣。」漢書敍傳上：「（答賓戲）孟軻養浩然之氣。」顏注：「浩然，純壹之氣也。」幽人，隱士。易履：「六九，履道坦坦，幽人貞吉。」後漢書逸民傳論：「光武側席幽人，求之若不及。」三國志魏書管寧傳：「（明帝）又詔青州刺史曰：『……雖有素履幽人之貞，而失考父兹恭之義。』」嵇康集酒會詩：「酒中念幽人。」文選陸機招隱詩：「幽人在浚谷。」又孔稚珪北山移文：「或歎幽人長往。」並稱隱士爲幽人。

〔一五〕草士，鄙夷之辭。左傳僖公二十八年：「況瓊玉乎？是糞土也。」國語晉語四：「玉帛酒食，猶糞土也。」史記貨殖范蠡傳：「貴出如糞土，賤取如珠玉。」後漢書袁紹傳：「輕榮財於糞土。」淮南子繆稱：「碧瑜，糞土也。」（論衡累害：「文王所以爲糞土，而惡來所以爲金玉也。」）鍾子芻蕘：「珪玉棄於糞土。」（宋本意林六引）上引諸書之「糞土」，與此文之「草土」，字雖有異，含義固不殊也。

〔一六〕文選謝靈運遊南亭詩：「遠峯隱半規。」李注引張載歲夕詩曰：「白日隨天迴，皦皦員如規。」是靈規，謂日也。（下文「若乃耀靈翳景於雲表，則麗天之明不著」二句，卽由此句而發。則靈規之爲日，信有徵矣。）雲表，猶雲端，言其高。文選張衡西京賦：「承雲表之清露。」

〔一七〕遂古，從古。文選嵇康與山巨源絶交書李注引賈逵國語注曰：「遂，從也。」

〔一八〕爾雅釋言：「庇，蔭也。」呂氏春秋懷寵「則民知所庇矣」高誘注：「庇，依廕（與「蔭」通）也。」爾雅釋山：「山有穴爲岫。」郭璞注：「謂巖穴。」

〔一九〕三蒼：「漱，漱吮也。」（一切經音義二引）論衡道虛：「（項）曼都好道學仙，……曼都曰：『……有仙人數人，將我上天，離月數里而止。……口飢欲食，仙人輒飲我以流霞一杯。每飲一杯，數月不飢。』」（內篇祛惑略同）說文水部：「澂，清也。」「澄」與「澂」同。

〔二〇〕廣雅釋詁二：「茹，食也。」八石，卽丹砂、雄黃、雌黃、空青、硫黃、雲母、戎鹽、硝石，爲道家鍊食藥物。淮南子齊俗：「昔者，馮夷得道以潛大川。」許慎注：「馮夷……服八石，得水仙。」神仙傳老子傳：「所出度世之法：九丹，八石。」內篇論仙：「長齋久潔，躬親爐火，夙興夜寐，以飛八石。」又明本：「合金丹之大藥，鍊八石之飛精。」

〔二一〕文選陸機文賦：「志眇眇而臨雲。」李注：「眇眇，高遠貌。」爾雅釋天：「螮蝀，虹也。蜺爲挈貳。」郭注：「（虹）俗名為美人虹。蜺，雌虹也。」邢昺疏：「月令：『季春之月，虹始見。』音義云：『虹雙出，色鮮盛者爲雄，雄曰虹。闇者爲雌，雌曰蜺。』」楚辭嚴忌哀時命：「虹霓紛其朝霞兮。」王注：「言天雲雜色，虹霓揚光，紛然炫耀。」「蜺」與「霓」通。

〔二二〕史記司馬相如傳：「相如既奏大人之頌，天子（武帝）大說（讀曰悦），飄飄有淩雲之氣，似游天地之間意。」漢書郊祀志下：「谷永說上（成帝）曰：『……及言世有僊人，服食不終之藥，遥興輕舉，登遐倒景。』」顏注引如淳曰：

「在日月之上，反從下照，故其景倒。」陵陽子明經：「倒景氣去地四千里，其景皆倒在下。」（文選揚雄甘泉賦、張衡思玄賦、張協七命李注引）

〔三〕詩小雅何人斯：「祗攪我心。」毛萇傳：「攪，亂也。」和，謂和氣（荀子天論「萬物各得其和以生」楊倞注）。莊子人間世「心莫若和」，文子道原「恬愉無矜而得乎和」，又九守「古之爲道者養以和」，淮南子俶真「性不動和則德安其位」，其「和」字含義並與此同。

〔四〕小爾雅廣言：「汩，亂也。」

於是有赴勢公子聞之，慨然而嘆曰：『空谷有項領之駿者，孫陽之恥也〔一〕；太平遺冠世之才者，賞真之責也。安可令俊民全其獨善之分〔二〕，而使聖朝乏乎元凱之用哉〔三〕！』

〔一〕詩小雅白駒：「皎皎白駒，在彼空谷。」毛傳：「空，大也。」又節南山：「駕彼四牡，四牡項領。」毛傳：「項，大也。」鄭玄箋：「四牡者，人君所乘駕，今但養大其領，不肯爲用，喻大臣自恣，王不能使。」潛夫論三式：「周公之戒：『不使大臣怨乎不以。』（見論語微子）詩云：『駕彼四牡，四牡項領。』」汪繼培箋曰：「此引詩以明大臣怨乎不以，則以四牡項領而靡所騁，喻賢者有才而不得試，與鄭氏異誼，蓋本三家詩說。」中論爵祿篇云：「君子不患道德之不建，而患時世之不遇。詩曰：『駕彼四牡，四牡項領，我瞻四方，蹙蹙靡所騁。』傷道之不遇也。」新序雜事五云：「處勢不便，豈可以量功校能哉！詩不云乎？『駕彼四牡，四牡項領。』夫久駕而長不行，項領不亦宜乎！」隸釋堂邑令費鳳碑云：「退己進弟，不營榮祿，栖遲壓稔，項領滯畜。」易林履之剥、否之屯、噬嗑之歸妹、未濟之明夷並云：「名成德就，項領不試。」抱朴子嘉遁篇云：『空谷有項領之駿者，孫陽之恥也。』勗學篇云：『項領之駿，騁迹於千里。』博喻篇云：『兩絆而項領，則騏騄與蹇驢同矣。』誼並與此同。」莊子馬蹄「及至伯樂」釋文：「伯樂，姓孫名陽，善馭馬。」漢書司馬相如傳上：「（子虛賦）陽子驂乘。」顏注引張揖曰：「陽子，伯樂也。秦穆公臣。姓孫名陽。」說文馬部：「驥，千里馬也。孫陽所相者。」楚辭東方朔七諫怨世：「驥躊躇於弊輂兮，遇孫陽而得代。」王注：「孫陽，伯樂姓名也。」

〔二〕書洪範：「俊民用章，家用平康。」孔傳：「賢臣顯用，國家平寧。」孟子盡心上：「窮則獨善其身。」分，符問切。猶志也。（文選潘岳金谷集作詩李注）

〔三〕左傳文公十八年：「昔高陽氏有才子八人：蒼舒、隤敳、檮戭、大臨、尨降、庭堅、仲容、叔達，齊聖廣淵，明允篤誠，天下之民，謂之八愷。高辛氏有才子八人：伯奮、仲堪、叔獻、季仲、伯虎、仲熊、叔豹、季貍，忠肅共懿，宣慈惠和，天下之民，謂之八元。」杜預注：「愷，和也。（正義：「言其和於物也。」）元，善也。」（正義：「言其善於事也。」）（「凱」與「愷」同。文選左思魏都賦：「相兼二八。」張載注：「二八者，八元八凱也。」又任昉爲范尚書讓吏部封侯第一表：「位裁元凱。」又劉孝標辯命論：「故重華立而元凱升。」並作「元凱」，與此同。（後君道、務正、擢才、任命、名實、行品等篇，亦皆作「元凱」。）

乃造而說曰：『徒聞振翅竦身，不能淩厲九霄〔一〕，騰跚玄極〔二〕，攸敘彝倫者〔三〕，非英偉也。今先生操立斷之鋒〔四〕，掩炳蔚之文〔五〕，玩圖籍於絶跡之藪，括藻麗乎鳥獸之羣，陳龍章於晦夜〔六〕，沈琳琅於重淵，蟄伏於盛夏，藏華於當春；雖復下帷覃思〔七〕，殫毫騁藻，幽贊太極〔八〕，闡釋元本，言歡則木梗怡顏如巧笑〔九〕，語戚則偶象嚬顑而滂沱〔一〇〕，抑輕則鴻羽沈於弱水〔一一〕，抗重則玉石漂於飛波，離同則肝膽爲胡越〔一二〕，合異則萬殊而一和〔一三〕，切論則秋霜春肅〔一四〕，温辭則冰條吐葩〔一五〕，擢高則峻極頹淪〔一六〕，竦卑則淵池嵳峩，疵清則倚暗夜光〔一七〕，救濁則立澄黃河〔一八〕；然不能沾大惠於庶物〔一九〕，著弘勳於皇家〔二〇〕，名與朝露皆晞〔二一〕，體與蜉蝣竝化〔二二〕，忽崇高於聖人之寶〔二三〕，忘川逝於大耋之嗟〔二四〕，竊爲先生不取焉。

〔一〕文選嵇康贈秀才入軍詩：「淩厲中原。」李注：「劉歆遂初賦曰：『登句注以淩厲。』廣雅（釋言）曰：『淩，馳也；厲，上也。』」九霄，卽九天，指天之極高處。

〔二〕淮南子原道：「蹈騰昆侖。」高誘注：「騰，上也。」玉篇足部：「蹣，蹣跚，旋行皃。跚，蹣跚。」廣韻二十五寒：「跚，蹣跚，跛行皃。」玄，天色。玄極，謂高空。照按：「跚」爲狀「騰」之詞，與上句「淩」爲狀「厲」之詞同。則「騰跚」二字當互乙，文意始合。「跚騰玄極」，與淮南子之「蹈騰昆侖」，句法正相似也。

〔三〕書洪範：「彝倫攸敍。」孔傳：「常道所以次敍。」

〔四〕新序雜事二：「故所以尚干將、莫邪者，貴其立斷也。」説苑佚文同（後漢書崔駰傳李注、文選陳琳答東阿王牋李注、太平御覽四三二引）。

〔五〕易革：「九五，大人虎變，……象曰：『大人虎變，其文炳也。』」正義：「其文炳者，義取文章炳著也。」又：「上六，君子豹變，……象曰：『君子豹變，其文蔚也。』」正義：「其文蔚者，明其不能大變，故文炳而相暎蔚也。」

〔六〕禮記明堂位：「有虞氏服韍，夏后氏山，殷火，周龍章。」鄭玄注：「韍，冕服之韠也。……禹、湯至周，增以畫文，後王彌飾也。……龍，取其變化也。」正義：「周人加龍以爲文章。」後漢書仲長統傳：「（昌言損益篇）身無半通青綸之命，而竊三辰龍章之服。」李賢注：「龍章，謂山龍之章，皆畫於衣也。」文選趙至與嵇茂齊書：「表龍章於裸壤。」

李注：「龍，衮龍之服也；章，章甫之冠也。」照按：李崇賢分釋龍章爲二，施之於此亦可。

〔七〕史記儒林董仲舒傳：「下帷講誦，弟子傳以久次相受業，或莫見其面，蓋三年董仲舒不觀於舍園，其精如此。」漢書董仲舒傳贊：「下帷發憤，潛心大業。」又敍傳上：「（答賓戲）董生下帷，發藻儒林。……揚雄覃思，法言、大玄。」顏注：「覃，大也；深也。」又敍傳下董仲舒傳述：「下帷覃思，論道屬書。」又揚雄傳述：「綴而覃思，草法纂玄。」

〔八〕易說卦：「幽贊於神明而生蓍。」釋文：「幽，深也。贊，明也。」又繫辭上：「是故易有太極，是生兩儀。」易乾鑿度：「孔子曰：『易始於太極，太極分而爲二，故生天地。』」鄭玄注：「（太極）氣象未分之時，天地之所始也。」

〔九〕木梗，用木刻削之人。戰國策齊策三：「有土偶人與挑梗相與語。」（說苑正諫作「土耦人方與木梗人語」）文選陸機漢高祖功臣頌：「怡顏高覽。」詩衞風碩人：「巧笑倩兮。」

〔一〇〕偶象，以土、木或芻所爲之人。諸書間單稱爲偶人（或耦人）、象人（或相人），亦有簡稱爲偶者。孟子滕文公下：「（陳仲子）他日歸，則有饋其兄生鵝者。己頻顣曰：『惡用是鶃鶃者爲哉！』」趙岐注：「頻顣，不悅。」孫奭音義：「頻，亦作嚬。」詩陳風澤陂：「涕泗滂沱。」毛傳：「自目曰涕，自鼻曰泗。」孔穎達正義：「目涕鼻泗一時俱下，滂沱然也。」

〔一一〕山海經大荒西經：「昆侖之邱，其下有弱水之淵環之。」郭璞注：「其水不勝鴻毛。」郭氏玄中記：「天下之弱者，崑崙之弱水焉，鴻毛不能起。」（文選思玄賦李注、初學記三十、太平御覽三八又六五引）

〔一二〕莊子德充符：「仲尼曰：『自其異者視之，肝膽楚、越也。』」淮南子俶真：「是故自其異者視之，肝膽胡、越。」高注：「肝膽，喻近；胡、越，喻遠。」

〔一三〕莊子則陽：「合異以爲同。」文子下德：「聖人由近知遠，以萬異爲一同也。」淮南子本經：「故聖人者由近知遠，而萬殊爲一。」高注：「殊，異也；一，同也。」

〔一四〕淮南子本經：「是故春肅秋榮。」禮記月令：「季春行冬令，則寒氣時發，草木皆肅。」鄭注：「肅，謂枝葉縮栗。」

〔一五〕文選西京賦：「吐葩颺榮。」薛綜注：「葩，華也。」

〔一六〕詩大雅崧高：「崧高維嶽，駿極于天。」毛傳：「駿，大。極，至也。」禮記孔子閒居引「駿」作「峻」，是二字相通之證。

〔一七〕楚辭天問：「夜光何德？死則又育。」王注：「夜光，月也。」廣雅釋天：「夜光謂之月。」照按：夜光璧（見戰國策楚策一）與夜光珠（見呂氏春秋重己高注）注此均不愜，故未徵引。

〔一八〕爾雅釋水：「河出崑崙虛，色白。所渠並千七百一川，色黃。」郭注：「潛流地中，汩漱沙壤，所受渠多，衆水溷淆，宜其色黃。」水經河水注引楊泉物理論曰：「河色黃者，衆川之流，蓋濁之也。」

〔一九〕庶物，庶民。

〔二〇〕後漢書班彪傳下：「（班固典引）盛哉！皇家帝世。」蔡中郎集述行賦：「皇家赫而天居兮。」

〔二一〕詩小雅湛露：「湛湛露斯，匪陽不晞。」毛傳：「湛湛，露茂盛貌。陽，日也。晞，乾也。露雖湛湛然，見陽則乾。」漢書蘇武傳：「（李陵）因謂武曰：『……人生如朝露，何久自苦如此！』」顏注：「朝露見日則晞，人命短促亦如之。」文選曹植贈白馬王彪詩：「人生處一世，去若朝露晞。」古今註音樂：「薤露、蒿里，並哀歌也。……（田）横自殺，門人傷之，爲作悲歌。言人命薤上露，易晞滅也；亦謂人死，魂魄歸於蒿里。故有二章。其一曰：『薤上朝露何易晞！……人死一去何時歸？』」

〔二二〕詩曹風蜉蝣：「蜉蝣之羽，衣裳楚楚。」毛傳：「蜉蝣，渠略也，朝生夕死。」爾雅釋蟲：「蜉蝣，渠略。」郭注：「似蛣蜣，身狹而長，有角，黃黑色，生糞土中，朝生暮死。」淮南子詮言：「浮游不過三日。」許注：「浮游，渠略，生三日死也。」「浮游」與「蜉蝣」音同得通。惟所言生死時日有異，故備録之。

〔二三〕易繫辭上：「崇高莫大乎富貴。」又繫辭下：「聖人之大寶曰位。」

〔二四〕論語子罕：「子在川上，曰：『逝者如斯夫！不舍晝夜。』」何晏集解引包咸曰：「逝，往也。言凡往也者，如川之流。」皇侃義疏：「逝，往去之辭也。孔子在川水之上，見川流迅邁未嘗停止，故歎人往去亦復如此。向我非今我，故云逝者如斯夫者也。……日月不居，有如流水，故云不舍晝夜也。江熙（論語集解）云：『言人非南山，立德立功，俛仰時過，臨流興懷，能不慨然！聖人以百姓心爲心也。』孫綽（論語集注）云：『川流不舍，年逝不停，時已晏矣，而道猶不興，所以憂歎也。』」易離：「九三，日昃之離，不鼓缶而歌，則大耋之嗟，凶。」王弼注：「嗟，憂歎之辭也。處下離之終，明在將没，故曰日昃之離也。明在將終，若不委之於人，養志无爲，則至於耋老，有嗟凶矣。故曰不鼓缶而歌，則大耋之嗟，凶也。」釋文：「馬（融）云：『七十曰耋。』王肅云：『八十曰耋。』」詩秦風車鄰：「逝者其耋。」毛傳：「耋，老也。八十曰耋。」是耋有「七十」、「八十」之異。

『蓋聞：「大者天地，其次君臣〔一〕。」先聖憂時，思行其道，「三月無君，皇皇如也」〔二〕。恥今聖主不與堯、舜一致，愍此黎民不可比屋而封〔三〕，故或負鼎而龍躍〔四〕，或扣角以鳳歌〔五〕，不須蒲輪而後動〔六〕，不待文王而後興〔七〕。潛初飛五〔八〕，與時消息〔九〕，進有攸往之利〔一〇〕，退無濡尾之累〔一一〕，明哲以保身〔一二〕，宣化以濟俗〔一三〕。使夫承蘭風以傾柯，濯清波以遣穢者，若沈景之應朗鑒，方圓之赴規矩。故勳格上下〔一四〕，惠沾八表〔一五〕。夫有唐所以巍巍〔一六〕，重華所以恭己〔一七〕，西伯所以三分〔一八〕，姬發所以革命〔一九〕，桓、文所以一匡〔二〇〕，漢高所以應天〔二一〕，未有不致羣賢爲六翮〔二二〕，託豪傑爲舟楫者也〔二三〕。若令各守洗耳之高〔二四〕，人執耦耕之分〔二五〕，則稽古之化不建〔二六〕，英明之盛不彰，明良之歌不作〔二七〕，括天之網不張矣〔二八〕。

〔一〕國語晉語五：「宋人弒昭公，趙宣子請師於靈公以伐宋。公曰：『非晉國之急也。』對曰：『大者天地，其次君臣，所以爲明訓也。今宋人弒其君，是反天地而逆民則也，天必誅焉。晉爲盟主而不修天罰，將懼及焉。』公許之。」（又見韓詩外傳一〈後漢書董卓傳有「大者天地」二句〉）

〔二〕皇皇，已見篇首「薄周流之棲遑」句箋。

〔三〕書堯典：「黎民於變時雍。」孔傳：「黎，衆。」尚書大傳：「周人可比屋而封。」（文選魏都賦、七命、沈約奏彈王源、劉琨勸進表、王褒四子講德論李注引）照按：漢書王莽傳上、後漢書楊終傳、新語無爲、論衡率性、潛夫論德化、袁準才性論（太平御覽七七引）、劉子從化，並以爲堯、舜事，蓋傳聞之異。

〔四〕韓詩外傳七：「伊尹故有莘氏僮也，負鼎操俎，調五味，而立爲相，其遇湯也。」戰國策趙策四：「伊尹負鼎俎而干湯，姓名未著，而受三公。」史記殷紀：「伊尹名阿衡。阿衡欲奸（讀曰干）湯而無由，乃爲有莘氏媵臣，負鼎俎，以滋味説湯，致於王道。」魯連子：「伊尹負鼎佩刀以干湯。」（文選聖主得賢臣頌、東方朔非有先生論李注引）文選孔融薦禰衡表：「如得龍躍天衢，振翼雲漢。」五臣注劉良曰：「龍躍、振翼，喻任用得施其才也。」

〔五〕呂氏春秋舉難：「甯戚欲干齊桓公，窮困無以自進。於是爲商旅，將任車以至齊，暮宿於郭門之外。桓公郊迎客，夜開門，爝火甚盛，從者甚衆。甯戚飯牛居車下，望桓公而悲，擊牛角疾歌（「歌」上，當據淮南子主術、氾論、道應、新序雜事五、説苑尊賢、列女傳辯通齊管妾婧傳、風俗通義十反、楚辭七諫、文選四子講德論諸書補「商」

字。許愼淮南子注：「商，金聲淸，故以爲曲（文選成公綏嘯賦李注引）」，商，秋聲也」（四子講德論李注引）。桓公聞之，撫其僕之手曰：『異哉，之歌者非常人也！』命後車載之。」列女傳辯通齊管妾婧傳：「甯戚擊牛角而商歌，甚悲。桓公異之，使管仲迎之。甯戚稱曰：『浩浩乎白水。』管仲不知所謂。……其妾笑曰：『人已語君矣，君不知識邪？古有白水之詩，詩不云乎：「浩浩白水，……從我焉如？」此甯戚之欲得仕國家也。』」晉書束皙傳：「（玄居釋）齊客當康衢而咏白水之詩。」照按：諸書所載歌名既有碩鼠、南山、滄浪、東門、白水之殊，歌辭亦復各異，許維遹呂氏春秋集釋（舉難篇「擊牛角疾歌」句）徵引較詳，可參閱。論語微子：「楚狂接輿歌而過孔子曰：『鳳兮，鳳兮，何德之衰！往者不可諫，來者猶可追。已而，已而！今之從政者殆而！』」（又見劉向列仙傳陸通傳、嵇康聖賢高士傳（太平御覽五百九引）。莊子人間世所載歌辭有異）又按：接輿所歌與甯戚所歌者無涉，稚川蓋求其與上句之「龍躍」相儷耳。

〔六〕漢書武帝紀：「（建元元年）遣使者安車蒲輪，束帛加璧，徵魯申公。」顏注：「以蒲裹輪，取其安也。」又枚乘傳：「武帝自爲太子聞乘名，及卽位，乘年老，乃以安車蒲輪徵乘。」

〔七〕孟子盡心上：「孟子曰：『待文王而後興者，凡民也。若夫豪傑之士，雖無文王猶興。』」

〔八〕潛初，謂隱。飛五，謂仕。易乾：「初九，潛龍勿用。」又：「九五，飛龍在天，利見大人。」

〔九〕易豐：「彖曰：『……日中則昃，月盈則食，天道盈虛，與時消息。』」

〔一〇〕易屯：「勿用有攸往，利建侯。」爾雅釋言：「攸，所也。」

〔一一〕濡，漬也（廣雅釋詁二），溼也（荀子禮論楊注）。易未濟：「小狐汔濟，濡其尾，无攸利。」戰國策秦策四：「黃歇曰：『……易曰：「狐濡其尾。」此言始之易，終之難也。』」（又見史記春申君傳、新序善謀）易林蒙之師：「小狐渡水，污濡其尾。」

〔一二〕詩大雅烝民：「既明且哲，以保其身。」

〔一三〕宣化，謂傳布德化。漢書董仲舒傳：「仲舒對曰：『……今之郡守、縣令，民之師帥，所使承流而宣化也。』」濟俗，謂匡救時俗。漢紀惠帝紀：「荀悦曰：『……是以清節毁傷，公義損缺，富者比公室，貧者匱朝夕，非所爲濟俗也。』」

〔一四〕書堯典：「允恭克讓，光被四表，格于上下。」孔傳：「允，信；克，能；光，充；格，至也。既有四德，又信恭能讓，故其名聞充溢四外，至于天地。」

〔一五〕八表，八方外極遠之地。孝經援神契：「德至八表，則景星見。」（禮記禮運正義引）易林大壯之蠱：「德被八表。」

〔一六〕史記五帝紀：「帝堯爲陶唐。」論語泰伯：「子曰：『大哉！堯之爲君也。巍巍乎！唯天爲大，唯堯則之。』」集解引孔安國曰：「則，法也。美堯能法天而行化。」巍巍，高大之稱。

〔一七〕大戴禮記五帝德：「宰我曰：『請問帝舜。』孔子曰：『蟜牛之孫，瞽瞍之子也，曰重華。』」論語衛靈公：「子曰：『無爲而治者，其舜也與！夫何爲哉？恭己正南面而已矣。』」集解：「言任官得其人，故無爲而治。」漢書董仲舒傳：「仲舒對曰：『……堯崩，天下不歸堯子丹朱而歸舜。舜知不可辟，乃即天子之位，以禹爲相，因堯之輔佐，繼其統業，是以垂拱無爲而天下治。』」新序雜事四：「故王者勞於求人，佚於得賢，舜舉衆賢在位，垂衣裳恭己無爲而天下治。」鄭玄詩大雅卷阿箋：「孔子曰：『無爲而治者，其舜也與！恭己正南面而已。』言任賢，故逸也。」

〔一八〕史記周紀：「公季卒，子昌立，是爲西伯。西伯曰文王。」論語泰伯：「三分天下有其二，以服事殷。周之德，其可謂至德也已矣。」集解引包咸曰：「殷紂淫亂，文王爲西伯而有聖德。天下歸周者三分有二，而猶以服事殷，故謂之至德。」

〔一九〕史記五帝紀：「弃爲周，姓姬氏。」又周紀：「西伯崩，太子發立，是爲武王。」易革：「象曰：『……湯武革命，順乎天而應乎人。』」

〔二〇〕論語憲問：「子曰：『管仲相桓公，霸諸侯，一匡天下，民到于今受其賜。微管仲，吾其被髮左衽矣。』」集解引馬融曰：「匡，正也。天子微弱，桓公帥諸侯以尊周室，一正天下。」新序雜事四：「夫管仲能知人，桓公能任賢，所以『九合諸侯，一匡天下，不用兵車，管仲之功也』（並見論語憲問）。詩曰：『濟濟多士，文王以寧。』（見大雅文王）桓公其似之矣。」照按：晉文與齊桓同爲春秋時霸君，故稚川連類及之。

〔二一〕史記留侯世家：「（張）良曰：『始臣起下邳，與上會留，此天以臣授陛下。』」又淮陰侯傳：「（韓）信曰：『……且陛下所謂天授，非人力也。』」漢書敍傳下高紀述：「皇矣漢祖，纂堯之緒。……應天順民，五星同晷。」

〔二二〕「致」，太平御覽四百二引作「鼓」。照按：「鼓」字是。名實篇「夫佞者鼓珍賂爲勁羽」，守塉篇「鶴鴇傲蓬林以鼓翼」，内篇論仙「鼓翮清塵」，抱朴子佚文「漢鼓六翮」（北堂書鈔一一一引），其用「鼓」字誼並與此同。可證。說文羽部：「翮，羽莖也。」戰國策楚策四：「（鴻鵠）奮其六翮而淩清風。」韓詩外傳六：「夫鴻鵠一舉千里，所恃者六翮爾。」淮南子兵略：「飛鳥之有六翮。」文選古詩十九首：「昔我同門友，高舉振六翮。」呂向曰：「六翮，鳥羽之飛者。」

〔二三〕書僞説命上：「若濟巨川，用汝作舟楫。」呂氏春秋知度：「絶江者，託於船；致遠者，託於驥；霸王者，託於賢。伊尹、呂尚、管夷吾、百里奚，此霸王者之船驥也。」（又見説苑尊賢）

〔二四〕説苑尊賢：「昔者堯讓許由以天下，洗耳而不受。」趙岐孟子盡心上「古之賢士何獨不然」注：「樂道守志，若許由洗耳，可謂忘人之勢矣。」高誘淮南子氾論「許由讓天子，終不利封侯」注：「許由，隱者，陽城人。堯欲以天下與之，洗耳而不就。」琴操下箕山操：「堯大許由之志，禪爲天子，由以其言爲不善，乃臨河而洗耳。」三國志蜀書秦宓傳：「宓答書曰：『昔堯優許由，非不弘也，洗其兩耳。』」嵇康聖賢高士傳：「巢父，堯時隱人。年老，以樹爲巢，而寢其上，故人號爲巢父。堯之讓許由也，由以告巢父，巢父曰：『汝何不隱汝形，藏汝光？非吾友也！』乃擊其膺而下之。許由悵然不自得，乃遇（當作過）清泠之水洗其耳。」（藝文類聚三六引，皇甫謐高士傳巢父傳略同）皇甫謐高士傳許由傳：「許由，字武仲，陽城槐里人也。……堯又召爲九州長，由不欲聞之，洗耳於潁水濱。」照按：嵇康聖賢高士傳：「巢父聞（許）由爲堯所讓，以爲污，乃臨池水而洗其耳。」（藝文類聚三六引）隱士傳：「堯讓天下於許由，許由逃。巢父聞之，而洗耳於池。」（藝文類聚九引）是洗耳者，傳説中又有巢父也。

〔二五〕論語微子：「長沮、桀溺耦而耕。孔子過之，使子路問津焉。」集解引鄭玄曰：「長沮、桀溺，隱者也。耜廣五寸，二耜爲耦。」

〔二六〕書堯典：「曰若稽古帝堯。」孔傳：「若，順；稽，考也。能順考古道而行之者，帝堯。」

〔二七〕書益稷：「乃賡載歌曰：『元首明哉！股肱良哉！庶事康哉！』」孔傳：「賡，續。載，成也。帝歌歸美股肱，義未足，故續歌。先君後臣，衆事乃安，以成其義。」

〔二八〕文選曹植與楊德祖書：「吾王於是設天網以該之。」李注引崔寔本論（意林三引作正論）曰：「舉彌天之網，以羅海內之雄。」（漢高祖功臣頌李注引同）

『故藏器者珍於變通隨時〔一〕，英逸者貴於吐奇撥亂〔二〕。若乃耀靈翳景於雲表，則麗天之明不著〔三〕；哮虎韜牙而握爪〔四〕，則搏噬之捷不揚；太阿潛鋒而不擊，則立斷之勁不顯〔五〕，驥騄踠趾而不馳，則追風之迅不形〔六〕；竝默則子貢與喑者同口〔七〕，咸瞑則離朱與矇瞽不殊矣〔八〕。先生潔身而忽大倫之亂〔九〕，得意而忘安上之義〔一〇〕，存有關機之累〔一一〕，没無金石之聲〔一二〕，庸人且猶憤色〔一三〕，何有大雅而無心哉〔一四〕！

〔一〕易繫辭下：「君子藏器於身，待時而動。」又：「變通者，趣時者也。」

〔二〕公羊傳哀公十四年：「撥亂世，反諸正，莫近諸春秋。」漢書高帝紀下：「羣臣曰：『帝起細微，撥亂世，反之正，平定天下。』」又武帝紀贊：「漢承百王之弊，高祖撥亂反正。」論衡對作：「孔子作春秋，……撥亂世，反諸正。」

〔三〕楚辭天問：「角宿未旦，曜靈安藏？」王注：「曜靈，日也。」後漢書張衡傳：「（思玄賦）燿靈忽其西藏。」李注：「燿靈，日也。」文選吳質在元城與魏太子牋：「燿靈匿景。」李注引廣雅（釋天）曰：「曜靈，日也。」「耀」、「曜」並「燿」之後起字。易離：「象曰：『離，麗也。日月麗乎天。』」王注：「麗，猶著也。」又繫辭上：「縣象著明，莫大乎日月。」

〔四〕詩大雅常武：「進厥虎臣，闞如虓虎。」毛傳：「虎之自怒虓然。」釋文：「虓……虎怒貌。」「虓」，風俗通義正失引作「哮」，與此同。文選曹植七啟：「哮闞之獸。」李注：「『哮』與『虓』同也。」莊子天地釋文引廣雅云：「韜，藏也。」

〔五〕越絕書外傳記寶劍：「歐冶子、干將鑿茨山，洩其溪，取鐵英，作爲鐵劍三枚：一曰龍淵，二曰泰阿，三曰工布。」「太」、「泰」通。呂氏春秋用民：「劍不徒斷，或使之也。」韓詩外傳八：「莫邪雖利，不能獨斷，必有以動之。」説苑建本：「干將雖利，非人力不能自斷焉。」

〔六〕後漢書靈帝紀：「（光和四年）初置騄驥廐丞。」李注：「騄驥，善馬也。」文選班固東都賦：「馬踠餘足。」李周翰曰：「踠，屈也。」又七啟：「駕超野之駟，乘追風之輿。」李注：「超野、追風，言疾也。」（古今註鳥獸：「秦始皇有名馬七：一曰追風。」蓋以馳疾命名。）

〔七〕論語先進：「言語：宰我、子貢。」孟子公孫丑上：「宰我、子貢，善爲説辭。」史記仲尼弟子傳：「子貢利口巧辭。」墨子親士：「臣下重其爵位而不言，近臣則喑。」説苑正諫：「無言則謂之喑。」韓非子六反：「皆嘿則喑者不知。」「嘿」，同「默」。

〔八〕莊子駢拇：「是故駢於明者，亂五色，淫文章，青黄黼黻之煌煌，非乎？而離朱是已。」釋文引司馬彪云：「（離朱）黄帝時人，百步見秋豪之末，一云見千里針鋒。」慎子：「離朱之明，察秋毫之末於百步之外。」（文選演連珠、潘岳楊荆州誄李注、藝文類聚一七、太平御覽三六六引）淮南子原道：「離朱之明，察箴末於百步之外。」高注：「離朱者，黄帝臣，明目人也。」國語晉語四：「矇瞍不可使視。」韋昭注：「有眸而無見曰矇。」周禮春官序官「瞽矇」鄭司農（衆）注：「無目眹謂之瞽。」

〔九〕論語微子：「欲潔其身，而亂大倫。」孟子公孫丑下：「景子曰：『内則父子，外則君臣，人之大倫也。』」

〔一〇〕禮記經解：「是故隆禮由禮，謂之有方之士。不隆禮，不由禮，謂之無方之民。……故孔子曰：『安上治民，莫善於禮。』」（孝經廣要道章有此二語）

〔一一〕鬼谷子權：「故口者，機關也。所以關閉情意也。」陶弘景注：「口者所以發言語，故曰口者機關也。情意宜否在於機關，故曰所以關閉情意也。」文子微明：「言者，禍也；舌者，機也。出言不當，駟馬不追。」説苑談叢：「口者，關也；舌者，機也。出言不當，四馬不能追也。口者，關也；舌者，兵也。出言不當，反自傷也。」

〔一二〕吕氏春秋求人：「故功績銘乎金石。」高注：「金，鍾鼎也。石，豐碑也。」文選文賦：「被金石而德廣。」李注：「金，鍾鼎也。石，碑碣也。」

〔一三〕孫人和曰：「按：『憒色』上疑有脱文，或『色』字乃『邑』字之誤。」照按：孫後説是。後漢書應劭傳：「（上漢儀奏）豈繄自謂必合道衷，心焉憒邑，聊以藉手。」文選與嵇茂齊書：「自非知命，誰能不憒悒者哉！」「憒邑」與「憒悒」同。

〔四〕文選班固西都賦：「大雅宏達。」李注：「大雅，謂有大雅之才者。詩有大雅，故以立稱焉。」

「夫繩舒則木直〔一〕，正進則邪凋，有虞舉則四凶戮〔二〕，宣尼任則少卯梟〔三〕；猶震雷駭則蟄鼓堙〔四〕，朝日出則螢燭幽也〔五〕。不拯招魂之病〔六〕，則無以効越人之絶伎〔七〕；不獎多難之世〔八〕，則無以知非常之遠量〔九〕。高拱以觀溺〔一〇〕，非勿踐之仁也〔一一〕，懷道以迷國〔一二〕，非作者之務也〔一三〕。若俟中唐殖占日之草〔一四〕，朝陽繁鳴鳳之音〔一五〕，郊畤獨角之獸〔一六〕，野攢連理之林〔一七〕，長旌卷而不懸〔一八〕，干戈戢而莫尋〔一九〕，少伯方將告退於成功〔二〇〕，孰能相擢乎陸沈哉〔二一〕？深願先生不遠迷復哉〔二二〕！」

〔一〕荀子勸學：「故木受繩則直。」韓非子有度：「繩直而枉木斲。」淮南子主術：「繩正於上，木直於下。」

〔二〕史記五帝紀：「帝舜爲有虞。」書舜典：「流共工於幽州，放驩兜于崇山，竄三苗于三危，殛鯀于羽山，四罪而天下咸服。」（又見孟子萬章上）左傳文公十八年：「舜臣堯，賓于四門，流四凶族：渾敦（驩兜），窮奇（共工），檮杌（鯀），饕餮（三苗），投諸四裔，以禦螭魅。」

〔三〕漢書平帝紀：「（元始元年）追謚孔子曰褒成宣尼公。」文選左思詠史詩：「言論準宣尼。」荀子宥坐：「孔子爲魯攝相，朝七日，而誅少正卯。門人進問曰：『夫少正卯魯之聞人也，夫子爲政而始誅之，得無失乎？』孔子曰：『居！吾語女其故。人有惡者五，而盜竊不與焉。一曰心達而險，二曰行辟而堅，三曰言僞而辯，四曰記醜而博，五曰順非而澤。此五者有一於人，則不得免於君子之誅。而少正卯兼有之，故居處足以聚徒成羣，言談足以飾邪營衆，强足以反是獨立，此小人之桀雄也，不可不誅也。』」（又見尹文子大道下、說苑指武、家語始誅〔劉子心隱文有異〕〕淮南子氾論：「孔子誅少正卯，而魯國之邪塞。」高注：「少正，官，卯其名也。魯之諂人。」史記秦始皇紀〔九年〕二十人皆梟首」裴駰集解：「縣首於木上曰梟首。」漢書陳湯傳「梟俊禽敵之臣」顏注：「梟，謂斬其首而縣之也。」

〔四〕周禮地官鼓人：「以鼛鼓鼓役事。」鄭玄注：「鼛鼓，長丈二尺。」國語周語下：「堙替隸圉。」韋注：「堙，没也。」

〔五〕文選曹植求自試表：「螢燭末光。」

〔六〕左傳昭公十一年：「是以無拯。」杜注：「拯，猶救助也。」王逸楚辭章句招魂序：「招者，召也。以手曰招，以言曰召。魂者，身之精也。宋玉憐愛屈原忠而斥棄，愁懣山澤，魂魄放佚，厥命將落，故作招魂，欲以復其精神，延其年壽。」招魂之病，垂危之症。

〔七〕史記扁鵲傳：「扁鵲者，勃海郡鄭（鄚）人也。姓秦氏，名越人。少時爲人舍長。舍客長桑君過，扁鵲獨奇之，常謹遇之。長桑君亦知扁鵲非常人也。……乃呼扁鵲私坐，閒與語曰：『我有禁方，年老，欲傳與公，公毋泄。』……乃出其懷中藥予扁鵲：『飲是以上池之水，三十日當知物矣。』乃悉取其禁方書盡與扁鵲。……扁鵲以其言飲藥三十日，視見垣一方人。以此視病，盡見五藏癥結，特以診脈爲名耳。……扁鵲名聞天下。過邯鄲，聞貴婦人，卽爲帶下醫；過雒陽，聞周人愛老人，卽爲耳目痹醫；來入咸陽，聞秦人愛小兒，卽爲小兒醫，隨俗爲變。……至今天下言脈者，由扁鵲也。」張守節正義：「黄帝八十一難序云：『秦越人與軒轅時扁鵲相類，仍號之爲扁鵲。又家於盧國，因命之曰盧醫也。』」淮南子齊俗：「扁鵲以治病。」許注：「扁鵲，盧人。姓秦，名越人。趙簡子時人。」

〔八〕左傳昭公四年：「司馬侯曰：『……或多難以固其國，啓其疆土。』」文選勸進表：「或多難以固邦國。」（又見晉書元帝紀）

〔九〕史記司馬相如傳：「（難蜀父老）蓋世必有非常之人，然後有非常之事；有非常之事，然後有非常之功。」漢書武帝紀：「（元封五年）詔曰：『蓋有非常之功，必待非常之人。』」

〔一〇〕墨子非儒下：「高拱下視。」史記蘇秦傳：「今君高拱而兩有之。」管子輕重甲：「管子對曰：『桀者，冬不爲杠，夏不束柎，以觀凍溺。』」

〔一一〕詩大雅行葦：「敦彼行葦，牛羊勿踐履。」毛傳：「敦，聚貌。行，道也。」鄭箋：「敦敦然道旁之葦，牧牛羊者毋使蹦履折傷之。」漢書谷永傳：「永對曰：『……王者躬行道德，承順天地，博愛仁恕，恩及行葦。』」後漢書寇榮傳：「乃自亡命中上書曰：『……昔文王葬枯骨，公劉敦行葦，世稱其仁。』」三國志蜀書彭羕傳：「惟敬同郡秦子勑，薦之於太守許靖曰：『……體公劉之德，行勿翦之惠。』」列女傳辯通晉弓工妻傳：「妻曰：『君聞昔者公劉之行乎？羊牛踐葭葦，惻然爲民痛之，恩及草木。』」吳越春秋吳太伯傳：「公劉慈仁，行不履生草，運車以避葭葦。」潛夫論邊議：「公劉仁德，廣被行葦，況含血之人，已同類乎？」又德化：「公劉厚德，恩及草木，羊牛六畜，且猶感德，仁不忍踐履生草，則又況於民萌而有不化者乎？」文選班彪北征賦：「慕公劉之遺德，及行葦之不傷。」

〔一二〕論語陽貨：「陽貨欲見孔子，孔子不見。歸孔子豚。孔子時其亡也，而往拜之，遇諸塗。謂孔子曰：『來！予與爾言，曰：懷其寶而迷其邦，可謂仁乎？』曰：『不可。』『好從事而亟失時，可謂知乎？』曰：『不可。』『日月逝矣，歲不我與。』孔子曰：『諾。吾將仕矣。』」

〔一三〕作者，指孔子。禮記樂記：「作者之謂聖。」

〔一四〕徐濟忠曰：「『殖』，疑『植』。」照按：左傳昭公十八年：「夫學，殖也。」杜注：「殖，生長也。」呂氏春秋孟春紀：「五穀所殖。」高注：「殖，長。」是「殖」字不誤。徐說非。詩陳風防有鵲巢：「中唐有甓。」毛傳：「中，中庭也；唐，唐塗也。」文選張衡東京賦：「豐朱草於中唐。」孝經援神契：「蓂莢，堯時夾階而生，以記朔也。」（大戴禮記明堂盧辯注引)田俅子：「堯爲天子，蓂莢生於庭，爲帝成歷。」(文選東京賦、應貞晉武帝華林園集詩、七命、王融曲水詩序、陸倕新刻漏銘李注引)白虎通德論封禪：「蓂莢者，樹名也。月一日一莢生，十五日畢；至十六日，一莢去。故夾階而生，以明日月也。」

〔一五〕爾雅釋山：「山東曰朝陽。」郭注：「旦即見日。」詩大雅卷阿：「鳳皇鳴矣，于彼高岡；梧桐生矣，于彼朝陽。菶菶萋萋，雝雝喈喈。」毛傳：「梧桐盛也，鳳皇鳴也，臣竭其力，則地極其化；天下和洽，則鳳皇樂德。」鄭箋：「鳳皇鳴于山脊之上者，居高視下，觀可集止，喻賢者待禮乃行，翔而後集。梧桐生者，猶明君出也；生於朝陽者，被溫仁之氣，亦君德也。……菶菶萋萋，喻君德盛也；雝雝喈喈，喻民臣和協。」釋文：「喈，鳳皇鳴也。」

〔一六〕爾雅釋獸：「麐，麕身、牛尾、一角。」禮記禮運：「鳳皇麒麟皆在郊棷。」鄭注：「棷，聚也。」尚書大傳：「堯時，麒麟在郊藪。」(詩周南麟之趾正義引)「麟」爲「麐」之同聲假借字。

〔一七〕孝經援神契：「德至草木，則朱草生，木連理。」(禮記禮運正義、藝文類聚九八、文選勸進今上牋李注引)文選西京賦「攢珍寶之玩好」薛注：「攢，聚也。」

〔一八〕長旌，指軍旗。漢書陳湯傳：「故宗正劉向上疏曰：『……(湯)縣旌萬里之外，揚威昆山之西。』」佚名獻帝傳：「(進魏公爵爲魏王詔)遂定西陲，縣旌萬里。」(三國志魏書武帝紀裴松之注引)

〔一九〕詩周頌時邁：「載戢干戈，載櫜弓矢。」毛傳：「戢，聚；櫜，韜也。」鄭箋：「載之言則也。王巡守而天下咸服，兵不復用，此又著震疊之效也。」左傳昭公元年：「日尋干戈，以相征討。」杜注：「尋，用也。」

〔二〇〕虞豫會稽典録：「范蠡，字少伯，楚宛三户人也。」(北堂書鈔九八、史記越世家正義、太平御覽四七四引)國語越語下：「反至五湖，范蠡辭於王曰：『君王勉之！臣不復入於越國矣。』……范蠡對曰：『臣聞命矣。君行制，臣行意。』遂乘輕舟以浮游五湖，莫知其所終極。」史記貨殖傳：「范蠡既雪會稽之恥，乃喟然而歎曰：『計然之策七，越用其五而得意。既已施於國，吾欲用之家。』乃乘扁舟，浮於江湖。」

〔二〕照按：此句與下「深願先生不遠迷復哉」句密邇相接，送末俱用「哉」字，似嫌重出，且「沈」字與上文之「音」、「林」、「尋」韻（並在侵韻），無庸附著「哉」字。蓋寫者涉下誤衍。莊子則陽：「仲尼曰：『……方且與世違，而心不屑與之俱，是陸沈者也。』」郭象注：「人中隱者，譬無水而沈也。」釋文引司馬彪云：「當顯而反隱，如無水而沈也。」史記褚少孫補滑稽傳：「（東方朔）酒酣，據地歌曰：『陸沈於俗，避世金馬門。』」說文手部：「擢，引也。」（段玉裁注：「毛傳（詩衞風竹竿）曰：『楫，所以擢舟也。』擢舟，謂引舟也。」）廣雅釋詁三：「擢，拔也。」

〔三〕易復：「初九，不遠復，无祇悔，元吉。」楚辭離騷：「回朕車以復路兮，及行迷之未遠。」王注：「迷，誤也。」文選丘遲與陳伯之書：「夫迷塗知反，往哲是與；不遠而復，先典攸高。」劉良曰：「謂迷者不遠而能迴，是不迷也。」

於是懷冰先生蕭然遐眺，遊氣天衢〔一〕，情神遼緬，旁若無物〔二〕。俯而荅曰：『嗚呼！有是言乎？蓋至人無爲〔三〕，棲神沖漠〔四〕，不役志於祿利〔五〕，故害辱藏本作害而不能加也〔六〕；不躡峙於險途〔七〕，故傾墜不能爲患也。藜藿不供，而意佚於方丈〔八〕；齊編庸民，而心歡於有土〔九〕。寢宜僚之舍〔一〇〕，閉干木之閭〔一一〕，攜莊、萊之友〔一二〕，治陋巷之居〔一三〕。確岳峙而不拔〔一四〕，豈有懷於卷舒乎〔一五〕？以慾廣則濁和，故委世務而不紆〔一五〕；以位極者憂深〔一六〕，故背勢利而無餘疑。其貴不以爵也，富不以財也〔一七〕。侶雲鵬以高逝，故不縈翮於腐鼠〔一八〕；以蕃、武爲厚誡，故不改樂於簞瓢〔一九〕。

〔一〕莊子大宗師：「彼方且與造物者爲人，而遊乎天地之一氣。」易大畜：「上九，何天地之衢，亨。」釋文引馬融云：「四達謂之衢。」楚辭王逸九思遭厄：「躡天衢兮長驅。」舊注：「衢，路也。」

〔二〕史記刺客荆軻傳：「高漸離擊筑，荆軻和而歌於市中，相樂也。已而相泣，旁若無人者。」世說新語任誕「阮步兵喪母」劉孝標注引名士傳曰：「阮籍喪親不率常禮，裴楷往弔之，遇籍方醉，散髮箕踞，旁若無人。」無物，即無人。

〔三〕莊子知北遊：「是故至人無爲。」郭注：「任其自爲而已。」

〔四〕文子精誠：「夫道者藏精于內，棲神于心，靜漠恬淡，悅穆胸中。」淮南子泰族同。文選七命「沖漠公子」李注：「沖漠，沖虛恬漠也。」

〔五〕役志，用心。書洛誥：「惟不役志于享。」

〔六〕照按：「加」上疑脫一字，下文「故傾墜不能爲患也」句可證。

〔七〕文選嵇康琴賦：「優游躇跱。」李注：「躇跱，躊躇竦跱。」「躕峙」與「躇跱」同。

〔八〕大戴禮記曾子制言下：「聚橡栗藜藿而食之。」盧注：「藜，藋；藿，豆。」韓非子五蠹：「糲粢之食，藜藿之羹。」張守節史記太史公自序正義：「藜，似藋而表赤；藿，豆葉也。」孟子盡心下：「食前方丈。」趙注：「極五味之饌食，列於前方一丈。」孫奭疏：「食之前有方丈之廣，以極五味之饌而列之。」管子五輔：「其悅在珍怪，方丈陳於前。」墨子辭過：「美食方丈，目不能徧視，口不能徧味。」

〔九〕管子君臣下：「齊民食於力，則作本。」呂氏春秋謹聽：「諸衆齊民。」高注：「齊民，凡民。」史記貨殖傳：「夫千乘之王，萬家之侯，百室之君，尚猶患貧，而況匹夫編户之民乎？」漢書高帝紀下：「諸將故與帝爲編户民。」顏注：「編户者，言列次名籍也。」莊子漁父：「（漁父）又問曰：『有土之君與？』」

〔一〇〕左傳哀公十六年：「（石乞）曰：『市南有熊宜僚者，若得之，可以當五百人矣。』乃從白公而見之，與之言，說（釋文音悦）。告之故，辭。承之以劍，不動。勝（白公名）曰：『不爲利諂，不爲威惕，不泄人言，以求媚者。』去之。」莊子徐无鬼：「市南宜僚弄丸，而兩家之難解。」淮南子主術：「市南宜遼弄丸，而兩家之難無所關其辭。」嵇康聖賢高士傳：「市南宜僚，楚人也，姓熊。白公爲亂，使石乞告之，不從，承之以劍，而僚弄丸不輟。魯侯問曰：『吾學先王之道，勤而行之，然不免於憂患，何也？』僚曰：『君今能刳形洒心，而遊無人之野，則無憂矣。』」（太平御覽五百九引）

〔一〕閉干木之閭，詳後逸民篇「軾陋巷以退秦兵者」句箋。

〔二〕史記老子韓非傳：「莊子者，蒙人也，名周。周嘗爲蒙漆園吏，與梁惠王齊宣王同時。其學無所不闚，然其要本歸於老子之言。……楚威王聞莊周賢，使使厚幣迎之，許以爲相。莊周笑謂楚使者曰：『千金，重利；卿相，尊位也。子獨不見郊祭之犧牛乎？養食之數歲，衣以文繡，以入大廟。當是之時，雖欲爲孤豚，豈可得乎？子亟去，無污我。我寧游戲污瀆之中自快，無爲有國者所羈，終身不仕，以快吾志焉。』」（莊子秋水文與此異，史公蓋別有所本）嵇康聖賢高士傳：「莊周少學老子，梁惠王時爲蒙縣漆園吏，以卑賤不肯仕。楚威王以百金聘周，周方釣於濮水之上，曰：『楚有龜，死三千歲矣，今巾笥而藏之於廟堂之上，此龜寧生而掉尾塗中耳。子往矣，吾方掉尾於塗中。』（此文本莊子秋水）後齊宣王又以千金之幣迎周爲相，周曰：『子不見郊祭之犧牛乎？……欲爲孤豚，其可得乎？』遂終身不仕。」（藝文類聚三六引）列女傳賢明楚老萊妻傳：「萊子逃世，耕於蒙山之陽，葭牆蓬室，木牀蓍席，衣縕食菽，墾山播種。人或言之楚王曰：『老萊賢士也，王欲聘以璧帛，恐不來。』楚王駕至老萊之門，老萊方織畚。王曰：『寡人愚陋，獨守宗廟，願先生幸臨之。』老萊子曰：『僕山野之人，不足守政。』王復曰：『守國之孤，願變先生之志。』老萊子曰：『諾。』王去。其妻戴畚萊挾薪樵而來，曰：『何車跡之衆也！』老萊子曰：「楚王欲使吾守國之政。」妻曰：「許之乎？」曰：「然。」妻曰：「妾聞之：可食以酒肉者，可隨以鞭捶；……妾不能爲人所制。」投其畚萊而去。老萊子曰：「子還，吾爲子更慮。」遂行不顧，至江南而止。……老萊子乃隨其妻而居之。」（皇甫謐高士傳老萊子傳略同）

〔一三〕廣雅釋詁二：「衖（與巷同。見玉篇邑部），凥（卽居字）也。」陋巷，猶陋閭、陋室，言其狹小。趙岐孟子離婁下注：「當亂世安陋巷者，不用於世，窮而樂道也。」

〔一四〕岳，山岳。易乾：「（文言）確乎其不可拔。」釋文引鄭玄云：「（確）堅高之貌。（拔）移也。」

〔一五〕卷，隱退。舒，出仕。論語衞靈公：「子曰：『……君子哉蘧伯玉！邦有道，則仕；邦無道，則可卷而懷之。』」集解引包咸曰：「卷而懷，謂不與時政。」文選潘岳西征賦：「蘧與國而舒卷。」

〔一六〕三國志蜀書許靖傳：「靖與曹公書曰：『……夫爵高者憂深。』」說苑談叢：「官尊者憂深。」廣雅釋詁四：「極，高也。」

〔一七〕荀子儒效：「故君子無爵而貴，無祿而富。」淮南子精神：「至貴不待爵，至富不待財。」高注：「以至德見貴，許由、務光是也。故曰不待爵也。以至德見富，若楚狂接輿是也。王聞其賢，使使者齎金百溢聘之，欲以爲相而不受。故曰至富不待財也。」

〔一八〕莊子逍遙遊：「北冥有魚，……化而爲鳥，其名爲鵬。鵬之背不知其幾千里也，怒而飛，其翼若垂天之雲。是鳥也，海運則將徙於南冥。」又秋水：「惠子相梁，……莊子往見之，曰：『南方有鳥，其名爲鵷鶵，子知之乎？夫鵷鶵發於南海，而飛於北海，非梧桐不止，非練實不食，非醴泉不飲。於是鴟得腐鼠，鵷鶵過之，仰而視之，曰：「嚇！」（鹽鐵論毀學略同）今子欲以子之梁國而嚇我邪？』」淮南子覽冥：「鳳皇之翔至德也，……還至其曾逝萬仞之上，翱翔四海之外。」高注：「曾，猶高也；逝，猶飛也。」

〔一九〕蕃，陳蕃。武，竇武。後漢書陳蕃傳：「陳蕃字仲舉，汝南平輿人也。……蕃與后父大將軍竇武，同心盡力，徵用名賢，共參政事，天下之士，莫不延頸想望太平。而帝（桓帝）乳母趙嬈，旦夕在太后側，中常侍曹節王甫等與共交搆，諂事太后。太后信之，數出詔命，有所封拜，及其支類，多行貪虐。蕃常疾之，志誅中官，會竇武亦有謀。……及事泄，曹節等矯詔誅武等。……遂令收蕃。……即日害之。」又竇武傳：「竇武字游平，扶風平陵人。……武既輔朝政，常有誅翦宦官之意，太傅陳蕃亦素有謀。時共會朝堂，蕃私謂武曰：『中常侍曹節王甫等，自先帝時操弄國權，濁亂海內，百姓匈匈，歸咎於此。今不誅節等，後必難圖。』武深然之。……（朱瑀）因大呼曰：『陳蕃竇武奏白太后廢帝，爲大逆！』……捕收武等。……武、（竇）紹走，諸軍追圍之，皆自殺，梟首洛陽都亭。」論語雍也：「子曰：『賢哉回也！一簞食，一瓢飲，在陋巷，人不堪其憂，回也不改其樂。賢哉回也！』」（又見孟子離婁下）集解引孔安國曰：「簞，笥也。（瓢，瓠也。）顏淵樂道，雖簞食在陋巷，不改其所樂。」皇疏：「簞，竹筥之屬也。用貯飯。瓢，瓠片也。匏持盛飲也。言顏淵食不重餚及無雕鏤之器，唯有一簞食，一瓢飲而已也。」

「且夫玄黃遐邈，而人生倏忽，以過隙之促，託罔極之間〔一〕，迅乎猶奔星之蹔見〔二〕，飄乎似飛矢之電經〔三〕。聊且優遊以自得〔四〕，安能苦形於外物哉〔五〕！夫鸞今本作鳶，從意林改。不絓網，驎不墮穽，相彼鳥獸，猶知爲患〔六〕；風塵之徒〔七〕，曾是未吝也〔八〕？

〔一〕玄黃，指天地。易坤：「（文言）夫玄黃者，天地之雜也，天玄而地黃。」正義：「天色玄，地色黃。」禮記三年問：「將由夫脩飾之君子與？則三年之喪，二十五月而畢，若駟之過隙。」鄭注：「駟之過隙，喻疾也。」釋文：「駟，馬也。隙，空隙之地也。」荀子禮論楊注：「隙，壁孔也。」墨子兼愛下：「人之生乎地上之無幾何也，譬之猶駟馳而過隙也。」

莊子知北遊：「人生天地之間，若白駒之過郤，忽然而已。」釋文：「白駒，或云日也。郤，本亦作隙，孔也。」又盜跖：「天與地無窮，人死者有時，操有時之具，而託於無窮之間，忽然無異騏驥之馳過隙也。」史記魏豹傳：「豹謝曰：『人生一世間，如白駒過隙耳。』」漢書魏豹傳顏注：「言其速疾也。白駒，謂日景也。隙，壁際也。」照按：過隙促者既有馬與日影之殊，故逡録其說如上。

〔二〕爾雅釋天：「奔星爲彴約。」郭注：「流星。」漢書揚雄傳下：「（長楊賦）疾如奔星。」暫，暫之或體。見玉篇日部「暫」字下。見，現之本字。讀賢遍反。

〔三〕小爾雅廣詁：「經，過也。」

〔四〕詩小雅白駒：「慎爾優游。」又大雅卷阿：「優游爾休矣。」文選東都賦：「莫不優游而自得。」

〔五〕文選嵇康養生論：「外物以累心不存。」李注：「莊子（外物）曰：『外物不可必。』司馬彪曰：『物，事也。』」（今本莊子外物篇釋文無司馬彪此注）

〔六〕山海經西山經：「女牀之山……有鳥焉，其狀如翟而五彩文，名曰鸞鳥。見則天下安寧。」郭注：「舊說鸞似雞形，瑞鳥也。」說文鳥部：「鸞，赤神靈之精也。赤色五采，雞形，鳴中五音。頌聲作，則至。」廣雅釋鳥：「鸞鳥，鳳皇屬也。」公羊傳哀公十四年：「麟者，仁獸也。」爾雅釋獸：「麐，麕身，牛尾，一角。」廣雅釋獸：「麔，狼題肉角，含仁懷義，……不入陷穽，不羅罘罟，文章彬彬。」照按：「麐」、「麔」並與「麟」同（見玉篇鹿部「麟」字下）。「驎」、「麟」之借字。列女傳賢明周南之妻傳：「夫鳳皇不罹於蔚（當作罻）羅，麒麟不入於陷穽，蛟龍不及於枯澤，鳥獸之智，猶知避害，而況於人乎！」詩小雅伐木：「相彼鳥矣，猶求友聲。」鄭箋：「相，視也。」

〔七〕風塵之徒，指奔競仕塗者。文選答賓戲：「商鞅挾三術以鑽孝公，李斯奮時務而要始皇，彼皆躡風塵（漢書敍傳上作「風雲」之會，履顛沛之勢。」又干寶晉紀總論：「悠悠風塵，皆奔競之士。」李注：「風塵，以喻汙辱也。」（晉書儒林虞喜傳：「何充上疏曰：『……伏見前賢良虞喜天挺貞素，高尚邈世，……處靜味道，無風塵之志，高枕柴門，怡然自足。』」虞喜之「無風塵之志」，蓋亦「高蹈風塵外」者。）

〔八〕王廣恕曰：「『吝』，疑是『若』字。」照按：王說是。禮記三年問：「然而從之，則是曾鳥獸之不若也。」（荀子禮論同）語意與此略同，可證。

「若夫要離滅家以效功〔一〕，紀信赴燔以誑楚〔二〕，陳賈刎頸以證弟〔三〕，仲由投命而葅醢〔四〕，嬴門伏劍以表心〔五〕，聶政感惠而屠葅〔六〕，荆卿絕臏以報燕〔七〕，樊公含悲而授首〔八〕，皆下愚之狂惑，豈上智之攸取哉〔九〕！

〔一〕呂氏春秋忠廉：「吳王欲殺王子慶忌，而莫之能殺。（高注：「吳王，闔廬光，簒庶父僚而即其位。慶忌者，僚之子也，故欲殺之。」）吳王患之。要離曰：『臣能之。』吳王曰：『汝惡能乎？吾嘗以六馬逐之江上矣，而不能及；射之矢，左右滿把，而不能中。今汝拔劍則不能舉臂，上車則不能登軾，汝惡能？』要離曰：『士患不勇耳，奚患於不能？王誠能助，臣請必能。』吳王曰：『諾。』明旦加要離罪焉，摯執妻子，焚之而揚其灰。要離走，往見王子慶忌於衛。王子慶忌喜曰：『吳王之無道也，子之所見也，諸侯之所知也，今子得免而去之，亦善矣。』要離與王子慶忌居有閒，謂王子慶忌曰：『吳之無道也愈甚，請與王子往奪之國。』王子慶忌曰：『善！』乃與要離俱涉於江。中江，拔劍以刺王子慶忌。」（吳越春秋闔閭內傳所載尤詳）淮南子齊俗：「豫讓要離非不知樂家室、安妻子以偷生也，然而樂推誠行，必以死主，故不留也。」

〔二〕史記項羽紀：「漢之三年，項王數侵奪漢甬道，漢王食乏。……漢將紀信說漢王曰：『事已急矣，請爲王誑楚爲王，王可以閒出。」於是漢王夜出女子滎陽東門被甲二千人，楚兵四面擊之。紀信乘黃屋車，傅左纛，曰：「城中食盡，漢王降。」楚軍皆呼萬歲。漢王亦與數十騎從城西門出，走成皋。項王見紀信，問：「漢王安在？」信曰：「漢王已出矣。」項王燒殺紀信。」（又略見高祖紀）

〔三〕照按：孟子公孫丑下之陳賈，是否即此「刎頸證弟」者，書闕有間，已不可攷矣。

〔四〕史記仲尼弟子傳：「仲由字子路，卞人也。」左傳哀公十五年：「……欒寧將飲酒，炙未熟，聞亂，使告季子（杜注：「季子，子路也。」）召獲駕乘車，行爵食炙，奉衛侯輒來奔（奔魯）。季子將入，遇子羔將出，曰：「門已閉矣。」季子曰：「吾姑至焉。」子羔曰：「弗及，不踐其難。」季子曰：「食焉，不辟其難。」子羔遂出。子路入，及門，公孫敢門焉，曰：「無入爲也！」季子曰：「是公孫也？求利焉而逃其難，由不然！利其祿，必救其患。」有使者出，乃入。曰：「大子焉用孔悝？雖殺之，必或繼之。」且曰：「大子無勇。若燔臺半，必舍孔叔。」大子聞之，懼，下石乞孟黶敵子路，以戈擊之，斷纓。子路曰：「君子死，冠不免。」結纓而死。」史記衛世家同。禮記檀弓上：「孔子哭子路於中庭，有人弔者，而夫子拜之。既哭，進使者而問故。使者曰：「醢之矣！」遂命覆醢。」鄭注：「醢之者，示欲啗食以怖衆。」葅醢，肉醬也，古代酷刑之一。

〔五〕嬴門，指侯嬴。史記信陵君傳：「魏有隱士曰侯嬴，年七十，家貧，爲大梁夷門監者。……公子從車騎，虛左，自迎夷門侯生。……侯生遂爲上客。……魏安釐王二十年，秦昭王已破趙長平軍，又進兵圍邯鄲。……魏王使將軍晉鄙將十萬衆救趙。……留軍壁鄴，名爲救趙，實持兩端以觀望。……侯生乃屏人閒語，曰：「嬴聞晉鄙之兵符常在王卧內，而如姬最幸，出入王卧內，力能竊之。……」公子從其計，請如姬。如姬果盜晉鄙兵符與公子。……公子過謝侯生。侯生曰：「臣宜從，老不能。請數公子行日，以至晉鄙軍之日，北鄉自剄，以送公子。』……公子與侯生決，至軍，侯生果北鄉自剄。」

〔六〕戰國策韓策二：「韓傀相韓，嚴遂重於君，二人相害也。……於是嚴遂懼誅，亡去，游求人可以報韓傀者。至齊，齊人或言軹深井里聶政勇敢士也，避仇隱於屠者之間。嚴遂陰交於聶政，以意厚之。……於是嚴遂乃具酒觴聶政母前，仲子奉黃金百鎰，前爲聶政母壽。……（聶政）遂西至濮陽，見嚴仲子曰：『前所以不許仲子者，徒以親在；今親不幸。仲子所欲報仇者爲誰？』嚴仲子具告曰：『臣之仇韓相傀，……』。……（聶政）遂謝車騎人徒，辭獨行。仗劍至韓，韓適有東孟之會，韓王及相皆在焉，持兵戟而衛者甚衆。聶政直入，上階刺韓傀，韓傀走而抱哀侯，聶政刺之，兼中哀侯。左右大亂。聶政大呼，所殺者數十人。因自皮面抉眼，自屠出腸，遂以死。」（又見史記刺客聶政傳）

〔七〕史記刺客荆軻傳：「荆軻者，衛人也。其先乃齊人，徙於衛，衛人謂之慶卿。而之燕，燕人謂之荆卿。」戰國策燕策三：「（太子）僂行見荆軻，……於是尊荆軻爲上卿，舍上舍。……（荆軻）遂發，太子及賓客知其事者，皆白衣冠以送之。……於是荆軻遂就車而去，終已不顧。既至秦，持千金之資幣物，厚遺秦王寵臣中庶子蒙嘉。……（秦王）乃朝服，設九賓，見燕使者咸陽宮。荆軻奉樊於期頭函，而秦武陽奉地圖匣，以次進。至陛下，……秦王謂軻曰：『起取武陽所持圖。』軻既取圖奏之，發圖，圖窮而匕首見。因左手把秦王之袖，而右手持匕首揕抗之。未至身，秦王驚，自引而起，絕袖。……荆軻逐秦王，秦王還柱而走。……左右乃曰：『王負劍！王負劍！』遂拔以擊荆軻，斷其左股。荆軻廢，乃引其匕首提秦王，不中，中柱。秦王復擊軻，被八創。……左右既前斬荆軻，秦王目眩良久。」又見史記荆軻傳（燕丹子下有異）。

〔八〕樊公，樊於期。戰國策燕策三：「太子曰：『樊將軍以窮困來歸丹，丹不忍以己之私而傷長者之意，願足下更慮之。」荊軻知太子不忍，乃遂私見樊於期，……樊於期乃前曰：「爲之奈何？」荊軻曰：「願得將軍之首以獻秦，秦王必喜而善見臣，臣左手把其袖，而右手揕抗其胸，然則將軍之仇報，而燕國見陵之恥除矣。將軍豈有意乎？」樊於期偏袒扼腕而進曰：「此臣日夜切齒拊心也，乃今得聞教！」遂自刎。太子聞之，馳往，伏屍而哭，極哀。既已無可奈何，乃遂收盛樊於期之首函封之。」又見史記荊軻傳（燕丹子下略同）。

〔九〕論語陽貨：「子曰：『唯上知與下愚不移。』」荀子儒效：「狂惑戇陋之人。」

「蓋祿厚者責重，爵尊者神勞〔一〕。故漆園垂綸，而不顧卿相之貴〔二〕；柏成操耜，而不屑諸侯之高〔三〕。羊說安乎屠肆〔四〕，楊朱吝其一毛〔五〕。僥求之徒，昧乎可欲〔六〕，集不擇木〔七〕，仕不料世，貪進不慮負乘之禍〔八〕，受任不計不堪之敗〔九〕；論榮貴則引伊、周以救溺〔一〇〕，言亢悔則諱覆餗而不記〔一一〕；伺河龍之睡而撥明珠〔一二〕，居量表之寵而冀無患；耽漏刻之安〔一三〕，蔽必至之危；無朝菌之榮，望大椿之壽〔一四〕；似蹈薄冰以待夏日〔一五〕，登朽枝而須勁風；淵魚之引芳餌〔一六〕，澤雉之咽毒粒〔一七〕；咀漏脯以充飢，酣鴆酒以止渴也〔一八〕。

〔一〕管子明法解：「是故其所任官者大，則爵尊而祿厚。」戰國策秦策三：「勞大者其祿厚，功多者其爵尊。」鹽鐵論刺權：「官尊者祿厚。」說苑談叢：「祿多者責大。」漢書諸葛豐傳：「（上書）復秩臣爲光祿大夫，官尊責重，非臣所當處也。」三國志蜀書許靖傳：「靖與曹公書曰：『……祿厚者責重。』」

〔二〕漆園，指莊子。莊子秋水：「莊子釣於濮水，楚王使大夫二人往先焉，曰：『願以境內累矣。』莊子持竿不顧，曰：『吾聞楚有神龜，死已三千歲矣，王巾笥而藏之廟堂之上。此龜者，寧其死爲留骨而貴乎？寧其生而曳尾於塗中乎？』二大夫曰：『寧生而曳尾塗中。』莊子曰：『往矣，吾將曳尾於塗中。』」詩小雅采綠：「之子于釣，言綸之繩。」鄭箋：「綸，釣繳也。」（說文糸部：「繳，生絲縷也。」）

〔三〕莊子天地：「堯治天下，伯成子高立爲諸侯。堯授舜，舜授禹，伯成子高辭爲諸侯而耕。禹往見之，則耕在野。禹趨就下風，立爲問焉。曰：『昔堯治天下，吾子立爲諸侯。堯授舜，舜授予，而吾子辭爲諸侯而耕。敢問其故何也？』子高曰：『昔堯治天下，不賞而民勸，不罰而民畏。今子賞罰，而民且不仁。德自此衰，刑自此立，後世之亂，自此始矣。夫子闔行邪？无落吾事。』俋俋乎耕而不顧。」（又見呂氏春秋長利、新序節士、論衡逢遇又答佞，嵇康聖賢高士傳（太平御覽五百九引），並作「伯成」，與莊子同。）風俗通義佚文：「柏成氏，柏成子高，堯時諸侯也。」（通志氏族略二引）郭璞穆天子傳一「柏絜」注：「古伯字多从木。」是「柏」與「伯」通。詩周頌良耜釋文：「耜，田器也。」

〔四〕莊子讓王：「楚昭王失國，屠羊說（釋文：「音悅，或如字。」）走而從於昭王。昭王反國，將賞從者及屠羊說。屠羊說曰：『大王失國，說失屠羊；大王反國，說亦反屠羊。臣之爵祿已復矣，又何賞之言？』王曰：『强之。』屠羊說曰：『大王失國非臣之罪，故不敢伏其誅；大王反國非臣之功，故不敢當其賞。』王曰：『見（釋文：「賢遍反。」）之。』屠羊說曰：『楚國之法，必有大功重賞而後得見，今臣之知（釋文：「音智」）不足以存國，而勇不足以死寇，吳軍入郢，說畏難而避寇，非故隨大王也，今大王欲廢法毁約而見說，此非臣之所以聞於天下也。』王謂司馬子綦曰：『屠羊說居處卑賤，而陳義甚高，子綦爲我延之以三旌之位。』屠羊說曰：『夫三旌之位，吾知其貴於屠羊之肆也；萬鍾之祿，吾知其富於屠羊之利也。然豈可以貪爵祿而使吾君有妄施之名乎！說不敢當，願復反吾屠羊之肆。』遂不受也。」（又見韓詩外傳八，嵇康聖賢高士傳（太平御覽五百九引）略同）

〔五〕孟子盡心上：「孟子曰：『楊子取爲我，拔一毛而利天下，不爲也。』」趙注：「楊子，楊朱也。爲我，爲己也。拔己一毛以利天下之民，不肯爲也。」列子楊朱：「楊朱曰：『伯成子高不以一毫利物，舍國而隱耕；大禹不以一身自利，一體偏枯。古之人，損一毫利天下，不與也；悉天下奉一身，不取也。人人不損一毫，人人不利天下，天下治矣。』禽子問楊朱曰：『去子體之一毛，以濟一世，汝爲之乎？』楊子曰：『世固非一毛之所濟。』禽子曰：『假濟，爲之乎？』楊子弗應。」淮南子氾論：「全性保真，不以物累形，楊子之所立也。」高注：「全性保真，謂不拔骭毛以利天下。」

〔六〕老子第三章：「不見可欲，使民心不亂。」又第四十六章：「罪莫大於可欲。」河上公注：「好淫色也。」

〔七〕左傳哀公十一年：「鳥則擇木。」阮武阮子：「高鳥相木而集，智士擇土而翔。」（意林四、太平御覽九一四〔「土」作「主」〕引）

〔八〕易解：「六三，負且乘，致寇至，貞吝。」又繫辭上：「易曰：『負且乘，致寇至。』負也者，小人之事也；乘也者，君子之器也。小人而乘君子之器，盜思奪之矣。」

〔九〕爾雅釋詁：「堪，勝也。」

〔一〇〕伊，伊尹。周，周公旦。史記殷紀：「伊尹名阿衡。……湯舉任以國政。……帝太甲既立三年，不明，暴虐，不遵湯法，亂德，於是伊尹放之於桐宮。三年，伊尹攝行政當國，以朝諸侯。」又魯世家：「周公旦者，周武王弟也。……及武王既位，旦常輔翼武王，用事居多。……武王既崩，成王少，在强葆之中。周公恐天下聞武王崩而畔，周公乃踐阼代成王攝行政當國。……成王長，能聽政。於是周公乃還政於成王，成王臨朝。」又絳侯世家贊：「勃匡國家難，復之乎正，雖伊尹、周公，何以加哉！」漢書諸侯王表序：「是故王莽……因母后之權，假伊、周之稱，顯作威福廟堂之上。」又張陳王周傳贊：「周勃……誅諸吕，立孝文，爲漢伊、周。」佚名獻帝傳：「（進魏公爵爲魏王詔）君勤過稷、禹，忠侔伊、周。」（三國志魏書武帝紀裴注引）文選潘勗册魏公九錫文：「雖伊尹格于皇天，周公光于四海，方之蔑如也。」均伊、周並舉之證。

〔一一〕易乾：「上九，亢龍有悔。」又鼎：「九四，鼎折足，覆公餗，其形渥，凶。」釋文：「（餗）虞翻云：『八珍之具也。』馬融云：『鍵也。』鄭玄云：『菜也。』（渥）沾也。」又繫辭下：「子曰：『德薄而位尊，知小而謀大，力小而任重，鮮不及矣。易曰：「鼎折足，覆公餗，其形渥，凶。」言不勝其任也。』」漢書敍傳上：「（王命論）棨梲之材，不荷棟梁之任；斗筲之子，不秉帝王之重。易曰：『鼎折足，覆公餗。』不勝其任也。」漢紀哀帝紀下：「（王閎上書）臣聞王者立三公法三光，立九卿以法天，明君臣之義當得賢人。易曰：『鼎折足，覆公餗。』喻三公非其人也。」

〔一二〕莊子列禦寇：「人有見宋王者，錫車十乘，以其十乘驕穉莊子。莊子曰：『河上有家貧，恃緯蕭而食者。其子没於淵，得千金之珠。其父謂其子曰：「取石來鍛之。夫千金之珠，必在九重之淵，而驪龍頷下。子能得珠者，必遭其睡也。使驪龍而寤，子尚奚微之有哉！」今宋國之深，非直九重之淵也；宋王之猛，非直驪龍也。子能得車者，必遭其睡也。使宋王而寤，子爲齏粉夫！』」

〔一三〕漏刻，指時間，猶言頃刻。後漢書光武帝紀上：「（更始元年）王鳳等乞降，不許。（王）尋、（王）邑自以爲功在漏刻，意氣甚逸。」又桓帝紀：「（延熹二年詔）漏刻之間，桀逆梟夷。」論衡變動：「盜賊之人，見物而取，睹敵而殺，皆在徙倚漏刻之間，未必宿日有其思也。」

〔一四〕莊子逍遥遊：「朝菌不知晦朔，……上古有大椿者，以八千歲爲春，八千歲爲秋。」釋文：「（朝菌）司馬（彪）云：『大芝也，天陰生糞土上，見日則死，一名日及，故不知月之終始也。』崔譔云：『糞上芝，朝生暮死，晦者不及朔，朔者不及晦。』（椿）司馬（彪）云：『木，一名櫬。櫬，木槿也。』李頤云：『生江南，一云生北户南。此木三萬二千歲爲一年。』」

〔一五〕韓詩外傳九：「子夏曰：『……虛之與虛，如薄冰之見晝日。』」漢書宣帝紀：「（元康二年詔）譬猶踐薄冰以待白日，豈不殆哉？」後漢書劉陶傳：「（上疏陳事）猶冰霜見日，必至消滅。」魏朗魏子：「危殆之國，治不益之民，是猶薄冰當白日，聚毛遇猛火也。」（藝文類聚九、意林五引）

〔一六〕吕氏春秋功名：「善釣者出魚乎十仞之下，餌香也。」淮南子說山：「釣魚者務在芳其餌。……芳其餌者，所以誘而利之也。」高注：「芳，香也。」吴越春秋句踐陰謀外傳：「深泉（當作「淵」，蓋避唐高祖諱改而未校復者）之魚，死於芳餌。」文選與從弟君苗君胄書：「餌出深淵之魚。」

〔一七〕莊子養生主：「澤雉十步一啄，百步一飲，不蘄畜乎樊中。」

〔一八〕漏脯，變質乾肉。重修政和證類本草獸部下品：「漏沾脯，殺人。」鴆酒，毒酒。漢書齊悼惠王肥傳：「太后怒，乃令人酌兩卮鴆酒置前，令齊王爲壽。」顏注引應劭曰：「鴆鳥黑身赤目，食蝮蛇野葛，以其羽畫酒中，飲之立死。」後漢書霍諝傳：「奏記於（梁）商曰：『……譬猶療飢於附子，止渴於酖毒，未入腸胃，已絶咽喉，豈可爲哉！』」嵇康集答向子期難養生論：「故嗜酒者自抑於鴆醴，貪食者忍飢於漏脯。」内篇微旨：「譬若以漏脯救飢，鴆酒解渴，非不暫飽，而死亦及之矣。」

『昔箕子覩象箸而流泣〔一〕，尼父聞偶葬而永歎〔二〕，蓋尋微以知著，原始以見終〔三〕。然而闇夫蹈機不覺，何前識之至難〔四〕，而利欲之痻篤邪〔五〕！周成賢而信流言，公旦聖而走南楚，託鴟鴞以告悲，賴金縢以僅免。況能寤之主，不世而一有；不悅之謗，無時而暫乏。德不以激烈風而起憋禾，事不以載珪璧而稱多才〔六〕，嗟泣靡及〔七〕，宜其然也。

〔一〕史記宋世家：「箕子者，紂親戚也。」索隱：「馬融、王肅以箕子爲紂之諸父，服虔、杜預以爲紂之庶兄。」象箸，象牙所製之箸。韓非子喻老：「昔者，紂爲象箸而箕子怖。以爲象箸必不加於土鉶，必將犀玉之杯；象箸玉杯，必不羹菽藿，則必旄象豹胎；旄象豹胎，必不衣短褐而食於茅屋之下，則錦衣九重，廣室高臺。吾畏其卒，故怖其始。」（說林上略同）文子微明：「紂爲象箸而箕子啼。」（舊校：「一作『唏』。」）淮南子繆稱：「紂爲象箸而箕子嘰。」（論衡實知作「譏」，當是「嘰」之誤。）許注：「嘰，嗁（古啼字）也。知爲象箸必有玉杯，爲杯必極滋味。」又說山：「紂爲象箸而箕子唏。」高注：「見象箸知當復作玉杯，……故箕子爲之驚號啼也。」史記十二諸侯年表序：「紂爲象箸而箕子唏。」（宋世家作「歎」）索隱：「唏，嗚歎聲。」照按：抱朴此文之「流泣」，與「啼」、「嘰」、「唏」、「歎」義並相近，韓非子則自作「怖」，不必强同。（顧廣圻韓非子識誤謂「怖」當作「唏」，王先愼又謂「唏」應改「怖」，似皆失之泥。）

〔二〕尼父，孔子。左傳哀公十六年：「孔丘卒，（哀）公誄之曰：『……嗚呼哀哉！尼父，無自律！』」釋文：「父，音甫。」史記孔子世家集解引王肅曰：「父，丈夫之顯稱也。」孟子梁惠王上：「仲尼曰：『始作俑者，其無後乎？爲其象人而用之也。』」趙注：「俑，偶人也，用之送死。仲尼重人類，謂秦穆公時以三良殉葬，本由有作俑者也。夫惡其始造，故曰此人其無後嗣乎？」文子微明：「魯以偶人葬而孔子歎。」淮南子繆稱：「魯以偶人葬而孔子歎。」（說山同）許注：「偶人，桐人也。歎其象人而用之也。」（又見論衡實知）詩小雅常棣：「況也永歎。」毛傳：「永，長也。」

〔三〕越絶書德序外傳記：「聖人見微知著，覩始知終。」三國志魏書臧洪傳：「洪答曰：『……僕雖不敏，又素不能原始見終，覩微知著，竊度主人之心。』」

〔四〕韓非子解老：「先物行、先理動之謂前識。」

〔五〕「㳷」，徐濟忠校「彌」。照按：徐校是。盧舜治本（後簡稱盧本）、柏筠堂本、四庫全書文溯閣本（後簡稱文溯本）、王謨漢魏叢書本（後簡稱叢書本）、蜀藏本並作「彌」。小爾雅廣詁：「彌，益也。」「彌篤」，始能與上句之「至難」相儷。當據改。

〔六〕書金縢：「既克商二年，（武）王有疾，弗豫。二公曰：『我其爲王穆卜。』周公曰：『未可以戚我先王。』公乃自以爲功，……植璧秉珪，乃告大王、王季、文王。史乃册祝曰：『惟爾元孫某，遘厲虐疾。若爾三王是有丕子之責于天，以旦代某之身。予仁若考，能多材多藝，能事鬼神。……無墜天之降寶命，我先王亦永有依歸。今我卽命于元龜，爾之許我，我其以璧與珪，歸俟爾命；爾不許我，我乃屏璧與珪。』乃卜三龜，一習吉。啓籥見書，乃并是吉。……公歸，乃納册于金縢之匱中。王翼日乃瘳。武王既喪，管叔及其羣弟乃流言於國曰：『公將不利於孺子。』周公乃告二公曰：『我之弗辟，我無以告我先王。』周公居東二年，則罪人斯得。于後，公乃爲詩以貽王，名之曰鴟鴞。王亦未敢誚公。秋，大熟。未穫，天大雷電以風，禾盡偃，大木斯拔。邦人大恐。王與大夫盡弁，以啓金縢之書，乃得周公所自以爲功，代武王之説。二公及王乃問諸史與百執事，對曰：『信。噫！公命我勿敢言。』王執書以泣，曰：『其勿穆卜。昔公勤勞王家，惟予沖人弗及知。今天動威，以彰周公之德，惟朕小子其新逆，我國家禮亦宜之。』王出郊，天乃雨，反風，禾則盡起。二公命邦人：凡大木所偃，盡起而築之。歲則大熟。」史記魯世家：「及成王用事，人或譖周公，周公奔楚。」又蒙恬傳：「恬曰：『……昔周成王初立，未離襁緥，周公旦負王以朝，卒定天下。……及王能治國，有賊臣言：「周公旦欲爲亂久矣，王若不備，必有大事。」王乃大怒，周公旦走而奔於楚。』」論衡累害：「故三監讒聖人，周公奔楚。」又感類：「古文家以武王崩，周公居攝，管、蔡流言。王意狐疑周公，周公奔楚。」（俞正燮癸巳類稿一有周公奔楚義，考之甚詳，可參閱。）

〔七〕 詩王風中谷有蓷：「啜其泣矣，何嗟及矣。」毛傳：「啜，泣貌。」鄭箋：「及，與也。」

『夫漸漬之久，則膠漆解堅〔一〕；浸潤之至，則骨肉乖析〔二〕；塵羽之積，則沈舟折軸〔三〕；三至之言，則市虎以成〔四〕。故江充疏賤，非親於元儲，後母假繼，非密於伯奇，而掘梗之誣，滅父子之恩〔五〕；袖蜂之誑，破天性之愛〔六〕。又況其他，安可自必。嗟乎！伍員所以懷忠而漂尸〔七〕，悲夫！白起所以秉義而刎頸也〔八〕。蓋徹鑒所爲寒心，匠人之所眩惑矣〔九〕。

〔一〕 漸漬，猶浸潤。史記禮書：「而況中庸以下，漸漬於失教，被服於成俗乎？」漢書禮樂志：「然百姓漸漬日久。」韓詩外傳九：「子夏曰：『……夫實之與實，如膠如漆。』」史記鄒陽傳：「乃從獄中上書曰：『……感於心，合於行，親於膠漆，昆弟不能離。』」

〔二〕 論語顏淵：「子曰：『浸潤之譖。』」集解引鄭玄曰：「譖人之言，如水之浸潤，漸以成之。」呂氏春秋精通：「故父母之於子也，子之於父母也，一體而兩分，同氣而異息，……此之謂骨肉之親。」

〔三〕 戰國策魏策一：「張儀爲秦連横說魏王曰：『……臣聞積羽沈舟，羣輕折軸。』」淮南子繆稱：「是故積羽沈舟，羣輕折軸，故君子禁於微。」漢書中山靖王傳：「叢輕折軸。」

〔四〕 戰國策魏策二：「龐葱與太子質於邯鄲，謂魏王曰：『今一人言市有虎，王信之乎？』王曰：『否。』『二人言市有虎，王信之乎？』王曰：『寡人疑之矣。』『三人言市有虎，王信之乎？』王曰：『寡人信之矣。』龐葱曰：『夫市之無虎明矣，然而三人言而成虎。今邯鄲去大梁也遠於市，而議臣者過於三人矣，願王察之矣。』王曰：『寡人自爲知。』於是辭行而讒言先至。後太子罷質，果不得見。」（又見韓非子內儲說上、新序雜事二。「葱」並作「恭」，極是。）鄧析子轉辭：「古人有言：『衆口鑠金，三人成虎。』」

〔五〕漢書江充傳：「江充字次倩，趙國邯鄲人也。……後上（武帝）幸甘泉，疾病，充見上年老，恐晏駕後爲太子所誅，因是爲姦，奏言上疾祟在巫蠱。……是時，上春秋高，疑左右皆爲蠱祝詛，……充既知上意，因言宮中有蠱氣，先治後宮希幸夫人，以次及皇后，遂掘蠱於太子宮，得桐木人。太子懼，不能自明，收充，自臨斬之。罵曰：『趙虜！亂乃國王父子不足邪！乃復亂吾父子也！』太子繇是遂敗。」又武五子傳：「戾太子據，元狩元年立爲皇太子。……太子兵敗，亡，不得。……太子之亡也，東至湖，臧匿泉鳩里。……吏圍捕太子，太子自度不得脫，即入室距户自經。」元儲，太子。又疏廣傳：「廣對曰：『太子國儲副君。』」（南齊書東昏侯紀：「皇祚之重，允屬儲元。」）

〔六〕說苑佚文：「王國君前母子伯奇，後母子伯封，兄弟相愛。後母欲其子爲太子，言王曰：『伯奇愛妾，王上臺視之。』後母取蜂除其毒而置衣領之中，往過伯奇。伯奇往視袖中，殺蜂。王見，讓伯奇。伯奇出，使者就袖中有死蜂，使者白王。王見蜂追之，已自投河中。」（文選陸機樂府詩君子行李注引〔漢書馮奉世傳贊顏注、後漢書黃瓊傳李注所引，互有詳略〕）琴操上履霜操：「吉甫，周上卿也。有子伯奇。伯奇母死，吉甫更娶後妻，生子曰伯邦（當作「封」）。乃譖伯奇於吉甫曰：『伯奇見妾有美色，然有欲心。』吉甫曰：『伯奇爲人慈仁，豈有此也？』妻曰：『試置妾空房中，君登樓而察之。』後妻知伯奇仁孝，乃取毒蜂綴衣領，伯奇前持之。於是吉甫大怒，放伯奇於野。」（論衡累害：「後母毀孝子，伯奇放流。」家語弟子解：「〔曾參〕告其子曰：『……尹吉甫以後妻放伯奇。』」）列女傳：「尹吉甫子伯奇至孝，事後母，母取蜂去毒，繫於衣上。伯奇前欲去之。母便大呼曰：『伯奇牽我！』吉甫見，疑之。伯奇自死。」（太平御覽九百五十引〔「列女傳」疑當作「列士傳」〕）孝子傳：「尹吉甫子伯奇至孝，後母取蜂去毒，繫之於衣上。伯奇見蜂，恐傷其母，以手取之。母便大呼曰：『伯奇牽我！』吉甫疑之。伯奇自縊。」（事類賦三十引）照按：上列四書所載伯奇結局各不相同，蓋傳聞之異。假繼，繼母，後母也。漢書衡山王賜傳「人有賊傷后假母者」顏注：「（假母）繼母也。」顏氏家訓後娶：「其後假繼慘虐孤遺。」孝經聖治章：「父子之道，天性也。」漢書宣帝紀：「（地節四年詔）父子之親，夫婦之道，天性也。」又枚乘傳：「乘奏書諫曰：『……故父子之道，天性也。』」

〔七〕左傳哀公十一年：「吴將伐齊，越子（句踐）率其衆以朝焉。王（夫差）及列士，皆有饋賂。吴人皆喜，唯子胥懼，曰：『是豢吴也夫！』諫曰：『越在，我心腹之疾也。壤地同而有欲於我。夫其柔服，求濟其欲也，不如早從事焉。得志於齊，猶獲石田也，無所用之。越不爲沼，吴其泯矣。……今君易之，將以求大，不亦難乎？』弗聽。使於齊，屬其子於鮑氏，爲王孫氏。反役，王聞之，使賜之屬鏤以死。將死，曰：『樹吾墓檟，檟可材也，吴其亡乎！』」杜注：「屬鏤，劍名。」國語吴語：「（伍）員不忍，稱疾辟易，以見王（夫差）之親爲越之禽也。員請先死。將死，曰：『而縣吾目於東門，以見越之入，吴國之亡也。』遂自殺。王愠曰：『孤不使大夫得有見也。』乃使取申胥（伍子胥名員，因封於申，故稱申胥）之尸，盛以鴟夷，而投之於江。」韋注：「鴟夷，革囊。」吕氏春秋知化：「吴王夫差將伐齊，子胥曰：『不可。……今釋越而伐齊，譬之猶懼虎而刺猏，雖勝之，其後患無央。』……夫差不聽。子胥兩祛高蹶而出於廷，曰：『嗟乎！吴朝必生荆棘矣。』夫差興師伐齊，戰於艾陵，大敗齊師，反而誅子胥。子胥將死，曰：『與！吾安得一目以視越人之入吴也。』乃自殺。夫差乃取其身而流之江，抉其目，著之東門，曰：『女胡視越人之入我也。』」史記伍子胥傳：「（吴王）乃使使賜伍子胥屬鏤之劍，曰：『子以此死。』伍子胥仰天歎曰：『嗟乎！讒臣嚭爲亂矣，王乃反誅我。我令若父霸，自若未立時，諸公子争立，我以死争之於先王，幾不得立。若既得立，欲分吳國予我，我顧不敢望也。然今若聽諛臣言以殺長者。』乃告其舍人曰：『必樹吾墓上以梓，令可以爲器；而抉吾眼縣吳東門之上，以觀越寇之入滅吳也。』乃自剄死。吳王聞之大怒，乃取子胥尸盛以鴟夷革，浮之江中。吳人憐之，爲立祠於江上，因命曰胥山。」（說苑正諫同）

〔八〕史記白起傳：「白起者，郿人也。善用兵，事秦昭王。……白起遷爲武安君……秦王乃使人遣白起，不得留咸陽中。……秦昭王與應侯羣臣議曰：『白起之遷，其意尚怏怏不服，有餘言。』秦王乃使使者賜之劍，自裁。武安君引劍將自剄，曰：『我何罪於天而至此哉？』良久，曰：『我固當死。……是足以死。』遂自殺。武安君之死也，以秦昭王五十年十一月。死而非其罪，秦人憐之，鄉邑皆祭祀焉。」

〔九〕王廣恕曰：「（『匠』）疑『近』字之誤。」照按：逸民、行品、疾謬、譏惑、自敍五篇，均有「近人」之文，王說是也。「匠」，俗作近（見干祿字書），與「近」形近，故「近」誤爲「匠」。淮南子氾論：「同異嫌疑者，世俗之所眩惑也。」

『又欲推短才以釐雷同〔一〕，仗獨是以彈衆非。然不覩金雖克木，而錐鑽不可以伐鄧林〔二〕；水雖勝火，而升合不足以救焚山〔三〕。寸膠不能治黃河之濁〔四〕，尺水不能却蕭丘之熱〔五〕。是以身名竝全者甚稀〔六〕，而先笑後號者多有也〔七〕。畏亢悔而貪榮之欲不滅〔八〕，忌毁辱而爭肆之情不遣，亦猶惡溼而泳深淵〔九〕，憎影而不就陰〔一〇〕，穿舟而息漏，猛爨而止沸者也〔一一〕。

〔一〕詩周頌臣工「王釐爾成」鄭箋：「釐，理。」禮記曲禮上：「毋雷同。」鄭注：「雷之發聲，物無不同時應者。人之言當各由己，不當然也。」漢書劉歆傳：「歆因移書太常博士責讓之曰：『……或懷妬嫉，不考情實，雷同相從，隨聲是非。」

〔二〕文子上德：「金之勢勝木，一刃不能殘一林。」淮南子說林：「金勝木者，非以一刃殘林也。」山海經海外北經：「夸父與日逐走，入日，渴欲得飲。飲於河渭，河渭不足，北飲大澤。未至，道渴而死。弃其杖，化爲鄧林。」（又見列子湯問、博物志十）

〔三〕文子上德：「水之勢勝火，一酌不能救一車之薪。」山海經大荒西經：「（昆侖之邱）其外有炎火之山，投物輒然。」異物志：「斯調國有火州，在南海中。其上有野火，春夏自生，秋冬自死。有木生於其中而不消也，枝皮更活，秋冬火死則皆枯瘁。」（三國志魏書齊王芳紀裴注引）搜神記十三：「（崑崙之墟）又環炎火之山，山上有鳥獸草木，皆生育滋長於炎火之中。」東方朔神異經：「南荒之外有火山，長三十里，廣五十里，其中皆生不燼之木，晝夜火燒，得暴風不猛，猛而不滅。」（此據三國志魏書齊王芳紀裴注、太平御覽八百二十引。今本神異經文有脫落）

〔四〕「膠」，意林四引作「醪」。照按：淮南萬畢術：「膠撓水則清。」（太平御覽七三六引）夢溪筆談三：「東阿亦濟水所經，取井水煮膠，謂之阿膠，用攪濁水則清。」是膠有澄清濁水之能矣。「寸膠不能治黃河之濁」者，謂黃河之水甚濁，非一寸之膠所能澄清也。孔融同歲論：「阿膠徑寸，不能止黃河之濁。」（太平御覽七六六引）即稚川此語所出（金樓子立言下：「阿膠五尺，不能止黃河之濁。」庾子山集哀江南賦：「阿膠不能止黃河之濁。」亦皆本孔論）。馬氏所引非是。太平御覽六一引作「膠」，未誤。

〔五〕抱朴子佚文：「南海之中，蕭丘之上，有自生之火，常以春起而秋滅。丘方千里。當火起時滿此丘，上純生一種木，火起正著此木。木雖爲火所著，但小燋黑，人或以爲薪者。火著如常薪，但不成炭，炊熟則灌滅之。後復更用，如此無窮。」（藝文類聚八十、太平御覽八百二十又八六九、事類賦五又八、楚辭九章悲回風洪興祖補注引）

〔六〕史記蔡澤傳：「蔡澤曰：『……夫人之立功，豈不期於成全邪？身與名俱全者，上也。』」列子說符：「叔曰：『仁義使我身名並全。』」

〔七〕易旅：「上九，鳥焚其巢，旅人先笑後號咷。」釋文：「號，户羔反。咷，道羔反。」（同人「同人先號咷而後笑」釋文：「號咷，啼呼也。」）漢書外戚傳下孝成許皇后傳：「上（成帝）於是采劉向谷永之言以報曰：『……易曰：「鳥焚其巢，旅人先咲後號咷。」……』」言王者處民上，如鳥之處巢也，不顧卹百姓，百姓畔而去之，若鳥之自焚也，雖先快意說咲（顔注：「咲，古笑字也。」），其後必號而無及也。』」後漢書張衡傳：「（應閒）吾感去蠹附鴟，悲爾先笑而後號也。」又文苑上崔琦傳：「（外戚箴）先笑後號，卒以辱殘。」

〔八〕易乾：「上九，亢龍有悔。」集解：「王肅曰：『窮高曰亢。知進忘退，故悔也。』」

〔九〕孟子公孫丑上：「是猶惡濕而居下也。」（潮濕字本作溼，漢隸多作「濕」，後遂通用不別。）

〔一〇〕莊子漁父：「人有畏影惡迹而去之走者，舉足愈數而迹愈多，走愈疾而影不離身。自以爲尚遲，疾走不休，絶力而死。不知處陰以休影，處靜以息迹，愚亦甚矣。」漢書枚乘傳：「乘奏書諫曰：『……人性有畏其景而惡其跡者，卻背而走，跡愈多，景愈疾，不知就陰而止，景滅跡絶。』」（又見說苑正諫）

〔一一〕呂氏春秋盡數：「夫以湯止沸，沸愈不止；去其火，則止矣。」漢書枚乘傳：「乘奏書諫曰：『……欲湯之滄，一人炊之，百人揚之，無益也，不如絶薪止火而已。』」（又見說苑正諫）

『夫七尺之骸〔一〕，稟之以所生〔二〕，不可受全而歸殘也〔三〕；方寸之心〔四〕，制之在我，不可放之於流遁也〔五〕。躬耕以食之，穿井以飲之，短褐以蔽之〔六〕，蓬廬以覆之，彈詠以娛之〔七〕，呼吸以延之〔八〕，逍遥竹素〔九〕，寄情玄毫〔一〇〕，守常待終〔一一〕，斯亦足矣。且夫道存則尊，德勝則貴〔一二〕，隋珠彈雀〔一三〕，知者不爲。何必須權而顯，俟禄而飽哉！

〔一〕莊子佚文：「人長七尺，不以爲大。」（止觀輔行傳弘訣一之一引）淮南子精神：「吾生也有七尺之形。」

〔二〕徐濟忠曰：「疑無『以』字。」照按：徐説是。詩小雅小宛：「夙興夜寐，毋忝爾所生。」正義：「故當早起夜臥行之，無辱汝所生之父祖已。」孝經士章李隆基注：「所生，謂父母也。」後漢書崔駰傳：「（崔篆）乃歎曰：『吾生無妄之世，值澆、羿之君，上有老母，下有兄弟，安得獨潔己而危所生哉！』」是此文確衍「以」字。後良規篇「爲人子而舉其所生捐之山谷」，行品篇「不致養於所生」，亦並以「所生」連文，尤爲切證。「七尺之骸，稟之所生」者，猶言七尺之軀，受之父母耳。愼懋官本（後簡稱愼本）、盧本、柏筠堂本、文溯本、叢書本、蜀藏本、崇文書局本（後簡稱崇文本），並作「稟之所以生」，蓋緣不知有誤衍而妄乙也。

〔三〕禮記祭義：「樂正子春曰：『……吾聞諸曾子，曾子聞諸夫子曰：天之所生，地之所養，無人爲大。父母全而生之，子全而歸之，可謂孝矣；不虧其體，不辱其身，可謂全矣。』」（又見呂氏春秋孝行覽）孝經開宗明義章：「子曰：『……身體髮膚，受之父母，不敢毁傷，孝之始也。』」

〔四〕列子仲尼：「文摯乃命龍叔背明而立。文摯自後向明而望之，既而曰：『嘻！吾見子之心矣，方寸之地虚矣，幾聖人也。』」三國志蜀書諸葛亮傳：「（徐）庶辭先主而指其心曰：『本欲與將軍共圖王霸之業者，以此方寸之地也。今已失老母，方寸亂矣，無益於事，請從此别。』」

〔五〕淮南子本經：「凡亂之所由生者，皆在流遁。」高注：「流，放也。遁，逸也。」後漢書張衡傳：「衡因上疏陳事曰：『……夫情勝其性，流遯（與「遁」通）忘反。』」文選東京賦：「若乃流遁忘反，放心不覺。」

〔六〕墨子魯問：「短褐之衣。」荀子大略：「衣則豎褐不完。」楊注：「豎褐，僮豎之褐，亦短褐也。」史記孟嘗君傳：「（田）

文曰：「……今君後宮蹈綺縠，而士不得短褐。」」索隱：「短亦音豎。豎褐，謂褐衣而豎裁之，以其省而便事也。」漢書貢禹傳：「妻子穅豆不贍，裋褐不完。」顔注：「裋者，謂僮豎所著布長襦也；褐，毛布之衣也。」

〔七〕尚書大傳：「子夏作壞室，編蓬户，彈琴瑟其中，以歌先王之風。」（藝文類聚八二、文選左思招隱詩李注、太平御覽九九七引）文選非有先生論：「積土爲室，編蓬爲户，彈琴其中，以詠先王之風。」

〔八〕莊子刻意：「吹呴呼吸，吐故納新，熊經鳥申，爲壽而已矣。此道引之士，養形之人，彭祖壽考者之所好也。」（淮南子精神略同）

〔九〕竹，竹簡。素，縑帛。古未有紙，典籍皆用竹簡或縑帛繕寫，因而竹素（或竹帛）遂成爲典籍代稱。逍遥竹素，謂泛覽典籍。文選張協雜詩：「游心竹素園。」張銑曰：「竹素，皆乃古人所用書之者，言游思古人典籍也。」

〔一〇〕玄，墨。毫，筆。文選文賦：「或含毫而邈然。」李注：「毫，謂筆毫也。」寄情玄毫，謂潛心著述。

〔一一〕説苑雜言：「（榮啓期）對曰：『……夫貧者士之常也，死者民之終也，處常待終（新序佚文作「居常以待終」）（見文選謝靈運登石門最高頂詩李注、太平御覽三八三引），列子天瑞作「處常得終」（家語六本同）），當何憂乎？』」

〔一二〕蔡邕勸學篇：「人無貴賤，道在者尊。」（文選潘岳閒居賦李注引）「勝」，道藏本（後簡稱藏本）、魯藩本、吉藩本作「盛」。照按：疾謬篇「夫德盛操清」，博喻篇「德盛業廣」，是此亦當作「德盛」，然後一律（孫刻從藏本出，而時有不合者，非緣誤刻卽臆改，後别白舉正）。老子第五十一章：「是以萬物莫不尊道而貴德。」荀子非十二子：「古之所謂處士者，德盛者也。」漢書公孫弘傳：「德盛者獲爵尊。」

〔一三〕莊子讓王：「今且有人於此，以隨侯之珠彈千仞之雀，世必笑之。是何也？則其所用者重，而所要者輕也。夫生者，豈特隨侯（「侯」下當據意林二補「珠」字）之重哉！」（又見吕氏春秋貴生）淮南子覽冥：「譬如隋侯之珠。」高

注：「隋侯，漢東之國姬姓諸侯也。隋侯見大蛇傷斷，以藥傅之。後蛇于江中銜大珠以報之。因曰隋侯之珠。蓋明月珠也。」照按：隋珠之「隋」本作「隨」，自隋代後，多改爲「隋」矣。

且夫安貧者以無財爲富，甘卑者以不仕爲榮。故幼安浮海而澄神〔一〕，胡子甘心於退耕〔二〕。逢、比有令德之罪〔三〕，信、布陷功大之刑〔四〕。一枝足以戢鸞羽，何煩乎豐林〔五〕？潢洿足以泛龍鱗〔六〕，豈事乎滄海〔七〕？藜藿嘉於八珍〔八〕，寒泉旨於醽、醁〔九〕；攝縷舊寫本作躡履美於赤舃〔一〇〕，緼袍麗於衮服〔一一〕；把橦安於杖鉞〔一二〕，鳴條樂乎絲竹〔一三〕；茅茨豔於丹楹，采椽珍於刻桷〔一四〕；登嵩峯爲臺榭〔一五〕，疪巖霤爲華屋〔一六〕；積篇章爲敖庾〔一七〕，寶玄談爲金玉〔一八〕；棄細人之近戀〔一九〕，捐庸隸之所欲；遊九皋以含歡〔二〇〕，遺智慧以絶俗。同屈尺蠖〔二一〕，藏光守樸；表拙示訥〔二二〕，知止常足〔二三〕。然後咀嚼芝芳，風飛雲浮；晞景九陽〔二四〕，附翼高遊〔二五〕；仰棲梧桐〔二六〕，俯集玄洲〔二七〕。孰與銜轡而伏櫪〔二八〕，同被繡於犧牛哉〔二九〕！

〔一〕幼安，管寧字。三國志魏書管寧傳：「管寧字幼安，北海朱虛人也。……天下大亂，聞公孫度令行於海外，遂與(邴)原及平原王烈等至於遼東。度虛館以候之。既往見度，乃廬於山谷。時避難者多居郡南，而寧居北，示無遷志。……中國少安，客人皆還，唯寧晏然若將終焉。……文帝卽位，徵寧，遂將家屬浮海還郡。」皇甫謐高士傳管寧傳：「黄初中，華歆薦寧。寧知公孫淵必亂，乃因徵辭還。……遼東郡國圖形於府殿，號爲賢者。」

〔二〕胡子，胡昭。三國志魏書管寧傳：「潁川胡昭字孔明，亦養志不仕。……胡昭始避地冀州，亦辭袁紹之命，遁還鄉里。太祖爲司空丞相，頻加禮辟。昭往應命，既至，自陳一介野生，無軍國之用，歸誠求去。太祖曰：『人各有志，出處異趣，勉卒雅尚，義不相屈。』昭乃轉居陸渾山中，躬耕樂道，以經籍自娛，閭里敬而愛之。」皇甫謐高士傳胡昭傳略同。

〔三〕逢、比，關龍逢、比干。鄧析子轉辭：「桀誅龍逢，紂刳比干。」韓非子人主：「昔關龍逢説桀而傷其四肢，王子比干諫紂而剖其心。」韓詩之傳四：「紂作炮烙之刑，王子比干曰：『主暴不諫，非忠也；畏死不言，非勇也。見過即諫，不用即死，忠之至也。』遂諫，三日不去朝。紂囚殺之。」（又見新序節士）又：「桀爲酒池可以運舟，糟丘足以望十里，而牛飲者三千人。關龍逢進諫曰：『古之人君身行禮義，愛民節財，故國安而身壽。今君用財若無窮，殺人若恐弗勝，君若弗革，天殃必降，而誅必至矣。君其革之！』立而不去朝。桀囚而殺之。」（又見新序節士）史記殷紀：「紂愈淫亂不止。……（比干）迺强諫紂。紂怒曰：『吾聞聖人心有七竅。』剖比干，觀其心。」左傳成公十年：「君子曰：『忠爲令德。』」（昭公十年傳文同）令，善也（詩邶風凱風鄭箋）。

〔四〕信、布，韓信、黥布。史記淮陰侯傳：「淮陰侯韓信者，淮陰人也。……韓信猶豫不忍倍漢，又自以爲功多，……漢六年，人有上書告楚王信反。……上（高祖）令武士縛信，載後車。……至雒陽，赦信罪，以爲淮陰侯。信知漢王畏惡其能，常稱病不朝從。漢十年，陳豨果反，上自將而往，信病不從。……（吕后）乃與蕭相國謀，詐令人從上所來，言豨已得死，列侯羣臣皆賀。相國紿信曰：『雖疾，彊入賀。』信入，吕后使武士縛信，斬之長樂鍾室。」又黥布傳：「黥布者六人也，姓英氏。……項籍死，天下定，……布遂剖符爲淮南王。……高后誅淮陰侯，布因心恐。……上（高祖）遂發兵自將東擊布。……布軍敗走，渡淮，數止戰，不利，與百餘人走江南。布故與番君婚，以故長沙哀王使人紿布，僞與亡，誘走越，故信而隨之番陽。番陽人殺布茲鄉民田舍，遂滅黥布。」

〔五〕莊子逍遥遊：「鷦鷯巢於深林，不過一枝。」鷙羽，鷙鳥。已詳上文「鷙不絓網」句箋。

〔六〕左傳隱公三年：「潢汙行潦之水。」杜注：「潢汙，停水。」正義引服虔云：「畜小水謂之潢，水不流謂之汙。」「汙」與「洿」同（見玉篇水部「汙」字下）。大戴禮記易本命：「有鱗之蟲三百六十，而蛟龍爲之長。」

〔七〕滄海，泛指大海。

〔八〕周禮天官膳夫：「珍用八物。」鄭注：「珍，謂淳熬、淳母、炮豚、炮牂、擣珍、漬、熬、肝膋也。」（禮記內則所言較詳）三國志魏書衞覬傳：「覬上疏曰：『……禮，天子之器必有金玉之飾，飲食之肴必有八珍之味。』」

〔九〕醽、醁，醽酒、醁酒省稱。其字本作「酃」、「渌」。西京雜記四鄒陽酒賦：「其品類，則沙洛渌酃。」盛弘之荆州記：「渌水出豫章康樂縣，其間烏程鄉有酒官，取水爲酒，酒極甘美。與湘東酃湖酒年常獻之，世稱酃、渌酒。」（文選七命李注引）郭仲産湘州記：「衡陽縣東南有酃湖，土人取此水以釀酒，其味醇美，所謂酃酒，每年嘗獻之。」（太平御覽八四五引）水經耒水注略同。

〔一〇〕孫星衍曰：「（『攝縷』）舊寫本作『躡履』。」照按：魯藩本、吉藩本、慎本、盧本、柏筠堂本、文溯本、叢書本、蜀藏本、崇文本亦並作「躡履」。「攝」與「躡」通。「縷」蓋「屨」之誤。小爾雅廣服：「在足謂之屨。」說文履部：「履，足所依也。」又：「屨，履也。」段注：「古曰屨，今曰履；古曰履，今曰鞵。（「鞵」與「鞋」同，見玉篇革部。）名之隨時不同者也。」是「屨」、「履」二字於此均可，「縷」則非也。「攝屨」（或「躡履」）與史記孟嘗君傳之「躡屩」、虞卿傳之「躡蹻」，其比正同。可證。詩豳風狼跋：「赤舄几几。」毛傳：「赤舄，人君之盛屨也。」釋文：「舄，音昔。」周禮天官屨人：「掌王及后之服屨，爲赤舄。」鄭注：「舄有三等，赤舄爲上。……詩（大雅韓奕）云：『王錫韓侯，玄衮赤舄。』則諸侯與王同。」

〔一一〕禮記玉藻：「縕爲袍。」鄭注：「縕，謂今纊及舊絮也。」正義：「如鄭此言，云『縕謂今纊』者，謂好綿也。則鄭注之時，以好者爲綿，惡者爲絮。」論語子罕：「子曰：『衣敝緼袍，與衣狐貉者立，而不恥者，其由也與！』」邢疏：「緼袍，衣之賤者。」説苑立節：「曾子布衣緼袍未得完。」顔師古漢書東方朔傳「衣緼無文」注：「緼，亂絮也。言内有亂絮，上無文綵也。」衮服，衮衣。詩豳風九罭：「衮衣繡裳。」毛傳：「衮衣，卷龍也。」正義：「畫龍於衣謂之衮。故云：『衮衣，卷龍。』」

〔二〕孟子告子上「拱把之桐梓」趙注：「拱，合兩手也；把，以一手把之也。」玉篇木部：「橦，竿也。」把橦，謂隻手所持之竿。説文木部：「杖，持也。」小爾雅廣器：「鉞，斧也。」史記周紀：「武王左杖黄鉞，右秉白旄以麾。」漢書五行志上：「其於王事，出軍行師，把旄杖鉞，誓士衆，抗威武，所以征畔逆，止暴亂也。」

〔三〕鳴條，風吹樹枝聲。文選陸機猛虎行詩：「鳴條隨風吟。」李注引桓子新論：「雍門周曰：『秋風鳴條。』」絲竹，原爲弦樂器與竹管樂器，此泛指音樂。

〔四〕説文艸部：「茨，茅蓋屋。」茅茨，謂以茅草蓋屋。「采」，「棌」之借字。玉篇木部：「棌，榭（木名）也。」采椽，謂以棌木（蓋檽櫟之材）作柱。茅茨、采椽，皆言其節儉，猶吕氏春秋召類之稱明堂爲「茅茨蒿柱」然也。漢書藝文志諸子略：「墨家者流，蓋出於清廟之守。茅屋采椽，是以貴儉。」顔注：「采……字作棌，本從木。」又司馬遷傳：「茅茨不翦，棌椽不斲。」又揚雄傳上：「唐、虞棌椽三等之制也。」顔注：「棌，柞木也。」（堯、舜茅茨不翦，詳後崇教篇「笑茅茨爲不肖」句箋）春秋經莊公二十三年：「丹桓宮楹。」杜注：「桓公廟也。楹，柱也。」又二十四年：「刻桓宮桷。」杜注：「刻，鏤也。桷，椽也。」

〔五〕嵩峯，崇高山峯（如指實爲嵩山之峯，則嫌過泥）。爾雅釋宮：「闍謂之臺，有木者謂之榭。」郭注：「（臺）積土四方。（榭）臺上起屋。」

〔一六〕「疵」，盧本、柏筠堂本、文溯本、叢書本、蜀藏本、崇文本作「庇」。照按：以上文「庇峻岫之巍峩」，詰鮑篇「未若庇體廣廈」，内篇登涉「棲巖庇岫」例之，「庇」字是。爾雅釋言：「庇，蔭也。」廣雅釋詁三：「庇，寄也。」巖霤，謂穴居。楚辭九思遭厄：「鵷鶵遊兮華屋。」文選傅毅舞賦：「燿華屋而熺洞房。」

〔一七〕敖庾，泛指糧倉。史記黥布傳：「薛公對曰：『……據敖庾之粟。』」索隱：「案：太康地記云『秦建敖倉於成皋』。又云『庾』，故云『敖庾』也。」漢書酈食其傳：「食其因曰：『……據敖庾之粟。』」顔注：「敖庾，即敖倉。」（史記酈食其傳作敖倉。正義：「秦始皇時置倉於敖山上，故名之曰敖倉也。」）

〔一八〕玄談，稚川自謂外篇屬儒家（見自敍），書中强調儒學之要者比比皆是。則此處之玄談當爲儒家言，非指老、莊清談也。

〔一九〕細人，見識短淺者。禮記檀弓上：「君子之愛人也以德，細人之愛人也以姑息。」

〔二〇〕詩小雅鶴鳴：「鶴鳴于九皋，聲聞于野。」毛傳：「興也。皋，澤也。言身隱而名著也。」鄭箋：「皋，澤中水溢出所爲坎，自外數至九，喻深遠也。鶴在中鳴焉，而野聞其鳴聲。興者，喻賢者雖隱居，人咸知之。」釋文：「韓詩云：『九皋，九折之澤。』」

〔二一〕易繫辭下：「尺蠖之屈，以求信也。」正義：「尺蠖之蟲初行必屈者，欲求在後之信也。」釋文：「尺蠖，蟲名也。（信）本又作伸，同。音申。」

〔二二〕老子第四十五章：「大巧若拙，大辯若訥。」説文言部：「訥，言難也。」

〔二三〕老子第四十四章：「知足不辱，知止不殆。」又第四十六章：「禍莫大於不知足，咎莫大於欲得。故知足之足，常足矣。」文選東京賦：「遵節儉，尚素樸，思仲尼之克己，履老氏之常足。」

〔二四〕楚辭屈原遠遊：「夕晞余身兮九陽。」王注：「晞我形體於天垠也。九陽，謂天地之涯。」洪補注：「晞，日氣乾也。」仲長統云：「沆瀣當湌，九陽代燭。」注云：「九陽，日也。」（並見後漢書仲長統傳）

〔二五〕法言淵騫：「或曰『淵騫曷不寢？』曰：『攀龍鱗，附鳳翼，巽以揚之，勃勃乎其不可及也。』」

〔二六〕鳳棲梧桐，已見上文「不縶翮於腐鼠」句箋。（韓詩外傳八、說苑辨物亦言之）

〔二七〕十洲記：「鳳麟洲在西海之中央，……洲上多鳳麟，數萬各爲羣。」（玄洲未言有鳳，稚川或誤記。）

〔二八〕荀子性惡：「驊騮、騹驥、纖離、綠耳，此皆古之良馬也。然而前必有銜轡之制，後有鞭策之威，加之以造父之馭，然後一日而致千里也。」漢書李尋傳：「馬不伏歷，不可以趨道。」顏注：「伏歷，謂伏槽歷而秣之也。」郭璞方言五注：「櫪，養馬器也。」「歷」、「櫪」通。

〔二九〕莊子列禦寇：「或聘於莊子，莊子應其使曰：『子見夫犧牛乎？衣以文繡，食以芻叔，及其牽而入於太廟，雖欲爲孤犢，其可得乎？』」尸子：「夷逸者，夷詭諸之裔。或勸其仕。曰：『吾譬則牛也，寧服軛以耕於野，不忍被繡入廟而爲犧。』」（廣博物志四七引）

赴勢公子曰：「夫入而不出者，謂之耽寵忘退；往而不反者，謂之不仕無義〔一〕。故達者以身非我有，任乎所值〔二〕。隱顯默語，無所必固〔三〕。時止則止，時行則行〔四〕。束帛之集〔五〕，庭燎之舉〔六〕，則君子道長，在天利見〔七〕。若運涉陽九讒勝之時〔八〕，則不出户庭〔九〕，括囊勿用〔一〇〕。龍起鳳戢〔一一〕，隨時之宜〔一二〕。古人所以或避危亂而不肯入〔一三〕，或色斯而不終日者〔一四〕，慮巫山之失火，恐芝艾之并焚耳〔一五〕。

〔一〕韓詩外傳五：「朝廷之士爲祿，故入而不出；山林之士爲名，故往而不返。」（後漢書儒林謝該傳李注引，山林二句在前，「出」上「返」上並有「能」字。）漢書王貢兩龔鮑傳贊：「故曰：『山林之士往而不能反，朝廷之士入而不能出。』二者各有所短。」風俗通義愆禮：「傳曰：『朝廷之人入而不能出，山林之民往而不能反。』」論語微子：「子路曰：『不仕無義，長幼之節，不可廢也；君臣之義，如之何其廢之！』」

〔二〕莊子知北遊：「舜問乎丞曰：『道可得而有乎？』曰：『汝身非汝有也，汝何得有夫道。』舜曰：『吾身非吾有也，孰有之哉？』曰：『是天地之委形也。生非汝有，是天地之委和也；性命非汝有，是天地之委順也；孫子非汝有，是天地之委蛻也。故行不知所往，處不知所持，食不知所味，天地之强陽氣也，又胡可得而有邪？』」（又見列子天瑞）

〔三〕易繫辭上：「子曰：『君子之道，或出或處，或默或語。』」論語子罕：「子絕四：毋意，毋必，毋固，毋我。」集解：「用之則行，舍之則藏，故無專必。無可無不可，故無固行。」

〔四〕易艮：「彖曰：『艮，止也。時止則止，時行則行，動靜不失其時，其道光明。』」

〔五〕易賁：「六五，賁于丘園，束帛戔戔。」釋文：「子夏傳云：『五匹爲束。』馬（融）云：『（戔戔）委積貌。』」周禮春官大宗伯：「孤執皮帛。」賈公彥疏：「束者十端，每端丈八尺，皆兩端合卷，總爲五匹，故云束帛也。」史記儒林申公傳：「於是天子（武帝）使使束帛加璧，安車駟馬迎申公。」

〔六〕周禮秋官司烜氏：「凡邦之大事，共墳燭庭燎。」鄭注：「玄謂：墳，大也。樹於門外曰大燭，於門內曰庭燎，皆所以照衆爲明。」韓詩外傳三：「齊桓公設庭燎，爲使人欲造見者。朞年，而士不至。於是東野鄙人有以九九見者。（漢書梅福傳顏注：「九九，算術，若九章、五曹之輩。」）桓公使戲之曰：『九九足以見乎？』鄙人曰：『臣不以九九足以見也。臣聞君設庭燎以待士，朞年而士不至。夫士之所以不至者，君天下之賢君也，四方之士皆自以不及君，故不至也。夫九九薄能耳，而君猶禮之，況賢於九九者乎！……』桓公曰：『善！』乃因禮之。朞月，四方之士相導而至矣。」（又見説苑尊賢）

〔七〕易泰：「象曰：『泰，小往大來，吉亨，則是天地交而萬物通也，上下交而其志同也。內陽而外陰，內健而外順，內君子而外小人，君子道長，小人道消也。』」又乾：「九五，飛龍在天，利見大人。」

〔八〕陽九，謂災荒厄運之年。漢書律曆志上：「易九厄曰：『初入元，百六，陽九；次三百七十四，陰九；次四百八十，陽九。』」顏注引孟康曰：「易傳也。所謂陽九之厄，百六之會者也。初入元百六歲有厄者，則前元之餘氣也，若餘分爲閏也。易爻有九六七八，百六與三百七十四，六乘八之數也，六八四十八，合爲四百八十歲也。」……如淳曰：「六八四十八，爲四百八十歲，有九年旱。」又食貨志上：「（王）莽恥爲政所致，乃下詔曰：『予遭陽九之厄，百六之會。』」顏注：「此歷法應有災歲之期也。」曹植漢二祖優劣論：「值陽九無妄之世，遭災光厄會之運。」（藝文類聚一二、太平御覽四四七引）

〔九〕易節：「初九，不出户庭，无咎。」

〔一〇〕括囊，已見上文「祕六奇以括囊」句箋。易乾：「初九，潛龍勿用。」

〔一一〕莊子佚文：「鵠上城之垝，巢於高榆之顛，城壞巢折，陵風而起。」司馬彪注：「起，飛也。」（文選謝朓和伏武昌登孫權故城詩李注引）龍起，龍飛。詩小雅鴛鴦：「鴛鴦在梁，戢其左翼。」鄭箋：「戢，斂也。」嵇康集兄秀才公穆入軍贈詩：「雙鸞匿景曜，戢翼太山崖。」文選漢高祖功臣頌：「彌翼鳳戢。」

〔一二〕易隨：「象曰：『……隨，大亨貞无咎，而天下隨時，隨時之義大矣哉！』」

〔一三〕論語泰伯：「危邦不入。」

〔一四〕 徐濟忠曰：「『斯』下疑有『舉』字。」陳其榮説同。照按：徐、陳説非是。論語鄉黨：「色斯舉矣（王引之經傳釋詞八：「色斯者，狀鳥舉之疾也。」），翔而後集。」此「色斯」二字所出。後漢書左雄傳：「上疏陳事曰：『……或因罪而引高，或色斯以求名。』」三國志魏書崔琰傳：「琰書諫曰：『……哲人君子，俄有色斯之志。』」論衡定賢：「大賢之涉世也，翔而有集，色斯而舉。」隸釋後漢元賓碑：「翻署色斯。」張壽碑：「君常懷色斯。」費鳳碑：「色斯輕翔。」文選陸機君子有所思行詩：「淑貌色斯升。」皆已單用「色斯」二字。本書漢過篇：「於是明哲色斯而幽遁。」內篇明本：「昔之達人杜漸防微，色斯而逝。」是稚川亦單用「色斯」二字，此固不應再著「舉」字也。若然，則上句「危」下之「亂」字當刪，始能與論語泰伯文合。（吉藩本「斯」下有「舉」字，蓋不知上句有羨字而妄增以相儷耳。）易繫辭下：「君子見幾而作，不俟終日。」

〔一五〕 淮南子俶真：「巫山之上，順風縱火，膏夏紫芝與蕭艾俱死。」高注：「巫山，在南郡。膏夏，大木也。其理密白如膏，故曰膏夏。紫芝，皆喻賢智也。蕭艾，賤草，皆喻不肖。」易林剥之坤：「從風縱火，荻芝俱死。」又咸之艮：「順風縱火，芝艾俱死。」又睽之渙：「從風放火，艾芝俱死。」

方今聖皇御運〔一〕，世夷道泰，仁及蒼生〔二〕，惠風遐邁〔三〕，威肅鬼方〔四〕，澤沾九裔〔五〕；儀坤德以厚載〔六〕，擬乾穹以高蓋〔七〕；神化則雲行雨施〔八〕，玄澤則烟熅汪濊〔九〕；四門穆穆以博延〔一〇〕，主思英逸以俾乂〔一一〕。此乃千載所希值〔一二〕，剖判之一會〔一三〕。而先生慕嘉遁之偏枯，不覺狷、華之患害也〔一四〕；務乎單豹之養內，未睹暴虎之犯外也〔一五〕。是聞涉水之或溺，則謂乘舟者皆敗〔一六〕；以商臣之凶逆〔一七〕，則謂繼體無類也〔一八〕。』

〔一〕 聖皇，照按：自敍篇有「乃草創子書」及「至建武中乃定」語，是聖皇謂東晉元帝也。漢書揚雄傳上：「（甘泉賦）聖皇穆穆。」文選東都賦：「乃致命乎聖皇。」又魏都賦：「登聖皇於天階。」皆以聖皇稱頌時君或開國之主。

〔二〕書益稷：「禹曰：『俞哉！帝光天之下，至于海隅蒼生。』」孔傳：「光天之下至于海隅，蒼蒼然生草木，言所及廣遠。」尹文子佚文：「仁惠被於蒼生。」（文選勸進表李注引）

〔三〕文選東京賦：「惠風廣被。」薛注：「惠，恩也。」爾雅釋詁：「遐，遠也。」又釋言：「邁，行也。」

〔四〕詩大雅蕩：「覃及鬼方。」毛傳：「鬼方，遠方也。」

〔五〕方言十二：「裔，夷狄之總名。」郭注：「邊地爲裔，亦四夷通以爲號也。」是九裔即九夷，泛指少數民族。

〔六〕易坤：「象曰：『……坤厚載物。』」又説卦：「坤，地也。」

〔七〕易説卦：「乾，天也。」文選謝惠連七月七日夜詠牛女詩「瞬目矖曾穹」李注：「穹，天也。」詩小雅正月：「謂天蓋高。」

〔八〕易乾：「象曰：『大哉乾元，萬物資始，乃統天。雲行雨施，品物流行。』」

〔九〕易繫辭下：「天地絪緼，萬物化醇。」「絪緼」與「烟煴」同。文選思玄賦：「天地烟煴，百卉含葩。」舊注：「烟煴，和貌。」又王延壽魯靈光殿賦：「含元氣之烟煴。」張載注：「烟煴，天地之蒸氣也。」漢書禮樂志：「（郊祀歌）澤汪濊。」顔注：「汪濊，言饒多也。」文選司馬相如難蜀父老：「湛恩汪濊。」李注引張揖曰：「汪濊，深貌也。」

〔一〇〕書舜典：「賓于四門，四門穆穆。」孔傳：「穆穆，美也。四門，四方之門。舜流四凶族，四方諸侯來朝者，舜賓迎之，皆有美德，無凶人。」史記五帝紀：「賓於四門，四門穆穆，諸侯遠方賓客皆敬。」集解引馬融曰：「諸侯羣臣朝者，舜賓迎之，皆有美德也。」

〔一一〕書堯典：「帝曰：『咨，四岳，……下民其咨，有能俾乂？』」孔傳：「俾，使。乂，治也。」

〔一二〕漢書王褒傳：「(聖主得賢臣頌)上下俱欲，驩然交欣，千載壹合。」東觀漢記耿況傳：「太史官曰：『耿況彭寵俱遭際會，順時乘風，列爲藩輔，忠孝之策，千載一遇也。』」文選四子講德論：「夫特達而相知者，千載一遇也。」

〔一三〕剖判，開闢。韓非子喻老：「自天地之剖判以至於今。」史記孟子傳：「稱引天地剖判以來。」

〔一四〕韓非子外儲説右上：「太公望東封於齊，齊東海上有居士曰狂矞華士昆弟二人者，立議曰：『吾不臣天子，不友諸侯，耕作而食之，掘井而飲之，吾無求於人也。無上之名，無君之禄，不事仕而事力。』太公望至於營丘，使吏執殺之，以爲首誅。」(論衡非韓略同)照按：「狷」，逸民作「狂狷」，是此乃簡稱。然淮南子人間、論衡非韓並作「狂譎」，與韓非子之「狂矞」(「矞」爲「譎」之省，見集韻十六屑「矞」字下)同。則此「狷」字可疑。顧廣圻校舊寫本(即孫星衍、繼昌所稱者)，於「狷」字右側畫一△號，蓋已覺其有誤矣。(後凡顧氏畫有△號者，不再出。)

〔一五〕莊子達生：「魯有單豹者，巖居而水飲，不與民共利。行年七十，而猶有嬰兒之色。不幸遇餓虎，餓虎殺而食之。……豹養其内，而虎食其外。」(又見吕氏春秋必己、淮南子人間)文選班固幽通賦：「單治裏而外凋兮。」曹大家注：「治裏，謂導氣也。」嵇康集答難養生論：「單豹以營内致斃。」

〔一六〕吕氏春秋蕩兵：「有以乘舟死者，欲禁天下之船悖。」

〔一七〕左傳文公元年：「初，楚子(成王)將以商臣爲大子，訪諸令尹子上。子上曰：『君之齒未也，而又多愛，黜乃亂也。楚國之舉，恆在少者。且是人也，蠭目而豺聲，忍人也，不可立也。』弗聽。既又欲立王子職，而黜大子商臣。……(商臣)以宫甲圍成王，王請食熊蹯而死。弗聽。丁未，王縊。」(又見史記楚世家)

〔一八〕孫人和曰：「按：『繼體』下疑脱『者』字，上下文例可證。」照按：孫説是。公羊傳文公九年：「繼文王之體。」史記外戚世家序：「自古受命帝王及繼體守文之君。」索隱：「按：繼體，謂非創業之主，而是嫡子繼先帝之正體而立者也。」漢書高后紀：「呂氏今無處矣。」顏注：「『處』字或作『類』，言無種類也。」

懷冰先生曰：『聖化之盛，誠如高論。出處之事，人各有懷。故堯、舜在上，而箕、潁有巢棲之客〔一〕，夏后御世，而窮藪有握耒之賢〔二〕。豈有慮於此險哉？蓋各附於所安也。是以高尚其志，不仕王侯，存夫爻象〔三〕，匹夫所執，延州守節，聖人許焉〔四〕。

〔一〕箕、潁巢棲之客，謂許由。漢書鮑宣傳：「（薛方）因使者辭謝曰：『堯、舜在上，下有巢由。』」顏注引張晏曰：「許由隱於箕山，在陽城，有許由祠。」照按：張晏未釋巢字，是以巢由即許由也。應元議許由：「何所感激？臨河洗耳。山居巢處，執心不傾。」（藝文類聚三六引）亦以巢處者爲許由。文選演連珠：「是以巢箕之叟，不眄丘園之幣。」劉孝標注：「古之隱人，結巢以居，故曰巢父。或言卽許由也。」譙周古史考：「許由夏常居巢，故一號巢父。」（文選與從弟君苗君胄書、演連珠李注引）莊子佚文：「堯以天下讓許由，許由不受，退而耕於潁水之陽，終身不見。」（太平御覽八二二引）呂氏春秋求人：「昔者堯朝許由於沛澤之中，……許由辭，……遂之箕山之下，潁水之陽（高注：「箕山，在潁川陽城之西。水北曰陽也。」），耕而食，終身無經天下之色。」（莊子逍遥遊無「遂之」以下四句）照又按：法言問明、漢書古今人表、嵇康聖賢高士傳（見藝文類聚三六引）、皇甫謐高士傳諸書，皆以許由、巢父爲二人，蓋傳聞之異。

〔二〕窮藪握耒之賢，謂柏成子高。已詳上文「柏成操耜，而不屑諸侯之高」二句箋。

〔三〕易蠱：「上九，不事王侯，高尚其事。象曰：『不事王侯，志可則也。』」

〔四〕論語子罕：「子曰：『三軍可奪帥也，匹夫不可奪志也。』」延州，謂吳季札。左傳襄公十四年：「吳子諸樊既除喪，將立季札。季札辭曰：『曹宣公之卒也，諸侯與曹人不義曹君，將立子臧。子臧去之，遂弗爲也，以成曹君。君子曰：「能守節。」君，義嗣也。誰敢奸君！有國，非吾節也。札雖不才，願附於子臧，以無失節。」固立之。棄其室而耕，乃舍之。」（史記吴世家同）又昭公二十七年「（吴）使延州來季子聘于上國」杜注：「季子本封延陵，後復封州來，故曰延州來。」是延州爲延州來省稱。

「僕所以逍遥於丘園，斂跡乎草澤者，誠以才非政事，器乏治民，而多士雲起，髦彦鱗萃〔一〕，文武盈朝，庶事既康〔二〕，故不欲復舉熠燿以廁日月之閒〔三〕，拊甂瓴舊寫本作甗瓴於洪鍾之側〔四〕，貢輕扇於堅冰之節，衒裘鑪乎隆暑之月〔五〕，必見捐於無用，速非時之巨嗤。若擁經著述，可以全真成名〔六〕，有補末化；若强所不堪，則將顛沛惟咎〔七〕，同悔小狐〔八〕。故居其所長，以全其所短耳。雖無立朝之勳，即戎之勞〔九〕，然切磋後生〔一〇〕，弘道養正〔一一〕，殊塗一致〔一二〕，非損盧本作非狷介之民也〔一三〕。劣者全其一介〔一四〕，何及於許由〔一五〕，聖世恕而容之，同曠於有唐〔一六〕，不亦可乎！」

〔一〕爾雅釋言：「髦，俊也。」又釋訓：「美士爲彦。」史記司馬相如傳：「（子虚賦）珍怪鳥獸，萬端鱗萃。」小爾雅廣言：「萃，集也。」

〔二〕庶事既康，已見上文「明良之歌不作」句箋。

〔三〕詩豳風東山：「熠燿宵行。」毛傳：「熠燿，燐也；燐，螢火也。」易離：「象曰：『離，麗也。日月麗乎天。』」韓詩外傳二：「昭昭乎若日月之光明。」

〔四〕廣雅釋詁三：「拊，擊也。」甂、瓴，並瓦器，擊之有聲。淮南子精神：「今夫窮鄙之社也，叩盆拊瓴，相和而歌，自以爲樂矣。」高注：「盆、瓴，瓦器，叩之有音聲，故曰自以爲樂也。」文選西京賦：「洪鐘萬鈞。」「鍾」與「鐘」通。

〔五〕管子禁藏：「夫冬日之不濫，非愛冰也；夏日之不煬，非愛火也。」呂氏春秋有度：「夏不衣裘，非愛裘也，暖有餘也；冬不用翣，非愛翣也，清有餘也。」淮南子俶真：「夫夏日之不被裘者，非愛之也，燠有餘於身也；冬日之不用翣者，非簡之也，清有餘於適也。」

〔六〕莊子盜跖：「盜跖大怒曰：『丘來前！……子之道，狂狂汲汲，詐巧虛僞事也，非可以全真也。』」文選嵇康幽憤詩：「志在守樸，養素全真。」張銑曰：「全真，謂養其質以全真性。」

〔七〕詩大雅蕩：「顛沛之揭。」毛傳：「顛，仆。沛，拔也。」論語里仁：「顛沛必於是。」集解引馬融曰：「顛沛，偃仆。」

〔八〕同悔小狐，已見上文「退無濡尾之累」句箋。

〔九〕論語子路：「子曰：『善人教民七年，亦可以卽戎矣。』」集解引包咸曰：「卽，就也。戎，兵也。言以攻戰。」

〔一〇〕詩衞風淇奥：「有匪君子，如切如磋，如琢如磨。」毛傳：「治骨曰切，象曰磋，玉曰琢，石曰磨。道其學而成也。」

〔一一〕論語衞靈公：「子曰：『人能弘道，非道弘人。』」易蒙：「彖曰：『……蒙以養正，聖功也。』」正義：「能以蒙昧隱默，自養正道，乃成至聖之功。」

〔一二〕易繫辭下：「天下同歸而殊塗，一致而百慮。」

〔一三〕孫星衍曰：「（『損』）盧本作『狷介』。」柏筠堂本、文溯本、叢書本、蜀藏本、崇文本同；吉藩本作「捐」。照按：「狷介」與下句「一介」之「介」緊接而複；「捐」字亦不愜。皆非也。上文曾謂「若擁經著述，可以全真成名，有補末化」，則此句「損」下當有「化」字，始能與之相應。審舉篇：「令有損化。」正以「損化」連文。

〔一四〕孟子萬章上：「伊尹耕於有莘之野，而樂堯、舜之道焉。……非其義也，非其道也，一介不以與人，一介不以取諸人。」又滕文公下「陳仲子豈不誠廉士哉」趙注：「陳仲子齊一介之士，窮不苟求者。」又劉熙注：「陳仲子齊一介之士也。」（文選張協雜詩李注引）是一介謂操守清高不苟求也。

〔一五〕照按：此句文意不屬。非「何」爲「可」之誤，即「及」當作「反」。

〔一六〕老子第十五章：「曠兮其若谷。」河上公注：「曠者，寛大。」此句謂如同堯之寛大許由、巢父然。

赴勢公子勃然自失，肅爾改容，曰：『先生立言助教〔一〕，文討姦違，摽退靜以抑躁競之俗〔二〕，興儒教以救微言之絶〔三〕，非有出者，誰敍彝倫〔四〕？非有隱者，誰誨童蒙〔五〕？普天率土，莫匪臣民〔六〕。亦何必垂纓執笏者爲是〔七〕，而樂飢衡門者可非乎〔八〕！夫羣迷乎雲夢者〔九〕，必須指南以知道〔一〇〕；竝乎滄海者〔一一〕，必仰辰極以得反〔一二〕。今聞嘉訓，乃覺其蔽。請負衣冠，策駑希驥〔一三〕，汎愛與進〔一四〕，不嫌擇焉。』」

〔一〕左傳襄公二十四年：「豹聞之：大上有立德，其次有立功，其次有立言，雖久不廢，此之謂不朽。」孔穎達正義：「立言，謂言得其要，理足可傳。」

〔二〕三國志魏書杜襲傳：「魏國既建，爲侍中，與王粲、和洽並用。粲彊識博聞，故太祖游觀出入，多得驂乘，至其見敬不及洽、襲。襲嘗獨見，至于夜半。粲性躁競，起坐曰：『不知公對杜襲道何等也？』洽笑答曰：『天下事豈有盡邪？卿晝侍可矣，悒悒於此，欲兼之乎！』」文選養生論：「今以躁競之心，涉希靜之塗。」文心雕龍程器：「仲宣輕脆以躁競。」顏氏家訓省事：「世見躁競得官者，便謂弗索何獲？」是躁競爲常語，謂熱中權勢或仕宦也。

〔三〕漢書藝文志：「昔仲尼没而微言絶。」顏注：「精微要妙之言耳。」

〔四〕出，出仕。彝倫，已見上文「攸敍彝倫」句箋。

〔五〕隱，隱居。易蒙：「蒙，亨。匪我求童蒙，童蒙求我。」

〔六〕詩小雅北山：「溥（孟子萬章上引作「普」）天之下，莫非王土；率土之濱，莫非王臣。」毛傳：「溥，大。率，循。濱，涯也。」鄭箋：「此言王之土地廣矣，王之臣又衆矣，何求而不得，何使而不行。」正義：「濱是四畔近水之處，言率土之濱，舉其四方所至之內，見其廣也。」

〔七〕垂纓執笏，謂仕。說文糸部：「纓，冠系也。」釋名釋書契：「笏，忽也。君有教命及所啟白則書其上，備忽忘也。」鄭玄禮記內則「搢笏」注：「笏，所以記事也。」後漢書章帝紀：「（元和元年詔）莫得垂纓士宦王朝。」鍾會與吳主書：「執笏之心，載在名策。」（文選袁宏三國名臣序贊李注引）陸士衡集祖道畢雍孫劉邊仲潘正叔詩：「執笏崇賢內，振纓層城阿。」

〔八〕樂飢衡門，謂隱。詩陳風衡門：「衡門之下，可以棲遲；泌之洋洋，可以樂飢。」毛傳：「衡門，横木爲門，言淺陋也。棲遲，遊息也。泌，泉水也。洋洋，廣大也。樂飢，可樂道忘飢。」

〔九〕書禹貢：「雲土夢作乂。」孔傳：「雲夢之澤在江南。」周禮夏官職方氏：「正南曰荆州，……其澤曰雲瞢（即夢）。」爾雅釋地：「楚有雲夢。」史記司馬相如傳：「（子虛賦）臣聞楚有七澤，嘗見其一，未覩其餘也。臣之所見，蓋特其小小者耳，名曰雲夢。雲夢者，方九百里。」

〔一〇〕鬼谷子謀：「故鄭人之取玉也，載司南之車，爲其不惑也。」韓非子有度：「故先王立司南以端朝夕。」司南，即指南。文選東京賦：「幸見指南於吾子。」又左思吳都賦：「指南司方。」劉淵林注：「指南，指南車也。」

〔一一〕徐濟忠曰：「『並』下疑脫。」又曰：「應是『失』字。」文溯本「並」下剜增「游」字。照按：「並」下補「失」字是，「游」則非也。上文「夫羣迷乎雲夢者」句之「夫」字，藏本、魯藩本、吉藩本等作「失」，即由此句之「失」字致誤。「並失」與「羣迷」相對爲文。

〔一二〕辰極，卽北辰，一名北極星。爾雅釋天：「北極謂之北辰。」（文選琴賦：「披重壤以誕載兮，參辰極而高驤。」呂向曰：「參，近也。辰極，北斗也。驤，舉也。」）淮南子齊俗：「夫乘舟而惑者，不知東西，見斗極則寤矣。」

〔一三〕說苑指武：「孔子曰：『吾所願者，顏氏（顏回）之計，吾願負衣冠而從顏氏子也。』」法言學行：「睎驥之馬，亦驥之乘也。睎顏（顏回）之人，亦顏之徒也。或曰：『顏徒易乎？』曰：『睎之則是。』曰：『昔顏嘗睎夫子矣，……不欲睎則已矣，如欲睎，孰禦焉？』」李軌注：「希，望也。言顏回嘗望孔子也。」（今各本佚此注，玆據文選李康運命論李注所引逸録。）晉書虞溥傳：「溥乃作誥以奬訓之，曰：『……故曰希驥之馬，亦驥之乘。希顏之徒，亦顏之倫也。』」是「希」與「睎」得通假也。（說文目部：「睎，望也。」莊子讓王「夫希世而行」釋文引司馬彪云：「希，望也。」）

〔一四〕論語學而：「汎愛衆。」皇疏：「汎，廣也。君子尊賢容衆，故廣愛一切也。」邢疏：「汎者，寬博之語。君子尊賢而容衆，或博愛衆人也。」又述而：「互鄉難與言，童子見，門人惑。子曰：『與其進也，不與其退也。唯何甚！』」集解引孔安國曰：「教誨之道，與其進，不與其退。怪我見此童子，惡惡一何甚！」皇疏：「云子曰云云者，孔子爲門人釋惑也。言教化之道，唯進是與，唯退是抑。故無來而不納。豈不本其所本耶？故云與其進不與其退也。云唯何甚者，言教化與進，而汝等怪之，此亦一何太甚也。」

抱朴子外篇校箋卷之二

逸民

抱朴子曰：「余昔遊乎雲臺之山而造逸民〔一〕，遇仕人在焉。仕人之言曰：『明明在上〔二〕，總御八紘〔三〕，華夷同歸，要荒服事〔四〕；而先生遊柏成之遐武〔五〕，混羣伍於鳥獸〔六〕。然時移俗異，世務不拘，故木食山棲〔七〕，外物遺累者〔八〕，古之清高，今之逋逃也〔九〕。君子思危於未形，絕禍於方來〔一〇〕，無乃去張毅之內熱〔一一〕，就單豹之外害〔一二〕，畏盈抗慮，忘亂羣之近憂，避牛跡之淺嶮，而墮百仞之不測〔一三〕，違濡足之泥濘〔一四〕，投鑪冶而不覺乎？』」

〔一〕雲臺，言其高。（淮南子俶真「雲臺之高」高注：「臺高際於雲，因曰雲臺。」又人間「及至火之燔孟諸而炎雲臺」許注：「雲臺，高至雲也。」）雲臺之山，泛指高山，非如內篇金丹所稱之雲臺山也。

〔二〕明明在上，指東晉元帝。詩大雅江漢：「明明天子，令聞不已。」法言修身：「明明在上，百官牛羊亦山雌也。」文選陸機贈馮文羆遷斥丘令詩：「明明在上，有集惟彥。」呂向曰：「明明，美稱。在上，謂天子。」

〔三〕淮南子墬形：「八夤之外而有八紘，亦方千里。」高注：「紘，維也。維落天地而爲之表，故曰紘也。」列子湯問：「八紘九野之水。」張湛注：「八紘，八極也。」殷敬順釋文：「紘，音宏。」

〔四〕要，要服，荒，荒服。古謂王城外極遠之地曰要荒。（書禹貢與周書王會所言要服荒服相距之里數各異，此不具録。）文選班固典引：「日月邦畿，卓犖方州，洋溢乎要荒。」李周翰曰：「要荒，遠國也。」

〔五〕柏成，已見嘉遯篇「柏成操耜，而不屑諸侯之高」二句箋。文選東京賦：「蹠二皇之遐武。」薛注：「遐，遠也。武，迹也。」

〔六〕論語微子：「夫子憮然曰：『鳥獸不可與同羣！吾非斯人之徒與而誰與？』」集解引孔安國曰：「隱於山林是同羣。吾自當與此天下人同羣，安能去人從鳥獸居乎？」

〔七〕木食，以樹木果實爲食。山棲，國語越語上「越王句踐棲於會稽之上」韋注：「山處曰棲。」後漢書崔駰傳：「（達旨）或盥耳而山棲，……或木茹而長飢。」李注：「説苑（今本佚）曰：『鮑焦衣木皮，食木實。』」晉書庾衮傳：「絶塵避地，超然遠迹，固窮安陋，木食山棲。」風俗通義愆禮：「（鮑焦）餓於山中，食棗。」袁孝政劉子妄瑕注：「鮑焦拾木實爲食。」法言重黎：「種、蠡不强諫而山棲。」中論天壽：「或辭聘而山棲。」

〔八〕孫人和曰：「按：『遺』當作『遣』。『遣累』，猶言去累。道意篇云：『遣害真之累。』是其證。」照按：孫説是。内篇微旨「蹶埃塵以遣（此依太平御覽六七二引）累」，今本亦誤「遣」爲「遺」，與此同。神仙傳劉安傳：「不能遣累。」亦以「遣累」連文。慎子：「是故外物不累其内。」（文選沈約遊沈道士館詩、養生論、陸機弔魏武帝文李注引）文選養生論：「外物以累心不存。」

〔九〕左傳文公六年：「董逋逃。」説文辵部：「逋，亡也。」

〔一〇〕金匱：「明者見兆於未萌，智者避危於無形。」（文選司馬相如上疏諫獵、阮瑀爲曹公作書與孫權、鍾會檄蜀文李注引）漢書劉向傳：「夫明者起福於無形，銷患於未然。」後漢書馮衍傳上：「蓋聞明者見於無形，智者慮於未萌。」

〔一一〕莊子達生：「有張毅者，高門懸薄，无不走也。行年四十，而有內熱之病以死。」呂氏春秋必己：「張毅好恭，門閭帷薄聚居衆無不趨，輿隸姻媾小童無不敬，以定其身。不終其壽，內熱而死。」淮南子人間：「張毅好恭，過宮室廊廟必趨，見門閭聚衆必下，廝徒馬圉皆與伉禮。然不終其壽，內熱而死。」漢書敍傳上：「（幽通賦）張修襮而內逼。」顏注引應劭曰：「張，張毅也，外修恭敬，斯徒馬圉皆與亢禮，不勝其勞，內熱而死。」嵇康集答難養生論：「張毅以趣外失中。」

〔一二〕單豹外害，已見嘉遯篇「務乎單豹之養內，未睹暴虎之犯外也」二句箋。

〔一三〕漢書蓋寬饒傳：「臨不測之險。」顏注：「不測，謂深也。」

〔一四〕照按：「涇」字誤。當依藏本、吉藩本改爲「溼」。韓詩外傳一：「今爲濡足之故，不救溺人可乎？」

逸民荅曰：『夫鋭志於雛鼠者〔一〕，不識騶虞之用心〔二〕；盛務於庭粒者，安知鴛鸞之遠指〔三〕？猶焦螟之笑雲鵬〔四〕，朝菌之怪大椿〔五〕，坎蛙之疑海鼈〔六〕，井蛇藏本作魚蛇之嗤應龍也〔七〕。子誠喜懼於勸沮〔八〕，焉識玄曠之高韻哉〔九〕！吾幸生於堯、舜之世，何憂不得此人之志乎？』

〔一〕雛鼠，幼鼠，小鼠。

〔二〕詩召南騶虞：「于嗟乎騶虞。」毛傳：「騶虞，義獸也。白虎黑文，不食生物，有至信之德則應之。」正義：「陸璣（毛詩草木鳥獸蟲魚疏）云：『騶虞白虎黑文，尾長於軀，不食生物，不履生草，應信而至者也。』」

〔三〕照按：「鴛」，「鵷」之借字。鵷，鵷雛。鸞，鸞鳥。山海經南山經：「南禺之山，有鳳皇鵷雛。」郭注：「（鵷雛）亦鳳屬。」莊子秋水：「南方有鳥，其名鵷鶵。」釋文引李頤云：「鵷鶵，鸞鳳之屬也。」史記司馬相如傳：「（子虛賦）鵷（漢書司馬相如傳上作「宛」)雛孔鸞。」集解引郭璞曰：「鵷雛，鳳屬也。鸞，鸞鳥也。」

〔四〕晏子春秋外篇八：「(景)公曰：『天下有極細者(「者」字據文選鷦鷯賦李注引增)乎？』晏子對曰：『有。東海有蟲，巢於䗍(俗作「蚊」)睫，再乳再飛，而䗍不爲驚。臣嬰不知其名，而東海漁者命曰焦冥。』」列子湯問：「江浦之間生麽蟲，其名曰焦螟，羣飛而集於蚊睫，弗相觸也，栖宿去來，蚊弗覺也。」張注：「麽，細也。字書云：『麽，小也。』」文選張華鷦鷯賦：「鷦螟巢於蚊睫。」「焦」與「鷦」、「冥」與「螟」，皆音同得通。雲鵬，已見嘉遯篇「佀雲鵬以高逝」句箋。

〔五〕朝菌、大椿，亦見嘉遯篇「無朝菌之榮，望大椿之壽」二句箋。

〔六〕莊子秋水：「公子牟隱机太息，仰天而笑曰：『子獨不聞夫埳井之鼃乎？謂東海之鼈曰：「吾樂與！出跳梁乎井幹之上，入休乎缺甃之崖，赴水則接腋持頤，蹶泥則沒足滅跗，還虷蟹與科斗，莫吾能若也。且夫擅一壑之水，而跨跱埳井之樂，此亦至矣！夫子奚不時來入觀乎？」東海之鼈左足未入，而右膝已縶矣。於是逡巡而卻，告之海曰：「夫千里之遠，不足以舉其大；千仞之高，不足以極其深。禹之時，十年九潦，而水弗爲加益；湯之時，八年七旱，而崖不爲加損。夫不爲頃久推移，不以多少進退者，此亦東海之大樂也。」於是埳井之鼃聞之，適適然驚，規規然自失也。』」荀子正論：「坎井之鼃，不可與語東海之樂。」鹽鐵論復古：「坎井之鼃，不知江海之大。」玉篇土部：「埳，陷也。亦與坎同。」又黽部：「鼃，蝦蟆。今作蛙。」

〔七〕孫星衍曰：「(『井蛇』)藏本作『魚蛇』。」魯藩本作「井蛇」。吉藩本作「螣蛇」。徐濟忠「蛇」上校增「井」字。照按：藏本是。漢書敘傳上：「(答賓戲)應龍潛於潢汙，魚黿媟之。不覩其能奮靈德，合風雲，超忽荒，而躨顥蒼也。」顏注：「應龍，龍有翼者。潢汙，停水也。媟，謂侮狎之也。」是抱朴之「魚蛇」，與答賓戲之「魚黿」意相若也。作

「井蛇」、「膸蛇」均非。

〔八〕左傳襄公二十七年：「賞罰無章，何以沮勸。」正義：「沮，止也。罰有罪，所以止人爲惡；賞有功，所以勸人爲善。」墨子尚賢下：「爲善者勸，爲暴者沮。」荀子彊國：「爲善者勸，爲不善者沮。」

〔九〕文選贈馮文羆遷斥丘令詩：「邁心玄曠，矯志崇邈。」張銑曰：「玄，美。曠，大。」

仕人曰：『昔狂狷、華士義不事上，隱於海隅，而太公誅之〔一〕。吾子沈遁〔二〕，不亦危乎！』

〔一〕狂狷、華士，已見嘉遯篇「不覺狷、華之患害也」句箋。

〔二〕沈遁，長期隱居。

逸民曰：『呂尚長於用兵，短於爲國〔一〕，不能儀玄黃以覆載〔二〕，擬海嶽以博納〔三〕，褒賢貴德，樂育人才，而甘於刑殺，不修仁義，故其劫殺之禍，萌於始封，周公聞之，知其無國也〔四〕。夫攻守異容，道貴知變，而呂尚無烹鮮之術〔五〕，出致遠之御〔六〕，推戰陳之法，害高尚之士，可謂賴甲冑以完刃，又兼之浮泳〔七〕，以射走之儀，又望求之於準的者也〔八〕。』

〔一〕史記齊太公世家：「太公望呂尚者，東海上人。……本姓姜氏，從其封姓，故曰呂尚。……周西伯昌之脱羑里歸，與呂尚陰謀修德以傾商政，其事多兵權與奇計，故後世之言兵及周之陰權，皆宗太公爲本謀。」爲國，治國。

〔二〕儀，效法。玄黃，指天地。禮記中庸：「天之所覆，地之所載。」

〔三〕管子形勢解：「海不辭水，故能成其大；山不辭土石，故能成其高；明主不厭人，故能成其衆。」文子自然：「故海不讓水潦以成其大，山林不讓枉橈以成其崇。」淮南子泰族：「海不讓水潦以成其大，山不讓土石以成其高。」史記李斯傳：「斯乃上書曰：『……是以太山不讓土壤，故能成其大；河海不擇細流，故能就其深；王者不卻衆庶，故能明其德。』」

〔四〕呂氏春秋長見：「呂太公望封於齊，周公旦封於魯。二君者，甚相善也。相謂曰：『何以治國？』太公望曰：『尊賢上功。』周公旦曰：『親親上恩。』太公望曰：『魯自此削矣！』周公旦曰：『魯雖削，有齊者亦必非呂氏也。』其後齊日以大，至於霸。二十四世而田成子有齊國。魯公（「公」字當據韓詩外傳十、淮南子齊俗改作「日」）以削，至於覲存。三十四世而亡。」（又見韓詩外傳十、淮南子齊俗）論衡實知：「太公治齊，周公睹其後世當有劫弒之禍。」

〔五〕老子第六十四章：「治大國若烹小鮮。」河上公注：「鮮，魚。烹小魚，不去腸，不去鱗，不敢撓，恐其糜也。治國煩，則下亂。」文子符言：「故治大國若烹小鮮，勿撓而已。」

〔六〕孫人和曰：「按：『出致遠之御』，義不可通。『出』乃『拙』之壞字。官理篇云：『故良駿敗於拙御。』是其義矣。」照按：孫說是。文子道原：「簟策繁用者，非致遠之御也。」（淮南子原道同）

〔七〕照按：「完」字於此文義不屬，疑爲「免」之形誤。日刊本作「定」，亦非。淮南子說林：「甞被甲而免射者，被而入水，可謂不知類矣。」「免刃」與「免射」，其義一也。

〔八〕走，移動。儀，箭靶。的，箭靶中心。韓非子外儲說左上：「設五寸之的，引十步之遠，非羿、逢蒙不能必全者，有常儀的也。」

『夫傾庶鳥之巢，則靈鳳不集；漉魚鼈之池，則神虯遐逝；刳凡獸之胎，則麒麟不跱其郊〔一〕；害一介之士〔二〕，則英傑不踐其境。呂尚創業垂統〔三〕，以示後人，而張苛酷之端，開殘賊之軌〔四〕，適足以驅俊民以資他國，逐賢能以遺讎敵也〔五〕。去彼市馬骨以致駿足〔六〕，軾陋巷以退秦兵者〔七〕，不亦遠乎！子謂呂尚何如周公乎？」

〔一〕虯，龍。峙，止。大戴禮記易本命：「故帝王好壞巢破卵，則鳳皇不翔焉；好竭水搏魚，則蛟龍不至焉；好刳胎殺夭，則麒麟不來焉。」尸子明堂：「覆巢破卵，則鳳皇不至焉；刳胎焚夭，則騏驎不往焉；竭澤漉魚，則神龍不下焉。」（羣書治要三六引）呂氏春秋應同：「夫覆巢毀卵，則鳳皇不至；刳獸食胎，則麒麟不來；乾澤涸漁，則龜龍不往。」

〔二〕一介，已見嘉遯篇「劣者全其一介」句箋。

〔三〕孟子梁惠王下：「君子創業垂統，爲可繼也。」趙注：「君子造業垂統，貴令後世可繼續而行耳。」史記司馬相如傳：「（難蜀父老）且夫賢君之踐位也，……必將崇論閎議，創業垂統，爲萬世規。」

〔四〕孟子梁惠王下：「賊仁者謂之賊，賊義者謂之殘。」

〔五〕史記李斯傳：「斯乃上書曰：『……今逐客以資敵國，損民以益讎。』」索隱：「資，猶給也。」

〔六〕戰國策燕策一：「郭隗先生曰：『臣聞古之君人，有以千金求千里馬者，三年不能得。涓人言於君曰：「請求之。」君遣之。三月得千里馬，馬已死，買其首五百金，反以報君。君大怒曰：「所求者生馬，安事死馬而捐五百金！」涓人對曰：「死馬且買之五百金，況生馬乎！天下必以王爲能市馬，馬今至矣。」於是不能期年，千里之馬至者三。』」（又見新序雜事三）文選孔融論盛孝章書：「燕君市駿馬之骨，非欲以騁道里，乃當以招絕足也。」

〔七〕呂氏春秋期賢：「魏文侯過段干木之閭而軾之。其僕曰：『君胡爲軾？』曰：『此非段干木之閭歟？段干木蓋賢者也，吾安敢不軾！且吾聞段干木未嘗肯以己易寡人也，吾安敢驕之。段干木光乎德，寡人光乎地；段干木富乎義，寡人富乎財。』其僕曰：『然則君何不相之？』於是君請相之，段干木不肯受。則君乃致祿百萬，而時往館之。

……居無幾何，秦興兵欲攻魏，司馬唐諫秦君曰：『段干木賢者也，而魏禮之，天下莫不聞，無乃不可加兵乎！』秦君以爲然，乃按兵輟不敢攻之。」（又見淮南子修務、新序雜事五）

仕人曰：『不能審也〔一〕。』

〔一〕說文釆部：「宷，悉也，知宷諦也。从宀釆。審，篆文宷从番。」呂氏春秋察微「公怒不審」高注：「審，詳也。」

逸民曰：『夫周公大聖，以貴下賤〔一〕，吐哺握髮，懼於失人，從白屋之士七十人，布衣之徒親執贄所師見者十人，所友者十有二人〔二〕，皆不逼以在朝也。設令呂尚居周公之地，則此等皆成市朝之暴尸〔三〕，而溝澗之腐胔矣〔四〕。

〔一〕易屯：「象曰：『……以貴下賤，大得民也。』」

〔二〕吐哺握髮，已見嘉遯篇「悲吐握之良苦」句箋。漢書吾丘壽王傳「起白屋」顏注：「白屋，以白茅覆屋也。」又蕭望之傳「致白屋之意」顏注：「白屋，謂白蓋之屋以茅覆之，賤人所居。」荀子堯問：「伯禽將歸於魯，周公謂伯禽之傅曰：『……吾語女：我文王之爲子，武王之爲弟，成王之爲叔父，吾於天下不賤矣。然而吾所執贄而見者，十人；還贄而相見者，三十人；貌執之士者，百有餘人。』」尚書大傳：「伯禽封於魯，周公曰：『……吾於天下，豈卑賤也？豈乏士也？所執質而見者，十二；委質而相見者，三十；其未執質之士，百。』」（通鑑前編七成王元年命周公子伯禽代就封於魯條引）韓詩外傳三：「周公踐天子之位七年，布衣之士所贄而師者，十人；所友見者，十三人；窮巷白屋先見者，四十九人；時進善（「善」下合有「者」字），百人。」說苑尊賢：「周公旦白屋之士所下者，七十人。」又：「周公攝天子位七年，布衣之士執贄所師見者，十二人；窮巷白屋所先見者，四十九人；時進善者，百人。」照按：諸書所言人數各不相同，與抱朴此文亦不盡合，蓋傳聞之異。

〔三〕周禮秋官掌戮：「凡殺人者，踣諸市，肆之三日。」禮記檀弓下：「（杞梁之妻）對曰：『君之臣不免於罪，則將肆諸市朝而妻妾執。』」鄭注：「肆，陳尸也。大夫以上於朝，士以下於市。」又王制：「刑人於市，與衆弃之。」文選曹植責躬詩：「不忍我刑，暴之朝肆。」呂向曰：「言天子不忍刑我，暴尸於朝市。」暴，讀蒲木切。

〔四〕照按：「而」下疑脫一字（或是「爲」字）。淮南子要略：「夫江河之腐胔，不可勝數。」

『唐堯非不能致許由、巢父也〔一〕，虞舜非不能脅善卷、石户也〔二〕，夏禹非不能逼柏成子高也〔三〕，成湯非不能録卞隨、務光也〔四〕，魏文非不能屈干木也〔五〕，晉平非不能吏亥唐也〔六〕，然服而師之〔七〕，藏本作復而肆之，今從舊寫本。貴而重之，豈六君之小弱也〔八〕？誠以百行殊尚〔九〕，默默疑作語默難齊〔一〇〕，慕尊賢之美稱，恥賊善之醜迹，取之不足以增威，放之未憂於官曠，從其志則可以闡弘風化，熙隆退讓，厲苟進之貪夫〔一一〕，感輕薄之冒昧；雖器不益於旦夕之用，才不周於立朝之俊，不亦愈於脅肩低眉〔一二〕，諂媚權右〔一三〕，提贄懷貨〔一四〕，宵征同塵〔一五〕，爭津競濟，市買名品，棄德行學問之本，赴雷同比周之末也〔一六〕？彼六君尚不肎苦言以侵隱士〔一七〕，寧肎加之鋒刃乎！聖賢誠可師者〔一八〕，吕尚居然謬矣。

〔一〕許由、巢父，已見嘉遯篇「各守洗耳之高」及「箕、潁有巢棲之客」二句箋。

〔二〕莊子讓王：「舜以天下讓善卷，善卷曰：『余立於宇宙之中，冬日衣皮毛，夏日衣葛絺；春耕種形足以勞動，秋收斂身足以休息。日出而作，日入而息，逍遥於天地之間，而心意自得，吾何以天下爲哉！悲夫，子之不知余也！』

遂不受。於是去而入深山，莫知其處。」（嵇康聖賢高士傳（藝文類聚三六引）、皇甫謐高士傳善卷傳畧同）又：「舜以天下讓其友石户之農，石户之農曰：『捲捲乎后之爲人，葆力之士也。』以舜之德爲未至也，於是夫負妻戴攜子，以入於海，終身不反也。」（又見吕氏春秋離俗覽、嵇康聖賢高士傳（太平御覽五百九引）、皇甫謐高士傳石户之農傳）

〔三〕柏成子高，已見嘉遯篇「柏成操耜，而不屑諸侯之高」二句箋。

〔四〕莊子讓王：「湯將伐桀，因卞隨而謀。卞隨曰：『非吾事也。』湯曰：『孰可？』曰：『吾不知也。』湯又因瞀（吕氏春秋作「務」）光而謀。瞀光曰：『非吾事也。』湯曰：『孰可？』曰：『吾不知也。』……湯遂與伊尹謀伐桀，剋之，以讓卞隨。卞隨辭曰：『后之伐桀也，謀乎我，必以我爲賊也；勝桀而讓我，必以我爲貪也。吾生乎亂世，而无道之人，再來漫我以其辱行，吾不忍聞也。』乃自投稠水而死。湯又讓瞀光曰：『知者謀之，武者遂之，仁者居之，古之道也。吾子胡不立乎？』瞀光辭曰：『廢上非義也，殺民非仁也，人犯其難，我享其利，非廉也。吾聞之曰：『……无道之世，不踐其土。』況尊我乎？吾不忍久見也！』乃負石而自沈於廬水。」（又見吕氏春秋離俗覽、嵇康聖賢高士傳（太平御覽五百九引））

〔五〕干木，已詳本篇上文「軾陋巷以退秦兵」句箋。

〔六〕孟子萬章下：「晉平公之於亥唐也，入云則入，坐云則坐，食云則食。雖蔬食菜羹，未嘗不飽。蓋不敢不飽也，然終於此而已矣。」趙注：「亥唐，晉賢人也，隱居陋巷者。平公嘗往造之，亥唐言入，平公乃入，言坐乃坐，言食乃食也。蔬食，糲食也。不敢不飽，敬賢也。終於此，平公但以此禮下之而已。」嵇康聖賢高士傳：「亥唐，晉人也，高恪寡素，晉國憚之。雖蔬食菜羹，平公每爲之欣飽。」（太平御覽五百九引）皇甫謐高士傳：「晉平公時，朝多賢臣，祁奚、趙武、師曠、叔向皆爲卿大夫，名顯諸侯。（亥）唐獨守道不官，隱於窮巷。平公聞其賢，致禮與相見而請事焉。平公待於門，唐曰入，公乃入；唐曰坐，公乃坐；唐曰食，公乃食。唐之食公也，雖蔬食菜羹，公不敢不飽。」（太平御覽四七四引（今本無。是現行之高士傳，已非玄晏之舊矣。四庫提要五七高士傳提要漏舉此條。））

〔七〕孫星衍曰：「（『服而師之』）藏本作『復而肆之』，今從舊寫本。」陳漢章曰：「『肆之』，本列子湯問（照按：「湯問」二字誤，當作「楊朱」）篇。下文亦云『肆之山林』，疾謬篇亦云『縱而肆之』。」孫人和曰：「藏本近是。『復而肆之』者，復其素志而肆之山林也。……且『肆之』乃古人常語，本書亦屢用之。故下文云：『今令大儒爲吏，不必切事，肆之山林，則能陶冶童蒙，闡弘禮敬。』疾謬篇云：『縱而肆之，其猶烈猛火於雲夢。』列子楊朱篇云：『晏平仲問養生於管夷吾，管夷吾曰：「肆之而已。」』並其證。」照按：陳與後孫說均是。素問瘧論「病極則復」王冰注：「復，謂復舊也。」是此處「復」字謂復其隱逸本志，即下文之「從其志」也。左傳襄公二十三年「不可肆也」杜注：「肆，放也。」是此處「肆之」，即下文之「放之」也。先孫從舊寫本改作「服而師之」，誤矣。（魯藩本、吉藩本亦並作「復而肆之」。舊寫本原從藏本出，其作「服而師之」，蓋緣不得其解臆改。慎本、盧本作「夫而肆之」（徐濟忠「夫」校「尊」），柏筠堂本、文溯本、叢書本、崇文本作「尊而肆之」，皆非是。）

〔八〕「小」，藏本、魯藩本、吉藩本、慎本、舊寫本作「劣」。盧本、文溯本、叢書本、崇文本作「小」。照按：「小弱」與「劣弱」，義雖無殊（說文力部：「劣，弱也。」），然平津本既從藏本出，似不必依盧本改爲「小」也。（「劣弱」連文，見後漢書順帝紀永建元年詔：「小弱」連文，見過秦論。）

〔九〕詩衞風氓「士之耽兮」鄭箋：「士有百行，可以功過相除。」孟子公孫丑上「孟施舍似曾子」趙注：「孝，百行之本。」

白虎通德論攷黜：「孝道之美，百行之本也。」後漢書江革傳：「夫孝，百行之冠，衆善之始也。」三國志魏書王昶傳：「夫孝敬仁義，百行之首。」蔡中郎集姜伯淮碑：「百行循備。」

〔一〇〕徐濟忠曰：「『默默』，疑『語默』。」孫星衍曰：「（『默默』）疑作『語默』。」照按：以嘉遯篇「隱顯默語」，審舉篇「屈伸默語」，交際篇「而或默語殊塗」例之，合作「默語」。文選魏都賦「繆默語之常倫」，又運命論「默語不失其人」，亦並作「默語」。易繫辭上：「子曰：『君子之道，或出或處，或默或語。』」此「默語」二字所出。

〔一一〕晏子春秋內篇問下：「事君苟進。」楚辭惜誓：「或偷合而苟進兮。」王注：「言士有偷合於世，苟欲進取以得爵位。」

〔一二〕孟子滕文公下：「曾子曰：『脅肩諂笑，病于夏畦。』」趙注：「脅肩，竦體也。」焦循正義：「脅肩者，故爲竦敬之狀也。」方言揚雄答劉歆書：「令舉者懷赧而低眉。」王隱晉書：「仲御（夏統字）教然作色謂之曰：『我安能隨俗低眉下意乎！』」（太平御覽五百二引）

〔一三〕權右，權門右族。三國志魏書倉慈傳：「遷敦煌太守，郡在西陲，……大姓雄張，遂以爲俗。……慈到，抑挫權右。」申鑒政體：「疾威福而尊權右。」

〔一四〕周禮天官大宰「阜通貨賄」鄭注：「金玉曰貨。」國語楚語下「夫古者聚貨」韋注：「貨，珠玉之屬。」

〔一五〕詩召南小星：「肅肅宵征。」毛傳：「宵，夜。征，行。」老子第四章：「和其光，同其塵。」

〔一六〕楚辭九辯：「世雷同而炫曜兮，何毀譽之昧昧。」王注：「俗人羣黨，相稱舉也。」左傳文公十八年「是與比周」杜注：「比，近也。周，密也。」管子任法：「羣黨比周。」說苑君道：「羣臣比周。」

〔一七〕苦言，逆耳之言。史記商君傳：「商君曰：『……苦言，藥也；甘言，疾也。』」後漢書東平憲王蒼傳：「（章帝）特賜蒼及瑯邪王京書：『……苦言至戒，望之如渴。』」越絶書越絶外傳計倪：「古人云：『苦藥利病，苦言利行。』」

〔八〕聖賢，指上文之堯、舜、禹、湯、魏文、晉平六君。

『漢高帝雖細行多闕，不涉典藝，然其弘曠恢廓，善恕多容，不繫近累，蓋豁如也〔一〕。雖飢渴四皓，而不逼也。及太子卑辭致之，以爲羽翼，便敬德矯情，惜其大者，發黃鵠之悲歌，杜婉妾之覬覦〔二〕，其珍賢貴隱，如此之至也。宜其以布衣而君四海〔三〕，其度量蓋有過人者矣。

〔一〕史記高祖紀：「高祖，沛豐邑中陽里人，姓劉氏，字季。……仁而愛人，喜施，意豁如也。常有大度，不事家人生產作業。及壯，試爲吏，爲泗水亭長，廷中吏無所不狎侮。好酒及色。」又酈食其傳：「騎士曰：『沛公不好儒，諸客冠儒冠來者，沛公輒解其冠，溲溺其中。與人言，常大罵。未可以儒生說也。』」又陸賈傳：「陸生時時前說稱詩書。高帝罵之曰：『迺公居馬上而得之，安事詩書！』陸生曰：『居馬上得之，寧可以馬上治之乎？……』高帝不懌而有慙色，迺謂陸生曰：『試爲我著秦所以失天下，吾所以得之者何，及古成敗之國。』陸生迺粗述存亡之徵，凡著十二篇。每奏一篇，高帝未嘗不稱善。」古文苑漢高祖手敕太子：「吾遭亂世，當秦禁學，自喜謂讀書無益。洎踐阼以來，時方省書，乃使人知作者之意。追思昔所行，多不是。」不繫近累，蓋指戚夫人、如意母子事，詳下箋。

〔二〕史記留侯世家：「漢十二年，上從擊破（黥）布軍歸，疾益甚，愈欲易太子。留侯諫，不聽，因疾不視事。叔孫太傅稱說引古今，以死爭太子。上詳許之，猶欲易之。及燕，置酒，太子侍。四人從太子，年皆八十有餘，鬚眉皓白，衣冠甚偉。上怪之，問曰：『彼何爲者？』四人前對，各言名姓，曰東園公，甪里先生，綺里季，夏黃公。上乃大驚，曰：『吾求公數歲，公避逃我，今公何自從吾兒游乎？』四人皆曰：『陛下輕士善罵，臣等義不受辱，故恐而亡匿。竊聞太子爲人仁孝，恭敬愛士，天下莫不延頸欲爲太子死者，故臣等來耳。』上曰：『煩公幸卒調護太子。』四人爲壽已畢，趨去。上目送之，召戚夫人指示四人者曰：『我欲易之，彼四人輔之，羽翼已成，難動矣。呂后真而主矣。』戚夫人泣，上曰：『爲我楚舞，吾爲若楚歌。』歌曰：『鴻鵠高飛，一舉千里。羽翮已就，横絶四海。横絶四海，當可柰何！雖有矰繳，尚安所施！』戚夫人嘘唏流涕，上起去，罷酒。竟不易太子者，留侯本招此四人之力也。」（又見新序善謀下）三國志蜀書諸葛亮傳：「亮曰：『將軍總攬英雄，思賢如渴。』」典論：「急賢甚於飢渴。」（北堂書鈔一一、太平御覽八八引）左傳桓公二年：「是以民服事其上，而下無覬覦。」杜注：「下不冀望上位。」

〔三〕史記高祖紀：「於是高祖嫚罵之曰：『吾以布衣提三尺劍取天下，此非天命乎？』」賈子新書威不信：「昔高帝起布衣而服九州。」文選東都賦：「夫大漢之開元也，奮布衣以登皇位。」

『且夫呂尚之殺狷、華者，在於恐其沮衆也〔一〕。然俗之所患者，病乎躁於進趨，不務行業耳。不苦於安貧樂賤者之太多也。假令隱士往往屬目，至於情掛勢利，志無止足者，終莫能割此常慾，而慕彼退静者也。開闢已降，非少人也，而忘富遺貴之士，猶不能居萬分之一〔二〕。仲尼親受業於老子，而不能修其無爲〔三〕；子貢與原憲同門，而不能模其清苦〔四〕。四凶與巢、由同時〔五〕，王莽與二龔共世〔六〕，而不能效也。凡民雖復笞督之，危辱之，使追狷、華，猶必不肎，乃反憂其壞俗邪？呂尚思不及此，以軍法治平世，枉害賢人，酷誤已甚矣！賴其功大，不便以至顛沛耳〔七〕。

〔一〕蒼頡解詁：「沮，敗壞也。」（一切經音義十八引）

〔二〕莊子在宥：「無萬分之一。」戰國策韓策三：「亦萬分之一也。」

〔三〕呂氏春秋當染：「孔子學於老聃、孟蘇、夔靖叔。」韓詩外傳五：「孔子學乎老聃。」白虎通德論辟雍：「孔子師老聃。」潛夫論讚學：「孔子師老聃。」史記孔子世家：「魯南宮敬叔言魯君曰：『請與孔子適周。』……適周問禮，蓋見老子云。辭去，而老子送之曰：『……送子以言，曰：「聰明深察而近於死者，好議人者也；博辯廣大危其身者，發人之惡者也。爲人子者毋以有己，爲人臣者毋以有己。」』」（又見家語觀周）又老子傳：「孔子適周，將問禮於老子。老子曰：『子所言者，其人與骨皆已朽矣，獨其言在耳。且君子得其時則駕，不得其時則蓬累而行。吾聞之，良賈深藏若虛，君子盛德，容貌若愚。去子之驕氣與多欲，態色與淫志，是皆無益於子之身。吾所以告子，若是而已。』」

〔四〕史記仲尼弟子傳：「端沐賜衞人，字子貢。……子貢好廢舉，與時轉貨貲。……常相魯衞，家累千金。」又：「原憲字子思。……孔子卒，原憲遂亡在草澤中。子貢相衞，而結駟連騎，排藜藿入窮閻，過謝原憲。憲攝敝衣冠見子貢。子貢恥之，曰：『夫子豈病乎？』原憲曰：『吾聞之，無財者謂之貧，學道而不能行者謂之病。若憲，貧也，非病也。』子貢慙，不懌而去，終身恥其言之過也。」又游俠傳：「故季次原憲終身空室蓬戶，褐衣疏食不厭。」子思子：「原憲處魯，居環堵之室，上漏下濕，匡坐而絃歌。子貢乘大馬，中紺而表素，軒車不容巷，往見原憲。原憲正冠蹤（當作「縱」）履，杖藜應門。子貢曰：『嘻，先生何病也！』原憲應之曰：『憲聞無財之謂貧，學道而不能行之之謂病。今憲，貧也，非病也。』子貢逡巡而有愧色。」（太平御覽四百三引）莊子讓王、韓詩外傳一、新序節士、皇甫謐高士傳原憲傳略同。

〔五〕四凶，已見嘉遯篇「有虞舉則四凶戮」句箋。巢、由，亦見嘉遯篇「各守洗耳之高」及「箕、潁有巢棲之客」二句箋。

〔六〕漢書王莽傳上：「王莽字巨君，孝元皇后之弟也。……戊辰（初始元年），莽至高廟拜受金匱神嬗。……御王冠，即真天子位，定有天下之號曰新。」又下：「（更始元年十月三日）軍人入殿中，謼曰：『反虜王莽安在？』有美人出房曰：『在漸臺。』衆兵追之，圍數百重。……商人杜吳殺莽，取其綬。校尉東海公賓就，故大行治禮，見吳問綬主所在。曰：『室中西北陬間。』就識，斬莽首。軍人分裂莽身，支節肌骨臠分，爭相殺者數十人。」又贊：「及其竊位南面，處非所據，顛覆之勢險於桀、紂，而莽晏然自以黃、虞復出也。乃始恣睢，奮其威詐，滔天虐民，窮凶極惡，毒流諸夏，亂延蠻貉，猶未足逞其欲焉。是以四海之內，囂然喪其樂生之心，中外憤怨，遠近俱發，城池不守，支體分裂，遂令天下城邑爲虛，丘壠發掘，害徧生民，辜及朽骨，自書傳所載亂臣賊子無道之人，考其禍敗，未有如莽之甚者也。」又王貢兩龔鮑傳：「兩龔皆楚人也，勝字君賓，舍字君倩。二人相友，並著名節，故世謂之楚兩龔。少皆好學明經，勝爲郡吏，舍不仕。……舍、勝既歸鄉里，郡二千石長吏初到官皆至其家，如師弟子之禮。舍年六十八，王莽居攝中卒。莽既簒國，遣五威將帥行天下風俗，將帥親奉羊酒存問勝。明年，莽遣使者即拜勝爲講學祭酒，勝稱疾不應徵。後二年，莽復遣使者奉璽書，太子師友祭酒印綬，安車駟馬迎勝，即拜，……勝自知不見聽，即謂（高）暉等：『吾受漢家厚恩，亡以報，今年老矣，旦暮入地，誼豈以一身事二姓，下見故主哉？』……語畢，遂不復開口飲食，積十四日死，死時七十九矣。使者、太守臨斂，賜複衾祭祠如法。……勝居彭城廉里，後世刻石表其里門。」

〔七〕顛沛，已見嘉遯篇「則將顛沛惟咎」句箋。

『且呂尚之未遇文王也，亦曾隱於窮賤，凡人易之，老婦逐之，賣傭不售，屠釣無獲〔一〕，曾無一人慕之。其避世也〔二〕，何獨慮狷、華之沮衆邪？設令殷紂以尚逃遁，收而斂之〔三〕，疑作殺之尚臨死，豈能自謂罪所應邪？魏武帝亦刑法嚴峻，果於殺戮〔四〕，乃心欲用乎孔明潁川胡昭字孔明，見魏志管寧傳注。孔明自陳不樂出身。武帝謝遣之曰：「義不使高世之士，辱於汙君之朝也〔五〕。」其鞭撻九有〔六〕，草創皇基〔七〕，亦不妄矣。

〔一〕戰國策秦策五：「姚賈曰：『太公望齊之逐夫，朝歌之廢屠，子良之逐臣，棘津之讎不庸，文王用之而王。』」高注：「太公望呂尚，老婦之（照按：「之」當依楚辭離騷洪補注作「所」）逐。賣肉於朝歌，肉上生臭，不售，故曰廢屠。子良不用而斥逐也。釣魚於棘津，魚不食餌。賣庸作，又不能自售也。」尉繚子武議：「太公望年七十，屠牛朝歌，賣食盟津；過七十餘，而主不聽，人人謂之狂夫也。」韓詩外傳七：「呂望行年五十，賣食棘津，年七十，屠於朝歌；九十乃爲天子師，則遇文王也。」又八：「太公望少爲人壻，老而見去。屠牛朝歌，賃於棘津，釣於磻溪，文王舉而用之。」淮南子氾論：「太公之鼓刀。」高注：「太公，河內汲人，有屠釣之困，卒爲文王〔師〕。」又說林：「呂望使老者奮。」高注：「呂望鼓刀釣魚，年七十始學讀書，九十爲文王作師。」又修務：「呂望鼓刀而入周。」高注：「（呂望）居殷，乃屠於朝歌，故曰鼓刀入周。」鹽鐵論貧富：「太公屠牛於朝歌，利不及妻子。」說苑尊賢：「太公望故老婦之出夫也，朝歌之屠佐也，棘津迎客之舍人也，年七十而相周。」又雜言：「太公田不足以償種，漁不足以償網，治天下有餘智。」列女傳辯通齊管妾婧傳：「昔者，太公望年七十，屠牛於朝歌市。」楚辭離騷：「呂望之鼓刀兮，遭周文而得舉。」王注：「（呂望）未遇之時，鼓刀屠於朝歌也。」又天問：「師望在肆昌何識？鼓刀揚聲后何喜？」王注：「師望，謂太公也。昌，文王名也。言太公在市肆而屠，文王何以識知之乎？后，謂文王也。言呂望鼓刀在列肆，文王親往問之。呂望對曰：『下屠屠牛，上屠屠國。』文王喜，載與俱歸也。」呂尚有關傳說，諸書不甚一致，姑錄所知者如上。荀子議兵：「傭徒粥賣之道也。」韓非子五蠹：「買庸而決竇。」易林小畜之益：「賣傭不售。」蔡邕勸學注：「傭，賣力也。」（一切經音義六引）是賣傭，謂出賣勞力也。

〔二〕陳澧曰：「『其』，疑當作『共』。」照按：陳說是。

〔三〕孫星衍曰：「（『斂之』）疑作『殺之』。」照按：「斂之」不可解，孫謂「疑作『殺之』」，蓋是。

〔四〕三國志魏書武帝紀：「太祖武皇帝，沛國譙人也，姓曹，諱操，字孟德。」後漢書袁紹傳上：「乃先宣檄曰：『……而（操）遂乘資跋扈，肆行酷烈，割剝元元，殘賢害善。故九江太守邊讓，英才儁逸，以直言正色，論不阿諂，身被梟懸之戮，妻孥受灰滅之咎。……爵賞由心，刑戮在口，所愛光五宗，所怨滅三族，羣談者受顯誅，腹議者蒙隱戮。……故太尉楊彪，歷典二司，元綱極位。操因睚眦，被以非罪，搒楚并兼，五毒俱至，觸情放慝，不顧憲章。又議郎趙彦，忠諫直言，議有可納，故聖朝含聽，改容加錫。操欲迷奪時明，杜絶言路，擅收立殺，不俟報聞。……歷覩古今書籍所載，貪殘虐烈無道之臣，於操爲甚。』」曹瞞傳：「太祖爲人佻易，無威重，……然持法峻刻，諸將有計畫勝出己者，隨以法誅之，及故人舊怨，亦皆無餘。其所刑殺，輒對之垂涕嗟痛之，終無所活。初，袁忠爲沛相，嘗欲以法治太祖，沛國桓邵亦輕之，及在兖州，陳留邊讓言議頗侵太祖，太祖殺讓，族其家；忠邵俱避難交州，太祖遣使就太守士燮盡族之。桓邵得出首，拜謝於庭中，太祖謂曰：『跪可解死邪！』遂殺之。」（三國志魏書武帝紀末裴注引）

〔五〕孔明，胡昭字。事略附載三國志魏書管寧傳後（孫星衍謂見管寧傳注，未免失之眉睫）。其「不樂出身」，已見嘉遯篇「胡子甘心於退耕」句箋，茲不再徵引。楊慎（譚苑醍醐一、丹鉛總録十）胡應麟（史書佔畢四）皆誤認抱朴此文之孔明爲諸葛亮，孫志祖（讀書脞録六）已糾其繆。而俞樾（曲園雜纂）又謂「胡昭在魏晉間，其名固卓犖在人口者，故抱朴但舉其字也。若今人，則不知者多矣」。其然，豈其然乎？

〔六〕三國志魏書武帝紀評：「漢末，天下大亂，雄豪並起，而袁紹虎眎四州，彊盛莫敵。太祖運籌演謀，鞭撻宇内，擥申、商之法術，該韓、白之奇策，……終能總御皇機，克成洪業者，惟其明略最優也。」詩商頌玄鳥：「奄有九有。」毛傳：「九有，九州也。」

〔七〕後漢書班彪傳上：「（班固兩都賦）圖皇基於億載，度宏規而大起。」

「紛擾日久，求競成俗，或推貨賄以龍躍〔一〕，或階黨援以鳳起〔二〕，風成化習，大道漸蕪，後生昧然，儒訓遂堙。將爲立身，非財莫可。苟有卓然不羣之士〔三〕，不出户庭〔四〕，潛志味道〔五〕，誠宜優訪，以興謙退也。夫使孫、吴荷戈〔六〕，一人之力耳。用其計術，則賢於萬夫。今令大儒爲吏，不必切事。肆之山林，則能陶冶童蒙〔七〕，闡弘禮敬〔八〕。何必服巨象使捕鼠〔九〕，韝鸞下有脱文也〔一〇〕。」

〔一〕周禮天官大宰：「阜通貨賄。」鄭注：「金玉曰貨，布帛曰賄。」龍躍，已見嘉遯篇「故或負鼎而龍躍」句箋。

〔二〕起，飛也。亦見嘉遯篇「龍起鳳戢」句箋。

〔三〕淮南子修務：「超然獨立，卓然離世。」高注：「不羣於俗。」漢書景十三王傳贊：「夫惟大雅，卓爾不羣，河間獻王近之矣。」

〔四〕不出户庭，已見嘉遯篇「不出户庭」句箋。

〔五〕漢書敍傳上：「（班固答賓戲）委命共己，味道之腴。」（文選李注引桓譚答楊雄書曰：「子雲勤味道腴者也。」）後漢書申屠蟠傳：「同郡蔡邕深重蟠，及被州辟，乃辭讓之曰：『申屠蟠……安貧樂潛，味道守真。』」

〔六〕荀子議兵：「善用兵者，感忽悠闇，莫知其所從出。孫、吴用之，無敵於天下。」楊注：「孫，謂吴王闔閭將孫武。

吴，謂魏武侯將吴起也。」史記孫子吴起傳：「孫子武者，齊人也。以兵法見於吴王闔廬。……於是闔廬知孫子能用兵，卒以爲將。西破彊楚，入郢，北威齊晉，顯名諸侯，孫子與有力焉。……吴起者，衞人也。好用兵。……吴起於是聞魏文侯賢，欲事之。文侯問李克曰：『吴起何如人哉？』李克曰：『起貪而好色，然用兵司馬穰苴不能過也。』於是魏文侯以爲將，擊秦，拔五城。……文侯以吴起善用兵，廉平，盡能得士心，乃以爲西河守，以拒秦韓。……太史公曰：『世俗所稱師旅，皆道孫子十三篇，吴起兵法。』」

〔七〕漢書董仲舒傳：「陶冶而成之。」顔注：「陶以喻造瓦，冶以喻鑄金也。」

〔八〕照按：「敬」，疑當作「教」。莊子徐无鬼「禮教之士敬容」，列子楊朱「衞之君子多以禮教自持」，韓詩外傳三「哀其不聞禮教而就刑誅也」，法言五百「見禮教之至也」，申鑒政體「故禮教榮辱以加君子」，並以「禮教」連文，可證。本書審舉篇「然染道化，率禮教」，疾謬篇「禮教漸頹」，刺驕篇「皆背叛禮教」，內篇明本「不營禮教」，又「老子既兼綜禮教」，極言「務於禮教」，是稚川亦屢以「禮教」連文也。

〔九〕莊子逍遥遊：「今夫斄牛其大若垂天之雲，此能爲大矣，而不能執鼠。」又秋水：「騏驥驊騮一日而馳千里，捕鼠不如狸狌，言殊技也。」尸子：「使牛捕鼠，不如猫狌之捷。」（太平御覽九一二引）説苑雜言：「騏驥騄駬足及千里，置之宫室，使之捕鼠，曾不如小狸。」寓意均與此同。

〔一〇〕孫星衍曰：「（『鸞』）下有脱文。」照按：孫説是。徐濟忠、王國維亦謂「鸞」下有缺脱。

『下脱仕人曰數語則鐘鼎鐫其聲〔一一〕。若乃零淪藪澤〔一二〕，空生徒死，亦安足貴乎？』

〔一一〕照按：此句突如其來，與上文不銜接，孫星衍謂「脱仕人曰數語」，甚是。鐘鼎鐫聲，謂勒銘業績。

〔一二〕莊子刻意：「就藪澤，處閒曠，釣魚閒處，無爲而已矣，此江海之士，避世之人，閒暇者之所好也。」

逸民荅曰：『子可謂守培塿〔一〕，玩狐丘〔二〕，未登閬風而臨雲霓〔三〕，翫瀅汀〔四〕，游潢洿〔五〕，未浮南溟而涉天漢〔六〕。凡所謂志人者，不必在乎祿位，不必須乎勛伐也。太上無己，其次無名〔七〕，能振翼以絶羣，騁迹以絶軌，爲常人所不能爲，割近才所不能割，少多不爲凡俗所量，恬粹不爲名位所染，淳風足以濯百代之穢，高操足以激將來之濁。何必紆朱曳紫〔八〕，服冕乘軺〔九〕，被犧牛之文繡〔一〇〕，吞詹何之香餌〔一一〕，朝爲張天之炎熱，夕成冰冷之委灰〔一二〕！

〔一〕左傳襄公二十四年：「大叔曰：『不然。部婁無松柏。』」杜注：「部婁，小阜。」方言十三：「冢，秦晉之間謂之墳，或謂之培，……自關而東謂之丘，小者謂之塿。」郭注：「（培）音部。」風俗通義山澤：「謹按：春秋左氏傳：『培塿無松柏。』言其卑小。部者，阜之類也。今齊魯之間，田中少高卬，名之爲部矣。」文選魏都賦「培塿之與方壺也」李注引左傳作「培塿」。

〔二〕禮記檀弓上：「古之人有言曰：『狐死正丘首，仁也。』」鄭注：「正丘者，正首丘也。仁，恩也。」正義：「丘是狐窟穴根本之處，雖狼狽而死，意猶嚮此丘。」文子上德：「飛鳥反鄉，兔走歸窟，狐死守丘。」（淮南子説林作「首丘」）楚辭九章哀郢：「鳥飛反故鄉兮，狐死必首丘。」

〔三〕楚辭離騷：「登閬風而緤馬。」王注：「閬風，山名，在崑崙之上。」又：「揚雲霓之晻藹兮。」文選宋玉對楚王問：「鳳皇上擊九千里，絶雲霓，負蒼天，翱翔乎杳冥之上。」霓，雌虹。已見嘉遯篇「思眇眇焉若居乎虹霓之端」句箋。

〔四〕説文水部：「滎，絶小水也。」瀅，同滎（見玉篇水部「瀅」字注）。玉篇水部：「汀，水際平沙也；洲也。」瀅汀，皆謂小水。

〔五〕潢洿，已見嘉遯篇「潢洿足以泛龍鱗」句箋。

〔六〕莊子逍遥遊：「是鳥也，海運則將徙於南冥。南冥者，天池也。」宋書天文志序：「北溟之魚化而爲鳥，將徙於南溟。」是「冥」與「溟」通用之證。詩小雅大東：「維天有漢。」毛傳：「漢，天河也。」大戴禮記夏小正：「漢也者，天漢也。」廣雅釋天：「天河謂之天漢。」

〔七〕莊子逍遥遊：「故曰：『至人無己，神人無功，聖人無名。』」太上，最上。

〔八〕法言學行：「或曰：『使我紆朱懷金，其樂不可量已。』」漢書揚雄傳下：「（解謿）紆青拕紫，朱丹其轂。」顔注：「青紫，謂綬之色也。紆，縈也。拕，曳也。」文選李注引東觀漢記曰：「印綬，漢制：公侯紫綬，九卿青綬。」劉良曰：「紆，帶也。拕，服也。青紫，並貴者服飾也。」

〔九〕左傳哀公十五年：「大子與之言曰：『苟使我入獲國，服冕乘軒，三死無與。』」杜注：「冕，大夫服。軒，大夫車。」廣雅釋器：「軺，車也。」

〔一〇〕犧牛文繡，已見嘉遯篇「同被繡於犧牛哉」句箋。

〔一一〕淮南子原道：「加之以詹何、娟嬛之數。」高注：「詹何、娟嬛，古善釣人名。」香餌，已見嘉遯篇「淵魚之引芳餌」句箋。

〔一二〕文選演連珠：「臣聞郁烈之芳，出於委灰。」李注引王逸楚辭（離騷）注曰：「委，棄也。」

『夫斥鷃不以蓬榛易雲霄之表〔一〕，王鮪不以幽岫貿滄海之曠〔二〕，虎、豹入廣厦而懷悲〔三〕，鴻、鶤登嵩巒而含慼〔四〕。物各有心，安其所長。莫不泰於得意，而慘於失所也。經世之士，悠悠皆是〔五〕，一日無君，惶惶如也〔六〕。譬猶藍田之積玉〔七〕，鄧林之多材〔八〕，良工大匠，肆意所用。亦何必棲魚而沈鳥哉〔九〕！嘉遁高蹈〔一〇〕，先聖所許；或出或處〔一一〕，各從攸好。

〔一〕莊子逍遙遊："有鳥焉，其名爲鵬，背若泰山，翼若垂天之雲，摶扶搖羊角而上者九萬里。絶雲氣，負青天，然後圖南，且適南冥也。斥鴳笑之曰：『彼且奚適也？我騰躍而上，不過數仞而下，翱翔蓬蒿之間，此亦飛之至也，而彼且奚適也！』"釋文："司馬（彪）云：『（斥）小澤也。』『鴳』，字亦作『鷃』。"

〔二〕周禮天官𩟇人："春獻王鮪。"鄭注："王鮪，鮪之大者。"爾雅釋魚："鮥，鮛鮪。"郭注："鮪，鱣屬也，大者名王鮪。"

「貿」，同「貿」。小爾雅廣詁："貿，易也。"

〔三〕淮南子齊俗："廣廈闊屋，連闥通房，人之所安也，鳥入之而憂。"

〔四〕太玄裝："次四，鶤雞朝飛。"范望注："鶤雞，水鳥。"又："次五，鴻裝於淄。"范注："（鴻）水鳥。"文選西京賦："駕鵝、鴻、鶤，……奮隼歸鳧。"呂延濟曰："隼，鷹類。餘皆水鳥名。"嵩，泛指高山。說文山部："巒，山小而鋭。"（爾雅釋畜釋文："鶤，音昆。"）

〔五〕論語微子："（桀溺）曰：『滔滔者，天下皆是也。』"釋文："（滔滔）鄭本作『悠悠』。"蓋古論也。史記孔子世家："桀溺曰：『悠悠者，天下皆是也。』"鹽鐵論大論："孔子生於亂世，……悠悠者皆是，君闇大夫妬，孰合有媒？"後漢書朱穆傳："（崇厚論）悠悠者皆是，其可稱乎！"（李注："悠悠，多也。"）又崔駰傳："（達旨）悠悠罔極，亦各有得。"（李注："悠悠，衆多也。"）中論譴交："悠悠皆是，孰能不然者乎！"其並作「悠悠」與此同，亦皆用古論也。

〔六〕廣雅釋訓："惶惶，劇也。"「惶惶」，即「皇皇」。孟子滕文公下："孔子三月無君，則皇皇如也。"楚辭劉向九歎怨思：「征夫皇皇其孰依兮。」王注：「皇皇，惶遽貌。」

〔七〕文選西都賦：「陸海珍藏，藍田美玉。」李注：「范子計然曰：『玉英出藍田。』」又西京賦：「爰有藍田珍玉，是之自出。」薛注：「藍田，弘農縣也。范子計然曰：『玉英出藍田。』是之自出，謂玉出自藍田之中也。」

〔八〕鄧林，已見嘉遯篇「而錐鑽不可以伐鄧林」句箋。

〔九〕文子自然：「故不尚賢者，言不放魚於木，不沈鳥於淵。」舊注：「言因飛而放於林，因游而投於水，則飛沈得所，猶賢愚並用也。」淮南子齊俗：「故老子曰『不上賢』者，言不致魚於木，沈鳥於淵。」許注：「物各因其宜，故不須用賢。」

〔一〇〕左傳哀公二十一年：「齊人責稽首，因歌之，曰：『魯人之皐，數年不覺，使我高蹈。』」杜注：「高蹈，猶遠行也。」文選七命：「嘉遯龍盤，翫世高蹈。」

〔一一〕易繫辭上：「子曰：『君子之道，或出或處，或默或語。』」

『蓋士之所貴，立德立言〔一〕。若夫孝友仁義，操業清高，可謂立德矣；窮覽墳、索〔二〕，著述粲然〔三〕，可謂立言矣。夫善卷無治民之功〔四〕，未可謂之減於俗吏；仲尼無攻伐之勛，不可以爲不及於韓、白矣〔五〕。身名竝全，謂之爲上〔六〕。隱居求志，先民嘉焉〔七〕。夷、齊一介，不合變通〔八〕，古人嗟嘆，謂不降辱〔九〕。夫言不降者，明隱逸之爲高也；不辱者，知羈縶之爲洿也。聖人之清者，孟軻所美〔一〇〕，亦云天爵貴於印綬〔一一〕。志修遺榮，孫卿所尚，道義既備，可輕王公〔一二〕。而世人所畏唯勢，所重唯利。盛德身滯，便謂庸人；器小任大，便謂高士。或有乘危冒嶮，投死忘生，棄遺體於萬仞之下〔三〕，邀榮華乎一朝之間〔四〕，比夫輕四海、愛脛毛之士〔五〕，何其緬然邪！』

〔一〕立德立言，已見嘉遯篇「先生立言助教」句箋。

〔二〕左傳昭公十二年：「（楚靈王）王曰：『是良史也，子善視之！是能讀三墳、五典、八索、九丘。』」杜注：「皆古書名。」

〔三〕荀子非相：「故曰欲觀聖王之跡，則於其粲然者矣。」楊注：「粲然，明白之貌。」

〔四〕善卷，已見本篇上文「虞舜非不能脅善卷、石户也」句箋。

〔五〕孫人和曰：「按：『爲』，當作『謂』。上文云：『善卷無治民之功，未可謂之滅於俗吏。』語意並同。」照按：孫說非是。「爲」若改「謂」，則此句便成「不可以謂不及於韓白矣」，反覺語法不安。又按：「不及於韓白」之「於」字，疑涉上句誤衍。（本書儷句，往往祇求字數對稱，自不如後代精工。）史記白起傳：「白起者，郿人也。善用兵。……太史公曰：『……白起料敵合變，出奇無窮，聲震天下。』」又淮陰侯傳：「淮陰侯韓信者，淮陰人也。……諸將皆喜，人人各自以爲得大將。至拜大將，乃韓信也。一軍皆驚。……上（高祖）常從容與信言諸將能不，各有差。上問曰：『如我能將幾何？』信曰：『陛下不過能將十萬。』上曰：『於君何如？』曰：『臣多多而益善耳。』上笑曰：『多多益善，何爲爲我禽？』信曰：『陛下不能將兵，而善將將，此乃信之所以爲陛下禽也。』」韓信、白起俱善用兵，故以韓、白並舉。三國志魏書武帝紀評：「（太祖）擥申、商之法術，該韓、白之奇策。」梁書武帝紀上：「高祖謂諸將曰：『……我若總荆、雍之兵，掃定東夏，韓、白重出，不能爲計。』」其連稱韓、白與此同。（後君道篇「韓、白畢力以折衝」，亦以韓、白並舉。）

〔六〕身名並全，已見嘉遯篇「是以身名並全者甚稀」句箋。

〔七〕論語季氏：「孔子曰：『……隱居以求其志，行義以達其道，吾聞其語矣，未見其人也。』」邢疏：「隱居以求其志者，謂隱遯幽居以求遂其己志也。」

〔八〕史記伯夷傳：「伯夷、叔齊，孤竹君之二子也。父欲立叔齊，及父卒，叔齊讓伯夷。伯夷曰：『父命也。』遂逃去。叔齊亦不肯立而逃之。……於是伯夷、叔齊聞西伯昌善養老，盍往歸焉。及至，西伯卒，武王載木主，號爲文王，東伐紂。伯夷、叔齊叩馬而諫曰：『父死不葬，爰及干戈，可謂孝乎？以臣弑君，可謂仁乎？』左右欲兵之。太公曰：『此義人也。』扶而去之。武王已平殷亂，天下宗周，而伯夷、叔齊恥之，義不食周粟，隱於首陽山，采薇而食之。……遂餓死於首陽山。」孟子公孫丑上：「孟子曰：『伯夷非其君不事，非其友不友，不立於惡人之朝，不與惡人言。立於惡人之朝，與惡人言，如以朝衣朝冠，坐於塗炭。推惡惡之心，思與鄉人立，其冠不正，望望然去之，若將浼焉。』」又：「孟子曰：『伯夷隘。』」趙注：「懼人之污來及己，故無所含容，言其太隘狹也。」

〔九〕論語微子：「子曰：『不降其志，不辱其身，伯夷、叔齊與？』」集解引鄭玄曰：「言其直己之心，不入庸君之朝。」

〔一〇〕孟子萬章下：「孟子曰：『伯夷，聖之清者也。』」

〔一一〕孟子告子上：「孟子曰：『有天爵者，有人爵者，仁義忠信，樂善不倦，此天爵也；公卿大夫，此人爵也。古之人，脩其天爵，而人爵從之；今之人，脩其天爵，以要人爵，既得人爵而棄其天爵，則惑之甚者也。終亦必亡而已矣。』」趙注：「天爵以德，人爵以禄。人爵從之，人爵自至也。以要人爵，要，求也，得人爵棄天爵，惑之甚也。棄善忘德，終必亡之。」印綬，印，印章。綬，繫印絲帶。史記張耳陳餘傳：「（陳餘）乃脱解印綬，推予張耳。」漢書朱買臣傳：「買臣衣故衣，懷其印綬，步歸郡邸。」

〔一二〕荀子脩身：「志意脩，則驕富貴；道義重，則輕王公。」「脩」與「修」通。

〔三〕禮記祭義：「曾子曰：『身也者，父母之遺體也。』」

〔四〕文子上德：「有榮華者，必有愁悴。」淮南子説林：「有榮華者，必有憔悴。」漢書敍傳上：「（班固答賓戲）朝爲榮華，夕而焦瘁。」顏注：「焦，音在消反。瘁，與悴同。」

〔五〕輕天下，如許由、善卷、石户之農等是。已見嘉遯篇「而箕、潁有巢棲之客」句箋及本篇上文「虞舜非不能脅善卷、石户也」句箋。淮南子俶真：「明於死生之分，達於利害之變，雖以天下之大，易骭之一毛，無所槩於志也。」高注：「骭，自膝以下脛以上也。」孔叢子抗志：「故明於死生之分，通於利害之變，雖以天下易其脛毛，無所概於志矣。」餘詳嘉遯篇「楊朱吝其一毛」句箋。

仕人曰：『潛退之士，得意山澤，不荷世貴，蕩然縱肆，不爲時用，嗅禄利〔一〕句有脱字誠爲天下無益之物，何如？』

〔一〕徐濟忠曰：「（『嗅禄利』）疑有脱誤。」孫星衍曰：「（『嗅禄利』）句有脱字。」照按：徐、孫説是。

逸民荅曰：『夫麟不吠守，鳳不司晨〔一〕，騰黄不引犂〔二〕，尸祝不治庖也〔三〕。且夫揚大明乎無外〔四〕，宣嫗煦之和風者，日也〔五〕；耀華燈於闇藏本作閑，從舊寫本改夜，治金石以致用者，火也。天下不可以經時無日，不可以一旦無火，然其大小，不可同也。江海之外，彌綸二儀〔六〕，升爲雲雨，降成百川〔七〕，而朝夕之用，不及累仞之井，灌田溉園，未若溝渠之沃。校其巨細，孰爲曠哉？

〔一〕淮南子泰族：「令雞司晨，令狗守門，因其然也。」金樓子立言上：「鳳無司晨之善，麟乏警夜之功。」

〔二〕文選東京賦：「擾澤馬與騰黃。」李注：「山海經（海内北經）曰：『犬封國有文馬，縞身，朱鬣，名曰吉良。乘之，壽千歲。』瑞應圖曰：『騰黃，神馬。一名吉光。』然吉良、騰黃，一馬而異名也。」周書王會：「白民乘黃，乘黃者，似騏，背有兩角。」又：「犬戎文馬，而赤鬣縞身，目若黃金，名吉黃之乘。」山海經海外西經：「白民之國……有乘黃，其狀如狐，其背上有角。」郭注：「周書曰：『白民乘黃，似狐，背上有兩角。』即飛黃也。淮南子（覽冥）曰：『天下有道，飛黃伏皁。』」又海内北經：「犬封國……有文馬，縞身，朱鬣，目若黃金，名曰吉量。」淮南子覽冥「飛黃伏皁」高注：「飛黃，乘黃也。」漢書禮樂志（郊祀歌）「訾黃其何不徠下」顏注引應劭曰：「訾黃，一名乘黃。」符瑞圖：「騰黃者，神馬也。其色黃。一名乘黃，亦曰飛黃，或曰吉黃，或曰翠黃，一名紫黃。」（太平御覽八九六引）是騰黃之異名多矣，聊備録之。玉篇牛部：「犂，耕具。」

〔三〕莊子逍遥遊：「庖人雖不治庖，尸祝不越樽俎而代之矣。」釋文：「庖，掌厨人也。傳鬼神辭曰祝。」

〔四〕禮記禮器：「大明生於東。」鄭注：「大明，日也。」管子版法解：「天覆而無外也。」淮南子精神：「無外之外，至大也。」高注：「言天無有垠外而能爲之外，喻極大也。」

〔五〕徐濟忠「風」改「氣」。照按：藏本、吉藩本、舊寫本並作「氣」，徐改是也。禮記樂記：「天地訢合，陰陽相得，煦嫗覆育萬物。」鄭注：「氣曰煦，體曰嫗。」正義：「天以氣煦之，地以形嫗之，是天煦覆而地嫗育，故言煦嫗覆育萬物也。」淮南子天文：「積陽之熱氣生火，火氣之精者爲日。」許注：「日者，火也。」（開元占經一三引）並足以證「氣」字爲是。

〔六〕徐濟忠曰：「『外』字疑是『水』字。」照按：此下數句皆言水之巨大功能，徐説是也。易繫辭上：「易與天地準，故能彌綸天地之道。」正義：「彌謂彌縫補合，綸謂經綸牽引。」（文選文賦李注引王肅曰：「彌綸，纏裹也。」）又：「是故易有太極，是生兩儀。」正義：「不言天地而言兩儀者，指其物體；下與四象相對，故曰兩儀，謂兩體容儀也。」郭氏玄中記：「天下之多者，水焉。浮天載地。」（北堂書鈔一五八、藝文類聚八、初學記六、太平御覽五九、文選木華海賦李注引）抱朴子佚文：「黃帝曰：『天在地外，水在天外，浮天而載地者，水也。』」（太平御覽五八引〔晉書天文志上同，惟「黃帝」下有「書」字〕）物理論：「所以立天地者，水也。夫水地之本也，吐元氣，發日月，經星辰，皆由水而興。」（太平御覽五九引）

〔七〕文子道原：「水爲道也，廣不可極，深不可測，……上天爲雨露，下地爲潤澤，……無私無公，與天地洪同。」（淮南子原道略同）

『桀、紂帝王也，仲尼陪臣也，今見比於桀、紂，則莫不怒焉；見擬於仲尼，則莫不悅焉。爾則貴賤果不在位也〔一〕。故孟子云：禹、稷、顏淵，易地皆然矣〔二〕。宰予亦謂：孔子賢於堯、舜遠矣〔三〕。夫匹庶而鈞稱於王者，儒生高極乎唐、虞者，德而已矣，何必官哉！

〔一〕莊子盜跖：「子張曰：『昔者桀、紂貴爲天子，富有天下，今謂臧聚曰：「汝行如桀、紂。」則有怍色，有不服之心者，小人所賤也。仲尼、墨翟，窮爲匹夫，今謂宰相曰：「子行如仲尼、墨翟。」則變容易色，稱不足者，士誠貴也。故勢爲天子，未必貴也；窮爲匹夫，未必賤也。貴賤之分，在行之美惡。』」史記淮南王安傳：「故孟子曰：『紂貴爲天子，死曾不若匹夫。』」後漢書左雄傳：「雄復諫曰：『……桀、紂貴爲天子，而庸僕羞與爲比者，以其無義也。夷、齊賤爲匹夫，而王侯爭與爲伍者，以其有德也。』」文選運命論：「若夫立德必須貴乎？則幽、厲之爲天子，不如仲尼之爲陪臣也。」左傳僖公十二年「陪臣敢辭」杜注：「諸侯之臣曰陪臣。」魯定公時，孔子曾爲中都宰、司空、大司寇及攝相事，故稱之爲陪臣。

〔二〕孟子離婁下：「孟子曰：『禹、稷、顏回同道，禹思天下有溺者，由己溺之也，稷思天下有飢者，由己飢之也。是以如是其急也。禹、稷、顏子，易地則皆然。』」趙注：「禹、稷急民之難若是，顏子與之易地，其心亦然。不在其位，勞佚異矣。」

〔三〕孟子公孫丑上：「宰我曰：『以予觀於夫子，賢於堯、舜遠矣。』」趙注：「予，宰我名也。以爲孔子賢於堯、舜，以孔子但爲聖，不王天下，而能制作素王之道，故美之。如使當堯、舜之處，賢之遠矣。」

『且夫交靈升於造化〔一〕，運天地於懷抱，恢恢然世故不棲於心術〔二〕，茫茫然寵辱不汩其純白〔三〕，流俗之所欲，不能染其神，近人之所惑，不能移其志。榮華，猶贅疣也，萬物，猶蜩翼也〔四〕。若然者，豈肎詰屈其支體，俯仰其容儀，挹酌於其所不喜，脩索於其所棄遺〔五〕，怡顏以取進，曲躬以避退，恐俗人之不悦，慼我身之淩遲，屈龍淵爲錐鑽之用〔六〕，抑靈鼗爲蕘韡之音〔七〕，推黄鉞以適釤鎌之持〔八〕，撓華旗以入林杞之下乎〔九〕！

〔一〕照按：「靈升」二字費解，疑「升」爲「府」之誤。「靈府」，心也（見莊子德充符「不可入於靈府」成疏）。造化，道也（見淮南子原道「與造化者俱」高注）。「交靈府於造化」，即心合於道之意。文子道原：「眞人者通於靈府，與造化者爲人。」淮南子原道：「精通於靈府，與造化者爲人。」（王引之解「爲人」爲「爲偶」，極確。見讀書雜志九）注此正合。

〔二〕荀子解蔽：「恢恢廣廣，孰知其極。」禮記樂記：「應感起物而動，然後心術形焉。」鄭注：「術，所由也。形，猶見也。」

〔三〕淮南子俶真：「茫茫沈沈，是謂大治。」高注：「茫茫沈沈，盛貌。」莊子天地：「機心存於胸中，則純白不備。」文子道原：「老子曰：『機械之心藏於中，即純白之不粹。』」（又見淮南子原道）

〔四〕莊子達生：「（痀僂者）曰：『……雖天地之大，萬物之多，而唯蜩翼之知。吾不反不側，不以萬物易蜩之翼，何爲而不得！』」（又見列子黃帝）釋文：「蜩，音條。蟬也。」

〔五〕照按：「脩」疑爲「循」之誤。（「循」「脩」二字古籍中多互誤。）

〔六〕越絶書記寶劍：「歐冶子、干將……作爲鐵劍三枚：一曰龍淵。」

〔七〕周禮地官鼓人：「以鼖鼓鼓軍事。」鄭注：「大鼓謂之鼖。鼖鼓長八尺。」說文鼓部：「鼖，大鼓謂之鼖。鼖八尺而兩面，以鼓軍事。」儀禮大射：「鼗倚于頌磬西紘。」鄭注：「鼗如鼓而小，有柄，賓至搖之，以奏樂也。」又：「應鼙在其東南鼓。」鄭注：「鼙，小鼓也。」

〔八〕小爾雅廣器：「鉞，斧也。」文選東京賦：「戴金鉦而建黃鉞。」薛注：「黃鉞，以黃金飾之。」玉篇金部：「釤，大鎌也。」方言五：「刈鉤，自關而西，或謂之鉤，或謂之鎌。」

〔九〕史記司馬相如傳：「（上林賦）襲朝衣，乘法駕，建華旗，鳴玉鸞。」王符羽臘賦：「天子乘碧瑶之彫軫，建曜天之華旗。」（文選顏延之車駕幸京口三月三日侍遊曲阿後湖作詩李注引）

『古公杖策而捐之〔一〕，越翳入穴以逃之〔二〕，季札退耕以委之〔三〕，老萊灌園以遠之〔四〕，從其所好，莫與易也。故醇而不雜，斯則富矣；身不受役，斯則貴矣。若夫剖符有土〔五〕，所謂祿利耳，非富貴也。且夫官高者其責重，功大者人忌之，獨有貧賤，莫與我爭，可得長寶，而無憂焉。

〔一〕古公，大王亶父。孟子梁惠王下：「孟子對曰：『昔者大王居邠，狄人侵之，事之以皮幣，不得免焉；事之以犬馬，不得免焉；事之以珠玉，不得免焉。乃屬其耆老而告之曰：「狄人之所欲者，吾土地也。吾聞之也，君子不以其所以養人者害人。二三子何患乎無君？我將去之。」去邠，踰梁山，邑于岐山之下居焉。邠人曰：「仁人也，不可失也！」從之者如歸市。』」莊子讓王：「大王亶父居邠，狄人攻之，事之以皮帛而不受，……大王亶父曰：『與人之兄居而殺其弟，與人之父居而殺其子，吾不忍也。子皆勉居矣，爲吾臣與爲狄人臣，奚以異？』且吾聞之，不以所用養害所養。因杖筴（策）而去之。民相連而從之。遂成國於岐山之下。」（又見呂氏春秋審爲、尚書大傳略說〔詩大雅緜正義、太平御覽七九九引〕、淮南子道應、吳越春秋吳太伯傳、家語好生、孔叢子居衞）

〔二〕莊子讓王：「越人三世弑其君，王子搜患之，逃乎丹穴。而越國無君，求王子搜不得，從之丹穴。王子搜不肯出，越人薰之以艾，乘以王輿。王子搜援綏登車，仰天而呼曰：『君乎！君乎！獨不可以舍我乎！』王子搜非惡爲君也，惡爲君之患也。若王子搜者，可謂不以國傷生矣。此固越人之所欲得爲君也。」（又見呂氏春秋貴生）淮南子原道：「越王翳逃山穴，越人熏而出之，遂不得已。」（論衡命禄略同）

〔三〕季札，已見嘉遯篇「延州守節」句箋。

〔四〕老萊，亦見嘉遯篇「擲莊、萊之友」句箋，其灌園事未詳。史記鄒陽傳：「（獄中上書）於陵子仲辭三公爲人灌園。」集解引劉向列士傳曰：「楚於陵子仲，楚王欲以爲相，而不許，爲人灌園。」說苑尊賢：「於陵仲子辭三公之位，而傭爲人灌園。」列女傳賢明楚於陵妻傳：「楚王聞於陵子終賢，欲以爲相。使使者持金百鎰，往聘迎之。於陵子終曰：『僕有箕帚之妾，請入與計之。』即入，謂其妻曰：『楚王欲以我爲相，遣使者持金來。今日爲相，明日結駟連騎，食方丈與前，可乎？』妻曰：『……夫結駟連騎，所安不過容膝，食方丈於前，所甘不過一肉；今以容膝之安，一肉之味，而懷楚國之憂，其可乎！亂世多害，妾恐先生之不保命也。』於是子終出謝使者，而不許也。遂相與逃，而爲人灌園。」皇甫謐高士傳陳仲子傳同。諸書皆以灌園爲陳仲子事。抱朴此語是否別有所本或字誤，俟再攷。

〔五〕韓非子孤憤：「主更稱蕃臣，而相室剖符。」漢書高帝紀下：「（六年）始剖符封功臣曹參等爲通侯。」顏注：「剖，破也，與其合符而分授之也。」

『濯裘布被，拔葵去織，㹠不掩豆，菜肴糲飡，又獲逼下邀僞之譏〔一〕；樹塞反坫，三歸玉食，穰侯之富，安昌之泰，則有僭上洿濁之累〔二〕。未若遊神典文〔三〕，吐故納新〔四〕，求飽乎耒相之端〔五〕，索縕乎杼軸之閒〔六〕，腹仰河而已滿，身集一枝而餘安〔七〕，萬物芸芸〔八〕，化爲埃塵矣。饘粥糊口〔九〕，布褐縕袍〔一〇〕，淡泊肆志，不憂不喜，斯爲尊樂〔一一〕，喻之無物也。

〔一〕禮記檀弓下：「有若曰：『晏子一狐裘三十年，……晏子焉知禮。』」鄭注：「言其大儉，偪下。」正義：「狐裘貴在輕新，而晏子一狐裘三十年，是儉不知禮也。」又禮器：「晏平仲祀其先人，豚肩不揜豆，澣衣濯冠以朝，君子以爲隘矣。」鄭注：「隘猶狹陋也。祀不以少牢，與無田者同，不盈禮也。大夫士有田則祭，無田則薦。澣衣濯冠，儉不務新。」正義：「豚肩不揜豆者，晏平仲齊大夫也，大夫祭用少牢，士用特豚，而平仲今用豚，豚又過小，併豚兩肩不揜豆也。必言肩者，周人貴肩也。肩在俎，今云豆，喻其小。假豆言之，其實在俎不在豆也。澣衣濯冠以朝者，大夫須鮮華之美，而晏氏澣衣濯冠以朝君，是不華也。君子以爲隘矣者，隘，狹也。識禮君子評其大儉褊狹。與無田者同，謂與無田之士同，不關大夫也。無田大夫，猶用羔羊也。」又雜記下：「晏平仲祀其先人，豚肩不揜豆。賢大夫也，而難爲下也。」鄭注：「言其偪士庶人也。豚俎實豆徑尺，言并豚兩肩不能覆豆，喻小也。」晏子春秋内篇雜下：「晏子相齊，三年，政平民説。梁丘據見晏子中食，而肉不足。」又：「晏子相齊，衣十升之布，食脱粟之食，五卯（卵）、苔菜而已。」又：「晏子相景公，食脱粟之食，炙三弋、五卯（卵）、苔菜耳矣。」韓非子外儲説左下：「孫叔敖相楚，棧車牝馬，糲飯菜羹，枯魚之膳，冬羔裘，夏葛衣，面有飢色，則良大夫也，其儉偪下。」又佚文：「公儀休相魯，其妻織布，休曰：『汝豈與世人爭利哉！』遂燔其機。」（太平御覽八百二十引）史記平準書：「公孫弘以漢相，布被，食不重味，爲天下先。然無益於俗，稍騖於功利矣。」又平津侯傳：「丞相公孫弘者，齊菑川國薛縣人也。……弘爲人恢奇多聞，常稱以爲人主病不廣大，人臣病不儉節。弘爲布被，食不重肉。……汲黯曰：『弘位在三公，奉禄甚多，然爲布被，此詐也。』……（弘）食一肉、脱粟之飯。」又循吏公儀休傳：「公儀休者，魯博士也。以高弟爲魯相。……使食禄者不得與下民爭利。……食茹而美，拔其園葵而弃之。見其家織布好，而疾出其家婦，燔其機，云：『欲令農士工女安所讎其貨乎？』」西京雜記二：「公孫弘起家徒步，爲丞相，故人高賀從之。弘食以脱粟飯，覆以布被。賀怨曰：『何用故人富貴爲？脱粟布被，我自有之。』弘大慚。賀告人曰：『公孫弘内服貂蟬，外衣麻枲，内厨五鼎，外膳一肴，豈可以示天下？』於是朝廷疑其矯焉。」「㹠」，同「豚」（見廣韻二十三魂「㹠」字注）。爾雅釋器：「木豆謂之豆。」郭注：「豆，禮器也。」説文食部：「湌，餐或从水。」「逼」，與「偪」同。

〔一二〕禮記雜記下：「孔子曰：『管仲……旅樹而反坫，……賢大夫也，而難爲上也。』」鄭注：「言其僭。……旅樹，門屏也。反坫，反爵之坫也。」論語八佾：「子曰：『管仲之器，小哉！』或曰：『管仲儉乎？』曰：『管氏有三歸，官事不攝，焉得儉？』『然則管仲知禮乎？』曰：『邦君樹塞門，管氏亦樹塞門；邦君爲兩君之好，有反坫，管氏亦有反坫。管氏而知禮，孰不知禮？』」集解：「包咸曰：『三歸，娶三姓女，婦人謂嫁曰歸。』鄭玄曰：『人君別内外，於門樹屏以蔽之。反坫在兩楹之間，若與鄰國爲好會，其獻酢之禮更酌，酌畢則各反爵於坫上。今管仲皆僭爲之。如是，是不知禮也。」」晏子春秋内篇雜下：「（景公）曰：『昔者先君桓公，有管仲恤勞齊國，身老，賞之以三歸，澤及子孫。今夫子（晏子）亦相寡人，欲爲夫子三歸，澤至子孫，豈不可哉？』」韓非子外儲説左下：「管仲相齊，曰：『臣貴矣，然而臣貧。』桓公曰：『使子有三歸之家。』……孔子聞而非之曰：『泰侈偪上。』一曰管仲父……庭有陳鼎，家有三歸。孔子曰：『良大夫也，其侈偪上。』」又難一：「桓公解管仲之束縛而相之。……管仲曰：『臣貴矣，然而臣貧。』公曰：『使子有三歸之家。』……霄略曰：『管仲……以貧爲不可以治富，故請三歸。』」漢書公孫弘傳：「臣聞管仲相齊，有三歸，侈擬於君。」論衡感類：「夫管仲爲反坫，有三歸，孔子譏之，以爲不賢。反坫三歸，諸侯之禮。」照按：解三歸者，言人人殊，論證亦不一致，要以不主一娶三姓説者居多。可參閱劉寶楠論語正義及郭嵩燾釋三歸。書洪範：「惟辟作福，惟辟作威，惟辟玉食。臣無有作福作威玉食。」孔傳：「言惟君得專威福，爲美食。」釋文：「張晏注漢書云：『玉食，珍食也。』韋昭云：『諸侯備珍異之食。』」史記穰侯傳：「穰侯魏冉者，秦昭王母宣太后弟也。……乃封魏冉於穰，復益封陶，號曰穰侯。……於是穰侯之富，富於王室。……於是秦昭王悟，乃免（穰侯）相國。……穰侯出關，輜車千乘有餘。」漢書張禹傳：「張禹字子文，河内軹人也。……河平四年，（禹）代王商爲丞相，封安昌侯。……禹爲人謹厚，内殖貨財，家以田爲業。及富貴，多買田至四百頃，皆涇渭溉灌，極膏腴上賈。它財物稱是。禹性習知音聲，内奢淫，身居大第，後堂理絲竹筦弦。……禹將（戴）崇入後堂飲食，婦女相對，優人筦弦鏗鏘極樂，昏夜乃罷。」

〔二三〕説苑建本：「卓然獨立，超然絶世，此上聖之所遊神也。」

〔二四〕文子道原：「噓吸陰陽，吐故納新。」

〔五〕耒耜，耕具。此句謂自耕而食。

〔六〕照按：「緼」當作「温」，蓋涉下「緼袍」而誤。杼軸，織具。此句謂自織而衣。

〔七〕莊子逍遥遊：「鷦鷯巢於深林，不過一枝；偃鼠飲河，不過滿腹。」文選左思詠史詩：「飲河期滿腹，貴足不願餘，巢林棲一枝，可爲達士模。」

〔八〕老子第十六章：「夫物芸芸，各復歸其根。」莊子在宥：「萬物云云，各復其根。」成疏：「云云，衆多也。」「云云」與「芸芸」通。

〔九〕照按：「糊」，當依藏本、魯藩本、吉藩本、舊寫本、文溯本作「餬」。左傳昭公七年：「故其鼎（杜注：「考父廟之鼎。」）銘云：『……饘於是，鬻於是，以餬余口。』」杜注：「饘鬻，餬屬。言至儉。」正義：「釋言云：『餬，饘也。』郭璞云：『糜也。』又云：『鬻，糜也。』孫炎曰：『淖糜也。』然則餬饘鬻糜相類之物，稠者曰糜，淖者曰鬻，餬饘是其别名。將糜向口，故曰以餬余口。」（隱公十一年傳有「而使餬其口於四方」語）莊子人間世：「挫鍼治繲，足以餬口。」釋文引李頤云：「（餬）食也。」並足證此「糊」字之非。

〔一〇〕緼袍，已見嘉遯篇「緼袍麗於袞服」句箋。

〔一一〕禮記禮器：「古之聖人，内之爲尊，外之爲樂。」

『夫仕也者，欲以爲名邪？則修毫可以洩憤懣，篇章可以寄姓字，何假乎良史〔一〕，何煩乎鑱鼎哉〔二〕！孟子不以矢石爲功〔三〕，揚雲不以治民益世〔四〕，求仁而得〔五〕，不亦可乎？』

〔一〕文選曹丕典論論文：「是以古之作者，寄身於翰墨，見意於篇籍，不假良史之辭，不託飛馳之勢，而聲名自傳於後。」

〔二〕王國維「鑱」校「鍾」。照按：「鑱」當作「讒」。蓋寫者以鼎係金屬所鑄，妄改爲「鑱」耳。左傳昭公三年：「讒鼎（杜注：「讒，鼎名也。」）之銘曰：『昧旦丕顯，後世猶怠。』」（晏子春秋内篇問下同）是讒鼎有銘，故云「何煩乎讒鼎」。作「鍾」則泛矣。（讒鼎又見韓非子説林下。呂氏春秋審己、新序節士、劉子履信作岑鼎，蓋音同得通。）

〔三〕左傳襄公十年：「親受矢石。」杜注：「躬在矢（箭）石間。」正義：「兵法，守城用礧石以擊攻者。」後漢書堅鐔傳：「每急，輒先當矢石。」李注：「石，謂發石以投人也。墨子（備城門）曰：『備城者，積石百枚重十鈞以上者。』」史記孟子傳：「孟軻，騶人也。受業子思之門人。……天下方務於合從連衡，以攻伐爲賢，而孟軻乃述唐虞三代之德，是以所如者不合。退而與萬章之徒序詩、書，述仲尼之意，作孟子七篇。」

〔四〕揚雲，揚子雲之省稱。詳後交際篇「揚雄攸譏」句箋。方言揚雄答劉歆書：「（雄）少而不以行立於鄉里，長而不以功顯於縣官，著訓於帝籍。」漢書揚雄傳上：「揚雄字子雲，蜀郡成都人也。」又下：「（雄）實好古而樂道，其意欲求文章成名於後世，以爲經莫大於易，故作太玄；傳莫大於論語，作法言；史篇莫善於倉頡，作訓纂；箴莫善於虞箴，作州箴；賦莫深於離騷，反而廣之；辭莫麗於相如，作四賦：皆斟酌其本，相與放依而馳騁云。用心於内，不求於外，於時人皆曶之；唯劉歆及范逡敬焉，而桓譚以爲絶倫。」

〔五〕論語述而：「（子）曰：『求仁而得仁，又何怨！』」

仕人又曰：『隱遁之士，則爲不臣，亦豈宜居君之地，食君之穀乎？』

逸民曰：『何謂其然乎！昔顏回死，魯定公將躬弔焉。使人訪仲尼。仲尼曰：「凡在邦内，皆臣也。」定公乃升自東階，行君禮焉〔一〕。由此論之，「率土之濱，莫匪王臣」可知也〔二〕。在朝者陳力以秉庶事〔三〕，山林者脩德以厲貪濁，殊塗同歸〔四〕，俱人臣也。王者無外〔五〕，天下爲家〔六〕，日月所照，雨露所及〔七〕，皆其境也。安得懸虚空〔八〕，飡咀流霞〔九〕，而使之不居乎地，不食乎穀哉？

〔一〕家語曲禮子夏問：「顔回死，魯定公弔焉。使人訪於孔子。孔子對曰：『凡在封内，皆臣子也。禮：君弔其臣，升自東階，向尸而哭。』」照按：前人所攷顔回卒年，多與此文不符，惟洪頤煊之説差近。其文曰：「（列子）力命篇：『顔淵之才，不出衆人之下，而壽十八。』頤煊案：淮南精神訓高誘注：『顔淵十八而卒。』後漢書郎顗傳：『昔顔子十八，天下歸仁。』抱朴子逸民篇：『昔顔回死，魯定公將躬弔焉。使人問仲尼。』抱朴亦以顔淵年十八，故卒當魯定公時。」（讀書叢録十四顔淵年十八條）

〔二〕率土之濱，已見嘉遯篇「普天率土」句箋。

〔三〕論語季氏：「周任有言曰：『陳力就列，不能者止。』」集解引馬融曰：「言當陳其才力，度己所任，以就其位。不能，則當止。」書益稷：「乃賡載歌曰：『元首明哉！股肱良哉！庶事康哉！』」庶事，衆事。

〔四〕殊塗同歸，已見嘉遯篇「殊塗一致」句箋。

〔五〕公羊傳隱公元年：「王者無外。」

〔六〕禮記禮運：「今大道既隱，天下爲家。」論衡指瑞：「王者以天下爲家。」

〔七〕禮記中庸：「日月所照，霜露所隊。」墨子尚賢下：「日月之所照，舟車之所及，雨露之所漸。」

〔八〕徐濟忠曰：「疑有脱誤。」陳澧曰：「『懸』字上下，疑有脱字。」照按：此句確有脱字，惟無從校補。

〔九〕文選揚雄甘泉賦：「噏清雲之流霞兮，飲若木之露英。」劉良曰：「言吸雲表之霞，若木之露，以取清潔也。」

『夫山之金玉，水之珠貝，雖不在府庫之中，不給朝夕之用，然皆君之財也。退士不居肉食之列〔一〕，亦猶山水之物也，豈非國有乎？許由不竄於四海之外〔二〕，四皓不走於八荒之表也〔三〕。故曰：「萬邦黎獻，共惟帝臣〔四〕。」干木不荷戈戍境，築壘疆場，而有蕃魏之功〔五〕。今隱者潔行蓬蓽之内，以詠先王之道〔六〕，使民知退讓，儒墨不替，此亦堯、舜之所許也〔七〕。昔夷、齊不食周粟〔八〕，鮑焦死於橋上〔九〕，彼之硜硜〔一〇〕，何足師表哉〔一一〕！

〔一〕退士，隱士。左傳莊公十年：「齊師伐我，公將戰。曹劌請見。其鄉人曰：『肉食者謀之，又何間焉。』」杜注：「肉食，在位者。間，猶與也。」

〔二〕許由，已見嘉遯篇「各守洗耳之高」及「箕、潁有巢棲之客」二句箋。

〔三〕四皓，已見本篇上文「雖飢渴四皓而不逼也」句箋。漢書陳勝項籍傳贊顔注：「八荒，八方荒忽極遠之地也。」

〔四〕書益稷：「萬邦黎獻，共惟帝臣。」孔傳：「獻，賢也。萬國衆賢，共爲帝臣。」

〔五〕照按：「場」字誤，當據藏本、魯藩本、吉藩本、舊寫本、文溯本改作「埸」。左傳桓公十七年：「疆埸之事，慎守其一，而備其不虞。」釋文：「埸，音亦。」正義：「疆埸，謂界畔也。」（疆埸連文，古籍中屢見；本書臣節、正郭、自敍三篇亦用之）干木，已詳本篇上文「軾陋巷已退秦兵」句箋。漢書敍傳上：「（幽通賦）木偃息以蕃魏兮。」風俗通義十反：「干木息偃（二字倒，當乙）以藩魏。」文選左思詠史詩：「吾希段干木，偃息藩魏君。」又謝靈運述祖德詩：「段生蕃魏國。」「蕃」與「藩」通。

〔六〕禮記儒行：「儒有一畝之宫，環堵之室，篳門圭窬，蓬户甕牖。」鄭注：「篳門，荆竹織門也。」正義：「蓬户，謂編蓬爲户，又以蓬塞門，謂之蓬户。」「蓽」與「篳」同。（後安貧篇「遂令斯生沈抑衡蓽」，亦用「蓽」字。）尚書大傳：「（子夏）雖退而窮居河、濟之間，深山之中，壞室，編蓬爲户，於中彈琴，詠先王之道。」（藝文類聚六四引）

〔七〕如堯之於許由、巢父，舜之於善卷、石户之農，皆復而肆之，不强致也。

〔八〕夷、齊不食周粟，已見本篇上文「夷、齊一介」句箋。

〔九〕莊子盜跖：「鮑焦飾行非世，抱木而死。」韓非子八説：「鮑焦木枯。」舊注：「立死，若木之枯也。」韓詩外傳一：「鮑焦衣弊膚見，挈畚持蔬，遇子貢於道。子貢曰：『吾子何以至於此也？』鮑焦曰：『天下之遺德教者衆矣，吾何以不至於此也！吾聞之：世不已知而行之不已者，是爽行也；上不已用而干之不止者，是毁廉也。行爽廉毁，然且弗舍，惑於利者也。』子貢曰：『吾聞之：非其世者不生其利，汙其君者不履其土；今吾子汙其君而履其土，非其世而持其蔬，詩曰：「溥天之下，莫非王土。」（小雅北山）此誰有之哉？』鮑焦曰：『於戲！吾聞賢者重進而輕退，廉者易愧而輕死。』於是棄其蔬而立槁於洛水之上。」（又見新序節士）説苑雜言：「鮑焦抱木而立枯。」列士傳：「鮑焦怨世不用己，採蔬於道。子貢難曰：『非其代（世）而採其蔬，此焦之有哉？』弃其蔬，乃立枯洛水之上。」（史記鄒陽傳索隱引晉灼漢書集注、文選鄒陽獄中上書自明李注引）潛夫論賢難：「此鮑焦所以立枯於道左。」風俗通義愆禮：「鮑焦耕田而食，穿井而飲，非妻所織不衣，餓於山中，食棗。或問之：『此棗，子所種耶？』遂嘔吐，立枯而死。」諸書所言小有不同，蓋傳聞之異。

〔一〇〕論語子路：「言必信，行必果，硜硜然，小人哉！」劉寶楠正義：「硜硜，堅確之意。」鹽鐵論論儒：「故小枉大直，君子爲之。今硜硜然守一道，引尾生之意，即晉文之譎諸侯以尊周室不足道，而管仲蒙恥辱以存亡不足稱也。」

〔一一〕史記太史公自序：「國有賢相良將，民之師表也。」後漢書黄憲傳：「（荀淑）謂憲曰：『子，吾之師表也。』」

『昔安帝以玄纁玉帛聘周彦祖〔一〕。桓帝以玄纁玉帛聘韋休明〔二〕。順帝以玄纁玉帛聘楊仲宣，就拜侍中，不到〔三〕。魏文帝徵管幼安不至，又就拜光禄勳，竟不到；乃詔所在常以八月致羊一口，酒二斛〔四〕。桓帝玄纁玉帛聘徐孺子，就拜太原太守及東海相，不到〔五〕。順帝以玄纁玉帛聘樊季高，不到，乃詔所在常以八月致羊一口，酒二斛，又賜几杖，待以師傅之禮〔六〕。獻帝時，鄭康成州辟舉賢良方正、茂才，公府十四辟，皆不就；公車徵左中郎、博士、趙相、侍中、大司農，皆不起〔七〕。昭帝公車徵韓福，到，賜帛五十匹及羊酒〔八〕。法高卿再舉孝廉，本州五辟，公府八辟，九舉賢良、博士，三徵，皆不就〔九〕。桓帝以玄纁玉帛、安車軺輪聘韓伯休，不到〔一〇〕。以玄纁玉帛、安車軺輪聘姜伯雅，就拜太中大夫，揵爲太守，不起〔一一〕。然皆見優重，不加威辟也〔一二〕。若此諸帝褒隱逸之士不謬者，則呂尚之誅華士爲凶酷過惡〔一三〕，斷可知矣。』

〔一〕後漢書周燮傳：「周燮字彥祖，汝南安城人。……舉孝廉、賢良方正，特徵，皆以疾辭。延光二年，安帝以玄纁羔幣聘燮。……因自載到潁川陽城，遣〔門〕生送敬，遂辭疾而歸。」書禹貢：「（荊州）厥篚玄纁璣組。」孔傳：「此州染玄纁色善，故貢之。」正義：「釋器云：『三染謂之纁。』李巡云：『三染其色，已成爲絳。纁、絳一名也。』考工記云：『三入爲纁，五入爲緅，七入爲緇。』鄭（玄）云：『纁者，三入而成。又再染以黑則爲緅，又再染以黑則爲緇。』玄色在緅緇之間。」漢書地理志上顏注：「玄，黑色。纁，絳也。」玉帛，璧玉、束帛。禮記禮器：「束帛加璧，尊德也。」又郊特牲：「束帛加璧，往德也。」易賁：「六五，賁于丘園，束帛戔戔。」釋文：「子夏傳云：『五匹爲束。』」穆天子傳一：「勞用束帛加璧。」郭注：「五兩爲一束。兩，今之二丈。」史記儒林申公傳：「於是天子（武帝）使使束帛加璧，安車駟馬迎申公。」

〔二〕後漢書韋彪傳：「韋彪字孟達，扶風平陵人也。……次兄豹，字季明。數辟公府，輒以事去。……豹子著，字休明。少以經行知名，不應州郡之命。……延熹二年，桓帝公車備禮徵，至霸陵，稱病歸。乃入雲陽山，采藥不反。……復詔京兆尹重以禮敦勸，著遂不就徵。」

〔三〕後漢書楊厚傳：「楊厚字仲桓，廣漢新都人也。……厚少學（父）統業，精力思述。……不應州郡、三公之命，方正、有道、公車特徵皆不就。永建二年，順帝特徵，詔告郡縣督促發遣。……及至，拜議郎，三遷爲侍中，特蒙引見，訪以時政。……時大將軍梁冀威權傾朝，遣弟侍中不疑以車馬、珍玩致遺於厚，欲與相見。厚不答，固稱病求退，帝許之，賜車馬錢帛歸家。……太（當作「本」）初元年，梁太后詔備古禮以聘厚，遂辭疾不就。建和三年，太后復詔徵之，經四年不至。年八十二，卒於家。」華陽國志先賢士女總讚中廣漢士女：「楊序字仲桓，統仲子也。道業侔父。三司及公車連徵辟，拜侍中。……本初元年及建和中，特徵聘，不行。」謝沈後漢書：「楊后（當作「厚」）字仲桓，廣漢人。潛身藪澤，耦耕誦經。司徒楊震表薦其高操，公車特徵不就。益州刺史焦參行部致謁，后惡其苛暴，時耕於大澤，即委鉏疾逝。」（太平御覽五百二引）照按：「仲宣」之「宣」字誤。當依謝、范兩家後漢書及華陽國志作「桓」（范曄後漢書儒林任安傳、華陽國志先賢士女總讚下漢中士女亦作「桓」）。此蓋宋避欽宗諱改而未校復者。又按：仲桓之名，作「序」者亦誤。除謝、范兩家後漢書作「厚」外，益部耆舊傳（三國志蜀書秦宓傳裴注、北堂書鈔五八、太平御覽二一九引）及華陽國志蜀志序亦作「厚」，可證也。

〔四〕三國志魏書管寧傳：「管寧字幼安，北海朱虛人也。……黃初四年，詔公卿舉獨行君子，司徒華歆薦寧。文帝即位，徵寧。……詔以寧爲太中大夫，固辭不受。明帝即位，太尉華歆遜位讓寧，遂下詔曰：『太中大夫管寧，耽懷道德，服膺六藝，……而黃初以來，徵命屢下，每輒辭疾，拒違不至。豈朝廷之政，與生殊趣，將安樂山林，往而不能反乎？……今以寧爲光祿勳。禮有大倫，君臣之道，不可廢也。望必速至，稱朕意焉。』又詔青州刺史曰：『……其命別駕從事郡丞掾，奉詔以禮發遣寧詣行在所，給安車、吏從、茵蓐，道上廚食，上道先奏。』寧稱草莽臣上疏曰：『……又年疾日侵，有加無損，不任扶輿進路以塞元責。望慕閶闔，徘徊闕庭，謹拜章陳情，乞蒙哀省，抑恩聽放，無令骸骨填于衢路。』自黃初至于青龍，徵命相仍，常以八月賜牛酒。」照按：詔以寧爲光祿勳，乃明帝時事。抱朴此文渾言不別，非緣稚川誤記，即文有闕脫。

〔五〕後漢書徐穉傳：「徐穉字孺子，豫章南昌人也。……屢辟公府，不起。時陳蕃爲太守，以禮請署功曹，穉不免之，既謁而退。……後舉有道，家拜太原太守，皆不就。延熹二年，尚書令陳蕃、僕射胡廣等上疏薦穉等曰：『……伏見處士豫章徐穉、彭城姜肱……德行純備，著于人聽。若使擢登三事，協亮天工，必能翼宣盛美，增光日月矣。』桓帝乃以安車玄纁，備禮徵之，並不至。……穉嘗爲太尉黃瓊所辟，不就。……靈帝初，欲蒲輪聘穉，會卒。」皇甫謐高士傳徐穉傳：「桓帝時，汝南陳蕃爲豫章太守，因推薦穉於朝廷。由是五舉孝廉、賢良，皆不就。連辟公府，不詣。……後公車三徵，不就。以壽終。」

〔六〕後漢書方術上樊英傳：「樊英字季齊，南陽魯陽人也。……州郡前後禮請不應，公卿舉賢良方正、有道，皆不行。……永建二年，順帝策書備禮，玄纁徵之，復固辭疾篤。乃詔切責郡縣，駕載上道。英不得已，到京，稱病不肯起。乃强輿入殿，猶不以禮屈。……帝不能屈，而敬其名，使出就太醫養疾，月致羊酒。至四年三月，天子乃爲英設壇席，令公車令導，尚書奉引，賜几杖，待以師傅之禮，延問得失。英不敢辭，拜五官中郎將。數月，英稱疾篤，詔以爲光祿大夫，賜告歸。令在所（當乙作「所在」）送穀千斛，常以八月致牛一頭，酒三斛。」謝沈後漢書：「樊英字季齊，順帝備禮徵，拜五官中郎將。數月，以病遜位歸。」（太平御覽二四一引）樊英別傳：「詔告南陽太守曰：『五官中郎將樊英，委榮辭祿，不降其節，志不可奪，今以英爲光祿大夫，賜歸家。所在縣給穀千斛，常以八月存高年，致牛一頭，酒三斛。』」（北堂書鈔五六、藝文類聚四九、太平御覽二四三引）照按：「季高」之「高」字誤。當依謝、范兩家後漢書作「齊」（華陽國志先賢士女總讚下漢中士女亦作「齊」）。

〔七〕後漢書鄭玄傳：「鄭玄字康成，北海高密人也。……玄自游學，十餘年乃歸鄉里。……及黨事起，乃與同郡孫嵩等四十餘人俱被禁錮，遂隱修經業，杜門不出。……靈帝末，黨禁解，大將軍何進聞而辟之。州郡以進權戚，不敢違意，遂迫脅玄，不得已而詣之。進爲設几杖，禮待甚優。玄不受朝服，而以幅巾見。一宿逃去。……後將軍袁隗表爲侍中，以父喪不行。……董卓遷都長安，公卿舉玄爲趙相，道斷不至。……玄後嘗疾篤，自慮，以書戒子益恩曰：『……遇閹尹擅埶，坐黨禁錮，十有四年，而蒙赦令，舉賢良方正、有道，辟大將軍、三司府，公車再召，比牒併名，早爲宰相。』……時大將軍袁紹總兵冀州，遣使要玄，大會賓客，玄最後至，乃延升上坐。……紹乃舉玄茂才，表爲左中郎將，皆不就。公車徵爲大司農，給安車一乘，所過長吏送迎。玄乃以病自乞還家。五年春，……時袁紹與曹操相拒於官度，令其子譚遣使逼玄隨軍。不得已，載病到元城縣，疾篤不進，其年六月卒。」後漢紀孝獻皇帝紀：「（建安三年）徵鄭玄爲大司農，不至。……始爲王公所命，一無所就者。」皇甫謐高士傳鄭玄傳：「公府前後十餘辟，並不就。」鄭玄別傳：「後遇黨錮，隱居著述，凡百餘萬言。……獻帝在許都，徵爲大司農，行至元城卒。」（世說新語文學劉孝標注引）照按：別傳「徵爲大司農，行至元城卒」二句，與范書本傳所敍年歲不合，王鳴盛蛾術篇五八有說。）

〔八〕漢書昭帝紀：「（元鳳元年）三月，賜郡國所選有行義者涿郡韓福等五人帛，人五十匹，遣歸。詔曰：『朕閔勞以官職之事，其務修孝弟以教鄉里。令郡縣常以正月賜羊酒。』」嵇康聖賢高士傳：「韓福者，以行義修潔，漢昭帝時以德行徵，病不進。元鳳元年，詔賜帛五十匹，遣長吏時以存問，常以八月（「八月」二字與漢書昭紀不合，蓋叔夜臆改）賜羊酒。……自是至今爲徵士之故事。福終身不仕，卒於家。」（藝文類聚三六引）皇甫謐高士傳韓福傳：「韓福者，涿人也。以行義修潔著名。昭帝時，將軍霍光秉政，表顯義士，郡國條奏行狀。天子謂福等五人行義最高，以德行徵。」

〔九〕後漢書逸民法真傳：「法真字高卿，扶風郿人。……好學而無常家，博通內外圖典，爲關西大儒。……性恬靜寡欲，不交人間事。……辟公府，舉賢良，皆不就。同郡田弱薦真曰：『處士法真，體兼四業，學窮典奧，幽居恬泊，樂以忘憂，將蹈老氏之高蹤，不爲玄纁屈也。臣願聖朝就加袞職，必能唱清廟之歌，致「來儀」之鳳矣。』會順帝西巡，弱又薦之。帝虛心欲致，前後四徵。真曰：『吾既不能遁形遠世，豈飲洗耳之水哉！』遂深自隱絕，終不降屈。」（皇甫謐高士傳法真傳同）

〔一〇〕後漢書逸民韓康傳：「韓康字伯休，一名恬休，京兆霸陵人。……常采藥名山，賣於長安市，口不二價三十餘年。時有女子從康買藥，康守價不移。女子怒曰：『公是韓伯休那，乃不二價乎？』康歎曰：『我本欲避名，今小女子皆知有我，何用藥爲？』乃遁入霸陵山中。博士公車連徵不至。桓帝乃備玄纁之禮，以安車聘之。使者奉詔造康，康不得已，乃許諾。辭安車，自乘柴車，冒晨先使者發。……康因道逃遁。」（又見皇甫謐高士傳韓康傳，末句作「康因中路逃遁」，是今本范書「道」上脫「中」字。）

〔一一〕陳漢章曰：「後漢書姜肱傳字伯淮，蔡邕姜伯淮碑、皇甫謐高士傳同。風俗通十反篇亦作伯雅。」孫人和曰：「按：『雅』當作『淮』，形近之誤。後漢書姜肱傳：『字伯淮，……熹平二年終于家。』風俗通十反篇，亦誤作姜伯雅。孫志祖云：『范書本傳字伯淮，以其弟字仲海、季江例之，是「淮」非「雅」明矣。』」照按：陳、孫說極是。後漢書姜肱傳：「姜肱字伯淮，彭城廣戚人也。家世名族。肱與二弟仲海、季江，俱以孝行著聞。……諸公爭加辟命，皆不就。……後與徐穉俱徵，不至。桓帝乃下彭城使畫工圖其形狀。肱臥於幽闇，以被韜面，言患眩疾，不欲出風。工竟不得見之。中常侍曹節等專執朝事，新誅太傅陳蕃、大將軍竇武，欲借寵賢德，以釋衆望，乃白徵肱爲太守。（照按：風俗通義十反、蔡邕姜伯淮碑、皇甫謐高士傳、後漢紀孝靈皇帝紀並作犍爲太守，與抱朴此文合。）肱得詔，……乃隱身遁命，遠浮海濱。再以玄纁聘，不就。即拜太中大夫，詔書至門，肱使家人對云：『久病就醫。』遂羸服閒行，竄伏青州界中，賣卜給食。召命得斷，家亦不知其處。歷年乃還。」蔡中郎集彭城姜伯淮碑：「先生諱肱，字伯淮。……凡十辟公府，九舉賢良方正，公車徵，玄纁禮聘；又家拜犍爲太守　太中大夫。」皇甫謐高士傳姜肱傳：「姜肱字伯淮。……凡一舉孝廉，十辟公府，九舉有道、至孝、賢良，公車三徵，皆不就。……靈帝詔徵爲犍爲太守。肱得詔，……乃隱身遁命，乘船浮海，使者追之不及。再以玄纁聘，不就。即拜太中大夫，又逃不受詔。」照按：「伯雅」之「雅」，確係誤字。當依范曄後漢書、蔡邕姜伯淮碑、皇甫謐高士傳作「淮」。魏佚名海内先賢傳（太平御覽四九九又七百七引）、謝承後漢書（太平御覽四百二十引）、司馬彪續漢書（太平御覽四五五引）、陶潛聖賢羣輔録、李翰蒙求下「姜肱共被」舊注，亦並作「淮」。「捷」字誤。應據藏本、魯藩本、吉藩本、舊寫本、崇文本改爲「犍」。又按：徵肱爲犍爲太守及拜太中大夫，皆靈帝即位後事，稚川概繫之桓帝，蓋亦行文偶疏也。

〔二〕不加威辟，即不强致之意。

〔三〕照按：本篇上文以狂狷、華士，或狷、華（二見）並舉（嘉遯篇亦有「不覺狷、華之患害」語），此亦宜然，始能前後相應。「華士」上，疑脫「狂狷」二字。

仕人乃悵然自失〔一〕，慨爾永歎曰〔二〕：『始悟超俗之理，非庸瑣所見矣。』

〔一〕史記日者傳：「宋忠賈誼忽而自失，芒乎無色，悵然噤口不能言。」文選宋玉高唐賦：「怊悵自失。」又神女賦：「罔兮不樂，悵然失志。」

〔二〕詩小雅常棣：「每有良朋，況也永歎。」毛傳：「永，長也。」三國志蜀書費詩傳：「（諸葛）亮欲誘（孟）達以爲外援，亮與達書曰：『……承知消息，慨然永歎。』」

抱朴子外篇校箋卷之三

勖學

抱朴子曰：「夫學者所以清澄性理〔一〕，⿱竹欺揚埃穢〔二〕，雕鍛鑛璞，礱鍊屯鈍，啓導聰明，飾染質素〔三〕，察往知來〔四〕，博涉勸戒（藏本作成，從舊寫本改），仰觀俯察，於是乎在〔五〕，人事王道，於是乎備〔六〕。進可以爲國，退可以保己。是以聖賢罔莫（盧本作罔不）孜孜而勤之〔七〕，夙夜以勉之〔八〕，命盡日中而不釋〔九〕，飢寒危困而不廢〔一〇〕。豈以有求於當世哉？誠樂之自然也〔一一〕。

〔一〕文子上義：「凡學者能明於天人之分，通於治亂之本，澄心清意以存之，見其終始，反於虛無，可謂達矣。」（又見淮南子泰族）中論治學：「學也者所以疏神達思，怡（疑「治」之誤）情理性，聖人之上務也。」晉書虞溥傳：「移告屬縣曰：『學所以定情理性，而積衆善者也。』」是此文「性理」二字誤倒，當乙作「理性」。說苑建本：「學者所以反情治性，盡才者也。」論衡量知：「故夫學者所以反情治性，盡材成德也。」白虎通德論辟雍：「故學以治性。」「治性」，與「理性」同。亦可證。

〔二〕照按：「⿱竹欺」不成字（玉篇箕部、廣韻、集韻三十四果均無「⿱竹欺」字）。當依魯藩本、吉藩本、文溯本改作「簸」。說文箕部：「簸，揚米去糠也。从箕，皮聲。」詩小雅大東：「維南有箕，不可以簸揚。」

〔三〕大戴禮記勸學：「孔子曰：『鯉！君子不可以不學，見人不可以不飾。不飾無貌，無貌不敬，不敬無禮，無禮不立。夫遠而有光者，飾也；近而逾明者，學也。』」（又見尚書大傳略說〔孔子集語下〕、說苑建本、家語致思〔「飾」作「飭」〕）孔叢子連叢子上與子琳書：「故學者，所以飾百行也。」中論治學：「學猶飾也，器不飾，則無以爲美觀；人不學，則無以有懿德。有懿德，故可以經人倫；爲美觀，故可以供神明。」墨子所染：「子墨子言見染絲者而歎曰：『染於蒼則蒼，染於黃則黃。所入者變，其色亦變。……非獨國有染也，士亦有染。』」（又見呂氏春秋當染〔無末句〕）晉書虞溥傳：「溥乃作誥以獎訓之，曰：『……故學之染人，甚於丹青。丹青吾見其久而渝矣，未見久學而渝者也。夫工人之染，先修其質，後事其色，質修色積，而染工畢矣。學亦有質，孝悌忠信是也。君子內正其心，外修其行，行有餘力，則以學文，文質彬彬，然後爲德。』」

〔四〕文子符言：「察其所以往者，卽知其所以來矣。」鶡冠子近迭：「欲知來者察往。」淮南子繆稱：「是故聖人察其所以往，則知其所以來者。」

〔五〕易繫辭上：「仰以觀於天文，俯以察於地理。」左傳僖公二十七年：「取威定霸，於是乎在矣。」

〔六〕史記十二諸侯年表序：「是以孔子明王道，干七十餘君，莫能用，故西觀周室，論史記舊聞，興於魯而次春秋，……以制義法，王道備，人事浹。」春秋繁露玉杯：「春秋論十二世之事，人道浹而王道備。」說苑至公：「（夫子）退而修春秋，采毫毛之善，貶纖介之惡，人事浹，王道備。」論衡正說：「說春秋者曰：『二百四十二年，人道浹，王道備。』」

〔七〕書益稷：「禹拜曰：『都，帝，予何言！予思日孜孜。』」孔傳：「言己思日孜孜不怠。」後漢書魯恭傳：「（魯丕）性沈深好學，孳孳不倦。」李注：「孳孳，不怠之意。」三國志蜀書向朗傳：「乃更潛心著述，孜孜不倦。」「孳孳」、「孜孜」同。

〔八〕書舜典：「夙夜惟寅。」孔傳：「夙，早也。」禮記儒行：「夙夜强學以待問。」

〔九〕「命」，盧本、諸子彙函本（後簡稱彙函本）、柏筠堂本、文溯本、叢書本、崇文本作「漏」。照按：論衡別通：「孔子病，商瞿卜期日中。孔子曰：『取書來！』比至日中何事乎？聖人之好學也，且死不休。念在經書，不以臨死之故，棄忘道藝，其爲百世之聖，師法祖（當依宋本作「漢祖」）脩，蓋不虛矣。」稚川遺辭出此（劉子崇學：「故宣尼臨没，手不釋卷。」亦本論衡）。「漏」字非是。

〔一〇〕史記儒林傳：「兒寬貧無資用，常爲（博士）弟子都養，及時時閒行傭賃，以給衣食。行常帶經，止息則誦習之。」漢書朱買臣傳：「家貧，好讀書，不治産業，常艾薪樵，賣以給食。擔束薪，行且誦書。其妻亦負戴相隨，數止買臣毋歌嘔道中。買臣愈益疾歌，妻羞之，求去。……買臣不能留，即聽去。其後，買臣獨行歌道中，負薪墓間。故妻與夫家俱上冢，見買臣饑寒，呼飯飲之。……（嚴助）薦買臣，召見，説春秋，言楚詞，帝（武帝）甚説之，拜買臣爲中大夫。」（鄒子：「朱買臣貧賤之時，孳孳修藝，不知雨之流粟，志在經傳也。」（太平御覽六一一引））又匡衡傳：「父世農夫，至衡好學，家貧，庸作以供資用。」（西京雜記二：「（匡衡）勤學而無燭，鄰舍有燭而不逮，衡乃穿壁引其光，以書映光而讀之。邑人大姓文不識，家富多書，衡乃與其傭作，而不求償。主人怪，問衡，衡曰：『願得主人書遍讀之。』主人感歎，資給以書，遂成大學。」）又循吏黄霸傳：「會宣帝即位，在民間時知百姓苦吏急也，聞霸持法平，召以爲廷尉正，數決疑獄，庭中稱平。守丞相長史，坐公卿大議中知長信少府夏侯勝非議詔書大不敬，霸阿從不舉劾，皆下廷尉，繫獄當死。霸因從勝受尚書獄中，再踰冬，積三歲乃出。」後漢書文苑下侯瑾傳:「少孤貧,依宗人居。性篤學,恆傭作爲資,暮還,輒爇(然)柴以讀書。」潛夫論讚學:「倪寬賣力於都巷(「巷」當作「養」。漢書兒寬傳顏注:「都,凡衆也。養,主給烹炊者也。貧無資用,故供諸弟子烹炊也。」),匡衡自鬻於保徒者,身貧也;貧阨若彼,而能進學若此者,秀士也。」

〔一二〕張邈自然好學論:「卽使六藝紛華,名利雜詭,計而後學,亦無損於有自然之好也。」(見嵇康集七)

「夫斲削刻畫之薄伎,射御騎乘之易事,猶須慣習,然後能善〔一〕。況乎人理之曠,道德之遠,陰陽之變,鬼神之情〔二〕,緬邈玄奧〔三〕,誠難生知〔四〕。雖云色白,匪染弗麗;雖云味甘,匪和弗美〔五〕。故瑶華不琢,則耀夜之景不發〔六〕;丹青不治(盧本作丹鍔不淬),則純鉤之勁不就〔七〕。火則不鑽不生,不扇不熾;水則不決不流,不積不深〔八〕。故質雖在我,而成之由彼也〔九〕。登閬風〔一〇〕,捫晨極〔一一〕,然後知井谷之闇隘也;披七經〔一二〕,玩百氏〔一三〕,然後覺面牆之至困也〔一四〕。

〔一〕左傳襄公三十一年:「子產曰:『……譬如田獵,臨御貫,則能獲禽。』」杜注:「貫,習也。」玉篇心部:「慣,習也。」

〔二〕易繫辭上:「精氣爲物,遊魂爲變,是故知鬼神之情狀。」韓注:「盡聚散之理,則能知變化之道,无幽而不通也。」

〔三〕文選陸機擬古詩行行重行行:「音徽日夜離,緬邈若飛沈。」李周翰曰:「緬邈,遠也。」又成公綏嘯賦:「精性命之至機,研道德之玄奧。」李注:「應德璉馳射賦曰:『窮百氏之玄奧。』」玄奧,精深微妙。

〔四〕論語述而:「子曰:『我非生而知之者,好古敏以求之者也。』」

〔五〕禮記禮器:「君子曰:『甘受和,白受采。』」正義:「甘爲衆味之本,不偏主一味,故得受五味之和;白是五色之本,不偏主一色，故得受五色之采。以其質素，故能包受衆味及衆采也。」

〔六〕瑤華，美玉。禮記學記：「玉不琢，不成器。」釋文：「治玉曰琢。」韓詩外傳八：「雖有良玉，不刻鏤則不成器。」

〔七〕孫星衍曰：「（『丹青不治』）盧本作『丹鍔不淬』。」彙函本、柏筠堂本、文溯本、叢書本、崇文本同。照按：「鍔」與「青」、「淬」與「治」之形音義俱不近，無緣致誤。足見盧本爲臆改。彙函本等從之，非是。「丹青」，蓋指鑄劍所用銅與錫二者之色。吳越春秋佚文：「越王允常聘歐冶子作名劍五枚，三大二小，一曰純鈞，……秦客薛燭見純鈞之劍曰：『臣聞王之初造此劍，赤菫之山破而出錫，若耶之溪涸而出銅，太一下觀，天精下降。於是歐冶子因天地之精，悉其伎巧，造爲此劍。』」（北堂書鈔一二二、藝文類聚六十、太平御覽三四三引）越絕書記寶劍略同。山海經中山經：「昆吾之山，其上多赤銅。」郭注：「此山出名銅，色赤如火。以之作刀，切玉如割泥也。……汲郡冢中得銅劍一枚，長三尺五寸，乃今所名爲干將劍。汲郡亦皆非鐵也，明古者通以錫雜銅爲兵器也。」劉子和性：「夫歐冶鑄劍，太剛則折，太柔則卷。欲劍無折，必加其錫；欲劍無卷，必加其金（銅）。」是古籍載歐冶、干將鑄劍所取之材，爲銅與錫矣。（攷工記攻金之工桃氏爲刃（鄭注：「刃，大刃，刀劍之屬。」）是「參分其金而錫居一」。亦可證古代兵器爲銅錫合金鑄成。）銅色赤（說文金部：「銅，赤金也。」），故曰「丹」（廣雅釋器：「丹，赤也。」）；錫色青（漢書司馬相如傳上「（子虛賦）錫碧金銀」顏注：「錫，青金也。」），故曰「青」（韓非子顯學「夫視鍛錫而察青黃，區冶不能以必劍」之「青黃」，亦係指錫、銅之色（銅有赤銅、黃銅二色），與此文之「丹青」無異）；銅錫鑄劍須經火鍛鍊（說文金部：「鍊，治金也。」又火部：「煉，鑠治金也。」）始成，故曰「治」。是「丹青不治」句本無誤字，盧氏蓋不得其解而妄改耳。又按：「純鉤」之「鉤」，陳漢章、孫人和謂當作「鈞」，極是。藏本、魯藩本（王國維校「鈞」爲「鉤」）、吉藩本、愼本、盧本、彙函本、柏筠堂本、叢書本、崇文本並作「鈞」；太平御覽六百七引同。

此係平津本誤刻，當據改。

〔八〕文子上德：「竹木有火，不鑽不熏；土中有水，不掘不出。」淮南子說林：「槁竹有火，弗鑽不爇；土中有水，弗掘無泉。」（「無泉」，王念孫謂當作「不出」。）

〔九〕韓詩外傳三：「劍雖利，不厲不斷；材雖美，不學不高。」又八：「雖有美質，不學則不成。」白虎通德論辟雍：「其有賢才美質，知學者足以開其心。」中論治學：「人雖有美質而不習道，則不爲君子。故學者，求習道也。」

〔一〇〕閬風，已見逸民篇「未登閬風而臨雲霓」句箋。

〔一一〕照按：「晨」當作「辰」，音之誤也。嘉遯篇「必仰辰極以得反」，內篇暢玄「淩辰極而上游」，又釋滯「辰極不動」，並其證。太平御覽六百七引，正作「辰」。當據改。辰極，已見嘉遯篇「必仰辰極以得反」句箋。

〔一二〕孫人和曰：「按：東京魏晉諸儒，或云五經，或云六經，或云七經。此文本作七經，而俗本作六經（指崇文本）者，蓋淺人僅知五經、六經並用，而不知有七經之名，故改『七』爲『六』也。牟子理惑論云：『佛道至尊至大，堯、舜、周、孔曷不修之乎？七經之中不見其辭。』又云：『堯事尹壽，舜事務成，旦學呂望，丘學老聃，亦俱不見於七經。』後漢書趙典傳注引謝承後漢書曰：『典學孔子七經。』蜀志秦宓傳曰：『蜀本無學士，文翁遣相如東受七經，還教吏民，於是蜀學比於齊魯。』並其證。使本作六經，無緣誤爲七經也。」照按：孫說是。傅毅明帝誄：「七經宣暢，孔業淑著。」（藝文類聚十二引）蔡邕李子材銘：「既總七經，又精羣緯。」（蔡中郎集二）華陽國志先賢士女總讚上蜀郡士女：「（張寬）太守文翁遣寬詣博士東受七經，還以教授。」又先賢士女總讚下梓潼士女：「（楊充）精究七經。」亦並有七經之稱。李賢後漢書張純傳「乃案七經讖」注：「七經，謂詩、書、禮、樂、易、春秋及論語也。」（隋書經籍志一著錄之一字石經，爲周易、尚書、魯詩、儀禮、春秋、公羊、論語七種，與李注異。）

〔一三〕漢書敍傳下：「總百氏，贊篇章。」文選北山移文：「傲百氏，蔑王侯。」劉良曰：「百氏，謂百家諸子也。」

〔一四〕論語陽貨：「子謂伯魚曰：『女爲周南召南矣乎？人而不爲周南召南，其猶正牆面而立也與！』」邢疏：「牆面，面向牆也。」

「夫不學而求知，猶願魚而無網焉，心雖勤而無獲矣〔一〕；廣博以窮理，猶順風而託焉，體不勞而致遠矣〔二〕。粉黛至則西施以加麗，而宿瘤以藏醜〔三〕；經術深則高才者洞達藏本作逸，從舊寫本改，鹵鈍者醒悟〔四〕。文梓干雲，而不可名臺榭者，未加班輪之結構也〔五〕；天然爽朗，而不可謂之君子者，不識大倫之臧否也〔六〕。

〔一〕文子上德：「臨河欲魚，不若歸而織網。」淮南子說林：「臨河而羨魚，不知歸家織網。」漢書禮樂志：「（董仲舒對策）古人有言：『臨淵羨魚，不如歸而結網。』」（又見董仲舒傳、揚雄傳上）

〔二〕徐濟忠曰：「『託』字下當脫一字。」孫人和曰：「按：『託』下當脫一字。此與上『猶願魚而無網焉』對文，或卽脫一『舟』字。」照按：以交際篇「金玉經於不測者，託於輕舟也」，吴失篇「猶託萬鈞於尺舟之上」，安貧篇「奚不汎輕舟以託迅」證之，孫謂「託」下脫「舟」字是。呂氏春秋知度：「絕江者，託於船。」說苑尊賢：「是故游江海者，託於船。」

〔三〕韓非子佚文：「加脂粉則膜母進御，蒙不潔則西施見棄（金樓子立言下：「加脂粉則宿瘤進，蒙不潔則西施屏。」卽襲韓子），學之爲脂粉厚矣。」（北堂書鈔八三、太平御覽六百七引）鹽鐵論殊路：「毛嬙，天下之姣人也，待香澤脂粉而後容。」桓範世要論：「學者，人之脂粉也。」（北堂書鈔八三、太平御覽六百七引）管子小稱：「毛嬙、西施，天下之美人也。」淮南子說林：「西施、毛嬙狀貌不可同，世稱其好。」吴越春秋句踐陰謀外傳：「（越王）乃使相者國中得苧蘿山鬻薪之女，曰西施、鄭旦。飾以羅縠，教以容步，習於土城，臨於都巷，三年學服，而獻於吴。」越絶書內經九術：「越乃飾美女西施、鄭旦，使大夫種獻之於吴王。吴王大悦。」列女傳辯通齊宿瘤女傳：「宿瘤女者，齊東郭採桑之女，閔王之后也。項有大瘤，故號曰宿瘤。……宿瘤駭宮中，諸夫人皆掩口而笑，左右失貌，不能自止。王大慚。曰：『且無笑，不飾耳。夫飾與不飾，固相去十百也！』」

〔四〕「鹵」上，太平御覽六百七引有「而」字。照按：有「而」字，始能與上「而宿瘤以藏醜」句一律。當據補。文選劉楨贈五官中郎將詩「小臣信頑鹵」李注：「論語（先進）曰：『參也魯。』孔安國曰：『魯，鈍也。』『魯』與『鹵』同。」

〔五〕太平御覽引，「名」下有「之爲」二字，「謂之」下有「爲」字。照按：御覽所引是也。當據補。戰國策宋策：「荆有長松、文梓、楩、柟、豫樟。」高注：「皆大木也。」後漢書丁鴻傳：「（上封事）干雲蔽日之木，起於葱青。」臺樹，已見嘉遯篇「登嵩峯爲臺樹」句箋。漢書敍傳上：「（答賓戲）班輸権巧於斧斤。」顔注：「班輸，即魯公輸班也。一説：班，魯班也，與公輸氏爲二人也，皆有巧藝也。古樂府云：『誰能爲此器？公輸與魯班。』」文選李注引項岱曰：「公輸若之族，名班。」

〔六〕大倫，已見嘉遯篇「先生潔身而忽大倫之亂」句箋。詩大雅抑：「於呼小子！未知臧否。」鄭箋：「臧，善也。」釋文：『臧否，音鄙。否，惡也。』

「欲超千里於終朝，必假追影之足；欲淩洪波而遐濟，必因艘楫之器〔一〕；欲見無外而不下堂，必由之乎載籍〔二〕；欲測淵微而不役神，必得之乎明師〔三〕。故朱緑所以改素絲〔四〕，訓誨所以移蒙蔽。披玄雲而揚大明〔五〕，則萬物無所隱其狀矣；舒竹帛而考古今〔六〕，則天地無所藏其情矣。況於鬼神乎？而況於人事乎〔七〕？泥涅可令齊堅乎金玉〔八〕，曲木可攻之以應繩墨〔九〕，百獸可教之以戰陳〔一〇〕，畜牲可習之以進退〔一一〕，沈鱗可動之以聲音〔一二〕，機石可感之以精誠〔一三〕，又況乎含五常而稟最靈者哉〔一四〕！

〔一〕詩小雅采綠「終朝采綠」毛傳：「自旦及食時爲終朝。」追影之足，指駿馬，言其行疾速也。文子上仁：「夫乘輿馬者，不勞而致千里；乘舟楫者，不游而濟江海。」（淮南子主術、說苑談叢略同）荀子勸學：「假輿馬者，非利足也，而致千里；假舟檝者，非能水也，而絕江河。」

〔二〕荀子不苟：「故君子不下室堂，而海內之情舉積此者，則操術然也。」史記伯夷傳：「夫學者載籍極博。」又司馬相如傳：「（封禪文）五、三、六經載籍之傳，維見可觀也。」載籍，典籍。

〔三〕淮南子脩務：「故君子積志委正以趣明師。」高注：「師所以取法則。」漢書董仲舒傳：「興大學，置明師，以養天下之士。」

〔四〕淮南子齊俗：「夫素之質白，染之以涅則黑；縑之性黃，染之以丹則赤。」

〔五〕淮南子覽冥：「若乃至於玄雲素朝。」高注：「玄，黑也。」禮記禮器：「大明生於東。」鄭注：「大明，日也。」

〔六〕墨子明鬼下：「又恐後世子孫不能知也，故書之竹帛傳遺後世子孫。」新書道德說：「書者，著德之理於竹帛而陳之，令人觀焉。」說文解字序：「著於竹帛謂之書。」竹，竹簡。帛，縑帛。

〔七〕易乾：「（文言）夫大人者，與天地合其德，與日月合其明，與四時合其序，與鬼神合其吉凶，先天而天弗違，後天而奉天時。天且弗違，而況於人乎？況於鬼神乎？」

〔八〕如由泥土精工燒製而成之陶瓷器物，其堅硬歷世如初。說文水部：「涅，黑土在水中者也。」廣雅釋詁三：「涅，泥也。」

〔九〕荀子勸學：「故木受繩則直。」韓非子有度：「繩直而枉木斲。」

〔一〇〕大戴禮記五帝德：「（黄帝）教熊羆貔豹虎，以與赤帝戰於阪泉之野。三戰，然後得行其志。」史記五帝紀：「（黄帝）名曰軒轅，……教熊羆貔貅貙虎，以與炎帝戰於阪泉之野。三戰，然後得其志。」（又見論衡率性）列子黄帝：「黄帝與炎帝戰於阪泉之野，帥熊羆狼豹貙虎爲前驅，鵰鶡鷹鳶爲旗幟，此以力使禽獸者也。」（劉子閱武：「貔貅戾獸，而黄帝教之戰。」）

〔一一〕書舜典：「夔曰：『於！予擊石拊石，百獸率舞。』」孔傳：「樂感百獸，使相率而舞。」又益稷：「夔曰：『……笙鏞以間，鳥獸蹌蹌。』」孔傳：「吹笙擊鍾，鳥獸化德，相率而舞蹌蹌然。」漢書武帝紀：「（元狩二年）南越獻馴象。」顔注引應劭曰：「馴者，教能拜起周章，從人意也。」三國志吴書賀齊傳：「（齊）表言分餘杭爲臨水縣，被命詣所在，及當還郡，（孫）權出祖道，作樂舞象。」

〔一二〕荀子勸學：「昔者，瓠巴鼓瑟而流魚出聽。」（又見大戴禮記勸學〔「流」作「沈」〕、韓詩外傳六〔「流」作「潛」〕、淮南子〔高注本〕説山〔「流」作「淫」〕、論衡感虚〔「流」作「淵」〕）説文魚部：「鱏，鱏魚也。……傳曰：『伯牙鼓琴，鱏魚出聽。』」（陶方琦淮南許注異同詁謂説文所引傳文，是許注本淮南。）列子湯問：「瓠巴鼓琴，鳥舞魚躍。」

〔一三〕吕氏春秋精通：「養由基射兕，中石，矢乃飲羽，誠乎兕也。……鍾子期夜聞擊磬者而悲，……鍾子期歎嗟曰：『悲夫！悲夫！心非臂也，臂非椎非石也，悲存乎心，而木石應之。』」（又見新序雜事四）韓詩外傳六：「昔者，楚熊渠子夜行，〔見〕寢石以爲伏虎，彎弓而射之，没金飲羽，下視知其石也，矢躍無迹。熊渠子見其誠心，石爲之開，而況人乎？」（又見新序雜事四）説苑修文：「孔子曰：『……鍾鼓之聲，怒而擊之則武，憂而擊之則悲，喜而擊之則樂。其志變，其聲亦變。其志誠，通乎金石，而況人乎？』」（又見家語六本）西京雜記五：「李廣與兄弟共獵於冥山之北，見卧虎焉。射之，一矢卽斃。……他日，復獵於冥山之陽，又見卧虎，射之，没矢飲羽。進而視之，乃石也，其形類虎。退而更射，鏃破簳折而石不傷。余嘗以問揚子雲，子雲曰：『至誠則金石爲開。』」

〔四〕漢書刑法志：「夫人宵天地之䫉，懷五常之性，聰明精粹，有生之最靈者也。」顔注：「應劭曰：『宵，類也。頭圓象天，足方象地。』師古曰：『宵義與肖同。䫉，古貌字。五常，仁、義、禮、智、信。』」列子楊朱：「楊朱曰：『人肖天地之類，懷五常之性，有生之最靈者也。』」張注：「肖，似也。類同陰陽，性稟五行也。」（荀子非十二子：「案往舊造説，謂之五行。」楊注：「五行，五常：仁、義、禮、智、信，是也。」）

「低仰之駟〔一〕，教之功也；鷙擊之禽〔二〕，習之馴也。與彼凡馬野鷹，本實一類，此以飾貴，彼以質賤。運行潦而勿輟，必混流乎滄海矣〔三〕；崇一簣而弗休，必鈞高乎峻極矣〔四〕。大川滔瀁，則虬螭羣游〔五〕；日就月將，則德立道備〔六〕。乃可以正藏本作止，從舊寫本改。夢乎丘、旦〔七〕，何徒解桎乎困蒙哉〔八〕！

〔一〕詩鄭風清人：「駟介旁旁。」鄭箋：「駟，四馬也。」低仰，喻四馬駕車前行時一低一仰之狀，言其中節也。

〔二〕詩大雅大明：「時維鷹揚。」鄭箋：「鷹，鷙鳥也。」大戴禮記夏小正：「（六月）鷹始鷙。」説文鳥部：「鷙，擊殺鳥也。」後漢書安帝紀：「（元初五年詔）秋節卽立，鷙鳥將用。」李注：「鷙鳥，謂鷹鸇之類也。廣雅（釋言）曰：『鷙，執也，以其能服執衆鳥。』……將欲糾其罪，順秋行誅，同鷹鸇之鷙擊也。」

〔三〕詩大雅泂酌：「泂酌彼行潦。」毛傳：「行潦，流潦也。」鄭箋：「流潦，水之薄者也。」正義：「行者，道也。潦者，雨水也。行道上雨水流聚，故云流潦也。」左傳隱公三年「潢汙行潦之水」正義引服虔云：「行潦，道路之水。」滄海，已見嘉遯篇「豈事乎滄海」句箋。

〔四〕論語子罕：「子曰：『譬如爲山，未成一簣，止，吾止也；譬如平地，雖覆一簣，進，吾往也。』」集解引包咸曰：「簣，土籠也。」峻極，已見嘉遯篇「摧高則峻極頹淪」句箋。

〔五〕說文水部：「滔，水漫漫大貌。」文選王粲登樓賦：「川既漾而濟深。」李注：「韓詩曰：『江之漾（毛詩周南漢廣「漾」作「永」）矣，不可方思。』薛君曰：『漾，長也。』」李周翰曰：「漾，大水也。」玉篇水部：「瀁，无涯際也。古文，漾。」廣韻四十一漾：「瀁，水溢蕩皃。」說文虫部：「螭，若龍而黃。」又：「虯，龍無角者（依段校）。」呂氏春秋舉難「螭食乎清而游乎濁」高注：「螭，龍之別也。」楚辭離騷「駟玉虯以乘鷖兮」王注：「有角曰龍，無角曰虯。」

〔六〕詩周頌敬之：「日就月將，學有緝熙于光明。」毛傳：「將，行也。光，廣也。」鄭箋：「緝熙，光明也。」韓詩外傳八：「故學而不已，闔棺乃止。詩曰：『日就月將。』言學者也。」淮南子脩務：「知人無務，不若愚而好學。自人君公卿至於庶人，不自彊而功成者，天下未之有也。詩云：『日就月將，學有緝熙于光明。』此之謂也。」高注：「詩頌敬之篇。言爲善者日有所成就，月有所奉行，當學之是明。此勉學之謂也。」潛夫論讚學：「詩云：『高山仰止，景行行止。』『日就月將，學有緝熙於光明。』是故凡欲顯勳績揚光烈者，莫良於學矣。」

〔七〕論語述而：「子曰：『甚矣，吾衰也！久矣，吾不復夢見周公。』」集解引孔安國曰：「孔子衰老，不復夢見周公，明盛時夢見周公。欲行其道也。」呂氏春秋博志：「蓋聞孔丘、墨翟晝日諷誦習業，夜親見文王、周公旦而問焉。用志如此其精也，何事而不達，何爲而不成。故曰精而熟之，鬼將告之。非鬼告之也，精而熟之也。」

〔八〕莊子達生：「故其靈臺一而不桎。」釋文引司馬彪云：「桎，閡也。」

「昔仲由冠鷄帶豘，靃珥鳴蟬，杖劍而見，拔刃而舞，盛稱南山之勁竹，欲任掘强之自然，尼父善誘，染以德教，遂成升堂之生，而登四科之哲〔一〕。子張鄙人，而灼聚凶猾，漸漬道訓，成化名儒，乃抗禮於王公，豈直免於庸陋〔二〕。

〔一〕史記仲尼弟子傳：「仲由字子路，卞人也。……子路性鄙，好勇力，志伉直，冠雄雞，佩豭豚，陵暴孔子。孔子設禮，稍誘子路。子路後儒服委質，因門人請爲弟子。」集解：「冠以雄雞，佩以豭豚。二物皆勇，子路好勇，故冠帶之。」說苑建本：「孔子謂子路曰：『汝何好？』子路曰：『好長劍。』孔子曰：『非此之問也。請以汝之所能，加之以學，豈可及哉！』子路曰：『學亦有益乎？』孔子曰：『夫人君無諫臣則失政，士無教友則失德，……君子不可以不學。』子路曰：『南山有竹，弗揉自直，斬而射之，通於犀革，又何學爲乎？』孔子曰：『括而羽之，鏃而砥礪之，其入不益深乎？』子路拜曰：『敬受教哉！』」（又見家語子路初見）又貴德：「子路持劍，孔子問曰：『由安用此乎？』子路曰：『善古者，固以善之，不善古者，固以自衞。』孔子曰：『君子以忠爲質，以仁爲衞，不出環堵之內，而聞千里之外，不善以忠化，寇暴以仁圍，何必持劍乎？』子路曰：『由也請攝齊以事先生矣。』」論衡率性：「世稱子路無恆之庸人，未入孔門時，戴雞佩豚，勇猛無禮，聞誦讀之聲，搖雞奮豚，揚脣吻之音，聒賢聖之耳，惡至甚矣。孔子引而教之，漸漬磨礪，闓導牖進，猛氣消損，驕節屈折，卒能政事，序在四科。斯蓋變性使惡爲善之明效也。」李頤莊子盜跖「使子路去其危冠」注：「危，高也。子路好勇，冠似雄雞形，背負豭豚，用表己勇也。」「豘」與「豚」同，見廣韻二十三魂「豘」字注。「䨇」訓大雨（見玉篇雨部及廣韻二十二昔），詁此不合。疑原是「䨇」字。「䨇」爲「雙」之別構，見復古編上「雙」字注。楚辭九歌東皇太一：「撫長劍兮玉珥。」王注：「玉珥，謂劍鐔也。」洪補注：「博（廣雅（釋器））曰：『劍珥謂之鐔。』鐔，劍鼻。一曰劍口，一曰劍環。珥，耳飾也。鐔所以飾劍，故取以名焉。」「䨇珥鳴蟬」，蓋謂劍鼻上飾有兩鳴蟬之狀也。論語子罕：「夫子循循然善誘人。」集解：「循循，次序貌。誘，進也。言夫子正以此道進勸人有所序。」又先進：「子曰：『由也，升堂矣！未入於室也。』」又：「德行，顏淵、閔子騫、冉伯牛、仲弓；言語，宰我、子貢；政事，冉有、季路；文學，子游、子夏。」桓譚新論：「孔子以四科教士，隨其所喜。」（意林三引）後漢書鄭玄傳：「時汝南應劭亦歸於（袁）紹，因自贊曰：『故太山太守應中遠，北面稱弟子何如？』玄笑曰：『仲尼之門考以四科，回、賜之徒不稱官閥。』劭有慚色。」李注：「四科，謂德行、言語、政事、文學，顏淵、閔子騫及子游、子夏，並見論語（先進）也。」

〔二〕尸子勸學：「是故子路卞之野人，子貢衞之賈人，顏涿聚盜也，顓孫師（史記仲尼弟子傳：「顓孫師字子張。」）駔也，孔子教之，皆爲顯士。」（羣書治要三六引）呂氏春秋尊師：「子張魯之鄙家也，顏涿聚梁父之大盜也，學於孔子，……由此爲天下名士顯人，以終其壽。王公大人從而禮之，此得之於學也。」（應璩答韓文憲書：「顏涿聚十五，始涉師門。」（太平御覽六一四引））高注：「鄙，小。」淮南子氾論：「夫顏〔啄〕（原誤作「喙」，據王念孫説改）聚梁父之大盜也，而爲齊忠臣。」後漢書郭太傳：「（太）謂（左原）曰：『昔顏涿聚梁甫之巨盜，……卒爲齊之忠臣。』」（左傳哀公二十三年「齊師敗績，知伯親禽顏庚」杜注：「顏庚，齊大夫顏涿聚也。」）「灼」與「涿」、「啄」聲並相近，得通。莊子漁父：「萬乘之主，千乘之君，見夫子未嘗不分庭伉禮。」成疏：「伉，對也。」「子張」，愼本、盧本、彙函本、柏筠堂本、文溯本、叢書本、崇文本作「子房」，非是。

「以是賢人悲寓世之倏忽〔一〕，疾泯没之無稱〔二〕；感朝聞之弘訓〔三〕，悟通微之無類〔四〕；懼將落之明戒〔五〕，覺罔念之作狂〔六〕；不飽食以終日〔七〕，不棄功於寸陰〔八〕；鑒逝川之勉志〔九〕，悼過隙之電速〔一〇〕；割遊情之不急，損人間之末務；洗憂貧之心〔一一〕，遺廣願之穢，息畋獵博弈之遊戲〔一二〕，矯晝寢坐睡之懈怠〔一三〕；知徒思之無益，遂振策於聖途〔一四〕。學以聚之，問以辯之〔一五〕，進德修業〔一六〕，温故知新〔一七〕。

〔一〕寓世倏忽，已見嘉遯篇「以過隙之促」句箋。

〔二〕論語衞靈公：「子曰：『君子疾没世而名不稱焉。』」集解：「疾，猶病也。」法言問神：「或曰：『君子病没世而無名。』」

〔三〕論語里仁：「子曰：『朝聞道，夕死可矣。』」新序雜事一：「楚共王有疾，召令尹曰：『常侍筦蘇與我處，常忠我以道，正我以義，吾與處不安也，不見不思也。雖然，吾有得也。其功不細，必厚爵之。……。』……故孔子曰：『朝聞道，夕死可矣。』於以聞後嗣，覺來世，猶愈没身不寤者也。」

〔四〕人物志九徵：「通微也者，智之原也。」劉昞注：「水流疏達爲智之原，原不通微，不能成智。」

〔五〕左傳昭公十八年：「閔子馬曰：『……夫學，殖也，不學將落。』」杜注：「殖，生長也。言學之進德，如農之殖苗，日新日益。」正義：「夫學如殖草木也，令人日長日進，猶草木之生枝葉也；不學則才知日退，將如草木之隊（墜）落枝葉也。」

〔六〕書多方：「惟聖罔念作狂，惟狂克念作聖。」孔傳：「惟聖人無念於善，則爲狂人；惟狂人能念於善，則爲聖人。」

〔七〕論語陽貨：「子曰：『飽食終日，無所用心，難矣哉！不有博弈者乎？爲之猶賢乎已。』」

〔八〕司馬法佚文：「明不寶咫尺之玉，而愛寸陰之旬。」（文選〔景印淳熙本〕魏都賦張載注引，並釋「旬」字云：「旬，時也。」）文子道原：「日回月周，時不與人遊。故聖人不貴尺之璧，而貴寸之陰，時難得而易失。」（又見淮南子原道）吳越春秋句踐入臣外傳：「夫君子争寸陰而棄珠玉。」

〔九〕逝川，已見嘉遯篇「忘川逝於大耋之嗟」句箋。

〔一〇〕「隟」，「隙」之俗體。過隟，亦見嘉遯篇「以過隙之促」句箋。

〔一一〕論語衞靈公：「子曰：『君子謀道不謀食。耕也，餒在其中矣；學也，禄在其中矣。君子憂道不憂貧。』」

〔一二〕文子符言：「人皆以無用害有用，故知不博而日不足，以博弈之日問道，聞見深矣。」新語資質：「莫不知學問之有益於己，怠戲之無益於事也。然而爲之者，情欲放溢，而人不能勝其志也。」淮南子泰族：「人莫不知學之有益於己也，然而不能者，嬉戲害人（王念孫謂「人」當作「之」）也。……以弋獵博弈之日誦詩讀書，聞識必博矣。」漢書游俠陳遵傳：「宣帝微時與（遵祖父遂）有故，相隨博弈。」顏注：「博，六博。弈，圍碁也。」三國志吳書韋曜（昭）傳：「時蔡穎亦在東宮，性好博弈，太子和以爲無益，命曜論之。」博弈，劉寶楠論語正義四（陽貨「不有博弈者乎」句）、焦循孟子正義六（告子上「今夫弈之爲數」句）、汪榮寶法言義疏四（吾子「斷木爲棊」句）均有較詳考證，可參閱。

〔一三〕論語公冶長：「宰予晝寢，子曰：『朽木不可雕也，糞土之牆，不可杇也。於予與何誅。』」集解引孔安國曰：「誅，責也。」邢疏：「此章勸人學也。宰予晝寢者，弟子宰我晝日寢寐也。」晏子春秋内篇雜下：「景公畋於梧丘，夜猶早，公姑坐睡。」（又見說苑辨物）

〔一四〕論語爲政：「思而不學，則殆。」集解：「不學而思，終卒不得，徒使人精神疲殆。」又衛靈公：「子曰：『吾嘗終日不食，終夜不寢，以思，無益，不如學也。』」荀子勸學：「吾嘗終日而思矣，不如須臾之所學也。」韓詩外傳六：「子曰：『不學而好思，雖知不廣矣。』」說苑建本：「子思曰：『學所以益才也，礪所以致刃也，吾嘗幽處而深思，不若學之速。』」漢書陳勝項籍傳贊「振長策而馭宇内」顏注：「以乘馬爲喻也。策，所以撾馬也。」

〔一五〕易乾：「（文言）君子學以聚之，問以辯之。」正義：「君子學以聚之者，九二從微而進，未在君位，故且習學以畜其德。問以辯之者，學有未了，更詳問其事，以辯決於疑也。」

〔一六〕易乾：「（文言）子曰：『君子進德修業。忠信，所以進德也，修辭立其誠，所以居業也。』」

〔一七〕論語爲政：「子曰：『温故而知新，可以爲師矣。』」集解：「温，尋也。尋繹故者，又知新者，可以爲人師矣。」

「夫周公上聖，而日讀百篇〔一〕。仲尼天縱，而韋編三絶〔二〕。墨翟大賢，載文盈車〔三〕。仲舒命世，不窺園門〔四〕。倪寬帶經以芸鉏〔五〕，路生截蒲以寫書〔六〕，黄霸抱桎梏以受業〔七〕，甯子勤夙夜以倍功〔八〕，故能究覽道奥，窮測微言，觀萬古如同日，知八荒若户庭〔九〕，考七耀之盈虚，步三、五之變化〔一〇〕，審盛衰之方來，驗善否於既往，料玄黄於掌握〔一一〕，甄未兆以如成〔一二〕。故能盛德大業〔一三〕，冠於當世，清芳令問，播于罔極也〔一四〕。

〔一〕漢書孫寳傳：「寳曰：『周公上聖。』」墨子貴義：「子墨子曰：『昔者，周公旦朝讀書百篇，夕見漆（七）十士。』」金樓子説蕃：「周公旦則讀書一百篇，夕則見士七十人也。」照按：墨子以「朝」與「夕」對舉，金樓子以「旦」與「夕」對舉，是此文之「日」字當作「旦」，蓋寫者偶脱其末畫耳。

〔二〕論語子罕：「太宰問於子貢曰：『夫子聖者與？何其多能也！』子貢曰：『固天縱之將聖，又多能也。』」集解引孔安國曰：「言天固縱大聖之德，又使多能也。」風俗通義窮通：「論語『固天縱之，莫盛於聖』。」稚川此文斷句，與應仲遠同。史記孔子世家：「孔子晚而喜易，序彖、繫、象、説卦、文言。讀易，韋編三絶。曰：『假我數年，若是，我於易則彬彬矣。』」

〔三〕墨子貴義：「子墨子南遊使衛，關中載書甚多。弦唐子見而怪之，曰：『吾夫子教公尚過曰：「揣曲直而已。」今夫子載書甚多，何有也？』子墨子曰：『……翟上無君上之事，下無耕農之難，吾安敢廢此。』」

〔四〕史記儒林傳：「董仲舒，廣川人也。以治春秋，孝景時爲博士。下帷講誦，弟子傳以久次相受業，或莫見其面。蓋三年董仲舒不觀於舍園，其精如此。」漢書董仲舒傳「蓋三年不窺園」顔注：「雖有園圃，不窺視之，言專學也。」命世，即名世。孟子公孫丑下：「五百年必有王者興，其間必有名世者。」漢書楚元王傳贊：「自孔子後，綴文之士衆矣，唯孟軻、孫況、董仲舒、司馬遷、劉向、揚雄。此數公者，皆博物洽聞，通達古今，其言有補於世。傳曰：『聖人不出，其間必有命世者焉。』豈近是乎？」

〔五〕倪寬，已見本篇上文「飢寒危困而不廢」句箋。

〔六〕漢書路溫舒傳：「路溫舒字長君，鉅鹿東里人也。父爲里監門。使溫舒牧羊，溫舒取澤中蒲，截以爲牒，編用寫書。」

〔七〕黃霸，已見上文「飢寒危困而不廢」句箋。

〔八〕呂氏春秋博志：「甯越中牟之鄙人也，苦耕稼之勞，謂其友曰：『何爲而可以免此苦也？』其友曰：『莫如學。學三十歲，則可以達矣。』甯越曰：『請以十五歲。人將休，吾將不敢休；人將卧，吾將不敢卧。』十五歲而周威公師之。」（又見說苑建本）詩召南行露「豈不夙夜」鄭箋：「夙，早也。」

〔九〕老子第四十七章：「不出户，知天下。」中論治學：「述千載之上，若共一時；論殊俗之類，若與同室。」

〔一〇〕說苑辨物：「所謂宿者，日月五星之所宿也。……所謂五星者，一曰歲星，二曰熒惑，三曰鎮星，四曰太白，五曰辰星。欃槍、彗孛、旬始、枉矢、蚩尤之旗，皆五星盈縮之所生也。」范甯春秋穀梁傳集解序：「七耀爲之盈縮。」楊士勛疏：「云七耀盈縮者，謂日月薄食。……謂之七耀者，日月五星皆照天下，故謂之七耀。五星者，即東方歲星，南方熒惑，西方太白，北方辰星，中央鎮星是也。」盈虛，即盈縮。史記天官書：「爲天數者，必通三、五。」索隱：「三謂三辰（左傳桓公二年「三辰旂旗」杜注：「三辰，日月星也。」）；五謂五星。」步，推步。後漢書楊厚傳：「（父統）又就同郡鄭伯山受河洛書及天文推步之術。」又馮緄傳：「緄弟允，……善推步之術。」李注：「推步，謂究日月五星之度，昏明節氣之差。」（文選演連珠：「是以儀天步晷，而脩短可量。」李注引尚書大傳鄭玄注曰：「步，

推也。」（陳壽祺輯本漏此條）

〔一一〕玄黃，指天地。淮南子覽冥：「手徵忽怳，不能覽其光。然以掌握之中，引類於太極之上。」高注：「太極，天地始形之時也。上，猶初也。」又精神：「登太皇，馮太一，玩天地於掌握之中。」高注：「太皇，天也。馮，依也。太一，天之形神也。玩，弄也。」

〔一二〕兆，朕兆。老子第六十四章：「其未兆易謀。」河上公注：「情欲禍患未有形兆時，易謀正也。」鄧析子無厚：「計能規於未兆。」

〔一三〕易繫辭上：「盛德大業，至矣哉！富有之謂大業，日新之謂盛德。」韓康伯注：「廣大悉備，故曰富有。體化合變，故曰盛德。」

〔一四〕詩大雅卷阿：「令聞令望。」鄭箋：「令，善也。」釋文：「聞，音問，本亦作問。」是「問」與「聞」通。周書和寤：「行有令問。」蔡中郎集郭林宗碑：「俾芳烈奮乎百世，令問顯乎無窮。」罔極，無窮盡也。

「且夫聞商羊而戒浩瀁〔一〕，訪鳥咎而洽東肅〔二〕，諮萍實而言色味〔三〕，訊土狗而識墳羊〔四〕，披靈寶而知山隱〔五〕，因折俎而說專車〔六〕，瞻離畢而分陰陽之候〔七〕，由冬螽而覺閏餘之錯〔八〕，何神之有？學而已矣。夫童謠猶助聖人之耳目，豈況墳、索之弘博哉〔九〕！

〔一〕說苑辨物：「其後齊有飛鳥，一足，來下止于殿前，舒翅而跳。齊侯大怪之，又使聘問孔子。孔子曰：『此名商羊，急告民趣治溝渠，天將大雨。』於是如之，天果大雨。諸國皆水，齊獨以安。孔子歸，弟子請問。孔子曰：『異時，……兒又有兩兩相牽，屈一足而跳，曰：「天將大雨，商羊起舞。」今齊獲之，亦其應也。』」（又見家語辨政）論衡變動：「故天且雨，商羊起舞，使天雨也。商羊者，知雨之物也，天且雨，屈其一足起舞矣。」浩瀁，大水。

【二】王國維「東」校「陳」。照按：王校甚是。國語魯語下：「仲尼在陳，有隼集於陳侯之庭而死，楛矢貫之，石砮，其長尺有咫（韋注：「隼，鷙鳥，今之鶚也。楛，木名。砮，鏃也，以石爲之。八寸曰咫。楛矢貫之，墜而死也。」）。陳惠公（「惠」當作「湣」或「閔」）使人以隼如仲尼之館問之。仲尼曰：『隼之來也遠矣！此肅慎氏之矢也（韋注：「肅慎，北夷之國。」）。昔武王克商，通道於九夷百蠻，使各以其方賄來貢，使無忘職業。於是肅慎氏貢楛矢石砮，其長尺有咫。先王欲昭其令德之致遠也，以示後人，使永監焉。故銘其栝曰：「肅慎氏之貢矢。」（韋注：「刻曰銘。栝，箭羽之間也。」）以分大姬，配虞胡公而封諸陳。古者分同姓以珍玉，展親也；分異姓以遠方之職貢，使無忘服也。故分陳以肅慎氏之貢。君若使有司求諸故府（韋注：「故府，舊府也。」），其可得也。』使求得之金櫝，如之。」（又見史記孔子世家、漢書五行志下之上、說苑辨物、家語辯物）洽，博洽。洽陳肅，謂孔子於陳與肅慎貢矢之史甚熟悉也。

【三】說苑辨物：「楚昭王渡江，有物大如斗，直觸王舟，止於舟中。昭王大怪之，使聘問孔子。孔子曰：『此名萍實。令剖而食之。惟霸者能獲之。此吉祥也。』……孔子歸，弟子請問。孔子曰：『異時，小兒謠曰：「楚王渡江得萍實，大如拳，赤如日，剖而食之美如蜜。」此楚之應也。』」（又見家語致思）

【四】國語魯語下：「季桓子穿井，獲如土缶，其中有羊焉。使問之仲尼，曰：『吾穿井而獲狗，何也？』（韋注：「獲羊而言狗者，以孔子博物，測之也。」）對曰：『以丘之所聞，羊也。丘聞之：木石之怪曰夔、蝄蜽，水之怪曰龍、罔象，土之怪曰墳羊。』」（又見史記孔子世家、說苑辨物、家語辯物、搜神記十二）「墳羊」，說苑、家語作「羵羊」，搜神記作「賁羊」。唐固國語注云：「墳羊，雌雄不成者。」（韋注引）

【五】河圖緯河圖絳象：「太湖中洞庭山，林屋洞天，即禹藏真文之所，一名包山。吳王闔閭登包山之上，命龍威丈人入包山，得書一卷，凡一百七十四字，而還。吳王不識，使問仲尼，詭云：『赤烏銜書以授王。』仲尼曰：『昔吾遊西海之上，聞童謠曰：「吳王出遊觀震湖，龍威丈人名隱居。北上包山入靈墟，乃造洞庭竊禹書。天帝大文不可舒，此文長傳百六初。今强取出喪國廬。」丘按謠言，乃龍威丈人洞中得也。赤烏所銜，非丘所知也。』吳王懼，乃復歸其書。」（古微書三二〈雲笈七籤三靈寶略紀所敍甚詳，文長不具録〉）山隱，靈寶略紀謂龍威丈人姓山名隱居，故稚川省稱爲山隱。

〔六〕國語魯語下：「吳伐越，墮會稽，獲骨焉，節專車（韋注：「墮，毀也。骨一節，其長專車。專，擅也。」）。吳子使來好聘，且問之仲尼，曰：『無以吾命。』賓發幣於大夫及仲尼，仲尼爵之。既徹俎而宴，客執骨而問（韋注：「因折俎之骨，執以問之。」），曰：『敢問骨何爲大？』仲尼曰：『丘聞之：昔禹致羣神於會稽之山，防風氏後至，禹殺而戮之，其骨節專車，此爲大矣。』」（又見史記孔子世家、説苑辨物、家語辯物）左傳宣公十六年：「宴有折俎。」杜注：「體解節折升之於俎，物皆可食，所以示慈惠也。」正義：「其物解折使皆可食，共食噉之，所以示慈惠也。」

〔七〕史記仲尼弟子傳：「孔子既没，弟子思慕，有若狀似孔子，弟子相與共立爲師，師之如夫子時也。他日，弟子進問（有若）曰：『昔夫子（孔子）當行，使弟子持雨具，已而果雨。弟子問曰：「夫子何以知之？」夫子曰：「詩不云乎？『月離于畢，俾滂沱矣。』」（小雅漸漸之石毛傳：「畢，噣也。月離陰星則雨。」正義：「以畢爲月所離而雨，是陰雨之星，故謂之陰星。月離于畢，即言俾滂沱矣，故知月離陰星則雨也。」）昨暮月不宿畢乎？」他日，月宿畢，竟不雨。……有若默然無以應。弟子起曰：『有子避之，此非子之座也！』」論衡明雩：「孔子出，使子路齎雨具。有頃，天果大雨。子路問其故。孔子曰：『昨暮月離于畢。』後日，月復離畢。孔子出，子路請齎雨具，孔子不聽。出果無雨。子路問其故。孔子曰：『昔日，月離其陰，故雨；昨暮，月離其陽，故不雨。』」家語七十二弟子解：「孔子將近行，命從者皆持蓋。已而果雨。巫馬期問曰：『且無雲，既日出，而夫子命持雨具，敢問何以知之？』孔子曰：『昨暮月宿畢，詩不云乎？「月離於畢，俾滂沱矣。」以此知之。』」

〔八〕春秋經哀公十二年：「冬，十有二月，螽。」杜注：「周十二月，今十月。是歲應置閏，而失不置。雖書十二月，實今之九月，司厤誤一月。九月之初尚温，故得有螽。」釋文：「螽，音終。」左傳：「冬，十二月，螽。季孫問諸仲尼。仲尼曰：『丘聞之：「火伏而後蟄者畢。」今火猶西流，司厤過也。』」杜注：「火，心星也。火伏，在今十月。猶西流，言未盡没，知是九月。厤官失一閏，釋例論之備。」正義：「經書十二月，則是夏十月。厤官失一閏，故以九月爲十月。」家語辯物：「季康子問於孔子曰：『今周十二月，夏之十月。而猶有螽，何也？』孔子對曰：『丘聞之：「火伏而後蟄者畢。」今火猶西流，司歷過也。』季康子曰：『所失者，幾月也？』孔子曰：『於夏十月，火既没矣。今火見，再失閏也。』」

〔九〕墳、索，已見逸民篇「窮覽墳、索」句箋。

「才性有優劣〔一〕，思理有脩短〔二〕，或有夙知而早成〔三〕，或有提耳而後喻〔四〕。夫速悟時習者，驥騄之腳也；遲解晚覺者，鶵鵠之翼也。彼雖尋飛絶景，止而不行，則步武不過焉〔五〕；此雖跬尺以進，往而不輟，則山澤可越焉。明暗之學〔六〕，其猶兹乎？蓋少則志一而難忘，長則神放而易失，故修學務早，及其精專，習與性成，不異自然也〔七〕。若乃絶倫之器，盛年有故，雖失之於暘谷，而收之於虞淵〔八〕。方知良田之晚播，愈於卒歲之荒蕪也。日燭之喻〔九〕，斯言當矣。

〔一〕才性，才能稟賦。荀子修身：「彼人之才性之相縣也，豈若跛鼈之與六驥足哉！」文心雕龍體性贊：「才性異區。」

〔二〕脩短，長短。

〔三〕後漢書桓彬傳：「蔡邕等共論序其志，僉以爲彬有過人者四：夙智早成，岐嶷也。」李注：「夙，早也。」「知」，讀曰「智」。

〔四〕詩大雅抑：「匪面命之，言提其耳。」鄭箋：「我非但對面語之，親提撕其耳。」釋文：「提，拽也。」正義：「我又非但對面命語之，我又親提撕其耳，庶其志而不忘。言己教導之孰，而不可啟悟。」「喻」，同「諭」。廣雅釋言：「諭，曉也。」

〔五〕傅毅七激：「踰埃絶影，倏忽若飛。」（藝文類聚五七引）陳琳武軍賦：「馬則飛雲絶景。」（藝文類聚九六、太平御覽三五八引）「景」、「影」古今字。國語周語下：「夫目之察度也，不過步武尺寸之間。」韋注：「六尺爲步。賈君（賈逵）以半步爲武。」

〔六〕新書修政語上：「湯曰：『學聖王之道者，譬其如日；靜思而獨居，譬其若火。夫舍學聖之道而靜居獨思，譬其若去日之明於庭，而就火之光於室也，然可以小見而不可以大知。』」說苑建本：「河間獻王曰：『湯稱學聖王之道者，譬如日焉；靜居獨思，譬如火焉。夫捨學聖王之道，若捨日之光，何乃獨思，若火之明也。可以見小耳，未可用大知。』惟學問可以廣明德慧也。」

〔七〕大戴禮記保傅：「孔子曰：『少成若天性，習貫爲之常。』」新書保傅：「孔子曰：『少成若天性，習貫如自然。』」漢書賈誼傳顏注：「貫亦習也。」

〔八〕書堯典：「分命羲仲，宅嵎夷，曰暘谷。」孔傳：「暘，明也。日出於谷而天下明，故稱暘谷。」淮南子天文：「日出于暘谷，浴于咸池，拂于扶桑，是謂晨明。……至于虞淵，是謂黄昏。」後漢書馮異傳：「璽書勞異曰：『……可謂失之東隅，收之桑榆。』」李注：「桑榆，謂晚也。」「失之於暘谷，收之於虞淵」，與「失之東隅，收之桑榆」意同。

〔九〕尚書大傳：「晉平公問師曠曰：『吾年七十，欲學，恐已暮。』師曠曰：『臣聞老而學者，如執燭之明。執燭之明，孰與昧行？』公曰：『善。』」（藝文類聚八十引）説苑建本：「晉平公問於師曠曰：『吾年七十，欲學，恐已暮矣。』師曠曰：『何不炳燭乎？』平公曰：『安有爲人臣而戲其君乎？』師曠曰：『盲臣安敢戲君？臣聞之：少而好學，如日出之陽；壯而好學，如日中之光；老而好學，如炳燭之明。炳燭之明，孰與昧行乎。』平公曰：『善哉！』」（顔氏家訓勉學：「幼而學者，如日出之光；老而學者，如秉燭夜行，猶賢乎瞑目而無見者也。」）

「世道多難，儒教淪喪，文、武之軌〔一〕，將遂凋墜。或沈溺於聲色之中，或驅馳於競逐之路。孤貧而精六藝者〔二〕，以游、夏之資，而抑頓乎九泉之下〔三〕；因風而附鳳翼者〔四〕，以駑庸之質，猶迴遑乎霞霄之表〔五〕。舍本逐末者〔六〕，謂之勤修庶幾〔七〕；擁經求己者〔八〕，謂之陸沈迂闊〔九〕。於是莫不蒙塵觸雨，戴霜履冰，懷黄握白，提清挈肥，以赴邪徑之近易，規朝種而暮穫矣〔一〇〕。

〔一〕文、武，文王、武王，儒家尊崇之周代聖王。禮記雜記下：「張而不弛，文、武弗能也；弛而不張，文、武弗爲也。一張一弛，文、武之道也。」又中庸：「子曰：『文、武之政，布在方策。』」又：「仲尼祖述堯、舜，憲章文、武。」皆以文、武並稱。

〔二〕六藝，六經。史記孔子世家：「孔子以詩、書、禮、樂教弟子，蓋三千焉。身通六藝者，七十有二人。」又滑稽傳：

〔三〕「孔子曰：『六蓺於治，一也。禮以節人，樂以發和，書以道事，詩以達意，易以神化，春秋以義。』」「蓺」、「藝」同。游、夏，子游、子夏。論語先進：「文學，子游、子夏。」史記仲尼弟子傳：「言偃，吳人，字子游。……卜商，字子夏。」照按：清鑒、博喻、廣譬、正郭四篇均有「九淵」之文，則此處「泉」字亦當作「淵」。名實篇「翠虯淪乎九泉」與此相同，蓋皆避唐高祖諱改而未校復者。莊子列禦寇：「夫千金之珠，必在九重之淵而驪龍頷下。」

〔四〕法言淵騫：「攀龍鱗，附鳳翼，巽以揚之，勃勃乎其不可及也。」漢書敍傳下樊酈滕灌傅靳周傳述：「攀龍附鳳，並乘天衢。」後漢書光武帝紀上：「耿純進曰：『天下士大夫捐親戚，弃土壤，從大王於矢石之閒者，其計固望其攀龍鱗，附鳳翼，以成其所志耳。』」三國志蜀書秦宓傳：「宓答書曰：『……如李仲元不遭法言（見淵騫篇），令名必淪，其無虎豹之文故也。可謂攀龍附鳳者矣。』」

〔五〕文選馬融長笛賦：「長彎遠引，旋復迴皇。」李注引李尤七疑曰：「迴皇競集。」李周翰曰：「彎，被也。言水聲鴻聲相被，遠引不絕。旋復迴皇，皆聲去住不定，高下不常貌。」「皇」、「遑」古通。「霞霄」，孫人和曰：「按：下文云：『故惑而不知反迷之路，敗而不知自救之方，遂墮墜於雲霄之上，而墊粉乎不測之下。』疑此文『霞霄』，亦當作『雲霄』。」照按：孫說是。

〔六〕六韜文韜守土：「無舍本而治末。」漢書食貨志下：「棄本逐末。」

〔七〕易繫辭下：「子曰：『顏氏之子，其殆庶幾乎？』」正義：「言聖人知幾，顏子亞聖，未能知幾，但殆近庶慕而已，故云其殆庶幾乎？」

〔八〕論語衞靈公：「子曰：『君子求諸己，小人求諸人。』」

〔九〕論衡謝短：「夫知古不知今，謂之陸沈。然則儒生所謂陸沈者也。」史記孟子傳：「梁惠王不果所言，則見以爲迂遠而闊於事情。」漢書王吉傳：「上（宣帝）以其言迂闊，不甚寵異也。」顏注：「迂，遠也。」

〔一〇〕漢書郊祀志下：「谷永説上（成帝）曰：『耕耘五德，朝種暮穫。』」

「若乃下帷高枕〔一〕，遊神九典〔二〕，精義賾隱〔三〕，味道居静，確乎建不拔之操〔四〕，揚青於歲寒之後〔五〕，不揆世以投迹〔六〕，不隨衆以萍漂者〔七〕，蓋亦鮮矣。汲汲於進趨〔八〕，悒悶於否滯者，豈能舍至易速達之通塗，而守甚難必窮之塞路乎？此川上所以無人，子衿之所爲作〔九〕。愍俗者所以痛心而長慨，憂道者所以含悲而積思也。

〔一〕下帷，已見本篇上文「仲舒命世，不窺園門」二句箋。

〔二〕九典，九種典籍。漢書藝文志六藝略「序六藝爲九種」：一曰易，二曰尚書，三曰詩，四曰禮，五曰樂，六曰春秋，七曰論語，八曰孝經，九曰小學。（阮孝緒七録同）蓋即此文所稱之九典也。

〔三〕易繫辭下：「精義入神，以致用也。」韓注：「精義，物理之微者也。」正義：「言聖人用精粹微妙之義，入於神化。」又上：「探賾索隱，鉤深致遠。」正義：「探，謂闚探求取。賾，謂幽深難見。」

〔四〕確乎建不拔，已見嘉遯篇「確岳峙而不拔」句箋。味道，已見逸民篇「潛志味道」句箋。

〔五〕莊子德充符：「受命於地，唯松柏獨也在，冬夏青青。」論語子罕：「子曰：『歲寒，然後知松柏之後彫也。』」集解：「大寒之歲，衆木皆死，然後知松柏小彫傷。平歲則衆木亦有不死者，故須歲寒而後别之。喻凡人處治世，亦能自修整，與君子同。在濁世，然後知君子之正不苟容。」

〔六〕莊子天地：「多物將往，投迹者衆。」文選揚雄解嘲：「欲步者，擬足而投迹。」李注：「欲行者擬足不前，待彼行而投其迹也。」李周翰曰：「投迹，謂觀事變而隨行之。」

〔七〕萍漂，如水面浮萍，漂泊無定。

〔八〕禮記問喪：「其送往也，望望然，汲汲然，如有追而弗及也。」正義：「汲汲然者，促急之情也。」漢書揚雄傳上：「不汲汲於富貴。」顔注：「汲汲，欲速之義，如井汲之爲也。」

〔九〕陳澧曰：「『川上』句，蓋論語（子罕）古説也。」論語子罕：「子在川上，曰：『逝者如斯夫！不舍晝夜。』」詩鄭風子衿序：「子衿，刺學校廢也。亂世則學校不修焉。」

「夫寒暑代謝〔一〕，否終則泰〔二〕，文武迭貴〔三〕，常然之數也〔四〕。冀羣寇畢滌〔五〕，中興在今〔六〕，七耀遵度〔七〕，舊邦惟新〔八〕，振天惠疑作彗以廣埽〔九〕，鼓九陽之洪爐〔一〇〕，運大鈞乎皇極〔一一〕，開玄模以軌物〔一二〕。陶冶庶類〔一三〕，匠成翹秀〔一四〕，蕩汰積埃，革邪反正。戢干戈，橐疑作櫜弓矢〔一五〕，興辟雍之庠序〔一六〕，集國子，修文德〔一七〕，發金聲，振玉音〔一八〕。降風雲於潛初〔一九〕，旅束帛乎丘園〔二〇〕，令抱翼之鳳，奮翮於清虛〔二一〕；項領之駿〔二二〕，騁迹於千里。使夫含章抑鬱〔二三〕，窮覽洽聞者，申公、伏生之徒〔二四〕，發玄纁〔二五〕，登蒲輪〔二六〕，吐結氣〔二七〕，陳立素〔二八〕，顯其身，行其道〔二九〕，俾聖世迪唐、虞之高軌，馳升平之廣塗〔三〇〕，玄流沾於九垓，惠風被乎無外〔三一〕。五刑厝而頌聲作〔三二〕，和氣洽而嘉穟生〔三三〕，不亦休哉〔三四〕！

〔一〕易繫辭下：「寒往則暑來，暑往則寒來，寒暑相推而歲成焉。」淮南子兵略：「若春秋有代謝。」文選張華勵志詩：「日歟月歟，荏苒代謝。」李注引顔延年曰：「來者爲代，去者爲謝。」呂延濟曰：「夏盡秋來，故曰代；秋來夏退，故曰謝。」

〔二〕易雜卦：「否泰，反其類也。」吴越春秋句踐入臣外傳：「時過於期，否終則泰。」

〔三〕淮南子氾論：「一世之間，而文武代爲雌雄，有時而用也。」小爾雅廣詁：「迭，更也。」説文辵部：「迭，更迭也。」

〔四〕後漢書李固傳：「（奏記）夫窮高則危，大滿則溢，月盈則缺，日中則移。凡此四者，自然之數也。」管子霸言「固其數也」尹知章注：「數，猶理也。」

〔五〕羣寇，指非漢族豪酋與漢族豪强割據勢力。周禮秋官序官「條狼氏」鄭注：「杜子春云：『條，當爲滌器之滌。』玄謂：『滌，除也。』」

〔六〕中興，謂晉元帝所建東晉王朝。

〔七〕七耀，已見本篇上文「考七耀之盈虚」句箋。三國志吴書步騭傳：「騭上疏曰：『……則陰陽和平，七曜循度。』」「曜」、「耀」並「燿」之後起字。

〔八〕詩大雅文王：「周雖舊邦，其命維新。」毛傳：「乃新在文王也。」鄭箋：「言新者，美之也。」「惟」、「維」通。

〔九〕孫星衍曰：「（『惠』）疑作『慧』。」照按：孫説是。爾雅釋天：「彗星爲欃槍。」郭注：「亦謂之孛，言其形孛孛似埽彗。」春秋經文公十四年：「秋，七月，有星孛入于北斗。」杜注：「孛，彗也。」正義：「彗星，長有尾。」左傳昭公十七年：「冬，有星孛于大辰，西及漢。申須曰：『彗，所以除舊布新也。』」正義：「彗，埽箒也。其形似彗，故名焉。箒所以埽去塵，彗星象之，故所以除舊布新也。言此星見，必有除舊之事。」又左傳昭公二十六年：「齊有彗星，齊侯使禳之。晏子曰：『無益也。……且天之有彗也，以除穢也。』」後漢書崔駰傳：「（崔篆慰志賦）運欃槍以電埽兮，清六合之土宇。」李注：「欃槍，彗也。」

〔一〇〕後漢書仲長統傳：「又作詩二篇，以見其志。辭曰：『……沆瀣當餐，九陽代燭。』」李注：「九陽，謂日也。」莊子大宗師：「今一以天地爲大鑪，以造化爲大冶，惡乎往而不可哉？」成疏：「夫用二儀造化一爲鑪冶，陶鑄羣物，錘鍛蒼生，磅礴無心，亭毒均等，所遇斯適，何惡何欣，安排變化，無往不可也。」

〔一一〕漢書賈誼傳：「(服賦)大鈞播物，块圠無垠。」顏注：「如淳曰：『陶者作器於鈞上，此以造化爲大鈞也。』應劭曰：『其氣块圠，非有限齊也。』師古曰：『今造瓦者謂所轉者爲鈞，言造化爲人，亦猶陶之造瓦耳。』」史記賈生傳索隱引虞喜志林云：「大鈞造化之神，鈞陶萬物，品授羣形者也。」文選張華答何劭詩：「洪鈞陶萬類，大塊禀羣生。」李注：「言天地陶化萬類，而羣化禀受其形也。」書洪範：「五，皇極。皇建其有極。」正義：「皇，大也。極，中也。施政教，治下民，當使大得其中，無有邪僻。」

〔一二〕左傳隱公五年：「君將納民於軌物者也。」正義：「人君一國之主，在民之上，當直己而行之，以法敺民，而納之於善。」

〔一三〕文子道原：「夫道者，陶冶萬物。」漢書董仲舒傳：「陶冶而成之。」顏注：「陶以喻造瓦，冶以喻鑄金也。」蔡中郎集陳仲弓銘：「正身體化，足以陶冶世心。」國語鄭語：「夏禹能單平水土，以品處庶類者也。」韋注：「庶，衆也。」

〔一四〕淮南子泰族：「入學庠序，以修人倫，此皆人之所有於性，而聖人之所匠成也。」顏氏家訓文章：「凡此諸人，皆其翹秀者。」盧文弨補注：「翹，高貌。翹秀，謂其出拔尤異者。」

〔一五〕孫星衍曰：「(『槖』)疑作『櫜』。」照按：孫氏蓋據詩周頌時邁爲說，甚是。後詁鮑篇「載戢干戈，載櫜弓矢」，即全用詩文，正作「櫜」。則此不應作「槖」，審矣。毛傳：「戢，聚。櫜，韜也。」鄭箋：「載之言則也。王巡守而天下咸服，兵不復用，此又著震疊之效也。」釋文：「櫜，音羔。」正義：「櫜者，弓衣，一名韜。故内弓於衣，謂之韜弓。」

〔一六〕徐濟忠曰：「『之』字疑『立』字。」陳澧曰：「『之』字疑誤。」照按：上下文俱以三字成句，而此獨否，實爲不倫。徐疑

「之」爲「立」之誤，是也。獨斷上「天子之宗社曰泰社」，文選王儉褚淵碑文李注引「之」作「立」，是二字易誤之證。「興辟雍」、「立庠序」，各爲一句。禮記王制：「大學在郊，天子曰辟廱。」鄭注：「辟，明也。廱，和也。所以明和天下。」正義：「云所以明和天下者，謂於此學中習學道藝，欲使天下之人悉皆明達諧和。」白虎通德論辟雍：「天子立辟雍何？所以行禮樂，宣德化也。辟者，璧也。象璧圓，又以法天。於雍水側，象教化流行也。」「雍」與「廱」音同得通。孟子滕文公上：「設爲庠序學校以教之：庠者，養也；校者，教也；序者，射也。夏曰校，殷曰序，周曰庠，學則三代共之。皆所以明人倫也。」新語至德：「興辟雍庠序而教誨之。」白虎通德論辟雍：「鄉曰庠，里曰序。庠者，庠禮義也。序者，序長幼也。」

〔一七〕周禮地官師氏：「以三德教國子：一曰至德以爲道本，二曰敏德以爲行本，三曰孝德以知逆惡。」鄭注：「國子，公卿大夫之子弟，師氏教之，而世子亦齒焉，學君臣父子長幼之道。」漢書禮樂志：「國子者，卿大夫之子弟也。」易小畜：「象曰：『……君子以懿文德。』」

〔一八〕孟子萬章下：「孔子之謂集大成，集大成也者，金聲而玉振之也。金聲也者，始條理也；玉振之也者，終條理也。趙注：「孔子集先聖之大道，以成己之聖德者也。故能金聲而玉振之。振，揚也。故如金音之有殺，振揚玉音，終始如一也。始條理者，金從革，可治之使條理。終條理者，玉終其聲而不細也，合三德而不撓也。」

〔一九〕易乾：「初九，潛龍勿用。」又文言：「雲從龍，風從虎，聖人作而萬物覩。」後漢書耿純傳：「因説（李）軼曰：『大王以龍虎之姿，遭風雲之時。』」

〔二〇〕易賁：「六五，賁于丘園，束帛戔戔。」文選東京賦：「聘丘園之耿潔，旅束帛之戔戔。」薛注：「耿，清也。旅，陳也。謂有清潔者也。言丘園中有隱士貞潔淸白之人，聘而用之。束帛，謂古招士必以束帛加璧於上。」又陸機辨亡論上：「束帛旅於丘園。」

〔二一〕奮翮清虛，振飛高空。說文羽部：「翮，羽莖也。」段注：「莖，枝柱也，謂衆枝之柱。翮，亦謂一羽之柱。」

〔二二〕項領之駿，已見嘉遯篇「空谷有項領之駿者」句箋。

〔二三〕易坤：「六三，含章可貞。」三國志魏書管寧傳：「中書侍郎王基薦寧曰：『……（管寧）含章素質，冰絜淵清。』」文選蜀都賦：「揚雄含章而挺生。」漢書司馬遷傳：「（報任安書）是以抑鬱而無誰語。」又谷永傳：「與（王）譚書曰：『……以大將軍在，故抑鬱於家，不得舒憤。』」抑鬱，憤懣。

〔二四〕史記儒林傳：「申公者，魯人也。……弟子自遠方至受業者百餘人。申公獨以詩經爲訓以教，無傳疑（「疑」字衍，當據漢書刪），疑者則闕不傳。」又：「伏生者，濟南人也。故爲秦博士。……秦時焚書，伏生壁藏之（尚書），其後兵大起，流亡，漢定，伏生求其書，亡數十篇，獨得二十九篇，即以教於齊、魯之間。學者由是頗能言尚書，諸山東大師無不涉尚書以教矣。」

〔二五〕玄纁，已見逸民篇「昔安帝以玄纁玉帛聘周彥祖」句箋。

〔二六〕蒲輪，已見嘉遯篇「不須蒲輪而後動」句箋。

〔二七〕文選東都賦：「咸含和而吐氣。」

〔二八〕徐濟忠曰：「『立』字疑是『玄』字。」照按：嘉遯篇有「逍遥竹素，寄情玄毫」語，是「立」當作「玄」之切證。玄，指墨。素，指縑帛。陳玄素，謂從事著述也。

〔二九〕孝經開宗明義章：「立身行道，揚名於後世，以顯父母，孝之終也。」

〔三〇〕漢書梅福傳：「福復上書曰：『……使孝武皇帝聽用其計，升平可致。』」顏注引張晏曰：「民有三年之儲曰升平。」

〔三一〕風俗通義正失：「（孝文帝）治天下，致升平。」文選東京賦：「治致升平之德。」薛注：「升平，謂國太平也。」文選三國名臣序贊：「仰挹玄流，俯弘時務。」呂向曰：「玄，天也。臣下仰君之澤流也。」廣雅釋言：「沾，溢也。」淮南子道應：「吾（若士）汗漫期於九垓之上。」許注：「九垓，九天也。」（正文及注誤字，皆據王念孫說改正。）公羊傳隱公元年：「王者無外。」文選東都賦：「識函谷之可關，而不知王者之無外。」劉良曰：「知函谷之可關，不知我王者之無外，言德化之遠。」史記司馬相如傳：「（封禪文）大漢之德，逢涌原泉，……上暢九垓，下泝八埏。」漢書司馬相如傳下顏注：「服虔曰：『暢，達也。垓，重也。天有九重。』孟康曰：『泝，流也。埏，地之八極也。言德上達於九重之天，下流於地之八際。』」是抱朴此文，上下兩句各明一義。

〔三二〕書舜典：「五刑有服。」孔傳：「五刑：墨，劓，剕，宮，大辟。」又呂刑孔傳：「刻其顙而涅之曰墨刑。截鼻曰劓刑。刖足曰剕刑。宮，淫刑也。男子割勢，婦人幽閉。（大辟）死刑也。」國語魯語上：「臧文仲言於僖公曰：『夫衞君殆無罪矣，刑五而已。……大刑用甲兵，其次用斧鉞，中刑用刀鋸，其次用鑽笮，薄刑用鞭扑。』」（又見漢書刑法志）韋注：「昭謂甲兵，謂臣有大逆，則被甲聚兵而誅之。斧鉞，軍戮也。割劓用刀，斷截用鋸，亦有大辟。鑽，臏刑；笮，黥刑也。鞭，官刑；扑，教刑也。」漢書刑法志：「漢興之初，雖有約法三章，網漏吞舟之魚，然其大辟，尚有夷三族之令。令曰：『當三族者，皆先黥，劓，斬左右止，笞殺之，梟其首，菹其骨肉於市。其誹謗詈詛者，又先斷舌。』故謂之具五刑。」後漢書崔駰傳：「（崔寔政論）昔高祖令蕭何作九章之律，有夷三族之令，黥、劓、斬趾、斷舌、梟首，故謂之具五刑。」（周禮秋官大司寇之「五刑」於此不愜，故未徵引）又：「（崔駰達旨）六典陳而九刑厝。」李注：「厝，謂置之不用也。」公羊傳宣公十五年：「古者什一而藉。……什一者，天下之中正也。什一行而頌聲作矣。」何休注：「什一以借民力，以什與民，自取其一爲公田。頌聲者，太平歌頌之聲，帝王之高致也。」漢書賈山傳：「（至言）昔者，周蓋千八百國，以九州之民養千八百國之君，用民之力不過歲三日，什一而籍。君有餘財，民有餘力，而頌聲作。」論衡須頌：「天下太平，頌聲作。」

〔三三〕國語周語下：「陰陽序次，風雨時至，嘉生繁祉，人民龢利。」史記曆書：「民神異業，敬而不瀆，故神降之嘉生。」集解引應劭（漢書注）曰：「（嘉生）嘉穀也。」又司馬相如傳：「（封禪文）嘉穀六穗。」漢書公孫弘傳：「甘露降，風雨時，嘉禾興。」論衡講瑞：「嘉禾生於禾中，與禾中異穗，謂之嘉禾。」書禹貢「二百里納銍」孔傳：「銍，刈，謂禾穗。」釋文：「穗，亦作穟。音遂。」

〔三四〕爾雅釋詁：「休，美也。」

「昔秦之二世，不重儒術，舍先聖之道，習刑獄之法〔一〕。民不見德，唯戮是聞〔二〕。故惑而不知反迷之路，敗而不知自救之方，遂墮墜於雲霄之上，而韲粉乎不測之下〔三〕。惟尊及卑，可無鑒乎？」

〔一〕史記秦始皇紀：「（三十四年）丞相李斯曰：『……今天下已定，法令出一，百姓當家則力農工，士則學習法令辟禁。今諸生不師今而學古，以非當世，惑亂黔首。丞相臣斯昧死言：古者天下散亂，莫之能一，是以諸侯並作，語皆道古以害今，飾虛言以亂實，人善其所私學，以非上之所建立。今皇帝并有天下，別黑白而定一尊。私學而相與非法教，人聞令下，則各以其學議之，……如此弗禁，則主勢降乎上，黨與成乎下。禁之便。臣請史官非秦記皆燒之。非博士官所職，天下敢有藏詩書百家語者，悉詣守、尉雜燒之。有敢偶語詩書者，弃市。……若欲有學法令，以吏爲師。』制曰：『可。』（李斯傳略同）……（三十七年）七月丙寅，始皇崩於沙丘平臺。……趙高故嘗教胡亥書及獄律令法事，胡亥私幸之。高乃與公子胡亥丞相斯陰謀破去始皇所封書賜公子扶蘇者，而更詐爲丞相斯受始皇遺詔沙丘，立子胡亥爲太子。……太子胡亥襲位，爲二世皇帝。」又李斯傳：「（趙高）乃說二世曰：『……且陛下富於春秋，未必盡通諸事，今坐朝廷，譴舉有不當者，則見短於大臣，非所以示神明於天下也。且陛下深拱禁中，與臣及侍中習法者待事，事来有以揆之。如此則大臣不敢奏疑事，天下稱聖主矣。』二世用其計，乃不坐朝廷見大臣，居禁中。」

〔二〕左傳僖公二十三年：「卜偃稱疾不出，曰：『……民不見德，而唯戮是聞，其何後之有！』」史記秦始皇紀：「（二世皇帝元年）於是二世乃遵用趙高，申法令。……乃行誅大臣及諸公子，……宗室振恐。羣臣諫者以爲誹謗，大吏持祿取容，黔首振恐。」又李斯傳：「趙高曰：『嚴法而刻刑，令有罪者相坐誅，至收族，滅大臣而遠骨肉；貧者富之，賤者貴之，盡除去先帝之故臣，更置陛下之所親信者近之。……陛下則高枕肆志寵樂矣。計莫出於此。』二世然高之言，乃更爲法律。於是羣臣諸公子有罪，輒下高，令鞫治之。殺大臣蒙毅等，公子十二人僇死咸陽市，十公主矺死於杜，財物入於縣官，相連坐者不可勝數。」新書過秦下：「（二世）繁刑嚴誅，吏治刻深，……蒙罪者衆，刑僇相望於道，而天下苦之。自君卿以下至於衆庶，人懷自危之心。」又保傅：「及秦而不然。其俗固非貴辭讓也，所上者告訐也；固非貴禮讓也，所上者刑罰也。使趙高傅胡亥而教之獄，所習者非斬劓人，則夷人之三族也。故今日即位明日射人，忠諫者謂之誹謗，深爲之計者謂之妖言，其視殺人若艾草菅（漢書顏注：「艾讀曰刈。菅，茅也，音姦。」）然。豈胡亥之性惡哉？其所以集道之者非理故也。」（又見大戴禮記保傅、漢書賈誼傳）

〔三〕莊子列禦寇：「莊子曰：『……宋王之猛，非直驪龍也，子能得車者，必遭其睡也。使宋王而寤，子爲齏粉夫！』」又大宗師「齏萬物而不爲義」釋文：「齏，子兮反。司馬（彪）云：『碎也。』」

抱朴子外篇校箋卷之四

崇教

抱朴子曰：「澄視於秋毫者，不見天文之焕炳〔一〕。肆心於細務者〔二〕，不覺儒道之弘遠。翫鮑者忘茝蕙〔三〕，迷大者不能反。夫受繩墨者無枉刳之木〔四〕，染道訓者無邪僻之人〔五〕。飾治之術，莫良乎學〔六〕。學之廣在於不倦〔七〕，不倦在於固志。志苟不固，則貧賤者汲汲於營生〔八〕，富貴者沈淪於逸樂〔九〕。是以遐覽淵博者，曠代而時有；面牆之徒，比肩而接武也〔一〇〕。

〔一〕孟子梁惠王上：「明足以察秋毫之末，而不見輿薪。」說苑雜言：「目察秋毫之末者，視不能見太山。」高誘呂氏春秋察微「其始也若秋毫」注：「（秋毫）喻微細也。」論衡超奇：「天晏，列宿焕炳。」文選東京賦：「粲爛炳焕。」薛注：「粲爛炳焕，絜白鮮明之貌。」

〔二〕左傳昭公十二年：「昔（周）穆王欲肆其心，周行天下。」杜注：「肆，極也。」

〔三〕大戴禮記曾子疾病：「曾子曰：『……與君子游，苾乎如入蘭芷之室，久而不聞，則與之化矣；與小人游，貸乎如入鮑魚之次，久而不聞，則與之化矣。』」說苑雜言：「（孔子）又曰：『與善人居，如入蘭芷之室，久而不聞其香，則與之化矣；與惡人居，如入鮑魚之肆，久而不聞其臭，亦與之化矣。』」（家語六本同，亦以爲孔子語）茝、蕙，皆香草。

〔四〕荀子勸學：「故木受繩則直。」楚辭離騷：「背繩墨以追曲兮。」王注：「繩墨所以正曲直。」說文木部：「枉，衺曲也。」又刀部：「刳，判也。」

〔五〕荀子勸學：「故君子居必擇鄉，游必就士，所以防邪僻而近中正也。」

〔六〕飾治，已見勗學篇「夫學者所以清澄性理」、「飾染質素」二句箋。

〔七〕尸子勸學：「學不倦，所以治己也。」（羣書治要三六、太平御覽六一三引）說苑談叢：「學問不倦，所以治己也。」（文子上仁：「學而不厭，所以治身也。」）

〔八〕汲汲，已見勗學篇「汲汲於進趨」句箋。

〔九〕陳其榮曰：「案：『倫』當作『淪』。」照按：陳說是。藏本、魯藩本、吉藩本、慎本、盧本、舊寫本、彙函本、柏筠堂本、文溯本、叢書本、崇文本並作「淪」。不誤。當據改（此平津本寫刻之誤）。文選典論論文：「而人多不强力，貧賤則懾於飢寒，富貴則流於逸樂。」

〔一〇〕面牆，已見勗學篇「然後覺面牆之至困也」句箋。晏子春秋內篇雜下：「（楚）王曰：『齊無人耶？』晏子對曰：『臨淄三百閭，張袂成陰，揮汗成雨，比肩繼踵而在，何爲無人！』」禮記曲禮上：「堂上接武。」鄭注：「武，迹也。」

「若使素士則晝躬耕以糊口〔一〕，夜薪火以修業；在位則以酣宴之餘暇，時遊觀於勸誡，則世無視內（盧本作顓愚）〔二〕，游、夏不乏矣〔三〕。亦有飢寒切己，藜藿不給〔四〕，膚困風霜，口乏糟糠〔五〕，出無從師之資，家有暮旦之急，釋耒則農事廢，執卷則供養虧者〔六〕，雖闕學業，可恕者也。所謂千里之足，困於鹽車之下〔七〕；赤刀之鑛，不經歐冶之門者也〔八〕。

〔一〕三國志魏書賈詡傳：「文帝使人問詡自固之術。詡曰：『願將軍恢崇德度，躬素士之業，朝夕孜孜，不違子道。』」嵇康集答難養生論：「恬若素士接賓客也。」素士，謂寒素士人。照按：「糊」當作「餬」，已詳逸民篇「饘粥糊口」條。（藏本、魯藩本、吉藩本、舊寫本、文溯本、崇文本並作「餬」。此亦爲平津本寫刻之誤。）

〔二〕徐濟忠「內」校「肉」。陳漢章曰：「莊子逸文：『人而不學，命之曰視肉。』亦見史記李斯傳索隱。」（照按：莊子佚文，北堂書鈔八三、太平御覽六百七、困學紀聞十亦並引之。）孫人和曰：「按：『視內』與『顓愚』，形聲俱遠，無緣致誤。且盧舜治本多以意改，不可盡從。此文『視內』義不相應，疑當作『視肉』。『內』即『肉』之壞字。困學紀聞引莊子逸文云：『人而不學，命之曰視肉；學而不行，命之曰輒囊。』史記李斯傳云：『此禽鹿視肉，人面而能彊行者耳。』索隱：『禽鹿，猶禽獸，但知視肉而食之。莊子及蘇子曰：「人而不學，譬之視肉而食。」』此言素士與在位者，果能擇暇修業，則世少不學之人，而多游、夏之輩矣。」照按：徐校，陳、孫說並是。陳其榮謂「盧本作『顓愚』，語意較醒。」失之遠矣。

〔三〕游、夏，已見勗學篇「以游、夏之資」句箋。

〔四〕藜藿，已見嘉遯篇「藜藿不供」句箋。

〔五〕韓非子五蠹：「故糟糠不飽者，不務粱肉。」史記伯夷傳：「然回也屢空，糟糠不厭。」索隱：「糟糠，貧者之所餐也。」

〔六〕卷，書卷。古無鏤版書，其典籍皆以絹素或紙繕寫，裝池作卷軸，以便捲藏，故謂之書卷。

〔七〕戰國策楚策四：「夫驥之齒至矣，服鹽車而上大行，蹄申膝折，尾湛胕潰，漉汁灑地，白汗交流，中阪遷延，負轅不能上。伯樂遭之，下車攀而哭之，解紵衣以冪之。驥於是俛而噴，仰而鳴，聲達於天，若出金石者，何也？彼見伯樂之知己也。」韓詩外傳七：「夫驥罷鹽車，此非無形容也，莫知之也。使驥不得伯樂，安得千里之足？」（又見說苑雜言）燕丹子下：「騏驥之在鹽車，駑之下也；及遇伯樂，則有千里之功。」

〔八〕書顧命：「赤刀，大訓，弘璧，琬琰，在西序。」孔傳：「寶刀，赤刀削。」正義：「謂之赤刀者，其刀必有赤處。刀，一名削，故名赤刀削也。」文選王褒四子講德論：「精練藏於鑛朴，庸人視之忽焉；巧冶鑄之，然後知其幹也。」李注：「精練，金也。……說文（石部）曰：『鑛（當作『礦』），銅鐵樸（原誤作『璞』）也。』『礦』與『鑛』同。」吳越春秋闔閭內傳：「干將者，吳人也。與歐冶同師，俱能爲劍。」淮南子覽冥「區冶生而淳鈎（原誤作「鉤」，據王念孫說改）之劍成」高注：「區讀歌謳之謳。區，越人，善冶劍工也。」

「若夫王孫公子，優游貴樂〔一〕，婆娑綺紈之閒〔二〕，不知稼穡之艱難〔三〕，目倦於玄黄〔四〕，耳疲乎鄭、衞〔五〕，鼻饜乎蘭麝〔六〕，口爽於膏粱〔七〕；冬沓貂狐之緼麗〔八〕，夏縝紗縠之翩飄〔九〕；出驅慶封之輕軒〔一〇〕，入宴華房之粲蔚；飾朱翠於楹棁〔一一〕，積無已於篋匱〔一二〕；湎醽醁以沈醉〔一三〕，陳妖冶以娯心〔一四〕；行爲會飲之魁，坐爲博奕之帥〔一五〕。省文章既不曉，覩學士如草芥〔一六〕；口筆乏乎典據〔一七〕，牽引錯於事類〔一八〕。劇談則方戰而已屈〔一九〕，臨疑則未老而憔悴〔二〇〕。雖叔麥之能辯〔二一〕，亦奚別乎瞽瞶哉！」

〔一〕戰國策楚策四：「（黄雀）不知夫公子王孫左挾彈，右攝丸，將加己乎十仞之上。」史記淮陰侯傳：「（漂）母怒曰：『大丈夫不能自食，吾哀王孫而進食，豈望報乎！』」集解引蘇林曰：「（王孫）如言公子也。」索隱引劉德曰：「秦末多失國，言王孫、公子，尊之也。」文選長笛賦：「於是游閒公子，暇豫王孫，心樂五聲之和，耳比八音之調，乃相與集乎其庭。」博物志佚文：「王孫、公子，皆相推敬之辭。」（文選蜀都賦李注引）優游，已見嘉遯篇「聊且優游以自得」句箋。

〔二〕文選宋玉神女賦：「又婆娑乎人間。」李注：「婆娑，猶盤姍也。」劉良曰：「婆娑，放逸貌。」又北征賦：「聊須臾以婆娑。」李注：「婆娑，容與之貌也。」劉良曰：「婆娑，容與貌。」（莊子人間世「以求容與其心」成疏：「容與，猶放縱也。」）漢書敍傳上：「（班伯）出與王、許子弟爲羣，在於綺襦紈袴之間，非其好也。」顏注：「晉灼曰：『白綺之襦，冰紈之絝也。』師古曰：『紈，素也。綺，今細綾也。並貴戚子弟之服。』」文選劉峻廣絶交論：「於是有弱冠王孫，綺紈公子。」李周翰曰：「綺紈，謂衣羅綺之士也。」

〔三〕書洪範：「土爰稼穡。」孔傳：「種曰稼，斂曰穡。」又無逸：「相小人，厥父母勤勞稼穡，厥子乃不知稼穡之艱難。」

〔四〕玄黄，黑色與黄色。此泛指絢麗色采。曹子建集辨道論：「玄黄所以娱目。」文選養生論：「目惑玄黄。」

〔五〕禮記樂記：「魏文侯問於子夏曰：『吾端冕而聽古樂，則唯恐卧；聽鄭、衞之音，則不知倦。』」漢書王褒傳：「上（宣帝）曰：『……辭賦大者與古詩同義，小者辯麗可喜，辟如女工有綺縠，音樂有鄭、衞，今世俗猶皆以此虞説耳目。』」是鄭、衞之音，向爲人所喜愛也。（鄭、衞之音，疑爲地方俗樂代詞。）

〔六〕國語晉語一「君臣上下各饜其私」韋注：「饜，足也。」

〔七〕老子第十二章：「五味令人口爽。」王注：「爽，差失也。失口之用，故謂之爽。」莊子天地：「五味濁口，使口厲爽。」成疏：「厲，病。爽，失也。」淮南子精神：「五味亂口，使口爽傷。」高注：「爽，病，病傷滋味也。」孟子告子上：「詩（大雅既醉）云『既醉以酒，既飽以德』，言飽乎仁義也，所以不願人之膏粱之味也。」國語晉語七：「夫膏粱之性，難正也。」韋注：「膏，肉之肥者。粱，食之精者。言食肥美者率多驕放，其性難正。」

〔八〕照按：「緼」，疑當作「温」。温麗，謂貂狐重裘，既温且麗也。顏氏家訓書證：「重沓，是多饒積厚之意。」集韻三十七合：「沓，一曰合也。」

〔九〕漢書江充傳：「充衣紗縠禪衣。」顔注：「紗縠，紡絲而織之也。輕者爲紗，重者爲縠。」文選七啟：「紗縠之裳。」禮記聘義「縝密以栗」鄭注：「縝，緻也。」廣韻十六軫：「縝，結也，單也。」

〔一〇〕左傳襄公二十七年：「齊慶封來聘，其車美。」文選江淹別賦：「朱軒繡軸。」李注：「軒，車通稱也。」

〔一一〕說文木部：「楹，柱也。」爾雅釋宮：「（梁）其上楹謂之棁。」郭注：「（棁）侏儒柱也。」禮記禮器：「管仲……山節藻棁，君子以爲濫矣。」又雜記下：「管仲……山節而藻棁。」鄭注：「棁，侏儒柱，畫之爲藻文。」論語公冶長：「臧文仲居蔡，山節藻棁。」集解引包咸曰：「棁者，梁上楹。畫爲藻文，言其奢侈。」應璩百一詩：「奈何季世人，侈靡及宮牆，飾巧無窮極，土木被朱光。」（藝文類聚二四引）棁，音拙。

〔一二〕說文匚部：「匧，椷藏也。篋，匧或从竹。」又：「匱，匣也。」匱，俗作櫃。

〔一三〕漢書司馬相如傳上：「（上林賦）若夫青琴、宓妃之徒，絕殊離俗，妖冶閑都。」傅毅舞賦：「貌燎妙以妖冶，紅顏曄其揚華。」（藝文類聚四三引（文選「冶」作「蠱」））

〔一四〕醽醁，已見嘉遯篇「寒泉旨於醽、醁」句箋。

〔一五〕照按：「奕」字誤。博弈之弈从廾，大奕之奕从大，二字形誼俱別。當以作「弈」爲是。（勗學篇「息畋獵博弈之遊戲」，交際篇「彈棊博弈皆所惡見」，並作从廾之「弈」，則此原必作「弈」無疑。）

〔一六〕孟子離婁上：「天下大悅而將歸己，視天下而歸己，猶草芥也，惟舜爲然。」文選夏侯湛東方朔畫贊：「戲萬乘若寮友，視儔列如草芥。」劉良曰：「草芥，鄙賤之物也。」

〔一七〕范甯穀梁傳集解序：「釋穀梁傳者雖近十家，皆膚淺末學，不經師匠，辭理典據，既無可觀，又引左氏、公羊以解此傳，文義違反，斯害也已。」

〔一八〕漢書夏侯勝傳：「（夏侯建）又從五經諸儒問與尚書相出入者，牽引以次章句，具文飾說。勝非之曰：『建所謂章句小儒，破碎大道。』」後漢書陳寵傳：「寵爲（鮑）昱撰辭訟比七卷，決事科條，皆以事類相從。」魏略：「（下）蘭獻賦贊述太子（曹丕）德美，太子報曰：『賦者，言事類之所附也。』」（三國志魏書后妃武宣卞皇后傳裴注引）文心雕龍有事類篇。

〔一九〕漢書揚雄傳上：「口吃不能劇談。」顔注：「鄭氏曰：『劇，甚也。』晉灼曰：『或作遽。遽，疾也。口吃不能疾言。』師古曰：『劇亦疾也，無煩作遽也。』」論衡本性：「恢諧劇談，甘如飴蜜。」文選蜀都賦：「劇談戲論，扼腕抵掌。」又廣絶交論：「騁黄馬之劇談，縱碧雞之雄辯。」

〔二〇〕國語吳語：「民人離落，而日以憔悴。」韋注：「憔悴，瘦病也。」楚辭漁父：「顔色憔悴，形容枯槁。」

〔二一〕「叔」，藏本、魯藩本、吉藩本、愼本、盧本、柏筠堂本、文溯本、彙函本、叢書本、崇文本並作「菽」。照按：「菽」字是。左傳成公十八年：「周子有兄而無慧，不能辨菽麥。」杜注：「菽，大豆也。豆麥殊形易別，故以爲癡者之候。不慧，蓋世所謂白癡。」卽此文之所自出。「辯」與「辨」古通。

抱朴子曰：「蓋聞帝之元儲，必入太學，承師問道〔一〕。齒於國子者，以知爲臣，然後可以爲君；知爲子，然後可以爲父也〔二〕。故學立而仕，不以政學，操刀傷割，鄭喬所嘆〔三〕。觸情縱欲，謂之非人〔四〕。而貴游子弟〔五〕，生乎深宮之中，長乎婦人之手，憂懼之勞，未常經心〔六〕。或未免於襁褓之中〔七〕，而加青紫之官〔八〕；纔勝衣冠，而居清顯之位。操殺生之威〔九〕，提黜陟之柄〔一〇〕，榮辱決於與奪，利病感於脣吻；愛惡無時暫乏，毁譽括厲於耳〔一一〕。

嫌疑象類〔一二〕，似是而非，因機會以生無端〔一三〕，藉素信以設巧言，交構之變〔一四〕，千端萬緒，巧筭所不能詳，毫墨所不能究也〔一五〕。無術學，則安能見邪正之眞僞，具古今之行事？自悟之理，無所感假，能無傾巢覆車之禍乎〔一六〕！

〔一〕元儲，太子，漢書疏廣傳：「太子國儲副君。」大戴禮記保傅：「帝入太學，承師問道。」新書保傅、漢書賈誼傳同（抱朴此文微異）。

〔二〕禮記文王世子：「是故知爲人子，然後可以爲人父；知爲人臣，然後可以爲人君。……故世子齒於學。國人觀之曰：『將君我，而與我齒讓，何也？』曰：『有父在則禮然。』然而衆知父子之道矣。其二曰：『將君我，而與我齒讓，何也？』曰：『有君在則禮然。』然而衆著於君臣之義也。其三曰：『將君我，而與我齒讓，何也？』曰：『長長也。』然而衆知長幼之節矣。故父在斯爲子，君在斯謂之臣，居子與臣之節，所以尊君親親也。故學之爲父子焉，學之爲君臣焉，學之爲長幼焉，父子君臣長幼之道得而國治。」國子，已見勗學篇「集國子」句箋。

〔三〕左傳襄公三十一年：「子皮欲使尹何爲邑。子產曰：『少，未知可否。』子皮曰：『愿，吾愛之，不吾叛也。使夫往而學焉，夫亦愈知治矣。』子產曰：『不可！人之愛人，求利之也。今吾子愛人則以政，猶未能操刀而使割也，其傷實多。子之愛人，傷之而已，其誰敢求愛於子？子於鄭國，棟也。棟折榱崩，僑將厭焉，敢不盡言！子有美錦，不使人學製焉。大官大邑，身之所庇也，而使學者製焉，其爲美錦，不亦多乎？僑聞學而後入政，未聞以政學者也。若果行此，必有所害。』」子產名僑，鄭大夫，故稱鄭喬。左傳成公二年「叔孫僑如」釋文：「『僑』，本亦作『喬』。」是「僑」、「喬」古通。

〔四〕韓詩外傳一：「不肖者，觸情縱欲。」說苑修文：「傳曰：『觸情縱欲，謂之禽獸。』」趙岐孟子滕文公下周霄章注：「言人不可觸情從（讀爲縱）欲，須禮而行。」

〔五〕周禮地官師氏：「凡國之貴遊子弟學焉。」鄭注：「貴遊子弟，王公之子弟。遊，無官司者。杜子春云：『遊當爲猶，言雖貴猶學。』」

〔六〕陳其榮曰：「案：『常』當作『嘗』。」照按：陳說是。藏本、魯藩本、吉藩本、舊寫本、彙函本、崇文本並作「嘗」，初學記一八引，亦作「嘗」。又按：「憂懼之勞，未嘗經心」二句費解，「之」字疑誤。荀子哀公：「魯哀公問於孔子曰：『寡人生於深宮之中，長於婦人之手，寡人未嘗知哀也，未嘗知憂也，未嘗知勞也，未嘗知懼也，未嘗知危也。』」（又見新序雜事四、家語五儀）即此文所本。是「之」當作「哀」。

〔七〕大戴禮記保傅：「昔者，周成王幼在襁褓之中。」盧注：「在襁褓之中，言其小。」史記衞青傳：「青固謝曰：『……臣青子在繦緥（漢書衞青傳作繈褓）中，未有勤勞，上幸列地封爲三侯，非臣待罪行間，所以勸士力戰之意也。伉等三人，何敢受封！』」正義：「襁，長尺二寸，闊八寸，以約小兒於背。褓，小兒被也。」

〔八〕漢書夏侯勝傳：「勝每講授，常謂諸生曰：『士病不明經術；經術苟明，其取青紫如俛拾地芥耳。』」顏注：「地芥，謂草芥之橫在地上者。俛而拾之，言其易而必得也。青紫，卿大夫之服也。」王先謙補注：「王鳴盛曰：『葉夢得云：「漢丞相、太尉皆金印紫綬，御史大夫銀印青綬，此三府官之極崇者。勝云青紫，謂此。」顏據當時所見，誤以爲卿大夫之服，漢卿大夫蓋未服青紫也。』葉說是。」

〔九〕韓非子定法：「操生殺之柄。」淮南子原道：「夫有天下者，豈必攝權持勢，操殺生之柄，而以行其號令邪？」漢書嚴助傳：「助諭意曰：『……漢爲天下宗，操殺生之柄，以制海內之命。』」顏注：「操，執持也。」

〔一〇〕書舜典：「三載考績，三考，黜陟幽明。」孔傳：「三年有成，故以考功；九歲，則能否幽明有別，黜退其幽者，升進其明者。」

〔一一〕照按：「括」當爲「聒」之誤。韓非子顯學：「千秋萬歲之聲聒耳。」論衡率性：「揚脣吻之音，聒聖賢之耳。」潛夫論勸將：「孫、吳之言，聒乎將耳。」書盤庚上「今汝聒聒」正義引鄭玄云：「聒，讀如聒耳之聒。」文選與山巨源絶交書：「或賓客盈坐，鳴聲聒耳。」字並作「聒」。本書刺驕篇「爲春蜩夏蠅之聒耳」，廣譬篇「春鼃長譁，而醜音見患於聒耳」，尤爲切證。蒼頡篇：「聒，擾亂耳孔也。」（一切經音義二十引）說文耳部：「聒，讙語也。」左傳定公十二年「與其素厲」杜注：「厲，猛也。」楚辭招魂「厲而不爽些」王注：「厲，烈也。」

〔一二〕淮南子氾論：「嫌疑肖象者，衆人之所炫燿也。」

〔一三〕後漢書皇甫規傳：「規對曰：『……至於鉤黨之釁，事起無端。』」漢晉春秋：「審配獻書於（袁）譚曰：『何圖凶險讒慝之人，造飾無端，誘導姦利，至令將軍翻然改圖。』」（三國志魏書袁紹傳裴注引）無端，無緣無故。

〔一四〕後漢書皇甫規傳：「（上書自訟）交搆豪門，競流謗讟。」又何進傳：「交搆已成，形勢已露。」三國志吳書賀齊傳：「齊令越人因事交構，遂致疑隙，阻兵相圖。」「搆」、「構」古通。交構，相互搆陷。

〔一五〕莊子齊物論：「巧歷不能得。」郭注：「凡物殊稱，雖有善數，莫之能究也。」淮南子覽冥：「天地之間，巧歷不能舉其數。」高注：「巧，工也。天地之間，物類相感者衆多，雖工爲歷術者，不能悉舉其數也。」毫，筆。

〔一六〕傾巢，覆巢。新語輔政：「秦以刑罰爲巢，故有覆巢破卵之患。」大戴禮記保傅：「前車覆，後車誡。」（又見晏子春秋內篇雜下、韓詩外傳五、新書連語、鹽鐵論結和）說苑善說：「公乘不仁曰：『周書曰：「前車覆，後車戒。」』蓋言其危。」後漢書陳蕃傳：「（上疏）明鑒未遠，覆車如昨。」

「先哲居高，不敢忘危〔一〕，愛子欲教之義方，雕琢切磋，弗納於邪僞〔二〕。選明師以象成之，擇良友以漸染之〔三〕，督之以博覽，示之以成敗，使之察往以悟來〔四〕，觀彼以知此，驅之於直道之上〔五〕，斂之乎檢括之中〔六〕，懔乎若跟掛於萬仞〔七〕，慄然有如乘奔以履冰〔八〕。故能多遠悔吝〔九〕，保其貞吉也。

〔一〕易繫辭下：「是故君子安而不忘危。」孝經諸侯章：「在上不驕，高而不危。」文子道德：「居上不驕，高而不危。」荀子仲尼：「平則慮險，安則慮危。」新語輔政：「夫居高者，自處不可以不安。」

〔二〕左傳隱公三年：「石碏諫曰：『臣聞愛子，教之以義方，弗納於邪。』」詩衞風淇奧：「有匪君子，如切如磋，如琢如磨。」毛傳：「治骨曰切，象曰磋，玉曰琢，石曰磨。道其學而成也。聽其規諫以自修，如玉石之見琢磨也。」禮記大學：「如切如磋者，道學也；如琢如磨者，自修也。」荀子大略：「人之於文學也，猶玉之於琢磨也。詩曰：『如切如磋，如琢如磨。』謂學問也。」孟子梁惠王下：「今有璞玉於此，雖萬鎰，必使玉人彫琢之。」趙注：「彫琢，治飾玉也。」「雕」、「彫」古通。

〔三〕陳澧曰：「『象』，疑當作『匠』。」照按：「象成」二字見禮記樂記，與此文意不符。陳校是也。上篇勗學有「匠成翹秀」語，曾引淮南子泰族「入學庠序，以修人倫，此皆人之所有於性，而聖人之所匠成也」以注。施之於此，亦極愜洽。說苑建本：「賢父之於子也，慈惠以生之，教誨以成之。……子年七歲以上，父爲之擇明師，選良友，勿使見惡，少漸之以善，使之早化。」楚辭七諫沈江：「日漸染而不自知兮，秋毫微哉而變容。」王注：「稍積爲漸，汙變爲染。言君用讒邪，日以漸染，隨之變化。」後漢書馮衍傳下：「（顯志賦）知漸染之易性兮，怨造作之弗思。」

〔四〕察往悟來，已見勗學篇「察往知來」句箋。

〔五〕論語衞靈公：「斯民也，三代之所以直道而行也。」

〔六〕文選劉琨答盧諶詩序：「昔在少壯，未嘗檢括。」李注：「蒼頡篇曰：『檢，法度也。』薛君韓詩章句曰：『括，約束也。』」

〔七〕書僞五子之歌：「懍乎若朽索之馭六馬。」枚傳：「懍，危貌。」跟掛，脚跟倒掛。跟掛萬仞，與内篇辨問「跟挂萬仞之峻峭」同，皆謂其脚跟倒掛之高也。

〔八〕書僞湯誥：「慄慄危懼，若將隕于深淵。」枚傳：「慄慄危心若墜深淵，危懼之甚。」奔，奔馬。鄧析子轉辭：「明君之御民，若乘奔而無轡。」文選東京賦：「常翹翹以危懼，若乘奔而無轡。」其省稱奔馬爲奔，與此同。詩小雅小旻：「戰戰兢兢，如臨深淵，如履薄冰。」毛傳：「恐陷也。」照按：此與上句參差不齊，非「有」字爲衍文，即上句「若」上脱一字。

〔九〕易繫辭上：「悔吝者，憂虞之象也。」後漢書馬援傳：「援與妻子生訣，無悔吝之心。」李注：「吝，猶恨也。」三國志魏書王昶傳：「（戒子書）患人知進而不知退，知欲而不知足，故有困辱之累，悔吝之咎。」

「昔諸竇蒙遺教之福〔一〕，霍禹受率意之禍〔二〕，中山、東平以好古而安〔三〕，燕刺由面牆而危〔四〕，前事不忘，今之良鑒也〔五〕。湯、武染乎伊、吕，其興勃然；辛、癸染乎推、崇，其亡忽焉〔六〕。朋友師傅，尤宜精簡〔七〕。必取寒素德行之士，以清苦自立，以不羣見憚者。其經術如仲舒、桓榮者〔八〕，强直若龔遂、王吉者〔九〕，能朝夕講論忠孝之至道，正色證存亡之軌迹，以洗濯垢涅〔一〇〕，閑邪矯枉〔一一〕，宜必抑情遵憲法〔一二〕，入德訓者矣。

〔一〕繼昌曰：「（『遺教』）藏本作『道教』，今從舊寫本。」照按：顧廣圻曾於舊寫本（即繼氏所稱者）「遺」字右側，畫一○

圈，蓋示其較「道」字爲優。（後凡顧氏畫有〇圈者，不再出。）繼氏從而改之，是也。史記外戚世家：「竇皇后兄竇長君，弟曰竇廣國，字少君。……乃厚賜田宅金錢，封公昆弟，家於長安。絳侯、灌將軍等曰：『吾屬不死，命乃且縣此兩人。兩人所出微，不可不爲擇師傅賓客，又復效呂氏大事也。』於是乃選長者士之有節行者與居。竇長君、少君由此爲退讓君子，不敢以尊貴驕人。……孝景帝立，乃封廣國爲章武侯。長君前死，封其子彭祖爲南皮侯。吳楚反時，竇太后從昆弟子竇嬰，任俠自喜，將兵，以軍功爲魏其侯。竇氏凡三人爲侯。竇太后好黃帝、老子言，帝（文帝）及太子（景帝）諸竇不得不讀黃帝、老子，尊其術。」神仙傳老子傳：「漢竇太后信老子之言，孝文帝及外戚諸竇皆不得不讀，讀之皆大得其益。故文、景之世，天下謐然；而竇氏三世保其榮寵。」是諸竇之成爲退讓君子，三世保其榮寵，皆與相居止之師傅賓客（漢紀孝文帝紀上：「爲選賢人與之居止。」）及讀黃帝、老子之書極有關係。故曰「蒙遺教之福」。禮記檀弓上「天不遺耆老」正義：「遺，置也。」

〔二〕漢書霍光傳：「宣帝自在民間聞知霍氏尊盛日久，內不能善。光薨，上始躬親朝政。……顯及禹、山、雲自見日侵削，數相對啼泣，自怨。……顯曰：『丞相（魏相）數言我家，獨無罪乎？』山曰：『丞相廉正，安得罪？我家昆弟諸壻多不謹。又聞民間讙言霍氏毒殺許皇后，寧有是邪？』顯恐急，卽具以實告山、雲、禹。山、雲、禹驚曰：『如是，何不早告禹等！縣官離散斥逐諸壻，用是故也。此大事，誅罰不小，奈何？』於是始有邪謀矣。……會李竟坐與諸侯王交通，辭語及霍氏，有詔雲、山不宜宿衞，免就第。光諸女遇太后無禮，馮子都數犯法，上並以爲讓。山、禹等甚恐。……（禹）謀令太后爲博平君（宣帝外祖母）置酒，召丞相、平恩侯（許廣漢）以下，使范明友、鄧廣漢承太后制引斬之，因廢天子而立禹。約定未發，……會事發覺，雲、山、明友自殺，顯、禹、廣漢等捕得。禹要斬，顯及諸女昆弟皆棄市。唯獨霍后廢處昭臺宮。與霍氏相連坐誅滅者數千家。」

〔三〕照按：此文事類不倫，疑有誤字。以史記、兩漢書考之，封中山者，西漢有中山靖王勝、中山哀王竟、中山孝王興，東漢有中山簡王焉，皆不好古。或好內奢淫，爲吏所侵（見史記五宗世家、漢書景十三王中山靖王傳），或幼小未之國，薨邸（見漢書宣元六王中山哀王傳），或不材見棄（見漢書宣元六王中山孝王傳），或殺人坐削（見後漢書光武十王中山簡王傳），亦皆不安。是「中山」二字有誤無疑。又按：後漢書光武十王東平憲王蒼傳：「蒼少好經書，雅有智思……是時中興三十餘年，四方無虞，蒼以天下化平，宜修禮樂，乃與公卿共議定南北郊冠冕車服制度，及光武廟登歌八佾舞數。……肅宗卽位，尊重恩禮踰於前世，諸王莫與爲比。……蒼還國，……明年（建初八年）正月薨，詔告中傅，封上蒼自建武以來章奏及所作書記、賦、頌、七言、別字、歌詩，並集覽焉。……立四十五年，子懷王忠嗣。」稚川所稱好古而安之東平，蓋卽東平憲王蒼（西漢宣帝之子東平思王宇，因「通姦犯法」，一再受敕，雖能「改行自新，尊修經術」，但其行徑（詳漢書宣元六王傳）遠非東平憲王之比，故未闌入）。以此相例，則「中山」應作「河間」。史記五宗世家：「河間獻王德，……好儒學，被服造次必於儒者。山東諸儒多從之游。二十六年卒，子共王不害立。」漢書景十三王河間獻王傳：「河間獻王德，……修學好古，實事求是。從民得善書，必爲好寫與之，留其真，加金帛賜以招之。繇是四方道術之人不遠千里，或有先祖舊書，多奉以奏獻王者。……獻王所得書皆古文先秦舊書，周官、尚書、禮、禮記、孟子、老子之屬，皆經傳說記，七十子之徒所論。其學舉六藝，立毛氏詩、左氏春秋博士。修禮樂，被服儒術，造次必於儒者。……武帝時，獻王來朝，獻雅樂。……立二十六年薨。」其行誼足與東平憲王媲美，故疑「中山」當作「河間」。

〔四〕漢書武五子燕剌王傳：「（燕剌王）旦壯大就國，爲人辯略，博學經書雜說，好星曆數術倡優射獵之事，招致游士。及衛太子敗，齊懷王又薨，旦自以次第當立，上書求入宿衛。上（武帝）怒，下其使獄。後坐臧匿亡命，削良鄉、安次、文安三縣。武帝由是惡旦，後遂立少子爲太子。帝崩，太子立，是爲孝昭帝，賜諸侯王璽書。旦得書，不肯哭，曰：「璽書封小，京師疑有變。」……時大將軍霍光秉政，褒賜燕王錢三千萬，益封萬三千户。旦怒曰：「我當爲帝，何賜也！」遂與宗室中山哀王子劉長、齊孝王孫劉澤等結謀，詐言以武帝時受詔，得職吏事，修武備，備非常。……卽與劉澤謀爲姦書，言少帝非武帝子，大臣所共立，天下宜共伐之。使人傳行郡國，以搖動百姓。澤謀歸發兵臨淄，與燕王俱起。……（上官）桀等因謀共殺光，廢帝，迎立燕王爲天子。旦置驛書，往來相報，許立桀爲王，外連郡國豪桀以千數。……會蓋主舍人父燕倉知其謀，告之，由是發覺。……有赦令到，王讀之，曰：「嗟乎！獨赦吏民，不赦我。」……會天子使使者賜燕王璽書曰：「昔高皇帝王天下，建立子弟以藩屏社稷。……今王骨肉至親，敵吾一體，乃與他姓異族謀害社稷，……如使古人有知，當何面目復奉齊酎見高祖之廟乎！」旦得書，以符璽屬醫工長，謝相二千石：「奉事不謹，死矣。」卽以綬自絞。……旦立三十八年而誅，國除。」照按：上句之「中山」既非其倫，疑原在此句「燕刺」上。再參稽兩漢所封中山四王史實，合是中山靖王。漢書本傳有較詳敍述：「中山靖王勝以孝景前三年立。武帝初卽位，大臣懲吳楚七國行事，議者多冤鼂錯之策，皆以諸侯連城數十，泰强，欲稍侵削，數奏暴其過惡。……今或無罪，爲臣下所侵辱，有司吹毛求疵，笞服其臣，使證其君，多自以侵冤。建元三年，代王登、長沙王發、中山王勝、濟川王明來朝，天子置酒，勝聞樂聲而泣。問其故，勝對曰：「臣聞悲者不可爲絫欷，思者不可爲歎息。……今臣心結日久，每聞幼眇之聲，不知涕泣之横集也。……臣身遠與寡，莫爲之先，衆口鑠金，積毁銷骨，叢輕折軸，羽翮飛肉，紛驚逢羅，潸然出涕。……今臣雍閼不得聞，讒言之徒螽生。道遼路遠，曾莫爲臣聞，臣竊自悲也。。……今羣臣非有葭莩之親，鴻毛之重，羣居黨議，朋友相爲，使夫宗室擯卻，骨肉冰釋。……詩（小雅小弁）云：「我心憂傷，惄焉如擣，假寐永歎，唯憂用老；心之憂矣，疢如疾首。」臣之謂也。』具以吏所侵聞。於是上乃厚諸侯之禮，省有司所奏諸侯事，加親親之恩焉。……勝爲人樂酒好內，有子百二十餘人。常與趙王彭祖相非曰：『兄爲王，專代吏治事。王者當日聽音樂，御聲色。』趙王亦曰：『中山王但奢淫，不佐天子拊循百姓，何以稱爲藩臣！』四十三年薨。」（史記五宗世家簡略）傳文於中山靖王處境、憂讒畏禍心情，以及「沈溺放恣」生活，皆一一寫出，其危已暴露無餘。但中山靖王能轉危爲安，藉以自全，故結局與燕刺王迥異。面牆，已見勗學篇「然後覺面牆之至困也」句箋。又按：燕刺王傳明言「博學經書雜說」，可見劉旦並非不讀書者。劉勝之聞樂對，司馬貞索隱謂「其言甚雄壯，詞切而理文」，亦非不讀書者。然則此句之「面牆」二字，不可以辭害意也。

〔五〕戰國策趙策一：「張孟談對曰：『……前事之不忘，後事之師。』」新書過秦下：「鄙諺曰：『前事之不忘，後之師也。』」（又見史記秦始皇紀贊）後漢書東平憲王蒼傳：「（上疏歸職）前事之不忘，來者之師也。」

〔六〕墨子所染：「舜染於許由、伯陽，禹染於皋陶、伯益，湯染於伊尹、仲虺，武王染於太公、周公。此四王者，所染當，故王天下，立爲天子，功名蔽天地。舉天下之仁義顯人，必稱此四王者。夏桀染於干辛、推哆，殷紂染於崇侯、惡來，厲王染於厲公長父、榮夷終，幽王染於傅公夷、蔡公穀，此四王者，所染不當，故國殘身死，爲天下僇。舉天下不義辱人，必稱此四王者。」（又見吕氏春秋當染〔人名間有不同〕）左傳莊公十一年：「臧文仲曰：『宋其興乎？禹、湯罪己，其興也悖焉，桀、紂罪人，其亡也忽焉。』」杜注：「悖，盛貌。忽，速貌。」釋文：「悖，一作勃，同。」史記夏紀：「帝發崩，子帝履癸立，是爲桀。」又殷紀：「帝乙崩，子辛立，是爲帝辛，天下謂之紂。」

〔七〕詩邶風簡兮「簡兮簡兮」鄭箋：「簡，擇。」漢書馮奉世傳「守戰之備久廢不簡」顏注：「簡，謂選揀。」

〔八〕史記儒林傳：「董仲舒……以治春秋，孝景時爲博士。……進退容止，非禮不行，學者皆師尊之。今上（武帝）即位，爲江都相。以春秋災異之變推陰陽所以錯行，故求雨閉諸陽，縱諸陰，其止雨反是。行之一國，未嘗不得所欲。……董仲舒爲人廉直。……至卒，終不治産業，以脩學著書爲事。故漢興至於五世之間，唯董仲舒名爲明於春秋，其傳公羊氏也。」漢書董仲舒傳：「武帝卽位，舉賢良文學之士前後百數，而仲舒以賢良對策焉。……對既畢，天子以仲舒爲江都相，事易王。易王，帝兄，素驕，好勇。仲舒以禮誼匡正，王敬重焉。……凡相兩國，輒事驕王，正身以率下，數上疏諫爭，教令國中，所居而治。……仲舒在家，朝廷如有大議，使使者及廷尉張湯就其家而問之，其對皆有明法。自武帝初立，魏其、武安侯爲相而隆儒矣。及仲舒對册，推明孔氏，抑黜百家，立學校之官，州郡舉茂材孝廉，皆自仲舒發之。……仲舒所著，皆明經術之意，及上疏條教，凡百二十三篇。而說春秋事得失，聞舉、玉杯、蕃露、清明、竹林之屬，復數十篇，十餘萬言，皆傳於後世。」後漢書桓榮傳：「桓榮，字春卿，沛郡龍亢人也。少學長安，習歐陽尚書，事博士九江朱普。貧寠無資，常客傭以自給，精力不倦，十五年不闚家園。……(王)莽敗，天下亂。榮抱其經書與弟子逃匿山谷，雖常飢困，而講論不輟。後復客授江淮間。……(光武)帝卽召榮，令說尚書，甚善之。拜爲議郎，賜錢十萬，入使授太子。每朝會，輒令榮於公卿前敷奏經書。……車駕幸大學，會諸博士論難於前，榮被服儒衣，温恭有蘊籍，辯明經義，每以禮讓相猒，不以辭長勝人，儒者莫之及，特加賞賜。……榮大會諸生，陳其車馬、印綬，曰：『今日所蒙，稽古之力也，可不勉哉！』……永平二年，三雍初成，拜榮爲五更。每大射養老禮畢，帝(明帝)輒引榮及弟子升堂，執經自爲下說。乃封榮爲關内侯，食邑五千户。」

〔九〕漢書循吏龔遂傳：「龔遂字少卿，山陽南平陽人也。以明經爲官，至昌邑郎中令，事王賀。賀動作多不正，遂爲人忠厚，剛毅有大節，内諫爭於王，外責傅相，引經義，陳禍福，至於涕泣，蹇蹇亡已。面刺王過，王至掩耳起走，曰：『郎中令善媿人。』及國中皆畏憚焉。……會昭帝崩，亡子，昌邑王賀嗣立，官屬皆徵入。……王卽位二十七日，卒以淫亂廢。昌邑羣臣坐陷王於惡不道，皆誅，死者二百餘人，唯遂與中尉王陽（卽王吉）以數諫爭得減死，髡爲城旦。」又王吉傳：「王吉字子陽，琅邪皐虞人也。少好學明經，以郡吏舉孝廉爲郎，補若盧右丞，遷雲陽令。舉賢良爲昌邑中尉，而王好遊獵，驅馳國中，動作亡節，吉上疏諫，……王賀雖不遵道，然猶知敬禮吉。……其後復放從自若。吉輒諫爭，甚得輔弼之義，雖不治民，國中莫不敬重焉。久之，昭帝崩，亡嗣，大將軍霍光秉政，遣大鴻臚中正迎昌邑王。吉卽奏書戒王，……王既到，卽位二十餘日以行淫亂廢。」

〔一〇〕左傳襄公二十一年：「在上位者，洒濯其心。」釋文：「洒，西禮反。」崔寔政論：「洗濯民心，湔浣浮俗。」（意林三引）廣雅釋詁三：「涅，泥也。」漢書敍傳下王貢兩龔鮑傳述「涅而不緇」顏注：「涅，汙泥也。」

〔一一〕易乾：「（文言）閑邪存其誠。」正義：「言防閑邪惡，當自存其誠實也。」淮南子本經：「矯枉以爲直。」高注：「矯，正也。枉，曲也。」

〔一二〕國語晉語九：「賞善罰姦，國之憲法也。」管子七法：「有一體之治，故能出號令，明憲法矣。」淮南子脩務：「列藏廟堂，著於憲法。」高注：「憲，法也。」

「漢之末世，吴之晚年，則不然焉〔一〕。望冠蓋以選用〔二〕，任朋黨之華譽〔三〕，有師友之名，無拾遺之實〔四〕。匪唯無益，乃反爲損。故其所講說，非道德也；其所貢進，非忠益也。唯在於新聲豔色〔五〕，輕體妙手〔六〕，評歌謳之清濁，理管絃之長短，相狗馬之勦駑〔七〕，議遨遊之處所，比錯塗之好惡〔八〕，方雕琢之精麤〔九〕，校彈棊樗蒱之巧拙〔一〇〕，計漁獵相掊之勝負〔一一〕，品藻妓妾之妍蚩〔一二〕，指摘衣服之鄙野，爭騎乘之善否，論弓劍之之疎密〔一三〕。招奇合異，至於無限。盈溢之過，日增月甚。

〔一〕陳灃曰：「不敢言晉朝，託之漢、吳耳。」

〔二〕冠蓋，本謂仕者之冠服與車蓋，此借指官吏。史記平準書：「使者分部護之，冠蓋相望。」文選西都賦：「冠蓋如雲，七相五公。」

〔三〕荀子致士：「朋黨比周之譽。」漢書劉向傳：「（上封事）競執樞機，朋黨比周，稱譽者登進，忤恨者誅傷。」

〔四〕史記汲黯傳：「黯爲上（武帝）泣曰：『……臣願爲中郎，出入禁闥，補過拾遺，臣之願也。』」漢書蒯通傳：「客謂通曰：『先生之於曹相國，拾遺舉過，顯賢進能，齊國莫若先生者。』」又劉向傳：「與侍中金敞，拾遺於左右。」

〔五〕國語晉語八：「平公說新聲。」韓非子十過：「昔者，衛靈公將之晉，至濮水之上，稅車而放馬，設舍以宿，夜分而聞鼓新聲者而說之。」文選古詩十九首：「彈筝奮逸響，新聲妙入神。」新聲，新樂曲。左傳桓公元年：「美而豔。」杜注：「色美曰豔。」方言二：「美色爲豔。」

〔六〕輕體，謂舞女。漢書外戚下孝成趙皇后傳：「趙皇后，本長安宮人。……學歌舞，號曰飛燕。」顏注：「以其體輕故也。」西京雜記一：「趙后體輕腰弱，善行步進退。」文選西京賦：「飛燕寵於體輕。」又西征賦：「趙輕體之纖麗。」妙手，謂女樂之技藝高妙者。

〔七〕張勃吳錄：「（孫）策笑曰：『聞卿（嚴輿）能坐躍，勦捷不常。』」（三國志吳書孫策傳裴注引）廣韻五肴：「勦，輕捷也。」玉篇馬部：「駑，最下馬也。」

〔八〕說文金部：「錯，金涂也。」段注：「『涂』，俗作『塗』，又或作『搽』。謂以金措其上也。」朱駿聲說文通訓定聲：「即今所謂鍍金也。」漢書霍光傳：「（霍）禹既嗣爲博陸侯，太夫人顯……作乘輿輦，加畫繡絪馮，黃金塗。」顏注：「如淳曰：『絪，亦茵。馮，謂所馮者也，以黃金塗飾之。』師古曰：『茵，蓐也。以繡爲茵馮，而黃金塗輿輦也。』」神異經：「西方日宮之外有山焉，……有丹陽銅，似金，可鍛以作錯塗之用。」

〔九〕玉篇麤部：「麤，不精也，疏也。」說文段注：「今人槩用『粗』，『粗』行而『麤』廢矣。」

〔一〇〕西京雜記二：「成帝好蹴踘，羣臣以蹴踘爲勞體，非至尊所宜。帝曰：『朕好之，可擇似而不勞者奏之。』家君作彈棊以獻。」傅玄彈棊賦敍：「漢成帝好蹴踘，劉向以謂勞人體，竭人力，非至尊所宜御。乃因其體作彈棊。今觀其道，蹴踘道也。」（世說新語巧藝劉注引）後漢書梁冀傳：「少爲貴戚，逸游自恣。性嗜酒，能挽滿、彈棊、格五、六博、蹴鞠、意錢之戲。」李注引藝經曰：「彈棊，兩人對局，白黑棊各六枚，先列棊相當，更先彈也。其局以石爲之。」（文選魏文帝與朝歌令吳質書李注、太平御覽七五五所引藝經，與此互有詳略）博物志佚文：「老子入胡作樗蒲。」（藝文類聚七四、太平御覽七二六又七五四引）馬融樗蒲賦：「昔有玄通先生遊于京都，道德既備，好此樗蒲。伯陽（神仙傳：「老子字伯陽。」）入戎，以斯消憂。枰則素旃紫罽，出乎西鄰，緣以繢繡，紩以綺文。杯則搖木之幹，出自崑山。矢則藍田之石，卞和所工，含精玉潤，不細不洪。馬則玄犀象牙，是磋是礲。杯爲上將，木爲君副，齒爲號令，馬爲翼距，籌爲策動，矢法卒數，於是芬葩。貴戚公侯之儔，坐華榱之高殿，臨激水之清流，排五木，散九齒，勒良馬，取道里。是以戰無常勝，時有逼逐。臨敵攘圍，事在將帥，見利電發，紛綸滂沸。精誠一叫，十盧九雉。磊落踸踔，并來猥至。先名所射，應聲紛潰。勝貴歡悅，負者沈悴。」（藝文類聚七四引）照按：彈棊、樗蒲皆古之博戲，早已被淘汰，其制其術，無須再爲詳考也。

〔一一〕相揞，即相撲。古稱角抵，亦作角觝。（吳自牧夢粱錄二十角觝：「角觝者，相撲之異名也。」）漢書刑法志：「春秋之後，滅弱吞小，並爲戰國，稍增講武之禮，以爲戲樂，用相夸視。而秦更名角抵（史記李斯傳：「二世在甘泉，方作觳抵優俳之觀」集解：「觳抵，即角抵也。」），先王之禮，没於淫樂中矣。」又武帝紀：「（元封）三年春，作角抵戲，三百里內皆來觀。」顏注：「應劭曰：『角者，角技也。抵者，相抵觸也。』文穎曰：『名此樂爲角抵者，兩兩相當角力，角技藝射御，故名角抵，蓋雜技樂也。』師古曰：『抵者，當也。非謂抵觸。文説是也。』」後漢書仲長統傳：「（昌言理亂）目極角觝之觀。」文選西京賦：「程角觝之妙戲。」王隱晉書：「潁川、襄城二郡，班宣相會，累欲作樂。襄城太守責功曹劉子篤曰：『卿郡（襄城）人不如潁川人相撲。』篤曰：『相撲下伎，不足以別兩國優劣。』」（太平御覽七五五引）照按：今之摔跤，蓋卽古代角抵之遺。

〔二〕妓，家妓。品藻妍蚩，猶後疾謬篇之「評論美醜」也。

〔三〕踈密，指技術。

「其談宮殿，則遠擬瑤臺、瓊室〔一〕，近效阿房、林光〔二〕，以千門萬户爲局促〔三〕，以昆明、太液爲淺陋〔四〕，笑茅茨爲不肖，以土階爲朴騃〔五〕。民力竭於功役，儲蓄靡於不急，起土山以準嵩、霍〔六〕，決渠水以象九河〔七〕；登淩霄之華觀〔八〕，闚雲際之綺窻〔九〕。淫音譟而惑耳，羅袂揮而亂目，濮上北里〔一〇〕，迭奏迭起；或號或呼，俾晝作夜〔一一〕。流連於羽觴之閒，沈淪乎絃節之側〔一二〕。

〔一〕竹書紀年：「（殷帝辛）九年，王師伐有蘇，獲妲己以歸，作瓊室，立玉門。」淮南子本經：「晚世之時，帝有桀、紂，（桀）爲琁室瑤臺。」（「桀」字原脱，據王念孫説補）高注：「琁、瑤，石之似玉，以飾室臺也。」汲冢古文：「夏桀作傾宮，（飾）瑤臺，殫百姓之財。殷紂作瓊室，立玉門。」（文選東京賦李注引〔「飾」字原脱，據七命注補。吴都賦劉注引汲郡地中古文册書亦作「飾瑤臺」〕）文選東京賦：「黄帝合宮，有虞總期，固不如夏癸之瑤臺，殷辛之瓊室也。」

〔二〕史記秦始皇紀：「（三十五年）乃營作朝宮渭南上林苑中。先作前殿阿房，東西五百步，南北五十丈，上可以坐萬人，下可以建五丈旗。周馳爲閣道，自殿下直抵南山。表南山之顛以爲闕。爲復道，自阿房渡渭，屬之咸陽，以象天極閣道絶漢抵營室也。（又見説苑反質）阿房宮未成，成，欲更擇令名名之。作宮阿房，故天下謂之阿房宮。」正義：「三輔舊事云：『阿房宮東西三里，南北五百步，庭中可受萬人。又鑄銅人十二於宮前。阿房宮以慈石爲門，阿房宮之北闕門也。』」三輔黄圖一宮：「阿房宮，亦曰阿城。惠文王造宮未成而亡。始皇廣其宮規，恢三百餘里。離宮別館，彌山跨谷，輦道相屬，閣道通驪山八百餘里。」林光，徐濟忠改「林」爲「靈」，非是。漢宮闕疏：「林光宮，秦二世造。」（文選西都賦李注引）三輔黄圖一宮：「林光宮，胡亥所造。從廣各五里，在雲陽縣界。」文選西京賦：「覛往昔之遺館，獲林光於秦餘。」李注：「漢書音義瓚曰：『林光，秦離宮名也。』」（此當是郊祀志下「震電災林光宮門」句注，顔師古襲之。）

〔三〕漢書郊祀志下：「（武帝）於是作建章宮，度爲千門萬户。」又東方朔傳：「今陛下（武帝）以城中爲小，圖起建章，左鳳闕，右神明，號稱千門萬户。」後漢書班固傳：「（西都賦）張千門而立萬户，順陰陽以開闔。」

〔四〕漢書武帝紀：「（元狩三年）發謫吏穿昆明池。」又食貨志下：「上林既充滿，益廣。是時粤欲與漢用船戰逐，乃大修昆明池，列館環之。治樓船，高十餘丈，旗織（顔注：「織讀曰幟。」）加其上，甚壯。」西京雜記六：「昆明池中有戈船、樓船各數百艘。樓船上建樓櫓，戈船上建戈矛，四角悉垂幡旄，旍葆麾蓋，照灼涯涘。」三輔舊事：「昆明池地三百三十二頃，中有戈船各數十，樓船百艘。船上建戈矛，四角悉垂幡旄，〔旍〕葆麾蓋，照燭涯涘。」（三輔黄圖四池沼引）漢書郊祀志下：「（建章宮）其北治大池，漸臺高二十餘丈，名曰泰液。池中有蓬萊、方丈、瀛州、壺梁，象海中神山龜魚之屬。」三輔黄圖四池沼：「太液池，在長安故城西，建章宮北，未央宮西南。太液者，言其津潤所及廣也。關輔記云：『建章宮北，有池以象北海，刻石爲鯨魚，長三丈。』……廟記曰：『建章宮北池，名太液。周回十頃。有采蓮、〔越〕女、鳴鶴之舟。』」（「越」字據西京雜記六補）「太」、「泰」古通。

〔五〕墨子佚文：「堯、舜茅茨不翦，采椽不刊。」（史記太史公自序、論衡是應、後漢書趙典傳李注、文選東京賦及魏都賦李注引）韓非子五蠹：「堯之王天下也，茅茨不翦，采椽不斲。」尹文子佚文：「堯爲天子，衣不重帛，食不兼味，土階三尺，茅茨不翦。」（藝文類聚八二、太平御覽九九六引）説苑反質：「始皇曰：『若欲何言，言之。』侯生曰：『……聞古之明王，食足以飽，衣足以暖，宮室足以處，輿馬足以行。故上不見棄於天，下不見棄於黔首。堯茅茨不翦，采椽不斲，土階三等，而樂終身者，以其文采之少而質素之多也。』」又：「墨子曰：『……古有無文者得之矣，夏禹是也，卑小宮室，損薄飲食，土階三等，衣裳細布。……殷之盤庚，大其先王之室，而改遷於殷，茅茨不翦，采椽不斲，以變天下之視。』」

〔六〕淮南子本經：「殘高增下，積土爲山。」漢書劉向傳：「（上疏）增埤爲高，積土爲山。」又元后傳：「（王根）大治室第，第中起土山。」嵩、霍，嵩高山與霍山。爾雅釋山：「霍山爲南嶽，……嵩高爲中嶽。」

〔七〕書禹貢：「九河既道。」孔傳：「河水分爲九道。」釋文：「九河：徒駭一，太史二，馬頰三，覆釜四，胡蘇五，簡六，絜七，鉤盤八，鬲津九。出爾雅（釋水）。」

〔八〕淩霄，言其高。華觀，言其華麗。

〔九〕文選蜀都賦：「開高軒以臨山，列綺窗而瞰江。」呂向曰：「綺窗，彫畫若綺也。」又古詩十九首：「西北有高樓，上與浮雲齊。交疏結綺窗，阿閣三重階。」李注：「説文（糸部）曰：『綺，文繒也。』此刻鏤以象也。」劉良曰：「交通而結，鏤文綺以爲窗也。」「窻」、「窗」同。

〔一〇〕禮記樂記：「桑間濮上之音，亡國之音也。」鄭注：「濮水之上，地有桑間者，亡國之音，於此之水出也。昔殷紂使師延作靡靡之樂，已而自沈於濮水。後師涓過焉，夜聞而寫之，爲晉平公鼓之。是之謂也。」（照按：「昔殷紂使師延作靡靡之樂」以下，出韓非子十過篇。孔氏正義謂爲史記樂書文，疏矣。）漢書地理志下：「衞地有桑間濮上之阻，男女亟聚會，聲色生焉，故俗稱鄭衞之音。」史記殷紀：「（紂）於是使師涓作新淫聲，北里之舞，靡靡之樂。」文選阮籍詠懷詩：「北里多奇舞，濮上有微音。」吕延濟曰：「言時尚其荒淫。」

〔二〕詩大雅蕩：「既愆爾止，靡明靡晦，式號式呼，俾晝作夜。」毛傳：「使晝爲夜也。」鄭箋：「愆，過也。女既過沈湎矣，又不爲明晦，無有止息也。醉則號呼相傚，用晝日作夜，不視政事。」釋文：「一本作『或號或呼』。」漢書敍傳上：「（班）伯曰：『「沈湎于酒」，微子所以告去也；「式號式謼」，大雅所以流連也。』」顏注：「言醉酒號呼，以晝爲夜也。」

〔三〕孟子梁惠王下：「方命虐民，飲食若流。流連荒亡，爲諸侯憂。從流下而忘反謂之流，從流上而忘反謂之連。」趙注：「言驕君放遊無所不爲，或浮水而下，樂而忘反謂之流。……連者，引也，使人徒引舟船上行而忘反以爲樂，故謂之連。」楚辭招魂：「瑤漿蜜勺，實羽觴些。」王注：「羽，翠羽也。觴，觚也。」洪補注：「杯上綴羽以速飲也。一云作生爵形。」漢書外戚傳下：「（班）倢伃退處東宮，作賦自傷悼，其辭曰：『……顧左右兮和顏，酌羽觴兮銷憂。』」顏注：「劉德曰：『酒行疾如羽也。』孟康曰：『羽觴，爵也，作生爵形，有頭尾羽翼。』如淳曰：『以瑇瑁覆翠羽於下徹上見。』師古曰：『孟說是也。』」文選蜀都賦：「羽爵執競，絲竹乃發，巴姬彈絃，漢女擊節。」李周翰曰：「羽爵，羽觴，作鳥形也。」周禮春官小師：「掌教鼓，鼗，柷，敔，塤，簫，管，絃，歌。」鄭注：「絃，謂琴瑟也。」爾雅釋樂：「和樂謂之節。」邢疏：「一云節，樂器名，謂相也。樂記云：『治亂以相。』鄭注云：『相，卽拊也。亦以節樂。拊者，以韋爲表，裝之以糠。糠一名相，因以名焉。』言治理奏樂之時，擊拊以輔相於樂，而爲節也。」古文苑宋玉笛賦：「遊泆志，列絃節。」章樵注：「散而不亂，絲竹閒作，故應絃節。」

「或建翠翳之青葱〔一〕，或射勇禽於郊坰〔二〕，馳輕足於嶮峻之上〔三〕，暴僚隸於盛日之下，舉火而往，乘星而返〔四〕，機事廢而不修〔五〕，賞罰棄而不治。或浮文艘於滉瀁〔六〕，布密網於綠川，垂香餌於漣潭〔七〕，縱擢歌於清淵〔八〕，飛高繳以下輕鴻〔九〕，引沈綸以拔潛鱗；或結罝罘於林麓之中〔一〇〕，合重圍於山澤之表，列丹飈於豐草〔一一〕，騁逸騎於平原〔一二〕，縱盧、猎以噬狡獸〔一三〕，飛輕鷂以鷙翔禽〔一四〕，勁弩殪狂兕〔一五〕，長戟斃熊虎。如此，既彌年而不猒，歷載而無已矣。

〔一〕說文羽部：「翳，華蓋也。」淮南子原道：「建翠蓋。」高注：「翠蓋，以翠鳥羽飾蓋也。」文選宋玉高唐賦：「翠爲蓋。」李注：「翠，翡翠也。」呂延濟曰：「翠羽爲蓋。」又東京賦：「結飛雲之袷輅，樹翠羽之高蓋。」薛注：「袷輅，次車也。次車樹翠羽爲蓋，如雲飛也。今世謂之羽蓋車也。」爾雅釋器：「青謂之蔥。」郭注：「淺青。」淮南子俶真：「根莖枝葉，青蔥苓蘢。」論衡自然：「草木之生，華葉青葱。」文選甘泉賦：「翠玉樹之青葱兮。」呂向曰：「青葱，玉樹色也。」「蔥」、「葱」正俗字。

〔二〕爾雅釋地：「邑外謂之郊，郊外謂之牧，牧外謂之野，野外謂之林，林外謂之坰。」郭注：「邑，國都也。假令百里之國，五十里之界，界各十里也。」詩魯頌駉：「駉駉牡馬，在坰之野。」毛傳：「坰，遠野也。」

〔三〕文選西京賦：「乃有迅羽輕足，尋景追括。」薛注：「迅羽，鷹也。輕足，好犬也。」玉篇山部：「嶮，山嶮。」集韻五十琰：「險，或从山。」列子楊朱：「雖山川阻嶮。」釋文：「『嶮』與『險』同。」

〔四〕禮記奔喪：「見星而行，見星而舍。」

〔五〕三國志吳書韋曜傳：「（博弈論）人事曠而不修。」

〔六〕淮南子本經：「龍舟鷁首，浮吹以娛，此遁於水也。」高注：「龍舟，大舟也。刻爲龍文以爲飾也。鷁，大鳥也。畫其像著船頭，故曰鷁首。」史記司馬相如傳：「（子虛賦）浮文鷁，揚桂枻。」文選西京賦：「於是命舟牧，爲水嬉，浮鷁首，翳雲芝。」薛注：「船頭象鷁鳥，厭水神。」三國志吳書薛綜傳：「（上疏）加又洪流洸瀁，有成山之難，海行無常，風波難免。」胡三省通鑑（七二魏青龍元年）注：「洸瀁，水深廣貌。」

〔七〕詩魏風伐檀：「河水清且漣猗。」毛傳：「風行水成文曰漣。」楚辭九章抽思：「長瀨湍流，泝江潭兮。」王注：「潭，淵也。楚人名淵曰潭。」

〔八〕照按：「擢」字誤。當依藏本、魯藩本、吉藩本、舊寫本、彙函本、崇文本改作「櫂」。文選漢武帝秋風辭：「簫鼓鳴兮發棹（樂府詩集八四作「櫂」）歌。」李注：「棹歌，引棹而歌。」又西京賦：「齊栧女，縱櫂歌。」李注：「栧女，鼓栧之女。……櫂歌，引櫂而歌也。」方言九：「楫，或謂之櫂。」郭注：「今云櫂歌，依此名也。」

〔九〕孟子告子上：「一心以爲有鴻鵠將至，思援弓繳而射之。」淮南子說山：「好弋者，先具繳與矰。」高注：「繳，大綸。矰，短矢。繳，所以繫者，繳射之注飛鳥。」文選文賦：「若翰鳥纓繳而墜青雲之峻。」李注：「王弼周易注（中孚上九）曰：『翰，高飛也。』說文（系部）曰：『繳，生絲縷也。』謂縷繫矰矢而以弋射。」（段注誤以「謂縷」九字爲說文佚句）玉篇系部：「繳，之若切。矰矢射也，生絲縷也。」（廣韻十八藥：「繳，矰繳。說文作『繳，生絲縷也』。」亦足證段之誤補。）漢書揚雄傳上：「（羽獵賦）轔輕飛。」顏注：「輕飛，猶言輕禽也。」文選五臣注李周翰曰：「輕飛，謂禽之善飛也。」

〔一〇〕莊子胠篋：「削格羅落罝罘之知多，則獸亂於澤矣。」釋文：「罝，子斜反。罘，本又作罦。爾雅（釋器）云：『兔罟謂之罝。罬謂之罦，罦，覆車也。』」成疏：「罝罘，兔網也。」漢書揚雄傳下：「（長楊賦序）張羅罔罝罘，捕熊、羆、豪豬、虎、豹、狖、玃、狐、菟、麋、鹿，載以檻車，輸長楊射熊館。」文選西京賦：「林麓之饒，于何不有。」薛注：「木叢生曰林。」李注：「穀梁傳（僖公十四年）曰：『林屬於山曰麓。』」劉良曰：「山足曰麓。」

〔一一〕詩鄭風大叔于田：「叔在藪，火烈具舉。」毛傳：「藪，澤，禽之府也。烈，列。具，俱也。」鄭箋：「列人持火俱舉，言衆同心。」釋文：「韓詩云：『禽獸居之曰藪。』」正義：「爛熟謂之烈，火烈嫌爲火猛，此無取爛義，故轉烈爲列，言火有行列也。火有行列，由布列人使持之，故箋申之云『列人持火』。此爲宵田，故持火炤之。」廣雅釋器：「丹，赤也。」文選曹植雜詩「何意迴飇擧」李注：「爾雅（釋天）曰：『扶搖謂之猋。』飇與猋同。」又答賓戲「其餘猋飛景附」李注：「說文（火部）：『熛，火飛也。』猋與熛古字通。」「飇」、「猋」、「熛」三字既音同（並必遥反）得通，則丹飇可作爲赤熛解，謂宵田持火之煇煌也。詩小雅湛露：「湛湛露斯，在彼豐草。」毛傳：「豐，茂也。」

〔二〕說苑善說：「野遊則馳騁弋獵乎平原廣囿，格猛獸。」文選舞賦：「良駿逸足。」李注：「駿，馬也。逸，疾也。」

〔三〕戰國策秦策三：「范睢曰：『……以秦卒之勇，車騎之多，以當諸侯，譬若馳韓盧而逐蹇兔也。』」又齊策三：「淳于髡謂齊王曰：『韓子盧者，天下之疾犬也；東郭逡者，海内之狡兔也。』」韓詩外傳七：「宋玉曰：『不然。昔者齊有狡兔，〔曰東郭鵵。〕盡〔蓋〕一日而走五百里。〔於是齊有良狗，曰韓盧。亦一日而走五百里。〕』」（又見新序雜事五）說苑善說：「客曰：『不然。臣聞周氏之嚳（疑卽宋鵲），韓氏之盧，天下疾狗也。見菟而指屬，則無失菟矣。』」禮記少儀：「守犬、田犬則授擯者，既受，乃問犬名。」鄭注：「守犬、田犬問名，畜養者當呼之名，謂若韓盧、宋鵲之屬。」正義：「桓譚新論云：『夫畜生賤也，然其尤善者，皆見記識。故犬道韓盧、宋猩。』又魏文帝說諸方物，亦云：『狗於古則韓盧、宋鵲。』則『猩』、『鵲』音同字異耳，故鄭亦爲『鵲』字。」孔叢子執節：「申叔向曰：『犬馬之名，皆因其形色而名焉，唯韓盧、宋鵲獨否，何也？』子順答曰：『盧，黑色。鵲，白色。非色而何？』」曹植孟冬篇：「韓盧、宋鵲，呈才騁足。」（宋書樂志四）博物志四：「韓國有黑犬名盧，宋有駿犬曰鵲。」集韻十八藥：「猩，宋良犬名。或作猎。」

〔四〕說文鳥部：「鷂，鷙鳥也。」又：「鷙，擊殺鳥也。」段注：「夏小正：『六月鷹始摯。』月令：『鷹隼蚤鷙。』古字多假摯爲鷙。……殺鳥必先攫搏之，故从執。」

〔一五〕詩小雅吉日：「殪此大兕。」毛傳：「殪，壹發而死。」爾雅釋詁：「殪，死也。」又釋獸：「兕，似牛。」郭注：「一角，青色，重千斤。」

「而又加之以四時請會，祖送慶賀〔一〕，要思數之密客，接執贄之嘉賓。人閒之務，密勿罔極〔二〕。是以雅正稍遠，遨逸漸篤。其去儒學，緬乎邈矣〔三〕。能獨見崇替之理〔四〕，自拔淪溺之中，舍敗德之嶮塗，履長世之大道者，良甚鮮矣。嗟乎！此所以保國安家者至稀〔五〕，而傾撓泣血者無筭也〔六〕。

〔一〕小爾雅廣言：「祖，送也。」儀禮既夕：「有司請祖期。」鄭注：「將行而飲酒曰祖。」漢書劉屈氂傳：「貳師將軍李廣利將兵出擊匈奴，丞相爲祖道，送至渭橋。」顏注：「祖者，送行之祭，因設宴飲焉。」

〔二〕漢書劉向傳：「（上封事）故其詩曰：『密勿從事，不敢告勞。』」顏注：「此小雅十月之交篇刺幽王之詩也。密勿，猶黽勉。」照按：「密勿」，毛詩作「黽勉」。子政治魯詩者，所引蓋魯詩也。（後漢書班彪傳下（典引）之「雖前聖皋、夔、衡、旦密勿之輔」，胡廣傳之「密勿夙夜」，亦係用魯詩。）

〔三〕文選陸機擬古詩行行重行行：「音徽日夜離，緬邈若飛沈。」李周翰曰：「緬邈，遠也。」

〔四〕國語楚語下：「藍尹亹曰：『吾聞君子唯獨居思念前世之崇替者。』」韋注：「崇，終也。替，廢也。」文選陸機答賈謐詩：「邈矣終古，崇替有徵。」李周翰曰：「崇替，亦猶興亡也。」

〔五〕易繫辭下：「是以身安而國家可保也。」

〔六〕左傳成公十三年：「晉侯使呂相絶秦曰：『……撓亂我同盟，傾覆我國家。』」說苑權謀：「下蔡威公閉門而哭，三日三夜，泣盡而繼以血。旁鄰窺牆而問之曰：『子何故而哭？悲若此乎！』對曰：『吾國且亡。』曰：『何以知也？』應之曰：『吾聞病之將死也，不可爲良醫；國之將亡也，不可爲計謀。吾數諫吾君，吾君不用，是以知國之將亡也。』於是窺牆者聞其言，則舉宗而去之於楚。居數年，楚王果舉兵伐蔡。」

「今聖明在上，稽古濟物〔一〕，堅隄防以杜決溢〔二〕，明褒貶以彰勸沮〔三〕，想宗室公族，及貴門富年，必當競尚儒術，撙節藝文〔四〕，釋老、莊之意意字衍不急〔五〕，精六經之正道也〔六〕。」

〔一〕書堯典：「曰若稽古帝堯。」孔傳：「若，順。稽，考也。能順考古道而行之者帝堯。」濟物，猶言濟人。文選嵇康與山巨源絶交書：「子文無欲卿相，而三登令尹，是乃君子思濟物之意也。」

〔二〕禮記月令：「季春之月……修利隄防，道達溝瀆。」鄭注：「溝瀆與道路皆不得不通，所以除水潦，便民事也。」釋文：「道，音導。」（呂氏春秋季春紀作「導」）漢書董仲舒傳：「夫萬民之從利也，如水之走下，不以教化隄防之，不能止也。是故教化立而姦邪皆止者，其隄防完也；教化廢而姦邪並出，刑罰不能勝者，其隄防壞也。」

〔三〕勸沮，已見逸民篇「子誠喜懼於勸沮」句箋。

〔四〕禮記曲禮上：「是以君子恭敬撙節，退讓以明禮。」鄭注：「撙，猶趨也。」釋文：「就也，向也。」正義：「撙者，趨也。節，法度也。言恆趨於法度。」

〔五〕孫星衍曰：「『意』字衍。」照按：徐濟忠已校删「意」字。孫説是也。當據删。老、莊之不急，指何晏、王衍以來蔚然成風之玄學。

〔六〕六經，已見勗學篇「孤貧而精六藝者」句箋。

抱朴子外篇校箋卷之五

君道

抱朴子曰：「清玄剖而上浮，濁黃判而下沈〔一〕。尊卑等威，於是乎著〔二〕。往聖御覽六百二十作曩聖取諸兩儀，而君臣之道立〔三〕；設官分職，而雍熙之化隆〔四〕。君人者，必修諸己以先四海〔五〕，去偏黨以平王道〔六〕，遣私情以標至公〔七〕，擬宇宙以籠萬殊〔八〕。真僞既明於物外矣，而兼之以自見；聽受既聰於接來矣，而加之以自聞〔九〕。儀決水以進善〔一〇〕，鈞絶絃以黜惡〔一一〕，昭德塞違〔一二〕，庸親昵賢〔一三〕。使規盡其圓，矩竭其方，繩肆其直，斤効其斲。器無量表之任，才無失授之用〔一四〕。

〔一〕易坤：「（文言）夫玄黃者，天地之雜也，天玄而地黃。」易緯乾鑿度上：「一者，形變之始。清輕者上爲天，濁重者下爲地。」（又見列子天瑞）淮南子天文：「清陽者薄靡而爲天，重濁者凝滯而爲地。」高注：「薄靡者，若塵埃飛揚之貌。」文選揚雄劇秦美新：「玄黃剖判，上下相嘔。」李注：「言天地既開，玄黃分判，故天地上下相與嘔養萬物也。」呂向曰：「剖判，分也。上下，天地也。言天地之氣相蒸而生萬物也。」

〔二〕易繫辭上：「天尊地卑，乾坤定矣。卑高以陳，貴賤位矣。」禮記樂記：「天尊地卑，君臣定矣。卑高已陳，貴賤位矣。」左傳文公十五年：「示有等威。」杜注：「等威，威儀之等差。」又宣公十二年：「君子小人，物有服章，貴有常尊，賤有等威。」杜注：「尊卑別也。威儀有等差。」

〔三〕兩儀，天地。易繫辭上：「是故易有太極，是生兩儀。」正義：「不言天地而言兩儀者，指其物體，下與四象相對，故曰兩儀，謂兩體容儀也。」又序卦：「有天地，然後有萬物；有萬物，然後有男女；有男女，然後有夫婦；有夫婦，然後有父子；有父子，然後有君臣。」

〔四〕周禮天官冢宰：「惟王建國，辨方正位，體國經野，設官分職，以爲民極。」鄭注：「鄭司農（衆）云：『置冢宰、司徒、宗伯、司馬、司寇、司空，各有所職，而百事舉。」書堯典：「黎民於變時雍。」孔傳：「黎，衆。時，是。雍，和也。」又：「庶績咸熙。」孔傳：「績，功。咸，皆。熙，廣也。」釋文：「熙，興也。」後漢書方術上謝夷吾傳：「（第五倫）令班固爲文薦夷吾曰：『臣聞堯登稷、契，政隆太平；舜用皋陶，政致雍熙。』」論衡宣漢：「唐世黎民雍熙。」潛夫論本政：「稷、卨、皋陶聚而致雍熙。」文選東京賦：「百姓同於饒衍，上下共其雍熙。」薛注：「言富饒是同，上下咸悦，故能雍和而廣也。」劉良曰：「雍，和。熙，盛也。」

〔五〕論語憲問：「修己以安百姓。」文子精誠：「不下席而匡天下者，求諸己也。」漢書董仲舒傳：「仲舒對曰：『……故爲人君者，正心以正朝廷，正朝廷以正百官，正百官以正萬民，正萬民以正四方。』」

〔六〕書洪範：「無偏無黨，王道蕩蕩。（孔傳：『言開闢。』）無黨無偏，王道平平。（孔傳：『言辯治。』）」正義：「動循先王之正路，無偏私，無阿黨，王家所行之道，蕩蕩然開闢矣。無阿黨，無偏私，王者所立之道，平平然辯治矣。」

〔七〕呂氏春秋貴公：「昔先聖王之治天下也，必先公。公則天下平矣。平得於公。」高注：「公，正也。平，和也。得，猶出也。」

〔八〕宇宙，天地。莊子讓王：「善卷曰：『余立於宇宙之中，冬日衣皮毛，夏日衣葛絺，……日出而作，日入而息，逍遙於天地之間，而心意自得。』」淮南子原道：「神託於秋毫之末，而大宇宙之總。」高注：「宇宙，諭天地。總，合也。」禮記孔子閒居：「孔子曰：『天無私覆，地無私載。』」管子心術下：「是故聖人若天然，無私覆也；若地然，無私載也。」淮南子本經：「故聖人者，由近知遠，而萬殊爲一。」高注：「殊，異也。」

〔九〕韓詩外傳一：「傳曰：『聽者自聞，明者自見。』」（說苑雜言：「聽者耳聞，明者目見。」）莊子駢拇：「吾所謂聰者，非謂其聞彼也，自聞而已矣；吾所謂明者，非謂其見彼也，自見而已矣。」（又見淮南子齊俗）中論修本：「明莫大乎自見，聰莫大乎自聞。」

〔一〇〕左傳成公八年：「君子曰：『從善如流。』」杜注：「如流，喻速。」又昭公十三年：「從善如流。」杜注：「言其疾也。」國語周語上：「召公曰：『是鄣之也。防民之口，甚於防川。川壅而潰，傷人必多。民亦如之。是故爲川者決之使導，爲民者宣之使言。……夫民慮之於心而宣之於口，成而行之，胡可壅也。若壅其口，其與能幾何！』」韋注：「流者曰川。言川不可防，而口又甚也。爲，治也。導，通也。宣，猶放也。覼民所言，以知其得失。」

〔一一〕隸釋孫叔敖碑：「去不善如絶絃。」

〔一二〕左傳桓公二年：「臧哀伯諫曰：『君人者，將昭德塞違，以臨照百官，猶懼或失之，故昭令德以示子孫。』」

〔一三〕左傳僖公二十四年：「富辰諫曰：『……庸勳親親，暱近尊賢，德之大者也。』」杜注：「庸，用也。暱，親也。」阮元校勘記：「『暱近』，李善注宣德皇后令引作『昵近』。」案：「昵」爲「暱」之或體。

〔一四〕荀子儒效：「若夫譎（疑爲「論」之誤）德而定次，量能而授官，使賢不肖皆得其位，能不能皆得其官。」又君道：「論德而定次，量能而授官，皆使其人載其事，而各得其所宜。」尸子：「君子量才而受爵，量功而受禄。」（文選曹植求自試表李注引）漢書董仲舒傳：「仲舒對曰：『……毋以日月爲功，試賢能爲上，量材而授官，録德而定位，則廉恥殊路，賢不肖異處矣。』」後漢書王符傳：「（潛夫論貴忠）故明主不敢以私授，忠臣不敢以虛受。」（今潛夫論忠貴文異）

「考名責實〔一〕，屢省勤恤〔二〕，樹訓典以示民極〔三〕，審褒貶以彰勸沮〔四〕，明檢齊以杜僭濫〔五〕，詳直枉以違晦吝〔六〕。其與之也，無叛理之幸；其奪之也，有百氏之揜〔七〕。匠之以六蓺，軌之以忠信，莅之以慈和〔八〕，齊之以禮刑〔九〕。揚仄陋以伸沈抑〔一〇〕，激清流以澄臧否〔一一〕。使物無詭道，事無非分。立朝牧民者，不得侵官越局〔一二〕；推轂即戎者，莫敢憚危顧命〔一三〕。悦近以懷遠，修文以招攜〔一四〕。阜百姓之財粟〔一五〕，闡進德之廣塗，杜機僞之繁務〔一六〕，脱一句則明罰勑法〔一七〕，哀敬折獄〔一八〕，淳化洽，則匿瑕藏疾〔一九〕，五教在寬〔二〇〕。

〔一〕六韜文韜舉賢：「文王曰：『舉賢奈何？』太公曰：『將相分職，而各以官名舉人。按名督實，選才考能，令實當其名，名當其實，則得舉賢之道也。』」鄧析子無厚：「循名責實，君之事也。」韓非子定法：「今申不害言術，而公孫鞅爲法。術者，因任而授官，循名而責實。」

〔二〕書益稷：「屢省乃成，欽哉！」孔傳：「屢，數也。當敷顧省汝成功，敬終以善，無懈怠。」説苑君道：「屢省考績，以臨臣下。」書召誥：「上下勤恤。」國語周語上：「勤恤民隱，而除其害也。」韋注：「恤，憂也。隱，痛也。」

〔三〕左傳文公六年：「告之訓典。」杜注：「訓典，先王之書。」國語周語上：「修其訓典。」韋注：「訓，教也。典，法也。」又楚語上：「教之訓典。」韋注：「訓典，五帝之書。」周禮天官冢宰「以爲民極」鄭注：「極，中也。令天下之人各得其中，不失其所。」

〔四〕勸沮，已見逸民篇「子誠喜懼於沮勸」句箋。

〔五〕詩商頌殷武：「不僭不濫。」毛傳：「賞不僭，刑不濫也。」左傳襄公二十六年：「善爲國者，賞不僭而刑不濫。」

〔六〕論語爲政：「哀公問曰：『何爲則民服？』孔子對曰：『舉直錯諸枉，則民服；舉枉錯諸直，則民不服。』」集解引包咸曰：「錯，置也。舉正直之人用之，廢置邪枉之人，則民服其上。」照按：「晦」字誤，當依柏筠堂本、叢書本、崇文本作「悔」。「悔吝」連文，易繫辭中屢見（繫辭上三見，繫辭下一見）。前崇教篇「故能多遠悔吝」，後自敍篇「多召悔悋（「吝」之俗體）」，亦並以「悔吝」爲言。（他書中多有以「悔吝」連文者，不再贅。）

〔七〕照按：「百」，當作「伯」。論語憲問：「問管仲。曰：『人也。奪伯氏駢邑三百，飯疏食，没齒無怨言。』」集解引孔安國曰：「伯氏，齊大夫。駢邑，地名。齒，年也。伯氏食邑三百家，管仲奪之，使至疏食，而没齒無怨言，以其當理也。」蓋此文所指。用刑篇「使伯氏無怨於失邑」，亦可證。

〔八〕國語周語上：「至於武王，昭前之光明，而加之慈和。」又下：「慈和能惠。」韋注：「慈愛和睦，故能惠也。」

〔九〕禮記緇衣：「子曰：『夫民教之以德，齊之以禮，則民有格心；教之以政，齊之以刑，則民有遯心。』」鄭注：「格，本也。遯，逃也。」論語爲政：「子曰：『道之以政，齊之以刑，民免而無恥；道之以德，齊之以禮，有恥且格。』」集解：「孔安國曰：『政，謂法教。』馬融曰：『齊，整之以刑罰。』包咸曰：『德，謂道德。』格，正也。」家語刑政：「仲弓問於孔子曰：『雍聞至刑無所用政，至政無所用刑。至刑無所用政，桀、紂之世，是也；至政無所用刑，成、康之世，是也。信乎？』孔子曰：『聖人之治化也，必刑政相參焉。太上以德教民，而以禮齊之；其次以政焉導民，以刑禁之，刑不刑也。化之弗變，導之弗從，傷義以敗俗，於是乎用刑矣。』」孔叢子刑論：「孔子曰：『齊之以禮，則民恥矣；刑以止刑，則民懼矣。』」

〔一〇〕書堯典：「明明揚側陋。」正義：「揚，亦擧也。……側陋者，僻側淺陋之處。」說苑臣術：「晏子曰：『嬰，仄陋之人也。』」漢書循吏傳序：「及至孝宣，繇仄陋而登至尊。」顏注：「仄，古側字。仄陋，言非正統，而身經微賤也。」管子宙合：「聖人之處亂世也，知道之不可行，則沈抑以辟罰。」

〔一一〕三國志魏書桓二陳等傳評：「陳羣動仗名義，有清流雅望。」臧否，已見勗學篇「不識大倫之臧否也」句箋。

〔一二〕左傳襄公十四年：「天生民而立之君，使司牧之。」管子有牧民篇。三國志魏書明帝紀：「（太和三年詔）其郎吏學通一經，才任牧民，博士課試，擢其高第者亟用。」左傳成公十六年：「且侵官，冒也；失官，慢也；離局，姦也。」杜注：「遠其部曲爲離局。」國語晉語八：「伯華曰：『外有軍，內有事，赤也外事也，不敢侵官。』」韋注：「非其官而與之爲侵官。」禮記曲禮上：「各司其局。」鄭注：「局，部分也。」

〔一三〕史記馮唐傳：「唐對曰：『臣聞上古王者之遣將也，跪而推轂，曰：闑以內者，寡人制之；闑以外者，將軍制之。軍功爵賞皆決於外，歸而奏之。』」轂，車輪軸。論語子路：「子曰：『善人教民七年，亦可以卽戎矣。』」集解引包咸曰：「卽，就也。戎，兵也。言以攻戰。」六韜佚文：「爲將者，受命忘家，當敵忘身。」（文選西征賦李注引）尉繚子武議：「將受命之日，忘其家；張軍宿野，忘其親；援枹而鼓，忘其身。」（史記司馬穰苴傳略同）說苑指武：「故（將）受命而出，忘其國；卽戎，忘其家；聞枹鼓之聲，唯恐不勝，忘其身，故必死。」

〔一四〕論語子路：「葉公問政。子曰：『近者說，遠者來。』」（韓非子難三：「葉公子高問政於仲尼。仲尼曰：『政在悅近而來遠。』」）又季氏：「故遠人不服，則脩文德以來之。」左傳僖公七年：「管仲言於齊侯（桓公）曰：『臣聞之：招攜以禮，懷遠以德。』」杜注：「攜，離也。」

〔一五〕國語周語上：「先王之於民也，懋正其德而厚其性，阜其財求而利其器用。」韋注：「阜，大也。大其財求，不鄖壅也。」家語辯樂：「昔者，舜彈五絃之琴，造南風之詩。其詩曰：『南風之薰兮，可以解吾民之愠兮（文選琴賦李注引尸子止此二句）；南風之時兮，可以阜吾民之財兮。』」王肅注：「得其時。阜，盛也。」

〔一六〕孫星衍曰：「（『務』下）脱一句。」照按：以上下文例之，實脱一句半，共九字（上六字與上文之「杜機僞之繁務」句相儷，下三字與下文之「淳化洽」半句相儷）。

〔一七〕易噬嗑：「象曰：『雷電噬嗑，先王以明罰勑法。』」正義：「……欲取明罰勑法可畏之義，故連云雷電也。」集解引侯果曰：「雷所以動物，電所以照物，雷電震照，則萬物不能懷邪，故先王則之。明罰勑法以示萬物，欲萬方一心也。」晉書郭璞傳：「（永昌元年上疏）陛下上承天意，下順物情，可因皇孫之慶大赦天下，然後明罰勑法，以肅理官。」「勑」，「敕」之俗（見噬嗑釋文）。

〔一八〕孫人和曰：「按：『哀敬』，當作『哀矜』。用刑篇云：『易稱明罰勑法，書有哀矜折獄。』作『矜』，不誤。」照按：孫説非是。書呂刑：「哀敬折獄。」孔傳：「當憐下人之犯法，敬斷獄之害人。」正義：「斷獄之時，當哀憐下民之犯法，敬慎斷獄之害人，勿得輕耳。……論語（子張）云：『陽膚爲士師，曾子戒之云：「如得其情，則哀矜而勿喜。」』是斷獄者於斷之時，當憐下民之犯法也。死者不可復生，斷者不可復續，當須敬慎斷獄之害人，勿得輕耳。」是哀、敬二字平列，各明一義，謂斷獄時既存哀憐之心，又須敬慎將專也。孔叢子刑論引書亦作「哀敬」，足見抱朴此文之「敬」字未誤。

〔一九〕文選東京賦：「淳化通於自然。」薛注：「淳，厚也。淳厚之化通於神明也。」左傳宣公十五年：「諺曰：『高下在心，川澤納汙，山藪藏疾，瑾瑜匿瑕。』」杜注：「山之有林藪，毒害者居之。匿，亦藏也。雖美玉之質，亦或居藏瑕穢。」正義：「山有木，藪有草，毒螫之蟲在草在木，故俱云藏疾，言其藏毒害也。……瑾瑜，玉之美名。聘義曰：「瑕不揜瑜，瑜不揜瑕。」鄭玄云：『瑕，玉之病也。』」

〔二○〕書舜典：「帝曰：『契，百姓不親，五品不遜，汝作司徒，敬敷五教，在寬。』」孔傳：「五品，謂五常。遜，順也。布五常之教，務在寬。所以得人心，亦美其前功。」正義：「一家之內，尊卑之差，卽父、母、兄、弟、子，是也，教之義、慈、友、恭、孝，此事可常行，乃爲五常耳。」後漢書章帝紀：「（建初元年詔）『五教在寬』，帝典所美。」

「外總多士於文武，內建維城之穆屬〔一〕，使親疎相持，尾爲身幹〔二〕。枝雖茂而無傷本之憂，流雖盛而無背源之勢。石磐岳峙〔三〕，式遏覬覦〔四〕。見三苗之傾殄，則知川源之未可恃也〔五〕；覩翳幽之不守，則覺嚴嶮之不足賴也。夫江、漢猶存，而强楚虜辱〔六〕；劍閣自如，而子陽赤族〔七〕。四岳、三塗，實不一姓〔八〕；金城湯池，未若人和〔九〕。守在海外〔一○〕，匪山河也。

〔一〕詩大雅板：「懷德維寧，宗子維城；無俾城壞，無獨斯畏。」毛傳：「懷，和也。」鄭箋：「斯，離也。和女德，無行酷虐之政，以安女國，以是爲宗子之城，使免於難。遂行酷虐，則禍及宗子，是謂城壞。城壞，則乖離，而女獨居可畏矣。宗子，謂王之適子。」正義：「懷德之下卽言宗子維城，明以此懷德爲宗子之城。宗子，王之適子也。有天下者，皆欲福及長世。恐子孫之不安，故言以德爲城，使免於患難。城可以禦寇難，故以城喻焉。」禮記祭義：「祭之日，君牽牲，穆答君。」鄭注：「穆，子姓也。」儀禮特牲饋食禮：「子姓兄弟如主人之服。」鄭注：「（子姓）所祭者之子孫。言子姓者，子之所生。」文選曹冏六代論：「子弟無尺寸之封，功臣無立錐之地，內無宗子以自毗輔，外無諸侯以爲蕃衞。」又陸機五等論：「宗庶雜居，而定維城之業。」維城穆屬，泛指皇族子弟。

〔二〕六代論：「先王知獨治之不能久也，故與人共治之，知獨守之不能固也，故與人共守之。兼親疏而兩用，參同異而並進。是以輕重足以相鎮，親疏足以相衞。」呂向曰：「親疏者，謂天子之宗屬親，疏者異，謂異姓也。言並封爲諸侯，兼而用之，合而進之，共治天下也。」李周翰曰：「輕重，謂大小之國也。」尾，喻帝室。身，喻諸侯。

〔三〕荀子富國：「爲名者否，爲利者否，爲忿者否，則國安於盤石。」楊注：「盤石，盤薄大石也。」史記文帝紀：「中尉宋昌進曰：『……高帝封王子弟，地犬牙相制，此所謂盤石之宗也。』」索隱：「言其固如盤石。此語見太公六韜也。」六代論：「外無磐石宗盟之助。」呂延濟曰：「磐石，大石也。比之堅重，不可輕易也。」「磐」、「盤」通。岳，山岳。岳峙，言其牢固。

〔四〕詩大雅民勞：「式遏寇虐。」鄭箋：「式，用。遏，止也。」覬覦，已見逸民篇「杜婉妾之覬覦」句箋。

〔五〕戰國策魏策一：「魏武侯與諸大夫浮於西河，稱曰：『河山之險，豈不亦信固哉！』……吳起對曰：『河山之險，信不足保也，是伯王之業，不從此也。昔者，三苗之居，左彭蠡之波，右有洞庭之水，文山在其南，而衡山在其北。恃此險也，爲政不善，而禹放逐之。』」史記吳起傳：「（魏）武侯浮西河而下，中流，顧而謂吳起曰：『美哉乎山河之固，此魏國之寶也！』起對曰：『在德不在險。昔三苗氏左洞庭，右彭蠡，德義不修，禹滅之。』」（說苑貴德同）周書史記：「內外相間，下撓其民，民無所附，三苗以亡。」文選陳琳檄吳將校部曲文：「若使水而可恃，則洞庭無三苗之墟。」

〔六〕左傳僖公四年：「齊侯曰：『以此衆戰，誰能禦之？以此攻城，何城不克！』（屈完）對曰：『君若以德綏諸侯，誰敢不服。君若以力，楚國方城以爲城，漢水以爲池，雖衆無所用之。』」杜注：「方城山在南陽葉縣南，以言竟土之遠。漢水出武都，至江夏南入江，言其險固，以當城池。」又哀公六年：「（楚昭）王曰：『……江、漢、睢、章，楚之望也。』」杜注：「四水在楚界。」荀子議兵：「汝、潁以爲險，江、漢以爲池，限之以鄧林，緣之以方城，然而秦師至，而鄢、郢舉若振槁然。是豈無固塞隘阻也哉？其所以統之者非其道故也。」（又見韓詩外傳四、史記禮書）楊注：「舉，謂舉而取之。鄢、郢，楚都。振，擊也。槁，枯葉也。謂白起伐楚，一戰舉鄢、郢也。」史記楚世家：「（王負芻）五年，秦將王翦、蒙武遂破楚國，虜楚王負芻，滅楚名爲（楚）郡云。」

〔七〕文選張載劍閣銘：「巖巖梁山，積石峩峩。遠屬荆、衡，近綴岷、嶓。南通邛、僰，北達褒、斜。狹過彭、碣，高踰嵩、華。惟蜀之門，作固作鎮。是曰劍閣，壁立千仞。窮地之險，極路之峻。」水經漾水注：「又東南逕小劍戍北，西去大劍三十里，連山絕險，飛閣通衢，故謂之劍閣也。」後漢書公孫述傳：「公孫述，字子陽，扶風茂陵人也。……王莽天鳳中，爲導江卒正（李注：「王莽改蜀郡爲導江，太守曰卒正。」），居臨邛，復有能名。……於是自立爲蜀王，都成都。蜀地肥饒，兵力精强，遠方士庶多往歸之。……建武元年四月，遂自立爲天子。……（建武十二年）帝必欲降之，乃下詔喻述曰：『往年詔書比下，開示恩信，……詔書手記，不可數得，朕不食言。』述終無降意。九月，吳漢又破斬其大司徒謝豐、執金吾袁吉，漢兵遂守成都。……十一月，臧宮軍至咸門。述視占書，云『虜死城下』，大喜，謂漢等當之。乃自將數萬人攻漢，使延岑拒宮。……漢因令壯士突之，述兵大亂，被刺洞胸，墮馬。左右輿入城。述以兵屬延岑，其夜死。明旦，岑降吳漢。乃夷述妻子，盡滅公孫氏，並族延岑。」漢書揚雄傳下：「（解謿）揚子笑而應之曰：『客徒欲朱丹吾轂，不知一跌將赤吾之族也！』」顏注：「跌，足失厝也。見誅者必流血，故云赤族。」

〔八〕左傳昭公四年：「四嶽、三塗、……九州之險也，是不一姓。」（又見新序善謀上）杜注：「（四嶽）東嶽岱，西嶽華、南嶽衡，北嶽恒。（三塗）在河南陸渾縣南。雖是天下至險，無德則滅亡。」

〔九〕墨子佚文：「金城湯池。」（水經河水注引）風俗通義佚文：「孫子云：『金城湯池而無粟者，太公、墨翟不能守之。』」（意林四引）漢書蒯通傳：「臣（蒯通）對曰：『……（范陽令）故欲以其城先下君，先下君而君不利〔之〕，則邊地之城皆將相告曰「范陽令先降而身死」，必將嬰城固守，皆爲金城湯池，不可攻也。』」顔注：「金以喻堅，湯喻沸熱不可近。」孟子公孫丑下：「孟子曰：『天時不如地利，地利不如人和。三里之城，七里之郭，環而攻之而不勝。夫環而攻之，必有得天時者矣；然而不勝者，是天時不如地利也。城非不高也，池非不深也，兵革非不堅利也，米粟非不多也，委而去之，是地利不如人和也。』」趙注：「人和，得民心之所和樂也。」

〔一〇〕左傳昭公二十三年：「沈尹戌曰：『……古者，天子守在四夷。』」杜注：「德及遠。」文子下德：「天子得道，守在四夷。」

「是以賢君抱有脱字懼不足〔一〕，而改過恐有餘。謀當計得，猶思危而弗休焉〔二〕；戰勝地廣，猶戒盈而夕惕焉〔三〕。象渾穹以遐燾，式坤厚以廣載〔四〕。運重光以表微〔五〕，致遠思乎未兆。資春景以嫗煦，範秋霜以肅物〔六〕。詶諮以校同異〔七〕，平衡以銓羣言。虚己以盡下情〔八〕，推功以勸將來。御之以術〔九〕，則終始可竭也；整之以度〔一〇〕，則參差可齊也。嶷若閬風之淩霄〔一一〕，而諸下不得以輕重料焉；窈若玄淵舊寫本作洲之萬仞〔一二〕，而褻近此三字藏本但作則近不能以少多量焉〔一三〕。然則君之流源不窮，而百僚之才力畢陳矣；我之涯畔無外，而彼之斤兩可限矣〔一四〕。

〔一〕孫星衍曰：「（『抱』下）有脱字。」照按：徐濟忠謂「抱」字下「疑有『德』字」。蓋是。

〔二〕文子微明：「雖謀得計當，慮患解圖，國必存。」吳子圖國：「武侯嘗謀事，羣臣莫能及，罷朝而有喜色。（吳）起進曰：『昔楚莊王嘗謀事，羣臣莫能及，退朝而有憂色。申公（巫臣）問曰：「君有憂色，何也？」曰：「寡人聞之，世不絕聖，國不乏賢，能得其師者王，得其友者霸。今寡人不才，而羣臣莫及者，楚國其殆矣！」此楚莊王之所憂，而君說之，臣竊懼矣！』於是武侯有慚色。」（又見荀子堯問、呂氏春秋驕恣、韓詩外傳六、賈子新書先醒、新序雜事一、說苑君道，惟辭句閒有不同。）

〔三〕國語晉語九：「趙襄子使新稚穆子伐狄，勝左人、中人，遽人來告。襄子將食尋飯，有恐色。侍者曰：『（新稚）狗之事大矣，而主之色不怡，何也？』襄子曰：『吾聞之，德不純而福祿並至謂之幸。夫幸，非福。非德不當雍，雍不爲幸。吾是以懼。』」呂氏春秋慎大覽：「趙襄子攻翟，勝老（左）人、中人，使使者來謁之。襄子方食摶飯，有憂色。左右曰：『一朝而兩城下，此人之所（以）喜也，今君有憂色，何（也）？』襄子曰：『江河之大也，不過三日，飄風暴雨，日中不須臾。今趙氏之德行無所於積，一朝而兩城下，亡其及我乎？』孔子聞之曰：『趙氏其昌乎？夫憂所以爲昌也，而喜所以爲亡也。勝非其難者也，持之，其難者也。賢主以此持勝，故其福及後世。齊、荆、吳、越皆嘗勝矣，而卒取亡，不達乎持勝也。唯有道之主能持勝。』」（又見淮南子道應、列子說符）韓詩外傳七：「昔者，晉文公與楚戰，大勝之，燒其軍，火三日不息。文公退而有憂色。侍者曰：『君大勝楚而有憂色，何也？』文公曰：『吾聞能以戰勝安者，惟聖人。若夫詐勝之徒，未嘗不危，吾是以憂也。』」（又見說苑君道）易乾：「九三，君子終日乾乾，夕惕若厲，无咎。」正義：「夕惕者，謂終竟此日後至向夕之時，猶懷憂惕。」釋文引鄭玄云：「（惕）懼也。」

〔四〕渾穹，謂天。坤厚，謂地。禮記中庸：「辟如天地之無不持載，無不覆幬。」鄭注：「幬亦覆也。……幬，或作燾。」左傳襄公二十九年：「（吳公子札）曰：『德至矣哉！大矣，如天之無不幬也，如地之無不載也。雖甚盛德，其蔑以加於此矣，觀止矣！若有他樂，吾不敢請已。』」杜注：「幬，覆也。」（史記吳太伯世家「幬」作「燾」，集解引賈逵曰：「燾，覆也。」）後漢書朱穆傳：「（崇厚論）故夫天不崇大，則覆幬不廣；地不深厚，則載物不博。」李注：「幬亦覆。……『幬』與『燾』同。」

〔五〕文選陸雲大將軍宴會被命作詩：「辰晷重光。」李注：「漢書（兒寬傳）倪寬云：『宣重光。』張晏曰：『重光，謂日、月也。』」（照按：漢書「宣」上原有「日」字。顏注未引張晏說。馬融以日、月、星爲重光，見書顧命「昔君文王、武王宣重光」句釋文。）又演連珠「重光發藻」李注：「重光，日、月也。」

〔六〕後漢書光武十王廣陵思王荆傳：「令蒼頭詐稱東海王彊舅大鴻臚郭況書與彊曰：『……當爲秋霜，無爲檻羊。』」李注：「秋霜，肅殺於物。」三國志魏書高堂隆傳：「（上疏）是以有國有家者，近取諸身，遠取諸物，嫗煦養育，故稱『愷悌君子，民之父母』。」（照按：今詩大雅泂酌「愷悌」作「豈弟」，古通。）申鑒雜言上：「人主喜如春陽，怒如秋霜。」

〔七〕玉篇言部：「詶，答也。」廣韻十八尤：「詶，以言答之。」左傳襄公四年：「訪問于善爲咨。」杜注：「問善道。」說文口部：「咨，謀事也。」詶咨，訪問、詢問。後漢書崔駰傳：「（崔篆慰志賦）思輔弼以媮存兮，亦號咷以詶咨。」隸釋魏元丕碑：「詶咨羣寮。」又劉寬碑：「詶咨儒林。」（照按：「詶咨」連文雖出自書之堯典，但「詶」已不能如「疇」之訓爲「誰」也。）

〔八〕韓詩外傳二：「君子盛德而卑，虚己以受人。」漢書五行志上：「周既克殷，以箕子歸，武王親虚己而問焉。」又李尋傳：「王根輔政，類虚己問尋。」文選辨亡論下：「虚己以納謨士之算。」墨子尚同下：「上之爲政，得下之情則治。」潛夫論明闇：「是故聖王表小以厲大，賞鄙以招賢，然後良士集於朝，下情達於君也。」

〔九〕尹文子大道上：「術者，人君之所密用，羣下不可妄窺。」韓非子難三：「法者，編著之圖籍，設之於官府而布之於百姓者也。術者，藏之於胸中，以偶衆端而潛御羣臣者也。故法莫如顯，而術不欲見。是以明主言法，則境內卑賤莫不聞知也，不獨滿於堂。用術，則親愛近習莫之得聞也，不得滿室。」說苑談叢：「王者知所以臨下而治衆，則羣臣畏服矣；知所以聽言受事，則不蔽欺矣；知所以安利萬民，則海內必定矣；知所以忠孝事上，則臣子之行備矣。凡所以劫殺者，不知道術以御其臣下也。」

〔一〇〕左傳昭公四年：「子產曰：『……且吾聞爲善者不改其度，故能有濟也。民不可逞，度不可改。』」杜注：「度，法也。」說文又部：「度，法制也。」

〔一一〕史記五帝紀：「（帝嚳）其德嶷嶷。」索隱：「嶷嶷，德高也。」是此文之「嶷」形容山高也。閬風，已見逸民篇「未聞登閬風而臨雲霓」句箋。淩霄，高入雲霄。

〔一二〕說文穴部：「窈，窔（深）遠也。」玄淵，深淵。

〔一三〕孫星衍曰：「（『而褻近』）此三字藏本但作『則近』。」照按：魯藩本、愼本、舊寫本亦作「則近」。孫據盧本改爲「而褻近」，徐濟忠亦校爲「而褻近」，未必是也。吉藩本作「則近侍」，極是。諸本僅脫一「侍」字耳。

〔一四〕無外，廣大無邊際。管子版法解：「凡人君者，覆載萬民而兼有之，燭臨萬族而事使之。是故以天地、日月、四時爲主、爲質，以治天下。天覆而無外也，其德無所不在。」斤兩，指臣下權力。

「發號吐令，則輷若震霆之激響〔一〕，而不爲邪辯改其正。畫法創制，則炳若七曜之麗天〔二〕，而不以愛惡曲其情。宏略遠罩，則藹若密雲之高結〔三〕。居貞成務，則確若嵩、岱之根地〔四〕。料倚伏於未萌之前〔五〕，審毁譽於巧言之口。不使敦朴散於雕僞〔六〕，不使一體澆於二端〔七〕。雖能獨斷，必博納乎芻蕘〔八〕；雖務含弘，必清耳於浸潤〔九〕。

〔一〕書僞冏命：「發號施令，罔有不臧。」文子下德：「發號施令，天下從風。」（又見淮南子本經）吳子勵士：「夫發號布令，而人樂聞。」玉篇車部：「輷，呼萌切。車聲也。」（「輷」之正體作「轟」）。說文車部：「轟，羣車聲也。」）漢書揚雄傳下：「（長楊賦）擊如震霆。」顏注：「霆，雷之急者。」

〔二〕七曜，即七耀。已見勗學篇「考七耀之盈虛」句箋。易離：「象曰：『離，麗也。日月麗乎天。』」

〔三〕管子侈靡：「管子曰：『夫政教相似而殊方。若夫教者，摽然若秋雲之遠，動人心之悲；藹然若夏之靜雲，乃及人之體。』」尹注：「藹，油潤貌。夏雲之起，油然含潤，將降其澤，及人之體。」

〔四〕易屯：「初九，磐桓，利居貞，利建侯。」王注：「處屯之初，動則難生，不可以進，故磐桓也。處此時也，其利安在？不唯居貞，建侯乎！夫息亂以靜，守靜以侯。安民在正，弘正在謙。……」正義：「磐桓，不進之貌。處屯之初，動即難生，故磐桓也。不可進，唯宜利居處貞正，亦宜建立諸侯。」又：「象曰：『雖磐桓，志行正也。』」王注：「不可以進，故磐桓也。非爲宴安棄成務也，故雖磐桓，志行正也。」正義：「言初九雖磐桓不進，非苟求宴安，志欲以靜息亂，故居處貞也。非是苟貪逸樂，唯志行守正也。非爲宴安棄成務者，言己止爲前進有難，故磐桓且住，非是苟求宴安，棄此所成之務而不爲也。」又繫辭上：「夫易開物成務。」又乾（文言）「確乎其不可拔」釋文引鄭玄云：「（確）堅高之貌。」嵩，嵩山。岱，岱宗（泰山）。

〔五〕老子第五十八章：「禍兮，福之所倚；福兮，禍之所伏。孰知其極？」河上公注：「倚，因也。夫禍因福而生，人遭禍而能悔過責己，修善行道，則禍去而福來。禍伏匿於福中，人得福而爲驕恣，則福去禍來。禍福更相生，誰能知其窮極時？」（韓非子解老所解較河上公注詳）文子微明：「利與害同門，禍與福同隣，非神聖莫之能分。故曰：『禍兮，福所倚；福兮，禍所伏。孰知其極？』」鶡冠子世兵：「禍乎，福之所倚；福乎，禍之所伏。」（又見史記賈生傳（「乎」作「兮」。）陸佃注：「此言禍福相爲表裏。」商子更法：「公孫鞅曰：『……語曰：「愚者暗於成事，智者見於未萌。」』」（又見史記商君傳、新序善謀上）戰國策趙策二：「肥義曰：『……愚者闇於成事，智者見於未萌，王其遂行之。』」

〔六〕鄧析子轉辭：「上古之民，質而敦朴。」老子第十五章：「敦兮其若朴。」河上公注：「敦者，質厚。朴者，形未分，內守精神，外無文采也。」莊子繕性：「德又下衰，及唐、虞，始爲天下，興治化之流，澆淳散朴。」成疏：「（唐、虞）設五典而綱紀五行，置百官而平章百姓，百姓因此而澆訛。……豈非毀淳素以作澆訛，散樸質以爲華僞？」史記文帝紀：「上常衣綈衣，所幸慎夫人，令衣不得曳地，幃帳不得文繡，以示敦朴，爲天下先。」管子七法：「一體之治者，去奇說，禁雕俗也。」尹注：「雕俗，謂浮僞之俗。」

〔七〕管子七法：「有一體之治，故能出號令，明憲法矣。」尹注：「謂上下同心，其猶一體。」二端，言其有分歧，不一致。

〔八〕管子霸言：「夫權者，神聖之所資也；獨明者，天下之利器也；獨斷者，微密之營壘也。」尹注：「謂獨斷可以自營而即定，故曰營壘。」韓非子外儲說右上：「申子曰：『獨視者謂明，獨聽者謂聰，能獨斷者，故可以爲天下主。』」（顧廣圻謂「主」當作「王」是）詩大雅板：「先民有言，詢于芻蕘。」毛傳：「芻蕘，薪采者。」鄭箋：「古之賢者有言，有疑事當與薪采者謀之，匹夫匹婦或知及之。」文子上仁：「使言之而是，雖商夫芻蕘，猶不可棄也。」淮南子主術：「使言之而是，雖在褐夫芻蕘，猶不可棄也。」

〔九〕易坤：「象曰：『……含弘光大，品物咸亨。』」正義：「包含弘厚，光著盛大，故品類之物，皆得亨通。」漢書敍傳上：「（答賓戲）若乃牙、曠清耳於管絃。」文選演連珠：「瞽史清耳，而無伶倫之察。」李周翰曰：「瞽史靜耳，不能得伶倫之妙。」是解清耳爲靜耳也。論語顏淵：「子張問明。子曰：『浸潤之譖，膚受之愬，不行焉，可謂明也已矣。』」集解引鄭玄曰：「譖人之言，如水之浸潤，漸以成之。」

「民之飢寒，則哀彼責此〔一〕；百姓有罪，則謂之在予〔二〕。嘉祥之臻，則念得神之祐〔三〕；或逢天之怒，則思桑林之引咎〔四〕。不吝改絃於宜易之調〔五〕，不恥反迷於朝過之塗〔六〕。虎眄以警密，麟跱以接疏。路無擊壤之叟，則羞聞和音之作〔七〕；民有不粒之匱，則媿臨方丈之膳〔八〕。處飛閣之概天，則懼役夫之勞瘁〔九〕；茹柔嘉之旨脃，則憂敬授之失時〔一〇〕；聆管絃之宴羨，則戚逸樂之有過〔一一〕；瞻藻麗之采粲，則慮賦斂之慘烈。遵放勛之麤裘〔一二〕，準衞文之大帛〔一三〕；追有夏之卑宮〔一四〕，識露臺之不果〔一五〕；鑒章華之召災〔一六〕，悟阿房之速禍〔一七〕。

〔一〕新書修政語上：「帝堯曰：『吾存心於先古，加志於窮民，痛萬民之罹罪，憂衆生之不遂也。』故一民或飢，曰：『此我飢之也。』一民或寒，曰：『此我寒之也。』一民有罪，曰：『此我陷之也。』仁行而義立，德博而化富。故不賞而民勸，不罰而民治，先恕而後行，是以德音遠也。」（又見說苑君道）

〔二〕國語周語上：「在湯誓曰：『余一人有罪，無以萬夫；萬夫有罪，在余一人。』」韋注：「湯誓，商書伐桀之誓也。今湯誓無此言，則散亡矣。（照按：僞湯誥襲此文。）天子自稱曰余一人。余一人有罪，無罪萬夫。在余一人，乃我教導之過也。」論語堯曰：「周有大賚，善人是富。雖有周親，不如仁人。百姓有過，在予一人。」韓詩外傳三：「太公曰：『愛其人者，及屋上烏；惡其人者，憎其胥餘。咸劉厥敵，靡使有餘。』武王曰：『於戲！天下未定也。』周公趨而進曰：『不然。使各度其宅而佃其田，無獲舊新。百姓有過，在予一人。』武王曰：『於戲！天下已定矣。』」（說苑貴德略同）白虎通德論號：「王者自謂一人者，謙也。欲言己材能當一人耳。」

〔三〕照按：「嘉祥之臻，則念得神之祐」，與下「或逢天之怒，則思桑林之引咎」參差不齊，定有誤字。吉藩本「或」作「感」，極是。改「或」爲「感」，屬上句讀，則上下四句無奇觚之嫌矣。尚書大傳：「成王時，有苗異莖而生，同爲一穗。人有上之者。王召周公而問之。公曰：『三苗爲一穗，抑天下其和爲一乎？』」（初學記二七、太平御覽八三九、記纂淵海四引）瑞應圖：「周時嘉禾，三本同穗，貫桑而生，其穗盈箱。生於唐叔之國，以獻。周公曰：『此嘉禾也，太和氣之所生焉，此文王之德。』乃獻文王之廟。」（太平御覽八七三、記纂淵海四引）爾雅釋詁：「臻，至也。」

〔四〕尸子：「湯之救旱也，乘素車白馬，著布衣，身嬰白茅，以身爲牲，禱於桑林之野。」（北堂書鈔九、藝文類聚八二、初學記九、太平御覽三五又八三等引）呂氏春秋順民：「湯克夏而正天下，天大旱，五年不收。湯乃以身禱於桑林，曰：『余一人有罪，無及萬夫，萬夫有罪，在余一人。無以一人之不敏，使上帝鬼神傷民之命。』於是翦其髮，鄺其手，以身爲犧牲，用祈福於上帝。民乃甚說，雨乃大至。」荀子大略：「湯旱而禱曰：『政不節與？使民疾與？何以不雨至斯極也！宮室榮與？婦謁盛與？何以不雨至斯極也！苞苴行與？讒夫興與？何以不雨至斯極也！』」說苑君道：「湯之時大旱七年，雒坼川竭，煎沙爛石。於是使人持三足鼎祝山川，教之祝曰：『政不節耶？使民疾耶？苞苴行耶？讒夫昌耶？宮室榮耶？女謁盛耶？何不雨之極也！』蓋言未已而天大雨。故天之應人，如影之隨形，響之效聲者也。」後漢書鍾離意傳：「（上疏）昔成湯遭旱，以六事自責。」又周舉傳：「舉對曰：『……成湯遭災，以六事剋己。』」

〔五〕文子上義：「故聖人所由曰道，猶金石也，一調不可更；事猶琴瑟也，曲終改調。」淮南子氾論：「故聖人所由曰道，所爲曰事。道猶金石，一調不更；事猶琴瑟，每絃〔終〕改調。」高注：「金石，鐘磬也，故曰調而不更。琴瑟絃有數急，柱有前却，故調。事亦如之也。」漢書董仲舒傳：「仲舒對曰：『……竊譬之琴瑟不調，甚者必解而更張之，乃可鼓也；爲政而不行，甚者必變而更化之，乃可理也。當更張而不更張，雖有良工不能善調也；當更化而不更化，雖有大賢不能善治也。』」三國志吴書三嗣主傳評：「(孫)休以舊愛宿恩，任用(濮陽)興、(張)布，不能拔進良才，改絃易張，雖志善好學，何益救亂乎？」

〔六〕大戴禮記曾子立事：「朝有過夕改，則與之；夕有過朝改，則與之。」漢書宣元六王東平思王宇傳：「天子(成帝)詔有司曰：『……今聞王改行自新，尊修經術，親近仁人，非法之求，不以奸吏，朕甚嘉焉。傳不云乎？朝過夕改，君子與之。其復前所削縣如故。』」又翟方進傳：「上(成帝)報曰：『定陵侯長(淳于長)已伏其辜，君雖交通，傳不云乎？朝過夕改，君子與之。君何疑焉？其專心壹意毋怠，近醫藥以自持。』」顔注：「與，許也。」

〔七〕論衡感虚：「堯時(天下大和，百姓無事，有)五十之民，擊壤於塗。觀者曰：『大哉，堯之德也！』擊壤者曰：『吾日出而作，日入而息，鑿井而飲，耕田而食，堯何等力？』」邯鄲淳藝經：「擊壤，古戲也。壤，以木爲之，前廣後鋭，長尺四，闊三寸，其形如履。將戲，先側一壤於地，遥於三四十步，以手中壤敲之，中者爲上。」(太平御覽七五五引，文選謝靈運初去郡詩李注引周處風土記同。)禮記樂記：「是故治世之音，安以樂，其政和。……聲音之道，與政通矣。」鄭注：「言八音和否，隨政也。」

〔八〕書益稷：「烝民乃粒。」孔傳：「米食曰粒。」孟子滕文公上：「樂歲粒米狼戾。」趙注：「粒米，粟米之粒也。」方丈，已見嘉遯篇「而意佚於方丈」句箋。

〔九〕飛閣概天，極言樓閣之高。(西都賦之「脩除飛閣」，東京賦之「飛閣神行」，皆指閣道(薛綜東京賦注：「閣道相通不在於地，故曰飛。」)，非此文之飛閣也。)新書退讓：「(翟王使使者之楚，楚王欲誇之，饗客章華之臺。三休，乃至於上」（以上二十四字，據藝文類聚六二、太平御覽一七七所引補。）……大。使者曰：『否。翟，窶國也。惡見此臺也。翟王之爲室也，堂高三尺，壤陛三曾，茆茨弗翦，采椽弗刮，且翟猶以作之者大苦，居之者大佚，翟國惡見此臺也。』楚王媿。」（「大」字上有脫文）史記秦紀：「戎王使由余於秦。由余，其先晉人也，亡入戎，能晉言。聞繆公賢，故使由余觀秦。秦繆公示以宮室、積聚。由余曰：『使鬼爲之，則勞神矣；使人爲之，亦苦民矣。』繆公怪之，……由余笑曰：『此乃中國所以亂也。夫自上聖黄帝作爲禮樂法度，身以先之，僅以小治。及其後世，日以驕淫。……下罷極則以仁義怨望於上，上下交争怨而相篡弑，至於滅宗，皆以此類也。』」新序刺奢：「桀作瑶臺，罷民力，殫民財。」詩小雅蓼莪「生我勞瘁」鄭箋：「瘁，病也。」

〔一〇〕國語周語中：「無亦擇其柔嘉，選其馨香。」韋注：「柔，脃也。嘉，美也。」又晉語四：「若克有成，公子無亦晉之柔嘉，是以甘食。」説文旨部部首：「旨，美也。」又肉部：「脃，小耎易斷也。」書堯典：「乃命羲、和，欽若昊天，厤象日月星辰，敬授人時。」孔傳：「敬記天時，以授人也。」史記五帝紀索隱：「謂命羲、和以曆數之法觀察日月星辰之早晚，以敬授人時也。」

〔一一〕漢書揚雄傳下：「（長楊賦）抑止絲竹晏衍之樂，憎聞鄭、衛幼眇之聲。」文選長楊賦李注：「晏衍，邪聲也。」史記河渠書：「然河菑衍溢，害中國也尤甚。」漢書溝洫志「衍溢」作「羨溢」。（顔注：「羨讀與衍同，音弋展反。」）是「羨」、「衍」相通之證。國語楚語下：「闔廬口不食嘉味，耳不樂逸聲。」韋注：「逸，淫也。」

〔一二〕書堯典：「曰若稽古帝堯，曰放勳。」釋文：「馬（融）云：『放勳，堯名。』皇甫謐（帝王世紀）同。一云：『放勳，堯字。』」六韜文韜盈虚：「太公曰：『帝堯王天下之時，……鹿裘禦寒，布衣掩形。』」淮南子精神：「文繡狐白，人之所好也。而堯布衣揜形，鹿裘御寒。」「鹿」，蓋「麤」之省。鹿裘，即麤裘。晏子春秋外篇：「晏子相景公，布衣鹿裘以朝。公曰：『夫子之家，若此其貧也？是奚衣之惡也！』」是亦謂鹿裘爲麤裘也。

〔一三〕左傳閔公二年：「衛文公大布之衣，大帛之冠。」杜注：「大布，麤布。大帛，厚繒。」

〔一四〕論語泰伯：「子曰：『禹，吾無間然矣！菲飲食，而致孝乎鬼神；惡衣服，而致美乎黻冕；卑宮室，而盡力乎溝洫。禹，吾無間然矣！』」史記夏紀：「(禹)乃勞身焦思，居外十三年，過家門不敢入。薄衣食，致孝於鬼神；卑宮室，致費於溝減。」

〔一五〕史記文帝紀：「孝文帝從代來，即位二十三年，宮室苑囿狗馬服御無所增益，有不便，輒弛以利民。嘗欲作露臺，召匠計之，直百金。上曰：『百金，中民十家之產。吾奉先帝宮室，常恐羞之，何以臺爲！』」漢書文帝紀贊顏注：「今新豐縣南驪山之頂有露臺鄉，極爲高顯，猶有文帝所欲作臺之處。」

〔一六〕國語楚語上：「靈王爲章華之臺，與伍舉外焉，曰：『臺美夫！』對曰：『……今君爲此臺也，國民罷焉，財用盡焉，年穀敗焉，百官煩焉，舉國留之，數年乃成。……臣不知其美也。夫美也者，上下內外，大小遠近，皆無害焉，故曰美。若於目觀則美，縮於財用則匱，是聚民利以自封而瘠民也，胡美之焉？……夫爲榭臺，將以教民利也，不知其以匱之也。若君謂此臺美而爲之正，楚其殆矣！』」又吳語：「昔楚靈王不君，其臣箴諫以不入。乃築臺於章華之上，闕爲石郭，陂漢以象帝舜，罷弊楚國以間陳、蔡，不修方城之內，踰諸夏而圖東國。三歲，於沮、汾以服吳、越。其民不忍饑勞之殃，三軍叛王於乾谿。」新序善謀上：「(楚靈王)起章華之臺，爲乾谿之役，百姓罷勞，怨讟於下，羣臣倍畔於上。公子弃疾作亂，靈王亡逃，卒死於野。」漢書東方朔傳：「時朔在傍，進諫曰：『……靈王起章華之臺，而楚民散。』」顏注：「楚靈王作章華之臺，納亡人以實之，卒有乾谿之禍也。章華臺在華容城也。」

〔一七〕史記秦始皇紀：「（二世元年）四月，二世還至咸陽，曰：『先帝爲咸陽朝廷小，故營阿房宮。爲室堂未就，會上崩，罷其作者，復土酈山。酈山事大畢，今釋阿房宮弗就，則是章先帝舉事過也。』復作阿房宮。外撫四夷，如始皇計。盡徵其材士五萬人爲屯衛咸陽，令教射狗馬禽獸。當食者多，度不足，下調郡縣轉輸菽粟芻藁，皆令自齎糧食，咸陽三百里內不得食其穀。用法益刻深。七月，戍卒陳勝等反故荆地，爲『張楚』。勝自立爲楚王，居陳，遣諸將徇地。山東郡縣少年苦秦吏，皆殺其守尉令丞反，以應陳涉，相立爲侯王，合從西鄉，名爲伐秦，不可勝數也。」漢書東方朔傳：「時朔在傍，進諫曰：『……秦興阿房之殿，而天下亂。』」左傳隱公三年：「石碏諫曰：『……去順效逆，所以速禍也。君人者，將禍是務去，而速之，無乃不可乎！』」

「詰誓，則念依時之失信〔一〕。耽玩，則覺褒、妲之惑我〔二〕。征伐，則量力度時，不令百里有號泣之憤〔三〕。誅戮，則遺情任理，不使鴟夷有抱枉之魂〔四〕。鑒操形之杜伯〔五〕，惟人立之呼豕〔六〕。廢嫡，則戒晉獻之巨惑〔七〕。立庶，則念劉表之殄祀〔八〕。蒐畋，則樂失獸而得士〔九〕，識弛網而悅遠〔一〇〕。偏愛，則慮袖蜂之謗巧〔一一〕，飛燕之專寵〔一二〕。獨任，則悟鹿馬之作威〔一三〕，恭、顯之惡直〔一四〕。納策，則思漢祖之吐哺〔一五〕，孝景之誅錯〔一六〕。

〔一〕照按：此句文意不屬。依時則未失信，失信則未依時，其有誤無疑。左傳僖公二十五年：「晉侯（文公）圍原，命三日之糧。原不降，命去之。諜出，曰：『原將降矣。』軍吏曰：『請待之。』公曰：『信，國之寶也，民之所庇也。得原失信，何以庇之？所亡滋多。』退一舍而原降。」韓非子外儲説左上：「晉文公攻原，裹十日糧，遂與大夫期十日。至原十日，而原不下。擊金而退，罷兵而去。士有從原中出者，曰：『原三日即下矣。』羣臣左右諫曰：『夫原之食竭力盡矣，君姑待之。』公曰：『吾與士期十日，不去，是亡吾信也。得原失信，吾不爲也。』遂罷兵而去。原人聞曰：『有君如彼其信也，可無歸乎？』乃降公。」國語晉語四、呂氏春秋爲欲、淮南子道應、新序雜事四所載，詞句雖與左傳、韓非子不盡相同，然其謂晉文按預定期限行事，不失信則一。是此句「失」字當作「守」始合。今本蓋寫者據「得原失信」之語妄改，而昧其文意之不屬也。劉子履信：「晉文不棄伐原之誓。」文選典引「誥誓所不及已」李注引蔡邕曰：「本事曰誥，戎事曰誓。」文心雕龍詔策：「誓以訓戎，誥以敷政。」

〔二〕國語晉語一：「史蘇曰：『……殷辛伐有蘇，有蘇氏以妲己女焉。妲己有寵，於是乎與膠鬲比，而亡殷。周幽王伐有褒，褒人以褒姒女焉。褒姒有寵，生伯服，於是乎與虢石甫比，逐太子宜臼，而立伯服，太子出奔申。申人、鄫人召西戎以伐周。周於是乎亡。』」史記殷紀：「（帝紂）好酒淫樂，嬖於婦人。愛妲己，妲己之言是從。……周武王於是遂率諸侯伐紂，……紂兵敗。……紂走，入登鹿臺，衣其寶玉衣，赴火而死。周武王遂斬紂頭，縣之〔大〕白旗。殺妲己。」又周紀：「幽王嬖愛褒姒。褒姒生子伯服，幽王欲廢太子。太子母申侯女，而爲后。後幽王得褒姒，愛之，欲廢申后，並去太子宜臼，以褒姒爲后，以伯服爲太子。……褒姒不好笑，幽王欲其笑萬方，故不笑。幽王爲熢燧大鼓，有寇至則舉熢火。諸侯悉至，至而無寇，褒姒乃大笑。幽王說之，爲數舉熢火。其後不信，諸侯益亦不至。……（幽王）又廢申后、去太子也，申侯怒，與繒、西夷犬戎攻幽王。幽王舉熢火徵兵，兵莫至。遂殺幽王驪山下，虜褒姒，盡取周賂而去。於是諸侯乃卽申侯而共立故幽王太子宜臼，是爲平王，以奉周祀。」列女傳孽嬖殷紂妲己傳：「（紂）好酒淫樂，不離妲己。妲己之所譽，貴之；妲己之所憎，誅之。作新淫之聲，北鄙之舞，靡靡之樂。……積糟爲邱，流酒爲池，縣肉爲林，使人裸形相逐其間，爲長夜之歡。妲己好之。……紂乃爲炮烙之法，膏銅柱，加之炭，令有罪者行其上。輒墮炭中，妲己乃笑。比干諫曰：『不修先王之典法，而用婦言，禍至無日。』紂怒，以爲妖言。妲己曰：『吾聞聖人之心有七竅。』於是剖心而觀之。……於是武王遂致天之罰，斬妲己頭，懸於小白旗。以爲亡紂者，是女也。」又周幽褒姒傳：「褒姒者，童妾之女，周幽王之后也。……幽王惑於褒姒，出入與之同乘，不邮國事，驅馳弋獵不時，以適褒姒之意。飲酒流湎，倡優在前，以夜續晝。……詩（小雅正月）曰：『赫赫宗周，褒姒滅之。』此之謂也。」

【三】公羊傳僖公三十三年：「秦伯（穆公）將襲鄭，百里子與蹇叔子諫曰：『千里而襲人，未有不亡者也。』秦伯怒曰：『若爾之年者，宰上之木拱矣。爾曷知！』師出，百里子與蹇叔子送其子而戒之曰：『爾卽死，必於殽之嶔巖，是文王之所辟風雨者也。吾將尸爾焉。』子揖師而行。百里子與蹇叔子從其子而哭之。秦伯怒曰：『爾曷爲哭吾師！』對曰：『臣非敢哭君師，哭臣之子也。』」穀梁傳：「秦伯將襲鄭，……師行，百里子與蹇叔子隨其子而哭之。……二子曰：『非敢哭師也，哭吾子也。我老矣，彼不死，則我死矣！』」史記秦紀：「鄭人有賣鄭於秦曰：『我主其城門，鄭可襲也。』繆公問蹇叔、百里傒（與「奚」音同得通），對曰：『徑數國千里而襲人，希有得利者。……不可！』繆公曰：『子不知也，吾已決矣！』遂發兵，使百里傒子孟明視、蹇叔子西乞術及白乙丙將兵。行日，百里傒、蹇叔二人哭之。繆公聞，怒曰：『孤發兵而子沮哭吾軍，何也？』二老曰：『臣非敢沮君軍。軍行，臣子與往，臣老，遲還恐不相見，故哭耳。』」是「百里有號泣之憤」，謂百里奚哭送其子孟明視將兵與不滿穆公之愎諫也。（左傳、呂氏春秋悔過、淮南子道應均止有蹇叔無百里奚）春秋緯感精符：「西秦東窺，謀襲鄭伯，晉、戎同心，遮之殽谷。反，呼老人百里子哭語之。不知泣血何益？」秦穆公因兵敗後而呼百里奚哭語，它書不經見，前人亦少引及者，姑遂錄於此。（古籍中有關百里奚事，言人人殊，可參閱俞正燮癸巳類稿卷十一百里奚事異同論。）

【四】照按：「遺」，疑當作「遣」。遣情，猶言去情。本篇上文「遣私情以標至公」，嘉遯篇「忌毀辱而爭肆之情不遣」，審舉篇「但共遺其私情」，內篇至理「遺歡戚之鄙情」，又明本「遺情之教戒也」，並其證。韓非子南面：「任理去欲，舉事有道。」吳越春秋夫差內傳：「吳王（夫差）聞子胥之怨恨也，乃使人賜屬鏤之劍。子胥受劍，徒跣褰裳下堂，中庭仰天呼怨曰：『吾始爲汝父忠臣，……威加諸侯，有霸王之功。今汝不用吾言，反賜我劍。吾今日死，吳宮爲墟，庭生蔓草，越人掘汝社稷，安忘我乎？昔前王不欲立汝，我以死爭之，卒得汝之願，公子多怨於我，我徒有功於吳。今乃忘我定國之恩，反賜我死，豈不謬哉！』吳王聞之大怒，曰：『汝不忠信，爲寡人使齊，託汝子於齊鮑氏，有我外之心。急令自裁，孤不使汝得有所見。』子胥把劍，仰天嘆曰：『自我死後，後世必以我爲忠，上配夏、殷之世，亦得與龍逢、比干爲友。』遂伏劍而死。吳王乃取子胥屍盛以鴟夷之器，投之於江中。……子胥因隨流揚波，依潮來往，蕩激崩岸。」論衡書虛：「傳書言吳王夫差殺伍子胥，煮之於鑊，乃以鴟夷橐投之於江。子胥恚恨，驅水爲濤，以溺殺人。今時會稽丹徒大江，錢唐浙江，皆立子胥之廟。蓋欲慰其恨心，止其猛濤也。夫言吳王殺子胥投之於江，實也；言其恨恚驅水爲濤者，虛也。」鴟夷本爲盛伍員屍體（史記伍子胥傳集解引應劭曰：「取馬革爲鴟夷。鴟夷，榼形。」又鄒陽傳「子胥鴟夷」索隱引韋昭云：「以皮作鴟鳥形，名曰『鴟夷』。」（今國語吳語韋注作「鴟夷，革囊」。））之器，此指伍員。（嘉遯篇「伍員所以懷忠而漂尸」句，已引左傳哀公十一年、國語吳語、呂氏春秋知化、史記伍子胥傳以注，茲不再贅。）

【五】國語周語上：「周之興也，鸑鷟鳴於岐山；其衰也，杜伯射王（宣王）於鄗。是皆明神之志者也。」韋注：「鄗，鄗京也。杜，國；伯，爵。陶唐氏之後。周春秋曰：『宣王殺杜伯而無辜，後三年，宣王會諸侯田於圃，日中，杜伯起於道左，衣朱衣，冠朱冠，操朱弓朱矢，射宣王，中心折脊而死。』」墨子明鬼下：「周宣王殺其臣杜伯而不辜。杜伯曰：『吾君殺我而不辜，若以死者爲無知，則止矣；若死而有知，不出三年，必使吾君知之。』其三年，周宣王合諸侯而田於圃，田車數百乘，從數千人滿野。日中，杜伯乘白馬素車，朱衣冠，執朱弓，挾朱矢，追周宣王，射之車上。中心折脊，殪車中，伏弢而死。當是之時，周人從者莫不見，遠者莫不聞，著在周之春秋。」隨巢子：「有陰而遠者，有坦明而功者。杜伯射宣王於畝田，是坦明而功者。」（荀子王霸篇楊注引）論衡死僞：「傳曰：『周宣王殺其臣杜伯而不辜。宣王將田於囿，杜伯起於道左，執彤弓而射宣王。宣王伏韔而死。』」竹書紀年下：「（周宣王）四十三年，王殺大夫杜伯，其子隰叔出奔晉。」說苑立節：「左儒友於杜伯，皆臣周宣王。宣王將殺杜伯，而非其罪也。左儒爭之於王，九復之，而王弗許也。王曰：『別君而黨友，斯汝也。』左儒對曰：『臣聞之：君道友逆，則順君以誅友，友道君逆，則率友以違君。』王怒曰：『易而言則生，不易而言則死。』左儒對曰：『臣聞古之士，不枉義以從邪，不易言以求生。故臣能明君之過，以死杜伯之無罪。』王殺杜伯，左儒死之。」說文丹部：「彤，丹飾也。」書文侯之命：「彤弓一，彤矢百。」孔傳：「彤，赤。」操彤，謂執朱弓，挾朱矢也。

〔六〕「惟」，魯藩本作「推」。照按：爾雅釋詁：「惟，思也。」說文心部：「惟，凡思也。」此句之「惟」，與上句之「鑒」誼近，作「推」非是。左傳桓公十八年：「公會齊侯（襄公）于濼，遂及文姜如齊。齊侯通焉。公謫之。以告。……享公，使公子彭生乘公。公薨于車。魯人告于齊曰：『寡君畏君之威，不敢寧居，來脩舊好。禮成而不反，無所歸咎，惡於諸侯，請以彭生除之。』齊人殺彭生。」又莊公八年：「齊侯游于姑棼，遂田于貝丘，見大豕。從者曰：『公子彭生也！』公怒曰：『彭生敢見！』射之，家人立而啼。公懼，隊于車，傷足，喪屨。反，誅屨於徒人費。弗得。鞭之，見血。走出，遇賊于門，劫而束之。費曰：『我奚御哉？』袒而示之背，信之。費請先入，伏公而出，鬭，死于門中，石之紛如死于階下。遂入，殺孟陽于牀，曰：『非君也，不類。』見公之足于戶下，遂弒之。而立無知。」（又見史記齊世家、管子大匡（所載互有詳略）。）

〔七〕左傳僖公四年：「初，晉獻公欲以驪姬爲夫人。……立之，生奚齊。其娣生卓子。及將立奚齊，既與中大夫成謀，姬謂大子（申生）曰：『君夢齊姜，必速祭之。』大子祭于曲沃，歸胙于公。公田，姬寘諸宫。六日，公至，毒而獻之。公祭之地，地墳，與犬，犬斃，與小臣，小臣亦斃。姬泣曰：『賊由大子！』大子奔新城。公殺其傅杜原款。或謂大子：『子辭，君必辯焉。』大子曰：『君非姬氏，居不安，食不飽。我辭，姬必有罪。君老矣，吾又不樂。』曰：『子其行乎？』大子曰：『君實不察其罪，被此名也以出，人誰納我？』十二月，戊申，縊于新城。姬遂譖二公子曰：『皆知之。』重耳奔蒲，夷吾奔屈。……（九年）九月，晉獻公卒。……冬，十月，里克殺奚齊于次（杜注：「次，喪寢。」）。……十一月，里克殺公子卓于朝。……齊侯（桓公）以諸侯之師伐晉，及高梁而還。討晉亂也。」（又見國語晉語二、史記晉世家。公羊傳、穀梁傳僖公十年較略。）

〔八〕後漢書劉表傳：「劉表字景升，山陽高平人。……（李）傕以表爲鎮南將軍、荆州牧，封成武侯，假節，以爲己援。……二子：琦、琮。表初以琦貌類於己，甚愛之。後爲琮娶其後妻蔡氏之姪，蔡氏遂愛琮而惡琦，毁譽之言日聞於表。表寵耽後妻，每信受焉。又妻弟蔡瑁及外甥張允並得幸於表，又睦於琮。而琦不自寧，嘗與琅邪人諸葛亮謀自安之術。……琦意感悟，陰規出計。會表將江夏太守黄祖爲孫權所殺，琦遂求代其任。及表病甚，琦歸省疾，素慈孝，允等恐其見表而父子相感，更有託後之意，乃謂琦曰：『將軍命君撫臨江夏，其任至重。今釋衆擅來，必見譴怒。傷親之歡，重增其疾，非孝敬之道也。』遂遏於户外，使不得見。琦流涕而去，人衆聞而傷焉。遂以琮爲嗣。琮以侯印授琦。琦怒，投之地，將因奔喪作難。會曹操軍至新野，琦走江南。……及操軍到襄陽，琮舉州請降，……操以琮爲青州刺史，封列侯。」（又略見三國志魏書劉表傳）

〔九〕新序雜事二：「晉文公逐麋而失之，問農夫老古曰：『吾麋何在？』老古以足指曰：『如是往。』〔文〕公（「文」字據羣書治要四二補，後「子」、「之」、「矣」三字同。）曰：『寡人問子，〔子〕以足指，何也？』老古振衣而起曰：『一不意人君〔之〕如此也！虎豹之居也，厭閑而近人，故得；魚鼈之居也，厭深而之淺，故得；諸侯〔之居也〕，厭衆而〔遠遊，故〕（以上六字，據太平御覽三百九十引補。）亡其國。詩（召南鵲巢）云：「維鵲有巢，維鳩居之。」君放不歸，人將居之〔矣〕。』於是文公恐，歸遇欒武子。欒武子曰：『獵得獸乎？而有悅色。』文公曰：『寡人逐麋而失之，得善言，故有悅色。』欒武子曰：『其人安在乎？』曰：『吾未與來也。』欒武子曰：『居上位而不恤其下，驕也；緩令急誅，暴也；取人之言而棄其身，盜也。』文公曰：『善！』還載老古與俱歸。」

〔一〇〕呂氏春秋異用：「湯見祝網者，置四面，其祝曰：『從天墜者，從地出者，從四方來者，皆離吾網。』湯曰：『嘻！盡之矣。非桀，其孰爲此也？』湯收其三面，置其一面，更教祝曰：『昔蛛蝥作網罟，今之人學紓，欲左者左，欲右者右，欲高者高，欲下者下，吾取其犯命者。』漢南之國聞之，曰：『湯之德及禽獸矣！』四十國歸之。人置四面，未必得鳥。湯去其三面，置其一面，以網其四十國，非徒網鳥也。」（又見新書諭誠、新序雜事五）大戴禮記保傅：「湯去網者之三面，而二垂至。」淮南子人間：「湯教祝網者，而四十國朝。」

〔一一〕袖蜂之謗，已見嘉遯篇「袖蜂之誑」句箋。

〔一二〕漢書外戚傳下：「孝成趙皇后，本長安宮人。初生時，父母不舉，三日不死，乃收養之。及壯，屬陽阿主家，學歌舞，號曰飛燕。成帝嘗微行出，過陽阿主，作樂。上見飛燕而説之，召入宮，大幸。有女弟復召入，俱爲倢伃，貴傾後宮。許后之廢也，上欲立趙倢伃。……後月餘，乃立倢伃爲皇后。……皇后既立，後寵少衰，而弟絶幸，爲昭儀。……姊弟顓寵十餘年。……哀帝既立，尊趙皇后爲皇太后，封太后弟侍中駙馬都尉欽爲新成侯。趙氏侯者凡二人。」西京雜記一：「趙后體輕腰弱，善行步進退，女弟昭儀不能及也。但昭儀弱骨豐肌，尤工笑語。二人並色如紅玉，爲當時第一，皆擅寵後宮。」

〔一三〕新語辨惑：「至如秦二世之時，趙高駕鹿而從行，王曰：『丞相何爲駕鹿？』高曰：『馬也。』王曰：『丞相誤也？以鹿爲馬。』高曰：『陛下以臣言不然，願問羣臣。』〔於是乃問羣臣，羣〕（以上七字，據羣書治要四十補。）臣半言鹿，半言馬。當此之時，秦王不能自信其目，而從邪臣之說。夫馬、鹿之異形，衆人所知也，然不能分別〔其〕是非（也），況於闇昧之事乎？易（繫辭上）曰：『二人同心，其義斷金。』羣黨合意，以傾一君，孰不移哉！」史記秦始皇紀：「（二世三年）八月己亥，趙高欲爲亂，恐羣臣不聽，乃先設驗，持鹿獻於二世，曰：『馬也。』二世笑曰：『丞相誤邪？謂鹿爲馬。』問左右，左右或默，或言馬以阿順趙高。或言鹿者，高因陰中諸言鹿者以法。後羣臣皆畏高。」文選西征賦：「野蒲變而成脯，苑鹿化以爲馬。」李注引風俗通（今本佚）曰：「秦相趙高，指鹿爲馬，束蒲爲脯，二世不覺。」金樓子箴戒：「秦二世即位，自幽深宮，以鹿爲馬，以蒲爲脯。」書洪範：「惟辟作福，惟辟作威，惟辟玉食。臣無有作福、作威、玉食。臣之有作福、作威、玉食，其害于而家，凶于而國。」孔傳：「言惟君得專威、福，爲美食。」漢書劉向傳：「（上封事）大將軍秉事用權，五侯驕奢僭盛，並作威福。」

〔一四〕漢書佞幸傳：「孝元時宦者，則弘恭、石顯。……石顯，字君房，濟南人；弘恭，沛人也。皆少坐法腐刑，爲中黄門，以選爲中尚書。宣帝時任中書官，恭明習法令故事，善爲請奏，能稱其職。恭爲令，顯爲僕射。元帝即位數年，恭死，顯代爲中書令。是時，元帝被疾，不親政事，方隆好於音樂，以顯久典事，中人無外黨，精專可信任，遂委以政。事無小大，因顯白決，貴幸傾朝，百僚皆敬事顯。顯爲人巧慧習事，能探得人主微指，內深賊，持詭辯以中傷人，忤恨睚眦，輒被以危法。初元中，前將軍蕭望之及光祿大夫周堪、宗正劉更生（後改名向）皆給事中。望之領尚書事，知顯專權邪辟，建白以爲『尚書百官之本，國家樞機，宜以通明公正處之。……宜罷中書宦官，應古不近刑人。」元帝不聽，繇是大與顯忤。後皆害焉：望之自殺，堪、更生廢錮，不得復進用。……成帝初即位，遷顯爲長信中太僕，秩中二千石。顯失倚，離權數月，丞相御史條奏顯舊惡，及其黨牢梁、陳順皆免官。顯與妻子徙歸故郡，憂滿不食，道病死。諸所交結，以顯爲官，皆廢罷。」左傳昭公二十八年：「叔游曰：『鄭書有之：惡直醜正，實蕃有徒。』」杜注：「鄭書，古書名也。言害正直者，實多徒衆。」

〔一五〕史記留侯世家：「食其未行，張良從外來謁。漢王方食，曰：『子房前！客有爲我計橈楚權者。』具以酈生語告，曰：『於子房何如？』良曰：『誰爲陛下畫此計者？陛下事去矣。』漢王曰：『何哉？』張良對曰：『臣請藉前箸爲大王籌之。』曰：『昔者湯伐桀而封其後於杞者，度能制桀之死命也。今陛下能制項籍之死命乎？』曰：『未能也。』『其不可一也。……今復六國，立韓、魏、燕、趙、齊、楚之後，天下游士各歸事其主，從其親戚，反其故舊墳墓，陛下與誰取天下乎？其不可八矣。且夫楚唯無彊，六國立者復橈而從之，陛下焉得而臣之？誠用客之謀，陛下事去矣。』漢王輟食吐哺，罵曰：『豎儒，幾敗而公事！』令趣銷印。」漢書張良傳顏注：「輟，止也。哺，食在口中者也。趣，讀曰促。」

〔一六〕史記鼂錯傳：「鼂錯者，潁川人也。學申、商刑名於軹張恢先所，與雒陽宋孟及劉禮同師。以文學爲太常掌故。……數上書孝文時，言削諸侯事，及法令可更定者。書數十上，孝文不聽，然奇其材，遷爲中大夫。……景帝即位，以錯爲內史。錯常數請閒言事，輒聽，寵幸傾九卿，法令多所更定。……遷爲御史大夫，請諸侯之罪過，削其地，收其枝郡。奏上，上令公卿列侯宗室集議，莫敢難，獨竇嬰爭之，由此與錯有郤。錯所更令三十章，諸侯皆諠譁疾鼂錯。……吳楚七國果反，以誅錯爲名。及竇嬰、袁盎進說，上令鼂錯衣朝衣斬東市。鼂錯已死，謁者僕射鄧公爲校尉，擊吳楚軍爲將。還，上書言軍事，謁見上。上問曰：『道軍所來，聞鼂錯死，吳楚罷不？』鄧公曰：「吴王爲反數十年矣，發怒削地，以誅錯爲名，其意非在錯也。且臣恐天下之士噤口，不敢復言也。」上曰：「何哉？」鄧公曰：「夫鼂錯患諸侯彊大不可制，故請削地以尊京師，萬世之利也。計畫始行，卒受大戮，内杜忠臣之口，外爲諸侯報仇，臣竊爲陛下不取也。」於是景帝默然良久，曰：「公言善，吾亦恨之。」乃拜鄧公爲城陽中尉。」

「旨甘之進，則疏儀狄〔一〕。容悦姑息，則沈欒激〔二〕。除燕子之諂〔三〕，親放麑之仁〔四〕。鑒白龍以輟輕脱〔五〕，觀羸脱一字以節無饜〔六〕。防人彘之變，於六宫之中〔七〕。止汗血之求，於絶域之外〔八〕。除惡犬，以遏酒酗之患〔九〕。市馬骨，以招追風之駿〔一〇〕。軾怒鼁以勸勇〔一一〕，避螳螂以勵武〔一二〕。聆公廬藏本作聆慮會之讜言〔一三〕，容保申之正直。刳腹背無益之毛，攬六翮淩虚之用〔一四〕。烹如簧以謐司原之箴，折菀渃以迪粱伯之美〔一五〕。放丹姬以弭婉孌之迷〔一六〕，退子瑕以杜餘桃之惑〔一七〕。藏淵中之魚，操利器之柄〔一八〕。勿憚徙薪之煩，以省焦爛之費〔一九〕。鼓廉恥之陶冶，明考試之準的〔二〇〕。

〔一〕世本：「儀狄造酒，夏禹之臣。」（書酒誥正義引。夏禹之臣句，當是宋衷注。）孟子離婁下：「孟子曰：『禹惡旨酒而好善言。』」趙注：「旨酒，美酒也。儀狄作酒，禹飲而甘之，遂疏儀狄而絶旨酒。」戰國策魏策二：「昔者，帝女令儀狄作酒而美，進之禹。禹飲而甘之，遂疏儀狄，絶旨酒。曰：『後世必有以酒亡其國者。』」淮南子泰族：「儀狄爲酒，禹飲而甘之，遂疏儀狄而絶旨酒，所以遏流湎之行也。」

〔二〕尸子：「孔子曰：『……昔商紂有臣曰王子須，務爲諂，使其君樂須臾之樂，而忘終身之憂，棄黎老之言，而用姑息之謀。』」（繹史二十引）呂氏春秋先識覽：「武王大説，以告諸侯曰：『商王大亂，沈於酒德，辟遠箕子，爰（愛）近姑與息。』」高注：「箕子忠臣，而疏遠之。姑息之臣，而與近之。」「欒激」，盧本、柏筠堂本、文溯本、叢書本、崇文本作「欒盈」。照按：作「欒盈」誤。説苑君道：「趙簡子與欒激遊，將沈於河，曰：『吾嘗好聲色矣，而欒激致之；吾嘗好宮室臺榭矣，而欒激爲之；吾嘗好良馬善御矣，而欒激求之。今吾好士六年矣，而欒激未嘗進一人，是進吾過而黜吾善也。』」（又見水經河水注。呂氏春秋驕恣「欒激」作「鸞徼」，音同得通。）即其事已。金樓子雜記上：「趙簡子沈欒激於河。」亦可證。

〔三〕管子小稱：「管仲攝衣冠，起對曰：『……夫易牙以調和事公，公曰：「惟烝嬰兒之未嘗。」於是烝其首子而獻之公。人情非不愛其子也，於子之不愛，將何有於公！』」韓非子二柄：「桓公好味，易牙蒸其子首而進之。」又十過：「管仲曰：『不可！夫易牙爲君主味，君之所未嘗食，唯人肉耳。易牙蒸其子首而進之，君所知也。人之情莫不愛其子，今蒸其子以爲膳於君，其子弗愛，又安能愛君乎？』」（難一略同）呂氏春秋知接：「公曰：『易牙烹其子以慊寡人，猶尚可疑邪？』管仲對曰：『人之情非不愛其子也，其子之忍，又將何有於君！』」淮南子主術：「昔者齊桓公好味，而易牙烹其首子而餌之。」「首子」、「子首」，諸書所言有異；「蒸」與「烹」亦復不同，故備録之。

〔四〕韓非子説林上：「孟孫獵得麑，使秦西巴持之歸。其母隨之而啼，秦西巴弗忍而與之。孟孫適至而求麑，答曰：『余弗忍而與其母。』孟孫大怒，逐之。居三月，復召以爲其子傅。其御曰：『曩將罪之，今召以爲子傅，何也？』孟孫曰：『夫不忍麑，又且忍吾子乎？』」（又見淮南子人間、説苑貴德，並作「麑」。）即此文所本。是「麛」當作「麑」矣。風俗通義十反：「秦西巴放獸，而孟氏旋進其位，麑猶不忍，況弟子乎！」亦可證。

〔五〕呂氏春秋佚文：「白龍化爲魚，豫且射中左目。」（白帖九五引）説苑正諫：「吳王欲從民飲酒，伍子胥諫曰：『不可。

昔白龍下清泠之淵化爲魚，漁者豫且射中其目。白龍上訴天帝。天帝曰：「當是之時，若安置而形？」白龍對曰：「我下清泠之淵化爲魚。」天帝曰：「魚，固人之所射也。若是，豫且何罪？」夫白龍，天帝貴畜也。豫且，宋國賤臣也。白龍不化，豫且不射。今棄萬乘之位，而從布衣之士飲酒，臣恐其有豫且之患矣。』王乃止。」文選東京賦：「白龍魚服，見困豫且。」又西征賦：「彼白龍之魚服，挂豫且之密網。」後漢書列女曹世叔妻傳：「（女誡）若夫動靜輕脱，視聽陜輸，入則亂髮壞形，出則窈窕作態，説所不當道，觀所不當視，此謂不能專心正色矣。」三國志吳書張紘傳：「（孫）策身臨行陳，紘諫曰：『夫主將乃籌謨之所自出，三軍之所繫命也，不宜輕脱，自敵小寇。』」晉書羊祜傳：「軍師徐胤執棨當營門曰：『將軍都督萬里，安可輕脱！』」南齊書謝朓傳：「江夏（蕭寶玄）年少輕脱。」是輕脱爲當時常語，猶今言輕率也。

〔六〕孫星衍曰：「（『羸』下）脱一字。」照按：以上句例之，「羸」之下或上實脱一字。盧本、柏筠堂本、文溯本、叢書本、崇文本「羸」上有「奇」字，徐濟忠於「羸」上校沾「奇」字，皆非也。左傳昭公元年：「勿使有所壅閉湫底，以露其體。」杜注：「湫，集也。底，滯也。露，羸也。壹之，則血氣集滯而體羸露。」正義：「肥則膚肉厚，骨不見；瘦則肌膚薄，故體羸露。羸露是露骨之名，其義與倮相近。倮，露形也。羸，露骨也。瘦者必羸，羸亦瘦之别名。」孟子滕文公上：「是率天下而路也。」趙注：「是率導天下之人以羸路也。」風俗通義十反：「氣力羸露。」又怪神：「大用羸露。」是「羸」下當補「露」或「路」字（「路」與「露」通）。焦循孟子（滕文公上）正義：「羸路，謂瘦瘠暴露也。」又按：戰國策秦策一：「士民潞病於内。」高注：「路羸於内。」呂氏春秋不屈：「士民罷潞。」高注：「潞，羸也。」則「羸」上沾「路」或「潞」字亦可（「潞」爲「路」之同音假借）。羸露、路羸，皆謂其憔悴於虐政而瘦瘠也。

〔七〕史記呂后紀：「呂后最怨戚夫人及其子趙王，迺令永巷囚戚夫人。……太后遂斷戚夫人手足，去眼，煇耳，飲瘖藥，使居廁中，命曰『人彘』。居數日，迺召孝惠帝觀『人彘』。孝惠見，問，迺知其戚夫人，迺大哭，因病，歲餘不能起。使人請太后曰：『此非人所爲。臣爲太后子，終不能治天下！』」漢書外戚傳上：「呂后爲皇太后，乃令永巷囚戚夫人，髡鉗衣赭衣，令舂。戚夫人舂且歌曰：『子爲王，母爲虜，終日舂薄暮，常與死爲伍！相離三千里，當誰使告女？』太后聞之大怒，曰：『乃欲倚女子邪？』……太后遂斷戚夫人手足，去眼，熏耳，飲瘖藥，使居鞠域中，名曰『人彘』。」顏注：「去其眼精。以藥熏耳，令聾也。瘖，不能言也，以瘖藥飲之也。鞠域，如蹋鞠之域，謂窟室也。」周禮天官內宰：「以陰禮教六宮。」鄭注：「鄭司農（衆）云：『六宮，後五前一。王之妃百二十人：后一人，夫人三人，嬪九人，世婦二十七人，女御八十一人。』玄謂：『六宮，謂后也。婦人稱寢曰宮，宮，隱蔽之言。后象王，立六宮而居之。亦正寢一，燕寢五。教者不敢斥言之，謂之六宮，若今稱皇后爲中宮矣。』」禮記昏義：「古者，天子后立六宮：三夫人，九嬪，二十七世婦，八十一御妻。」

〔八〕史記大宛傳：「初，天子（武帝）發書易，云『神馬當從西北來』。得烏孫馬好，名曰『天馬』。及得大宛汗血馬，益壯，更名烏孫馬曰『西極』，名大宛馬曰『天馬』云。」漢書武帝紀：「（太初）四年春，貳師將軍（李）廣利斬大宛王首，獲汗血馬來。作西極天馬之歌。」顏注：「應劭曰：『大宛舊有天馬種，蹋石汗血。汗從前肩髆出，如血。號一日千里。』師古曰：『蹋石者，謂蹋石而有跡，言其蹏堅利。』」又禮樂志：「『天馬徠，從西極，涉流沙，九夷服。……天馬徠，歷無草，徑千里，循東道。……天馬徠，龍之媒，游閶闔，觀玉臺。』太初四年誅宛王獲宛馬作。」絕域，極遠地域。管子七法：「不遠道里，故能威絕域之民。」後漢書班超傳：「（上疏）臣伏自惟念，卒伍小吏，實願從谷吉效命絕域。」

〔九〕「酗」，顧廣圻校「酸」。俞樾曰：「謹按：『「酗」乃「酸」字之誤。韓非子外儲說：「宋人有酤酒者，然不售，酒酸。問長者楊倩。倩曰：『汝狗猛邪？』此所用，即其事。」照按：顧校、俞說極是。韓非子外儲說右上：「宋人有酤酒者，升概甚平，遇客甚謹，爲酒甚美，縣幟甚高，著然不售，酒酸。怪其故，問其所知，問長者楊倩。倩曰：『汝狗猛耶？』曰：『狗猛則酒何故而不售？』曰：『人畏焉。或令孺子懷錢挈壺甕而往酤，而狗迓而齕之，此酒所以酸而不售也。』夫國亦有狗，有道之士懷其術而欲以明萬乘之主，大臣爲猛狗迎而齕之，此人主之所以蔽脅，而有道之士所以不用也。」（又見晏子春秋問上、韓詩外傳七、說苑政理）

〔一〇〕市馬骨，已見逸民篇「去彼市馬骨以致駿足」句箋。追風，已見嘉遯篇「則追風之迅不形」句箋。

〔一一〕尹文子大道上：「越王句踐謀報吳，欲人之勇，路逢怒蛙而軾之。比及數年，民無長幼，臨敵，雖湯火不避。」韓非子內儲說上：「越王慮伐吳，欲人之輕死也，出見怒鼃，乃爲之式。從者曰：『奚敬於此？』王曰：『爲其有氣故也。』明年之請以頭獻王者，歲十餘人。」吳越春秋句踐伐吳外傳：「（句踐）恐軍士畏法不使，自謂未能得士之死力。道見鼃張腹而怒，將有戰爭之氣，即爲之軾。其士卒有問於王曰：『君何爲敬鼃蟲而爲之軾？』句踐曰：『吾思士卒之怒久矣，而未有稱吾意者。今鼃蟲無知之物，見敵而有怒氣，故爲之軾。』於是軍士聞之，莫不懷心樂死，人致其命。」越絕書佚文：「越王句踐既爲吳辱，常盡禮接士，思以平吳。一日出遊，見蛙怒，句踐揖之。左右曰：『王揖怒蛙，何也？』答曰：『蛙如是怒，何敢不揖！』於是勇士聞之，皆歸越而平吳。」（太平廣記四七三引）劉子從化：「越王句踐好勇而揖鬬蛙，國人爲之輕命，兵死者衆。」玉篇黽部：「鼃，蝦蟆。今作蛙。」

〔一二〕「勵」，藏本作「厲」，魯藩本、吉藩本、文溯本同。照按：平津本原從藏本出，孫氏乃依盧本改爲「勵」，非是。漢書儒林傳：「太常議，予博士弟子，崇鄉里之化，以厲賢材焉。」顏注：「厲，勸勉之也。」詁此正合。韓詩外傳八：「齊莊公出獵，有螳蜋舉足將搏其輪，問其御曰：『此何蟲也？』御曰：『此是螳蜋也。其爲蟲，知進而不知退，不量力而輕就敵。」（莊子人間世：「汝不知夫螳蜋乎？怒其臂以當車轍，不知其不勝任也。」）莊公曰：「此爲人必爲天下勇士矣。」於是迴車避之，而勇士歸之。」淮南子人間：「齊莊公出獵，有一蟲舉足將搏其輪，問其御曰：『此何蟲也？』對曰：『此所謂螳螂者也。其爲蟲也，知進而不知却，不量力而輕敵。』莊公曰：『此爲人而必爲天下勇武矣。』迴車而避之。勇武聞之，知所盡死矣。」

〔三〕孫星衍曰：「〔『聆公盧』〕藏本作『聆虐會』。」顧廣圻「虐」校「虎」。王國維校同。陳漢章曰：「『公盧』亦見欽士篇，而藏本非。說苑正諫篇本作『公盧』。」照按：魯藩本、吉藩本、舊寫本亦並作「虐會」。「公盧」與「虐會」之形、音俱不近，無緣致誤。顧、王校是。孫改（依盧本）、陳說則非也。新序雜事一：「趙簡子上羊腸之坂，羣臣皆偏袒推車，而虎會獨擔戟行歌，不推車。簡子曰：『寡人上坂，羣臣皆推車，會獨擔戟行歌不推車，是會爲人臣侮其主，爲人臣侮其主〔者〕（「者」字據羣書治要四二增），其罪何若？』虎會對曰：『爲人臣而侮其主者，死而又死。』簡子曰：『何謂死而又死？』虎會曰：『身死，妻子又死，若是謂死而又死。君既已聞爲人臣而侮其主者之罪矣，君亦聞爲人君而侮其臣者乎？』簡子曰：『爲人君而侮其臣者，何若？』虎會對曰：『爲人君而侮其臣者，智者不爲謀，辯者不爲使，勇者不爲鬭。智者不爲謀，則社稷危，辯者不爲使，則使不通，勇者不爲鬭，則邊境侵。』簡子曰：『善！』乃罷羣臣（不）推車爲士大夫，置酒與羣臣飲，以虎會爲上客。」（說苑尊賢「晉文侯行地登隧隨會不扶」事，與此近似。）虎會讜言，即出於此。漢書敍傳上：「上（成帝）乃喟然歎曰：『吾久不見班生（伯），今日復聞讜言！』」顏注：「讜言，善言也。音黨。」

〔四〕韓詩外傳六：「晉平公游於〔西〕河（「西」字原脫，據盧文弨說苑拾補補）而樂，曰：『安得賢士與之樂此也！』船人盍胥跪而對曰：『主君亦不好士耳。夫珠出於江海，玉出於崑山，無足而至者，猶主君之好也。士有足而不至者，蓋主君無好士之意耳。何患於無士乎？」平公曰：「吾食客門左千人，門右千人。朝食不足，夕收市賦；暮食不足，朝收市賦。吾可謂不好士乎？」盍胥對曰：「夫鴻鵠一舉千里，所恃者六翮爾。背上之毛，腹下之毳，益一把，飛不爲加高，損一把，飛不爲加下。今君之食客，門左門右各千人，亦有六翮在其中矣。將皆背上之毛、腹下之毳耶？」」新序雜事一：「晉平公浮西河，中流而嘆曰：『嗟乎！安得賢士與共此樂者？』船人固桑進對曰：『君言過矣！夫劍産于越，珠産江漢，玉産昆山，此三寶者，皆無足而至。今君苟好士，則賢士至矣。』平公曰：『固桑來！吾門下食客者三千餘人，……吾尚可謂不好士乎？』固桑對曰：『今夫鴻鵠高飛衝天，然其所恃者六翮耳。夫腹下之毳，背上之毛，增、去一把，飛不爲高、下。不知君之食客六翮邪？將腹背之毳也。』平公默然而不應焉。」（說苑尊賢晉平公作趙簡子，盍胥作古乘（桑之誤）。）莊子馬蹄：「燒之，剔之。」釋文：「（剔）字林云：『剃也。』司馬（彪）云：『剔，謂翦其毛。』」攬，與擥同。漢書揚雄傳上：「（甘泉賦）方擥道德之精剛兮。」顏注：「擥，總也。音覽。」

〔一五〕孫詒讓曰：「案：呂氏春秋直諫篇說荆文王聽葆申諫，殺茹黄之狗，折宛路之矰。說苑正諫篇作如黄之狗，菌簬之矰。此『簧』當作『黄』，『渚』當作『路』。『菀』、『宛』字通。『梁伯』，未詳。」照按：孫說極是。呂氏春秋直諫：「荆文王得茹黄之狗，宛路之矰，以畋於雲夢，三月不反；得丹之姬，淫，朞年不聽朝。葆申曰：『先王卜以臣爲葆，吉。今王得茹黄之狗，宛路之矰，畋三月不反；得丹之姬，淫，朞年不聽朝。王之罪，當笞。』王曰：『不穀免衣繦緥而齒於諸侯，願請變更而無笞。』葆申曰：『臣承先王之令，不敢廢也。王不受笞，是廢先王之令也。臣寧抵罪於王，毋抵罪於先王。』王曰：『敬諾。』引席，王伏。葆申束細荆五十，跪而加之於背，如此者再，謂王起矣。王曰：『有笞之名，一也。』遂致之。〔葆〕申（「葆」字原脫，據說苑、渚宮舊事補。）曰：『臣聞君子恥之，小人痛之，恥之不變，痛之何益？』葆申趨出，自流於淵，請死罪。文王曰：『此不穀之過也，葆申何罪？』王乃變更，召葆申。殺茹黄之狗，析（説苑、羣書治要三九、渚宮舊事作「折」是）宛路之矰，放丹之姬。後荆國兼國三十九，令荆國廣大至於此者，葆申之力也，極言之功也。」（又見説苑正諫、渚宮舊事一（作「茹黄之狗，苑路之矰」））又按：説苑、渚宮舊事作「保申」，與此同。「葆」、「保」通用。左傳襄公四年：「（魏絳）對曰：『……昔周辛甲之爲太史也，命百官官箴王闕，於虞人之箴曰：「……在帝夷羿，冒於原獸，忘其國恤，而思其麀牡。武不可重，用不恢於夏家。獸臣司原，敢告僕夫。」虞箴如是，可不懲乎！』於是晉侯（悼公）好田，故魏絳及之。」梁伯，疑即梁鴦。列子黄帝：「周宣王之牧正有役人梁鴦者，能養野禽獸。委食於園庭之內，雖虎狼鵰鶚之類，無不柔馴者。雄雌在前，孶尾成羣，異類雜居，不相搏噬也。王慮其術終於其身，令毛丘園傳之。」梁伯之美，蓋指其善養野禽獸之術。

〔一六〕「丹」，慎本、盧本、柏筠堂本、文溯本、叢書本、崇文本作「舟」。照按：丹姬，即呂氏春秋「丹之姬」省稱（渚宮舊事作「丹望之姬」），如南之威省稱南威然。慎本等作「舟」，蓋緣形近致誤。（説苑亦誤「丹」爲「舟」）

〔一七〕韓非子説難：「昔者，彌子瑕有寵於衞君。衞國之法，竊駕君車者罪刖。彌子瑕母病，人聞，有夜告彌子，彌子矯駕君車以出。君聞而賢之，曰：『孝哉！爲母之故，忘其犯刖罪。』異日，與君遊於果園，食桃而甘，不盡，以其半啗君。君曰：『愛我哉！忘其口味，以啗寡人。』及彌子色衰愛弛，得罪於君。君曰：『是固嘗矯駕吾車，又嘗啗我以餘桃。』故彌子之行未變於初也，而以前之所以見賢而後獲罪者，愛憎之變也。」（又見史記韓非傳、説苑雜言）

〔一八〕老子第三十六章：「魚不可脱於淵，國之利器不可以示人。」河上公注：「利器，權道也。治國，權者不可以示執事之臣也。」莊子胠篋：「故逐於大盜，揭諸侯，竊仁義，並斗斛權衡符璽之利者，雖有軒冕之賞弗能勸，斧鉞之威弗能禁。此重利盜跖，而使不可禁者，是乃聖人之過也。故曰：『魚不可脫於淵，國之利器不可以示人。』」郭注：「魚失淵，則爲人禽。利器明，則爲盜資，故不可以示人。」韓非子喻老：「勢重者，人君之淵也；君人者，勢重於人臣之閒。失則不可復得也。簡公失之於田成，晉公失之於六卿，而邦亡身死。故曰：『魚不可脫於（深）淵。』賞罰者，邦之利器也。在君則制臣，在臣則勝君。君見賞，臣則損之以爲德；君見罰，臣則益之以爲威。人君見賞而人臣用其勢，人君見罰而人臣乘其威。故曰：『邦之利器不可以示人。』」六韜文韜守土：「無借人利器。借人利器，則爲人所害，而不終其正也。」

〔一九〕淮南子說山：「淳于髡之告失火者。」高注：「淳于髡，齊人也。告其鄰突將失火，使曲突徙薪。鄰人不從，後竟失火。言者不爲功，救火者焦頭爛額爲上客。」說苑權謀：「孝宣皇帝之時，霍氏奢靡。茂陵徐先生曰：『霍氏必亡。夫在人之右而奢，亡之道也。……今霍氏秉權，天下之人疾害之者多矣。夫天下害之，而又以逆道行之，不亡何待！』乃上書言：『霍氏奢靡，陛下卽愛之，宜以時抑制，無使至於亡。』書三上，輒報聞。其後霍氏果滅，董忠等以其功封。人有爲徐先生上書者，曰：『臣聞客有過主人者，見竈直堗，傍有積薪，客謂主人曰：「曲其堗，遠其積薪，不者將有火患。」主人默然不應。居無幾何，家果失火，鄉聚里中人哀而救之，火幸息。於是殺牛置酒，燔髮灼爛者在上行，餘各用功次坐，而反不録言曲堗者。向使主人聽客之言，不費牛酒，終無火患。今茂陵徐福數上書言霍氏且有變，宜防絶之。向使福說得行，則無裂地出爵之費，而國安平自如。今往事既已，而福獨不得與其功，惟陛下察客徙薪曲堗之策，而使居燔髮灼爛之右。』書奏，上（宣帝）使人賜徐福帛十四，拜爲郎。」（又見漢書霍光傳）桓譚新論：「淳于髡至鄰家，見其竈突之直，而積薪在旁，曰：『此且有火灾，』卽教使更爲曲突，而遠徙其薪。竈家不聽。後灾火果及積薪，而燔其屋。鄰里並救擊。及滅止而烹羊具酒，以勞謝救火者。曲突遠薪，固不肯呼淳于髡飲飯。智者譏之云：『教人曲突遠薪，固無恩澤；焦頭爛額，反爲上客。』蓋傷其賤本而貴末也。」（羣書治要四四、藝文類聚八十引）

〔一〇〕 春秋繁露考功名：「考試之法，合其爵祿，并其秩，積其日，陳其實，計功量罪，以多除少，以爲名定實，先內弟之。」三國志魏書王昶傳：「昶陳治略五事：……其二，欲用考試，考試猶準繩也，未有舍準繩而意正曲直，廢黜陟而空論能否也。」

「怒不越法以加虐，喜不踰憲以厚遺〔一〕。割情於所愛，而有犯者無赦；採善於所憎，而有勞者不遺。傾下脫一字以納忠〔二〕，聞逆耳而不諱〔三〕。廣乞言於誹謗〔四〕，雖委抑而不距。掩細瑕而録大用，忘近惡而念遠功〔五〕，使夫曹劌、孟明有修來之効〔六〕，魏尚、張敞立雪恥之績〔七〕；射鉤之賊臣，著匡合之弘勳〔八〕，釋縛之左車，吐止戈之高策〔九〕。則鵂梟化爲鴛鸞〔一〇〕，邪僞變成忠貞〔一一〕；芳穎秀於斥鹵〔一二〕，夜光起乎泥濘〔一三〕。剡鋭載胥〔一四〕，九功允諧〔一五〕，西面逡巡，以延師友之才〔一六〕；尊事老叟，以敦孝悌之行〔一七〕。

〔一〕 六韜佚文：「法不廢於仇讎，不避於所愛。不因怒以誅，不因喜以賞。」（羣書治要三一引）鄧析子無厚：「喜不以賞，怒不以罰。」文子上仁：「喜不以賞賜，怒不以罪誅。」

〔二〕 孫星衍曰：「（『下』下）脫一字。」照按：徐濟忠「下」下校沾「問」字。吉藩本、盧本、柏筠堂本、文溯本、叢書本、崇文本並作「傾下問」。以下句「聞逆耳而不諱」例之，有「問」字始能相儷。

〔三〕 説苑正諫：「孔子曰：『良藥苦於口利於病，忠言逆於耳利於行。』」（家語六本同。史記留侯世家又淮南王安傳、鹽鐵論國疾亦並有此二語。）楚辭七諫沈江：「痛忠言之逆耳兮。」王注：「哀痛忠直之言忤逆君耳。」

〔四〕禮記文王世子：「凡祭，與養老乞言，合語之禮。」鄭注：「養老乞言，養老人之賢者，因從乞善言可行者也。」鄧析子轉辭：「舜立誹謗之木。」尸子：「堯立誹謗之木。」（史記文帝紀索隱引）呂氏春秋自知：「舜有誹謗之木。」高注：「書其過失以表木也。」淮南子主術：「舜立誹謗之木。」高注：「書其善否於表木也。」史記文帝紀：「上曰：『古之治天下，朝有進善之旌，誹謗之木，所以通治道而來諫者。』」集解引應劭曰：「橋梁邊板，所以書政治之愆失也。」

〔五〕漢書陳湯傳：「故宗正劉向上疏曰：『……今（甘）延壽、湯所誅震，雖易之「折首」，詩之「雷霆」，不能及也。論大功者，不録小過；舉大美者，不疵細瑕。』」三國志吴書陸瑁傳：「瑁與（暨豔）書曰：『夫聖人嘉善矜愚，忘過記功，以成美化。加今王業始建，將一大統，此乃漢高棄瑕録用之時也。』」遠，長遠，此指將來。

〔六〕戰國策齊策六：「魯連乃書，約之矢以射城中，遺燕將曰：『……曹沫爲魯君將，三戰三北，而喪地千里。使曹子之足不離陳，計不顧後，出必死而不生，則不免爲敗軍禽將。曹子以敗軍禽將，非勇也，功廢名滅，後世無稱，非知也，故去三北之恥，退而與魯君計也。曹子以爲遭齊桓公有天下，朝諸侯，曹子以一劍之任，劫桓公於壇位之上，顔色不變，而辭氣不悖，三戰之所喪，一朝而反之。天下震動，〔諸侯〕驚駭，威信吴、楚，傳名後世。』」（又見史記魯仲連傳）淮南子氾論：「昔者，曹子爲魯將兵，三戰不勝，亡地千里。使曹子計不顧後，足不旋踵，刎頸於陳中，則終身爲破軍擒將矣。然而曹子不羞其敗，恥死而無功。柯之盟，揄三尺之刃，造桓公之胸，三戰所亡，一朝而反之。勇聞於天下，功立於魯國。」史記刺客曹沫傳：「曹沫者，魯人也。以勇力事魯莊公。莊公好力。曹沫爲魯將，與齊戰，三敗北。魯莊公懼，乃獻遂邑之地以和。猶復以爲將。齊桓公許與魯會於柯而盟。桓公與莊公既盟於壇上，曹沬執匕首劫齊桓公，桓公左右莫敢動，而問曰：『子將何欲？』曹沬曰：『齊強魯弱，而大國侵魯亦甚矣！今魯城壞卽壓齊境，君其圖之。』桓公乃許盡歸魯之侵地。」索隱：「沬，音亡葛反。左傳（莊公十年）、穀梁（莊公十三年）並作曹劌（照按：呂氏春秋貴信、新序雜事四、漢書古今人表亦作曹劌），然則沬宜音劌，沬、劌聲相近而字異耳。」左傳僖公三十三年：「（晉人及姜戎）敗秦師于殽，獲百里孟明視、西乞術、白乙丙以歸。……文嬴請三帥，……秦伯（穆公）素服郊次，鄉師而哭曰：『孤違蹇叔，以辱二三子，孤之罪也！不替孟明，孤之過也！大夫何罪？且吾不以一眚掩大德。』」又（文公）二年：「春，秦孟明視帥師伐晉，以報殽之役。二月，晉侯（襄公）禦之。……秦師敗績。……秦伯猶用孟明。孟明增修國政，重施於民。」又三年：「秦伯伐晉，濟河焚舟，取王官及郊。晉人不出。遂自茅津濟，封殽尸而還。遂霸西戎。用孟明也。」（又略見史記秦紀）

〔七〕史記馮唐傳：「唐對曰：『……今臣竊聞魏尚爲雲中守，其軍市租盡以饗士卒，〔出〕私養錢，五日一椎牛，饗賓客軍吏舍人，是以匈奴遠避，不近雲中之塞。虜曾一入，尚率車騎擊之，所殺甚衆。……上功莫府，一言不相應，文吏以法繩之。其賞不行而吏奉法必用。臣愚，以爲陛下法太明，賞太輕，罰太重。且雲中守魏尚坐上功首虜差六級，陛下下之吏，削其爵，罰作之。由此言之，陛下雖得廉頗、李牧，弗能用也。臣誠愚，觸忌諱，死罪死罪！』」文帝說。是日令馮唐持節赦魏尚，復以爲雲中守。」漢書馮唐傳：「魏尚，槐里人也。」又張敞傳：「張敞，字子高，本河東平陽人也。……爲京兆九歲，……使者奏敞賊殺不辜。天子（宣帝）薄其罪，欲令敞得自便利，卽先下敞前坐楊惲不宜處位奏，免爲庶人。敞免奏既下，詣闕上印綬，便從闕下亡命。……天子思敞功效，使使者卽家在所召敞。敞身被重劾，及使者至，妻子家室皆泣惶懼，而敞獨笑曰：『吾身亡命爲民，郡吏當就捕，今使者來，此天子欲用我也。』……天子引見敞，拜爲冀州刺史。敞起亡命，復奉使典州，……因劾奏廣川王。天

〔八〕子不忍致法，削其户。敞居部歲餘，冀州盜賊禁止。守太原太守，滿歲爲真，太原郡清。」左傳僖公二十四年：「（寺人披）對曰：『……齊桓公置射鉤而使管仲相。』」杜注：「乾時之役，管仲射桓公，中帶鉤。」又三十三年：「管敬仲，桓之賊也。」國語齊語：「桓公曰：『夫管夷吾射寡人中鉤，是以濱於死。』」韋注：「管仲臣於子糾，乾時之戰，親射桓公，中鉤。」又晉語四：「（寺人勃鞮）對曰：『……管仲賊桓公，而卒以爲侯伯。乾時之役，申孫之矢集於桓鉤。』」韋注：「賊，謂爲子糾射桓公。申孫，矢名。鉤，帶鉤。」論語憲問：「子曰：『桓公九合諸侯，不以兵車，管仲之力也。』」又：「子曰：『管仲相桓公，霸諸侯，一匡天下，民到于今受其賜。』」集解引馬融曰：「匡，正也。天子微弱，桓公帥諸侯以尊周室，一正天下。」管子小匡：「（桓公）然後率天下定周室，大朝諸侯於陽穀，故兵車之會六，乘車之會三，九合諸侯，一匡天下。」晏子春秋問下：「景公問晏子曰：『昔吾先君桓公，從車三百乘，九合諸侯，一匡天下。今吾從車千乘，可以逮先君桓公之後乎？』晏子對曰：『桓公從車三百乘，九合諸侯，一匡天下者，左有鮑叔，右有仲父。』」荀子王霸：「齊桓公閨門之内，懸樂奢汰游抏之脩，於天下不見謂脩；然九合諸侯，一匡天下，爲五伯長，是亦無它故焉，知一政於管仲也。」韓非子十過：「昔者齊桓公九合諸侯，一匡天下，爲五伯長，管仲佐之。」戰國策齊策四：「王斗曰：『昔先君桓公所好者，九合諸侯，一匡天下。天子受〔授〕籍，立爲大伯。』」漢書郊祀志「一匡天下」顏注：「匡，正也。一匡天下，謂定襄王爲天子之位也。一説謂陽穀之會令諸侯云『無障谷，無貯粟，無以妾爲妻』，天下皆從，故云一匡者也。」照按：左傳僖公二十六年有「桓公是以糾合諸侯」語，疑「九合」與「糾合」無異。又左傳僖公二十四年「故糾合宗族于成周」正義：「糾者，聚合之意。」是九合諸侯，猶言聚合諸侯，似不必拘泥舉某會某會以實之也。（前人數九合諸説，可參閲劉寶楠論語正義憲問桓公殺公子糾章。）

〔九〕史記淮陰侯傳：「於是漢兵夾擊，大破虜趙軍，斬成安君泜水上，禽趙王歇。信乃令軍中毋殺廣武君（李左車），有能生得者購千金。於是有縛廣武君而致戲下者，信乃解其縛，東鄉坐，西鄉對，師事之。……於是信問廣武君曰：『僕欲北攻燕，東伐齊，何若而有功？』廣武君辭謝曰：『臣聞敗軍之將，不可以言勇，亡國之大夫，不可以圖存。今臣敗亡之虜，何足以權大事乎！』信曰：『……誠令成安君聽足下計，若信者亦已爲禽矣。以不用足下，故信得侍耳。』因固問曰：『僕委心歸計，願足下勿辭。』廣武君曰：『……然而衆勞卒罷，其實難用。今將軍欲舉倦弊之兵，頓之燕堅城之下，欲戰恐久力不能拔，情見勢屈，曠日糧竭，而弱燕不服，齊必距境以自彊也。燕齊相持而不下，則劉項之權未有所分也。……』韓信曰：『然則何由？』廣武君對曰：『方今爲將軍計，莫如案甲休兵，鎮趙撫其孤，百里之內，牛酒日至，以饗士大夫醳兵，北首燕路，而後遣辯士奉咫尺之書，暴其所長於燕，燕必不敢不聽從。燕已從，使諠言者東告齊，齊必從風而服，雖有智者，亦不知爲齊計矣。如是，則天下事皆可圖也。兵固有先聲而後實者，此之謂也。』韓信曰：『善。』從其策，發使使燕，燕從風而靡。乃遣使報漢，因請立張耳爲趙王，以鎮撫其國。」左傳宣公十二年：「夫文，止戈爲武。」杜注：「文，字。」

〔一〇〕爾雅釋鳥：「怪鴟，梟鴟。」郭注：「（怪鴟）即鴟鵂也。見廣雅（釋鳥）。今江東通呼此屬爲怪鳥。（梟鴟）土梟。」邢疏：「梟，一名鴟。」詩大雅瞻卬：「爲梟爲鴟。」鄭箋：「梟、鴟，惡聲之鳥。」莊子秋水：「鴟（鵂）夜撮蚤。」釋文引崔譔云：「鴟，鵂鶹，與委梟同。」淮南子主術：「鴟夜撮蚤蚊。」高注：「鴟，鴟鵂也。謂之老菟，夜鳴人屋上也。」鴛鸞，已見嘉遯篇「夫鸞不絓網」句及逸民篇「安知鴛鸞之遠指」句箋。

〔一一〕左傳僖公九年：「（荀息）對曰：『公家之利，知無不爲，忠也。送往事居，耦俱無猜，貞也。』」

〔一二〕呂氏春秋樂成：「民大得其利，相與歌之曰：『鄴有聖令，時爲史公（史起）。決漳水，灌鄴旁。終古斥鹵，生之稻梁。」漢書溝洫志顏注：「舄，卽斥鹵也。謂鹹鹵之地也。」

〔一三〕墨子佚文：「申徒狄曰：『周之靈珪，出於土石；楚之明月，出於蚌蜃。』」（藝文類聚八三、太平御覽九四一引）淮南子覽冥：「譬如隋侯之珠。」高注：「隋侯，漢東之國，姬姓諸侯也。隋侯見大蛇傷斷，以藥傅之。後蛇於江中銜大珠以報之，因曰隋侯之珠。蓋明月珠也。」又說山：「明月之珠，出於蛖蜃。」高注：「珠有夜光明月，生於蛖中。」許注：「夜光之珠有似明月，故曰明月也。」（文選西都賦李注引）蔡邕青衣賦：「金生沙礫，珠出蚌泥。」（藝文類聚三五、初學記一九、太平御覽七四引）

〔一四〕說文刀部：「剡，鋭利也。」廣雅釋詁二：「鋭，利也。」剡鋭，泛指兵器。詩大雅桑柔：「其何能淑？載胥及溺。」鄭箋：「淑，善。胥，相。及，與也。女若云此於政事何能善乎？則女君臣皆相與陷溺於禍難。」正義：「王肅以爲如今之政其何能善？但君臣相與陷溺而已。」趙岐孟子離婁上注：「載，辭也。胥，相也。刺時君臣何能爲善乎？但相與爲沈溺之道也。」此雖衹截用「載胥」二字，取義則側重在「溺」字。剡鋭載胥，卽「載戢干戈」之意，謂兵不復用也。

〔一五〕左傳文公七年：「夏書（杜注：「逸書。」）曰：『戒之用休（杜注：「有休，則戒之以勿休。」），董之用威（杜注：「董，督也。有罪，則督之以威刑。」），勸之以九歌，勿使壞。九功之德，皆可歌也，謂之九歌。六府、三事，謂之九功，水、火、金、木、土、穀，謂之六府。正德、利用、厚生，謂之三事。』」（書僞大禹謨：「水、火、金、木、土、穀，惟修；正德、利用、厚生，惟和。九功惟敍，九敍惟歌，戒之用休，董之用威，勸之以九歌，俾勿壞。」）書益稷：「夔曰：『於！予擊石拊石，百獸率舞，庶尹允諧。』」孔傳：「尹，正也。衆正官之長，信皆和諧。」

〔一六〕說苑君道：「燕昭王問於郭隗曰：『寡人地狹民寡，……以孤之不肖，得承宗廟，恐危社稷，存之有道乎？』」郭隗曰：「有。然恐王之不能用也。」昭王避席，願請聞之。郭隗曰：『帝者之臣，其名臣也，其實師也；王者之臣，其名臣也，其實友也；霸者之臣，其名臣也，其實賓（當據文選四子講德論李注、史記樂毅傳正義、太平御覽四百五又四七四引改作「僕」）也；危國之臣，其名臣也，其實虜也。今王將東面，目指氣使以求臣，則廝役之材至矣；南面聽朝，不失揖讓之禮以求臣，則人臣之材至矣；西面等禮相亢，下之以色，不乘勢以求臣，則朋友之材至矣；北面拘指逡巡而退以求臣，則師傅之材至矣。如此，則上可以王，下可以霸，唯王擇焉。』燕王曰：『寡人願學而無師。』郭隗曰：『王誠欲興道，隗請爲天下之士開路。』於是燕王常置郭隗上坐南面。」公羊傳宣公六年：「趙盾逡巡北面再拜稽首。」莊子田子方「背逡巡」成疏：「逡巡，猶卻行也。」

〔一七〕禮記文王世子：「遂設三老五更羣老之席位焉。」鄭注：「三老五更各一人也，皆年老更事致仕者也。天子以父兄養之，示天下之孝悌也。」又樂記：「食三老五更於大學，……所以教諸侯之弟也。」鄭注：「三老五更互言之耳，皆老人更知三德五事者也。」漢書禮樂志：「顯宗（明帝）即位，躬行其禮，宗祀光武皇帝於明堂，養三老五更於辟廱。」顏注：「李奇曰：『王者父事三老，兄事五更。詩（魯頌閟宮）云：「三壽作朋。」』鄧展曰：『漢直以一公爲三老，用大夫爲五更，每常大行禮乃置。』師古曰：『蔡邕以爲「更」當爲「叟」。叟，老人之稱也。』」後漢書明帝紀：「（永平二年詔）令月元日，復踐辟雍，尊事三老，兄事五更。」三國志魏書高貴鄉公紀：「（甘露三年詔）夫養老興教，三代所以樹風化垂不朽也。必有三老五更以崇至敬，……其以（王）祥爲三老，（鄭）小同爲五更。」裴注：「蔡邕明堂論云：『「更」應作「叟」。叟，長老之稱，字與「更」相似，書者遂誤以爲「更」。』」俞樾曰：「謹按：蔡邕獨斷（上）：『「五更」或爲「叟」。叟，老稱，與三老同義也。』此言尊事老叟，即謂三老五叟，用蔡說。」

「是以淵蟠者仰赴〔一〕，山棲者俯集〔二〕。炳蔚內弼〔三〕，虓闞外御〔四〕。政得於上，而物傾於下，惠發乎邇，而澤邁乎遠。明哲宣力於攸莅〔五〕，黔庶讓畔於藪澤〔六〕。爾乃竭滋章之法令〔七〕，振大和之清風〔八〕。蒲輪玉帛，以抽丘園之俊民〔九〕；元凱畢集，以究論道之損益〔一〇〕。減牧羊之多人〔一一〕，反不酤之至醇〔一二〕，張仁讓之闈，杜華競之津，旌義正之操，弘道素之格。使附德者，若潛萌之悅甘雨〔一三〕；見歸者，猶行潦之赴大川〔一四〕。黎民安之，若緑葉之綴修柯〔一五〕，左衽仰之，若衆星之繫北辰〔一六〕。

〔一〕淵蟠者，指隱士。法言問神：「龍蟠於泥。」漢書敍傳上：「（答賓戲）故夫泥蟠而天飛者，應龍之神也。」仰赴，謂出仕。

〔二〕山棲者，亦指隱士。文選郭璞遊仙詩：「山林隱遁棲。」俯集，亦謂出仕。

〔三〕炳蔚，謂文臣。易革：「象曰：『大人虎變，其文炳也。』……象曰：『君子豹變，其文蔚也。』」正義：「其文炳者，義取文章炳著也。其文蔚者，明其不能大變，故文炳而相暎蔚也。」說文弜部：「弼，輔也。」

〔四〕虓闞，謂武臣。詩大雅常武：「進厥虎臣，闞如虓虎。」鄭箋：「前其虎臣之將，闞然如虎之怒。」釋文：「虓……虎怒貌。」照按：「御」，當「禦」。上云「內弼」，此云「外禦」，文意始合。詩小雅常棣：「兄弟鬩于牆，外禦其務。」鄭箋：「禦，禁。務，侮也。兄弟雖內鬩而外禦侮也。」國語周語中：「周文公之詩曰：『兄弟鬩于牆，外禦其侮。』」韋注：「禦，禁也。言雖相與狠於牆室之內，然能外禦異族侮害己者。」

〔五〕書益稷：「予欲宣力四方，汝爲。」孔傳：「布力立治之功，汝羣臣當爲之。」

〔六〕文子精誠：「老子曰：『昔黃帝之治天下，……法令明而不闇，輔佐公而不阿，田者讓畔。』」（淮南子覽冥：「昔者黃帝治天下，……田者不侵畔。」）韓非子難一：「歷山之農者侵畔，舜往耕焉，朞年，甽畝正。」淮南子原道：「昔舜耕於歷山，朞年，而田者爭處墝埆，以封壤肥饒相讓。」史記五帝紀：「舜耕歷山，歷山之人皆讓畔。」說文田部：「畔，田界也。」

〔七〕老子第五十七章：「民多利器，國家滋昏，人多伎巧，奇物滋起，法令（河上公本作「法物」）滋彰，盜賊多有。」文子道原：「故曰：『民多智能，奇物滋起，法令滋章，盜賊多有。』」又微明：「治國有禮，不在文辯，法令滋彰，盜賊多有。」（又見淮南子道應）廣雅釋詁三：「蠲，除也。」

〔八〕文子精誠：「是故以智爲治者，難以持國。惟同乎太和而持自然應者，爲能有之。」（又見淮南子覽冥）杜道堅注：「同乎太和不言之教，自然而已。」漢書敍傳上：「（答賓戲）是以六合之內，莫不同原共流，沐浴玄德，禀卬太和。」「大」，讀曰「太」。

〔九〕蒲輪，已見嘉遯篇「不須蒲輪而後動」句箋。玉帛，已見逸民篇「昔安帝以玄纁玉帛聘周彥祖」句箋。丘園，已見勗學篇「旅束帛乎丘園」句箋。俊民，已見嘉遯篇「安可令俊民全其獨善之分」句箋。

〔一〇〕元凱，亦見嘉遯篇「而使聖朝乏乎元凱之用哉」句箋。周禮攷工記：「或坐而論道，或作而行之。」鄭注：「論道，謂謀慮治國之政令也。」書僞周官：「立太師、太傅、太保，茲惟三公，論道經邦，燮理陰陽。」

〔一一〕新序雜事二：「淳于髠等曰：『三人共牧一羊，羊不得食，人亦不得息。何如？』鄒忌曰：『敬諾。〔請〕（原脫「請」字，據羣書治要四二補。）減吏省員，使無擾民也。』」

〔一二〕說文酉部：「酟，一宿酒也。」（徐鍇曰：「謂造之一夜而熟。」）又：「醇，不澆酒也。」不酟，猶言不釀造酟酒，亦卽不釀造酒之意。至醇，疑指玄酒。禮記郊特牲：「酒醴之美，玄酒、明水之尚，貴五味之本也。」正義：「玄酒，謂水也。明水，謂取於月中水也。陳列酒尊之時，明水在五齊之上，玄酒在三酒之上。是玄酒、明水之尚，謂尊尚其古，故設尊在前也。」又樂記：「大饗之禮，尚玄酒而俎腥魚，大羹不和，有遺味者矣。是故先王之制禮樂也，非以極口腹耳目之欲也，將以教民平好惡，而反人道之正也。」正義：「此皆質素之食，而大饗設之，人所不欲也，雖然，有遺餘之味矣。以其有德質素，其味可重，人愛之不忘，故云有遺味者矣。」荀子禮論：「大饗尚玄尊，俎生魚，先大羹，貴食飲之本也。……故尊之尚玄酒也，俎之尚生魚也，豆之先大羹也，一也。」（又見史記禮書）楊注：「尚，上也。玄酒，水也。大羹，肉汁，無鹽梅之味者也。本，謂造飲食之初。……一，謂一於古也。此以象太古時，皆貴本之義，故云一也。」是玄酒最爲醇而不澆者。本篇上文有「旨甘之進則疏儀狄」語，後又專闢酒誡一篇，極言酒之種種禍害（他篇亦閒有論及者），則此句之爲不滿於酒，固有徵矣。

〔一三〕說文艸部：「萌，艸木芽也。」（「木」字段據玉篇補）禮記月令：「（孟春之月）是月也，天氣下降，地氣上騰，天地和同，草木萌動。」詩小雅甫田：「以祈甘雨，以介我稷黍。」爾雅釋天：「甘雨時降，萬物以嘉。」邢疏：「甘雨，卽時雨也。」

〔一四〕管子戒：「管仲曰：『……四方之外歸君，其猶流水乎！』」行潦，已見勗學篇「運行潦而勿輟」句箋。

〔一五〕書堯典：「黎民於變時雍。」孔傳：「黎，衆。」廣雅釋木：「柯，莖也。」

〔一六〕論語憲問：「子曰：『……微管仲，吾其被髮左衽矣。』」集解引馬融曰：「微，無也。無管仲，則君不君，臣不臣，皆爲夷狄。」邢疏：「衽，謂衣衿。衿向左謂之左衽。夷狄之人，被髮左衽。言無管仲，則君不君，臣不臣，中國皆爲夷狄，故云吾其被髮左衽也。」又爲政：「子曰：『爲政以德，譬如北辰，居其所，而衆星共之。』」集解引包咸曰：「德者，無爲。猶北辰之不移，而衆星共之。」爾雅釋天：「北極謂之北辰。」郭注：「北極，天之中，以正四時。」邢疏：「極，中也。辰，時也。居天之中，人望之在北，因名北極。斗杓所建，以正四時，故云北辰。」

「是以七政不亂象於玄極〔一〕，寒温不謬節而錯集〔二〕。四靈備覿〔三〕，芝華灼爍〔四〕。甘露淋漉以霄墜〔五〕，嘉穗婀娜而盈箱〔六〕。丹魃逐於神潢〔七〕，玄厲拘於廣朔〔八〕。百川無沸騰之異〔九〕，南箕謐偃禾之暴〔一〇〕，物無詭時之凋〔一一〕，人無嗟慨之響〔一二〕。囹圄虚陳〔一三〕，五刑寢厝〔一四〕。正朔所不加，冕紳所不暨〔一五〕，氈裘皮服〔一六〕，山棲海竄，莫不含歡革面〔一七〕，感和重譯，靈禽貢於彤庭〔一八〕，瑶環獻自西極〔一九〕。員首遽善〔二〇〕，猶氤氳之順勁風〔二一〕；要荒承指〔二二〕，若響亮之和絶音。誠升隆之盛致，三、五之軌躅也〔二三〕。故能固廟祧於罔極〔二四〕，繁本枝乎百世矣〔二五〕。

〔一〕書舜典：「在璿璣玉衡，以齊七政。」孔傳：「在，察也。璿，美玉。璣衡，王者正天文之器，可運轉者。七政，日、月、五星各異政，舜察天文，齊七政，以審己當天心與否。」正義：「七政，其政有七，於璣衡察之。必在天者知七政，謂日、月與五星也。木曰歲星，火曰熒惑星，土曰鎮星，金曰太白星，水曰辰星。易繫辭（上）云：『天垂象，見吉凶，聖人象之。』此日、月、五星有吉凶之象，因其變動爲占，七者各自異政，故爲七政。得失由政，故稱政也。」

〔二〕易繫辭下：「寒往則暑來，暑往則寒來，寒暑相推，而歲成焉。」禮記樂記：「天地之道，寒暑不時，則疾。」春秋繁露王道：「王正則元氣和順，風雨時。」

〔三〕禮記禮運：「何謂四靈？麟、鳳、龜、龍，謂之四靈。故龍以爲畜，故魚、鮪不淰；鳳以爲畜，故鳥不獝；麟以爲畜，故獸不狘；龜以爲畜，故人情不失。」

〔四〕爾雅釋草：「茵，芝。」郭注：「芝，一歲三華，瑞草。」説文艸部：「芝，神艸也。」史記司馬相如傳：「（大人賦）嘸咀芝英兮嘰瓊華。」漢書司馬相如傳下顏注：「芝英，芝菌之英也。」宋書符瑞志下：「芝英者，王者親近耆老，養有道，則生。」芝英，卽芝華。詩周南桃夭：「桃之夭夭，灼灼其華。」毛傳：「灼灼，華之盛也。」

〔五〕老子第三十二章：「天地相合，以降甘露。」河上公注：「侯王動作能與天相應合，天卽下甘露，善瑞也。」史記司馬相如傳：「（封禪文）自我天覆，雲之油油。甘露時雨，厥壤可游。滋液滲漉，何生不育！嘉穀六穗，我穡曷蓄？」漢書司馬相如傳下顏注：「滲漉，謂潤澤下究，故無生而不育也。」三蒼：「淋、漉，水下也。」（一切經音義十引）霣墜，謂從天而降。

〔六〕尚書大傳：「成王之時，有三苗貫桑葉而生，同爲一穗，其大盈車，長幾充箱。民得而上諸成王。」（書歸禾序正義引）韓詩外傳五：「成王之時，有三苗貫桑而生，同爲一秀，大幾滿車，長幾充箱，（民得而上諸成王。」（此句原脱，據尚書大傳、説苑辨物增。）成王問周公曰：『此何物也？』周公曰：『三苗同爲一秀，意者天下殆同一也。』比幾三年，果有越裳氏重九譯而至，獻白雉於周公。」（又見説苑辨物、白虎通德論封禪）詩小雅隰桑：「隰桑有阿，其葉有難。」毛傳：「興也。阿然美貌，難然盛貌，有以利人也。」鄭箋：「隰中之桑，枝條阿阿然長美，其葉又茂盛，可以庇廕人。」釋文：「難，乃多反。」「婀娜」，與「阿難」同，形容苗穗之美盛也。

〔七〕詩大雅雲漢：「旱既太甚，滌滌山川。旱魃爲虐，如惔如焚。」毛傳：「滌滌，旱氣也。山無木，川無水。魃，旱神也。惔，燎之也。」山海經大荒北經：「大荒之中，有山名曰不句，……有人衣青衣，名曰黄帝女魃。蚩尤作兵伐黄帝，黄帝乃令應龍攻之冀州之野。應龍畜水，蚩尤請風伯雨師從大風雨。黄帝乃下天女曰魃，雨止，殺蚩尤。魃不得復上，所居不雨。叔均言之帝，後置之赤水之北。」神異經：「南方有人，長二三尺，袒身，而目在頂上，走行如風，名曰魃。所見之國，大旱，赤地千里。一名旱母。遇者得之，投溷中卽死，旱灾消。」（詩大雅雲漢正義、藝文類聚一百、太平御覽八八三引）文字指歸：「女妭禿無髮，所居之處，天不雨也。」（玉篇女部、廣韻十三末妭字下引）說文鬼部：「魃，旱鬼也。」又女部：「妭，美婦也。」是「妭」爲「魃」之假借字。文選東京賦：「溺女魃於神潢。」薛注：「神潢，亦水名，未知所在。」（朱銘文選拾遺卷一謂神潢即南都賦「松子神陂」之神陂，在南陽。）

〔八〕王廣恕曰：「（『廣朔』）疑作『度朔』，見喻蔽。字形相近。」照按：王說是。左傳成公十年「晉侯（景公）夢大厲」杜注：「厲，鬼也。」論衡訂鬼：「山海經又曰：『滄（當作「東」）海之中，有度朔之山，上有大桃木，其屈蟠三千里，其枝間東北曰鬼門，萬鬼所出入也。上有二神人：一曰神荼，一曰鬱壘，主閱領萬鬼。惡害之鬼，執以葦索，而以食虎。』」（今山海經佚此文。史記五帝紀集解引作海外經，漢舊儀（此據太平御覽九六七引，齊民要術十無書名）、續漢禮儀志中劉昭注並引作山海經。）又亂龍：「上古之人，有神荼、鬱壘者，昆弟二人，性能執鬼。居東海度朔山上，立桃樹下，簡閱百鬼。鬼無道理，妄爲人禍，荼與鬱壘縛以盧（蘆）索，執以食虎。」（戰國策齊策三高注、文選東京賦薛注所說略同，亦並無書名。）風俗通義祀典：「謹按：黃帝書：『上古之時，有荼與鬱壘昆弟二人，性能執鬼。（居）度朔山上，立桃樹下，簡閱百鬼。（鬼）無道理，妄爲人禍害，荼與鬱壘縛以葦索，執以食虎。』」諸書所載雖有小異，然同作「度朔山」則一。當據改。

〔九〕詩小雅十月：「百川沸騰，山冢崒崩。」毛傳：「沸，出。騰，乘也。山頂曰冢。」鄭箋：「崒者，崔嵬。百川沸出相乘陵者，由貴小人也。山頂崔嵬者崩，君道壞也。」

〔一〇〕詩小雅巷伯：「成是南箕。」毛傳：「南箕，箕星也。」書洪範：「月之從星，則以風雨。」孔傳：「月經於箕，則多風。」春秋緯：「月離於箕，風揚沙。」（書洪範正義、詩小雅漸漸之石正義、周禮春官大宗伯正義引）漢書天文志：「箕星爲風。」（劉子類感：「箕麗於月，而飄風起。」）是箕星與風有關也。南箕謠偃禾之暴，用周成王能「改過自新」，親迎周公，「天卽反風起禾」事，見書金縢。嘉遯篇「德不以激烈風而起偃禾」諸句箋已徵引，玆不再贅。新書禮容語下：「謠者，寧也。」

〔一一〕禮記月令：「孟春行夏令，則雨水不時，草木蚤落。……（孟夏）行冬令，則草木蚤枯。……（仲夏）行秋令，則草木零落。……季夏行春令，則穀實鮮落。」管子四時：「是故春凋，秋榮，冬雷，夏有霜雪，此皆氣之賊也。」文子下德：「春肅，秋榮，冬雷，夏霜，皆賊氣之所生。」（又見淮南子本經）

〔一二〕嗟慨之響，詳後用刑篇「而猶市朝有呼嗟之音」句箋。

〔一三〕禮記月令：「（仲春之月）命有司，省囹圄。」鄭注：「囹圄，所以禁守繫者，若今別獄矣。」說文幸部：「圉，囹圄，所以拘辠人。」釋名釋宮室：「（獄）又謂之囹圄。囹，領也；圄，御也。領錄囚徒，禁御之也。」管子五輔：「倉廩實而囹圄空。」文子精誠：「法寬刑緩，囹圄空虛。」（又見淮南子主術）漢書禮樂志：「周監於二代，禮文尤具，……於是教化浹洽，民用和睦，災害不生，禍亂不作，囹圄空虛，四十餘年。」顏注：「應劭曰：『囹圄，周獄名也。』師古曰：『囹，獄也。圄，守也。故總言囹圄，無繫於周。』」「圄」與「圉」同音相假。

〔一四〕書舜典：「五刑有服。」孔傳：「五刑：墨、劓、剕、宮、大辟。服，從也。言得輕重之中正。」周禮秋官司刑：「掌五刑之灋，以麗萬民之罪。墨罪五百，劓罪五百，宮罪五百，刖罪五百，殺罪五百。」鄭注：「墨，黥也。先刻其面，以墨窒之。劓，截其鼻也。……宮者，丈夫則割其勢，女子閉於宮中，若今宦男女也。刖，斷足也。周改臏作刖。殺，死刑也。」史記周紀：「故成、康之際，天下安寧，刑錯四十餘年不用。」漢書文帝紀贊：「斷獄數百，幾致刑措。」顏注引應劭曰：「措，置也。民不犯法，無所（置）（據史記周紀集解所引增）刑也。」又禮樂志：「漢興寢而不著，民臣莫有言者。」顏注：「寢，息也。」又刑法志：「三代之盛，至於刑錯兵寢者，其本末有序，帝王之極功也。」顏注：「刑錯兵寢，皆謂置而弗用也。」後漢書崔駰傳：「（達旨）六典陳而九刑厝。」李注：「厝，謂置之不用也。」「錯」、「措」、「厝」三字並音倉故切。

〔一五〕正朔，泛指曆法。（禮記大傳：「改正朔。」正義：「正謂年始，朔謂月初。」即元月元日。）正朔所不加，謂漢族王朝頒行之曆法不强施於各少數民族也。白虎通德論王者不臣：「夷狄者，與中國絶域異俗，……春秋傳（公羊傳昭公十六年）曰：『夷狄相誘，君子不疾。』尚書大傳曰：『正朔所不加，即君子所不臣也。』」漢書宣帝紀：「（甘露二年）匈奴呼韓邪單于款五原塞，願奉國珍朝三年正月。詔有司議。咸曰：『聖王之制，施德行禮，先京師而後諸夏，先諸夏而後夷狄。……陛下聖德，充塞天地，光被四表。匈奴單于鄉風慕義，舉國同心，奉珍朝賀，自古未之有也。單于非正朔所加，王者所客也，禮儀宜如諸侯王，稱臣昧死再拜，位次諸侯王下。』詔曰：『……今匈奴單于稱北藩臣，朝正月，……其以客禮待之，位在諸侯王上。』」（又見蕭望之傳）又嚴助傳：「淮南王安上書諫曰：『……今聞有司舉兵將以誅越，臣安竊爲陛下重之。越，方外之地，劗髮文身之民也。不可以冠帶之國法度理也。自三代之盛，胡、越不與受正朔，非彊弗能服，威弗能制也，以爲不居之地，不牧之民，不足以煩中國也。』」又終軍傳：「軍上對曰：『……南越竄屏葭葦，與鳥魚羣，正朔不及其俗。』」又匈奴傳贊：「書（舜典）戒『蠻夷猾夏』，詩（魯頌閟宮）稱『戎狄是膺』，……是以春秋（公羊傳成公十五年）『内諸夏而外夷狄』。……其與中國殊章服，異習俗，飲食不同，言語不通，辟居北垂寒露之野，逐草隨畜，射獵爲生，隔以山谷，雍以沙幕，天地所以絶外内也。……政教不及其人，正朔不加其國，來則懲而御之，去則備而守之。其慕義而貢獻，則接之以禮讓，羈靡不絶，使曲在彼，蓋聖王制御蠻夷之常道也。」爾雅釋詁：「暨，與也。」與，許也（論語公冶長「吾與女弗如也」皇疏）。

同。

〔一六〕史記匈奴傳：「自君王以下，咸食畜肉，衣其皮革，被旃裘。」漢書鼂錯傳：「胡人食肉飲酪，衣皮毛。」「旃」與「氈」同。

〔一七〕易革：「上六，君子豹變，小人革面。」王注：「小人樂成，則變面以順上也。」三國志魏書武帝紀：「(獻帝)使御史大夫郗慮持節策命公爲魏公曰：『……君翼宣風化，爰發四方，遠人革面，華夏充實。』」

〔一八〕太公金匱：「武王伐殷，四夷聞，各以(其職)來貢，越裳獻白雉，重譯而至。」(文選吳質答東阿王書李注引(藝文類聚五九所引有異)) 尚書大傳：「交趾之南有越裳國。周公居攝六年，制禮作樂，天下和平。越裳氏以三象重譯而獻白雉。」(太平御覽七八五引(後漢書南蠻傳文同，惟未標書名。)) 韓詩外傳五：「成王之時，有三苗貫桑而生，……比幾三年，果有越裳氏重九譯而至，獻白雉於周公。」論衡異虚：「周時天下太平，越嘗獻(白)雉於周公。」(越裳獻白雉之時，太公金匱與尚書大傳諸書所言不同，蓋傳聞之異。) 文選西都賦：「玉階彤庭。」張銑曰：「彤，赤色也。以彤漆飾庭。」又西京賦：「彤庭煇煇。」薛注：「彤，赤也。」

〔一九〕世本：「舜時，西王母獻白環。」(藝文類聚六七、文選何晏景福殿賦又與陳伯之書李注引) 後漢書馬融傳：「(廣成頌)受王母之白環。」中論爵祿：「故舜……則西王母來獻白環。」文選景福殿賦：「納虞氏之白環。」帝王世紀：「西王母慕舜之德，來獻白環。」(開元占經一一三、後漢書馬融傳李注、初學記二十、太平御覽六二六引(御覽八七二引瑞應圖：「黃帝時，西王母使乘白鹿來獻白環。」與諸書不同，蓋傳聞之異。)) 爾雅釋地：「東至於泰遠，西至於邠國，南至於濮鈆，北至於祝栗，謂之四極。觚竹、北户、西王母、日下，謂之四荒。」郭注：「(四極)皆四方極遠之國。觚竹在北，北户在南，西王母在西，日下在東，皆四方昏荒之國，次四極者。」楚辭離騷：「夕余至乎西極。」王注：「夕至地之西極。」

〔二〇〕員首，謂人。大戴禮記曾子天圓：「曾子曰：『天之所生上首，地之所生下首，上首之謂員，下首之謂方。』」盧注：「人首員足方，因繫之天地。」淮南子精神：「故頭之圓也象天，足之方也象地。」「員」、「圓」古通用（本字當作「圓」）。楚辭大招：「遝爽存只。」王注：「遝，趣也。」

〔二一〕易繫辭下：「天地絪緼，萬物化醇。」正義：「絪緼，相附著之義。言天地無心，自然得一，唯二氣絪緼，共相和會，萬物感之，變化而精醇也。」釋文：「絪緼，本又作氤氳。」後漢書張衡傳：「（思玄賦）天地烟煴，百卉含蘤。」李注：「烟煴，氣也。」又班固傳：「（典引）太極之原，兩儀始分，烟烟煴煴，有沈而奥，有浮而清。」李注引蔡邕曰：「絪緼，陰陽和一相扶貌也。」

〔二二〕要荒，已見逸民篇「要荒服事」句箋。

〔二三〕史記孔子世家：「楚令尹子西曰：『……今孔丘述三、五（原誤作「王」，據文選東都賦、勸進表、王融曲水詩序等李注改）之法。』」文選東都賦：「事勤乎三、五。」劉良曰：「三、五，三皇五帝也。」軌躅，已見嘉遯篇「絕軌躅於金、張之間」句箋。

〔二四〕周禮春官守祧：「掌守先王先公之廟祧。」鄭注：「廟，謂六祖之廟及三昭三穆。遷主所藏曰祧。」禮記祭義：「天下有王，分地建國，置都立邑，設廟、祧、壇、墠而祭之。……遠廟爲祧。」左傳襄公九年：「以先君之祧處之。」杜注：「諸侯以始祖之廟爲祧。」

〔二五〕詩大雅文王：「文王孫子，本支百世。」毛傳：「本，本宗也。支，支子也。」鄭箋：「（文王）其子孫適爲天子，庶爲諸侯，皆百世。」左傳莊公六年：「詩云：『本枝百世。』」杜注：「詩大雅言文王本枝俱茂，蕃滋百世也。」

「夫根深則末盛矣，下樂則上安矣。馬不調，造父不能超千里之迹；民不附，唐、虞不能致同天之美〔一〕。馬極則變態生，而傾僨惟憂矣〔二〕；民困則多離叛，其禍必振矣〔三〕。可不戰戰以待旦乎〔四〕！可不慄慄而慮危乎！人主不澄思於治亂，不深鑒於亡徵〔五〕，雖目分百尋之秋毫〔六〕，耳精八音之清濁〔七〕，文則琳琅墮於筆端〔八〕，武則鉤鉻原注：居額切摧於指掌〔九〕，心苞萬篇之誦，口播濤波之辯〔一〇〕，猶無補於土崩，不救乎瓦解也〔一一〕。何者？不居其大，而務其細，滯乎下人之業，而闇元本之端也。

〔一〕文子上義：「故馳馬不調，造父不能以取道；君臣不和，聖人不能以爲治也。」荀子議兵：「六馬不和，則造父不能以致遠；士民不親附，則湯、武不能以必勝也。」（又見韓詩外傳三、新序雜事三）淮南子主術：「是故輿馬不調，王良不足以取道；君臣不和，唐、虞不能以爲治。」又兵略：「故四馬不調，造父不能以致遠。」韓詩外傳七：「使驥不得伯樂，安得千里之足，造父亦無千里之手矣。」史記趙世家：「造父幸於周繆王。造父取驥之乘匹，與桃林盜驪、驊騮、緑耳，獻之繆王。繆王使造父御，西巡狩，見西王母，樂之忘歸。而徐偃王反，繆王日馳千里馬，攻徐偃王，大破之。乃賜造父以趙城，由此爲趙氏。」唐、虞，唐堯、虞舜。論語泰伯：「子曰：『大哉堯之爲君也！巍巍乎，唯天爲大，唯堯則之。』」集解引孔安國曰：「則，法也。美堯能法天而行化。」（孔子止稱堯則天，稚川連言及舜，非別有所本也。）

〔二〕莊子達生：「東野稷以御見莊公，進退中繩，左右旋中規。莊公以爲文弗過也，使之鉤百而反。顏闔遇之，入見曰：『稷之馬將敗。』公密而不應。少焉，果敗而反。公曰：『子何以知之？』曰：『其馬力竭矣，而猶求焉，故曰敗。』」呂氏春秋適威略同。（荀子哀公、韓詩外傳二、新序雜事五「東野稷」作「東野畢」（家語顏回同），「莊公」作「魯定公」（家語同），「顏闔」作「顏淵」（家語作「顏回」），蓋傳聞之異。）

〔三〕徐濟忠「其」上校沾「而」字。又云：「『必』字疑是『不』字。」照按：有「而」字與上「而傾債惟憂矣」句儷。盧本、文溯本、崇文本並有「而」字。「必振」，與上下文意不屬，徐說是。「不振」連文，本書屢見：如官理篇「國覆而不振也」，交際篇「皇轡不振」，廣譬篇「故越人見齊桓不振之徵於未覺之疾」，又「禍敗奄及而不振」，自敘篇「死傷狼藉，殆欲不振」，皆是也。國語周語下：「踣斃不振。」韋注：「振，救也。」史記刺客荆軻傳：「禍必不振矣。」索隱：「振，救也。」漢書鼂錯傳：「跌而不振。」顏注引服虔曰：「蹉跌不可復起也。」詁此並合。

〔四〕書僞太甲上：「伊尹乃言曰：『先王昧爽丕顯，坐以待旦。』」孟子離婁下：「周公思兼三王，以施四事。其有不合者，仰而思之，夜以繼日，幸而得之，坐以待旦。」

〔五〕韓非子亡徵：「亡徵者，非曰必亡，言其可亡也。夫兩堯不能相王，兩桀不能相亡。亡、王之機，必其治亂，其強弱相踦者也。」

〔六〕秋毫，已見崇教篇「澄視於秋毫者」句箋。

〔七〕周禮春官大師：「皆播之以八音：金，石，土，革，絲，木，匏，竹。」國語周語下：「耳之察和也，在清濁之間。」韋注：「清濁，律中之變。黃鍾爲宮則濁，大呂爲角則清也。」

〔八〕琳、琅，並美玉名。此喻文采。韓詩外傳七：「避文士之筆端。」

〔九〕方言五：「鉤，宋、楚、陳、魏之間謂之鹿觡，或謂之鉤格，自關而西謂之鉤。」玉篇金部：「鉤，鐵曲也。」又：「鉻，鉤也。」淮南子主術：「桀之力，制觡伸鉤。」高注：「觡，角也。」鉤鉻摧於指掌，言其力氣大。

〔一〇〕漢書敍傳上：「（答賓戲）雖馳辯如濤波，摛藻如春華，猶無益於殿最。」顏注：「大波曰濤。」

〔一一〕淮南子泰族：「（紂）士億有餘萬，然皆倒矢而射，傍戟而戰。武王左操黃鉞，右執白旄以麾之，則瓦解而走，遂土崩而下。」史記秦始皇紀贊：「秦之積衰，天下土崩瓦解。」正義：「言秦國敗壞，若屋宇崩穨，衆瓦解散也。」

「誠能事過乎儉，臨深履冰〔一〕，居安不忘乘奔之戒，處存不廢慮亡之懼〔二〕，操綱領以整毛目〔三〕，握道數以御衆才〔四〕，韓、白畢力以折衝〔五〕，蕭、曹竭能以經國〔六〕，介一人之心疑當作介人一心致其果毅〔七〕，謀夫協思進其長筭；則人主雖從容玉房之内〔八〕，逍遥雲閣之端〔九〕，羽爵腐於甘醪〔一〇〕，樂人疲於拚儛〔一一〕，猶可以垂拱而任賢〔一二〕，高枕以責成〔一三〕。何必居茅茨之狹陋〔一四〕，食薄味之大羹〔一五〕，躬監門之勞役〔一六〕，懷損命之辛勤，然後可以惠流蒼生，道洽海外哉？

〔一〕詩小雅小旻：「戰戰兢兢，如臨深淵，如履薄冰。」毛傳：「戰戰，恐也。兢兢，戒也。（如臨深淵）恐隊也。（如履薄冰）恐陷也。」

〔二〕易繫辭下：「是故君子安而不忘危，存而不忘亡，治而不忘亂，是以身安而國家可保也。」左傳襄公十一年：「書曰：『居安思危。』」杜注：「逸書。」周書程典：「於安思危。」戰國策楚策四：「春秋於安思危。」吕氏春秋慎大：「故聖主於安思危。」鄧析子轉辭：「明君之御民，若乘奔而無轡。」淮南子説林：「君子之居民上，若以腐索御奔馬。」説苑政理：「子貢問治民於孔子，孔子曰：『懔懔焉如以腐索御奔馬。』」（又見家語致思）

〔三〕吕氏春秋用民：「用民有紀有綱，壹引其紀，萬目皆起，壹引其綱，萬目皆張。」三國志魏書陳矯傳：「子本嗣，歷位郡守、九卿，所在操綱領，舉大體，能使羣下自盡。有統御之才，不親小事。」晉書應詹傳：「（上疏）宜早振綱領，肅起羣望。」南齊書顧憲之傳：「舉其綱領，略其毛目。」又高逸顧歡傳：「綱領既理，毛目自張。」

〔四〕廣雅釋言：「數，術也。」握道數，掌握君人南面之術，亦即上文所謂「御之以術」也。

〔五〕韓、白，韓信、白起。已見逸民篇「不可以爲不及於韓、白矣」句箋。大戴禮記王言：「孔子曰：『……是故明王之守也，必折衝乎千里之外。』」文子上德：「國有賢臣，折衝千里。」又上義：「修政廟堂之上，折衝千里之外。」高誘呂氏春秋召類注：「衝車，所以衝突敵之軍，能陷破之也。有道之國，不可攻伐，使欲攻己者，折還其衝車於千里之外，不敢來也。」又淮南子説山注：「衝，兵車也，所以衝突敵城也。言賢君德不可伐，故能折遠敵之衝車於千里之外，使敵不敢至也。」（太平御覽三三二引韓詩外傳八注云：「衝，衝車也。謂敵人設此以臨城，大臣謀於廟堂，遥以折之。」）

〔六〕史記高祖紀：「高祖曰：『……鎮國家，撫百姓，給餽饟，不絶糧道，吾不如蕭何。』」又蕭相國世家：「蕭相國何者，沛豐人也。以文無害，爲沛主吏掾。……漢五年，既殺項羽，定天下，論功行封。羣臣爭功，歲餘功不決。高祖以蕭何功最盛，封爲酇侯，所食邑多。……列侯畢已受封，及奏位次，皆曰：『平陽侯曹參身被七十創，攻城略地，功最多，宜第一。』上已橈功臣，多封蕭何，至位次未有以復難之，然心欲何第一。關内侯鄂君進曰：『羣臣議皆誤。夫曹參雖有野戰略地之功，此特一時之事。……奈何欲以一旦之功而加萬世之功哉！蕭何第一，曹參次之。』高祖曰：『善。』」又曹相國世家：「平陽侯曹參者，沛人也。秦時爲沛獄掾，而蕭何爲主吏，居縣爲豪吏矣。……參始微時，與蕭何善；及爲將相，有郤。至何且死，所推賢唯參。參代何爲漢相國，舉事無所變更，一遵蕭何約束。……參爲漢相國，出入三年。……百姓歌之曰：『蕭何爲法，顜若畫一；曹參代之，守而勿失。載其清淨，民以寧一。』」漢書敍傳下：「猗與元勳，包漢舉信，鎮守關中，足食成軍，營都立宮，定制修文。平陽玄默，繼而弗革，民用作歌，化我淳德。漢之宗臣，是謂相國。述蕭何曹參傳第九。」

〔七〕孫星衍曰：「(『介一人之心』)疑當作『介人一心』。」照按：孫說是。崇文本作「介人一心」，蓋據孫校改也。詩大雅板：「价人維藩。」鄭箋：「价，甲也。被甲之人，謂卿士掌軍事者。」釋文：「(价)鄭作介。」胡承珙曰：「漢書諸侯王表序引詩作介人，此或據三家詩。故箋本之，釋介爲甲耳。」(毛詩後箋卷二四)左傳宣公二年：「殺敵爲果，致果爲毅。」國語周語中：「故制戎以果毅。」

〔八〕漢書禮樂志：「(郊祀歌)神之出，排玉房。」鹽鐵論鹽鐵取下：「從容房闈之間。」

〔九〕漢書揚雄傳上：「(甘泉賦)乘雲閣而上下兮。」顏注：「乘，登也。雲閣，亦言其高入於雲也。」

〔一〇〕羽爵，已見崇教篇「流連於羽觴之間」句箋。說苑尊賢：「桓公問於管仲曰：『吾欲使爵腐於酒，肉腐於俎，得毋害於霸乎？』管仲對曰：『此極非其貴者耳。然亦無害於霸也。』桓公曰：『何如而害霸乎？』管仲對曰：『不知賢，害霸也；知而不用，害霸也；用而不任，害霸也；任而不信，害霸也；信而復使小人參之，害霸也。』桓公曰：『善。』」廣雅釋器：「醪，酒也。」

〔一一〕說文手部：「拚，拊手也。」呂氏春秋古樂：「帝嚳乃令人抃。」高注：「兩手相擊曰抃。」「抃」同「拚」(見玉篇手部「抃」字注)。「儛」與「舞」同(見廣韻九麌「儛」字注)。列子湯問：「(韓)娥還，復爲曼聲長歌，一里老幼喜躍抃舞，弗能自禁。」文選琴賦：「其康樂者聞之，則欨愉歡釋，抃舞踊溢。」李周翰曰：「兩手相撫曰抃。踊溢，言跳躍也。」

〔一二〕書僞武成：「惇信明義，崇德報功，垂拱而天下治。」枚傳：「言武王所修皆是，所任得人，故垂拱而天下治。」大戴禮記保傅：「管仲者，桓公之讎也。鮑叔以爲賢於己而進之桓公，七十言說乃聽。遂使桓公除仇讎之心，而委之國政焉。桓公垂拱無事而朝諸侯，鮑叔之力也。」盧注：「垂拱，言無所指麾者也。」漢書循吏傳序：「孝惠垂拱，……而天下晏然。」文選聖主得賢臣頌：「雍容垂拱，永永萬年。」呂延濟曰：「垂衣拱手，天下自治，祿福萬年也。」

〔一三〕戰國策齊策四：「(馮諼)還報孟嘗君曰：『三窟已就，君姑高枕爲樂矣。』」楚辭九辯：「堯、舜皆有所舉任兮，故高枕而自適。」王注：「安卧垂拱，萬國治也。」文子自然：「因循任下，責成而不勞。」(又見淮南子主術)韓非子外儲說右下：「人主者，守法責成以立功者也。」鹽鐵論刺復：「故任能者責成而不勞，任己者事廢而無功。」

〔一四〕茅茨，已見嘉遯篇「茅茨黜於丹楹」句及崇教篇「笑茅茨爲不肖」句箋。

〔一五〕禮記禮器：「有以素爲貴者，……大羹不和。」正義：「大羹，肉汁也。不和，無鹽梅也。」釋文：「大羹，音泰。和，胡卧反。」又郊特牲：「大羹不和，貴其質也。」左傳桓公二年：「大羹不致，粢食不鑿，昭其儉也。」杜注：「大羹，肉汁，不致五味。」

〔一六〕周禮地官司門：「監門養之。」鄭注：「監門，門徒。」荀子榮辱：「故或祿天下而不自以爲多，或監門御旅、抱關擊柝而不自以爲寡。」楊注：「監門，主門也。」韓非子五蠹：「堯之王天下也，茅茨不翦，采椽不斲，糲粢之食，藜藿之羹，冬日麑裘，夏日葛衣，雖監門之服養，不虧於此矣。」

「昏惑之君，則不然焉。其爲政也：或仁而不斷，朱紫混漫，正者不賞，邪者不罰。或苛猛慘酷，或純威無恩，刑過乎重，不恕不逮。根露基積，危猶巢幕〔一〕，而自比於天日〔二〕，擬固於泰山〔三〕，謂克明俊德者不難及〔四〕，小心翼翼者未足筭也〔五〕。於是無罪無辜，淫刑以逞，民不見德，唯戮是聞〔六〕。

〔一〕左傳襄公二十九年：「(吳公子札)自衛如晉，將宿於戚，聞鍾聲焉，曰：『異哉？吾聞之也，辯而不德，必加於戮。夫子獲罪於君以在此，懼猶不足，而又何樂？夫子之在此也，猶燕之巢於幕上。君又在殯，而可以樂乎？』遂去之。文子聞之，終身不聽琴瑟。」杜注：「（燕巢幕上）言至危。」

〔二〕韓詩外傳二：「昔者桀爲酒池糟隄，縱靡靡之樂，〔一鼓〕而牛飲者三千〔人〕。……伊尹知大命之將至，舉觴造桀曰：『君王不聽臣言，大命至矣！亡無日矣！』桀拍然而抃，嗑然而笑，曰：『子又妖言矣。吾有天下，猶天之有日也。日有亡乎？日亡，吾亦亡也。』於是伊尹接履而趨，遂適於湯。湯以爲相。」（又見新序刺奢。尚書大傳〔藝文類聚一二、太平御覽八三、路史後紀一四引〕小異，列女傳孽嬖夏桀末喜傳則以爲龍逢進諫。）漢書谷永傳：「永對曰：『……夏、商之將亡也，行道之人皆知之，晏然自以若天有日莫能危，是故惡日廣而不自知，大命傾而不寤。』」顏注：「自謂如日在天而無有能傷危也。」（文選西征賦：「方指日而比盛。」）

〔三〕戰國策秦策五：「其寧於太山四維，必無危亡之患矣。」高注：「四維持之也。」漢書枚乘傳：「乘奏書諫曰：『……變所欲爲，易於反掌，安於太山。』」易林坤之中孚：「安如太山，福喜屢臻。」「泰」、「太」古通。

〔四〕書堯典：「克明俊德，以親九族。」孔傳：「能明俊德之士任用之，以睦高祖玄孫之親。」

〔五〕詩大雅大明：「維此文王，小心翼翼。」鄭箋：「小心翼翼，恭慎貌。」論語子路：「子曰：『噫！斗筲之人，何足算也！』」集解引鄭玄曰：「筲，竹器，容斗二升。算，數也。」「筭」、「算」古通用不別。

〔六〕詩小雅十月之交：「無罪無辜，讒口囂囂。」左傳僖公二十三年：「懷公執狐突，曰：『子來則免。』對曰：『子之能仕，父教之忠，古之制也。策名委質，貳乃辟也。今臣之子，名在重耳，有年數矣，若又召之，教之貳也。父教子貳，何以事君？刑之不濫，君之明也，臣之願也。淫刑以逞，誰則無罪？臣聞命矣。』乃殺之。卜偃稱疾不出，曰：『周書（康誥）有之：「乃大明服。」己則不明，而殺人以逞，不亦難乎？民不見德，而唯戮是聞，其何後之有！』」

「官人則以順志者爲賢，擢才則以近習者爲前。上宰鼎列，委之母后之族；專斷顧問，決之阿諂之徒〔一〕。所揚引則遠九族外親，而不簡其器幹〔二〕；所信仗則在於瑣才曲媚，而憎乎方直〔三〕；所抑退則從雷同，而不察之以情；所寵進則任美談，而不考其績用。掌要治民之官，御戎專征之將，或貪汙以壞所在矣，或營私以亂朝廷矣，或懦弱以敗庶事矣，或恇怯以失軍利矣〔四〕。終於不覺，不忍黜斥，猶加親委，冀其晚效。器小任大，遂及於禍。良才遠量無援之士，或披褐而朝隱〔五〕，或沈淪於窮否，懷道括囊，展力莫由，陵替之災〔六〕，所以多有也。

〔一〕後漢書仲長統傳：「（昌言）理亂篇曰：『……彼後嗣之愚主，……信任親愛者，盡佞諂容悅之人也；寵貴隆豐者，盡后妃姬妾之家也。』……法誡篇曰：『……而權移外戚之家，寵被近習之豎，親其黨類，用其私人，內充京師，外布列郡。』」鼎，三公。列，九列（卽九卿）。此泛指朝廷要職。

〔二〕照按：此二句文意不屬，「遠」下疑脫一字（或是「及」字）。下文「所信仗則在於瑣才曲媚」句，亦其切證。又按：九族既與外親並言，則九族爲同姓親族，卽上自高祖下至玄孫九代也。

〔三〕照按：以上文「而不簡其器幹」句例之，「憎」之上或下脫去一字。

〔四〕廣雅釋詁四：「恇，怯也。」後漢書袁紹傳上：「（韓）馥素性恇怯，因然其計。」三國志魏書董卓傳：「其後（牛）輔營兵有夜叛出者，營中驚，輔以爲皆叛。」裴注引王沈魏書曰：「輔恇怯失守，不能自安。常把辟兵符，以鈇鑕致其旁，欲以自彊。」

〔五〕老子第七十章：「知我者希，則我者貴。是以聖人被褐懷玉。」河上公注：「被褐者，薄外；懷玉者，厚內。匿寶藏懷，不以示人也。」王注：「被褐者，同其塵，懷玉者，寶其真也。聖人之所以難知，以其同塵而不殊，懷玉而不渝，故難知而爲也。」釋文：「被，音備。」（老子帛書甲、乙本均作「被褐」）後漢書文苑下趙壹傳：「（刺世疾邪賦）被褐懷珠玉。」李注：「言處卑賤而懷德義也。」三國志魏書武帝紀：「（建安）十五年春下令曰：『……今天下得無有被褐懷玉而釣於渭濱者乎！』」晉書庾峻傳：「峻上疏曰：『……山林之士，被褐懷玉。』」又隱逸戴逵傳：「（放達爲非道論）識其枉尺直尋之旨，採其被褐懷玉之由。』嵇康集卜疑集：「超世獨步，懷玉被褐。」皆作「被褐」。本書交際、任命、吳失、博喻四篇，亦並有「被褐」之文。是此處之「披」當作「被」矣。法言淵騫：「或問：『柳下惠非朝隱者與？』」文選王康琚反招隱詩：「小隱隱陵藪，大隱隱朝市。」又東方朔畫贊：「染迹朝隱，和而不同。」劉良曰：「染近於俗，隱迹於朝，與俗和光而不同其道也。」

〔六〕左傳昭公十八年：「閔子馬曰：『……於是乎下陵上替，能無亂乎？』」正義：「一國之人皆懷苟且，不識上下之序，不知尊卑之義，於是在下者陵侮其上，在上者替廢其位，上下失分，能無亂乎？」

「又經典規戒，弗聞弗覽；玩弄褻宴，是耽是務。高樓觀而下道德，廣苑囿而狹招納〔一〕，深池沼而淺恩信，悦狗馬而惡蹇諤〔二〕，貴珠玉而賤智略〔三〕，豐綺紈而約惠澤，緩賑濟而急聚斂，勤畋弋而忽稼穡，重兼并而輕民命〔四〕，進優倡而退儒雅〔五〕，厚嬖幸而薄戰士，流聲色而忘庶事，先酣遊而後聽斷，數苦役而踈犒賜〔六〕，工造費好不急之器，圈聚食肉靡穀之物〔七〕。然則危亡不可以怨天，微弱不可以尤人也〔八〕。夫吉凶由己〔九〕，湯、武豈一哉？

〔一〕史記殷紀：「（紂）益廣沙丘苑臺，多取野獸蜚鳥置其中。」高誘呂氏春秋重己「昔先聖王之爲苑囿園池也」注：「畜禽獸所，大曰苑，小曰囿。」

〔二〕戰國策齊策四：「馮諼曰：『君云：「視吾家所寡有者。」臣竊計宮中積珍寶，狗馬實外廄，美人充下陳，君家所寡有者以義耳。』」史記殷紀：「（紂）益收狗馬奇物，充仞宮室。」後漢書陳忠傳：「（上疏）忠臣盡謇諤之節，不畏逆耳之害。」又儒林上戴憑傳：「憑謝曰：『臣無謇諤之節，而有狂瞽之言。』」文選辨亡論上：「左丞相陸凱以謇諤盡規。」呂向曰：「謇諤，正直也。」照按：「蹇」，藏本作「謇」（魯藩本、吉藩本同）。孫氏改爲「蹇」，其字雖通，但與所出之底本不合。非是。

〔三〕史記李斯傳：「斯乃上書曰：『……然則是所重者在乎色樂珠玉，而所輕者在乎人民也。』」

〔四〕墨子天志下：「今天下之諸侯，將猶皆侵凌攻伐兼并。」荀子王制：「存亡繼絶，衞弱禁暴，而無兼并之心。」

〔五〕列女傳孽嬖夏桀末喜傳：「（桀）收倡優侏儒狎徒，能爲奇偉戲者，聚之於旁。」

〔六〕左傳文公十六年：「無日不數於六卿之門。」杜注：「數，不疏。」釋文：「數，音朔。」

〔七〕呂氏春秋愼小：「齊桓公卽位，三年三言，而天下稱賢，羣臣皆說。去肉食之獸，去食粟之鳥，去絲罝之網。」淮南子主術：「桓公立政，去食肉之獸，食粟之鳥，係罝之網。三舉而百姓說。」鹽鐵論鹽鐵散不足：「黎民或糟糠不接，而禽獸食肉。」

〔八〕論語憲問：「子曰：『不怨天，不尤人。』」集解引馬融曰：「孔子不用於世而不怨天，人不知己，亦不尤人。」邢疏：「尤，非也。」

〔九〕後漢書儒林上孔僖傳：「（僖）拜臨晉令，崔駰以家林筮之，謂爲不吉，止僖曰：『子盍辭乎？』僖曰：『學不爲人，仕不擇官，凶吉由己，而由卜乎？』」（左傳僖公十六年有「吉凶由人」語）

「昔周文掩未埋之骨，而天下稱其仁〔一〕。殷紂剖比干之心，而四海疾其虐〔二〕。望在具瞻〔三〕，毀譽尤速。得失之舉，不在多也。凡譽重則蠻、貊歸懷〔四〕，而不可以虛索也；毀積卽華夏離心，而不可以言救也。是以小善雖無大益，而不可不爲；細惡雖無近禍，而不可不去也〔五〕。

〔一〕呂氏春秋異用：「周文王使人抇池，得死人之骸，吏以聞於文王。文王曰：『更葬之。』吏曰：『此無主矣。』文王曰：『有天下者，天下之主也；有一國者，一國之主也。今我非其主也？』遂令吏以衣棺更葬之。天下聞之，曰：『文王賢矣，澤及髊骨，又況於人乎！』或得寶以危其國，文王得朽骨以喻其意。」（又見新序雜事五、金樓子立言上）後漢書質帝紀：「（永憙元年詔）昔文王葬枯骨，人賴其德。」桓譚新論：「文王葬枯骨，無益衆庶，衆庶悅之，恩義動人也。」（意林三引）

〔二〕比干剖心，已見嘉遯篇「逢、比有令德之罪」句箋。

〔三〕詩小雅節南山：「赫赫師尹，民具爾瞻。」毛傳：「赫赫，顯盛貌。師，大師，周之三公也。尹，尹氏，爲大師。具，俱。瞻，視。」鄭箋：「此言尹氏女居三公之位，天下之民俱視女之所爲。」

〔四〕周禮夏官職方氏：「掌天下之圖，以掌天下之地，辨其邦國、都、鄙、四夷、八蠻、七閩、九貉、五戎、六狄之人民。」鄭注：「鄭司農（衆）云：『東方曰夷，南方曰蠻，西方曰戎，北方曰貉狄。』」書僞武成：「華夏蠻、貊，罔不率俾，恭天成命。」正義：「華夏，謂中國也。言蠻、貊，則戎夷可知也。言華夏及四夷，皆相率而充己使，奉天成命，欲其共伐紂也。」禮記中庸：「是以聲名洋溢乎中國，施及蠻貊。」照按：此文蠻、貊，亦應作四夷解，泛指少數民族。如强爲區分，則泥矣。「貊」，「貉」之或體（見集韻二十陌「貉」字注）。

〔五〕易繫辭下：「善不積，不足以成名；惡不積，不足以滅身。小人以小善爲无益，而弗爲也；以小惡爲无傷，而弗去也，故惡積而不可揜，罪大而不可解。」新書審微：「善，不可謂小而無益；不善，不可謂小而無傷。非以小善爲一，足以利天下；小不善爲一，足以亂國家也！」淮南子繆稱：「君子不謂小善不足爲也而舍之，小善積而爲大善；不謂小不善爲無傷也而爲之，小不善積而爲大不善。」諸葛亮集：「先主遺詔敕後主曰：『……勿以惡小而爲之，勿以善小而不爲。』」（三國志蜀書先主傳裴注、太平御覽四五九引）

「若乃肆情縱欲，而不與天下共其樂，故有憂莫之恤也〔一〕。削基憯峻〔二〕，而不覺下墮則上崩，故傾積莫之扶也。於是轡策去於我手〔三〕，神物假而不還〔四〕，力勤財匱〔五〕，民不堪命〔六〕，衆怨於下，天怒於上〔七〕，田成盜全齊於帷幄〔八〕，姬昌取有二於西鄰〔九〕，陳、吳之徒，奮劒而大呼〔一〇〕，劉、項之倫，揮戈而飈駭〔一一〕，雲梯乘於百雉之上〔一二〕，皓刃交於象魏之下〔一三〕，飛鋒內荐〔一四〕，禁兵外潰〔一五〕，而乃憂悲以思遯世之大賢〔一六〕，擁篲以延巖棲之智士〔一七〕，慕伊、呂於嵩岫〔一八〕，招孫、吳於草萊〔一九〕，拜昌言而無所〔二〇〕，思嘉筭而莫問，猶大廈既燔，而運水於滄海〔二一〕，洪潦淩室（意林作空），而造船於長洲矣〔二二〕。

〔一〕孟子梁惠王下：「孟子對曰：『……爲民上而不與民同樂者，亦非也。樂民之樂者，民亦樂其樂；憂民之憂者，民亦憂其憂。樂以天下，憂以天下，然而不王者，未之有也。』」文選六代論：「三代之君與天下共其民，故天下同其憂；秦王獨制其民，故傾危而莫救。夫與人共其樂者，人必憂其憂；與人同其安者，人必拯其危。」

〔二〕照按：「憎峻」，與下文文意不屬，當依藏本、魯藩本、吉藩本、慎本、舊寫本作「增峻」。孫氏據盧本改「增」爲「憎」，非是（徐濟忠已校「增」爲「憎」）。文子上義：「不廣其基，而增其高者，覆。」（淮南子泰族同）注此適合。

〔三〕淮南子主術：「故法律度量者，人主之所以執下，釋之而不用，是猶無轡銜而馳也，羣臣百姓反弄其上。」潛夫論衰制：「夫法令者，人君之銜轡箠策也，而民者，君之輿馬也。若使人臣廢君法禁而施己政令，則是奪君之轡策，而己獨御之也。」家語執轡：「夫人君之政，執其轡策而已。」

〔四〕老子第二十九章：「天下神器，不可爲也。」河上公注：「器，物也。」漢書敍傳上：「（王命論）游説之士，至比天下於逐鹿，幸捷而得之，不知神器有命，不可以智力求也。」顏注：「劉德曰：『神器，璽也。』李奇曰：『帝王賞罰之柄也。』師古曰：『李説是也。』」

〔五〕淮南子主術：「及至亂主，取民則不裁其力，求於下則不量其積，男女不得事耕織之業，以供上之求，力勤財匱。」

〔六〕左傳桓公二年：「宋殤公立，十一年十一戰，民不堪命。」國語周語上：「厲王虐，國人謗王。召公告王曰：『民不堪命矣！』」韋注：「言民不堪暴虐之政令。」

〔七〕後漢書袁紹傳上：「乃先宣檄曰：『……自是士林憤痛，人怨天怒。』」鄭玄尚書五行傳注：「民怨神怒。」（文選陸倕石闕銘李注引）

〔八〕莊子胠篋：「昔者齊國鄰邑相望，……所以立宗廟社稷，治邑屋州閭鄉曲者，曷嘗不法聖人哉？然而田成子一旦殺齊君而盜其國。所盜者豈獨其國邪？並與其聖知之法而盜之。故田成子有乎盜賊之名，而身處堯、舜之安。小國不敢非，大國不敢誅，十二世有齊國。」韓非子二柄：「人主者，以刑德制臣者也。今君人者，釋其刑德而使臣用之，則君反制於臣矣。故田常上請爵祿而行之羣臣，下大斗斛而施於百姓。此簡公失德，而田常用之也，故簡公見弒。」史記田完世家：「田常既殺簡公，……脩功行賞，親於百姓，以故齊復定。田常言於齊平公曰：『德施人之所欲，君其行之；刑罰人之所惡，臣請行之。』行之五年，齊國之政皆歸田常。……常謚爲成子。……（齊）康公之十九年，田和立爲齊侯。」又齊太公世家：「田常曾孫田和始爲諸侯，遷康公海濱。二十六年，康公卒，呂氏遂絕其祀，田氏卒有齊國。」又太史公自序：「運籌帷幄之中，制勝於無形。」此句謂田成子於帷幄之中策畫竊國。

〔九〕姬昌取有二，已見嘉遯篇「西伯所以三分」句箋。易既濟：「象曰：『東鄰殺牛，不如西鄰之時也。』」集解引憬王曰：「居中當位於既濟之時，則當是周受命之日也。五坎爲月，月出西方，西鄰之謂也。」此西鄰二字所出，蓋借指文王之爲西伯也。史記殷紀：「紂囚西伯羑里，西伯之臣閎夭之徒，求美女奇物善馬以獻紂，紂乃赦西伯。西伯出而獻洛西之地，以請除炮格之刑。紂乃許之，賜弓矢斧鉞，使得征伐，爲西伯。……西伯歸，乃陰修德行善，諸侯多叛紂而往歸西伯。西伯滋大，紂由是稍失權重。」又周紀：「西伯陰行善，諸侯皆來決平。於是虞、芮之人有獄不能決，乃如周。入界，耕者皆讓畔，民俗皆讓長。虞、芮之人未見西伯，皆慚，相謂曰：『吾所爭，周人所恥，何往爲？祇取辱耳。』遂還，俱讓而去。諸侯聞之，曰：『西伯蓋受命之君。』」劉寶楠論語（泰伯）正義云：「包（咸）必先言文王爲西伯，繼言三分有二者，明三分有二，在爲西伯後也。」其說與司馬遷所敍文王爲西伯後史實及抱朴「姬昌取有二於西鄰」之意正合。

〔一〇〕史記陳涉世家：「陳勝者，陽城人也，字涉。吳廣者，陽夏人也，字叔。……二世元年七月，發閭左適戍漁陽，九百人屯大澤鄉。陳勝、吳廣皆次當行，爲屯長。會天大雨，道不通。度已失期。失期，法皆斬。陳勝、吳廣乃謀曰：『今亡亦死，舉大計亦死，等死，死國可乎？』陳勝曰：『天下苦秦久矣。……今誠以吾衆詐自稱公子扶蘇、項燕，爲天下唱，宜多應者。』吳廣以爲然。……陳勝自立爲將軍，吳廣爲都尉。攻大澤鄉，收而攻蘄。……乃入據陳。數日，號令召三老、豪傑與皆來會計事。三老、豪傑皆曰：『將軍身被堅執鋭，伐無道，誅暴秦，復立楚國之社稷，功宜爲王。』陳涉乃立爲王，號爲張楚。當此時，諸郡縣苦秦吏者，皆刑其長吏，殺之以應陳涉。……陳勝王凡六月。……其所置遣侯王將相竟亡秦，由涉首事也。」

〔一一〕史記高祖紀：「……高祖以亭長爲縣送徒酈山，徒多道亡。自度比至皆亡之，到豐西澤中，止飲，夜乃解縱所送徒。曰：『公等皆去，吾亦從此逝矣！』徒中壯士願從者十餘人。……秦二世元年秋，陳勝等起蘄，至陳而王，號爲張楚。諸郡縣皆多殺其長吏以應陳涉。沛令恐，欲以沛應涉。掾、主吏蕭何、曹參……乃令樊噲召劉季。劉季之衆已數十百人矣。於是樊噲從劉季來。沛令後悔，恐其有變，乃閉城城守，欲誅蕭、曹。……父老乃率子弟共殺沛令，開城門迎劉季，欲以爲沛令。……於是劉季數讓，衆莫敢爲，乃立季爲沛公。……(沛公)又與秦軍戰於藍田南，益張疑兵旗幟，諸所過毋得掠鹵，秦人憙，秦軍解，因大破之。又戰其北，大破之。乘勝，遂破之。漢元年十月，沛公兵遂先諸侯至霸上。秦王子嬰素車白馬，係頸以組，封皇帝璽符節，降軹道旁。」又項羽紀：「項籍者，下相人也，字羽。初起時，年二十四。其季父項梁，梁父即楚將項燕，爲秦將王翦所戮者也。……梁召籍入，須臾，梁眴籍曰：『可行矣！』於是籍遂拔劍斬(會稽)守頭，佩其印綬。門下大驚，擾亂，籍所擊殺數十百人。府中皆慴伏，莫敢起。梁乃召故所知豪吏，諭以所爲起大事，遂舉吳中兵。使人收下縣，得精兵八千人。……項梁乃以八千人渡江而西。……項梁渡淮，黥布、蒲將軍亦以兵屬焉。凡六七萬人，軍下邳。……項羽已殺卿子冠軍，威震楚國，名聞諸侯。……當是時，楚兵冠諸侯。諸侯軍救鉅鹿下者十餘壁，莫敢縱兵。及楚擊秦，諸將皆從壁上觀。楚戰士無不一以當十，楚兵呼聲動天，諸侯軍無不人人惴恐。於是已破秦軍，項羽召見諸侯將，入轅門，無不膝行而前，莫敢仰視。項羽由是始爲諸侯上將軍，諸侯皆屬焉。……太史公曰：『……夫秦失其政，陳涉首難，豪傑蠭起，相與並爭，不可勝數。然羽非有尺寸，乘埶起隴畝之中，三年，遂將五諸侯滅秦，分裂天下，而封王侯，政由羽出，號爲霸王，位雖不終，近古以來未嘗有也。』」

〔一二〕墨子公輸：「公輸盤爲楚造雲梯之械，成，將以攻宋。」淮南子兵略：「故攻不待衝隆雲梯而城拔。」許注：「雲梯，可依雲而立，所以瞰敵之城中。」又脩務：「公輸天下之巧士，作雲梯之械。」高注：「雲梯，攻城具。高長上與雲齊，故曰雲梯。」雉，城牆。左傳隱公元年「都城過百雉」杜注：「方丈曰堵，三堵曰雉。一雉之牆，長三丈，高一丈。」

〔一三〕象魏，宮廷外闕門。周禮天官大宰：「乃縣治象之灋于象魏。」鄭注：「鄭司農（衆）云：『象魏，闕也。』」說文門部：「闕，門觀也。」繫傳：「鍇按：『中央闕而爲道，……蓋爲二臺於門外，人君作樓觀於上。上員下方。以其闕然爲道謂之闕，以其上可遠觀謂之觀，以其縣法謂之象魏。』」梁書處士何胤傳：「胤因謂（王）果曰：『……闕者，謂之象魏。縣象法於其上，浹日而收之。象者，法也。魏者，當塗而高大貌也。』」

〔一四〕史記歷書：「禍菑荐至。」索隱：「荐，音在見反。荐，集也。」

〔一五〕禁兵，禁衛軍，警衛皇宮者。

〔一六〕照按：「而乃」，疑當作「爾乃」。本篇上文及交際、疾謬、廣譬、自敍四篇，並有「爾乃」之文（辭賦中尤爲常用）。

〔一七〕史記孟子傳：「是以騶子重於齊，……如燕，昭王擁彗先驅，請列弟子之座而受業。」索隱：「按：彗，帚也。謂爲之埽地，以衣袂擁帚而卻行，恐塵埃之及長者，所以爲敬也。」文選解嘲：「或擁篲而先驅。」呂延濟曰：「擁，執也。篲，掃帚也。言人主或爲賢人執掃與先驅而行也。」「篲」，「彗」之或體。韓非子外儲說左上：「李疵對曰：『其君見好巖穴之士。』」史記商君傳：「趙良曰：『……勸秦王（孝公）顯巖穴之士。』」

〔一八〕伊，伊尹。已見嘉遯篇「論榮貴則引伊、周以救溺」句箋。吕，吕尚。已見逸民篇「吕尚長於用兵」句箋。荀子臣道：「殷之伊尹，周之太公，可謂聖臣矣。」新語慎微：「若湯、武之君，伊、吕之臣，因天時而行罰。」漢書刑法志：「故伊、吕之將，子孫有國。」又董仲舒傳贊：「劉向稱董仲舒有王佐之材，雖伊、吕亡以加。」皆以伊、吕並舉。

〔一九〕孫、吴，孫武、吴起。已見逸民篇「夫使孫、吴荷戈」句箋。

〔二〇〕書僞大禹謨：「禹拜昌言，曰：『俞。』」枚傳：「昌，當也。以益言爲當，故拜受而然之。」漢書王莽傳中：「莽曰：『可。嘉新公國師以符命爲予四輔，……或獻天符，或貢昌言。』」顔注：「昌，當也。」三國志魏書高柔傳：「（明）帝報曰：『知卿忠允，乃心王室，輒克昌言，他復以聞。』」説文日部：「昌，美言也。」

〔二一〕韓非子説林上：「失火而取水於海，海水雖多，火必不滅矣。遠水不救近火也。」

〔二二〕孫星衍曰：「（『室』）意林（四）作『空』。」照按：「空」字是。又「矣」上意林有「則不及」三字，亦較今本爲勝，當據增。廣譬：「洪水淩空，而伐舟於東閩，不亦晚乎！」語意與此同，可證。漢書枚乘傳：「枚乘復説吴王曰：『……修治上林，雜以離宫，積聚玩好，圈守禽獸，不如長洲之苑。』」顔注：「服虔曰：『吴苑。』孟康曰：『以江水洲爲苑也。』韋昭曰：『長洲在吴東。』」文選吴都賦：「佩長洲之茂苑。」

「夫巍巍之稱，不可驕吝搆〔一〕，而東嶽之封，未易以恣欲修也〔二〕。上聖兼策載馳〔三〕，猶懼不逮前；而庸主緩步按轡〔四〕，而自以爲過之〔五〕。或於安而思危，或在嶮而自逸。或功成治定，而匪怠匪荒〔六〕；或綴旒累卵〔七〕，而不覺不寤。不有辛、癸之没溺〔八〕，曷用貴欽明之高濟哉〔九〕？念兹在兹〔一〇〕，庶乎庶乎〔一一〕！」

〔一〕照按：「可」下疑脱一字，下文「未易以恣欲修也」句可證。論語泰伯：「子曰：『大哉堯之爲君也！巍巍乎！唯天爲大，唯堯則之。』」又：「子曰：『如有周公之才之美，使驕且吝，其餘不足觀也已。』」

〔二〕爾雅釋山：「泰山爲東嶽。」史記封禪書：「齊桓公既霸，會諸侯於葵丘，而欲封禪。管仲曰：『古者封泰山禪梁父者，七十二家，而夷吾所記者十有二焉。昔無懷氏封泰山，禪云云；……周成王封泰山，禪社首：皆受命然後得封禪。』桓公曰：『寡人北伐山戎，過孤竹；……兵車之會三，而乘車之會六，九合諸侯，一匡天下，諸侯莫違我。昔三代受命，亦何以異乎？』於是管仲睹桓公不可窮以辭，因設之以事，曰：『古之封禪，鄗上之黍，北里之禾，所以爲盛；……東海致比目之魚，西海致比翼之鳥，然后物有不召而自至者十有五焉。今鳳皇麒麟不來，嘉穀不生，而蓬蒿藜莠茂，鴟梟數至，而欲封禪，毋乃不可乎？』於是桓公乃止。」又齊太公世家：「於是桓公稱曰：『……吾欲封泰山，禪梁父。』管仲固諫，不聽，乃說桓公以遠方珍怪物至乃得封。桓公乃止。」

〔三〕說文竹部：「策，馬箠也。」詩鄘風載馳：「載馳載驅，歸唁衛侯。」毛傳：「載，辭也。」

〔四〕史記絳侯世家：「亞夫乃傳言開壁門。壁門士吏謂從屬車騎曰：『將軍約，軍中不得驅馳。』於是天子（文帝）乃按轡徐行。」

〔五〕照按：以上文「猶懼不逮前」句例之，「而」字疑衍。

〔六〕禮記樂記：「王者功成作樂，治定制禮。」書僞大禹謨：「無怠無荒，四夷來王。」

〔七〕公羊傳襄公十六年：「君若贅旒然。」何注：「旒，旂旒；贅，繫屬之辭，若今俗名就壻爲贅壻矣。以旂旒喻者，爲下所執持東西。」釋文：「（贅）本又作綴。」後漢書張衡傳：「（應閒）夫戰國交爭，戎車競驅，君若綴旒，人無所麗。」三國志魏書武帝紀：「（建安十八年五月）天子使御大夫郗慮持節策命公爲魏公曰：『朕以不德，少遭愍凶，越在西土，遷於唐、衛。當此之時，若綴旒然。』」戰國策秦策五：「（呂不韋）乃說秦王后弟陽泉君曰：『……君危於累卵。』」高注：「累卵，至危也。」韓非子十過：「故曹小國也，而迫於晉、楚之間，其君之危，猶累卵也。」説苑佚文：「晉靈公驕奢，造九層之臺，費用千億，謂左右曰：『敢有諫者，斬！』孫息聞之，求見。公曰：『子何能？』孫息曰：『臣能累十二博棊，加九雞子於其上。』公曰：『吾少學，未嘗見也，子爲寡人作之。』孫息即正顏色，定志意，以棊子置於下，而加九雞子於其上。左右屏息。靈公扶伏，氣息不續。公曰：『危哉！危哉！』」（藝文類聚二四又七四、太平御覽七五八引）

〔八〕辛，殷紂。癸，夏桀。已見崇教篇「辛、癸染乎推、崇，其亡忽焉」二句箋。

〔九〕書堯典：「欽明文思安安。」孔傳：「欽，敬也。」釋文引馬融云：「威儀表備謂之欽，照臨四方謂之明。」

〔一〇〕左傳襄公二十一年：「夏書曰：『念茲在茲。』」杜注：「逸書（僞大禹謨襲之）也。茲，此也。謂行此事，當念使可施之於此。」

〔一一〕論語先進：「子曰：『回也，其庶乎？』」集解：「言回庶幾聖道。」義疏：「庶，庶幾也。」朱熹集注：「庶，近也，言近道也。」淮南子繆稱：「夫差曰：『夷聲陽句，吴其庶乎？』」許注：「庶，幾也。」

抱朴子外篇校箋卷之六

臣節

抱朴子曰：「昔在唐、虞，稽古欽明〔一〕，猶俟羣后之翼亮〔二〕，用臻巍巍之成功〔三〕。故能熙帝之載〔四〕，庶績其凝〔五〕，四門穆穆，百揆時序〔六〕，蠻夷無猾夏之變〔七〕，阿閣有鳴鳳之巢也〔八〕。喻之元首，方之股肱，雖有尊卑之殊，邈實若一體之相賴也〔九〕。

〔一〕稽古，已見嘉遯篇「則稽古之化不建」句箋。欽明，已見君道篇「曷用貴欽明之高濟哉」句箋。

〔二〕書舜典：「帝曰：『咨！汝二十有二人，欽哉，惟時亮天功。』」孔傳：「禹、垂、益、伯夷、夔、龍六人，新命有職，四岳、十二牧，凡二十二人，特勑命之，各敬其職，惟是乃能信立天下之功。」又益稷：「帝曰：『臣作朕股肱耳目，予欲左右有民，汝翼。』」孔傳：「言大體若身。左右，助也。助我所有之民，富而教之，汝翼成我。」三國志魏書高堂隆傳：「隆疾篤，口占上疏曰：『……鎮撫皇畿，翼亮帝室。』」晉書王導傳：「（成帝）詔曰：『……公體道明哲，弘猶深遠，翼亮三世。』」是翼亮謂輔佐也。

〔三〕論語泰伯：「子曰：『大哉堯之爲君也！巍巍乎！唯天爲大，唯堯則之。蕩蕩乎！民無能名焉。巍巍乎！其有成功也，煥乎，其有文章。』」集解：「功成化隆，高大巍巍。」

〔四〕書舜典：「舜曰：『咨！四岳，有能奮庸熙帝之載，使宅百揆，亮采惠疇？』」孔傳：「奮，起。庸，功。載，事也。訪羣臣有能起發其功，廣堯之事者。言『舜曰』以別堯。亮，信。惠，順也。求其人使居百揆之官，信立其功順其事者，誰乎？」

〔五〕書皋陶謨：「撫于五辰，庶績其凝。」孔傳：「凝，成也。言百官皆撫順五行之時，衆功皆成。」三國志魏書高堂隆傳：「隆上疏曰：『夫拓跡垂統，必俟聖明，輔世匡治，亦須良佐，用能庶績其凝，而品物康乂也。』」

〔六〕書舜典：「納于百揆，百揆時敘。賓于四門，四門穆穆。」孔傳：「揆，度也。度百事，總百官，納舜於此官。舜舉八凱，使揆度百事。百事時敘，無廢事業。穆穆，美也。四門，四方之門。舜流四凶族，四方諸侯來朝者，舜賓迎之，皆有美德，無凶人。」

〔七〕書舜典：「帝曰：『皋陶，蠻夷猾夏，寇賊姦宄，汝作士，五刑有服，五服三就，五流有宅，五宅三居，惟明克允。』」孔傳：「猾，亂也。夏，華夏。羣行攻刦曰寇，殺人曰賊。在外曰姦，在內曰宄。言無教所致。……言皋陶能明信五刑，施之遠近。蠻夷猾夏，使威信服之，無敢犯者。」史記五帝紀集解引鄭玄曰：「猾夏，侵亂中國也。」

〔八〕尚書中候握河紀：「堯即政七十年，鳳皇止庭。伯禹拜曰：『昔帝軒提象，鳳巢阿閣。』」（左傳昭公十七年正義引、詩大雅卷阿正義、初學記三十、文選古詩西北有高樓首又樂府詩陸機君子有所思行首李注、太平御覽九一五所引，互有詳略。）

〔九〕書益稷：「乃賡載歌曰：『元首明哉，股肱良哉，庶事康哉！』」孔傳：「先君後臣，衆事乃安，以成其義。」漢書魏相丙吉傳贊：「故經謂『君爲元首，臣爲股肱』，明其一體，相待而成也。」後漢書陳蕃傳：「蕃因上疏極諫曰：『……君爲元首，臣爲股肱，同體相須，共成美惡者也。』」文選四子講德論：「蓋君爲元首，臣爲股肱，明其一體，相待而成。」（申鑒政體：「天下國家一體也，君爲元首，臣爲股肱。」）

「君必度能而授者，備乎覆餗之敗〔一〕；臣必量才而受者，故無流放之禍〔二〕。夫如影如響，俯伏惟命者〔三〕，偷容之尸素也〔四〕。違令犯顏，蹇蹇匪躬者〔五〕，安上之民翰也〔六〕。先意承指者，佞諂之徒也〔七〕；匡過弼違者，社稷之骾也〔八〕。必將伏斧鑕而正諫〔九〕，據鼎鑊而盡言〔一〇〕。忠而見疑，諍而不得者，待放可也〔一一〕；必死無補，將增主過者，去之可也〔一二〕。

〔一〕戰國策燕策二：「望諸君乃使人獻書報燕（惠）王曰：『……故察能而授官者，成功之君也。』」覆餗，已見嘉遯篇「言亢悔則諱覆餗而不記」句箋。

〔二〕尸子：「君子量才而受爵，量功而受禄。」（文選求自試表李注引）

〔三〕管子任法：「然故下之事上也，如響之應聲也；臣之事主也，如影之從形也。」後漢書列女曹世叔妻傳：「（女誡）故女憲曰：『婦如影響，焉不可賞。』」李注：「影響，言順從也。」惟命，惟命是聽或惟命是從之省。

〔四〕荀子臣道：「不恤君之榮辱，不恤國之臧否，偷合苟容，以持禄養交而已耳，謂之國賊。」漢書賈山傳：「（至言）是以道諛媮合苟容，比其德則賢於堯、舜，課其功則賢於湯、武，天下已潰而莫之告也。」顏注：「道讀曰導，導引主意於邪也。媮與偷同。」詩魏風伐檀：「彼君子兮，不素餐兮。」毛傳：「素，空也。」薛君韓詩章句：「何謂素餐？素者，質也。言人但有質朴而無治民之材，名曰素餐。尸禄者，頗有所知，善惡不言，默然不語，苟欲得禄而已，譬若尸矣。」（文選求自試表又潘岳關中詩李注引）漢書朱雲傳：「雲曰：『今朝廷大臣上不能匡主，下亡以益民，皆尸位素餐。』」顏注：「尸，主也。素，空也。尸位者，不舉其事，但主其位而已。素餐者，德不稱官，空當食禄。」論衡量知：「文吏空胸，無仁義之學，居住食禄，終無以效，所謂尸位素飡者也。素者，空也。空虛無德，飡人之禄，故曰素飡。無道藝之業，不曉政治，默坐朝廷，不能言事，與尸無異，故曰尸位。然則文吏所謂尸位素飡者也。」潛夫論思賢：「又不得治民效能以報百姓，虛食重祿，素餐尸位。」是尸素謂尸位素餐也。

〔五〕禮記檀弓上：「事君有犯而無隱。」韓非子外儲說左下：「桓公問置吏於管仲，管仲曰：『……犯顏極諫，臣不如東郭牙，請立以爲諫臣。』」史記管晏傳贊：「（晏子）至其諫說，犯君之顏，此所謂『進思盡忠，退思補過』（孝經事君章）者哉！」易蹇：「六二，王臣蹇蹇，匪躬之故。」正義：「志匡王室，能涉蹇難而往濟蹇，故曰王臣蹇蹇也。盡忠於君，匪以私身之故而不往濟君，故曰匪躬之故。」漢書循吏龔遂傳：「遂爲人忠厚，剛毅有大節，內諫爭於王，外責傅相，引經義，陳禍福，至於涕泣，蹇蹇亡已。」顏注：「蹇蹇，不阿順之意也。」又敘傳下：「故安執節，責通請錯，蹇蹇帝臣，匪躬之故。」顏注：「此言申屠嘉召責鄧通，請誅朝錯，皆不爲己身，實有蹇蹇之節也。」

〔六〕「民」，吉藩本作「屏」。照按：「屏」字誼長，當據改。詩大雅板：「价人維藩，大師維垣，大邦維屏，大宗維翰。」毛傳：「藩，屏也。垣，牆也。翰，幹也。」鄭箋：「王當用公卿、諸侯及宗室之貴者爲藩屏垣幹，爲輔弼，無疏遠之。」「屏翰」二字出此，以喻國之重臣也。

〔七〕鬼谷子權：「先意承欲者，諂也。」韓非子八姦：「優笑侏儒，左右近習，此人主未命而唯唯，未使而諾諾，先意承旨，觀貌察色，以先主心者也。此皆俱進俱退，皆應皆對，一辭同軌，以移主心者也。」三國志吳書賀邵傳：「（上疏）是以正士摧方，而庸臣苟媚，先意承指，各希時趣。」

〔八〕說苑正諫：「易曰：『王臣蹇蹇，匪躬之故。』人臣之所以蹇蹇爲難而諫其君者，非爲身也，將以匡君之過，矯君之失也。」書益稷：「予違汝弼。」孔傳：「我違道，汝當以義輔正我。」晉書郭璞傳：「（上疏）是以古之令主開納忠讜，以弼其違，標顯切直，用攻其失。」說文骨部：「骾，食骨留咽中也。」段注：「晉語（一）卜籀曰：『挾以銜骨。』韋（昭）

曰：『骨，所以鯁刺人也。』忠言逆耳，如食骨在喉，故云『骨骾之臣』。漢書已下皆作『骨鯁』，字從魚，謂留咽者魚骨挍多也。依說文則鯁訓魚骨（見魚部）。骨留咽中當作骾。」漢書杜周傳：「（杜）業復上書言：『王氏世權日久，朝無骨骾之臣。』」顏注：「骾亦鯁字。」三國志魏書高堂隆傳：「隆上疏切諫曰：『……今陛下所與共坐廊廟治天下者，……從命奔走，惟恐不勝，是則具臣，非鯁輔也。』」

〔九〕斧鑕，古代行斬刑之具。斧，亦作鈇。鑕，亦作質。公羊傳昭公二十五年：「子家駒曰：『臣不佞，陷君於大難，君不忍加之以鈇鑕，賜之以死。』」何注：「鈇鑕，要斬之罪，即所賜之以死。」釋文：「鈇，音甫。鑕，之實反。要，一遙反。」韓非子外儲說左下：「西門豹爲鄴令，清剋潔慤，秋毫之端無私利也，而甚簡左右，左右因相與比周而惡之。居期年，上計，君收其璽。豹自請曰：『臣昔者不知所以治鄴，今臣得矣，願請璽復以治鄴，不當，請伏斧鑕之罪。』文侯不忍而復與之。」說苑正諫：「（秦始皇帝）下令曰：『敢以太后事諫者，戮而殺之，從蒺藜其脊肉，幹四支而積之闕下。』諫而死者二十七人矣。齊客茅焦乃往，上謁曰：『齊客茅焦願上諫皇帝。』皇帝使使者出問：『客得無以太后事諫也？』茅焦曰：『然。』……茅焦至前，再拜謁起，稱曰：『臣聞之，夫有生者不諱死，有國者不諱亡，諱死者不可以得生，諱亡者不可以得存。死生存亡，聖主所欲急聞也，不審陛下欲聞之不？』皇帝曰：『何謂也？』茅焦對曰：『陛下有狂悖之行，陛下不自知邪？』皇帝曰：『何等也？願聞之。』茅焦對曰：『陛下車裂假父，有嫉妬之心；囊撲兩弟，有不慈之名；遷母萯陽宮，有不孝之行；從蒺藜於諫士，有桀、紂之治。今天下聞之，盡瓦解無嚮秦者，臣竊恐秦亡，爲陛下危之。』所言已畢，乞行就質。乃解衣伏質。皇帝下殿，左手接之，右手麾左右曰：『赦之，先生就衣，今願受事！』乃立焦爲仲父，爵之爲上卿。」後漢書鄭弘傳：「弘獨髡頭負鈇鑕，詣闕上章，爲（焦）貺訟罪。顯宗覺悟，即赦其家屬。弘躬送貺喪及妻子還鄉里，由是顯名。」

〔一〇〕鼎鑊，古代酷刑用以烹人者。漢書刑法志：「陵夷至於戰國，……有鑿顛、抽脅、鑊亨之刑。」顏注：「鼎大而無足曰鑊，以鬻人也。」又酈陸朱劉叔孫傳贊：「酈生自匿監門，待主然後出，猶不免鼎鑊（謂爲齊王田廣所烹）。」國語晉語四：「鄭人以詹（伯）予晉，晉人將烹之。詹曰：『臣願獲盡辭而死，固所願也。』（文）公聽其辭。……乃就烹，據鼎耳而疾號曰：『自今以往，知忠以事君者，與詹同。』乃命弗殺，厚爲之禮而歸之。」戰國策齊策一：「靖郭君將城薛，客多以諫。靖郭君謂謁者：『无爲客通。』齊人有請者，曰：『臣請三言而已矣，益一言，臣請烹。』靖郭君因見之。客趨而進，曰：『海大魚。』因反走。君曰：『客有於此。』客曰：『鄙臣不敢以死爲戲。』君曰：『亡，更言之。』對曰：『君不聞大魚乎？網不能止，鉤不能牽，蕩而失水，則螻蟻得意焉。今夫齊亦君之水也，君長有齊陰，奚以薛爲？夫齊雖隆薛之城到於天，猶之無益也。』君曰：『善。』乃輟城薛。」（又見韓非子說林下，淮南子人間、新序雜事二）新序義勇：「佛肸以中牟叛，置鼎於庭，致士大夫曰：『與我者受邑，不吾與者烹。』大夫皆從之。至於田卑，曰：『義死，不避斧鉞之罪；義窮，不受軒冕之服。無義而生，不仁而富，不如烹。』褰衣將就鼎，佛肸脫屨而生之。」（又見說苑立節，田卑作田基。）

〔一一〕新序節士：「屈原者，名平，楚之同姓大夫，有博通之知，清潔之行，懷王用之。秦欲吞滅諸侯，并兼天下。屈原爲楚東使於齊，以結强黨。秦國患之，使張儀之楚，貨楚貴臣上官大夫、靳尚之屬，上及令尹子蘭、司馬子椒，內賂夫人鄭袖，共譖屈原。屈原遂放於外，乃作離騷。張儀因使楚絕齊，許謝地六百里。懷王信左右之姦謀，聽張儀之邪說，遂絕强齊之大輔。楚既絕齊，而秦欺以六里。懷王大怒，舉兵伐秦，大戰者數，秦兵大敗楚師，斬首數萬級。秦使人願以漢中地謝。懷王不聽，願得張儀而甘心焉。張儀……遂至楚。楚囚之。上官大夫之屬共言之王，王歸之。是時，懷王悔不用屈原之策，以至於此！於是復用屈原。屈原使齊還，聞張儀已去，大爲王言張儀之罪。懷王使人追之，不及。後秦嫁女於楚，與懷王歡，爲藍田之會。屈原以爲秦不可信，願勿會。羣臣皆以爲可會。懷王遂會，果見囚拘，客死於秦，爲天下笑。懷王子頃襄王亦知羣臣諂誤懷王，不察其罪，反聽羣讒之口，復放屈原。」（史記屈原傳不如新序簡賅，故未徵引。）楚辭班固離騷贊序：「屈原初事懷王，甚見信任，同列上官大夫妬害其寵，讒之王，王怒而疏屈原。屈原以忠信見疑，憂愁幽思，而作離騷。……至於襄王，復用讒言，逐屈原在野。又作九章賦以風諫，卒不見納。」說苑臣術：「有能盡言於君，用則留，不用則去，謂之諫。用則可生，不用則死，謂之諍。」廣雅釋詁四：「諍，諫也。」

〔三〕論語微子：「微子去之。」集解引馬融曰：「微子見紂無道，早去之。」史記殷紀：「紂愈淫亂不止。微子數諫不聽，乃與大師、少師謀，遂去。」又宋世家：「紂既立，不明，淫亂於政，微子數諫，紂不聽。及祖伊以周西伯昌之修德，滅阢國，懼禍至，以告紂。紂曰：『我生不有命在天乎？是何能爲！』於是微子度紂終不可諫，欲死之，及去，未能自決，乃問於太師、少師曰：『殷不有治政，不治四方。我祖遂陳於上，紂沈湎於酒，婦人是用，亂敗湯德於下。……殷遂喪，越至于今。』曰：『太師，少師，我其發出往？吾家保于喪？今女無故告予，顛躋，如之何其？』太師若曰：『王子，天篤下菑亡殷國，乃毋畏畏，不用老長。今殷民乃陋淫神祇之祀。今誠得治國，國治身死不恨。爲死，終不得治，不如去。』遂亡。」

「其動也，匪訓典弗據焉〔一〕；其靜也，匪憲章弗循焉〔二〕。請託無所容〔三〕，中繩不顧私〔四〕。明刑而不濫乎所恨，審賞而不加乎附己〔五〕。不專命以招權，不含洿而談潔〔六〕。進思盡言以攻謬〔七〕，退念推賢而不蔽〔八〕。夙興夜寐，慼庶事之不康也〔九〕；儉躬約志，若策奔於薄冰也〔一〇〕。

〔一〕訓典，已見君道篇「樹訓典以示民極」句箋。

〔二〕憲章，法制，典章制度。後漢書袁紹傳上：「（紹）乃先宣檄曰：『……觸情放慝，不顧憲章。』」（文選作「憲綱」）晉書張華傳：「華名重一世，衆所推服。晉史及儀禮憲章，並屬於華，多所損益。」

〔三〕漢書何武傳：「欲除吏，先爲科例以防請託。」後漢書明帝紀：「（中元二年詔）今選舉不實，邪佞未去，權門請託，殘吏放手，百姓愁怨，情無告訴。」

〔四〕中繩，猶言執法。

〔五〕六韜文韜盈虛：「所憎者，有功必賞；所愛者，有罪必罰。」戰國策秦策三：「賞必加於有功，刑必斷於有罪。」韓非子難一：「賞不加於無功，罰不加於無罪。」

〔六〕說苑臣術：「人臣之術，順從而復命，無所敢專。」後漢書郭伋傳：「伋到郡（潁川），招懷山賊陽夏趙宏、襄城召吳等數百人，皆束手詣伋降，悉遣歸附農。因自劾專命，帝（光武帝）美其策，不以咎之。」李注：「（專命）謂擅放降賊也。」荀子仲尼：「施道乎上爲重，招權於下以妨害人。」楊注：「施道，施惠之道。欲重其威福，故招權使歸於己。」史記季布傳：「楚人曹丘生，辯士，數招權顧金錢。」集解：「孟康曰：『招，求也。以金錢事權貴，而求得其形勢以自炫燿也。』文穎曰：『事權貴也。與通勢，以其所有辜較，請託金錢以自顧。』」漢書季布傳顏注：「言招求貴人威權，因以請託，故得他人顧金錢也。」左傳文公六年：「治舊洿。」杜注：「治理洿穢。」釋文：「洿，音烏。本又作汙，同。」

〔七〕孝經事君章：「子曰：『君子之事上也，進思盡忠。』」左傳襄公三十一年：「子産曰：『……子（子皮）於鄭國，棟也。棟折榱崩，僑（子産名）將厭焉，敢不盡言！』」國語周語下：「唯善人能受盡言。」韋注：「思聞過以自改。」

〔八〕荀子仲尼：「推賢讓能，而安隨其後。」史記商君傳：「趙良曰：『……孔丘有言曰：「推賢而戴者進，聚不肖而王者退。」』」鶡冠子道端：「進賢受上賞，則下不相蔽。」

〔九〕詩衛風氓：「夙興夜寐，靡有朝矣。」書益稷：「庶事康哉！」孔傳：「衆事乃安。」

〔一〇〕策奔，鞭策奔馬。詩小雅小旻：「如履薄冰。」毛傳：「恐陷也。」

「納謀貢士，不宣之於口〔一〕，非義之利，不棲之乎心〔二〕。立朝則以砥矢爲操〔三〕，居己則以羔羊爲節〔四〕。當危值難，則忘家而不顧命〔五〕。擘衡執銓，則平懷而無彼此。儀蕭、曹之指揮〔六〕，羨張、陳之奇畫〔七〕，追周勃之盡忠〔八〕，準二鮑之直視〔九〕，蹈晏、弘之節儉〔一〇〕，執恬、毅之守終〔一一〕，甘此離、紀炙身之分〔一二〕，戒彼韓、英失忠之禍〔一三〕。出不辭勞，入不數功，歸勳引過，讓以先下，專誠祗慄，恒若天威之在顏也〔一四〕；宵夙虔竦，有如湯鑊之在側也〔一五〕。

〔一〕蔡中郎集楊賜碑：「及其所以匡輔本朝，忠言嘉謀，造膝危辭，當事而行，言從計納，亦不敢宣。」

〔二〕申鑒襍言上：「非義之道，不宣於心。」

〔三〕詩小雅大東：「周道如砥，其直如矢。」正義：「周之貢賦之道，其均如砥石然。周之賞罰之制，其直如箭矢然。」朱熹集傳：「砥，礪石，言平也。矢，言直也。」蔡中郎集朱公叔謚議：「其在帝室，正身危行，言如砥石，策合神明。蹇蹇之諫，文章具存。奉上忠矣。」

〔四〕詩召南羔羊序：「在位皆節儉正直，德如羔羊也。」正義：「詩人因事託意，見在位者裘得其制，德稱其服，故説羔羊之裘以明在位之德，敍達其意，故云如羔羊焉。」後漢書循吏王渙傳：「鄧太后詔曰：『……故洛陽令王渙，秉清脩之節，蹈羔羊之義，盡心奉公，務在惠民。』」李注：「韓詩羔羊曰：『羔羊之皮，素絲五紽。』薛君章句曰：『小者曰羔，大者曰羊。素喻潔白，絲喻屈柔。紽，數名也。詩人賢仕爲大夫者，言其德能，稱有潔白之性，屈柔之行，進退有度數也。』」

〔五〕六韜佚文：「爲將者受命忘家，當敵忘身。」（文選西征賦李注引）尉繚子武議：「將受命之日忘其家，張軍宿野忘其親，援枹而鼓忘其身。」史記司馬穰苴傳：「穰苴曰：『將受命之日則忘其家，臨軍約束則忘其親，援枹鼓之急則忘其身。』」漢書霍去病傳：「上（武帝）爲治第，令視之，對曰：『匈奴不滅，無以家爲也。』」文選求自試表：「固夫憂國忘家，捐軀濟難，忠臣之志也。」

〔六〕「曹」，藏本、魯藩本、吉藩本、愼本、舊寫本作「公」。顧廣圻曰：「按：此蕭公謂何也。盧本臆改爲『蕭、曹』，大誤。」（徐濟忠亦校「公」爲「曹」）照按：顧說是。後博喻篇「蕭公者斗筲之吏」，窮達篇「淮陰因蕭公以鷹揚」，其稱蕭何爲蕭公與此同。漢書循吏朱邑傳：「是時張敞爲膠東相，與邑書曰：『……韓信雖奇，賴蕭公而後信。』」文選景福殿賦：「昔在蕭公，暨於孫卿。」又漢高祖功臣頌：「堂堂蕭公，王跡是因。」李注：「蕭何爲丞相，故曰公。」是蕭何之稱蕭公，不止抱朴一書爲然。「指揮」，藏本、魯藩本、吉藩本、愼本、舊寫本作「宇宙」，盧本作「指揮」，徐濟忠校同。照按：郭璞爾雅釋詁注：「宇宙，亦爲大也。」蕭公之宇宙，蓋謂其「鎭國家，撫百姓，給餽饟，不絕糧道」，於三傑中功最大也。盧本據杜甫詠懷古跡之五「指揮若定失蕭、曹」句改「宇宙」爲「指揮」，傎矣。柏筠堂本、文溯本、平津本等相沿其誤，亦非。（文廷式純常子枝語謂「杜少陵『指揮若定失蕭、曹』句本此，是不知所據本之有誤也。）

〔七〕張，張良。史記留侯世家：「留侯張良者，其先韓人也。……漢六年正月，封功臣。良未嘗有戰鬭功，高帝曰：『運籌策帷帳中，決勝千里外，子房功也。自擇齊三萬戶。』……乃封張良爲留侯。與蕭何等俱封。……上已封大功臣二十餘人，其餘日夜爭功不決，未得行封。上在雒陽南宮，從復道望見諸將往往相與坐沙中語。上曰：『此何語？』留侯曰：『陛下不知乎？此謀反耳。』上曰：『天下屬安定，何故反乎？』留侯曰：『陛下起布衣，以此屬取天下，今陛下爲天子，而所封皆蕭、曹故人所親愛，而所誅者皆生平所仇怨。今軍吏計功，以天下不足徧封，此屬畏陛下不能盡封，恐又見疑平生過失及誅，故卽相聚謀反耳。』上乃憂曰：『爲之奈何？』留侯曰：『上平生所憎，羣臣所共知，誰最甚者？』上曰：『雍齒與我故，數嘗窘辱我。我欲殺之，爲其功多，故不忍。』留侯曰：『今急先封雍齒以示羣臣，羣臣見雍齒封，則人人自堅矣。』於是上乃置酒，封雍齒爲什方侯，而急趣丞相、御史定功行封。羣臣罷酒，皆喜曰：『雍齒尚爲侯，我屬無患矣。』」招四皓、發八難二事，已見逸民篇「（漢高帝）雖飢渴四皓而不逼」句箋及君道篇「納策則思漢祖之吐哺」句箋，茲不再引。陳，陳平。史記陳丞相世家：「陳丞相平者，陽武戶牖鄉人也。……其後，楚急攻，絕漢甬道，圍漢王於滎陽城。久之，漢王患之，請割滎陽以西以和。項王不聽。漢王謂陳平曰：『天下紛紛，何時定乎？』陳平曰：『……顧楚有可亂者，彼項王骨鯁之臣亞父、鍾離昧、龍且、周殷之屬，不過數人耳。大王誠能出捐數萬斤金，行反閒，閒其君臣，以疑其心，項王爲人意忌信讒，必內相誅。漢因舉兵而攻之，破楚必矣。』漢王以爲然，乃出黃金四萬斤，與陳平，恣所爲，不問其出入。陳平既多以金縱反閒於楚軍，宣言諸將鍾離昧等爲項王將，功多矣，然而終不得裂地而王，欲與漢爲一，以滅項氏而分王其地。項羽果意不信鍾離昧等。項王既疑之，使使至漢。漢王爲太牢具，舉進。見楚使，卽詳驚曰：『吾以爲亞父使，乃項王使！』復持去，更以惡草具進楚使。楚使歸，具以報項王。項王果大疑亞父。亞父欲急攻下滎陽城，項王不信，不肯聽。……陳平乃夜出女子二千人滎陽城東門，楚因擊之，陳平乃與漢王從城西門夜出去。……其明年，淮陰侯破齊，自立爲齊王，使使言之漢王。漢王大怒而罵，陳平躡漢王。漢王亦悟，乃厚遇齊使，使張子房卒立信爲齊王。封平以户牖鄉。用其奇計策，卒滅楚。……漢六年，人有上書告楚王韓信反。……」高帝上曰：『爲之奈何？』平曰：『古者天子巡狩，會諸侯。南方有雲夢，陛下弟出僞游雲夢，會諸侯於陳。……』高帝以爲然，乃發使告諸侯會陳，『吾將南游雲夢』。上因隨以行。行未至陳，楚王信果郊迎道中。高帝豫具武士，見信至，即執縛之，載後車。信呼曰：『天下已定，我固當烹！』高帝顧謂信曰：『若毋聲！而反，明矣！』武士反接之。遂會諸侯於陳，盡定楚地。……其明年，以護軍中尉從攻反者韓王信於代。卒至平城，爲匈奴所圍，七日不得食。高帝用陳平奇計，使單于閼氏，圍以得開。高帝既出，其計祕，世莫得聞。……其後常以護軍中尉從攻陳豨及黥布。凡六出奇計，輒益邑，凡六益封。奇計或頗祕，世莫能聞也。」法言淵騫：「陳平之無悟。」李注：「内明奇畫，外無違悟。」漢書揚雄傳下：「（解謝）留侯畫策，陳平出奇。」（宋仲子〔衷〕法言注：『張良爲高祖畫策六，陳平出奇策四。」〔文選漢高祖功臣頌李注引〕）

〔八〕「忠」，藏本、魯藩本、吉藩本、慎本、舊寫本作「規」。照按：國語周語上：「近臣盡規。」（又見呂氏春秋達鬱、史記周紀、潛夫論潛歎）韋注：「盡規，盡其規計以告王也。」是「盡規」連文，固有所祖述也。後宫理篇「欲盡規竭忠」，詰鮑篇「羣后盡規」，是以「盡規」連文，不獨此篇爲然矣。（文選辨亡論上「庶尹盡規於上」，又「以謇諤盡規」，潘岳夏侯常侍誄「獻替盡規」，亦以「盡規」連用。）孫氏依盧本改「規」爲「忠」，大謬。當校正。史記絳侯世家：「絳侯周勃者，沛人也。……最從高帝得相國一人，丞相二人，將軍、二千石各三人，別破軍二，下城三，定郡五，縣七十九，得丞相、大將各一人。勃爲人木彊敦厚，高帝以爲可屬大事。……勃既定燕而歸，高祖已崩矣。以列侯事孝惠帝。孝惠帝六年，置太尉官，以勃爲太尉。十歲，高后崩。呂禄以趙王爲漢上將軍，呂産以呂王爲漢相國，秉漢權，欲危劉氏。勃爲太尉，不得入軍門。陳平爲丞相，不得任事。於是勃與平謀，卒誅諸呂而立孝文皇帝。……太史公曰：『絳侯周勃始爲布衣時，鄙樸人也，才能不過凡庸。及從高祖定天下，在將相位，諸呂欲作亂，勃匡國家難，復之乎正。雖伊尹、周公，何以加哉！』」

〔九〕後漢書鮑永傳：「鮑永，字君長，上黨屯留人也。……建武十一年，徵爲司隸校尉。帝叔父趙王良尊戚貴重，永以事劾良大不敬，由是朝廷肅然，莫不戒慎。乃辟扶風鮑恢爲都官從事，恢亦抗直不避彊禦。帝常曰：『貴戚且宜斂手，以避二鮑。』其見憚如此。」三國志魏書崔琰傳：「對賓客虬鬚直視，若有所瞋。」

〔一〇〕嬰，晏嬰。弘，公孫弘。嬰、弘節儉，已詳逸民篇「濯裘布被，豘不掩豆，菜肴糲飡」三句箋。

〔一一〕史記蒙恬傳：「蒙恬者，其先齊人也。……蒙恬弟毅。始皇二十六年，蒙恬因家世得爲秦將，攻齊，大破之，拜爲内史。秦已并天下，乃使蒙恬將三十萬衆北逐戎狄，收河南。築長城，因地形，用制險塞，起臨洮，至遼東，延袤萬餘里。於是渡河，據陽山，逶蛇而北。暴師於外十餘年，居上郡。是時蒙恬威振匈奴。始皇甚尊寵蒙氏，信任賢之。而親近蒙毅，位至上卿，出則參乘，入則御前。恬任外事而毅常爲内謀，名爲忠信，故雖諸將相莫敢與之爭焉。……（趙高）迺與丞相李斯、公子胡亥陰謀，立胡亥爲太子。太子已立，遣使者以罪賜公子扶蘇、蒙恬死。扶蘇已死，蒙恬疑而復請之。使者以蒙恬屬吏，更置。……毅還至，趙高因爲胡亥忠計，欲以滅蒙氏。……胡亥聽而繫蒙毅於代。前已囚蒙恬於陽周。……太子立爲二世皇帝，而趙高親近，日夜毁惡蒙氏，求其罪過，舉劾之。……使者知胡亥之意，不聽蒙毅之言，遂殺之。……蒙恬喟然太息曰：『我何罪於天，無過而死乎？』……乃吞藥自殺。」

〔二〕「離、紀」，魯藩本、愼本作「離絶」，盧本、彙函本、柏筠堂本、文溯本、叢書本、崇文本作「要離」。照按：作「離、紀」（魯藩本、愼本作「離絶」，「絶」卽「紀」之誤。）是。離，要離。紀，紀信。首篇嘉遯：「若夫要離滅家以效功，紀信赴熛以誑楚。」正以要離與紀信並擧。其「炙身」事，已見彼二句箋。

〔三〕韓，韓信。英，黥布（本姓英氏）。韓、英「失忠之禍」，已見嘉遯篇「信、布陷功大之刑」句箋。

〔四〕左傳僖公九年：「（齊侯）對曰：『天威不違顏咫尺。』」杜注：「言天鑒察不遠，威嚴常在顏面之前。」

〔五〕湯鑊，古酷刑。用以烹人者。史記藺相如傳：「（相如）謂秦王曰：『……臣知欺大王之罪當誅，臣請就湯鑊。』」漢書谷永傳：「乃復曰：『……自知忤心逆耳，必不免於湯鑊之誅。』」

「負荷寄託，則以伊、周爲師表〔一〕；宣力四方，則以吉、召爲軌儀〔二〕；送往視居，則竭忠貞而不迴〔三〕；搏噬干紀，則若鷹鸇之鷙鳥雀〔四〕；蕃扞壃場，則慕魏絳、李牧之高蹤〔五〕；莅衆撫民，則希文翁、信臣之德化〔六〕。夫忠至者無脫一字以爲國〔七〕，況懷智以迷上乎？義督者滅祀而無憚，況黜辱之敢辭乎？故能保勞貴以顯親〔八〕，託良哉於輿歌〔九〕。昆吾彝器，能者鐫勳〔一〇〕。臯陶、后稷，亦何人哉〔一一〕！」

〔一〕論語泰伯：「曾子曰：『可以託六尺之孤，可以寄百里之命，臨大節而不可奪也。君子人與？君子人也。』」集解：「孔安國曰：『六尺之孤，幼少之君。（寄百里之命）攝君之政命。』大節，安國家，定社稷。奪者，不可傾奪。」伊、周，伊尹、周公。已見嘉遯篇「論榮貴則引伊、周以救溺」句箋。史記太史公自序：「國有賢相良將，民之師表也。」

〔二〕陳漢章曰：「案：『吉』，當是『周』之殘字。」照按：上文已有「則以伊、周爲師表」語，相隔僅一句，不應再重「周」字。陳說非。吉，吉甫省稱。猶伊尹之省稱伊，周公之省稱周然也。詩小雅六月：「薄伐玁狁，至于太原。文武吉甫，萬邦爲憲。」毛傳：「吉甫，尹吉甫也。有文有武。憲，法也。」鄭箋：「吉甫，此時大將也。」正義：「王師所以得勝者，以有文德武功之臣尹吉甫，其才略可爲萬國之法。」史記燕召公世家：「召公奭與周同姓，姓姬氏。周武王之滅紂，封召公於北燕。其在成王時，召公爲三公，自陝以西，召公主之；自陝以東，周公主之。……自召公已下九世至惠侯。燕惠侯當周厲王奔彘，共和之時。惠侯卒，子釐侯立。是歲，周宣王初卽位。」又魯周公世家：「眞公十四年，周厲王無道，出奔彘，共和行政。二十九年，周宣王卽位。」又周紀：「厲王出奔於彘。厲王太子靜匿召公之家，國人聞之，乃圍之。召公曰：『昔吾驟諫王，王不從，以及此難也。今殺王太子，王其以我爲讎而懟怒乎？夫事君者險而不讎懟，怨而不怒，況事王乎！』乃以其子代王太子，太子竟得脫。召公、周公二相行政，號曰『共和』。共和十四年，厲王死于彘。太子靜長於召公家，二相乃共立之爲王，是爲宣王。宣王卽位，二相輔之，修政，法文、武、成、康之遺風，諸侯復宗周。」是召謂召公，卽燕惠侯也。宣力，已見君道篇「明哲宣力於攸莅」句箋。

〔三〕「視」，徐濟忠校「事」。照按：魯藩本、舊寫本、崇文本作「事」。徐校是也。左傳僖公九年：「初，（晉）獻公使荀息傅奚齊。公疾，召之曰：『以是藐諸孤，辱在大夫，其若之何？』稽首而對曰：『臣竭其股肱之力，加之以忠貞。其濟，君之靈也；不濟，則以死繼之。』公曰：『何謂忠貞？』對曰：『公家之利，知無不爲，忠也；送往事居，耦俱無猜，貞也。』」杜注：「往，死者。居，生者。耦，兩也。送死事生，兩無猜恨，所謂正也。」卽此文所出，當據改。（國語晉語八：「荀息曰：『昔君問臣事君於我，我對以忠貞。』君曰：『何謂也？』我對曰：『可以利公室，力有所能無不爲，忠也；葬死者，養生者，死人復生不悔，生人不愧，貞也。』吾言既往矣，豈能欲行吾言而又愛吾身乎？雖死，焉辟之！」）

〔四〕左傳襄公二十三年：『孟椒曰：『盍以其犯門斬關？』季孫用之，乃盟臧氏曰：『無或如臧孫紇，干國之紀，犯門斬關。』』杜注：「干，亦犯也。」又文公十八年：「見無禮於其君者誅之，如鷹鸇之逐鳥雀也。」正義：「（爾雅）釋鳥云：『鷹，來鳩。』郭璞曰：『來當爲爽，字之誤耳。左傳（昭公十七年）作爽鳩，是也。』又云：『晨風，鸇。』舍人曰：『晨風，名鸇。鸇，鷙鳥名。』郭璞曰：『鷂屬也。』」又襄公二十五年：「見不仁者誅之，如鷹鸇之逐鳥雀也。」廣雅釋言：「鷙，執也。」

〔五〕左傳桓公十七年：『疆埸之事，慎守其一，而備其不虞。』正義：「疆埸，謂界畔也。」釋文：「埸，音亦。」說文畕部：「畺，界也。從畕，三，其介畫也。疆，畺或從土，彊聲。」玉篇土部：「疆，境也；界也；邊陲也。壃，同上。」又：「埸，疆埸。」左傳襄公三年：「晉侯（悼公）以魏絳爲能，以刑佐民矣；反役，與之禮食，使佐新軍。」杜注：「羣臣旅會，今欲顯絳，故特爲設禮食。」又四年：「公說，使魏絳盟諸戎，脩民事，田以時。」杜注：「傳言晉侯能用善謀。」又十一年：「晉侯以樂之半賜魏絳，曰：『子教寡人，和諸戎狄，以正諸華，八年之中，九合諸侯，如樂之和，無所不諧，請與子樂之。』辭曰：『夫和戎狄，國之福也。八年之中，九合諸侯，諸侯無慝，君之靈也，二三子之勞也，臣何力之有焉？抑臣願君安其樂而思其終也。……書曰：「居安思危。」思則有備，有備無患，敢以此規。』公曰：『子之教，敢不承命！抑微子，寡人無以待戎，不能濟河。夫賞，國之典也，藏在盟府，不可廢也，子其受之。』魏絳於是乎始有金石之樂，禮也。」（又略見國語晉語七）史記廉頗藺相如傳：「李牧者，趙之北邊良將也。常居代鴈門，備匈奴。以便宜置吏，市租皆輸入莫府，爲士卒費。日擊數牛饗士，習射騎，謹烽火，多閒諜，厚遇戰士。爲約曰：「匈奴卽入盜，急入收保，有敢捕虜者斬。」匈奴每入，烽火謹，輒入收保，不敢戰。如是數歲，亦不亡失。然匈奴以李牧爲怯，雖趙邊兵亦以爲吾將怯。趙王（孝成王）讓李牧，李牧如故。趙王怒，召之，使他人代將。歲餘，匈奴每來，出戰。出戰數不利，失亡多，邊不得田畜。復請李牧。牧杜門不出，固稱疾。趙王乃復彊起使將兵，牧曰：「王必用臣，臣如前，乃敢奉命。」王許之。李牧至，如故約。匈奴數歲無所得。終以爲怯。邊士日得賞賜而不用，皆願一戰。於是乃具選車得千三百乘，選騎得萬三千匹，百金之士五萬人，彀者十萬人，悉勒習戰。大縱畜牧，人民滿野。匈奴小入，詳北不勝，以數千人委之。單于聞之，大率衆來入。李牧多爲奇陳，張左右翼擊之，大破殺匈奴十餘萬騎。滅襜襤，破東胡，降林胡，單于奔走。其後十餘歲，匈奴不敢近趙邊城。」漢書揚雄傳上：「（河東賦）軼五帝之遐迹兮，躡三皇之高蹤。」

〔六〕

漢書地理志下：「景、武間，文翁爲蜀守，教民讀書法令，……及司馬相如游宦京師諸侯，以文辭顯於世，鄉黨慕循其迹。後有王褒、嚴遵、揚雄之徒，文章冠天下。繇文翁倡其教，相如爲之師。」又循吏文翁傳：「文翁，廬江舒人也。少好學，通春秋，以郡縣吏察舉。景帝末，爲蜀郡守，仁愛好教化。見蜀地辟陋有蠻夷風，文翁欲誘進之，乃選郡縣小吏開敏有材者張叔等十餘人親自飭厲，遣詣京師，受業博士，或學律令。減省少府用度，買刀布蜀物，齎計吏以遺博士。數歲，蜀生皆成就還歸，文翁以爲右職，用次察舉，官有至刺史者。又修起學官於成都市中，招下縣子弟以爲學官弟子，爲除更繇，高者以補郡縣吏，次爲孝弟力田。常選學官僮子，使在便坐受事。每出行縣，益從學官諸生明經飭行者與俱，使傳教令，出入閨閤。縣邑吏民見而榮之。數年，爭欲爲學官弟子，富人至出錢以求之。繇是大化，蜀地學於京師者比齊、魯焉。至武帝時，乃令天下郡國皆立學校官，自文翁爲之始云。……至今巴蜀好文雅，文翁之化也。」華陽國志蜀志：「孝文帝末年，以廬江文翁爲蜀守，……是時世平道治，民物阜康，承秦之後，學校陵夷，俗好文刻。翁乃立學，選吏子弟就學，遣雋士張叔等十八人東詣博士受七經，還以教授。學徒鱗萃，蜀學比於齊、魯。巴、漢亦立文學。」漢書循吏召信臣傳：「召信臣，字翁卿，九江壽春人也。以明經甲科爲郎，出補穀陽長。舉高第，遷上蔡長。其治視民如子，所居見稱述。超爲零陵太守，病歸。復徵爲諫大夫，遷南陽太守，其治如上蔡。信臣爲人勤力有方略，好爲民興利，務在富之。躬勸耕農，出入阡陌，止舍離鄉亭，稀有安居時。行視郡中水泉，開通溝瀆，起水門提閼凡數十處，以廣溉灌，歲歲增加，多至三萬頃。民得其利，畜積有餘。信臣爲民作均水約束，刻石立於田畔，以防分爭。禁止嫁娶送終奢靡，務出於儉約。……其化大行，郡中莫不耕稼力田，百姓歸之，户口增倍，盜賊獄訟衰止。吏民親愛信臣，號之曰召父。……元始四年，詔書祀百辟卿士有益於民者，蜀郡以文翁，九江以召父應詔書。」

〔七〕徐濟忠曰：「有誤字。」孫星衍曰：「（「無」下）脱一字。」照按：以下文「義督者滅祀而無憚」例之，確脱一字（或是「私」字）。

〔八〕照按：嘉遯、酒誡、疾謬、内篇論仙四篇，並以「榮貴」連文，疑此「勞」字誤。

〔九〕良哉，已見本篇上文「方之股肱」句箋。左傳僖公二十八年「聽輿人之謀」杜注：「輿，衆也。」

〔一〇〕後漢書崔駰傳：「（達旨）銘昆吾之冶。」李注：「墨子（耕柱）曰：『昔夏后開使飛廉析金於山，以鑄鼎於昆吾。』蔡邕銘論曰『吕尚作周太師，其功銘於昆吾之鼎』也。」（文心雕龍銘箴：「吕望銘功於昆吾。」）左傳襄公十九年：「臧武仲謂季孫曰：『……且夫大伐小，取其所得以作彝器，銘其功烈，以示子孫，昭明德而懲無禮也。』」杜注：「彝，常也。謂鍾鼎爲宗廟之常器。」文選東京賦：「銘勳彝器，歷世彌光。」薛注：「彝，常也。宗廟之器稱彝。勳，功也。」

〔一〕書舜典：「帝曰：『棄，黎民阻飢，汝后稷，播時百穀。』……帝曰：『皋陶，蠻夷猾夏，寇賊姦宄，汝作士，五刑有服，五服三就，五流有宅，五宅三居：惟明克允。』」孟子滕文公上：「顏淵曰：『舜何人也？予何人也？有爲者亦若是。』」

抱朴子曰：「人臣勳不弘，則恥俸祿之虛厚也；績不茂，則羞爵命之妄高也。履信思順，天人攸贊〔一〕；畏盈居謙，乃終有慶〔二〕。舉足則蹈道度，抗手則奉繩墨，褒崇雖淹留，而悔辱亦必遠矣。若夫損上以附下疑當作損下以附上，廢公以營私〔三〕，阿媚曲從，以水濟水〔四〕，君舉雖謬，而諂笑贊善〔五〕。數進玩好，陷主於惡〔六〕。巧言毀政，令色取悅〔七〕，上蔽人主之明〔八〕，下杜進賢之路〔九〕；外結出境之交，內樹背公之黨〔一〇〕。雖才足飾非〔一一〕，言足文過〔一二〕，專威若趙高〔一三〕，擅朝如董卓〔一四〕，未有不身膏剡鋒〔一五〕，家糜湯火者也。然而愚瞽舍正即邪，違真侶僞，親覽傾僨，不改其軌，殃禍之集，匪降自天也〔一六〕。」

〔一〕易繫辭上：「易（大有上九）曰：『自天祐之，吉无不利。』子曰：『祐者，助也。天之所助者，順也；人之所助者，信也。履信思乎順，又以尚賢也。是以自天祐之，吉无不利也。』」

〔二〕易謙：「謙，亨。君子有終。彖曰：『謙亨。天道下濟而光明，地道卑而上行。天道虧盈而益謙，地道變盈而流謙，鬼神害盈而福謙，人道惡盈而好謙。謙尊而光，卑而不可踰，君子之終也。』」韓詩外傳八：「孔子曰：『易先同人，後大有，承之以謙，不亦可乎？故天道虧盈而益謙，地道變盈而流謙，鬼神害盈而福謙，人道惡盈而好謙。謙者，抑事而損者也。持盈之道，抑而損之，此謙德之於行也。順之者吉，逆之者凶。』」

【三】孫星衍曰：「疑當作『損下以附上』。」照按：孫説與下文不合，非是。説苑臣術：「泰誓曰：『附下而罔上者死，附上而罔下者刑。』」今僞泰誓無此文）漢書武帝紀：「（元朔元年詔）夫附下罔上者死，附上罔下者刑。」又王尊傳：「尊於是劾奏：『丞相衡、御史大夫譚位三公，……不以時白奏行罰，而阿諛曲從，附下罔上，懷邪迷國，無大臣輔政之義。』」（又見匡衡傳）又翟方進傳：「方進奏（陳）咸與逢信：『邪枉貪汙，營私多欲。皆知陳湯姦佞傾覆，利口不軌，而親交賂遺，以求薦舉。信、咸幸得備九卿，不思盡忠正身，内自知行辟亡功效，而官媚邪臣，欲以徼幸，苟得亡恥。』」又王嘉傳：「（上疏）下材懷危内顧，壹切營私者多。」

【四】左傳昭公二十年：「晏子對曰：『……君（齊景公）所謂可，（梁丘）據亦曰可；君所謂否，據亦曰否。若以水濟水，誰能食之？』」（晏子春秋外篇七同）

【五】説苑臣術：「主所言，皆曰善；主所爲，皆曰可。隨而求主之所好即進之，以快主之耳目。偷合苟容，與主爲樂，不顧其後害。如此者，諛臣也。」

【六】韓非子説林下：「晉中行文子出亡，過於縣邑，從者曰：『此嗇夫，公之故人，公奚不休舍？且待後車。』文子曰：『吾嘗好音，此人遺我鳴琴；吾好珮，此人遺我玉環。是振我過者也。以求容於我者，吾恐其以我求容於人也。』乃去之。果收文子後車二乘而獻之其君矣。」（又見説苑權謀，末句作「後車入門，文子問嗇夫之所在，執而殺之」。）呂氏春秋驕恣：「趙簡子沈鸞徼於河，曰：『吾嘗好聲色矣，而鸞徼致之；吾嘗好宮室臺榭矣，而鸞徼爲之；吾嘗好良馬善御矣，而鸞徼來之。今吾好士六年矣，而鸞徼未嘗進一人也。是長吾過而絀（吾）善也。』」（又見説苑君道、水經河水注。鸞徼作欒激，金樓子雜記上同。）

【七】論語學而：「子曰：『巧言令色，鮮矣仁。』」集解引包咸曰：「巧言，好其言語。令色，善其顏色。」

〔八〕六韜文韜上賢：「臣有結朋黨，蔽賢智，鄣主明者，傷王之權。」說苑臣術：「諂主以邪，墜主不義，朋黨比周，以蔽主明。」

〔九〕周禮天官大宰：「以八統詔王馭萬民，……三曰進賢。」國語晉語九：「（史黯）對曰：『……夫事君者，諫過而賞善，薦可而替否，獻能而進賢，擇材而薦之。』」小爾雅廣詁：「杜，塞也。」

〔一〇〕禮記郊特牲：「爲人臣者無外交，不敢貳君也。」新語懷慮：「故管仲相桓公，詘節事君，專心一意，身無境外之交。」漢書循吏朱邑傳：「神爵元年卒，天子（宣帝）閔惜，下詔稱揚曰：『大司農邑，廉潔守節，退食自公，亡彊外之交，束脩之餽，可謂淑人君子。』」後漢書第五倫傳：「（上疏）傳曰：『大夫無境外之交，束脩之餽。』（此意引穀梁傳隱公元年文）」戰國策韓策一：「宣王謂摎留曰：『吾欲兩用公仲、公叔，其可乎？』對曰：『不可。……今王兩用之，其多力者，內樹其黨，寡力者，藉外權。羣臣或內樹其黨以擅其主，或外爲交以裂其地，則王之國必危矣。』」（又見韓非子說林上）

〔一一〕史記汲黯傳：「（黯）曰：『黯棄居郡，不得與朝廷議也。然御史大夫張湯智足以拒諫，詐足以飾非，務巧佞之語，辯數之辭，非肯正爲天下言，專阿主意。』」說苑臣術：「智足以飾非，辯足以行說，反言易辭而成文章，內離骨肉之親，外妒亂朝廷。如此者，讒臣也。」

〔一二〕論語子張：「子夏曰：『小人之過也必文。』」集解引孔安國曰：「文飾其過，不言情實。」朱熹集注：「文，去聲。文，飾之也。」漢書楊惲傳：「（報孫會宗書）言鄙陋之愚心，若逆指而文過。」顏注：「逆足下之意指，而自文飾其過。」

〔一三〕史記蒙恬傳：「趙高者，諸趙疏遠屬也。趙高昆弟數人，皆生隱宫，其母被刑僇，世世卑賤。秦王（始皇帝）聞高彊力，通於獄法，舉以爲中車府令。高卽私事公子胡亥，喻之決獄。……始皇至沙丘崩，祕之，羣臣莫知。是時丞相李斯、公子胡亥、中車府令趙高常從。高雅得幸於胡亥，欲立之。……迺與丞相李斯、公子胡亥陰謀，立胡亥爲太子。」又李斯傳：「李斯已死，二世拜趙高爲中丞相，事無大小輒決於高。……高乃諫二世曰：『天子無故賊殺不辜人，此上帝之禁也，鬼神不享，天且降殃，當遠避宮以禳之。』二世乃出居望夷之宮。留三日，趙高詐詔衞士，令士皆素服持兵內鄉，入告二世曰：『山東羣盜兵大至！』二世上觀而見之，恐懼，高即因劫令自殺。……乃召始皇弟，授之璽。子嬰即位，患之，乃稱疾不聽事，與宦者韓談及其子謀殺高。高上謁，請病，因召入，令韓談刺殺之，夷其三族。」前勗學篇「昔秦之二世不重儒術」諸句、君道篇「獨任則悟鹿馬之作威」句及本篇上文「執恬、毅之守終」句箋已具者，兹不再贅。

〔一四〕三國志魏書董卓傳：「董卓字仲穎，隴西臨洮人也。……靈帝崩，少帝即位。大將軍何進與司隸校尉袁紹謀誅諸閹官，太后不從。進乃召卓使將兵詣京師，……欲以脅迫太后。卓未至，進敗。中常侍段珪等劫帝走小平津，卓遂將其衆迎帝於北芒，還宮。時進弟車騎將軍苗爲進衆所殺，進、苗部曲無所屬，皆詣卓。卓又使呂布殺執金吾丁原，并其衆。故京都兵權唯在卓。……策免司空劉弘而卓代之，俄遷太尉，假節鉞虎賁。遂廢帝爲弘農王。尋又殺王及何太后。立靈帝少子陳留王，是爲獻帝。卓遷相國，封郿侯，贊拜不名，劍履上殿。……初平元年二月，乃徙天子都長安。……卓至西京，爲太師，號曰尚父。乘青蓋金華車，爪畫兩轓，時人號曰竿摩車。……三年四月，司徒王允、尚書僕射士孫瑞、卓將呂布共謀誅卓。是時，天子有疾新愈，大會未央殿。布使同郡騎都尉李肅等，將親兵十餘人，僞著衞士服守掖門。布懷詔書。卓至，肅等格卓。卓驚呼布所在。布曰『有詔』，遂殺卓，夷三族。」（范書董卓傳不如陳志簡要，故未援引。）

〔一五〕剡鋒，已見君道篇「剡鋭載胥」句箋。（剡鋒、剡鋭一實）

〔一六〕詩小雅十月：「下民之孽，匪降自天。」又大雅瞻卬：「亂匪降自天。」左傳襄公二十三年：「閔子馬見之曰：『子無然。禍福無門，唯人所召。』」說苑敬慎：「孔子曰：『存亡禍福，皆在己而已。』」（又見家語五儀）又談叢：「禍福非從地中出，非從天上來，己自生之。」文選西征賦：「陷亂逆以受戮，匪禍降之自天。」

抱朴子曰：「臣喻股肱〔一〕，則手足也。履冰執熱，不得辭焉。是以古人方之於地，掘之則出水泉，樹之則秀百穀，生者立焉，死者入焉。功多而不望賞，勞瘁而不敢怨〔二〕。審識斯術，保己之要也。」

〔一〕書益稷：「帝曰：『臣作朕股肱耳目。』」孔傳：「言大體若身。」左傳昭公九年：「君之卿佐，是謂股肱。」

〔二〕荀子堯問：「子貢問於孔子曰：『賜爲人下而未知也。』孔子曰：『爲人下者乎，其猶土也。深抇之而得甘泉焉，樹之而五穀蕃焉，草木殖焉，禽獸育焉，生則立焉，死則入焉。多其功而不德。爲人下者，其猶土也。』」（又見說苑臣術、家語困誓）楊注：「下，謙下也。子貢問欲爲人下，未知其益也。抇，掘也。故沒反。」韓詩外傳七：「孔子閑居，子貢侍坐，請問爲人下之道，奈何？孔子曰：『善哉！爾之問也。爲人下，其猶土乎？』子貢未達。孔子曰：『夫土者，掘之得甘泉焉，樹之得五穀焉，草木植焉，鳥獸魚鼈遂焉，生則立焉，死則入焉。多功不言，賞世不絕。故曰：能爲下者，其惟土乎？』」

抱朴子曰：「臣職分則治，統廣則多滯。非賁、獲之壯，不可以舉兼人之重〔一〕；非萬夫之特〔二〕，不可以總異言之局〔三〕。韓侯所以罪侵冒之典〔四〕，子元所以懼不勝之禍也〔五〕。若乃才力絕倫〔六〕，文武兼允〔七〕，入有腹心之高筭〔八〕，出有折衝之遠畧〔九〕，雖事殷而益舉，兩循而俱濟〔一〇〕，舍之則彝倫斁〔一一〕，委之而無其人者，兼之可也；非此器也，宜自忖引，轅若載重〔一二〕，尠不及矣〔一三〕。常人貪榮，不慮後患，身既傾溺，而禍逮君親，不亦哀哉！人皆辭斧斤所未開〔一四〕，而莫讓攝官所不堪〔一五〕。嗟乎！陳、李所以作戒於力以〔一六〕，而子房所以高蹈於挹盈也〔一七〕。」

〔一〕賁，孟賁。孟子公孫丑上：「若是，則夫子過孟賁遠矣。」趙注：「賁，勇士也。」戰國策楚策三：「賁、諸懷錐刃，而天下爲勇。」呂氏春秋用衆：「故以衆勇，無畏乎孟賁矣。」高注：「孟賁，古大勇士。」獲，烏獲。孟子告子下：「然則舉烏獲之任，是亦爲烏獲而已矣。」趙注：「烏獲，古之有力人也，能移舉千鈞。」商子錯法：「烏獲舉千鈞之重。」（弱民同）呂氏春秋用衆：「以衆力，無畏乎烏獲矣。」高注：「烏獲，有力人，能舉千鈞。」史記秦紀：「武王有力好戲，力士任鄙、烏獲、孟說皆至大官。」帝王世紀：「秦武王好多力之人，齊孟賁之徒並歸焉。孟賁生拔牛角。」（孟子公孫丑上孫疏引）蓋以孟賁即孟說。

〔二〕詩秦風黃鳥：「維此奄息，百夫之特。」鄭箋：「百夫之中最雄俊也。」

〔三〕照按：「言」字誤。當依藏本、魯藩本、舊寫本改作「官」。左傳成公十六年：「且侵官，冒也；……離局，姦也。」此句謂各有司存，不能越局也。

〔四〕韓非子二柄：「昔者韓昭侯醉而寢，典冠者見君之寒也，故加衣於君之上。覺寢而說，問左右曰：『誰加衣者？』左右對曰：『典冠。』君因兼罪典衣，殺典冠。其罪典衣，以爲失其事也；其罪典冠，以爲越其職也。非不惡寒也，以爲侵官之害甚於寒。故明主之畜臣，臣不得越官而有功，不得陳言而不當。越官則死，不當則罪。守業其官所言者，貞也。則羣臣不得朋黨相爲矣。」論衡幸偶：「韓昭侯醉卧而寒，典冠加之以衣。覺而問之，知典冠愛己也，以越職之故，加之以罪。」

〔五〕漢書朱博傳：「朱博字子元，杜陵人也。……上（哀帝）遂罷（傅）喜遣就國，免（孔）光爲庶人，以博代光爲丞相，封陽鄉侯，食邑二千户。博上書讓曰：『故事封丞相不滿千户，而獨臣過制，誠慚懼，願還千户。』上許焉。」

〔六〕史記龜策傳：「通一伎之士咸得自效，絶倫超奇者爲右。」漢書揚雄傳贊：「而桓譚以爲絶倫。」顏注：「無比類。」

〔七〕詩魯頌泮水：「允文允武，昭假烈祖。」鄭箋：「僖公信文矣，爲脩泮宫也；信武矣，爲伐淮夷也。」

〔八〕詩周南兔罝：「赳赳武夫，公侯腹心。」毛傳：「可以制斷公侯之腹心。」正義：「毛以爲兔罝之人，有文有武，可以爲腹心之臣。言公侯有腹心之謀事，能制斷其是非。」

〔九〕折衝，已見君道篇「韓、白畢力以折衝」句箋。

〔一〇〕王國維「循」校「脩」。照按：王校是。兩脩，即上文之「文武兼允」也。

〔一一〕書洪範：「彝倫攸斁。」孔傳：「斁，敗也。」釋文：「斁，多路反。」

〔一二〕陳澧曰：「『若』，疑當作『弱』。」照按：陳説是。知止篇「輮弱折於載重」，可證。易林乾之謙：「載重傷軸。」（大畜之明夷同）

〔一三〕易繫辭下：「子曰：『德薄而位尊，知小而謀大，力小而任重，鮮不及矣。』」「尠」，「尟」之俗。説文是部：「尟，是少也。」息淺切。

〔一四〕孟子梁惠王上：「斧斤以時入山林，材木不可勝用也。」文子上德：「林木茂而斧斤入。」此句喻官多職少，入仕不易。

〔一五〕左傳成公二年：「攝官承乏。」又昭公十三年：「羊舌鮒攝司馬。」杜注：「攝，兼官。」論語八佾：「官事不攝。」集解引包咸曰：「攝，猶兼也。」

【一六】陳澧曰：「『力以』二字疑誤。」照按：「以」字當依藏本、魯藩本、吉藩本、愼本、盧本、舊寫本、彙函本、柏筠堂本、文溯本、叢書本、崇文本改作「少」。此平津本寫刻之誤，嚴可均覆校已校正。陳，陳蕃。已見嘉遯篇「以蕃、武爲厚誠」句箋。李，李膺。後漢書黨錮李膺傳：「李膺，字元禮，潁川襄城人也。……是時朝廷日亂，綱紀穨阤，膺獨持風裁，以聲名自高。士有被其容接者，名爲登龍門。……陳蕃爲太傅，與大將軍竇武共秉朝政，連謀誅諸宦官，故引用天下名士，乃以膺爲長樂少府。及陳、竇之敗，膺等復廢。後張儉事起，收捕鉤黨，……乃詣詔獄。考死。」

【一七】史記留侯世家：「留侯乃稱曰：『家世相韓，及韓滅，不愛萬金之資，爲韓報讎彊秦，天下振動。今以三寸舌爲帝者師，封萬戶，位列侯，此布衣之極，於良足矣。願弃人間事，欲從赤松子游耳。』乃學辟穀，道引輕身。」左傳哀公二十一年：「因歌之，曰：『魯人之皐，數年不覺，使我高蹈。』」杜注：「高蹈，猶遠行也。」荀子宥坐：「孔子曰：『聰明聖知，守之以愚；功被天下，守之以讓；勇力撫世，守之以怯；富有四海，守之以謙，此所謂挹而損之之道也。』」說苑敬愼：「孔子曰：『持滿之道，挹而損之。』」（韓詩外傳三「挹」作「抑」）

抱朴子外篇校箋卷之七

良規

抱朴子曰：「翔集而不擇木者〔一〕，必有離罻之禽矣〔二〕。出身而不料時者，必有危辱之士矣。時之得也，則飄乎猶應龍之覽景雲〔三〕；時之失也，則蕩然若巨魚之枯崇陸〔四〕。是以智者藏其器以有待也〔五〕，隱其身而有爲也〔六〕。若乃高巖將霣，非細縷所綴；龍門沸騰，非掬壤所遏〔七〕。則不苟且於乾没〔八〕，不投險於僥倖矣。」

〔一〕論語鄉黨：「色斯舉矣，翔而後集。」集解引周生烈曰：「迴翔審觀而後下止。」皇疏：「謂孔子所至之處也，必迴翔審觀之後，乃下集也。」後漢書郎顗傳：「（上書）且賢者出處，翔而後集。」左傳哀公十一年：「（仲尼）退命駕而行，曰：『鳥則擇木，木豈能擇鳥？』」杜注：「以鳥自喻。」阮子：「高鳥相木而集，智士擇土而翔。」（意林四、太平御覽九一四〔「土」作「主」〕引）

〔二〕詩邶風：「魚網之設，鴻則離（讀爲麗）之。」文選思玄賦：「循法度而離殃。」李周翰曰：「離，罹也。」說文网部：「罻，捕鳥网也。」列女傳賢明周南之妻傳：「夫鳳皇不離於蔚（罻）羅。」

〔三〕淮南子覽冥：「服應龍。」高注：「一說：『應龍，有翼之龍也。』」又天文：「龍舉而景雲屬。」高注：「龍，水物也。雲生水，故龍舉而景雲屬。屬，會也。」漢書敍傳上：「（答賓戲）應龍潛於潢汙，魚黿媟之，不覩其能奮靈德，合風雲，超忽荒，而躆顥蒼也。故夫泥蟠而天飛者，應龍之神也。」

〔四〕莊子庚桑楚：「夫尋常之溝，巨魚無所還其體，而鯢鰌為之制。……吞舟之魚，碭而失水，則蟻能苦之。」釋文：「碭而失水，謂碭溢而失水也。」韓詩外傳八：「夫吞舟之魚大矣，蕩而失水，則為螻蟻所制，失其輔也。」淮南子主術：「吞舟之魚，蕩而失水，則制於螻蟻，離其居也。」（說苑談叢同）高注：「魚能吞舟，言其大也。其居，水也。」

〔五〕易繫辭下：「君子藏器於身，待時而動。」

〔六〕莊子庚桑楚：「夫全其形生之人，藏其身也，不厭深眇而已矣。」

〔七〕陳漢章曰：「北堂書鈔九十九引，作『龍門將決，非寸壤所遏』。」孫人和曰：「按書鈔九十九引，『沸騰』作『將決』，『掬』作『寸』。皆較今本為優。」照按：書鈔所引未必較今本為優。後安貧篇「夫丸泥已不能遏彭蠡之沸騰」，又廣譬篇「撮壤不能遏砥柱之沸騰」二語，與此二句文意全同。亦並騰作「沸騰」。是今本固未誤也。（詩小雅十月之交「百川沸騰」，即「龍門沸騰」所本，前君道篇之「百川無沸騰之異」，亦是用詩句。）書禹貢：「導河積石，至於龍門。」水經河水注：「（河水）又南，出龍門口。昔者大禹導河積石，疏決梁山，謂斯處也。即經所謂龍門矣。魏土地記曰：『梁山北有龍門山，大禹所鑿，通孟津河，口廣八十步，巖際鐫跡遺功尚存。』」

〔八〕史記酷吏張湯傳：「湯為人多詐，舞智以御人。始為小吏，乾沒，與長安富賈田甲、魚翁叔之屬交私。及列九卿，收接天下名士大夫，己心內雖不合，然陽浮慕之。」集解引徐廣曰：「（乾沒）隨勢沈浮也。」漢書張湯傳顏注：「服虔曰：『乾沒，射成敗也。』如淳曰：『豫居物以待之，得利為乾，失利為沒。』師古曰：『乾，音干。』」方以智通雅五：

「乾没，猶言白没之也。張湯傳：『始爲小吏乾没。』如淳曰：『豫居物以待之，得利爲乾，失利爲没。』此解非也。蘇鶚（演義）謂：乾没如陸沈。（此以意引，非原文。）隋書王劭贊：『乾没營利。』宋子京撰劉待制墓銘：『吏得傍緣乾没。』乾猶言乾得之也，没猶言没爲己有也。今人動言落錢，落即没字意。乾從幹得音，本音干。」黄生義府下乾没條：「漢書張湯傳『乾没』注：『得利爲乾，失利爲没。』非也。言以公家財物入己，如水之淹物，沈没無迹也。不水而没，故曰乾，與陸沈意同。」沈欽韓漢書疏證二九張湯傳乾没條：「此言無所將而取利，今猶有乾折之稱。晉潘岳母誚岳曰：『汝當知足，而乾没不已乎！』（晉書潘岳傳）與陸沈義相類矣。」（日知録三二乾没條引證頗詳，謂「乾没大抵是徼幸取利之意。史記春申君傳：『没利於前而易患於後也。』即此意。」此又一解，可參閲。）

抱朴子曰：「周公之攝王位〔一〕，伊尹之黜太甲〔二〕，霍光之廢昌邑〔三〕，孫綝之退少帝〔四〕，謂之舍道用權，以安社稷〔五〕。然周公之放逐狼跋，流言載路〔六〕；伊尹終於受戮，大霧三日〔七〕；霍光幾於及身，家亦尋滅〔八〕，孫綝桑蔭未移，首足異所〔九〕。皆笑音未絶，而號咷已及矣〔一〇〕。

〔一〕韓詩外傳七：「武王崩，成王幼，周公承文、武之業，履天子之位，聽天子之政，征夷狄之亂，誅管、蔡之罪，抱成王而朝諸侯。」史記周紀：『成王少，周初定天下，周公恐諸侯畔周，公乃攝行政當國。」又魯周公世家：「其後武王既崩，成王少，在强葆之中。周公恐天下聞武王崩而畔，周公乃踐阼代成王攝行政當國。」

〔二〕孟子萬章上：「大甲顛覆湯之典刑，伊尹放之於桐。」又盡心上：「公孫丑曰：『伊尹曰：「予不狎于不順。」放大甲於桐，民大悦。』」史記殷紀：「帝太甲既立三年，不明，暴虐，不遵湯法，亂德，於是伊尹放之於桐宫。三年，伊尹攝行政當國，以朝諸侯。」竹書紀年上：「太甲元年，辛巳，王卽位，居亳。命卿士伊尹，伊尹放太甲于桐，乃自立。」璅語：「仲壬崩，伊尹放太甲，乃自立，四年。」（太平御覽八三引）樂毅喻（燕）昭王：「伊尹放太甲而不疑，太甲受放而不怨，是存大業於至公而以天下爲心者也。」（夏侯玄樂毅論引（見史記樂毅傳集解））孔叢子論書：「孔子曰：『君子之於人，計功以除過。太甲卽位，不明居喪之禮，而干冢宰之政，伊尹放之於桐。』」又執節：「趙孝成王問曰：『昔伊尹爲臣而放其君，其君不怨，何可而得乎此也？』子順答曰：『伊尹執人臣之節，而弼其君以禮，亦行此道而已矣。』王曰：『方以放君爲名，而先生稱禮，何也？』子順曰：『以禮括其君，使入於善也。』」中論貴驗：「伊尹放太甲，展季覆寒女，商、魯之民，不稱淫篡焉。何則？積之於素也。」

〔三〕漢書霍光傳：「霍光字子孟，票騎將軍去病弟也。……元平元年，昭帝崩，亡嗣。……迎昌邑王賀。賀者，武帝孫，昌邑哀王子也。既至，卽位，行淫亂。光憂懣，獨以問所親故吏大司農田延年。延年曰：『將軍爲國柱石，審此人不可，何不建白太后，更選賢而立之？』……光卽與羣臣俱見白太后，具陳昌邑王不可以承宗廟狀。……羣臣以次上殿，召昌邑王伏前聽詔。……光令王起拜受詔，……乃卽持其手，解脱其璽組，奉上太后，扶王下殿，出金馬門，羣臣隨送。王西面拜，曰：『愚戇不任漢事。』起就乘輿副車。大將軍光送至昌邑邸。」

〔四〕三國志吳書孫綝傳：「孫綝字子通。……綝以孫亮始親政事，多所難問，甚懼。……綝入諫不從，亮遂與公主魯班、太常全尚、將軍劉承議誅綝。亮妃，綝從姊女也，以其謀告綝。綝率衆夜襲全尚，遣弟恩殺劉承於蒼龍門外，遂圍宮。使光祿勳孟宗告廟廢亮，召羣司議曰：『少帝荒病昏亂，不可以處大位，承宗廟，以告先帝廢之。諸君若有不同者，下異議。』皆震怖。曰：『唯將軍令。』綝遣中書郎李崇奪亮璽綬，以亮罪狀班告遠近。」又三嗣主傳：「孫亮，字子明，權少子也。……赤烏十三年，和廢，權遂立亮爲太子。……權薨，太子卽尊號。……（太平三年)九月戊午,(孫)綝以兵取(全)尚,遣弟恩攻殺(劉)承於蒼龍門外,召大臣會宮門,黜亮爲會稽王,時年十六。」

〔五〕照按:「舍」字於此文義不屬,疑爲「舍」之誤。易繫辭下:「巽以行權。」韓注:「權反經而合道,必合乎巽,順而後可以行權也。」正義:「巽,順也。既能順時合宜,故可以權行也。若不順時制變,不可以行權也。」公羊傳桓公十一年:「權者何?權者反於經然後有善者也。……行權有道。」(孟子離婁「嫂溺援之以手者,權也」趙注:「權者,反經而善也。」)淮南子氾論:「權者,聖人之所獨見也。故忤而後合者,謂之知權。」高注:「忤,逆,不合也。權因事制宜,權量輕重,無常形勢,能令醜反善,合於宜適,故聖人獨見之也。」論衡本性:「若反經合道,則可以爲教。」劉子明權:「權者,反於經而合於道。」並其證。漢書霍光傳:「天子(宣帝)思光功德,下詔曰:『故大司馬大將軍博陸侯宿衞孝武皇帝三十有餘年,輔孝昭皇帝十有餘年,遭大難,躬秉誼,率三公九卿大夫定萬世册以安社稷,天下蒸庶咸以康寧。』……贊曰:『(霍光)受襁褓之託,任漢室之寄,當廟堂,擁幼君,摧燕王,仆上官,因權制敵,以成其忠。處廢置之際,臨大節而不可奪,遂匡國家,安社稷。擁昭立宣,光爲師保,雖周公、阿衡,何以加此!』」

〔六〕周公放逐,已見嘉遯篇「公旦聖而走南楚」句箋。詩豳風狼跋:「狼跋,美周公也。周公攝政,遠則四國流言,近則王不知,周大夫美其不失其聖也。狼跋其胡,載疐其尾。」毛傳:「興也。跋,躐。疐,跲也。老狼有胡,進則躐其胡,退則跲其尾,進退有難,然而不失其猛。」鄭箋:「興者,喻周公進則躐其胡,猶始欲攝政,四國流言,辟之而居東都也。退則跲其尾,謂後復成王之位而老,成王又留之。其如是,聖德無玷缺。」(三國志蜀書法正傳:「(諸葛)亮答曰:『主公(劉備)之在公安也,北畏曹公之彊,東憚孫權之逼,近則懼孫夫人生變於肘腋之下;當斯之時，進退狼跋。』〔二〕書金縢：「武王既喪，管叔及其羣弟，乃流言於國，曰：『公將不利於孺子。』」孔傳：「武王死，周公攝政，其弟管叔及蔡叔、霍叔，乃放言於國以誣周公，以惑成王。孺，稚也。孺子，成王。」

〔七〕竹書紀年上：「（太甲）七年，王潛出自桐，殺伊尹，天大霧三日。」春秋後序：「紀年稱……伊尹放太甲於桐，乃自立也。伊尹卽位於太甲十年，（太甲潛出自桐，殺伊尹。」（太平御覽八三引）論衡感類：「難之曰：『……伊尹死時，天何以不爲雷雨？』應曰：『以百雨〔兩〕篇曰：「伊尹死，大霧三日。」大霧三日，亂氣矣，非天怒之變也。』」文選陸機豪士賦序：「則伊生抱明允以嬰戮，文子懷忠敬而齒劍，固其所也。」李周翰曰：「伊生，伊尹也。」

〔八〕漢書霍光傳：「宣帝始立，謁見高廟，大將軍光從驂乘，上內嚴憚之，若有芒刺在背。……及光身死，而宗族竟誅。……贊曰：『……然光不學亡術，闇於大理，陰妻邪謀，立女爲后，湛溺盈溢之欲，以增顛覆之禍，死財三年，宗族誅夷，哀哉！』」

〔九〕照按：「蔭」當作「陰」。詳後接疏篇「則桑蔭未移」條。三國志吳書孫綝傳：「將軍魏邈說（孫）休曰：『綝居外必有變。』武衛士施朔又告綝欲反有徵。休密問張布，布與丁奉謀於會殺綝。（永安元年十二月）戊辰臘會，綝稱疾。休彊起之，……綝求出，休曰：『外兵自多，不足煩丞相也。』綝起離席，奉、布目左右縛之。……遂斬之。」

〔一〇〕號咷，已見嘉遯篇「而先笑後號者多有也」句箋。

「夫危而不持，安用彼相〔一〕？爭臣七人，無道可救〔二〕。致令王莽之徒，生其姦變，外引舊事以飾非，內包豺狼之禍心〔三〕，由於伊、霍，基斯亂也〔四〕。將來君子，宜深鑒茲矣。夫廢立之事，小順大逆，不可長也。召王之譎，已見貶抑〔五〕。況乃退主，惡其可乎！此等皆計行事成，徐乃受殃者耳。若夫陰謀始權，而貪人賣之，赤族殄祀〔六〕；而他家封者，亦不少矣〔七〕。

〔一〕論語季氏：「孔子曰：『求！周任有言曰：「陳力就列，不能者止。」危而不持，顛而不扶，則將焉用彼相矣？』」集解引包咸曰：「言輔相人者，當能持危扶顛，若不能，何用相爲？」後漢書陳球傳：「（劉）納曰：『公（劉郃）爲國棟梁，傾危不持，焉用彼相邪？』」

〔二〕孝經諫諍章：「昔者天子有爭臣七人，雖無道，不失其天下。」（又見韓詩外傳十、白虎通德論諫諍〔家語三恕文有異〕）漢書霍光傳：「（昌邑）王曰：『聞天子有爭臣七人，雖無道，不失天下。』」所舉即孝經文也。

〔三〕漢書王莽傳上：「陳崇時爲大司徒司直，與張敞孫竦相善。竦者博通士，爲崇草奏，稱莽功德。崇奏之，曰：『……公卿咸歎公德，同盛公勳，皆以周公爲比，宜賜號安漢公。……臣愚以爲宜恢公國，令如周公，建立公子，令如伯禽。……惟陛下深惟祖宗之重，敬畏上天之戒，儀形虞、周之盛，敕盡伯禽之賜，無遴周公之報，令天法有設，後世有祖，天下幸甚！』……太后臨前殿，親封拜。安漢公拜前，二子拜後，如周公故事。……（王）舜等即共令太后下詔曰：『……朕深思厥意，云「爲皇帝」者，乃攝行皇帝之事也。夫有法成易，非聖人者亡法。其令安漢公居攝踐祚，如周公故事。』……莽上奏太后曰：『……臣莽夙夜養育隆就孺子，令與周之成王比德，宣明太皇太后威德於萬方，期於富而教之。孺子加元服，復子明辟，如周公故事。』奏可。衆庶知其奉符命，指意羣臣博議別奏，以視即真之漸矣。……莽至高廟拜受金匱神嬗，御王冠，謁太后，還坐未央宮前殿，下書曰：『予以不德，託於皇初祖考黃帝之後，皇始祖考虞帝之苗裔，而太皇太后之末屬。……符契圖文，金匱策書，神明詔告，屬予以天下兆民。赤帝漢氏高皇帝之靈，承天命，傳國金策之書，予甚祗畏，敢不欽受！以戊辰直定，御王冠，即真天子位，定有天下之號曰新。……以十二月朔癸酉爲建國元年正月之朔，以雞鳴爲時。服色配德上黃，……使節之旄旛皆純黃，其署曰『新使五威節』，以承皇天上帝威命也。』」又諸侯王表序：「是故王莽知漢中外殫微，本末俱弱，亡所忌憚，生其姦心；因母后之權，假伊、周之稱，顓作威福廟堂之上，不降階序而運天下。詐謀既成，遂據南面之尊。」又王莽傳贊：「莽誦六藝以文姦言。」顏注：「以六經之事文飾姦言。」（文選西征賦：「誦六藝以飾姦。」）

〔四〕漢書霍光傳：「光曰：『今欲如是，於古嘗有此否？』（田）延年曰：『伊尹相殷，廢太甲以安宗廟，後世稱其忠。將軍若能行此，亦漢之伊尹也。』」後漢書宦者傳序：「其後孫程定立順之功，曹騰參建桓之策，續以五侯合謀，梁冀受鉞，迹因公正，恩固主心，故中外服從，上下屏氣。或稱伊、霍之勳，無謝於往載。」

〔五〕春秋經僖公二十八年：「天王（周襄王）狩于河陽。」杜注：「（河陽）晉地。今河內有河陽縣。晉實召王，爲其辭逆而意順，故經以王狩爲辭。」左傳：「是會也，晉侯（晉文公）召王，以諸侯見，且使王狩。仲尼曰：『以臣召君，不可以訓，故書曰：「天王狩于河陽。」言非其地也，且明德也。』」杜注：「晉侯大合諸侯，而欲尊事天子以爲名義，自嫌強大，不敢朝周，喻王出狩，因得盡羣臣之禮。皆譎而不正之事。」史記周紀：「晉文公召襄王，襄王會之河陽、踐土，諸侯畢朝，書諱曰：『天王狩于河陽。』」又晉世家：「晉侯會諸侯於溫，欲率之朝周。力未能，恐其有畔者，乃使人言周襄王狩于河陽。壬申，遂率諸侯朝王於踐土。孔子讀史記至文公，曰『諸侯無召王』、『王狩河陽』者，春秋諱之也。」論語憲問：「子曰：『晉文公譎而不正。』」集解引鄭玄曰：「譎者，詐也。謂召天子而使諸侯朝之。仲尼曰：『以臣召君，不可以訓，故書曰：「天王狩于河陽。」』是譎而不正也。」

〔六〕赤族，已見君道篇「而子陽赤族」句箋。左傳僖公十年：「君祀無乃殄乎？」杜注：「殄，絕也。」漢書霍光傳：「會事發覺，(霍)雲、(霍)山、(范)明友自殺，顯(霍光妻)、(霍)禹、(鄧)廣漢等捕得，禹要斬，顯及諸女昆弟皆棄市。」

〔七〕 三國志吳書孫綝傳：「以綝首令其衆曰：『諸與綝同謀皆赦。』……闓(綝子)乘船欲北降，追殺之。夷三族。」漢書霍光傳：「上(宣帝)乃下詔曰：『……今大司馬博陸侯禹與母宣成侯夫人顯及從昆弟子冠陽侯雲、樂平侯山諸姊妹壻謀爲大逆，……先發得，咸伏其辜。……男子張章先發覺，以語期門董忠，忠告左曹楊惲，惲告侍中金安上。惲召見對狀，後章上書以聞。侍中史高與金安上建發其事，言無入霍氏禁闥，卒不得遂其謀，皆讎有功。封章爲博成侯，忠高昌侯，惲平通侯，安上都成侯，高樂陵侯。』」

「若有姦佞翼成驕亂，若桀之干辛、推哆，原注：「尺氏切，張口也。」紂之崇侯、惡來〔一〕，厲之黨也〔二〕，改置忠良，不亦易乎？除君側之衆惡〔三〕，流凶族於四裔〔四〕，擁兵持墉〔五〕，直道守法，嚴操柯斧〔六〕，正色拱繩〔七〕，明賞必罰〔八〕，有犯無赦，官賢任能，唯忠是與〔九〕，事無專擅，請而後行；君有違謬，據理正諫。戰戰兢兢，不忘恭敬〔一〇〕，使社稷永安於上，己身無患於下。功成不處〔一一〕，乞骸告退〔一二〕，高選忠能，進以自代，不亦綽有餘裕乎〔一三〕？何必奪至尊之璽紱〔一四〕，危所奉之見主哉〔一五〕！

〔一〕 墨子所染：「夏桀染於干辛、推哆，殷紂染於崇侯、惡來。」晏子春秋內篇諫上：「昔夏之衰也，有推侈、大戲；殷之衰也，有費仲、惡來。……是以桀、紂以滅，殷、夏以衰。」韓非子說疑：「昔者有扈氏有失度，讙兜氏有孤男，三苗有成駒，桀有侯侈，紂有崇侯虎，晉有優施，此六人者，亡國之臣也。」呂氏春秋當染：「夏桀染於干辛、歧踵戎，殷紂染於崇侯、惡來。」高注：「干辛、歧踵戎，桀之邪臣。崇國，侯爵，名虎。惡來，嬴姓，飛廉之子。紂之諛臣。」

新書連語：「下主者，桀、紂是也。雖侈、惡來進與爲惡，則行。」淮南子主術：「桀之力制觡伸鉤，索鐵歙金，椎移、大犧，水殺黿鼉，陸捕熊羆，然湯革車三百乘，困之鳴條，擒之焦門。」「推哆」、「推侈」、「侯侈」、「雖侈」、「椎移」，雖緣形近字變，然同爲桀臣之名則一。原注於「哆」字以「張口也」釋之，未免望文生訓。

〔二〕詩大雅民勞：「以謹醜厲。」鄭箋：「厲，惡也。春秋傳（左傳襄公十七年）曰：『其父爲厲。』厲，壞也。」厲之黨，卽上文所舉干辛、推哆、崇侯、惡來「翼成驕亂」之姦佞。

〔三〕左傳僖公二十四年：「除君之惡，唯力是視。」公羊傳定公十三年：「晉趙鞅取晉陽之甲，以逐荀寅與士吉射。荀寅與士吉射者曷爲者也？君側之惡人也。」

〔四〕流凶族，已見嘉遯篇「有虞舉則四凶戮」句箋。

〔五〕壃，疆之或體。見說文畕部「疆」字下。持壃，防守邊疆。

〔六〕詩豳風伐柯：「伐柯如何？匪斧不克。」毛傳：「柯，斧柄也。禮義者，治國之柄。」鄭箋：「克，能也。伐柯之道，唯斧乃能之。」琴操上龜山操：「予欲望魯兮，龜山蔽之。手無斧柯，奈龜山何？」柯斧，借喻政柄。

〔七〕爾雅釋詁：「拱，執也。」拱繩，猶言執法。

〔八〕六韜文韜賞罰：「太公曰：『凡用賞者貴信，用罰者貴必。』」漢書宣帝紀贊：「孝宣之治，信賞必罰，綜核名實。」顏注：「有功必賞，有罪必罰。」

〔九〕左傳襄公二十五年：「晏子仰天歎曰：『嬰所不唯忠於君、利社稷者是與。』」

〔一〇〕左傳宣公二年：「（鉏）麑退歎而言曰：『不忘恭敬，民之主也。』」

〔一一〕老子第二章：「功成而弗居。」河上公注：「功成事就，退避不居其位。」

〔二〕晏子春秋外篇：「晏子對曰：『……臣愚不能復治東阿，願乞骸骨，避賢者之路。』」史記萬石君傳：「（石慶）乃上書曰：『……願歸丞相侯印，乞骸骨歸，避賢者路。』」

〔三〕孟子公孫丑下：「豈不綽綽然有餘裕哉！」趙注：「綽、裕，皆寬也。」

〔四〕霍光、孫綝皆奪其主璽紱，上文已箋。文選西京賦「懷璽藏紱」薛注：「天子印曰璽。紱，綬也。」紱、綬，繫印絲帶。

〔五〕見，見在，俗作現。（廣韻三十二霰：「見，露也。胡甸切。現，俗。」）

「夫君，天也；父也〔一〕。君而可廢，則天亦可改，父亦可易也。功蓋世者不賞，威震主者身危〔二〕。此徒戰勝攻取〔三〕，勛勞無二者〔四〕，且猶鳥盡而弓棄，兔訖而犬烹〔五〕。況乎廢退其君，而欲後主之愛己，是奚異夫爲人子而舉其所生捐之山谷〔六〕，而取他人養之，而云我能爲伯瑜、曾參之孝〔七〕，但吾親不中奉事，故棄去之。雖日享三牲〔八〕，昏定晨省〔九〕，豈能見憐信邪？

〔一〕左傳宣公四年：「箴尹曰：『弃君之命，獨誰受之？君，天也。天可逃乎？』」大戴禮記虞戴德：「君之於臣，天也。」鶡冠子道端：「君者，天也。」說苑建本：「賢臣之事君也，受官之日，以主爲父，以國爲家。」

〔二〕史記淮陰侯傳：「蒯生曰：『……且臣聞勇略震主者身危，而功蓋天下者不賞。』」漢書霍光傳：「故俗傳之曰：『威震主者不畜。』」後漢書申屠剛傳：「（對策）蓋功冠天下者不安，威震人主者不全。」

〔三〕戰國策秦策五：「（張）唐曰：『武安君戰勝攻取，不知其數。』」

〔四〕禮記明堂位：「成王以周公爲有勳勞於天下。」鄭注：「王功曰勳，事功曰勞。」勛，勳之古文，見說文力部。

【五】文子上德：「狡兔得而獵犬烹，高鳥盡而良弓藏。」（又見淮南子說林）韓非子內儲說下：「太宰嚭遺大夫種書曰：『狡兔盡則良犬烹。』」史記越王句踐世家：「范蠡遂去，自齊遺大夫種書曰：『蜚鳥盡，良弓藏；狡兔死，走狗烹。』（吳越春秋句踐伐吳外傳作「高鳥已散，良弓將藏；狡兔已盡，良犬就烹」）又淮陰侯傳：「信曰：『果若人言：「狡兔死，良狗亨；高鳥盡，良弓藏；敵國破，謀臣亡。」天下已定，我固當亨！』」

【六】所生，謂父母。

【七】韓詩外傳佚文：「伯瑜有過，其母笞之，泣。母曰：『他日笞汝未嘗泣，今泣何也？』對曰：『他日得杖，常痛。今母老，無力，不能痛，是以泣。』」（蒙求中「伯瑜泣杖」句舊注引）說苑建本：「伯俞有過，其母笞之，泣。其母曰：『他日笞子，未嘗見泣，今泣何也？』對曰：『他日俞得罪，笞嘗痛。今母之力不能使痛，是以泣也。』」（藝文類聚二十、法苑珠林六二、太平御覽六四九引「伯俞」作「韓伯瑜」）宋書樂志四曹植鼙舞歌靈芝篇：「伯瑜年七十，采衣以娛親。慈母笞不痛，歔欷涕沾巾。」禮記祭義：「曾子曰：『孝有三：大孝尊親，其次弗辱，其下能養。』」（大戴禮記有曾子本孝、曾子立孝、曾子大孝、曾子事父母四篇，文長不録。）孟子離婁上：「曾子養曾晳，必有酒肉。將徹，必請所與。問有餘，必曰『有』。曾晳死，曾元養曾子，必有酒肉。將徹，不請所與。問有餘，曰『亡矣』。將以復進也。此所謂養口體者也。若曾子，則可謂養志也。事親若曾子者，可也。」戰國策燕策一：「蘇秦曰：『且夫孝如曾參，義不離親一夕宿於外。』」韓詩外傳七：「曾子曰：『往而不可還者，親也。……故吾嘗仕齊爲吏，祿不過鍾釜，尚猶欣欣而喜者，非以爲多也，樂其逮親也。既没之後，吾嘗南遊於楚，得尊官焉，堂高九仞，榱題三圍，轉轂百乘，猶北鄉而泣涕者，非爲賤也，悲不逮吾親也。』」史記仲尼弟子傳：「曾參，南武城人，字子輿。少孔子四十六歲。孔子以爲能通孝道，故授之業。作孝經。」

〔八〕孝經紀孝行章：「事親者，居上不驕，爲下不亂，在醜不爭。居上而驕則亡，爲下而亂則刑，在醜而爭則兵。三者不除，雖日用三牲之養，猶爲不孝也。」邢疏：「三牲，牛、羊、豕也。」

〔九〕禮記曲禮上：「凡爲人子之禮，冬温而夏凊，昏定而晨省。」鄭注：「定，安其牀衽也。省，問其安否何如？」正義：「昏定而晨省者，上云冬温夏凊，是四時之法，今説一日之法。定，安也。晨，旦也。應卧當齊整牀衽，使親體安定之後退，至明旦，既隔夜，早來視親之安否何如。先昏後晨，兼示經宿之禮。」

「霍光之徒，雖當時增班進爵，賞賜無量〔一〕，皆以計見崇，豈斯人之誠心哉？夫納棄妻而論前壻之惡，買僕虜而毁故主之暴，凡人庸夫，猶不平之。何者？重傷其類，自然情也。故樂羊以安忍見疎〔二〕，而秦西以過厚見親〔三〕。而世人誠謂湯、武爲是，而伊、霍爲賢，此乃相勸爲逆者也。

〔一〕漢書霍光傳：「（宣帝）明年，下詔曰：『夫褒有德，賞元功，古今通誼也。大司馬大將軍光宿衛忠正，宣德明恩，守節秉誼，以安宗廟。其以河北、東武陽益封光萬七千户。』與故所食凡二萬户。賞賜前後黄金七千斤，錢六千萬，雜繒三萬疋，奴婢百七十人，馬二千疋，甲第一區。」三國志吴書孫綝傳：「（孫休）又下詔曰：『朕以不德，守藩於外，值兹際會，羣公卿士，暨於朕躬，以奉宗廟。……大將軍忠計内發，扶危定傾，安康社稷，功勳赫然。昔漢孝宣踐阼，霍光尊顯，褒德賞功，古今之通義也。其以大將軍爲丞相、荆州牧，食五縣。』恩爲御史大夫、衛將軍，據右將軍，皆縣侯。幹雜號將軍、亭侯。闓亦封亭侯。綝一門五侯，皆典禁兵，權傾人主，自吴國朝臣未嘗有也。……（休）恐其有變，數加賞賜。」

〔二〕戰國策魏策一：「樂羊爲魏將而攻中山。其子在中山，中山之君烹其子而遺之羹。樂羊坐於幕下而啜之，盡一盃。文侯謂覩師贊曰：『樂羊以我之故，食其子之肉。』贊對曰：『其子之肉尚食之，其誰不食？』樂羊既罷中山，文侯賞其功而疑其心。」（又見韓非子説林上）淮南子人間：「魏將樂羊攻中山。其子執在城中，城中懸其子以示樂羊。樂羊曰：『君臣之義，不得以子爲私。』攻之愈急。中山因烹其子而遺之鼎羹與其首，樂羊循而泣之曰：『是吾子。』已爲使者跪而啜三杯。使者歸報中山曰：『是伏約死節者也，不可忍也。』遂降之。爲魏文侯大開地有功。自此之後，日以不信。此所謂有功而見疑者也。」説苑貴德：「樂羊爲魏將以攻中山。其子在中山，中山懸其子示樂羊。樂羊不爲衰志，攻之愈急。中山因烹其子而遺之，樂羊食之盡一杯。中山見其誠也，不忍與其戰，果下之。遂爲文侯開地。文侯賞其功而疑其心。」左傳隱公四年：「（衆仲）對曰：『……夫州吁阻兵而安忍。阻兵無衆，安忍無親。衆叛親離，難以濟矣。』」正義：「安忍行虐事，刑殺過度也。」

〔三〕秦西過厚見親，已見君道篇「親放麑之仁」句箋。

「又見廢之君，未必悉非也。或輔翼少主，作威作福〔一〕，罪大惡積〔二〕，慮於爲後患；及尚持勢〔三〕，因而易之，以延近局之禍。規定策之功，計在自利，未必爲國也。取威既重〔四〕，殺生決口〔五〕。見廢之主，神器去矣〔六〕，下流之罪，莫不歸焉〔七〕。雖知其然，孰敢形言？無東牟、朱虛以致其計〔八〕，無南史、董狐以證其罪〔九〕，將來今日，誰又理之？獨見者乃能追覺桀、紂之惡不若是其惡，湯、武之事不若是其美也〔一〇〕。

〔一〕作威作福，已見君道篇「獨任則悟鹿馬之作威」句箋。

〔二〕易繫辭下：「故惡積而不可揜，罪大而不可解。」

〔三〕韓非子外儲説右上：「善持勢者，蚤絶其姦。」淮南子主術：「大臣專權，下吏持勢，朋黨比周，以弄其上。」

〔四〕左傳僖公二十七年：「先軫曰：『報施救患，取威定霸，於是乎在矣。』」

〔五〕漢書王莽傳下：「（王）宗姊妨爲衛將軍王興夫人，祝詛姑，殺婢以絶口。」「決」與「絶」音同得通。決口卽絶口，謂防其泄密而殺之也。「絶」與「滅」可互訓。爾雅釋詁：「滅，絶也。」廣雅釋詁四：「絶，滅也。」是絶口卽滅口矣。戰國策楚策四：「楚（考烈）王貴李園，李園用事。李園既入其女弟爲王后，子爲太子，恐春申君語泄而益驕，陰養死士，欲殺春申君以滅口。」晉書后紀上：「宣帝初辭魏武之命，託以風痹，嘗暴書，遇暴雨，不覺自起收之。家惟有一婢見之，（張皇）后乃恐事泄致禍，遂手殺之以滅口。」皆「取威既重，殺生決口」之例。

〔六〕老子第二十九章：「天下神器，不可爲也。」河上公注：「器，物也。」漢書敍傳上：「（王命論）游說之士，至比天下於逐鹿，幸捷而得之，不知神器有命，不可以智力求也。」顔注引劉德曰：「神器，璽也。」文選東京賦：「巨猾閒舋，竊弄神器。」薛注：「神器，帝位也。」李注引韋昭漢書（敍傳上）注曰：「神器，天子璽也。」

〔七〕論語子張：「子貢曰：『紂之不善，不如是之甚也。是以君子惡居下流，天下之惡皆歸焉。』」集解引孔安國曰：「紂爲不善以喪天下，後世憎甚之，皆以天下之惡歸之於紂。」漢書楊惲傳：「報（孫）會宗書曰：『……下流之人，衆毀所歸。』」又敍傳上：「（班）伯對曰：『書（泰誓）云「乃用婦人之言」，何有踞肆於朝？所謂衆惡歸之，不如是之甚者也。』」

〔八〕照按：「計」疑爲「討」之形誤。（後博喻篇「猶鈔禾以討蝗蟲」，愼本、叢書本誤「討」爲「計」，是二字易誤之證。）晉書卞壼傳：「賊（蘇）峻造逆，勠力致討。」文選任昉奏彈曹景宗：「寔由郢州刺史臣景宗受命致討，不時言邁。」李注引劉道會晉起居注：「詔曰：『檀道濟奉命致討，所向風靡。』」並其證。史記齊悼惠王世家：「哀王三年，其弟章入宿衛於漢，呂太后封爲朱虛侯，以呂祿女妻之。後四年，封章弟興居爲東牟侯，皆宿衛長安中。……高后崩，趙王吕禄爲上將軍，吕王産爲相國，皆居長安中，聚兵以威大臣，欲爲亂。朱虚侯章以吕禄女爲婦，知其謀，乃使人陰出告其兄齊王，欲令發兵西，朱虚侯、東牟侯爲内應，以誅諸吕，因立齊王爲帝。……吕禄、吕産欲作亂關中，朱虚侯與太尉（周）勃、丞相（陳）平等誅之。朱虚侯首先斬吕産，於是太尉勃等乃得盡誅諸吕。……於是大臣乃謀迎立代王，而遣朱虚侯以誅吕氏事告齊王，令罷兵。……王既罷兵歸，而代王來立，是爲孝文帝。」又吕后紀：「東牟侯興居曰：『誅吕氏吾無功，請得除宫。』」

〔九〕左傳宣公二年：「趙穿攻靈公於桃園。宣子未出山而復。太史書曰：『趙盾弑其君。』以示於朝。宣子曰：『不然！』對曰：『子爲正卿，亡不越竟，反不討賊，非子而誰？』……孔子曰：『董狐，古之良史也，書法不隱。』」杜注：「不隱盾之罪。」又襄公二十五年：「（莊）公踰牆，又射之，中股，反隊，遂弑之。……太史書曰：『崔杼弑其君。』崔子殺之。其弟嗣書，而死者二人。其弟又書，乃舍之。南史氏聞太史盡死，執簡以往。聞既書矣，乃還。」杜注：「傳言齊有直史，崔杼之罪所以聞。」

〔一〇〕尸子仁意：「是故堯爲善而衆美至焉，桀爲非而衆惡至焉。」（羣書治要三六引）淮南子主術：「故堯爲善而衆善至矣，桀爲非而衆非來矣。」論衡齊世：「世常以桀、紂與堯、舜相反，稱美則説堯、舜，言惡則舉桀、紂。孔子曰：『紂之不善，不若是之甚也。』則知堯、舜之德，不若是其盛也。」風俗通義正失：「孟軻云：『堯、舜不勝其美，桀、紂不勝其惡。』」（史通疑古、惑經二篇引同）又：「（劉）向對曰：『……故曰：「堯、舜不勝其善，桀、紂不勝其惡。」桀、紂非殺父與君也，而世有殺君父者，人皆言無道如桀、紂，此不勝其惡。』」（史通疑古：「劉向又曰：『世人有弑父害君，桀、紂不至是，而天下惡者必以桀、紂爲先。』」）

「方策所載〔一一〕，莫不尊君卑臣，强榦弱枝〔一二〕。春秋之義，天不可讎〔一三〕。大聖著經，資父事君〔四〕。民生在三，奉之如一〔五〕。而許廢立之事，開不道之端，下陵上替〔六〕，難以訓矣。俗儒沈淪鲍肆〔七〕，困於詭辯，方論湯、武爲食馬肝〔八〕，以彈斯事者，爲不知權之爲變，貴於起善而不犯順〔九〕，不謂反理而叛義正也。

〔一〕方策，謂典籍。禮記中庸：「哀公問政。子曰：『文、武之政，布在方策。』」鄭注：「方，版也。策，簡也。」

〔二〕春秋繁露盟會要：「故曰立義以明尊卑之分，强幹弱枝以明大小之職。」白虎通德論誅伐：「誅不避親戚何？所以尊君卑臣，强榦弱枝，明善善惡惡之義也。」史記漢興以來諸侯王年表序：「而漢郡八九十，形錯諸侯閒，犬牙相臨，秉其阸塞地利，强本幹，弱枝葉之勢，尊卑明而萬事各得其所矣。」後漢書宋意傳：「（上疏）春秋之義，諸父昆弟無所不臣，所以尊尊卑卑，彊幹弱枝者也。」文選西都賦：「三選七遷，充奉陵邑，蓋以强幹弱枝，隆上都而觀萬國。」李注引春秋漢含孳曰：「强幹弱流，天之道。」宋均曰：「流，猶枝也。」

〔三〕左傳定公四年：「鄖公辛之弟懷，將弑（楚昭）王，曰：『平王殺吾父（成然），我殺其子，不亦可乎？』辛曰：『君討臣，誰敢讎之！君命天也，若死天命，將誰讎？』」

〔四〕大聖，孔子。三國志蜀書秦宓傳：「宓報曰：『……故孔子發憤作春秋，大乎居正，復制孝經，廣陳德行。』」隸釋孔廟置守廟百石孔龢碑：「孔子作春秋，制孝經。」又魯相史晨祠孔廟奏銘：「乃作春秋，復演孝經。」孝經士章：「資於事父以事母而愛同，資於事父以事君而敬同。故母取其愛，而君取其敬。兼之者，父也。故以孝事君則忠，以敬事長則順。忠順不失以事其上，然後能保其祿位，而守其祭祀，蓋士之孝也。」

〔五〕國語晉語一：「（欒共子）辭曰：『成聞之，民生於三，事之如一。父生之，師教之，君食之，非父不生，非食不長，非教不知生之族也。故壹事之。』」韋注：「壹事之，事之如一也。」

〔六〕下陵上替，已見君道篇「陵替之災」句箋。

〔七〕說苑雜言：「（孔子）又曰：『與善人居，如入蘭芷之室，久而不聞其香，則與之化矣；與惡人居，如入鮑魚之肆，久而不聞其臭，亦與之化矣。』」（又見家語六本〔大戴禮記曾子疾病略異〕）

〔八〕史記儒林轅固生傳：「清河王太傅轅固生者，齊人也。以治詩，孝景時爲博士。與黄生爭論景帝前。黄生曰：『湯、武非受命，乃弑也。』轅固生曰：『不然。夫桀、紂虐亂，天下之心皆歸湯、武，湯、武與天下之心而誅桀、紂，桀、紂之民不爲之使而歸湯、武，湯、武不得已而立，非受命爲何？』黄生曰：『冠雖敝，必加於首，履雖新，必關於足。何者？上下之分也。今桀、紂雖失道，然君上也；湯、武雖聖，臣下也。夫主有失行，臣下不能正言匡過以尊天子，反因過而誅之，代立踐南面，非弑而何也？』轅固生曰：『必若所云，是高帝代秦卽天子之位，非邪？』於是景帝曰：『食肉不食馬肝，不爲不知味；言學者無言湯、武受命，不爲愚。』遂罷。是後學者莫敢明受命放殺者。」漢書儒林傳顔注：「馬肝有毒，食之憙殺人，幸得無食。言湯、武爲殺，是背經，故以爲喻也。」補注引劉敞曰：「知味者不必須食馬肝，言學者不必須論湯、武。此欲令學者皆置之耳。」

〔九〕國語魯語上：「展禽曰：『……犯順不祥，以逆訓民亦不祥。』」

「而前代立言者，不折之以大道〔一〕，使有此情者加夫立刿鋒之端〔二〕，登方崩之山，非所以延年長世，遠危之術。雖策命暫隆〔三〕，弘賞暴集，無異乎犧牛之被紋繡〔四〕，淵魚之愛莽麥〔五〕，渴者之資口於雲日之酒〔六〕，飢者之取飽於鬱肉漏脯也〔七〕。而屬筆者皆共褒之，以爲美談〔八〕，以不容誅之罪爲知變，使人於悒而永慨者也〔九〕。」

〔一〕漢書敍傳上：「（答賓戲）曾不折之以正道，明君子之所守。」文選皇甫謐三都賦序：「作者又因客主之辭，正之以魏都，折之以王道。」

〔二〕剡鋒，已見君道篇「剡鋭載胥」句箋。（剡鋒、剡鋭同）

〔三〕左傳僖公二十八年：「（襄）王命尹氏及王子虎、内史叔興父策命晉侯（文公）爲侯伯。」杜注：「以策書命晉侯爲伯也。」

〔四〕照按：逸民篇有「被犧牛之文繡」語，則此「紋」字亦當作「文」。莊子列禦寇：「莊子應其使曰：『子見夫犧牛乎？衣以文繡。』」（又見史記老莊申韓傳）禮記月令「文繡有恆」，管子小匡「衣必文繡」，荀子榮辱「衣欲有文繡」，戰國策秦策二「因以文繡千匹，好女百人遺義渠君」，韓詩外傳五「衣欲被文繡」，淮南子精神「文繡狐白，人之所好也」，字並作「文」，亦可證。彙函本作「文」，未誤。當據改。

〔五〕周禮秋官翦氏：「掌除蠹物，……以莽草熏之。」鄭注：「莽草，藥物殺蟲者。」釋文：「莽草，藥名。」山海經中山經：「（朝歌之山）有草焉，名曰莽草，可以毒魚。」郭注：「今用之殺魚。」重修政和證類本草木部下品：「莽草，味辛苦，有毒。」陶隱居（弘景）云：「今江東處處皆有，葉青，新、烈者良。人用擣以和米，内水中，魚吞即死，浮出，人取食之無妨。」莽麥，蓋擣莽草葉和麥，納水中以毒魚也。

〔六〕照按：「資」字誤。當依藏本、魯藩本、吉藩本、舊寫本改作「恣」。說文心部：「恣，縱也。」詁此正合。王國維曰：「雲日，即運日。」照按：王說是。說文鳥部：「鴆，毒鳥也。一曰運日。」國語魯語上：「使醫鴆之。」韋注：「鴆，鳥也。一名運日。其羽有毒，漬之酒而飲之，立死。」淮南子繆稱：「暉日（此據宋本，注同。）知晏。」許注：「暉日，鴆鳥也。」文選吴都賦：「黑鴆零。」劉注：「鴆鳥，一名雲日（「日」，原誤「白」，今據胡克家考異說改正）。黑色，長頸，赤喙，食蝮蛇，體有毒，古人謂之鴆毒。」陶弘景名醫别録：「鴆鳥，毛有大毒，一名鵋日。」劉子類感：「天將風也，纖塵不動，而鳿日鳴。」（集韻二十四焮：「鳿，交、廣人謂鳩曰鳿。」）「雲」、「運」、「暉」、「鳿」皆音同得通。（胡克家謂「運」、「暉」、「鳿」與此「雲」皆同字，恐非。）

〔七〕鬱肉，腐臭之肉。禮記內則：「鳥皫色而沙鳴，鬱。」鄭注：「鬱，腐臭也。」荀子正名：「香、臭，芬、鬱，腥、臊奇臭，以鼻異。」楊注：「鬱，腐臭也。」漏脯，已見嘉遯篇「咀漏脯以充飢」句箋。

〔八〕公羊傳閔公二年：「桓公使高子將南陽之甲，立僖公而城魯。……魯人至今以爲美談。」

〔九〕楚辭七諫哀命：「念女嬃之嬋媛兮，涕泣流乎於悒。」王注：「於悒，增歎貌也。」

或諫余以此言爲傷聖人，必見譏貶。余荅曰：「舜、禹歷試內外，然後受終文祖〔一〕。雖有好傷，聖人者豈能傷哉！昔嚴延年廷奏霍光爲不道，于時上下肅然，無以折也〔二〕。況吾爲世之誡，無所指斥，何慮乎常言哉！」

〔一〕書堯典：「師錫帝曰：『有鰥在下，曰虞舜。』……帝曰：『我其試哉！』女于時，觀厥刑于二女。釐降二女于媯汭，嬪于虞。帝曰：『欽哉！』」孔傳：「師，衆。錫，與也。無妻曰鰥。虞氏舜名，在下民之中。女，妻。刑，法也。堯於是以二女妻舜，觀其法度，接二女以治家，觀治國。降，下。嬪，婦也。舜爲匹夫，能以義理下帝女之心於所居媯水之汭，使行婦道於虞氏。歎舜能脩己行敬以安人，則其所能者大矣。」又舜典序：「虞舜側微，堯聞之聰明，將使嗣位，歷試諸難。作舜典。」舜典：「……慎徽五典，五典克從。納于百揆，百揆時敍。賓于四門，四門穆穆。納于大麓，烈風雷雨弗迷。帝曰：『格汝舜，詢事考言，乃言厎可績，三載。汝陟帝位。』舜讓于德，弗嗣。正月上日，受終于文祖。」孔傳：「徽，美也。五典，五常之教：父義，母慈，兄友，弟恭，子孝。舜慎美篤行斯道，舉八元使布之於四方，五教能從，無違命。揆，度也。度百事，總百官。納舜於此官，舜舉八凱使揆度百事，百事時敍，無廢事業。穆穆，美也。四門，四方之門。舜流四凶族，四方諸侯來朝者，舜賓迎之，皆有美德，無凶人。麓，録也。納舜使大録萬機之政，陰陽和，風雨時，各以其節，不有迷錯愆伏，明舜之德合於天。格，來。詢，謀。乃，汝。厎，致。陟，升也。堯呼舜曰：來，汝所謀事，我考汝言，汝言致可以立功，三年矣。三載考績，故命使升帝位，將禪之。辭讓於德不堪，不能嗣成帝位。上日，朔日也。終，謂堯終帝位之事。文祖者，堯文德之祖廟。」孟子萬章上：「帝使其子九男二女，百官牛羊倉廩備，以事舜於畎畝之中。天下之士多就之者，帝將胥天下而遷之焉。」史記五帝紀：「於是堯乃以二女妻舜以觀其內，使九男與處以觀其外。」尸子：「（堯）於是妻之以媓，媵之以娥，九子事之，而託天下焉。」（藝文類聚一一、太平御覽八一又一三五引）淮南子泰族：「（堯）乃求所屬天下之統，令四岳揚側陋。四岳舉舜而薦之堯。堯乃妻以二女，以觀其內；任〔仕〕以百官，以觀其外。……乃屬以九子，贈以昭華之玉，而傳天下焉。」許注：「二女，娥皇，女英。……（九子）堯有九男。」列女傳母儀有虞二妃傳：「有虞二妃者，帝堯之二女也。長娥皇，次女英。……舜猶內治，靡有姦意。四嶽薦之於堯，堯乃妻以二女，以觀厥內。」（呂氏春秋求人：「堯傳天下於舜，禮之諸侯，妻以二女，臣以十子。」所言多一子，蓋傳聞之異。）照按：禹無歷試內外及受終文祖事，稚川蓋連類而並稱之耳。

〔二〕漢書酷吏嚴延年傳：「嚴延年字次卿，東海下邳人也。……以選除補御史掾，舉侍御史。是時大將軍霍光廢昌邑王，尊立宣帝。宣帝初即位，延年劾奏光『擅廢立，亡人臣禮，不道』。奏雖寢，然朝廷肅焉敬憚。」

抱朴子外篇校箋卷之八

時難

抱朴子曰：「盡節無隱者〔一〕，可爲也。若夫使言必納而身必安者，須時〔二〕句。時之否也，夫姦凶之徒，妬所不逮〔三〕，擁上抑下〔四〕，惡直醜正〔五〕，憂畏公方之彈擊邪枉，是以務除勝己以紓其誅〔六〕。明主不世而出〔七〕，庸君迷於皂白〔八〕，既不能受用忠益，或乃宣泄至言〔九〕。於是弘恭、石顯之徒〔一〇〕，飾巧辭以搆象似，假至公以售私姦。令獻長生之術者，反獲立死之罪〔一一〕；進安上之計者，旋受危身之禍〔一二〕。故曰：非言之難也，談之時難也。」

〔一〕漢書王尊傳：「（湖三老公乘興等上書）尊盡節勞心，夙夜思職。」禮記檀弓上：「事君有犯而無隱。」鄭注：「既諫，人有問其國政者，可以語其得失，若齊晏子爲晉叔向言之（見左傳昭公三年）。」

〔二〕楚辭九章思美人：「聊假日以須旹。」洪補注：「須，待也。旹，古時字。」

〔三〕廣雅釋言：「妒，忌也。」「妬」與「妒」同（見玉篇女部「妬」字注）。

〔四〕照按：「擁」字與上下文意不屬，疑爲「㙲」之誤。「壅」，亦作「㙲」（見何超晉書音義中），與「擁」形近，故誤。詩小雅無將大車「維塵雍兮」鄭箋：「雍，猶蔽也。」釋文：「雍，於勇反。字又作壅。」國語周語中：「求蓋人，其抑下滋甚。」韋注：「滋，益也。求掩蓋人以自高大，則其抑退而下益甚也。」

〔五〕惡直醜正，已見君道篇「恭、顯之惡直」句箋。

〔六〕說文糸部：「紓，緩也。」

〔七〕文子下德：「老子曰：『欲治之主不世出。』」（淮南子泰族同）

〔八〕皂白，猶黑白。玉篇白部：「阜，色黑也。皂，同上。」詩大雅桑柔：「匪言不能，胡斯畏忌。」鄭箋：「胡之言何也。賢者見此事之是非，非不能分別皂白，言之於王也，然不言之，何也？此畏懼犯顏得罪罰。」

〔九〕史記商君傳：「商君曰：『語有之矣，貌言，華也，至言，實也。』」

〔一〇〕弘恭、石顯，已見君道篇「恭、顯之惡直」句箋。

〔一一〕韓非子外儲說左上：「客有教燕王爲不死之道者，王使人學之，所使學者未及學而客死。王大怒，誅之。王不知客之欺己，而誅學者之晚也。夫信不然之物，而誅無罪之臣，不察之患也。且人所急無如其身，不能自使其無死，安能使王長生哉？」列子說符：「昔人言有知不死之道者，燕君使人受之，不捷，而言者死。燕君甚怒其使者，將加誅焉。幸臣諫曰：『人所憂者莫急乎死，己所重者莫過乎生。彼自喪其生，安能令君不死也？』乃不誅。」

〔一二〕史記鼂錯傳：「錯所更令三十章，諸侯皆諠譁疾鼂錯。錯父聞之，從潁川來，謂錯曰：『上（景帝）初卽位，公爲政用事，侵削諸侯，別疏人骨肉，人口議多怨公者，何也？』鼂錯曰：『固也。不如此，天子不尊，宗廟不安。』錯父曰：『劉氏安矣，而鼂氏危矣，吾去公歸矣！』遂飲藥死，曰：『吾不忍見禍及吾身。』死十餘日，吳楚七國果反，以誅錯爲名。及竇嬰、袁盎進說，上令鼂錯衣朝衣斬東市。」

「夫以賢說聖，猶未必即受，故伊尹干湯，至於七十也。以智告愚，則必不入，故文王諫紂，終於不納也〔一〕。言不見信，猶之可也。若乃李斯之誅韓非〔二〕，龐涓之刖孫臏〔三〕，上官之毀屈平〔四〕，袁盎之中晁錯〔五〕，不可勝載也。爲臣不易〔六〕，豈一塗也哉！蓋往而不反者，所以功在身後〔七〕；而藏器俟時者〔八〕，所以百無一遇。高勳之臣，曠代而一有；陷冰之徒〔九〕，委積乎史策。悲夫，時之難遇也，如此其甚哉！由茲以言，吾知渭濱呂尚之儔〔一〇〕，巖閒傅說之屬〔一一〕，懷其王佐之器〔一二〕，抱其邈世之材，秉竿擁築，老死於庸兒之伍，而遂不遭文王、高宗者，必不訾矣〔一三〕。」

〔一〕韓非子難言：「上古有湯至聖也，伊尹至智也。夫至智說至聖，然且七十說而不受，身執鼎俎爲庖宰，昵近習親，而湯乃僅知其賢而用之。故曰：以至智說至聖，未必至而見受，伊尹說湯是也。以智說愚必不聽，文王說紂是也。故文王說紂而紂囚之。」

〔二〕史記韓非傳：「韓非者，韓之諸公子也。喜刑名法術之學，而其歸本於黄老。……與李斯俱事荀卿，斯自以爲不如非。……秦王見孤憤、五蠹之書，曰：『嗟乎，寡人得見此人與之游，死不恨矣！』李斯曰：『此韓非之所著書也。』秦因急攻韓。韓王始不用非，及急，迺遣非使秦。秦王悅之，未信用。李斯、姚賈害之，毁之曰：『韓非，韓之諸公子也。今王欲并諸侯，非終爲韓不爲秦，此人之情也。今王不用，久留而歸之，此自遺患也，不如以過法誅之。』秦王以爲然，下吏治非。李斯使人遺非藥，使自殺。韓非欲自陳，不得見。秦王後悔之，使人赦之，非已死矣。」

〔三〕韓非子難言：「孫子臏脚於魏。」史記孫子傳：「孫武既死，後百餘歲有孫臏。臏生阿鄄之間，臏亦孫武之後世子孫也。孫臏嘗與龐涓俱學兵法。龐涓既事魏，得爲惠王將軍，而自以爲能不及孫臏，乃陰使召孫臏。臏至，龐涓恐其賢於己，疾之，則以法刑斷其兩足而黥之，欲隱勿見。」周禮秋官司刑「刖罪五百」鄭注：「刖，斷足也。」

〔四〕史記屈原傳：「屈原者，名平，楚之同姓也。爲楚懷王左徒。博聞彊志，明於治亂，嫻於辭令。入則與王圖議國事，以出號令，出則接遇賓客，應對諸侯。王甚任之。上官大夫與之同列，争寵而心害其能。懷王使屈原造爲憲令，屈平屬草稾未定。上官大夫見而欲奪之，屈平不與，因讒之曰：『王使屈平爲令，衆莫不知，每一令出，平伐其功，以爲「非我莫能爲」也。』王怒而疏屈平。……長子頃襄王立，以其弟子蘭爲令尹。楚人既咎子蘭以勸懷王入秦而不反也。屈平既嫉之，雖放流，睠顧楚國，繫心懷王，不忘欲反，冀幸君之一悟，俗之一改也。其存君興國而欲反覆之，一篇之中三致志焉。……懷王以不知忠臣之分，故內惑於鄭袖，外欺於張儀，疏屈平而信上官大夫、令尹子蘭。兵挫地削，亡其六郡，身客死於秦，爲天下笑。此不知人之禍也。……令尹子蘭聞之大怒，卒使上官大夫短屈原於頃襄王，頃襄王怒而遷之。」

〔五〕史記袁盎傳：「袁盎者，楚人也，字絲。……盎素不好鼂錯，……吴楚反聞，鼂錯謂丞史曰：『夫袁盎多受吴王金錢，專爲蔽匿，言不反。今果反，欲請治盎宜知計謀。』丞史曰：『事未發，治之有絶。今兵西鄉，治之何益！且袁盎不宜有謀。』鼂錯猶與未決。人有告袁盎者，袁盎恐，夜見竇嬰，爲言吴所以反者，願至上前口對狀。竇嬰入言上，上乃召袁盎入見。鼂錯在前，及盎請辟人賜閒，錯去，固恨甚。袁盎具言吴所以反狀，以錯故，獨急斬錯以謝吴，吴兵乃可罷。……及鼂錯已誅，袁盎以太常使吴。」中讀去聲，謂中傷也。

〔六〕論語子路：「人之言曰：『爲君難，爲臣不易。』」

〔七〕往而不反，已見嘉遯篇「往而不反者，謂之不仕無義」二句箋。功在身後，蓋謂高風亮節爲後世所矜式。

〔八〕藏器俟時，亦見嘉遯篇「故藏器者珍於變通隨時」句箋。詩邶風靜女「俟我於城隅」毛傳：「俟，待也。」

〔九〕陷冰，猶言沈淪。

〔一〇〕六韜文韜文師：「文王將田，史編布卜，曰：『田於渭陽，將大得焉。非龍非彲，非虎非羆，兆得公侯，天遺汝師，以之佐昌，施及三王。』……文王乃齋三日，乘田車，駕田馬，田於渭陽，卒見太公坐茅以漁。文王勞而問之，……乃載與俱歸，立爲師。」史記齊太公世家：「太公望呂尚者，東海上人。……呂尚蓋嘗窮困，年老矣，以漁釣奸周西伯。西伯將出獵，卜之，曰：『所獲非龍非彲，非虎非羆，所獲霸王之輔。』於是周西伯獵，果遇太公於渭之陽，與語大說，曰：『自吾先君太公曰「當有聖人適周，周以興」。子真是邪？吾太公望子久矣。』故號之曰『太公望』。載與俱歸，立爲師。」呂氏春秋謹聽：「太公釣於滋泉，遭紂之世也，故文王得之而王。」韓詩外傳八：「（太公望）釣於磻溪。」水經渭水注：「渭水之右，磻溪水注之。水出南山茲谷，乘高激流，注于溪中；溪中有泉，謂之茲泉。泉水潭積，自成淵渚。即呂氏春秋所謂『太公釣茲泉』也。今人謂之丸谷。石壁深高，幽隍邃密，林障秀阻，人跡罕交。東南隅有一石室，蓋太公所居也。水次平石釣處，即太公垂釣之所也。其投竿跽餌，兩膝遺跡猶存，是有磻溪之稱也。其水清泠神異，北流十二里注于渭。」

〔一一〕孟子告子下：「傅說舉於版築之間。」趙注：「傅說築傅巖，武丁舉以爲相。」墨子尚賢中：「傅說被褐帶索，庸築乎傅巖，武丁得之，舉以爲三公。」史記殷紀：「帝武丁即位，思復興殷，而未得其佐。三年不言，政事決定於冢宰，以觀國風。武丁夜夢得聖人，名曰說。以夢所見視羣臣百吏，皆非也。於是迺使百工營求之野，得說於傅險中。是時說爲胥靡，築於傅險。見於武丁，武丁曰是也。得而與之語，果聖人，舉以爲相，殷國大治。故遂以傅險姓之，號曰傅說。……祖己嘉武丁之以祥雉爲德，立其廟爲高宗。」索隱：「（傅險）舊本作『險』，亦作『巖』也。」又賈生傳：「（服鳥賦）傅說胥靡兮，乃相武丁。」索隱：「徐廣云：『胥靡，腐刑也。』晉灼云：『胥，相也。靡，隨也。古者相隨坐輕刑之名。』……傅巖在河東太陽縣。又夏靖書云：『猗氏六十里黃河西岸吳阪下，便得隱穴，是說所潛身處也。』」楚辭離騷：「說操築於傅巖兮，武丁用而不疑。」王注：「說，傅說也。傅巖，地名。武丁，殷之高宗也。言傅說抱道懷德，而遭遇刑罰，操築作於傅巖。武丁思想賢者，夢得聖人，以其形像求之，因得傅說，登以爲公。道用大興，爲殷高宗也。書（說命）序曰：『高宗夢得說，使百工營求諸野，得諸傅巖。作說命。』是佚篇（今說命三篇是僞古文）也。」水經河水注：「河水又東，沙澗水注之。水北出虞山，東南逕傅巖，歷傅說隱室前，俗名之爲聖人窟。孔安國傳（見僞說命上「說築傅巖之野，惟肖」句）傅說隱于虞、虢之間，卽此處也。傅巖東北十餘里，卽巔軨坂也。春秋左傳（僖公二年）所謂『入自巔軨』者也。有東西絕澗，左右幽空，窮深地壑，中則築以成道，指南北之路，謂之爲軨橋也。傅說傭隱，止息于此。高宗求夢得之，是矣。」

〔二二〕漢書董仲舒傳贊：「劉向稱『董仲舒有王佐之材』。」文選任昉王文憲集序：「圖緯著王佐之符。」劉良曰：「王佐，謂賢才可以佐輔天子者。」

〔二三〕淮南子原道：「息耗減益，通於不訾。」高注：「訾，量也。」史記貨殖傳：「而巴寡婦清，其先得丹穴，而擅其利數世，家亦不訾。」索隱：「案：謂其多，不可訾量。」正義：「（訾）音子兒反。言資財衆多，不可訾量。」此文「不訾」，謂懷才不遇者衆多。

抱朴子外篇校箋卷之九

官理

抱朴子曰：「騄駬之騁逸迹，由造父之御也〔一〕；禹、稷之序百揆〔二〕，遭唐、虞之主也。故能不勞而千里至，揖讓而頌聲作〔三〕。若乃臧獲之乘驌驦〔四〕，殷辛之臨三仁〔五〕，欲長驅輕鶩，則轡急轅逼，欲盡規竭忠，則禍如發機〔六〕。所以車傾於險塗，國覆而不振也〔七〕。故良駿敗於拙御，智士躓於闇世。仲尼不能止魯侯之出〔八〕，晏嬰不能遏崔杼之亂〔九〕。其才則是，主則非也。

〔一〕騄駬，古駿馬名。本作「緑耳」，亦作「騄耳」。穆天子傳一：「天子之駿，……華騮、緑耳。」（史記秦紀作「騄耳」，博物志四同，趙世家作「緑耳」，列子周穆王同。）郭注：「八駿，皆因其毛色以爲名號耳。」竹書紀年下：「（周穆王）八年春，北唐來賓，獻一驪馬，是生騄（穆天子傳郭注引作「緑」）耳。」荀子性惡：「驊騮、騹驥、纖離、緑耳，此皆古之良馬也。」楊注：「皆周穆王八駿名。」漢書地理志下：「（造父）得華騮、緑耳之乘，幸於穆王。」顏注：「緑耳，耳緑色。」造父，已見君道篇「馬不調造父不能超千里之迹」句箋。

〔二〕序百揆，已見臣節篇「百揆時序」句箋。

〔三〕頌聲作，已見勸學篇「五刑厝而頌聲作」句箋。

〔四〕方言三：「臧、甬、侮、獲，奴婢賤稱也。」荀子王霸：「如是，則雖臧獲不肯與天子易勢業。」楊注：「臧獲，奴婢也。方言（三）云：『荆淮海岱之間，罵奴曰臧，罵婢曰獲。燕齊亡奴謂之臧，亡婢謂之獲。或曰：取貨謂之臧，擒得謂之獲。』皆謂有罪爲奴婢者。」韓非子難勢：「夫良馬固車，使臧獲御之則爲人笑，王良御之而日取千里。車馬非異也，或至乎千里，或爲人笑，則巧拙相去遠矣。」淮南子主術：「雖有騏驥騄駬之良，臧獲御之，則馬反自恣，而人弗能制矣。」高注：「臧獲，古之不能御者，魯人也。」（高説穿鑿，非是。）左傳定公三年：「唐成公如楚，有兩肅爽馬，子常欲之。」杜注：「肅爽，駿馬名。」釋文：「爽，音霜。」博物志四：「（古駿馬）唐公有驌驦。」文選七命：「駕紅陽之飛燕，驂唐公之驌驦。」是「驌騻」、「驌驦」與「肅爽」音誼並同，馬旁乃後人所加耳。

〔五〕論語微子：「微子去之，箕子爲之奴，比干諫而死。孔子曰：『殷有三仁焉。』」集解：「馬融曰：『微、箕，二國名。子，爵也。微子，紂之庶兄。箕子、比干，紂之諸父。微子見紂無道，早去之。箕子佯狂爲奴。比干以諫見殺。』仁者愛人，三人行異而同稱仁，以其俱在憂亂寧民。」

〔六〕孫子勢：「是故善戰者，其勢險，其節短，勢如彍弩，節如發機。」李筌曰：「弩不疾則不遠，矢不近則不中。勢尚疾，節務速。」淮南子原道：「恬然則縱之，迫則用之，其縱之也若委衣，其用之也若發機。」高注：「機，弩機關。言其疾也。」漢書敍傳下：「（爰盎朝錯傳述）錯之琑材，智小謀大，翫如發機，先寇受害。」顔注：「發機，言其速也。」

〔七〕國語周語下：「踣斃不振。」韋注：「振，救也。」

〔八〕春秋經昭公二十五年：「九月，己亥，公孫于齊，次于陽州。齊侯（景公）唁公于野井。……十有二月，齊侯取鄆。」杜注：「諱奔，故曰孫，若自孫讓而去位者。陽州，齊、魯竟上邑，未敢直前，故次于竟。齊侯來唁公，公不敢遠勞，故逆之往至野井。取鄆，以居公也。」釋文：「孫，音遜。唁，音彦。弔失國曰唁。」又三十二年：「十有二月，己未，公薨于乾侯。」杜注：「乾侯，在魏郡斥丘縣，晉竟内邑。」史記魯周公世家：「三家共伐公，公遂奔。……二十八年，昭公如晉，求入。季平子私於晉六卿，六卿受季氏賂，諫晉君（頃公），晉君乃止，居昭公乾侯。……三十二年，昭公卒於乾侯。魯人共立昭公弟宋爲君，是爲定公。」

〔九〕左傳襄公二十五年：「甲興，（莊）公登臺而請，弗許；請盟，弗許；請自刃於廟，勿許。皆曰：『君之臣杼疾病，不能聽命。近於公宫，陪臣干掫有淫者，不知二命。』公踰牆，又射之，中股，反隊，遂弑之。……晏子立於崔氏之門外，其人曰：『死乎？』曰：『獨吾君也乎哉？吾死也！』曰：『行乎？』曰：『吾罪也乎哉？吾亡也！』曰：『歸乎？』曰：『君死，安歸！君民者，豈以陵民，社稷是主；臣君者，豈爲其口實，社稷是養。故君爲社稷死，則死之；爲社稷亡，則亡之。若爲己死而爲己亡，非真私暱，誰敢任之！且人有君而弑之，吾焉得死之？而焉得亡之？將庸何歸！』門啓而入，枕尸股而哭，興，三踊而出。人謂崔子必殺之，崔子曰：『民之望也，舍之得民。』」（晏子春秋内篇雜上、史記齊太公世家略同）

「夫君猶器也，臣猶物也，器小物大，不能相受矣。髫孺背千金而逐蛺蜨〔一〕，越人棄八珍而甘鼃黽〔二〕，即患不賞好〔三〕，又病不識惡矣。夫不用，則雖珍而不貴矣；莫與，則傷之者必至〔四〕。昔衞靈聽聖言而數驚〔五〕，秦孝聞高談而睡寐〔六〕，而欲緝隆平之化，收良能之勳，猶却行以逐馳〔七〕，適楚而首燕也〔八〕。」

〔一〕後漢書伏湛傳：「後南陽太守杜詩上疏薦湛曰：『……髫髮厲志，白首不衰。』」李注：「埤蒼曰：『髫，髦也。』髫髮，謂童子垂髮。」髫孺，指幼童。説文虫部：「蛺，蛺蜨也。」又：「蜨，蛺蜨也。」蛺蜨，今俗云胡蝶。

〔二〕八珍，已見嘉遯篇「藜藿嘉於八珍」句箋。説文黽部：「黽，鼃黽也。」又：「鼃，蝦蟆屬。」（依段校）玉篇黽部：「鼃，蝦蟇。今作蛙。」淮南子精神：「越人得髯蛇以爲上肴，中國得而棄之無用。」高注：「髯蛇，大蛇也，其長數丈，俗以爲上肴。」

〔三〕照按：「卽」當作「既」，始能與上下文意吻合。

〔四〕易繫辭下：「子曰：『君子安其身而後動，易其心而後語，定其交而後求。君子脩此三者，故全也。危以動，則民不與也；懼以語，則民不應也；無交而求，則民不與也。莫之與，則傷之者至矣。』」

〔五〕論語衞靈公：「衞靈公問陳於孔子。孔子對曰：『俎豆之事，則嘗聞之矣；軍旅之事，未之學也。』明日遂行。」史記孔子世家：「靈公問兵陳。孔子曰：『俎豆之事，則嘗聞之；軍旅之事，未之學也。』明日，與孔子語，見蜚鴈，仰視之，色不在孔子。孔子遂行。」説苑政理：「衞靈公謂孔子曰：『有語寡人爲國家者，謹之於廟堂之上，而國家治矣，其可乎？』孔子曰：『可。愛人者則人愛之，惡人者則人惡之，知得之己者，亦知得之人。所謂不出於環堵之室而知天下者，知反之己者也。』」（又見家語賢君）數驚事未詳。

〔六〕史記商君傳：「商君者，衞之諸庶孽公子也，名鞅，姓公孫氏，其祖本姬姓也。……公孫鞅聞秦孝公下令國中求賢者，將修繆公之業，東復侵地。迺遂西入秦，因孝公寵臣景監以求見孝公。孝公既見衞鞅，語事良久，孝公時時睡，弗聽。罷而孝公怒景監曰：『子之客妄人耳，安足用邪！』景監以讓衞鞅。衞鞅曰：『吾説公以帝道，其志不開悟矣。』……衞鞅復見孝公。公與語，不自知厀之前於席也。語數日不厭。景監曰：『子何以中吾君？吾君之驩甚也。』鞅曰：『吾説君以帝王之道比三代，而君曰：「久遠，吾不能待。且賢君者，各及其身顯名天下，安能邑邑待數十百年以成帝王乎？」故吾以彊國之術説君，君大説之耳。然亦難以比德於殷、周矣。』」

〔七〕韓詩外傳五：「夫明鏡者所以照形也，往古者所以知今也。夫知惡往古之所以危亡而不襲蹈其所以安存者，則無以異乎卻行而求逮於前人。」

〔八〕莊子天運：「夫南行者至於郢，北面而不見冥山，是何也？則去之遠也。」釋文：「郢，楚都也，在江陵。北冥，司馬彪云：『北海山名。』」荀子樂論：「猶欲之楚而北求之也。」戰國策魏策四：「魏王欲攻邯鄲，季梁聞之，中道而反。衣焦不申，頭塵不去，往見王曰：『今者臣來，見人於大行，方北面而持其駕，告臣曰：「我欲之楚。」臣曰：「君之楚，將奚爲北面？」曰：「吾馬良。」臣曰：「馬雖良，此非楚之路也。」曰：「吾用多。」臣曰：「用雖多，此非楚之路也。」曰：「吾御者善。」此數者愈善，而離楚愈遠耳。』」史記淮陰侯傳「北首燕路」正義：「首音狩，向也。」漢書韓信傳顏注：「首謂趣向也。音式究反。」

抱朴子外篇校箋卷之十

務正

抱朴子曰：「南溟引朝宗以成不測之深〔一〕，玄圃崇本石以致極天之峻〔二〕。大夏淩霄，賴羣橑之積〔三〕；輪曲輮直，無可闕之物〔四〕。故元凱之佐登〔五〕，而格天之化洽〔六〕；折衝之才周〔七〕，則逐鹿之姦寢〔八〕。舜、禹所以有天下而不與〔九〕，衛靈所以雖驕恣而不危也〔一〇〕。

〔一〕南溟，已見逸民篇「未浮南溟而涉天漢」句箋。書禹貢：「江、漢朝宗于海。」孔傳：「二水經此州而入海，有似於朝。百川以海爲宗；宗，尊也。」詩小雅沔水：「沔彼流水，朝宗于海。」毛傳：「興也。沔，水流滿也。水猶有所朝宗。」鄭箋：「興者，水流而入海，小就大也。喻諸侯朝天子，亦猶是也。」

〔二〕陳澧曰：「『本』字疑誤，或當作『木』。」照按：陳說是。此平津本寫刻之誤，當依藏本、魯藩本、吉藩本、慎本、盧本、舊寫本、柏筠堂本、文溯本、叢書本、崇文本改作「木」。淮南子墬形：「縣圃、涼風、樊桐，在昆侖閶闔之中。」高注：「閶闔，昆侖虛門名也。縣圃、涼風、樊桐，皆昆侖之山名也。」文選東京賦：「右睨玄圃。」李注：「（淮南子墬形）又曰：『懸圃，在崑崙閶闔之中。』『玄』與『懸』古字通。」詩大雅崧高：「崧高維嶽，駿極于天。」毛傳：「駿，大。極，至也。」禮記孔子閒居引「駿」作「峻」，是「駿」、「峻」相通之證。

〔三〕「夏」，藏本、魯藩本、吉藩本、慎本、盧本、舊寫本、柏筠堂本、文溯本、叢書本、崇文本作「厦」。照按：「夏」與「厦」本通用，然以君道、鈞世、辭義及內篇釋滯四篇例之，作「厦」始能一律。慎子：「廊廟之材，非一木之枝。」（意林二、文選四子講德論李注引）史記劉敬叔孫通傳贊：「語曰：『千金之裘，非一狐之腋也；臺榭之榱，非一木之枝也；三代之際，非一士之智也。』」（說苑建本略同）文選四子講德論：「故千金之裘，非一狐之腋；大厦之材，非一丘之木；太平之功，非一人之略也。」劉良曰：「大厦，屋也。」霄，雲霄。凌霄，言其高入雲際。

〔四〕呂氏春秋君守：「今之爲車者，數官然後成。夫國豈特爲車哉？衆智衆能之所持也，不可以一物一方安（車）也。」高注：「輪輿轅軸，各自有材。故曰數官然後成。」

〔五〕元凱，已見嘉遯篇「而使聖朝乏乎元凱之用哉」句箋。

〔六〕論衡感類：「周公曰：『伊尹格于皇天。』」三國志魏書武帝紀：「（建安）十八年……天子使御史大夫郗慮持節策命公爲魏公曰：『……雖伊尹格于皇天，周公光于四海，方之蔑如也。』」文選王屮頭陀寺碑文：「格天光表之功，弘啟興復。」呂向曰：「格，至。」（書僞說命下又君奭並有「格于皇天」語，枚傳皆訓爲「功大至天」。）

〔七〕折衝，已見君道篇「韓、白畢力以折衝」句箋。

〔八〕六韜武韜發啟：「取天下者若逐野鹿，而天下皆有分肉之心。」（今本六韜「鹿」作「獸」，此從意林一、文選王命論李注引）史記淮陰侯傳：「（蒯通）對曰：『秦之綱絕而維弛，山東大擾，異姓並起，英俊烏集。秦失其鹿，天下共逐之，於是高材疾足者先得焉。』」集解引張晏（漢書蒯通傳注）曰：「以鹿喻帝位也。」

〔九〕論語泰伯：「子曰：『巍巍乎！舜、禹之有天下也，而不與焉。』」集解：「美舜、禹也，言己不與求天下而得之。巍巍，高大之稱。」漢書王莽傳上：「令太后下詔曰：『……故選忠賢，立四輔，羣下勸職，永以康寧。孔子曰：「巍巍乎！舜、禹之有天下而不與焉。」自今以來，惟封爵乃以聞。」」顏注：「言舜、禹之治天下，委任賢臣以成其功，而不身親其事也。與讀曰豫。」論衡語增：「舜承安繼治，任賢使能，恭己無爲而天下治。故孔子曰：『巍巍乎！舜、禹之有天下，而不與焉。』」

〔一〇〕左傳襄公二十九年：「（吴公子札）適衞，説蘧瑗、史狗、史鰌、公子荆、公子發、公子朝曰：『衞多君子，未有患也。』」説苑尊賢：「魯哀公問於孔子曰：『當今之時，君（子）誰賢？』對曰：『衞靈公。』公曰：『吾聞之，其閨門之內，姑姊妹無別。』對曰：『臣觀於朝廷，未觀於堂陛之間也。靈公之弟曰公子渠牟，其知足以治千乘之國，其信足以守之。而靈公愛之。又有士曰王林，國有賢人，必進而任之，無不達也；不能達，退而與分其禄。而靈公尊之。又有士曰慶足，國有大事，則進而治之，無不濟也。而靈公説之。史鰌去衞，靈公邸舍三月，琴瑟不御，待史鰌之入也而後入。臣是以知其賢也。』」（又見家語賢君）

「衆力并，則萬鈞不足舉也；羣智用，則庶績不足康也〔一〕。故繁足者死而不弊〔二〕，多士者亂而不亡〔三〕。然劍戟不長於縫緝，錐鑽不可以擊斷，牛馬不能吠守，雞犬不任駕乘。役其所長，則事無廢功；避其所短，則世無棄材矣。」

〔一〕文子自然：「乘衆人之智者，即無不任也；用衆人之力者，即無不勝也；用衆人之力者，烏獲不足恃也；乘衆人之勢者，天下不足用也。」又下德：「故積力之所舉，即無不勝也；衆智之所爲，即無不成也。」（又見淮南子主術）呂氏春秋用衆：「故以衆勇無畏乎孟賁矣，以衆力無畏乎烏獲矣，以衆視無畏乎離婁矣，以衆知無畏乎堯、舜矣。」淮南子主術：「夫乘衆人之智，則無不任也；用衆人之力，則無不勝也。千鈞之重，烏獲不能舉也。衆人相一，則百人有餘力矣。是故任一人之力者，則烏獲不足恃；乘衆人之制者，則天下不足有也。」文選西京賦：「洪鐘萬鈞。」薛注：「三十斤曰鈞。」書堯典：「庶績咸熙。」孔傳：「績，功。咸，皆。熙，廣也。……衆功皆廣。」釋文：「熙，興也。」又益稷：「庶事康哉！」孔傳：「衆事乃安。」

〔二〕魯連子：「百足之蟲，至斷不蹶者，持之者衆也。」（文選六代論李注、太平御覽九四四又九四八引）桓譚新論：「百足之蟲，共舉一身，安得不濟？」（意林三引）文選六代論：「故語曰：『百足之蟲，至死不僵。』扶之者衆也。」

〔三〕左傳襄公二十一年：「懷子好施，士多歸之。宣子畏其多士也，信之。懷子爲下卿。」

抱朴子外篇校箋卷之十一

貴賢

抱朴子曰：「舍輕艘而涉無涯者，不見其必濟也；無良輔而羨隆平者，未聞其有成也〔一〕。鴻鸞之淩虛者，六翮之力也〔二〕；淵虯之天飛者，雲霧之偕也〔三〕。故招賢用才者，人主之要務也；立功立事者，髦俊之所思也〔四〕。若乃樂治定而忽智士者，何異欲致遠塗而棄騏騄哉！

〔一〕說苑君道：「夫王者得賢材以自輔，然後治也。」

〔二〕六翮，已見嘉遯篇「未有不致羣賢爲六翮」句箋。

〔三〕「偕」，舊寫本作「階」。照按：「階」字是。漢書揚雄傳下：「（解難）……獨不見夫翠虯絳螭之將登虖天，必聳身於倉梧之淵；不階浮雲，翼疾風，虛舉而上升，則不能撠膠葛，騰九閎。」「雲霧之階」與「階浮雲」，意同。鄭玄詩大雅瞻卬「維厲之階」箋：「階，所由上下也。」詁此正合。逸民篇「或階黨援以鳳起」，譏惑篇「而禍敗之階也」，尚博篇「近弭禍亂之階」又「而螻蟻怪其無階而高致」，是本書屢用「階」字也。漢書敍傳上：「（答賓戲）故夫泥蟠而天飛者，應龍之神也。」說文虫部：「虯，龍無角者（依段校）。」

〔四〕漢書刑法志：「書曰：『立功立事，可以永年。』」顏注：「今文泰誓之辭也。永，長也。」又郊祀志下：「太誓曰：『正稽古立功立事，可以永年，丕天之大律。』」顏注：「今文泰誓，周書也。……言正考古道而立事，則可長年享有天下，是則奉天之大法也。」又平當傳：「（上書）書云：『正稽古建功立事，可以永年，傳於亡窮。』」顏注：「今文泰誓之辭。言能正考古道以立功立事，則可長年享國。」（今僞泰誓中作「立定厥功，惟克永世。」）文選與陳伯之書：「昔因機變化，遭遇明主，立功立事，開國稱孤。」李注引延篤與張奐書曰：『烈士殉名，立功立事。」爾雅釋言：「髦，俊也。」郭注：「士中之俊，如毛中之髦。」

「夫拔丘園之否滯〔一〕，舉遺漏之幽人〔二〕，職盡其才，祿稱其功者，君所以待賢者也〔三〕；勤夙夜之在公〔四〕，竭心力於百揆〔五〕，進善退惡，知無不爲者〔六〕，臣所以報知己也。世有隱逸之民，而無獨立之主者，士可以嘉遁而無憂〔七〕，君不可以無臣而致治〔八〕。是以傅說、呂尚不汲汲於聞達者〔九〕，道德備則輕王公也〔一〇〕。而殷高、周文乃夢想乎得賢者〔一一〕，建洪勛必須良佐也。

〔一〕丘園，已見勗學篇「旅束帛乎丘園」句箋。

〔二〕幽人，已見嘉遯篇「養浩然於幽人之仵」句箋。

〔三〕韓非子八姦：「明主之爲官職爵祿也，所以進賢材，勸有功也。故曰：賢材者處厚祿，任大官，功大者有尊爵，受重賞，官賢者量其能，賦祿者稱其功。」稱讀去聲。

〔四〕詩召南采蘩：「被之僮僮，夙夜在公。」毛傳：「被，首飾也。僮僮，竦敬也。夙，早也。」鄭箋：「公，事也。早夜在事，謂視濯溉、饎爨之事。」

〔五〕 百揆，已見臣節篇「百揆時序」句箋。

〔六〕 知無不爲，亦見臣節篇「則竭忠貞而不迴」句箋。

〔七〕 易遯：「九五，嘉遯，貞吉。」正義：「嘉，美也。」釋文：「（『遯』）又作『遁』，同。隱退也。」

〔八〕 墨子尚同下：「天子以其知力爲未足獨治天下，是以選擇其次，立爲三公。」鶡冠子道端：「天下之事，非一人之所能獨知也，海水廣大，非獨仰一川之流也。是以明主之治世也，急於求人，弗獨爲也。」文選三國名臣序贊：「明君不能獨治，則爲臣以佐之。」

〔九〕 傅說、吕尚，已見時難篇「吾知渭濱吕尚之儔，巖間傅說之屬」二句箋。汲汲，已見勗學篇「汲汲於進趨」句箋。論語顏淵：「子張問：『士何如斯可謂之達矣？』子曰：『何哉，爾所謂達者？』子張對曰：『在邦必聞，在家必聞。』子曰：『是聞也，非達也。夫達也者，質直而好義，察言而觀色，慮以下人。在邦必達，在家必達。夫聞也者，色取仁而行違，居之不疑。在邦必聞，在家必聞。』」三國志蜀書諸葛亮傳：「率諸軍北駐漢中，臨發，上疏曰：『……臣本布衣，躬耕於南陽，苟全性命於亂世，不求聞達於諸侯。』」

〔一〇〕 荀子脩身：「志意脩則驕富貴，道義重則輕王公。內省，而外物輕矣。」

〔一一〕 殷高、周文，已見時難篇「而遂不遭文王、高宗者」句箋。

「患於生乎深宮之中，長乎婦人之手，不識稼穡之艱難，不知憂懼之何理〔一〕，承家繼體〔二〕，蔽乎崇替〔三〕。所急在乎侈靡〔四〕，至務在乎游晏〔五〕，般于畋獵〔六〕，湎于酣樂〔七〕，聞淫聲則驚聽，見豔色則改視。役聽用明，止此二事。鑒澄人物，不以經神，唯識玩弄可以悅心志，不知奇士可以安社稷。犀象珠玉，無足而至自萬里之外；定傾之器，能行而淪乎四境之内〔八〕。一竪之疾既據而募良醫〔九〕，棟橈之禍已集而思謀夫〔一〇〕，何異乎火起乃穿井，覺飢而占田哉〔一一〕！夫庸隸猶不可以不拊循而卒盡其力〔一二〕，安可以無素而暴得其用哉〔一三〕！」

〔一〕書無逸：「相小人，厥父母勤勞稼穡，厥子乃不知稼穡之艱難。」孔傳：「視小人不孝者，其父母躬勤艱難，而子乃不知其勞。」荀子哀公：「魯哀公問於孔子曰：『寡人生於深宮之中，長於婦人之手，寡人未嘗知哀也，未嘗知憂也，未嘗知勞也，未嘗知懼也，未嘗知危也。』」（又見新序雜事四、家語五儀）

〔二〕易師：「上六，大君有命，開國承家。」公羊傳文公九年：「繼文王之體，守文王之法度。」史記外戚世家序：「自古受命帝王及繼體守文之君，非獨内德茂也，蓋亦有外戚之助焉。」索隱：「按：繼體謂非創業之主，而是嫡子繼先帝之正體而立者也。」漢書外戚傳上顏注：「繼體謂嗣位也。」

〔三〕崇替，已見崇教篇「能獨見崇替之理」句箋。

〔四〕戰國策楚策四：「莊辛謂楚襄王曰：『君王……專淫逸侈靡，不顧國政，郢都必危矣。』」漢書賈誼傳：「今世以侈靡相競。」

〔五〕照按：「晏」字誤。當依藏本、魯藩本、吉藩本、慎本、盧本、舊寫本、柏筠堂本、文溯本、叢書本、崇文本作「宴」。史記主父偃傳：「徐樂（上書）曰：『……陛下逐走獸，射蜚鳥，弘游燕之囿，淫縱恣之觀，極馳騁之樂，自若也。』」文選七發：「往來游讌，縱恣于曲房隱間之中。」又四子講德論：「恤民災害，不遑游宴。」「宴」與「燕」、「讌」古通。

〔六〕書無逸：「文王不敢盤于遊田。」孔傳：「文王不敢樂於遊逸田獵。」爾雅釋詁：「般，樂也。」釋文：「般，盤。」漢書谷永傳：「對曰：『……如人君淫溺後宮，般樂游田。』」顏注：「般，讀與盤同。」文選西京賦：「盤于游畋，其樂只且。」

「畋」、「田」古通。

〔七〕書酒誥：「罔敢湎于酒。」孔傳：「無敢沈湎於酒。」管子四稱：「湛湎於酒。」說文水部：「湎，沈於酒也。」又酉部：「酣，酒樂也。」

〔八〕韓詩外傳六：「晉平公游於西河而樂，曰：『安得賢士與之樂此也？』船人盍胥跪而對曰：『主君亦不好士耳。夫珠出於江海，玉出於崑山，無足而至者，猶主君之好也。士有足而不至者，蓋主君無好士之意耳！何患乎無士也？』」（又見說苑尊賢，晉平公作趙簡子。（新序雜事一作晉平公））鄒子：「夫珠生於南海，玉出於須彌，無足而至者，人好之也。士有足而不至者，以人不好也。」（太平御覽八三〇引）文選論盛孝章書：「珠玉無脛而自至者，以人好之也，況賢者之有足乎？」國語越語下：「范蠡進諫曰：『夫國家之事……有定傾。』」韋注：「定，安也。傾，危也。」文子精誠：「存亡定傾若一，志不忘乎欲利人也。」鹽鐵論備胡：「古者明王討暴衛弱，定傾扶危，則小國之君悅；討暴定傾，則無罪之人附。」

〔九〕左傳成公十年：「（晉景）公疾病，求醫于秦。秦伯（共公）使醫緩爲之。未至，公夢疾爲二豎子，曰：『彼良醫也，懼傷我，焉逃之？』其一曰：『居肓之上，膏之下，若我何！』醫至，曰：『疾不可爲也！在肓之上，膏之下，攻之不可，達之不及，藥不至焉，不可爲也！』公曰：『良醫也。』厚爲之禮而歸之。」杜注：「緩，醫名。爲，猶治也。肓，鬲也。心下爲膏。達，針。」釋文：「肓，徐邈音荒。說文（肉部）云：『心下鬲上也。』鬲，音革。」

〔一〇〕易大過：「大過，棟橈，利有攸往，亨。」正義：「棟橈者，謂屋棟也。本之與末俱橈弱，以言衰亂之世，始終皆弱也。」又：「九三，棟橈，凶。象曰：『棟橈之凶，不可以有輔也。』」戰國策魏策一：「公叔痤反走再拜，辭曰：『夫使士卒不崩，直而不倚，棟撓而不避者，此吳起餘教也。』」鮑彪注：「撓，折也，喻敵之壓己。」（易大過「棟橈」之「橈」有作「撓」者，阮氏校勘記謂「撓」爲「橈」之誤，則魏策之「撓」字亦當作「橈」。）詩小雅小旻：「謀夫孔多。」

〔一一〕淮南子人間：「譬猶失火而鑿池。」說苑奉使：「魯君避席而立曰：『寡人所謂飢而求黍稷，渴而穿井者，未嘗能以歡喜見子。今國事急，百姓恐懼，願藉子大夫使齊。』柳下惠曰：『諾。』乃東見齊侯。」曾子建集諫伐遼東表：「夫渴而後穿井，飢而後殖種，可以圖遠，難以應卒也。」方言十：「占，猶瞻也。」廣雅釋詁一：「占，視也。」

〔一二〕荀子富國：「垂事養民，拊循之，唲嘔之。」楊注：「拊與撫同。撫循，慰悅之也。」史記晉世家：「子反收餘兵，拊循欲復戰。」又司馬穰苴傳：「士卒次舍井竈飲食問疾醫藥，身自拊循之。」又仲尼弟子傳：「慮不先定，不可以應卒。」索隱：「按：卒，謂急卒也。計慮不先定，不可以應卒有非常之事。」漢書食貨志下：「行西踰隴，卒。」顏注引孟康曰：「卒，倉卒也。」

〔一三〕照按：此句文意不明，疑有脫文（句首合有一「士」字，或「賢士」二字）。韓非子難一：「且臣死力以與君市，君垂爵祿以與臣市。君臣之際，非父子之親也，計數之所出也。」舊注：「君計臣力，臣計君祿。」戰國策齊策四：「管燕得罪齊王，謂其左右曰：『子孰而與我赴諸侯乎？』左右嘿然莫對。管燕連然流涕曰：『悲夫！士何其易得而難用也。』田需對曰：『士三食不得饜，而君鵝鶩有餘食，下宮糅羅紈，曳綺縠，而士不得以爲緣。且財者君之所輕，死者士之所重，君不肯以所輕與士，而責士以所重事君，非士易得而難用也。』」（韓詩外傳七、說苑尊賢、新序雜事二所載較詳（字句不盡相同，主名亦復各異。））呂氏春秋察今「澭水暴溢」高注：「暴，卒也。」廣雅釋詁二：「暴，猝也。」

抱朴子外篇校箋卷之十二

任能

或曰：「尾大於身者，不可掉〔一〕；臣賢於君者，不可任。故口不容而强吞之者，必哽〔二〕；才非匹而安仗之者，見輕。」

〔一〕左傳昭公十一年：「末大必折，尾大不掉。」正義：「末大必折，以樹方喻也。尾大不掉，以畜獸喻也。」釋文：「掉，徒弔反。」國語楚語上：「夫邊境者國之尾也，譬之如牛馬，處暑之既至，𧏾䖟之既多，而不能掉其尾。」韋注：「不能掉尾，益重也。」新書大都：「臣聞尾大不掉，末大必折。」淮南子泰族：「草木洪者爲本，而殺者爲末；禽獸之性大者爲首，而小者爲尾。末大於本則折，尾大於要則不掉矣。」文選六代論：「尾大難掉。」

〔二〕論衡效力：「淵中之魚，遞相吞食，度口所能容，然後嚥之；口不能受，哽咽不能下。」

抱朴子曰：「詭哉言乎！昔者荆子總角而攝相事，實賴二十五老，臻乎惠康〔一〕。子賤起家而治大邦，實由勝己者多，而招其弘益〔二〕。齊桓殺兄而立，鳥獸其行，被髮彝酒，婦闔三百，委政仲父，遂爲霸宗；夷吾既終，禍亂亟起〔三〕。魯用季子二十餘年，内無粃政，外無侵削；人之亡没，殄瘁響集〔四〕。豈非才所不逮，其功如彼；自任其事，其禍如此乎？

【一】說苑尊賢：「介子推（此三字有誤（北堂書鈔四九引作「荆公子」））行年十五而相荆，仲尼聞之，使人往視。還，曰：『廊下有二十五俊士，堂上有二十五老人。』仲尼曰：『合二十五人之智，智於湯、武；并二十五人之力，力於彭祖。以治天下，其固免矣乎？』」家語六本：「荆公子行年十五而攝荆相事，孔子聞之，使人往觀其爲政焉。使者反，曰：『視其朝，清淨而少事，其堂上有五老焉，其廊下有二十壯士焉。』孔子曰：『合二十五人之智，以治天下，其固免矣，況荆乎？』」（照按：介子推（左傳僖公二十四年作「介之推」，史記晉世家作「介子推」）爲晉文公臣，與孔子不同時，家語作「荆公子」是。）詩齊風甫田：「總角丱兮。」毛傳：「總角，聚兩髦也。」正義：「總聚其髮以爲兩角。」禮記內則：「男女未冠、笄者……總角。」鄭注：「總角，收髮結之。」書文侯之命：「柔遠能邇，惠康小民。」

【二】韓詩外傳八：「子賤治單父，其民附。孔子曰：『告丘之所以治之者。』……對曰：『所父事者三人，所兄事者五人，所友者十有二人，所師者一人。』孔子曰：『所父事者三人，足以教孝矣；所兄事者五人，足以教弟矣；所友者十有二人，足以祛壅蔽矣；所師者一人，足以慮無失策，舉無敗功矣。昔者堯、舜清微其身，以聽觀天下，務來賢人。夫舉賢者，百福之宗也。而神明之主也。……詩曰：「愷悌君子，民之父母。」（大雅泂酌作「豈弟」）子賤其似之矣。』」（又見說苑政理、家語辯政（史記仲尼弟子傳有異））

【三】周禮夏官大司馬：「外、內亂，鳥獸行，則滅之。」鄭注：「王霸記曰：『悖人倫，外、內無以異於禽獸，不可親百姓，則誅滅去之也。』」書酒誥：「文王誥教小子，有正有事，無彝酒。」孔傳：「教之皆無常飲酒。」左傳僖公十七年：「齊侯（桓公）好內，多（內）寵，內嬖如夫人者六人。」莊子盜跖：「昔者桓公小白，殺兄入嫂，而管仲爲臣。」荀子仲尼：「齊桓五伯之盛者也，前事，則殺兄而爭國；內行，則姑姊妹之不嫁者七人。（論衡書虛：「傳書言齊桓公妻姑姊妹七人。」）……倓然見管仲之能足以託國也，是天下之大知也；安忘其怒，出忘其讎，遂立以爲仲父，是天下之大決也。」韓非子外儲說右下：「（蘇代）對曰：『昔桓公之霸也，內事屬鮑叔，外事屬管仲，桓公被髮而御婦人，日遊於市。』」又難二：「昔者桓公宮中二市，婦閭（舊注：「里門也。」）二百。（戰國策東周策作「宮中七市，女閭七百。」）被髮而御婦人。得管仲爲五伯長，失管仲得豎刁而身死，蟲流出尸〔戶〕不葬。」說苑尊賢：「或曰：『將謂桓公仁義乎？殺兄而立，非仁義也。將謂桓公恭儉乎？與婦人同輿，馳於邑中，非恭儉也。將謂桓公清潔乎？閨門之內，無可嫁者，非清潔也。此三者亡國失君之行也，然而桓公兼有之，以得管仲、隰朋，九合諸侯，一匡天下，畢朝周室，爲五霸長，以其得賢佐也。失管仲、隰朋，任豎刁、易牙，身死不葬，蟲流出戶。一人之身榮辱俱施者，何者？其所任異也。』由此觀之，則士佐急矣。」

〔四〕春秋繁露精華：「魯僖公以亂即位，而知親任季子。季子無恙之時，內無臣下之亂，外無諸侯之患，行之二十年，國家安寧。季子卒之後，魯不支鄰國之患，直乞師楚耳。（春秋經僖公二十六年：「公子遂如楚乞師。」）僖公之情，非輒不肖，而國益衰危者，何也？以無季子也。」說苑尊賢：「國家惛亂而良臣見。魯國大亂，季友之賢見。僖公即位而任季子，魯國安寧，外內無憂。行政二十一年，季子之卒後，邾擊其南，齊伐其北，魯不勝其患，將乞師於楚，以取全耳。……公子買不可使戍衛，公子遂不聽君命而擅之晉，內侵於臣下，外困於兵亂，弱之患也。僖公之性，非前二十一年常賢，而後乃漸變爲不肖也，此季子存之所益，亡之所損也。」國語晉語七：「軍無秕政。」韋注：「秕，以穀諭也。」說文禾部：「秕，不成粟也。」段注：「不成粟之字从禾，惡米之字从米。」集韻五旨：「秕……或从米。」詩大雅瞻卬：「人之云亡，邦國殄瘁。」毛傳：「殄，盡。瘁，病也。」

「漢高決策於玄幃，定勝乎千里，則不如良、平；治兵多而益善，所向無敵，則不如信、布。兼而用之，帝業克成〔一〕。故疾步累趨，未若託乘乎逸足；尋飛逐走，未若假伎乎鷹、犬。夫勁弩難彀，而可以摧堅逮遠；大舟難乘，而可以致重濟深；猛將難御，而可以折衝拓境〔二〕；高賢難臨，而可以攸敍彝倫〔三〕。

〔一〕史記高祖紀：「高祖曰：『……夫運籌策帷帳之中，決勝於千里之外，吾不如子房；鎮國家，撫百姓，給餽饟，不絕糧道，吾不如蕭何；連百萬之軍，戰必勝，攻必取，吾不如韓信。此三人者，皆人傑也，吾能用之，此吾所以取天下也。』」又淮陰侯傳：「上常從容與信言諸將能不，各有差。上問曰：『如我能將幾何？』信曰：『陛下不過能將十萬。』上曰：『於君何如？』曰：『臣多多而益善耳。』上笑曰：『多多益善，何爲爲我禽？』信曰：『陛下不能將兵，而善將將，此乃信之所以爲陛下禽也。且陛下所謂天授，非人力也。』」又黥布傳：「黥布者，六人也，姓英氏。……項籍。……布使者頗得故人幸臣，將衆數千人歸漢。漢益分布兵而與俱北，收兵至成皋。四年七月，立布爲淮南王，與擊項籍。漢五年，布使人入九江，得數縣。六年，布與劉賈入九江，誘大司馬周殷，周殷反楚，遂舉九江兵與漢擊楚，破之垓下。……布遂剖符爲淮南王，都六，九江、廬江、衡山、豫章郡皆屬布。」平，陳平。已見嘉遯篇「祕六奇以括囊」句又臣節篇「羨張、陳之奇畫」句箋。漢書異姓諸侯王表序：「是以漢亡尺土之階，繇一劍之任，五載而成帝業。書傳所記，未嘗有焉。」

〔二〕折衝，已見君道篇「韓、白畢力以折衝」句箋。後漢書竇憲傳：「（封燕然山銘）下以安固後嗣，恢拓境宇，振大漢之天聲。」李注：「拓，開也。」

〔三〕攸敍彝倫，已見嘉遯篇「攸敍彝倫者」句箋。

其誠〔二〕。「昔魯哀庸主也，而仲尼上聖，不敢不盡其節〔一〕；齊景下才也，而晏嬰大賢，不敢不竭豈有人臣當與其君校智力之多少，計局量之優劣，必須堯、舜乃爲之役哉！何事非君？何使非民〔三〕？恥令其君不及唐、虞，此亦達者之用心也。」

〔一〕韓非子五蠹：「仲尼，天下聖人也，修行明道以遊海內，海內説其仁，美其義，而爲服役者七十人，蓋貴仁義者寡，能義者難也。故以天下之大，而爲服役者七十人，而仁義者一人。魯哀公，下主也，南面君國，境內之民莫敢不臣。民者固服於勢，誠易以服人，故仲尼反爲臣，而哀公顧爲君。仲尼非懷其義，服其勢也。故以義則仲尼不服於哀公，乘勢則哀公臣仲尼。」後漢書逸民法真傳：「（真）性恬静寡欲，不交人間事。太守請見之，真乃幅巾詣謁。太守曰：『昔魯哀公雖爲不肖，而仲尼稱臣。』」

〔二〕史記管晏傳：「晏平仲嬰者，萊之夷維人也。事齊靈公、莊公、景公，以節儉力行重於齊。……其在朝，君語及之，即危言；語不及之，即危行。國有道，即順命；無道，即衡命。以此三世顯名於諸侯。」劉向晏子春秋敍録：「晏子博聞彊記，通於古今，事齊靈公、莊公、景公，以節儉力行，盡忠極諫道齊，國君得以正行，百姓得以附親，不用則退耕於野，用則必不詘義，不可脅以邪，白刃雖交胸，終不受崔杼之劫。諫齊君懸而至，順而刻；及使諸侯，莫能詘其辭。其博通如此，蓋次管仲。」

〔三〕孟子萬章下：「伊尹曰：『何事非君？何使非民？』治亦進，亂亦進。曰：『天之生斯民也，使先知覺後知，使先覺覺後覺。予，天民之先覺者也，予將以此道覺此民也。』思天下之民匹夫匹婦有不與被堯、舜之澤者，若己推而內之溝中，其自任以天下之重也。」

抱朴子外篇校箋卷之十三

欽士

抱朴子曰：「由余在戎，而秦穆惟憂〔一〕。楚殺得臣，而晉文乃喜〔二〕。樂毅出而燕壞〔三〕，種、蠡入而越霸〔四〕。破國亡家，失士者也。豈徒有之者重，無之者輕而已哉〔五〕！柳惠之墓，猶挫元寇之鋭〔六〕，況於坐之於朝廷乎？干木之隱，猶退踐境之攻〔七〕，況於置之於端右乎〔八〕？郅都之象，使勁虜振慴〔九〕。孔明之尸，猶令大國寢鋒〔一〇〕。以此禦侮〔一一〕，則地必不侵矣；以此率師〔一二〕，則主必不辱矣。

〔一〕韓非子十過：「昔者戎王使由余聘於秦，穆公問之曰：『寡人嘗聞道而未得目見之也，願聞古之明主得國失國何常以？』由余對曰：『臣嘗得聞之矣，常以儉得之，以奢失。』……由余出，公乃召內史廖而告之，曰：『寡人聞鄰國有聖人，敵國之憂也。今由余，聖人也，寡人患之，吾將奈何？』內史廖曰：『臣聞戎王之居，僻陋而道遠，未聞中國之聲，君其遺之女樂，以亂其政，而後爲由余請期，以疏其諫，彼君臣有間而後可圖也。』君曰：『諾。』乃使史廖以女樂二八遺戎王，因爲由余請期，戎王許諾。……由余歸，因諫戎王，戎王弗聽，由余遂去之秦，秦穆公迎而拜之上卿。問其兵勢與其地形，既以得之，舉兵而伐之，兼國十二，開地千里。」（又見韓詩外傳九、史記秦紀、說苑反質（呂氏春秋不苟有異）」

〔二〕左傳宣公十二年：「晉師歸，桓子請死，晉侯（景公）欲許之。士貞子諫曰：『不可！城濮之役，晉師三日穀，文公猶有憂色。左右曰：「有喜而憂，猶有憂而喜也。」公曰：「得臣猶在，憂未歇也，困獸猶鬬，況國相乎！」及楚殺子玉（杜注：「子玉，得臣。」），公喜而後可知也，曰：「莫余毒也已！」是晉再克，而楚再敗也，楚是以再世不競。』」史記晉世家：「晉焚楚軍，火數日不息，文公歎。左右曰：『勝楚而君猶憂，何？』文公曰：『吾聞能戰勝安者唯聖人，是以懼。且子玉猶在，庸可喜乎！』子玉之敗而歸，楚成王怒其不用其言，貪與晉戰，讓責子玉，子玉自殺。晉文公曰：『我擊其外，楚誅其內，內外相應。』於是乃喜。」鹽鐵論崇禮：「楚有子玉得臣，文公側席。」說苑尊賢：「楚有子玉得臣，文公爲之側席而坐。遠乎，賢者之厭難折衝也。」漢書陳湯傳：「湯下獄當死。太中大夫谷永上疏訟湯曰：『臣聞楚有子玉得臣，文公爲之仄席而坐。』」顏注：「子玉，楚大夫也，得臣其名也。」又傅喜傳：「大司空何武、尚書令唐林皆上書言：『……子玉爲將，則文公側席而坐。』」又王嘉傳：「（哀帝詔）昔楚有子玉得臣，晉文爲之側席而坐。」

〔三〕戰國策燕策二：「昌國君樂毅爲燕昭王合五國之兵而攻齊，下七十餘城，盡郡縣之以屬燕。三城未下而燕昭王死。惠王卽位，用齊人反間，疑樂毅，而使騎劫代之將。樂毅奔趙，趙封以爲望諸君。齊田單欺詐騎劫，卒敗燕軍，復收七十城以復齊。燕王悔，懼趙用樂毅承燕之弊以伐燕。」（又見史記樂毅傳）漢書揚雄傳下：「（解謿）樂毅出而燕懼。」

〔四〕國語越語下：「王（句踐）曰：『（范）蠡爲我守於國。』對曰：『四封之內，百姓之事，蠡不如（文）種也。四封之外，立斷之事，種亦不如蠡也。』王曰：『諾。』令大夫種守於國，與范蠡入官於吳。三年，而吳人遣之。……居軍三年，吳師自潰。……范蠡不報於王，擊鼓興師，以隨使者至於姑蘇之宮，不傷越民，遂滅吳。」韓詩外傳六：「越王句踐困於會稽，疾據范蠡、大夫種而霸南國。」史記越世家：「范蠡事越王句踐，既苦身勠力，與句踐深謀二十餘年，竟滅吳，報會稽之恥。北渡兵於淮以臨齊、晉，號令中國，以尊周室，句踐以霸，而范蠡稱上將軍。」漢書揚雄傳下：「（解謿）種蠡存而粵伯。」顏注：「伯讀曰霸。」「越」、「粵」古通。

〔五〕漢書梅福傳：「福復上書曰：『……士者國之重器，得士則重，失士則輕。』」

〔六〕戰國策齊策四：「齊宣王見顏斶，曰：『斶前！』斶亦曰：『王前！』……王忿然作色，曰：『王者貴乎？士貴乎？』對曰：『士貴耳，王者不貴！』王曰：『有説乎？』斶曰：『有！昔者秦攻齊，令曰：「有敢去柳下季壟五十步而樵采者，死不赦！」令曰：「有能得齊王頭者，封萬户侯，賜金千鎰。」由是觀之，生王之頭，曾不若死士之壟也。』宣王默然不悦。」論語衛靈公「知柳下惠之賢」鄭注：「柳下惠，魯士師展禽也。其邑名柳下，謚曰惠也。」（太平御覽四百二引（文選陶徵士誄李注所引小異。））孟子公孫丑上「柳下惠不羞污君」趙注：「柳下惠，魯公族大夫也。姓展，名禽，字季。柳下，是其號也。」國語魯語上「文仲聞柳下季之言」韋注：「柳下，展禽之邑。季，字也。」

〔七〕千木退踐境之攻，已見逸民篇「軾陋巷以退秦兵者」句箋。

〔八〕端右，謂尚書省長官。晉書職官志：「尚書令，秩千石，假銅印墨綬，冠進賢兩梁冠，納言幘，五時朝服，佩水蒼玉，食奉月五十斛。受拜則策命之，以在端右故也。」又王述傳：「上疏乞骸骨曰：『……臣忝端右，而以疾患，禮敬廢替，猶謂可有差理。』」又王恭傳：「（會稽王）道子嘗集朝士，置酒於東府，尚書令謝石因醉爲委巷之歌，恭正色曰：『居端右之重，集藩王之第，而肆淫聲，欲令羣下何所取則！』石深銜之。」

〔九〕照按：以上下文例之，「使」上合有「猶」字。史記酷吏郅都傳：「郅都者，楊人也。……都爲人勇，有氣力，公廉。

……是時民朴，畏罪自重，而都獨先嚴酷，致行法不避貴戚，列侯宗室見都側目而視，號曰『蒼鷹』。……孝景帝乃使使持節拜都爲鴈門太守，而便道之官，得以便宜從事。匈奴素聞郅都節，居（漢書作『舉』）邊爲引兵去，竟郅都死不近鴈門。匈奴至爲偶人象郅都，令騎馳射，莫能中，（論衡亂龍：『匈奴敬畏郅都之威，刻木象都之狀，交弓射之，莫能一中。』）見憚如此。」（漢書陳湯傳：「太中大夫谷永上疏訟湯曰：『……近漢有郅都、魏尚，匈奴不敢南鄉沙幕。由是言之，戰克之將，國之爪牙，不可不重也。』」）

〔一〇〕習鑿齒漢晉春秋：「諸葛亮卒，楊儀等整軍而出，百姓奔告宣王（司馬懿），宣王追焉。姜維令儀反旗鳴鼓，若將向宣王者。宣王乃退，不敢偪。於是儀結陳而去，入谷然後發喪。宣王之退也，百姓爲之諺曰：『死諸葛，走生仲達。』或以告宣王，宣王曰：『吾能料生，不便料死也。』」（三國志蜀書諸葛亮傳裴注、太平御覽四九六引）史通直書：「案金行在歷，史氏尤多。當宣、景開基之始，曹、馬搆紛之際，或列營渭曲，見屈武侯；或發仗雲臺，取傷成濟。陳壽、王隱咸杜口而無言，陸機、虞預各栖毫而靡述。至習鑿齒乃申以死葛走達之說，抽戈犯蹕之言。歷代厚誣，一朝始雪。」照按：據抱朴此文，則死葛走達之說形諸筆端，稚川又早於鑿齒七十許年矣。

〔一一〕詩大雅緜：「予曰有禦侮。」毛傳：「武臣折衝曰禦侮。」正義：「禦侮者，有武力之臣能折止敵人之衝突者，是能扞禦侵侮，故曰禦侮也。」

〔一二〕左傳宣公十二年：「趙括、趙同曰：『率師以來，唯敵是求，克敵得屬，又何俟？』」

「是以明主旅束帛於窮巷〔一〕，揚滯羽於倅林，飛翹車於河梁〔二〕，闢四門而不倦〔三〕，不吝金璧，不遠千里，不憚屈己，不恥卑辭，而以致賢爲首務，得士爲重寶。舉之者受上賞，蔽之者爲竊位〔四〕。

〔一〕旅束帛，已見嘉遯篇「束帛之集」句及勗學篇「旅束帛乎丘園」句箋。

〔二〕左傳莊公二十二年：「詩云：『翹翹車乘，招我以弓，豈不欲往，畏我友朋。』」杜注：「逸詩也。翹翹，遠貌。古者聘士以弓，言雖貪顯命，懼爲朋友所譏責。」

〔三〕書舜典：「詢于四岳，闢四門。」孔傳：「詢，謀也。謀政治於四岳，開闢四方之門未開者，廣致衆賢。」後漢書崔駰傳：「（崔篆慰志）闢四門以博延兮。」李注：「開闢四方之門，廣求賢也。」

〔四〕鶡冠子道端：「進賢受上賞，則下不相蔽。」說苑談叢：「進賢受上賞，蔽賢蒙顯戮，古之通義也。」漢書武帝紀：「（元朔元年詔）且進賢受上賞，蔽賢蒙顯戮，古之道也。」論語衞靈公：「子曰：『臧文仲其竊位者與？知柳下惠之賢，而不與立也。』」集解引孔安國曰：「知賢而不舉，是爲竊位。」邢疏：「不稱舉與立於朝廷也。」劉寶楠正義：「竊如盜竊之竊，言竊居其位，不讓進賢能也。」

「故公旦執贄於白屋〔一〕，秦卲事未詳，舊寫本作秦昭。拜昌於張生〔二〕。鄒子涉境，而燕君擁篲〔三〕，莊周未食，而趙惠竦立〔四〕。晉平藏本作文，從舊寫本改。接亥唐，脚痺而坐不敢正〔五〕；齊任之藏本作佞之，今從舊寫本。造稷丘，雖頻繁而不辭其勞〔六〕。楚王受答於保申〔七〕，簡去甲於公廬〔八〕，彼雖降高抑滿，以貴下賤〔九〕，終亦并目以遠其明，假耳以廣其聰〔一〇〕。龍騰虎踞〔一一〕，宜其然也。」

〔一〕公旦執贄白屋，已見逸民篇「從白屋之士七十人」句箋。

〔二〕孫星衍曰：「（『秦卲』）事未詳，舊寫本作秦昭。」孫詒讓曰：「案舊寫本是也。張生，卽范雎。史記本傳載雎更姓名曰張禄，因王稽以見秦昭王。故此稱爲張生也。」照按：孫詒讓説甚確。張生爲張先生之省，且係尊稱。此處稱張禄爲張生，猶任命篇之稱范雎爲范生然也。史記范雎傳：「（鄭安平）乃遂操范雎亡，伏匿，更名姓曰張禄。……王稽遂與范雎入咸陽。已報使，因言曰：『魏有張禄先生，天下辯士也。曰「秦王之國危於累卵，得臣則安。然不可以書傳也」。臣故載來。』」説苑善説：「張禄掌門，見孟嘗君曰：『衣新而不舊，倉庾盈而不虚，爲之有道，君亦知之乎？』……孟嘗君以其言爲然，説其意，辯其辭。明日使人奉黄金百斤，文織百純，進之張先生。……（秦王）奉千金以遺孟嘗君，孟嘗君輟食察之而寤曰：『此張生之所謂「衣新而不舊，倉庾盈而不虚」者也。』」是稱張禄爲張生，已先見於説苑矣。戰國策秦策三：「范雎至，秦王庭迎，……秦王屏左右，宫中虚無人，秦王跪而請曰：『先生何以幸教寡人？』范雎曰：『唯唯。』有間，秦王復請。范雎曰：『唯唯。』若是者三。秦王跽曰：『先生不幸教寡人乎？』范雎謝曰：『非敢然也。……若夫窮辱之事，死亡之患，臣弗敢畏也。臣死而秦治，賢於生也。』秦王跽曰：『先生是何言也！……寡人得受命於先生，此天所以幸先王，而不棄其孤也。先生柰何而言若此！事無大小，上及太后，下至大臣，願先生悉以教寡人，無疑寡人也。』范雎再拜，秦王亦再拜。……范雎曰：『臣居山東，聞齊之内有田單（文），不聞其王；聞秦之有太后、穰侯、涇陽、華陽，不聞其有王。……臣今見王獨立於廟朝矣，且臣將恐後世之有秦國者，非王之子孫也。』秦王懼，於是乃廢太后，逐穰侯，出高陵，走涇陽於關外。昭王謂范雎曰：『昔者齊（桓）公得管仲時以爲仲父，今吾得子亦以爲父。』」拜昌，拜昌言也。已見君道篇「拜昌言而無所」句箋。

〔三〕燕君擁篲，已見君道篇「擁篲以延巖棲之智士」句箋。

〔四〕趙惠，當是趙惠文王。其事則不詳所出。馬敘倫莊子年表謂周與惠文王時代相值（見莊子義證附録一），信而有徵，惜未援引抱朴此文以證成之。

〔五〕孫星衍曰：「（『平』）藏本作『文』，從舊寫本改。」照按：孫改是。韓非子佚文：「晉平公與唐彥（當是亥唐之倒誤）坐，而出（而上有脫文），叔向入。公曳一足，叔向問之。公曰：『吾待唐子，腓痛足痺而不敢申。』叔向不悅。公曰：『子欲貴，吾爵子；子欲富，吾祿子。夫唐先生無欲也。非正坐，吾無以養之。』」（太平御覽三七二引）嵇康聖賢高士傳：「亥唐，晉人也。……（平）公與亥唐坐，有閒，亥唐出，叔向入。平公伸一足，曰：『吾向時與亥子坐，腓痛足痺不敢伸。』叔向悖然作色不悅。公曰：『子欲貴乎？吾爵子；子欲富乎？吾祿子。夫亥先生乃無欲也。吾非正坐，無以養之。子何不悅哉！』」（太平御覽五百九引）據此，正文似有脫誤。非「正」爲「伸」之譌，卽「正」上當有「不」字。

〔六〕孫星衍曰：「（『任之』）藏本作『侫之』，今從舊寫本。」盧本「侫」作佞，柏筠堂本、文溯本、叢書本、崇文本同。徐濟忠「侫」校「侯」，王國維校同。照按：「侫」字固誤，改「任」亦未爲得也。當以作「侯」爲是。韓非子難一：「齊桓公時，有處士曰小臣稷，桓公三往而弗得見。桓公曰：『吾聞布衣之士，不輕爵祿，無以易萬乘之主；萬乘之主，不好仁義，亦無以下布衣之士。』於是五往乃得見之。」（又見呂氏春秋下賢、韓詩外傳六、新序雜事五、嵇康聖賢高士傳（太平御覽五百九引）、皇甫謐高士傳）此所用卽其事。又按內篇釋滯：「齊桓之興，而少稷高枕於陋巷。」是此文之「稷丘」，當作「小稷」或「少稷」矣。（稷丘爲漢武帝時太山下道士，列仙傳有傳。）

〔七〕楚王受笞保申，已見君道篇「容保申之正直」句箋。

〔八〕墨釘，舊寫本空白，顧廣圻批一「趙」字。陳其榮曰：「『簡』上原有脫字。案：盧本『簡』下有『公』字。」陳漢章曰：「說苑正諫篇有公盧諫趙簡子伐齊事。」孫人和曰：「按：『簡』上疑脫『趙』字，或『簡』下脫一『子』字。此乃公盧止趙簡子伐齊之事，事見説苑正諫篇。盧舜治不明實事，而於『簡』下加一『公』字，專輒甚矣。」（原注：「崇文本亦襲盧本之謬，改作『簡公』。」照按：柏筠堂本、文溯本亦誤作「簡公」。）照按：顧批孫前説是也。吉藩本「簡」上正有「趙」字。説苑正諫：「趙簡子舉兵而攻齊，令軍中有敢諫者，罪至死。被甲之士名曰公盧，望見簡子大笑。簡子曰：『子何笑？』對曰：『臣有宿笑。』簡子曰：『有以解之則可，無以解之則死。』對曰：『當桑之時，臣鄰家夫與妻俱之田。見桑中女，因往追之，不能得，還，其妻怒而去之。臣笑其曠也。』簡子曰：『今吾伐國失國，是吾曠也。』於是罷師而歸。」「廬」與「盧」古通用。

〔九〕以貴下賤，已見逸民篇「以貴下賤」句箋。

〔一〇〕六韜文韜大禮：「太公曰：『目貴明，耳貴聰，心貴智。以天下之目視，則無不見也；以天下之耳聽，則無不聞也；以天下之心慮，則無不知也。輻湊並進，則明不蔽矣。』」（又見管子九守、鄧析子轉辭、鬼谷子符言）文子上仁：「以天下之目眎，以天下之耳聽，以天下之心慮，以天下之力争，故號令能下究，而臣情得上聞。」（又見淮南子主術）韓非子姦劫弑臣：「明主者，使天下不得不爲己視，使天下不得不爲己聽，故身在深宫之中，而明照四海之内。」又定法：「人主以一國目視，故視莫明焉；以一國耳聽，故聽莫聰焉。」韓詩外傳五：「故獨視不若與衆視之明也，獨聽不若與衆聽之聰也。」

〔一一〕吴録：「劉備曾使諸葛亮至京，因睹秣陵山阜，歎曰：『鍾山龍盤，石頭虎踞，此帝王之宅。』」（太平御覽一五六引庾信哀江南賦：「昔之虎踞龍盤，加以黄旗紫氣。」史通書志：「虎踞龍蟠，帝王表其尊極。」李白永王東巡歌之四：「龍盤虎踞帝王州，帝子金陵訪古丘。」亦皆承用諸葛亮語。）文選吴都賦：「擁之者龍騰，據之者虎視。」

抱朴子外篇校箋卷之十四

用刑

抱朴子曰：「莫不貴仁〔一〕，而無能純仁以致治也；莫不賤刑，而無能廢刑以整民也〔二〕。咸云〔三〕：『明后御世，風向草偃〔四〕。道洽化醇，安所用刑？』余乃論之曰：『夫德教者，黼黻之祭服也〔五〕；刑罰者，捍刃之甲冑也。若德教治狡暴，猶以黼黻御剡鋒也〔六〕；以刑罰施平世〔七〕，是以甲冑升廟堂也。故仁者養物之器，刑者懲非之具，我欲利之，而彼欲害之，加仁無悛〔八〕，非刑不止。刑爲仁佐，於是可知也。

〔一〕說苑貴德：「夫人臣猶貴仁，況於人主乎！」

〔二〕左傳莊公二十三年：「夫禮，所以整民也。」正義：「夫禮者，所以整理天下之民。民謂甿庶貴賤者皆是也。」史記禮書：「誘進以仁義，束縛以刑罰，故德厚者位尊，祿重者寵榮，所以總一海內而整齊萬民也。」潛夫論述赦：「此先王所以鏊萬民而致時雍也。」

〔三〕陳澧曰：「『咸』，當作『或』。」照按：陳說是。吉藩本正作「或」。當據改。

〔四〕論語顏淵：「君子之德風，小人之德草。草上之風，必偃。」集解引孔安國曰：「偃，仆也。加草以風，無不仆者，猶民之化於上。」孟子滕文公上：「上有好者，下必有甚焉者矣。君子之德，風也；小人之德，草也。草上之風，必偃。」趙注：「偃，伏也。以風加草，莫不偃伏也。」

〔五〕書益稷：「藻、火、粉、米、黼、黻。」孔傳：「黼若斧形，黻爲兩己相背。」左傳桓公二年：「火、龍、黼、黻，昭其文也。」杜注：「白與黑謂之黼，形若斧；黑與青謂之黻，兩己相戾。」正義：「白與黑謂之黼，黑與青謂之黻，攷工記文也。其言形若斧，兩己相戾，相傳爲說。孔安國虞書傳亦云：『黼若斧形，黻爲兩己相背。』是其舊說然也。」

〔六〕繼昌曰：「御覽三百五十六『若』下有『以』字，此脱。」照按：「以」字實不可少，當據補。又按：「御」當作「禦」，音之誤也。守埤篇「夫衰冕非禦鋒鏑之服」，博喻篇「故輕羅霧縠冶服之麗也，而不可以禦鏑」，語意與此同，可證。太平御覽三五六引，正作「禦」。當據改。剡鋒，鋭利兵器。

〔七〕孟子離婁下：「禹、稷當平世，三過其門而不入。」孫疏：「孟子言大禹與后稷皆當平治之世，急於爲民，三過家門而不入其室。」

〔八〕左傳隱公六年：「長惡不悛，從自及也。」杜注：「悛，止也。」釋文：「悛，七全反。」

「譬存玄胎息，呼吸吐納，含景内視，熊經鳥伸者，長生之術也〔一〕。然艱而且遲，爲者尠成，能得之者，萬而一焉。病篤痛甚，身困命危，則不得不攻之以鍼石〔二〕，治之以毒烈〔三〕。若廢和、鵲之方〔四〕，而慕松、喬之道〔五〕，則死者衆矣。仁之爲政，非爲不美也。然黎庶巧僞，趨利忘義。若不齊之以威，糾之以刑〔六〕，遠羨羲、農之風，則亂不可振〔七〕，其禍深大。以殺止殺〔八〕，豈樂之哉！

【一】後漢書方術下王真傳：「王真年且百歲，視之面有光澤，似未五十者。自云：『周流登五岳名山，悉能行胎息、胎食之方，嗽舌下泉咽之。』」李注：「漢武內傳曰：『（王真）習閉氣而吞之，名曰胎息；習嗽舌下泉而咽之，名曰胎食。』」抱朴子內篇釋滯：「得胎息者，能不以鼻口噓吸，如在胞胎之中，則道成矣。」文子上德：「夫道者，內視而自反。」舊注：「反聽內視，自得於身也。」淮南子說山：「魄曰：『吾（聞）得之矣，乃內視而自反也。』」莊子刻意：「吹呴呼吸，吐故納新，熊經鳥申，爲壽而已矣。此道引之士，養形之人，彭祖壽考者之所好也。」釋文：「吐故納新，李（頤）云：『吐故氣，納新氣也。』熊經，司馬（彪）云：『若熊之攀樹而引氣也。』鳥申，司馬云：『若鳥之嚬呻也。』」淮南子精神：「若吹呴呼吸，吐故內新，熊經鳥伸，……是養形之人也。」高注：「經，動搖也。伸，頻伸也。」

【二】山海經東山經：「（高氏之山）其下多箴石。」郭注：「可以爲砭針，治癰腫者。」淮南子說山：「醫之用針石。」高注：「石針所抵彈人雍痤，出其惡血。」漢書藝文志方技略：「醫經者……而用度箴石、湯火所施。」顏注：「箴所以刺病也。石謂砭石，卽石箴也。」說文石部：「砭，以石刺病也。」段注：「以石刺病曰砭，因之名其石曰砭石。……素問異法方宜論：『東方其治宜砭石。』王注：『砭石，謂以石爲鍼。』按：此篇以東方砭石、南方九鍼並論，知古金、石並用也。後世乃無此石矣。」「鍼」、「箴」、「針」三字，音同得通。

【三】淮南子繆稱：「天雄、烏喙，藥之凶毒（者）也，良醫以活人。」重修政和證類本草草部下品之上：「附子，味辛，甘溫，大熱，有大毒。主風寒欬逆邪氣，溫中，……堅肌骨，強陰，又墮胎，爲百藥長。生犍爲山谷及廣漢。冬月採爲附子，春採爲烏頭。」又：「烏喙，味辛，微溫，有大毒。主風濕，……生朗陵山谷。正月二月採，陰乾。長三寸已上爲天雄。……衍義曰：『烏頭、烏喙、天雄、附子、側子凡五等，皆一物也。止依大小、長短似像而名之。』」

【四】左傳昭公元年：「晉侯（平公）求醫於秦，秦伯（景公）使醫和視之。」漢書藝文志方技略：「方技者……太古有岐伯、俞拊，中世有扁鵲、秦和。」顏注：「和，秦醫名也。」扁鵲，已見嘉遯篇「則無以效越人之絶伎」句箋。

〔五〕淮南子齊俗：「今夫王喬、赤誦子吹嘔呼吸，吐故内新，遺形去智，抱素反真，以游玄眇，上通雲天。」許注：「王喬，蜀武陽人也。爲柏人令，得道而仙。赤誦子，上谷人也。病癘入山，導引輕舉。」（莊逵吉曰：「俗本『赤誦』作『赤松』，蓋誤改之。古字『誦』與『松』同聲通用。」）列仙傳赤松子傳：「赤松子者，神農時雨師也。服水玉，以教神農。能入火自燒。往往至崑崙山上，常止西王母石室中，隨風雨上下。炎帝少女追之，亦得仙俱去。至高辛時，復爲雨師。今之雨師，本是焉。」（又見搜神記一（「水玉」下有「散」字，「復爲雨師」下有「遊人間」三字。））又王子喬傳：「王子喬者，周靈王太子晉也。好吹笙，作鳳皇鳴。遊伊、洛之間，道士浮丘公接以上嵩高山。三十餘年後，求之於山上（後漢書方術上王喬傳李注引作『來於山上』），見桓良曰：『告我家，七月七日待我於緱氏山巔。』至時，果乘白鶴駐山頭，望之不得到，舉手謝時人，數日而去。亦立祠於緱氏山下及嵩高首焉。」照按：許君説與列仙傳不同，蓋别有所本。（史記留侯世家「欲從赤松子游耳」索隱、後漢書方術上王喬傳「或云此卽古仙人王子喬也」李注，亦皆援引列仙傳文。）

〔六〕論語爲政：「子曰：『道之以政，齊之以刑，民免而無恥。』」集解：「孔（安國）曰：『政謂法教。』馬（融）曰：『齊整之以刑罰。』」

〔七〕淮南子氾論：「夫神農、伏羲不施賞罰而民不爲非，然而立政者不能廢法而治民。」高注：「不能及神農、伏羲。」

〔八〕商子畫策：「以殺去殺，雖殺可也。」（書僞大禹謨：「刑期於無刑。」枚傳：「以殺止殺，終無犯者。」）

『八卦之作，窮理盡性〔一〕，明罰用獄，著於噬嗑〔二〕，繫以徽纆，存乎習坎〔三〕。然用刑其然尚矣〔四〕。逮於軒轅，聖德尤高，而躬親征伐，至於百戰，殭尸涿鹿，流血阪泉，猶不能使時無叛逆，載戢干戈〔五〕。亦安能使百姓皆良，民不犯罪而不治者〔六〕，未之有也。唐、虞之盛，象天用刑〔七〕，竄、殛、放、流，天下乃服〔八〕。漢文玄默，比隆成、康，猶斷四百，鞭死者多〔九〕。夫匠石不舍繩墨〔一〇〕，故無不直之木。明主不廢戮罰，故無陵遲之政也〔一一〕。

〔一〕易繫辭下：「古者包犧氏之王天下也，仰則觀象於天，俯則觀法於地，觀鳥獸之文與地之宜，近取諸身，遠取諸物，於是始作八卦，以通神明之德，以類萬物之情。」又說卦：「窮理盡性，以至於命。」韓注：「命者生之極，窮理則盡其極也。」

〔二〕易噬嗑：「噬嗑，亨。利用獄。」王注：「噬，齧也。嗑，合也。凡物之不親，由有間也；物之不齊，由有過也。有間與過，齧而合之，所以通也。刑克以通，獄之利也。」正義：「此卦之名，假借口象以爲義，以喻刑法也。凡上下之間有物間隔，當須用刑法去之，乃得亨通，故云噬嗑亨也。利用獄者，以刑除間隔之物，故利用獄也。」又：「象曰：『雷電噬嗑，先王以明罰勑法。』」正義：「雷電噬嗑者，但噬嗑之象，其象在口，雷電非噬嗑之體；但噬嗑象外，物既有噬嗑之體，則雷電欲取明罰勑法可畏之義，故連云雷電也。」釋文引鄭玄云：「勑，猶理也。」

〔三〕易習坎：「上六，係用徽纆，寘于叢棘。」正義：「係用徽纆，寘于叢棘者，險陗之極，不可升上，嚴法峻整，難可犯觸。上六居此險陗之處，犯其峻整之威，所以被繫，用其徽纆之繩置於叢棘，謂囚執之處，以棘叢而禁之也。」釋文引劉表云：「三股曰徽，兩股曰纆，皆索名。」

〔四〕「其然」，藏本、魯藩本、吉藩本、愼本、盧本、舊寫本、柏筠堂本、文溯本、叢書本、崇文本作「其來」。照按：交際篇、內篇微旨並有「其來尚矣」之文，作「其來」是（此平津本寫刻之誤）。

〔五〕大戴禮記五帝德：「孔子曰：『黃帝，少典之子也，曰軒轅。生而神靈，弱而能言，幼而叡齊，長而敦敏，成而聰明。

治五氣，設五量，撫萬民，度四方，教熊羆貔（貅）豹虎，以與赤帝戰於阪泉之野。三戰，然後得行其志。』」史記五帝紀：「軒轅之時，神農氏世衰。諸侯相侵伐，暴虐百姓，而神農氏弗能征。於是軒轅乃習用干戈，以征不享，諸侯咸來賓從。而蚩尤最爲暴，莫能伐。炎帝欲侵陵諸侯，諸侯咸歸軒轅。軒轅乃修德振兵，……教熊羆貔貅貙虎，以與炎帝戰於阪泉之野。三戰，然後得其志。蚩尤作亂，不用帝命。於是黃帝乃徵師諸侯，與蚩尤戰於涿鹿之野，遂禽殺蚩尤。而諸侯咸尊軒轅爲天子，代神農氏，是爲黃帝。天下有不順者，黃帝從而征之，平者去之，披山通道，未嘗寧居。」集解：「服虔曰：『阪泉，地名。』皇甫謐曰：『在上谷。』……服虔曰：『涿鹿，山名，在涿郡。』張晏曰：『涿鹿在上谷。』」索隱：「案：地理志上谷有涿鹿縣，然則服虔云『在涿郡』者，誤也。」莊子盜跖：「然而黃帝不能致德，與蚩尤戰於涿鹿之野，流血百里。」載戢干戈，已見嘉遯篇「干戈戢而莫尋」句箋。

〔六〕照按：「而不治」三字，與上下文意不屬，疑「不」字衍。

〔七〕荀子正論：「世俗之爲說者曰：『治古無肉刑，而有象刑。墨黥，慅嬰，共艾畢，菲對屨，殺赭衣而不純，治古如是。』是不然。以爲治邪，則人固莫觸罪，非獨不用肉刑，亦不用象刑矣。……夫征暴誅悍，治之盛也。殺人者死，傷人者刑，是百王之所同也，未有知其所由來者也。刑稱罪則治，不稱罪則亂。故治則刑重，亂則刑輕，犯治之罪固重，犯亂之罪固輕也。書（呂刑）曰：『刑罰世輕世重』，此之謂也。」楊注：「治古，古之治世也。肉刑，墨、劓、剕、宮也。象刑，異章服，恥辱其形象，故謂之象刑也。書（益稷）曰：『皋陶方施象刑惟明。』孔安國云：『象，法也。』（此舜典「象以典刑」句傳）案：書之『象刑』，亦非謂形象也。」漢書刑法志：「善乎！孫卿之論刑也，曰：『世俗之爲說者，以爲治古無肉刑，有象刑墨黥之屬，菲履赭衣而不純，是不然矣。……故治則刑重，亂則刑輕，犯治之罪固重，犯亂之罪固輕也。書云：「刑罰世重世輕」，此之謂也。』所謂『象刑惟明』者，言象天道而作刑，安有菲屨赭

衣者哉？」尚書刑德放：「大辟之屬二百，象天之刑。」（北堂書鈔四五引）

〔八〕竄、殛、放、流，已見嘉遯篇「有虞舉則四凶戮」句箋。

〔九〕漢書刑法志：「及孝文即位，躬脩玄默，勸趣農桑，減省租賦。……吏安其官，民樂其業，畜積歲增，户口寖息。風流篤厚，禁罔疏闊。選張釋之爲廷尉，罪疑者予民，是以刑罰大省，至於斷獄四百，有刑錯之風。即位十三年，齊太倉令淳于公有罪當刑，詔獄逮繫長安。……遂下令曰：『制詔御史：……其除肉刑，有以易之；及令罪人各以輕重，不亡逃，有年而免。具爲令。』丞相張蒼、御史大夫馮敬奏言：『肉刑所以禁姦，所由來者久矣。……臣謹議請定律曰：……當劓者，笞三百；當斬左止者，笞五百；……臣昧死請。』制曰：『可。』是後，外有輕刑之名，內實殺人。斬右止者又當死。斬左止者笞五百，當劓者笞三百，率多死。」又景帝紀贊：「周、秦之敝，罔密文峻，而姦軌不勝。漢興，掃除煩苛，與民休息。至於孝文，加之以恭儉，孝景遵業，五六十載之間，至於移風易俗，黎民醇厚。周云成、康，漢言文、景，美矣！」

〔一〇〕匠石，出莊子齊物論及徐无鬼篇，此泛指木匠。

〔一一〕詩王風大車序：「禮義陵遲。」正義：「陵遲，猶陂陁，言禮義廢壞之意也。」史記張釋之傳：「（秦）陵遲而至於二世，天下土崩。」

『蓋天地之道，不能純仁，故青陽闡陶育之和，素秋厲肅殺之威〔一〕，融風扇則枯瘁攄藻，白露凝則繁英彫零。是以品物阜焉〔二〕，歲功成焉〔三〕。温而無寒，則蠉動不蟄，根植冬榮。寬而無嚴，則姦宄竝作〔四〕，利器長守〔五〕。故明賞以存正，必罰以閑邪〔六〕。勸沮之器〔七〕，莫此之要。觀民設教，濟其寬猛，使懦不可狎，剛不傷恩〔八〕。五刑之罪，至于三干〔九〕，是繩不可曲也；司寇行刑，君爲不舉〔一〇〕，是法不可廢也。繩曲，則姦回萌矣〔一一〕；法廢，則禍亂滋矣。

〔一〕爾雅釋天：「春爲青陽。」郭注：「氣清而温陽。」邢疏：「言春之氣和，則青而温陽也。」三國志蜀書郤正傳：「（釋譏）朱陽否於素秋。」文選勵志詩：「星火既夕，忽焉素秋。」李注：「爾雅（釋天）曰：『秋爲白藏。』故云素秋。」李周翰曰：「西方色白，故曰素秋。」呂氏春秋義賞：「春氣至，則草木産；秋氣至，則草木落。産與落或使之，非自然也。故使之者至，物無不爲；使之者不至，物無可爲。古之人審其所以使，故物莫不爲用。賞罰之柄，此上之所以使也。」

〔二〕易坤：「彖曰：『至哉坤元，萬物資生，……含弘光大，品物咸亨。』」正義：「包含弘厚，光著盛大，故品類之物，皆得亨通。」國語魯語上「助生阜也」韋注：「阜，長也。」

〔三〕管子四時：「（土德）實輔四時：春嬴育，夏養長，秋聚收，冬閉藏。大寒乃極，國家乃昌，四方乃服。此謂歲德。」春秋繁露四時之副：「天之道：春煖以生，夏暑以養，秋清以殺，冬寒以藏。煖、暑、清、寒異氣而同功，此天之所以成歲也。聖人副天之所行以爲政，故以慶副煖而當春，以賞副暑而當夏，以罰副清而當秋，以刑副寒而當冬。慶、賞、罰、刑異事而同功，皆王者之所以成德也。」（照按：如解歲功爲一年收成，則與抱朴此段文意不符。）

〔四〕書舜典：「寇賊姦宄。」孔傳：「羣行攻劫曰寇。殺人曰賊。在外曰姦。在内曰宄。」釋文：「宄，音軌。」左傳成公十七年：「（長魚矯）對曰：『人將忍君（晉厲公）！臣聞亂在外爲姦，在内爲軌。御姦以德，御軌以刑。不施而殺，不可謂德；臣偪而不討，不可謂刑。德刑不立，姦軌並至，臣請行。』遂出奔狄。」釋文：「軌，本又作宄，音同。」（又見國語晉語六，軌作宄。）漢書元帝紀：「（永光二年詔）蓋聞唐、虞象刑而民不犯，殷、周法行而姦軌服。」顏注：「軌，與宂同。」

〔五〕後漢書何進傳：「主簿陳琳入諫曰：『……而反委釋利器，更徵外助。』」胡三省通鑑靈帝紀下（中平六年）注：「利器，謂兵柄也。」利器長守，長期握住兵柄之意。

〔六〕閑邪，已見崇教篇「閑邪矯枉」句箋。

〔七〕勸沮，已見逸民篇「子誠喜懼於勸沮」句箋。

〔八〕左傳昭公二十年：「鄭子產有疾，謂子大叔曰：『我死，子必爲政。唯有德者，能以寬服民，其次莫如猛。夫火烈，民望而畏之，故鮮死焉；水懦弱，民狎而翫之，則多死焉。故寬難。』疾數月而卒。大叔爲政，不忍猛而寬。鄭國多盜，取人於萑苻之澤。大叔悔之，曰：『吾早從夫子，不及此。』興徒兵以攻萑苻之盜，盡殺之。盜少止。仲尼曰：『善哉！政寬則民慢，慢則糾之以猛；猛則民殘，殘則施之以寬。寬以濟猛，猛以濟寬，政是以和。』」（又見家語正論，韓非子內儲說上有異。）杜注：「狎，輕也。」

〔九〕書呂刑：「墨罰之屬千，劓罰之屬千，剕罰之屬五百，宮罰之屬三百，大辟之罰其屬二百。五刑之屬三千。」正義：「此經歷言二百、三百、五百者，各是刑之條也。……別言罰屬，五者各言其數，合言刑屬，但總云三千，明刑罰同其屬數，互見其義以相備也。」

〔一〇〕周禮天官膳夫：「王日一舉，鼎十有二，物皆有俎。以樂侑食。……王齊日三舉。大喪則不舉，……邦有大故則不舉。」鄭注：「殺牲盛饌曰舉。侑猶勸也。大故，寇戎之事。鄭司農云：『大故，刑殺也。』」左傳莊公二十年：「鄭伯（厲公）聞之，見虢叔曰：『……夫司寇行戮，君爲之不舉。』」杜注：「司寇，刑官。（不舉）去盛饌。」又襄公二十六年：「歸生聞之：善爲國者，賞不僭而刑不濫，……將刑爲之不舉，不舉，則徹樂。此以知其畏刑也。」杜注：「不舉盛饌。」正義：「舉則以樂勸食，不舉，故徹去樂縣。」國語周語上「司寇行戮，君爲之不舉」韋注：「不舉，不舉樂也。」

〔二〕書僞泰誓下：「崇信姦回。」枚傳：「回，邪也。」左傳襄公二十三年：「姦回不軌。」後漢書杜喬傳：「（上書）姦回不詰，爲惡肆其凶。」

「亡國非無令也，患於令煩而不行；敗軍非無禁也，患於禁設而不止。故衆慝彌蔓，而下黷其上。夫賞貴當功而不必重，罰貴得罪而不必酷也。鞭朴廢於家，則僮僕怠惰；征伐息於國，則羣下不虔〔一〕。愛待敬而不敗，故制禮以崇之；德須威而久立，故作刑以肅之〔二〕。班、倕不委規矩，故方圓不戾於物〔三〕；明君不釋法度，故機詐不肆其巧。

〔一〕呂氏春秋蕩兵：「家無怒笞，則豎子嬰兒之有過也立見；國無刑罰，則百姓之悟相侵也立見；天下無誅伐，則諸侯之相暴也立見。故怒笞不可偃於家，刑罰不可偃於國，誅伐不可偃於天下。有巧有拙而已矣。」史記律書：「故教笞不可廢於家，刑罰不可捐於國，誅伐不可偃於天下；用之有巧拙，行之有逆順耳。」（又見漢書刑法志，「教笞」作「鞭朴」。）

〔二〕漢書刑法志：「愛待敬而不敗，德須威而久立，故制禮以崇敬，作刑以明威也。」

〔三〕孟子離婁上：「孟子曰：『離婁之明，公輸子之巧，不以規矩，不能成方員。』」趙注：「公輸子，魯班。魯之巧人也。」焦循正義：「禮記檀弓（下）云：『季康子之母死，公輸若方小；斂，般請以機封。』注云：『公輸若，匠師。方小，言年尚幼。般，若之族，多技巧者。見若掌斂事而年尚幼，請代之而欲嘗其技巧。』般爲公輸若之族，則亦氏公輸，故稱公輸子。班與般同。戰國策宋策云：『公輸般爲楚設機，將以攻宋。』高誘注云：『公輸般，魯班之號也。』蓋般爲魯人，故又稱魯般，當時有此號也。」漢書敍傳上：「（答賓戲）班輸榷巧於斧斤。」顏注：「班輸，即魯公輸班也。」文選答賓戲李注引項岱曰：「公輸若之族，名班。」世本：「倕作規矩準繩。」（玉篇夫部規字注引（一切經音義二五引無準繩二字））尸子：「古者倕創規矩準繩，使天下倣焉。」（太平御覽七五二引）呂氏春秋重己：「倕至巧也。」高注：「倕，堯之巧工也。」（離謂「周鼎著倕而齕其指」注同）淮南子齊俗：「倕以之斲。」許注：「倕，堯時巧工也。」（玉篇人部、廣韻五支倕字注並云黃帝時巧人）

『唐、虞其仁如天，而不原四罪〔一〕。姬公友于兄弟〔二〕，而不赦二叔〔三〕。仲尼之誅正卯〔四〕，漢武之殺外甥，垂涙惜法，葢不獲已也〔五〕。故誅一以振萬，損少以成多，方之櫛髮，則所利者衆；比於割疽，則所全者大〔六〕。是以灸刺慘痛，而不可止者，以痊病也。刑法凶醜，而不可罷者，以救弊也。六軍如林〔七〕，未必皆勇。排鋒陷火，人情所憚。然恬顏以勸之，則投命者尠；斷斬以威之，則莫不奮擊〔八〕。故役歡笑者，不及叱咤之速；用誘悅者，未若刑戮之齊。

〔一〕大戴禮記五帝德：「宰我曰：『請問帝堯。』孔子曰：『高辛之子也，曰放勳。其仁如天，（史記五帝紀索隱：「如天之函養也。」）其知如神。……舉舜、彭祖而任之，四時先民治之。流共工於幽州，以變北狄；放驩兜於崇山，以變南蠻；殺三苗於三危，以變西戎；殛鯀於羽山，以變東夷。』」史記五帝紀：「驩兜進言共工，堯曰不可而試之工師，共工果淫辟。四嶽舉鯀治鴻水，堯以爲不可，嶽彊請試之，試之而無功，故百姓不便。三苗在江淮、荆州數爲亂。於是舜歸而言於帝，請流共工於幽陵，以變北狄；放驩兜於崇山，以變南蠻；遷三苗於三危，以變西戎；殛鯀於羽山，以變東夷：四辠而天下咸服。」（二書與舜典、孟子文微異，故並録之。）

〔二〕論語爲政：「或謂孔子曰：『子奚不爲政？』子曰：『書云：「孝乎惟孝，友于兄弟，施於有政（僞君陳襲此文），是亦爲政。」奚其爲爲政？』」集解引包咸曰：「孝乎惟孝，美大孝之辭。友于兄弟，善於兄弟。」書金縢：「武王既喪，管叔及其羣弟乃流言於國，曰：『公將不利於孺子。』」孔傳：「武王死，周公攝政，其弟管叔及蔡叔、霍叔乃放言於國，以誣周公，以惑成王。」左傳僖公二十四年：「富辰諫曰：『……昔周公弔二叔之不咸，故封建親戚，以蕃屏周。』」杜注：「弔，傷也。咸，同也。」正義：「鄭衆（左氏條例章句〔已佚〕）、賈逵（左氏解詁〔已佚〕）皆以二叔爲管叔、蔡叔，傷其不和睦而流言作亂，故封建親戚。鄭玄詩箋（豳風鴟鴞）亦然。」又昭公元年：「大叔曰：『……周公殺管叔而蔡蔡叔，夫豈不愛？王室故也。』」杜注：「蔡，放也。」又定公四年：「子魚曰：『……管、蔡啟商，惎間王室，王於是乎殺管叔而蔡蔡叔。』」杜注：「周公稱王命以討二叔。」孟子公孫丑下：「（孟子）曰：『周公，弟也；管叔，兄也。』」趙注：「周公惟管叔弟也，故愛之；管叔念周公兄也，故望之。親親之恩也。」國語楚語上：「文王有管、蔡。」韋注：「管、蔡，文王子，周公兄也。」鄧析子無厚：「周公誅管、蔡，此於弟無厚也。」呂氏春秋察微：「猶尚有管叔、蔡叔之事。」高注：「管叔，周公弟也；蔡叔，周公兄也。」又開春論：「周之刑也戮管、蔡，而相周公。」高注：「管叔，周公弟；蔡叔，其兄也。」淮南子齊俗：「（周公）放蔡叔，誅管叔。……周公放兄誅弟。」許注：「（管叔）周公弟（原誤作兄）也。」又氾論：「（周公）誅管、蔡之罪。」高注：「蔡叔，周公兄也；管叔，周公弟也。」（今本有誤，此依宋本、藏本。）又泰族：「周公誅管叔、蔡叔，以平國弭亂。……故舜放弟，周公殺兄。」照按：周公與二叔之長幼，諸書及注家言人人殊，蓋各據所聞也。如強爲定其孰得孰失，則猶治絲而棼之矣。

〔四〕仲尼誅正卯，已見嘉遯篇「宣尼任則少卯梟」句箋。

〔五〕漢書東方朔傳：「隆慮公主子昭平君尚帝（武帝）女夷安公主，隆慮主病困，以金千斤錢千萬爲昭平君豫贖死罪，上許之。隆慮主卒，昭平君日驕，醉殺主傅，獄繫內官。以公主子，廷尉上請請論。左右人人爲言：『前又入贖，陛下許之。』上曰：『吾弟老有是一子，死以屬我。』於是爲之垂涕歎息，良久曰：『法令者，先帝所造也，用弟故而誣先帝之法，吾何面目入高廟乎！又下負萬民。』乃可其奏，哀不能自止，左右盡悲。」

〔六〕韓非子外儲說右上：「夫痤疽之痛也，非刺骨髓，則煩心不可支也；非如是，不能使人以半寸砥石彈之。」又六反：「夫彈痤者痛，飲藥者苦，爲苦憊之故，不彈痤、飲藥，則身不活、病不已矣。」淮南子兵略：「故聖人之用兵也，若櫛髮、耨苗，所去者少，而所利者多。」又詮言：「割痤疽，非不痛也；飲毒藥，非不苦也。然而爲之者，便於身也。」

〔七〕詩大雅大明：「殷商之旅，其會如林。」毛傳：「旅，衆也。如林，言衆而不爲用也。」正義：「木聚謂之林。如林，言其衆多而不爲紂用。」

〔八〕韓非子內儲說上：「越王問於大夫種曰：『吾欲伐吴，可乎？』對曰：『可矣！吾賞厚而信，罰嚴而必，君欲知之，何不試焚宫室？』於是遂焚宫室，人莫救之。乃下令曰：『人之救火者死，比死敵之賞；救火而不死者，比勝敵之賞；不救火者，比降北之罪。』人之塗其體被濡衣而走火者，左三千人，右三千人。此知必勝之勢也。」

「是以安于感深谷而嚴其法〔一〕，衞子疾弃灰而峻其辟〔二〕。夫以其所畏禁其所翫，峻而不犯，全民之術也。明治藏本脱治字，從舊寫本補。病之術者，杜未生之疾；達治亂之要者，遏將來之患。若乃以輕刑禁重罪，以薄法衞厚利，陳之滋章，而犯者彌多〔三〕，有似穿穽以當路〔四〕，非仁人之用懷也。

〔一〕韓非子內儲説上：「董閼于爲趙上地守，行石邑山中，見深澗峭如牆，深百仞。因問其旁鄉左右，曰：『人嘗有入此者乎？』對曰：『無有。』曰：『嬰兒、盲聾、狂悖之人，嘗有入此者乎？』對曰：『無有。』『牛馬犬彘嘗有入此者乎？』對曰：『無有。』董閼于喟然太息曰：『吾能治矣。使吾法之無赦，猶入澗之必死也，則人莫之敢犯也，何爲不治？』」「閼」、「安」古通。（韓非子難言、觀行二篇並作董安于）

〔二〕史記李斯傳：「故商君之法，刑棄灰於道者。夫棄灰，薄罪也，而被刑，重罰也。」（漢書五行志中之下：「秦連相坐之法，棄灰於道者黥。」）鹽鐵論刑德：「商君刑棄灰於道，而秦民治。」新序佚文：「今衞鞅內刻刀鋸之刑，外深鈇鉞之誅，步過六尺者有罰，棄灰於道者被刑。」（史記商君傳集解引）説苑佚文：「秦法：棄灰於道者刑。」（同上索隱引）照按：韓非子內儲説上：「殷之法，刑棄灰於街者。子貢以爲重，問之仲尼。仲尼曰：『知治之道也。夫棄灰於街，必掩人。掩人，人必怒；怒則鬬，鬬必三族相殘也。此殘三族之道也，雖刑之可也。且夫重罰者，人之所惡也。而無棄灰，人之所易也。使人行之所易，而無離所惡，此治之道。』」一曰：「殷之法，棄灰於公道者，斷其手。子貢曰：『棄灰之罪輕，斷手之罰重，古人何太毅也？』曰：『無棄灰，所易也；斷手，所惡也。行所易，不關所惡，古人以爲易，故行之。』」是刑棄灰之法，殷代已有之矣。

〔三〕老子第五十七章：「法令滋彰，盜賊多有。」三國志魏書明帝紀：「（青龍四年詔）法令滋章，犯者彌多，刑罰愈衆，而姦不可止。」

〔四〕大戴禮記盛德：「故曰刑罰之所從生有源，不務塞其源，而務刑殺之，是爲民設陷以賊之也。」漢書食貨志下：「夫縣法以誘民，使入陷阱，孰積於此！」顏注：「阱，穿地以陷獸也。」三國志魏書明帝紀：「（青龍四年詔）往者按大辟之條，多所蠲除，思濟生民之命，此朕之至意也。而郡國斃獄，一歲之中尚過數百，豈朕訓導不醇，俾民輕罪，將苛法猶存，爲之陷穽乎？」穽，阱之或體（見說文井部「阱」字下）。

『善爲政者，必先端此以率彼，治親以整疏，不曲法以行意〔一〕，舊寫本作惠必有罪而無赦。若石碏之割愛以烕親〔二〕，晉文之忍情以斬頡〔三〕。故仁者爲政之脂粉，刑者御世之轡策〔四〕，脂粉非體中之至急，而轡策須臾不可無也。肅恭少怠，則慢惰已至；威嚴暫弛，則羣邪生心。當怒不怒，姦臣爲虎；當殺不殺，大賊乃發〔五〕。水久壞河，山起咫尺。尋木千丈，始于毫末；鑽燧意林作端之火，勺水可藏本作所，從意林改。滅；鵠卵未孚，指掌可縻。藏本作之所靡，從意林改。及其乘衝飇而燎巨野，奮六羽以淩朝霞，則雖智勇，不能制也〔六〕。

〔一〕史記酷吏周陽由傳：「所愛者，撓法活之；所憎者，曲法誅滅之。」

〔二〕左傳隱公四年：「州吁未能和其民，（石）厚問定君於石子。石子曰：『王覲爲可。』曰：『何以得覲？』曰：『陳桓公方有寵於王（桓王），陳、衞方睦，若朝陳使請，必可得也。』厚從州吁如陳。石碏使告于陳曰：『衞國褊小，老夫耄矣，無能爲也。此二人者，實弒寡君（莊公），敢卽圖之。』陳人執之，而請涖於衞。九月，衞人使右宰醜涖殺州吁於濮。石碏使其宰獳羊肩涖殺石厚於陳。君子曰：『石碏，純臣也，惡州吁而厚與焉。大義滅親，其是之謂乎？』」杜注：「石子，石碏也。子從弒君之賊，國之大逆，不可不除，故曰大義滅親。」隸釋成陽靈臺碑：「與烕繼絕。」與烕卽與滅，是「滅」可作「烕」也。（集韻十七薛：「烕，火滅也。」）

〔三〕左傳僖公二十八年：「晉侯（文公）圍曹，……入曹，數之以其不用僖負羈，而乘軒者三百人也。且曰獻狀。令無入僖負羈之宮，而免其族。報施也。魏犫、顛頡怒，曰：『勞之不圖，報於何有？』爇僖負羈氏。魏犫傷於胸，公欲殺之，而愛其材。使問，且視之病。將殺之，魏犫束胸見使者，曰：『以君之靈，不有寧也。』距躍三百，曲踊三百。乃舍之。殺顛頡以徇于師。」杜注：「爇，燒也。距躍，超越也。曲踊，跳踊也。百，猶勱也。」商子賞罰：「晉文公將欲明刑以親百姓，於是合諸侯大夫於侍千宮。顛頡後至，請其罪。君曰：『用事焉。』吏遂斷顛頡之脊以殉。」韓非子外儲說右上：「（晉文公）曰：『然則何如足以戰民乎？』狐子對曰：『令無得不戰。』公曰：『無得不戰奈何？』狐子對曰：『信賞必罰，其足以戰。』公曰：『刑罰之極安至？』對曰：『不辟親貴，法行所愛。』文公曰：『善。』明日令田於圃陸，期以日中爲期，後期者行軍法焉。於是公有所愛者曰顛頡後期，吏請其罪，文公隕涕而憂。吏曰：『請用事焉。』遂斬顛頡之脊，以徇百姓，以明法之信也。」

〔四〕大戴禮記盛德：「古者以法爲衡勒，以官爲轡，以刑爲策。」韓詩外傳三：「昔者先王使民以禮，譬之如御也；刑者，鞭策也。」韓非子難勢：「今以國位爲車，以勢爲馬，以號令爲轡，以刑罰爲鞭策。」孔叢子刑論：「孔子曰：『以禮齊民，譬之於御，則轡也；以刑齊民，譬之於御，則鞭也。』」

〔五〕六韜文韜上賢：「故可怒而不怒，姦臣乃作；可殺而不殺，大賊乃發。」

〔六〕老子第六十四章：「合抱之木，生於毫末。」河上公注：「從小成大。」尸子貴言：「干霄之木，始若蘖，足易去也；及其成達也，百人用斧斤，弗能債也。熛火始起，易息也；及其焚雲夢、孟諸，雖以天下之役，抒江漢之水，弗能救也。夫禍之始也，猶熛火蘖足也，易止也，及其措於大事，雖孔子、墨翟之賢，弗能救也。」（羣書治要三六引）淮南子人間：「夫爝火在縹煙之中也，一指所能息也；唐漏若鼷穴，一墣之所能塞也；及至火之燔孟諸而炎雲臺，水決九江而漸荆州，雖起三軍之衆，弗能救也。……夫鴻鵠之未孚於卵也，一指篾之，則靡而無形矣；及至其筋骨之已就，而羽翮之既成也，則奮翼揮𦒉，淩乎浮雲，背負青天，膺摩赤霄，翱翔乎忽荒之上，析惕乎虹蜺之間，雖有勁弩、利矰、微繳，蒲且子之巧，亦弗能加也。」漢書枚乘傳：「乘奏書諫曰：『……夫十圍之木，始生如蘖，足可搔而絶，手可擢而拔，據其未生，先其未形也。』」（劉子防慾：「情慾之萌，如木之將蘖，火之始熒，手可掣而斷，露可滴而滅；及其熾也，結條陵雲，煽熛章華，雖窮力運斤，竭池灌火，而不能禁，其勢盛也。」）論語陽貨：「鑽燧改火。」集解引馬融曰：「周書月令有更火之文，春取榆、柳之火，夏取棗、杏之火，季夏取桑、柘之火，秋取柞、楢之火，冬取槐、檀之火。一年之中，鑽火各異木，故曰改火也。」鄭玄禮記內則「木燧」注：「木燧，鑽火也。」杜預左傳文公十年「命夙駕載燧」注：「燧，取火者。」說文爪部：「孚，卵孚也。」俗作「孵」。照按：「羽」蓋「翮」之殘誤，古籍中無言六羽者。本書嘉遯、君道、貴賢、吳失、廣譬五篇，並有「六翮」之文，此固不應獨作「六羽」也。意林四引正作「六翮」，不誤。當據改。

「故明君治難於其易，去惡於其微〔一〕，不伐善以長亂〔二〕，不操柯而猶豫焉〔三〕。然則刑之爲物，國之神器，君所自執，不可假人〔四〕，猶長劍不可倒捉〔五〕，巨魚不可脱淵也〔六〕。乃崇替之所由，安危之源本也。田常之奪齊〔七〕，六卿之分晉〔八〕，趙高之弑秦〔九〕，王莽之篡漢〔一〇〕，履霜逮冰，由來漸矣〔一一〕。或永歎於海濱〔一二〕，或拊心乎望夷〔一三〕，禍延宗祧〔一四〕，作戒將來者，由乎慕虛名於往古，忘實禍於當己也。」

〔一〕老子第六十三章：「圖難於其易，爲大於其細。」河上公注：「欲圖難事，當於易時，未及成也。欲爲大事，必作於小，禍亂從小來也。」

〔二〕論語公冶長：「顏淵曰：『願無伐善。』」集解引孔安國曰：「不自稱己之善。」左傳襄公十三年：「君子稱其功以加小人，小人伐其技以馮君子，是以上下無禮，亂虐並生，由争善也。」杜注：「加，陵也。君子，在位者。馮，亦陵也。自稱其能爲伐。（争善）争自善也。」

〔三〕操柯，已見良規篇「嚴操柯斧」句箋。

〔四〕神器，已見君道篇「神物假而不還」句箋。

〔五〕漢書梅福傳：「（上書）倒持泰阿，授楚其柄。」顏注：「泰阿，劍名，歐冶所鑄也。言秦無道，令陳涉、項羽乘間而發，譬倒持劍而以把授與人也。」後漢書何進傳：「主簿陳琳入諫曰：『……所謂倒持干戈，授人以柄。』」

〔六〕魚不可脱淵，已見君道篇「藏淵中之魚」句箋。

〔七〕田常奪齊，亦見君道篇「田成盜全齊於帷幄」句箋。

〔八〕史記晉世家：「（頃公）十二年，晉之宗家祁傒孫，叔嚮子，相惡於君。六卿欲弱公室，乃遂以法盡滅其族，而分其邑爲十縣，各令其子爲大夫。晉益弱，六卿皆大。」又太史公自序：「六卿專權，晉國以秏。」正義：「（六卿）智伯，范，中行，韓，魏，趙。」

〔九〕史記秦始皇紀：「（二世皇帝三年）沛公將數萬人已屠武關，使人私於（趙）高，高恐二世怒，誅及其身，乃謝病不朝見。二世夢白虎齧其左驂馬，殺之，心不樂，怪問占夢。卜曰：『涇水爲祟。』二世乃齋於望夷宫，欲祠涇，沈四白馬。使使責讓高以盜賊事。高懼，乃陰與其壻咸陽令閻樂、其弟趙成謀曰：『上不聽諫，今事急，欲歸禍於吾宗。吾欲易置上，更立公子嬰。……』遣樂將吏卒千餘人至望夷宫殿門，縛衞令僕射，……閻樂前即二世數曰：『足下驕恣，誅殺無道，天下共畔足下，足下其自爲計。』二世曰：『丞相可得見否？』樂曰：『不可。』二世曰：『吾願得一郡爲王。』弗許。又曰：『願爲萬户侯。』弗許。曰：『願與妻子爲黔首，比諸公子。』閻樂曰：『臣受命於丞相，爲天下誅足下，足下雖多言，臣不敢報。』」麾其兵進。二世自殺。

〔一〇〕王莽篡漢，已見逸民篇「王莽與二龔共世」句及良規篇「致令王莽之徒生其姦變」句箋。

〔一一〕易坤：「初六，履霜堅冰至。象曰：『履霜堅冰，陰始凝也，馴致其道，至堅冰也。』……文言曰：『……臣弒其君，子弒其父，非一朝一夕之故，其所由來者漸矣。』」

〔一二〕史記齊太公世家：「（康公）十九年，田常曾孫田和始爲諸侯，遷康公海濱。二十六年，康公卒，吕氏遂絶其祀。田氏卒有齊國，爲齊威王，彊於天下。」又田完世家：「（康公）貸立十四年，淫於酒、婦人，不聽政。太公（和）乃遷康公於海上，食一城，以奉其先祀。……康公之十九年，田和立爲齊侯，列於周室。」

〔一三〕照按：「俯」乃平津本寫刻之誤，當依各本改作「拊」。戰國策燕策三：「樊於期偏袒扼腕而進曰：『此臣日夜切齒拊心也。』」廣雅釋詁三：「拊，擊也。」拊心望夷，指秦二世。上文「趙高之弒秦」句已箋。

〔一四〕左傳襄公二十三年：「（臧武仲）曰：『紇不佞，失守宗祧。』」杜注：「遠祖廟爲祧。」

或人曰：『刑辟之興，蓋存叔世〔一〕。立人之道，唯仁與義〔二〕。我清靜而民自正，我無欲而民自樸〔三〕，烹鮮之戒，不欲其煩〔四〕。寬以愛人則得衆，悦以使人則下附〔五〕。故孟子以體仁爲安〔六〕，揚子雲謂申、韓爲屠宰〔七〕。夫繁策急轡，非造父之御；嚴刑峻罰，非三、五之道〔八〕。故有虞手不指揮，口不煩言，恭己南面，而治化雍熙矣〔九〕。宓生政以率俗，彈琴詠詩，身不下堂，而漁者宵肅矣〔一〇〕。

〔一〕左傳昭公六年：「鄭人鑄刑書，叔向使詒子産書，曰：『始吾有虞於子，今則已矣。昔先王議事以制，不爲刑辟，懼民之有爭心也。……夏有亂政，而作禹刑；商有亂政，而作湯刑；周有亂政，而作九刑。三辟之興，皆叔世也。』」杜注：「言刑書不起於始盛之世。」正義：「辟，罪也。三者斷罪之書，故爲刑書。……服虔云：『政衰爲叔世。』」

〔二〕易說卦：「立人之道，曰仁與義。」

〔三〕老子第五十七章：「故聖人云：『我無爲而民自化，我好靜而民自正，我無事而民自富，我無欲而民自樸。』」王注：「上之所欲，民從之速也。我之所欲唯無欲，而民亦無欲而自樸也。此四者，崇本以息末也。」

〔四〕烹鮮，已見逸民篇「而呂尚無烹鮮之術」句箋。

〔五〕論語堯曰：「寬則得衆。」易兌：「彖曰：『……說以先民，民忘其勞；說以犯難，民忘其死。』」釋文：「（說）音悦。」詩幽風東山序：「君子之於人，序其情而閔其勞，所以說也。說以使民，民忘其死，其唯東山乎？」

〔六〕孟子離婁上：「仁，人之安宅也。」

〔七〕法言問道：「申、韓之術，不仁之至矣！若何牛羊之用人也？」李注：「峻刑戮之術，制民如牛羊，臨之以刀俎，故曰不仁之至也。」史記老子韓非傳：「申不害者，京人也，故鄭之賤臣。學術以干韓昭侯，昭侯用爲相。內脩政教，外應諸侯十五年。終申子之身，國治兵彊，無侵韓者。申子之學本於黃、老而主刑名。……韓非者，韓之諸公子也。喜刑名法術之學，而其歸本於黃、老。……太史公曰：『……申子卑卑，施之於名實；韓子引繩墨，切事情，明是非，其極慘礉少恩。』」又太史公自序：「（司馬談論六家要指）法家嚴而少恩。……法家不別親疏，不殊貴賤，一斷於法，則親親尊尊之恩絕矣。」漢書藝文志諸子略：「法家者流，蓋出於理官，……及刻者爲之，則無教化，去仁愛，專任刑法而欲以致治，至於殘害至親，傷恩薄厚。」

〔八〕文子道原：「夫法刻刑誅者，非帝王之業也；箠策繁用者，非致遠之御也。」（淮南子原道略同）韓詩外傳一：「故急轡銜者，非千里之御也。」（説苑政理同）淮南子繆稱：「故急轡數策者，非千里之御也。」造父，已見君道篇「馬不調造父不能超千里之迹」句箋。三、五，三皇、五帝。已見君道篇「三、五之軌躅」句箋。

〔九〕淮南子原道：「昔舜耕於歷山，朞年，而田者爭處墝埆，以封壤肥饒相讓；釣於河濱，朞年，而漁者爭處湍瀨，以曲隈深潭相予。當此之時，口不設言，手不指麾，執玄德於心，而化馳若神。」高注：「口不設不信之言也。手不指麾，不妄有所規儗也。」恭己南面，已見嘉遯篇「重華所以恭己」句箋。雍熙，已見君道篇「而雍熙之化隆」句箋。

〔一〇〕呂氏春秋察賢：「宓子賤治單父，彈鳴琴，身不下堂，而單父治。巫馬期以星出，以星入，日夜不居，以身親之，而單父亦治。巫馬期問其故於宓子，宓子曰：『我之謂任人，子之謂任力。任力者故勞，任人者故逸。』宓子則君子矣。逸四肢，全耳目，平心氣，而百官以治義矣，任其數而已矣。巫馬期則不然，弊生事精，勞手足，煩教詔，雖治猶未至也。」（又見韓詩外傳二、説苑政理）又具備：「宓子賤治亶父，……三年，巫馬旗短褐衣弊裘，而往觀化於亶父，見夜漁者，得則舍之。巫馬旗問焉，曰：『漁爲得也，今子得而舍之，何也？』對曰：『宓子不欲人之取小魚也。所舍者，小魚也。』巫馬旗歸，告孔子曰：『宓子之德至矣。使民闇行，若有嚴刑於旁。敢問宓子何以至於此？』孔子曰：『丘嘗與之言曰：「誠乎此者刑乎彼，」宓子必行此術於亶父也。』」（又見淮南子道應、家語屈節）

『必能厚惠薄斂，救乏擢滯〔一〕，舉賢任才，勸穡省用〔二〕，招攜以禮，懷遠以德〔三〕，陶之以成均〔四〕，治之以庠序〔五〕。化上而興善者，必若靡草之逐驚風〔六〕；洗心而革面者〔七〕，必若清波之滌輕塵。朝有德讓之羣后，野無犯禮之軌躅〔八〕。圜土可以虛蕪〔九〕，楚革可以永格〔一〇〕，何必賞罰可以爲國乎〔一一〕？』

〔一〕左傳成公十八年：「晉侯悼公即位於朝，始命百官：施舍已責，（杜注：「施恩惠，舍勞役，止逋責。」）……振廢滯，

（杜注：「起舊德。」）匡乏困，救災患，（杜注：「匡，亦救也。」）……薄賦斂。」

〔二〕左傳僖公二十一年：「臧文仲曰：『……貶食省用，務穡勸分。』」杜注：「穡，儉也。勸分，有無相濟。」

〔三〕招攜、懷遠，已見君道篇「修文以招攜」句箋。

〔四〕周禮春官大司樂：「掌成均之灋，以治建國之學政，而合國之子弟焉。」鄭注：「玄謂：董仲舒云：『成均，五帝之學。』」禮記文王世子：「於成均，以及取爵於上尊也。」鄭注：「董仲舒曰：『五帝名大學曰成均。』則虞庠近是也。」正義：「董仲舒爲春秋繁露云：『成均爲五帝之學。』（照按：今本繁露無此語，蓋佚文也。）虞庠是舜學，則成均五帝學也。」

〔五〕照按：「治」，疑當作「冶」。漢書董仲舒傳：「仲舒對曰：『……臣聞命者天之令也，性者生之質也，情者人之欲也。或夭或壽，或仁或鄙，陶冶而成之，不能粹美。』」顔注：「陶以喻造瓦，冶以喻鑄金也。言天之生人有似於此也。」

庠序，已見勗學篇「興辟雍之庠序」句箋。

〔六〕文子上禮：「其於化民，若風之靡草。」新語無爲：「故上之化下，猶風之靡草也。」（鹽鐵論疾貪、說苑貴德同）說苑君道：「夫上之化下，猶風靡草。東風，則草靡而西；西風，則草靡而東。在風所由，而草爲之靡。」說文非部：「靡，披靡也。」

〔七〕後漢書隗囂傳：「（上疏）如遂蒙恩，更得洗心。」三國志魏書武帝紀：「天子（獻帝）使御史大夫郗慮持節策命公爲魏公曰：『……君翼宣風化，爰發四方，遠人革面，華夏充實。』」

〔八〕軌躅，已見嘉遯篇「絕軌躅於金、張之閭」句箋。

〔九〕周禮秋官大司寇：「以圜土聚教罷民。」鄭注：「圜土，獄城也。聚罷民其中，困苦以教之爲善也。民不愍作勞，有似於罷。」釋文：「罷，音皮。」釋名釋宮室：「獄，确也，實确人之情僞也。又謂之牢，言所在堅牢也。又謂之圜土，言築土表牆，其形圜也。」

〔一〇〕書舜典：「鞭作官刑，扑作教刑。」孔傳：「以鞭爲治官事之刑。扑，榎、楚也。不勤道業則撻之。」禮記學記：「夏、楚二物，收其威也。」鄭注：「夏，稻也。楚，荆也。二者所以扑撻犯禮者。」後漢書陳寵傳：「（上疏）宜隆先王之道，蕩滌煩苛之法，輕薄箠楚，以濟羣生。」又史弼傳：「生乃說以它事謁弼，而因達（侯）覽書。弼大怒曰：『太守忝荷重任，當選士報國，爾何人而僞詐無狀！』命左右引出，楚捶數百。」說文革部部首：「獸皮治去其毛曰革。」（依段校）又：「鞭，毆也。从革，便聲。」段注：「『毆』，各本作『驅』，淺人改也。今正。『毆』上仍當有『所以』二字。尚書『鞭作官刑』，周禮（秋官）條狼氏『掌執鞭而趨辟。凡誓，執鞭以趨於前，且命之』，……左傳（莊公八年）『誅屨於徒人費，弗得，鞭之見血』，又（襄公十四年）『公怒，鞭師曹三百』，皆謂鞭所以毆人之物。以之毆人亦曰鞭。經典之鞭皆施於人，……蓋馬箠曰策，所以擊馬曰箠。……擊馬之箠用竹，毆人之鞭用革，故其字亦从竹、从革不同。」漢書刑法志：「薄刑用鞭扑。」是此文之楚革，卽尚書、漢志所謂之鞭扑也。小爾雅廣詁：「格，止也。」

〔一一〕照按：此句語意欠明，「可」上似脱一字。論語里仁：「子曰：『能以禮讓爲國乎？何有？』」邢疏：「爲，猶治也。」

抱朴子荅曰：「易稱『明罰敕法』〔一〕，書有『哀矜折獄』〔二〕。爵人於朝，刑人於市，有自來矣〔三〕，豈從叔世〔四〕？多仁則法不立，威寡則下侵上〔五〕。夫法不立，則庶事汩矣；下侵上，則逆節明矣〔六〕。至醇既澆於三代，大樸又散於秦、漢〔七〕，道衰於疇昔，俗薄乎當今，而欲結繩以整姦欺〔八〕，不言以化狡猾〔九〕，委轡策而乘奔馬於險塗〔一〇〕，舍柁櫓而汎虚舟以淩波，意林作於江海盤旋以逐走盜，揖讓以救災火〔一一〕，斬晁錯以却七國〔一二〕，舞干戈以平赤眉〔一三〕，未見其可也。

〔一〕明罰敕法，已見君道篇「則明罰勑法」句箋。

〔二〕哀矜折獄，已見君道篇「哀敬折獄」句箋。

〔三〕禮記王制：「爵人於朝，與士共之；刑人於市，與衆弃之。」正義：「此云爵人於朝，謂殷法也。……刑人於市，與衆棄之者，亦謂殷法。謂貴賤皆刑於市。周則有爵者，刑於甸師氏也。」（見周禮天官甸師）

〔四〕徐濟忠曰：「『從』，疑『徒』。」照按：此爲反詰上文或人「刑辟之興，蓋存叔世」之辭，徐說是也。慎本、舊寫本、崇文本正作「徒」，當據改。

〔五〕照按：「多仁」，當乙作「仁多」，與下句之「威寡」相儷。韓非子內儲說上：「愛多者則法不立，威寡者則下侵上。」

〔六〕陳澧曰：「『明』，疑當作『萌』。」照按：陳說是。藏本、魯藩本、吉藩本、慎本、盧本、舊寫本、柏筠堂本、文溯本、叢書本、崇文本並作萌。平津本作「明」，乃寫刻之誤。國語越語下：「范蠡對曰：『逆節萌生，天地未形而先爲之征。』」韋注：「害殺忠正，逆節萌兆也。」管子勢：「逆節萌生。」漢書主父偃傳：「偃說上（武帝）曰：『……今以法割削，則逆節萌起，前日朝錯是也。』」顏注：「萌謂事之始生，如草木之萌芽也。」

〔七〕莊子繕性：「德又下衰，及唐、虞，始爲天下，興治化之流，澆淳散朴。」釋文：「澆，古堯反，本亦作澆。淳，本亦作醇，音純。」文子上禮：「施及周室，澆醇散樸。」又：「末世之爲治，不積於養生之具，澆天下之醇，散天下之樸。」淮南子俶真：「施及周室之衰，澆淳散樸。」高注：「施，讀難易之易也。」漢書刑法志：「禹承堯、舜之後，自以德衰而制肉刑，湯、武順而行之者，以俗薄於唐、虞故也。今漢承衰周暴秦極敝之流俗，已薄於三代，而行堯、舜之刑，是猶以鞿而御駻突，違救時之宜矣。」

〔八〕易繫辭下：「上古結繩而治，後世聖人易之以書契。」正義：「結繩者，鄭康成注云：『事大大結其繩，事小小結其繩。』義或然也。」老子第八十章：「小國寡民，使有什伯之器而不用。……雖有舟轝，無所乘之；雖有甲兵，無所陳之。使民復結繩而用之。」河上公注：「去文反質，信無欺也。」莊子胠篋：「昔者容成氏、大庭氏、……伏羲氏、神農氏，當是時也，民結繩而用之。」郭注：「足以紀要而已。」

〔九〕老子第二章：「是以聖人處無爲之事，行不言之教。」莊子知北遊：「夫知者不言，言者不知，故聖人行不言之教。」文子精誠：「聖人在上，懷道而不言，澤及萬民。（又見淮南子覽冥）故不言之教，芒乎大哉！」淮南子主術：「人主之術，處無爲之事，而行不言之教。」高注：「教，令也。謂不言而事辦也。」

〔一〇〕韓非子五蠹：「夫古今異俗，新故異備，如欲以寬緩之政，治急世之民，猶無轡策而御駻馬，此不知之患也。」淮南子氾論：「今世德益衰，民俗益薄，欲以樸重之法，治既弊之民，是猶無鏑銜（橜）策錣而御馯馬也。」高注：「鏑銜，口中央鐵，大如雞子中黄，所制馬口也。錣，揣（當作椯。說文木部：『椯，箠也。』）頭箴也。馯馬，突馬也。」

〔一一〕鹽鐵論大論：「今欲以敦朴之時，治抏弊之民，是猶遷延而拯溺，揖讓而救火也。」

〔一二〕斬鼂錯，已見君道篇「孝景之誅錯」句及時難篇「進安上之計者，旋受危身之禍」二句箋。

〔一三〕照按：此句有誤字。韓非子五蠹：「當舜之時，有苗不服，禹將伐之。舜曰：『不可。上德不厚而行武，非道也。』乃修教三年，執干戚舞，有苗乃服。」淮南子齊俗：「故當舜之時，有苗不服，於是舜修政偃兵，執干戚而舞之。」又氾論：「舜執干戚而服有苗。」高注：「舜時，有苗叛，舜執干戚而舞於兩階之間，有苗服從之，以德化懷來也。」鹽鐵論繇役：「舜執干戚而有苗服。」文選檄蜀文：「故虞舜舞干戚而服有苗。」抱朴此文卽用舜舞干戚（書僞大禹謨作「舞干羽」）事，則「戈」當作「戚」矣。後漢書崔寔傳：「（政論）故聖人能與世推移，而俗士苦不知變，以爲結繩之約，可復理亂秦之緒，干戚之舞，足以解平城之圍。」李注：「干，盾也。戚，鉞也。……言干戚之舞，非平城之所用也。」金樓子雜記上：「干戚之舞，不可解聊城之圍。」亦可證「戈」爲「戚」之誤。禮記樂記：「比音而樂之，及干、戚、羽、旄謂之樂。」鄭注：「干，盾也。戚，斧也。武舞所執也。」正義：「武舞之樂，執此盾與斧也。」東觀漢記載記赤眉：「琅邪人樊崇字細君，起兵於莒，東莞人逄安字少子，東海臨沂人徐宣字驕穉，謝祿字子奇及楊音，各起兵數萬人。崇欲與王莽戰，恐其衆與莽兵亂，乃皆朱其眉以相識別，由是號曰赤眉。」後漢書劉盆子傳：「琅邪人樊崇起兵於莒，衆百餘人，轉入太山，自號三老。時青、徐大飢，寇賊蜂起，衆盜以崇勇猛，皆附之，一歲間至萬餘人。崇同郡人逄安，東海人徐宣、謝祿、楊音，各起兵，合數萬人，復引從崇。……王莽遣平均公廉丹、太師王匡擊之。崇等欲戰，恐其衆與莽兵亂，乃皆朱其眉以相識別，由是號曰赤眉。」

「蓋三皇步而五常驟，霸、王以來，載馳載騖〔一〕。當其弊也，吏欺民巧，寇盜公行〔二〕，髡鉗不足以懲無恥〔三〕，族誅不能以禁覬覦〔四〕。重目以廣視，累耳以遠聽〔五〕，抗燭以理滯事〔六〕，焦心以息姦源〔七〕，而猶市朝有呼嗟之音〔八〕，邊鄙有不聞之枉。

〔一〕照按：「常」，藏本、魯藩本、吉藩本、慎本、盧本、舊寫本、柏筠堂本、文溯本、叢書本、崇文本作「帝」。平津本作「常」誤，當據改。孝經鉤命決：「三皇步，五帝驟，三王馳，五霸騖。」（白虎通德論號、（「驟」作「趨」）後漢書曹褒傳李注、太平御覽七六引）宋均注：「步謂德隆道用，日月爲步。時事彌順，日月亦驟。勤思不已，日月乃馳。」（後漢書曹褒傳李注引）陳立白虎通疏證二：「蓋謂世愈降，德愈卑，政愈促也。」

〔二〕左傳襄公三十一年：「盜賊公行，而天厲不戒。」

〔三〕史記季布傳：「（周氏）迺髡鉗季布，衣褐衣，置廣柳車中。」漢書高帝紀下：「（九年）郎中田叔、孟舒等十人自髡鉗爲（趙）王家奴，從王就獄。」顔注：「鉗，以鐵束頸也。」又刑法志：「至乎穿窬之盜，忿怒傷人，男女淫佚，吏爲姦臧，若此之惡，髡鉗之罰，又不足以懲也。故刑者歲十萬數，民既不畏，又曾不恥，刑輕之所生也。」説文髟部：「髡，鬄（俗作剔）髮也。」

〔四〕漢書項籍傳：「梁掩其口曰：『無妄言，族矣！』」顔注：「凡言族者，謂族誅之。」又高帝紀：「（九年）貫高等謀逆發覺，逮捕高等，并捕趙王敖下獄。詔敢有隨王，罪三族。」顔注：「張晏曰：『父母、兄弟、妻子也。』如淳曰：『父族、母族、妻族也。』師古曰：『如説是也。』」覬覦，已見逸民篇「杜婉妾之覬覦」句箋。

〔五〕重目廣視，累耳遠聽，已見欽士篇「終亦并目以遠其明，假耳以廣其聰」二句箋。

〔六〕韓非子外儲説左上：「郢人有遺燕相國書者，夜書，火不明，因謂持燭者曰：『舉燭。』云而過書舉燭。舉燭非書意也，燕相受書而説之，曰：『舉燭者，尚明也；尚明也者，舉賢而任之。』燕相白王，王大説，國以治。治則治矣，非書意也。」

〔七〕漢書路温舒傳：「（上書）大臣憂戚，焦心合謀。」

〔八〕後漢書魯恭傳：「恭議奏曰：『……一夫吁嗟，王道爲虧，況於衆乎？』」又鮑昱傳：「（昱）對曰：『……又諸徙者骨肉離分，孤魂不祀。一人呼嗟，王政爲虧。』」又仲長統傳：「（昌言損益篇）徭役並起，農桑失業，兆民呼嗟於昊天，貧窮轉死於溝壑矣。」又袁紹傳：「乃先宣檄曰：『……是以兗、豫有無聊之人，帝都有呼嗟之怨。』」（「呼嗟」，文選陳琳爲袁紹檄豫州作「吁嗟」。李注：「家語孔子曰：『今人之言惡者，比之於桀、紂，民怨其虐，莫不吁嗟。』」〔今家語無此文〕）三國志吴書步騭傳：「（上疏）……今之小臣，動與古異，獄以賄成，輕忽人命，……夫一人吁嗟，王道爲虧，甚可仇疾。」潛夫論救邊：「一人吁嗟，王道爲虧，況百萬之衆，叫號哭泣，感天心乎？」又邊議：「一人吁嗟，王道爲虧，況滅没之民百萬乎？」

『作威作福者，或發乎瞻視之下；凶家害國者〔一〕，或搆乎蕭牆之內〔二〕。而欲以太昊之道〔三〕，治偷薄之俗；以畫一之歌〔四〕，救鼎沸之亂，非識因革之隨時，明損益之變通也。所謂刻舟以摸遺劍〔五〕，參天而射五步〔六〕，擐犀兕之甲〔七〕，以涉不測之淵；衫却寒之裘〔八〕，以禦鬱隆之暑〔九〕，踵之解結〔一〇〕，頤之搔背〔一一〕，其爲憒憒〔一二〕，藏本作憒憒，從舊寫本改。莫此之劇矣。

〔一〕作威作福、凶家害國，已見君道篇「獨任則悟鹿馬之作威」句箋。

〔二〕論語季氏：「孔子曰：『……今由與求也，相夫子，遠人不服而不能來也；邦分崩離析而不能守也。而謀動干戈於邦內。吾恐季孫之憂，不在顓臾，而在蕭牆之內也。』」集解引鄭玄曰：「蕭之言肅也。牆謂屏也。君臣相見之禮，至屏而加肅敬焉，是以謂之蕭牆。」釋名釋宮室：「蕭廧在門內。蕭，肅也。將入於此，自肅敬之處也。」（廧與牆同，見玉篇嗇部「廧」字注。）

〔三〕太昊，即伏羲。太昊之道，已見本篇上文「遠羨羲、農之風，則亂不可振」二句箋。

〔四〕史記曹相國世家：「參爲漢相國，出入三年。卒，……百姓歌之曰：『蕭何爲法，顜若畫一；曹參代之，守而勿失。載其清淨，民以寧一。』」集解：「徐廣曰：『顜音古項反，一音較。』」索隱：「顜，漢書作『講』，故文穎云：『講，一作「較」。』按：訓直，又訓明，言法明直若畫一也。……小顏云：『講，和也。畫一，言其法整齊也。』」

〔五〕吕氏春秋察今：「楚人有涉江者，其劍自舟中墜於水，遽契其舟曰：『是吾劍之所從墜。』舟止，從其所契者入水求之，舟已行矣，而劍不行。求劍若此，不亦惑乎！以此故法爲其國，與此同。」高注：「遽，疾也。疾刻舟識之於此下墜劍者也。」淮南子說林：「以一世之度制治天下，譬猶客之乘舟，中流遺其劍，遽契其舟桅。暮薄而求之。其不知物類，亦甚矣。」高注：「契，刻也。」

〔六〕淮南子說山：「越人學遠射，參天而發，適在五步之內，不易儀也。世已變矣，而守其故，譬猶越人之射也。」高注：「越人習水便舟，而不知射，射遠反直仰向天而發，矢勢盡而還，故近在五步之內。參，猶望也。儀，射法。言不曉射，故不知易去參天之法也。」說苑雜言：「愚人有學遠射者，參天而發，已射五步之內，又復參天而發。世以易矣，不更其儀，譬如愚人之學遠射。」

〔七〕玉篇手部：「擐，帶也。」（廣韻三十諫：「擐，擐帶。」）集韻三十諫擐下云：「亦作貫。」左傳成公二年：「擐甲執兵。」杜注：「擐，貫也。」（國語吴語「乃令服兵擐甲」韋注同。）是擐甲與擐甲名異而實同，即被甲也。楚辭九歌國殤：「操吴戈兮被犀甲。」王注：「甲，鎧也。」（後博喻篇亦有「擐甲纓冑非廟堂之飾」語。）

〔八〕論語鄉黨：「當暑，袗絺綌。」集解引孔安國曰：「暑則單服。絺綌，葛也。」邢疏：「袗，單也。精曰絺，麤曰綌。」劉寶楠正義：「當暑者，謂當暑時也。……單謂衣無裏，對袷褶之有裏者言之也。單衣葛者，以葛爲絺綌，用爲單衣也。」

〔九〕詩大雅雲漢：「旱既大甚，蘊隆蟲蟲。」毛傳：「蘊蘊而暑，隆隆而雷，蟲蟲而熱。」鄭箋：「隆隆而雷，非雨雷也，雷聲尚殷殷然。」釋文：「蘊，韓詩作鬱。」馬瑞辰毛詩傳箋通釋：「爾雅釋言：『鬱，氣也。』李巡曰：『鬱，盛氣也。』荀子富國篇『使夏不宛暍』楊注：『宛，讀爲鬱，暑氣也。』……蘊隆，謂暑氣鬱積而隆盛也。」

〔一〇〕纏子：「董子曰：『子信鬼神，何異以踵解結，終無益也。』纏子不能應。」（意林一引）玉篇足部：「踵，足後曰踵。」

〔一〕方言十：「頤，頷也。」漢書東方朔傳：「擢項頤。」顏注：「頤，頷下也。」又枚乘傳：「足可搔而絶。」顏注：「搔，謂抓也。」

〔三〕孫星衍曰：「(『憒憒』)藏本作『憤憤』，從舊寫本改。」照按：徐濟忠已疑「憤憤」爲「憒憒」之誤，孫改是也。莊子大宗師：「彼又惡能憒憒然爲世俗之禮，以觀衆人之耳目哉！」釋文：「憒，說文(心部)、蒼頡篇並云『亂也。』」成疏：「憒憒，心亂也。」三國志蜀書蔣琬傳：「又督農楊敏曾毁琬曰：『作事憒憒，誠非及前人。』……琬曰：『苟其不如，則事不當理，事不當理，則憒憒矣。』」(抱朴此文之憒憒與蔣琬傳之憒憒，皆如今之所謂糊塗也。)

『但當先令而後誅，得情而勿喜〔一〕，使伯氏無怨於失邑〔二〕，虞、芮知恥而無訟耳〔三〕。若强暴掩容，操繩而不憚〔四〕，誘於含垢〔五〕，草蔓而不除〔六〕，恃藏疾之大言〔七〕，忘膏肓之近急〔八〕，何異焦喉之渴切身，而遥指滄海於萬里之外〔九〕，滔天之水已及〔一〇〕，而方造舟於長洲之林〔一一〕，安得免夸父之禍〔一二〕，脱淪水之害哉！

〔一〕論語子張：「孟氏使陽膚爲士師，問於曾子。曾子曰：『上失其道，民散久矣。如得其情，則哀矜而勿喜。』」集解：「包(咸)曰：『陽膚，曾子弟子。士師，典獄之官。』馬(融)曰：『民之離散，爲輕漂犯法，乃上之所爲，非民之過。當哀矜之，勿自喜能得其情。』」鹽鐵論後刑：「曾子曰：『上失其道，民散久矣。如得其情，即哀矜而勿喜。』夫不傷民之不治，而伐己之能得姦，猶弋者覩鳥獸挂罻羅而喜也。」

〔二〕伯氏失邑，已見君道篇「其奪之也有百氏之拚」句箋。

〔三〕尚書大傳：「虞人與芮人質其成於文王。入文王之境，則見其人萌讓爲士大夫；入其國，則見士大夫讓爲公卿。二國相謂曰：『此其君亦讓以天下而不居也。』讓其所爭，以爲閒田。」(文選西征賦李注引)詩大雅緜毛傳：「虞、芮之君，相與爭田，久而不平。乃相謂曰：『西伯仁人也，盍往質焉。』乃相與朝周。入其境，則耕者讓畔，行者讓路，入其邑，男女異路，斑白不提挈，入其朝，士讓爲大夫，大夫讓爲卿。二國之君，感而相謂曰：『我等小人，不可以履君子之庭。』乃相讓以其所爭爲閒田而退。天下聞之而歸者，四十餘國。」史記周紀：「西伯陰行善，諸侯皆來決平。於是虞、芮之人有獄不能決，乃如周。入界，耕者皆讓畔，民俗皆讓長。虞、芮之人未見西伯，皆慚，相謂曰：『吾所爭，周人所恥，何往爲，祇取辱耳。』遂還，俱讓而去。諸侯聞之，曰：『西伯蓋受命之君。』」（説苑君道、家語好生小異）

〔四〕陳澧曰：「『强暴』二句，似有脱誤。」照按：此二句似無脱落，僅「憚」爲「彈」之形誤。操繩而不彈，謂對强暴掩容者未繩之以法也。

〔五〕左傳宣公十五年：「伯宗曰：『……諺曰：「高下在心，川澤納汙，山藪藏疾，瑾瑜匿瑕，國君含垢。」天之道也。』」杜注：「（藏疾）山之有林藪，毒害者居之。（含垢）忍垢恥。晉侯恥不救宋，故伯宗爲説小惡不損大德之喻。」

〔六〕左傳隱公元年：「（祭仲）對曰：『姜氏何厭之有！無使滋蔓。蔓，難圖也。蔓草猶不可除，況君之寵弟乎！』」正義：「此以草喻也，草之滋長引蔓，則難可芟除。喻段之威勢稍大，難可圖謀也。」

〔七〕藏疾，已見上文「誘於含垢」句箋。

〔八〕膏肓，已見貴賢篇「二豎之疾既據而募良醫」句箋。

〔九〕十洲記：「滄海島在北海中，……水皆蒼色，仙人謂之滄海也。」

〔一〇〕書堯典：「帝曰：『咨，四岳！湯湯洪水方割，蕩蕩懷山襄陵，浩浩滔天。』」孔傳：「湯湯，流貌。洪，大。割，害也。言大水方爲害。蕩蕩，言水奔突，有所滌除。懷，包。襄，上也。包山上陵，浩浩盛大若漫天。」正義：「天者無上，之物，漫者加陵之辭，甚其盛大，故云若漫天也。」

〔一一〕十洲記：「長洲……上饒山川及多大樹，樹乃有二千圍者。一洲之上，專是林木，故一名青丘。」

〔一二〕山海經海外北經：「夸父與日逐走，入日，渴欲得飲，飲於河、渭。河、渭不足，北飲大澤。未至，道渴而死。」（又見列子湯問）

「世人薄申、韓之實事〔一〕，嘉老、莊之誕談〔二〕。然而爲政莫能錯刑〔三〕，殺人者原其死，傷人者赦其罪〔四〕，所謂土柈瓦胾，無救朝飢者也〔五〕。道家之言，高則高矣，用之則弊，遼落迂闊，譬猶干將不可以縫線〔六〕，巨象不可使捕鼠，金舟不能淩陽侯之波〔七〕，玉馬不任騁千里之迹也。

〔一〕申、韓，已見本篇上文「揚子雲謂申、韓爲屠宰」句箋。

〔二〕老、莊誕談，指何晏、王衍以來蔚然成風之清談。

〔三〕荀子宥坐：「是以威厲而不試，刑錯而不用。」楊注：「錯，置也。如置物於地不動也。」史記周紀：「故成、康之際，天下安寧，刑錯四十餘年不用。」集解引應劭曰：「錯，置也。民不犯法，無所置刑。」錯讀爲措。

〔四〕荀子正論：「殺人者死，傷人者刑，是百王之所同也。」

〔五〕韓非子外儲說左上：「夫嬰兒相與戲也，以塵爲飯，以塗爲羹，以木爲胾，然至日晚必歸饟者，塵飯塗羹可以戲而不可食也。夫稱上古之傳頌，辯而不慤，道先王仁義而不能正國者，此亦可以戲而不可以爲治也。」柈，同槃。見玉篇木部「槃」字下。（槃之籀文作盤。見說文木部「槃」字下。）西京雜記四：「元理曰：『俎上蒸豘一頭，廚中荔枝一枰，皆可爲設。」」說文肉部：「胾，大臠也。」段注：「切肉之大者也。」史記絳侯世家：「景帝居禁中，召條侯，賜食。獨置大胾，無切肉，又不置櫡。」集解引韋昭曰：「胾，大臠也。音側吏反。」索隱：「謂肉臠也。」

〔六〕照按：以務正篇「然劍戟不長於縫緝」，備闕篇「縫緝則長劍不及數寸之針」例之，則此「縫線」當作「縫緝」。（文心雕龍附會篇「裁衣之待縫緝矣」，亦以「縫緝」爲言。）說苑雜言：「干將、鏌鋣，拂鍾不錚，試物不知，揚刃離金，斬羽契鐵斧，此至利也，然以之補屩，曾不如兩錢之錐。」東方朔傳：「驃騎難諸博士，東方朔對曰：『干將、莫耶，天下之利劍也，水斷鵠雁，陸斷馬牛，將以補屩，曾不如一錢之錐。』」（藝文類聚九三引「傳」上似當有「別」字。）

〔七〕戰國策韓策二：「謂公叔曰：『乘舟舟漏而弗塞，則舟沈矣；塞漏舟而輕陽侯之波，則舟覆矣。』」淮南子覽冥：「武王伐紂，渡於孟津，陽侯之波，逆流而擊。」高注：「陽侯，陵陽國侯也。（說山篇注作陽陵國侯）其國近水，休（說文水部：「休，没也。从水、人。讀與溺同。」）水而死，其神能爲大波，有所傷害，因謂之陽侯之波。」楚辭九章哀郢：「淩陽侯之氾濫兮。」王注：「陽侯，大波之神。」漢書揚雄傳上：「（反離騷）陵陽侯之素波兮。」顏注引應劭曰：「陽侯，古之諸侯也。有罪自投江，其神爲大波。」（金樓子立言上：「譬金舟不能淩陽侯之波。」即襲抱朴此文。）

「若行其言，則當燔桎梏，墮囹圄〔一〕，罷有司，滅刑書，鑄干戈〔二〕，平城池，散府庫，毀符節〔三〕，撤關梁，掊衡量〔四〕，膠離朱之目，塞子野之耳〔五〕。汎然不繫〔六〕，反乎天牧〔七〕；舊寫本作放不訓不營，相忘江湖〔八〕。朝廷闃爾若無人〔九〕，民則至死不往來〔一〇〕。可得而論，難得而行也。

〔一〕左傳僖公三十三年：「墮軍實而長寇讎。」杜注：「墮，毀也。」釋文：「墮，許規反。」釋名釋宮室：「（獄）又謂之囹圄。

圄，領也。圉，御也。領録囚徒，禁御之也。」

〔二〕說文金部：「鑄，銷也。」鑄干戈，謂銷毀兵器。

〔三〕周禮地官掌節：「門、關用符節。」莊子胠篋：「焚符破璽，而民朴鄙。」郭注：「除矯詐之所賴者，則無以行其姦巧。」成疏：「符璽者，表識信也。矯詐之徒，賴而用之。故焚燒毀破，可以反樸還淳，而歸鄙野矣。」

〔四〕莊子胠篋：「掊斗折衡，而民不争。」郭注：「夫小平乃大不平之所用也。」成疏：「斗衡者，所以量多少、稱輕重也。既遭斗竊，翻爲盜資。掊擊破壞，合於古人之智守，故無忿争。」

〔五〕莊子胠篋：「擢亂六律，鑠絶竽瑟，塞瞽曠之耳，而天下始人含其聰矣；滅文章，散五采，膠離朱之目，而天下始人含其明矣。」趙岐孟子離婁上注：「離婁，古之明目者，黄帝時人也。」又：「師曠，晉平公之樂太師也。其聽至聰。」離朱，即離婁。子野，師曠字。（左傳昭公八年「子野之言」杜注：「子野，師曠字。」）

〔六〕莊子列禦寇：「巧者勞而知者憂，无能者无所求，飽食而敖遊，汎若不繫之舟。虚而敖遊者也。」成疏：「唯聖人汎然無係，泊爾忘心，譬彼虚舟，任運逍遥。」鶡冠子世兵：「至得無私，泛泛乎若不繫之舟。」陸注：「任之而已。」史記賈生傳：「（服鳥賦）澹乎若深淵之静，氾乎若不繫之舟。」

〔七〕孫星衍曰：「（『牧』）舊寫本作『放』。」照按：盧本、柏筠堂本、崇文本亦作「放」。莊子馬蹄：「彼民有常性，織而衣，耕而食，是謂同德。一而不黨，命曰天放。」郭注：「放之而自一耳，非黨也。故謂之天放。」成疏：「黨，偏也。命，名也。天，自然也。……若有心治物，則乖彼天然。直置放任，則物皆自足。故名曰天放也。」釋文：「天放，如字。崔（譔）本作『牧』，云：『養也。』」是「牧」「放」二字於此均通。（書吕刑「非爾惟作天牧」之「天牧」，含義與此有異。）

〔八〕莊子大宗師：「泉涸，魚相與處於陸，相呴以濕，相濡以沫，不如相忘於江湖。」（又見天運）郭注：「與其不足而相愛，豈若有餘而相忘。」

〔九〕文子精誠：「夫道者，藏精於內，棲神於心，靜漠恬淡，悅穆胸中，廓然無形，寂然無聲，官府若無事，朝廷若無人。」新語至德：「是以君子之爲治也，塊然若無事，寂然若無聲，官府若無吏。」淮南子泰族：「聖主在上，廓然無形，寂然無聲，官府若無事，朝廷若無人。」易豐：「上六，……闚其户，闃其无人。」釋文：「闃，苦鵙反。字林云：『靜也。』」

〔一〇〕老子第八十章：「甘其食，美其服，安其居，樂其俗，鄰國相望，雞犬之聲相聞，民至老死不相往來。」王注：「無所欲求。」（又見莊子胠篋（文子自然、淮南子齊俗略同））

「俗儒徒聞周以仁興〔一〕，秦以嚴亡〔二〕，而未覺周所以得之不純仁，而秦所以失之不獨嚴也。

〔一〕孟子離婁上：「孟子曰：『三代之得天下也以仁。』」趙注：「三代，夏、商、周。」詩大雅行葦序：「行葦，忠厚也。周家忠厚，仁及草木，故能內睦九族，外尊事黃耇，養老乞言，以成其福祿焉。」

〔二〕新書過秦下：「秦王懷貪鄙之心，行自奮之智，不信功臣，不親士民，廢王道而立私愛，焚文書而酷刑法，先詐力而後仁義，以暴虐爲天下始。……（二世）繁刑嚴誅，吏治刻深。……秦王足己而不問，遂過而不變。二世受之，因而不改，暴虐以重禍。……故秦之盛也，繁法嚴刑而天下震；及其衰也，百姓怨而海內叛矣。故周王序得其道，千餘載不絕。秦本末並失，故不能長。」

「昔周用肉刑，刖足劓鼻〔一〕。盟津之令，後至者斬，畢力賞罰，誓有孥戮〔二〕。考其所爲，未盡仁也。及其叔世，罔法翫文，人主苛虐，號令不出宇宙〔三〕，禮樂征伐，不復由己〔四〕。羣下力競，還爲長蛇〔五〕。伐本塞源，毀冠裂冕〔六〕。或沈之於漢〔七〕，或流之於彘〔八〕。失柄之敗，由於不嚴也。

〔一〕書呂刑：「劓辟疑赦，……剕辟疑赦。」孔傳：「截鼻曰劓刑。刖足曰剕刑。」周禮秋官司刑：「掌五刑之灋，以麗萬民之罪。……劓罪五百，……刖罪五百。」鄭注：「劓，截其鼻也。刖，斷足也。」釋文：「劓，魚器反。刖，音月。」

〔二〕尚書大傳：「唯四月，太子發上祭於畢，下至於孟津之上。乃告於司徒、司馬、司空、諸節：『亢〔允〕才！予無知，以先祖先父之有德之臣左右，小子予受先公，戮力賞罰，以定厥功，明于先祖之遺。』」（太平御覽一四六引）史記周紀：「九年，武王上祭於畢。東觀兵，至於盟津。……武王自稱太子發，言奉文王以伐，不敢自專。乃告司馬、司徒、司空、諸節：『齊栗，信哉！予無知，以先祖有德臣，小子受先功，畢立賞罰，以定其功。』遂興師。師尚父號曰：『總爾衆庶，與爾舟楫，後至者斬。』……武王朝至於商郊牧野，乃誓。……武王曰：『嗟！我有國冢君，司徒、司馬、司空，亞旅、師氏，千夫長、百夫長，……稱爾戈，比爾干，立爾矛，予其誓。』王曰：『……於商郊，不禦克犇，以役西土，勉哉夫子！爾所不勉，其於爾身有戮。』」書甘誓：「予則孥戮汝。」孔傳：「孥，子也。非但止汝身，辱及汝子，言恥累也。」

〔三〕淮南子覽冥：「鳳皇之翔至德也，……而燕雀佼之，以爲不能與之争於宇宙之間。」高注：「宇，屋簷也。宙，棟梁也。易（繫辭下）曰：『上棟下宇。』」抱朴此句之「宇宙」二字，蓋本淮南文意也。（天地及上下四方往古來今之訓，皆與抱朴文意不符。）

〔四〕論語季氏：「孔子曰：『天下有道，則禮樂征伐，自天子出；天下無道，則禮樂征伐，自諸侯出。自諸侯出，蓋十世希不失矣。』」集解引孔安國曰：「周幽王爲犬戎所殺，平王東遷，周始微弱，諸侯自作禮樂，專行征伐。」范甯春秋穀梁傳集解序：「昔周道衰陵，乾綱絶紐，……幽王以暴虐見禍，平王以微弱東遷。征伐不由天子之命，號令出自權臣之門。」

〔五〕左傳定公四年：「申包胥如秦乞師，曰：『吴爲封豕長蛇，以荐食上國。』」杜注：「荐，數也。言吴貪害如蛇豕。」

〔六〕左傳昭公九年：「王（景王）使詹桓伯辭於晉，曰：『……我在伯父，猶衣服之有冠冕，木水之有本原，民人之謀主也。伯父若裂冠毁冕，拔本塞原，專弃謀主，雖戎狄其何有余一人！』」

〔七〕左傳僖公四年：「管仲對曰：『……昭王南征而不復，寡人是問。』」（楚成王）對曰：『……昭王之不復，君其問諸水濱。』」杜注：「昭王，成王之孫，南巡守，涉漢，船壞而溺。周人諱而不赴，諸侯不知其故，故問之。」正義：「舊説皆言：『漢濱之人以膠膠船，故得水而壞，昭王溺焉。』不知本出何書。」竹書紀年下：「（昭王）十六年伐楚，涉漢。……十九年……祭公、辛伯從王伐楚，天大曀，雉兔皆震。喪六師于漢。王陟。」吕氏春秋音初：「周昭王親將征荆，辛餘靡長且多力，爲王右。還反涉漢，梁敗。王及蔡公抎於漢中。」高注：「抎，墜。音曰顛隕之隕。」史記周紀：「昭王南巡狩不返，卒於江上。其卒不赴告，諱之也。」正義：「帝王世紀云：『昭王德衰，南征，濟于漢，船人惡之，以膠船進王。王御船至中流，膠液船解，王及祭公俱没於水中而崩。其右辛游靡長臂且多力，游振得王，（太平御覽八五引「振」作「拯」（「拯得王，謂拯舉王尸。」））周人諱之。』」

〔八〕左傳昭公二十六年：「王子朝使告于諸侯曰：『……至於厲王，王心戾虐，萬民弗忍，居王于彘。』」國語周語上：「厲王虐，國人謗王。邵公告王曰：『民不堪命矣！』王怒，得衛巫，使監謗者，以告則殺之。國人莫敢言，道路以目。王喜，告邵公曰：『吾能弭謗矣，乃不敢言。』邵公曰：『是障之也。防民之口，甚於防川。……夫民慮之於心而宣之於口，成而行之，胡可壅也。若壅其口，其與能幾何？』王不聽。於是國莫敢出言，三年，乃流王於彘。」韋注：「流，放也。彘，晉地。」呂氏春秋適威：「厲王，天子也。有讎而衆，故流於彘。」

『秦之初興，官人得才：衛鞅、由余之徒，式法於內〔一〕；白起、王翦之倫，攻取於外〔二〕。兼弱攻昧〔三〕，取威定霸〔四〕，吞噬四鄰，咀嚼羣雄，拓地攘戎，龍變虎視〔五〕，實賴明賞必罰〔六〕，以基帝業。降及杪季，驕於得意，窮奢極泰。加之以威虐，築城萬里〔七〕，離宮千餘，鍾鼓女樂，不徙而具〔八〕。驪山之役〔九〕，太半之賦，閭左之戍〔一〇〕，坑儒之酷〔一一〕，北擊獫原注：「虛檢切」狁，南征百越〔一二〕，暴兵百萬，動數十年。天下有生離之哀〔一三〕，家户懷怨曠之歎〔一四〕。白骨成山，虛祭布野〔一五〕。徐福出而重號咷之讎〔一六〕，趙高入而屯豺狼之黨〔一七〕。天下欲反，十室九空〔一八〕。其所以亡，豈由嚴刑？此爲秦以嚴得之，非以嚴失之也。

〔一〕新書過秦上：「秦孝公據崤、函之固，擁雍州之地，君臣固守以窺周室。有席卷天下，包舉宇內，囊括四海之意，并吞八荒之心。當是時也，商君佐之，內立法度，務耕織，修守戰之具，外連衡而鬭諸侯，於是秦人拱手而取西河之外。」新序佚文：「秦孝公保崤、函之固，以廣雍州之地，東并河西，北收上郡，國富兵彊，長雄諸侯，周室歸籍，四方來賀，爲戰國霸君。秦遂以彊，六世而并諸侯。亦皆商君之謀也。」（史記商君傳集解引）由余，已見欽士篇「由余在戎，而秦穆惟憂」二句箋。爾雅釋言：「式，用也。」

〔二〕白起，已見嘉遯篇「白起所以秉義而刎頸也」句及逸民篇「不可以爲不及於韓、白矣」句箋。史記王翦傳：「王翦者，頻陽東鄉人也。少而好兵，事秦始皇。始皇十一年，翦將攻趙閼與，破之，拔九城。十八年，翦將攻趙。歲餘，遂拔趙，趙王降，盡定趙地爲郡。明年，燕使荊軻爲賊於秦，秦王使王翦攻燕。燕王喜走遼東，翦遂定燕、薊而還。……(翦)大破荊軍，至蘄南，殺其將軍項燕，荊兵遂敗走。秦因乘勝略定荊地城邑。歲餘，虜荊王負芻，竟平荊地爲郡縣。因南征百越之君。……太史公曰：『……白起料敵合變，出奇無窮，聲震天下。……王翦爲秦將，夷六國。當是時，翦爲宿將，始皇師之。』」漢書刑法志：「若秦因四世之勝，據河山之阻，任用白起、王翦豺狼之徒，奮其爪牙，禽獵六國，以并天下。」

〔三〕左傳宣公十二年：「隨武子曰：『……兼弱攻昧，武之善經也。子姑整軍而經武乎？猶有弱而昧者，何必楚？仲虺有言曰：「取亂侮亡。」兼弱也。』」杜注：「昧，昏亂。經，法也。仲虺，湯左相。」又襄公十四年：「(中行獻子)對曰：『……仲虺有言曰：「亡者侮之，亂者取之，推亡固存，國之道也。」君其定衞以待時乎？』」杜注：「待其昏亂之時乃伐之。」(書僞仲虺之誥「兼弱攻昧，取亂侮亡，推亡固存，邦乃其昌」四語，卽襲自左傳。)

〔四〕左傳僖公二十七年：「先軫曰：『報施救患，取威定霸，於是乎在矣。』」

〔五〕韓詩外傳九：「昔者范蠡行遊，與齊屠地居，奄忽龍變，仁義沈浮。」淮南子人間：「所以貴聖人者，以其能龍變也。」易頤：「六四，顛頤吉。虎視眈眈，其欲逐逐。」釋文引馬融云：「(眈眈)虎下視貌。」後漢書班彪傳上：「(班固西都賦)周以龍興，秦以虎視。」李注：「龍興虎視，喻盛彊也。」

〔六〕六韜文韜賞罰：「凡用賞者貴信，用罰者貴必。」

〔七〕新書過秦上：「(始皇)乃使蒙恬北築長城而守藩籬，却匈奴七百餘里。」史記蒙恬傳：「秦已并天下，乃使蒙恬將三十萬衆北逐戎、狄，收河南。築長城，因地形，用制險塞，起臨洮，至遼東，延袤萬餘里。」淮南子人間：「秦皇挾錄圖，見其傳曰：『亡秦者，胡也。』因發卒五十萬，使蒙公、楊翁子將築修城，西屬流沙，北擊遼水。」許注：「蒙公，蒙恬也。楊翁子，秦將。（史記始皇紀有楊端和，未審即楊翁子否？）起隴西臨洮縣。遼水，遼東。」

〔八〕史記秦始皇紀：「（三十五年）關中計宮三百，關外四百餘。……乃令咸陽之旁二百里內宮觀二百七十復道甬道相連，帷帳鍾鼓美人充之，各案署不移徙。」漢書賈山傳：「（至言）秦非徒如此也，起咸陽而西至雍，離宮三百，鍾鼓帷帳，不移而具。」説苑反質：「（秦始皇）又興驪山之役，錮三泉之底。關中離宮三百所，關外四百所，皆有鍾磬帷帳，婦女倡優。」

〔九〕史記秦始皇紀：「太子胡亥襲位，爲二世皇帝。九月，葬始皇酈山。始皇初即位，穿治酈山，及并天下，天下徒送詣七十餘萬人，穿三泉，下銅而致椁，宮觀百官奇器珍怪徙臧滿之。令匠作機弩矢，有所穿近者輒射之。以水銀爲百川江河大海，機相灌輸，上具天文，下具地理。以人魚膏爲燭，度不滅者久之。」漢書賈山傳：「（至言）死葬乎驪山，吏徒數十萬人，曠日十年。下徹三泉，合采金石，冶銅錮其內，桼塗其外，被以珠玉，飾以翡翠，中成觀游，上成山林。爲葬薶之侈至於此，使其後世曾不得蓬顆蔽冢而託葬焉。」

〔一〇〕淮南子兵略：「二世皇帝……不顧百姓之飢寒窮匱也，興萬乘之駕，而作阿房之宮，發閭左之戍，收太半之賦。」許注：「秦皆發閭左民，未及發而秦亡也。貲民之三而稅二。」史記陳涉世家：「二世元年七月，發閭左適戍漁陽。」索隱：「閭左，謂居閭里之左也。秦時復除者居閭左。今力役凡在閭左者盡發之也。戍者，屯兵而守也。」又淮南子王安傳：「（伍）被曰：『往者秦爲無道，殘賊天下，興萬乘之駕，作阿房之宮，收太半之賦，發閭左之戍。』」漢書食貨志上：「至於始皇，遂并天下，內興功作，外攘夷狄，收泰半之賦，發閭左之戍。」顏注：「師古曰：『泰半，三分取其二。』應劭曰：『秦時以適發之，名適戍。先發吏有過及贅壻、賈人，後以嘗有市籍者發，又後以大父母、父母嘗有市籍者。戍者曹輩盡，復入閭，取其左發之，未及取右而秦亡。』」

【一】史記秦始皇紀：「（三十五年）始皇聞亡，乃大怒曰：『吾前收天下不中用者盡去之。……盧生等吾尊賜之甚厚，今乃誹謗我，以重吾不德也。諸生在咸陽者，吾使人廉問，或爲訞言以亂黔首。』於是使御史悉案問諸生，諸生傳相告引，乃自除犯禁者四百六十餘人（文選西征賦李注引作四百六十四人），皆阬之咸陽。」論衡語增：「諸生在咸陽者，多爲妖言，始皇使御史問諸生，諸生傳相告引者，自除犯禁者四百六十七人，皆坑之。」帝王世紀：「（始皇帝）焚詩書百家之言，坑儒士四百六十人。」（初學記九引）衛宏詔定古文官書序：「秦既焚書，患苦天下不從所改更法，而諸生到者拜爲郎，前後七百人。乃密令冬種瓜於驪山阬谷中溫處，瓜實成，詔博士諸生說之，人人不同，乃命就視之。爲伏機，諸生賢儒皆至焉，方相難不決，因發機，從上填之以土，皆壓〔之〕，終乃無聲。」（漢書儒林傳序顏注、後漢書陳蕃傳李注引〔史記儒林傳序正義採用顏注，亦引有此文。〕）又衛宏古文奇字序：「秦改古文以爲篆、隸，國人多誹謗。秦患天下不從而召諸生，至者皆拜爲郎，凡七百人。又密令冬月種瓜於驪山硎谷之中溫處，瓜實，乃使人上書曰：『瓜冬有實。』有詔：下博士諸生說之。人人各異，則皆使往視之。而爲伏機，諸生方相論難，因發機，從上填之以土，皆終命也。」（書序正義、藝文類聚八七〔較略〕、太平御覽九七八引）照按：上列兩序，實爲一文，蓋緣其書有二名也（新、舊唐志各著録其一可證）。顏、孔諸家所引互有詳略，故併録之。玉篇阜部：「阬，亦作坑。」

【二】新書過秦上：「及至始皇，奮六世之餘烈，……南取百越之地，以爲桂林、象郡，百越之君，俛首係頸，委命下吏。」淮南子人間：「（秦皇）又利越之犀角、象齒、翡翠、珠璣，乃使尉屠睢發卒五十萬爲五軍：一軍塞鐔城之嶺，一軍守九疑之塞，一軍處番禺之都，一軍守南野之界，一軍結餘干之水。三年不解甲弛弩，使監禄（無以）轉餉，又以卒鑿渠而通糧道，以與越人戰，殺西嘔君譯吁宋。而越人皆入叢薄中與禽獸處，莫肯爲秦虜，相置桀駿以爲將，而夜攻秦人，大破之，殺尉屠睢。伏尸流血數十萬，乃發適戍以備之。」許注：「尉屠睢，秦將。鐔城，在武陵，西南接鬱林。九疑，在零陵。番禺，南海。南野，在豫章。餘干，在豫章。監禄，秦將。鑿通湘水、離水之渠。西嘔，越人。譯吁宋，西嘔君名也。」史記秦始皇紀：「三十三年，發諸嘗逋亡人、贅壻、賈人略取陸梁地，爲桂林、象郡、南海，以適遣戍。西北斥逐匈奴。自榆中並河以東，屬之陰山，以爲三〔四〕十四縣，城河上爲塞。又使蒙恬渡河取高闕、陶〔陽〕山、北假中，築亭障以逐戎人。徙謫，實之初縣。」又匈奴傳：「匈奴，其先祖夏后氏之苗裔也，曰淳維。唐、虞以上有山戎、獫狁、葷粥，居於北蠻，隨畜牧而轉移。……後秦滅六國，而始皇帝使蒙恬將十萬之衆北擊胡，悉收河南地。因河爲塞，築四十四縣臨河，徙適戍以充之。」集解引晉灼云：「堯時曰葷粥，周曰獫狁，秦曰匈奴。」又李斯傳：「李斯乃從獄中上書曰：『……地非不廣，又北逐胡、貉，南定百越，以見秦之彊。』」文選過秦論「南取百越之地」李注引漢書音義曰：「百越非一種，若今言百蠻也。」

〔一三〕楚辭九歌少司命：「悲莫悲兮生別離。」

〔一四〕詩邶風雄雉序：「軍旅數起，大夫久役，男女怨曠。」鄭箋：「國人久處軍役之事，故男多曠，女多怨也。男曠而苦其事，女怨而望其君子。」

〔一五〕漢書賈捐之傳：「捐之對曰：『……寇賊並起，軍旅數發，父戰死於前，子鬬傷於後，女子乘亭鄣，孤兒號於道，老母寡婦飲泣巷哭，遥設虚祭，想魂乎萬里之外。』」

〔一六〕史記秦始皇紀：「（二十八年）齊人徐市等上書，言海中有三神山，名曰蓬萊、方丈、瀛洲，僊人居之。請得齋戒，與童男女求之。於是遣徐市發童男女數千人，入海求僊人。」又：「（三十五年）始皇聞亡，乃大怒曰：『……今聞韓衆去不報，徐市等費以巨萬計，終不得藥，徒姦利相告日聞。』」又淮南王安傳：「（伍）被曰：『……（秦）又使徐福入海求神異物，還爲僞辭曰：『臣見海中大神，言曰：「汝西皇之使邪？」臣答曰：「然。」「汝何求？」曰：「願請延年益壽藥。」……於是臣再拜問曰：「宜何資以獻？」海神曰：「以令名男子若振女與百工之事，即得之矣。」』秦皇帝大說，遣振男女三千人，資之五穀種種百工而行。徐福得平原廣澤，止王不來。於是百姓悲痛相思，欲爲亂者十家而六。」（漢書伍被傳較略）後漢書東夷傳：「會稽海外有東鯷人，分爲二十餘國。又有夷洲及澶洲。傳言秦始皇遣方士徐福將童男女數千人入海，求蓬萊神仙不得，徐福畏誅不敢還，遂止此洲，世世相承，有數萬家。」「市」與「福」一聲之轉。

〔一七〕趙高，已見臣節篇「專威若趙高」句箋。廣雅釋詁三：「屯，聚也。」

〔一八〕「九空」，文選任昉天監三年策秀才文李注引作「而九」。照按：崇賢所引是。當據改。內篇論仙：「秦皇使十室之中，思亂者九。」與此文意全同。史記淮南王安傳：「昔秦絕先王之道，……於是百姓離心瓦解，欲爲亂者十家而七。」漢書伍被傳：「往者秦爲無道，殘賊天下，……政苛刑慘，民皆引領而望，傾耳而聽，悲號仰天，叩心怨上，欲爲亂者十室而八。」亦可證。

『且刑由刃也〔一〕，巧人以自成，拙者以自傷。爲治國有道，而助之以刑者，能令慝僞不作，凶邪改志。若綱絕網紊，得罪于天，用刑失理，其危必速。亦猶水火者所以活人，亦所以殺人，存乎能用之與不能用〔二〕。

〔一〕「由」與「猶」義同。（孟子離婁下「我由未免爲鄉人也」音義引丁公著音）

〔二〕呂氏春秋蕩兵：「夫兵不可偃也，譬之若水火然，善用之則爲福，不能〔善〕用之則爲禍。」

『夫癥瘕不除，而不修越人之術者〔一〕，難圖老彭之壽也〔二〕。姦黨實繁，而不嚴彈違之制者，未見其長世之福也〔三〕。但當簡于、張之徒，任以法理世〔四〕；疑衍選趙、陳之屬，委以案劾〔五〕。明主留神於上，忠良盡誠於下，見不善則若鷹鸇之搏鳥雀〔六〕，覩亂萌則若薙原注：「他計切。」田之芟蕪薉〔七〕。原注：「於吹切。」慶賞不謬加，而誅戮不失罪〔八〕，則太平之軌不足廸。令而不犯，可庶幾廢刑致治，未敢謂然也。」

〔一〕越人，已見嘉遯篇「則無以效越人之絶伎」句箋。

〔二〕論語述而：「子曰：『述而不作，信而好古，竊比於我老彭。』」集解引包咸曰：「老彭，殷賢大夫。」釋文引鄭玄云：「老，老聃；彭，彭祖。」照按：抱朴此句既專就年壽言，則以解作彭祖一人爲宜。（史記老子傳：「蓋老子百有六十餘歲，或言二百餘歲。」其壽皆不如相傳彭祖年歲之久長。）彭祖之稱爲老彭，正如李耳之稱爲老聃然也。莊子逍遥遊：「而彭祖乃今以久特聞。」釋文引李頤云：「名鏗，堯臣，封於彭城。歷虞、夏至商，年七百歲，故以久壽見聞。」又引崔譔云：「堯臣，仕殷世，其人甫壽七百年。」吕氏春秋情欲：「雖有彭祖，猶不能爲也。」高注：「彭祖，殷之賢臣。治性清静，不欲於物，蓋壽七百歲。論語所謂『述而不作，信而好古，竊比於我老彭』是也。」（後執一、爲欲兩篇注略同）楚辭天問：「彭鏗斟雉帝何饗？受壽永多夫何長？」王注：「彭鏗，彭祖也。……言彭祖進雉羹於堯，堯饗食之以壽考。彭祖至八百歲，猶自悔不壽，恨枕高而唾遠也。」又按：彭祖長壽之説，由來已久，前賢多辨其出於牽附，文繁不再甄録。

〔三〕照按：此句與上「難圖老彭之壽也」句參差不齊，非「其」字爲衍文，即「圖」下脱一字。

〔四〕孫星衍曰：「（『世』）疑衍。」照按：孫説是。吉藩本正無「世」字，當據删。史記張釋之傳：「張廷尉釋之者，堵陽人也，字季。……釋之前進曰：『使其中有可欲者，雖錮南山猶有郄；使其中無可欲者，雖無石椁，又何戚焉？』文帝稱善。其後拜釋之爲廷尉。頃之，上行出中渭橋，有一人從橋下走出，乘輿馬驚。於是使騎捕，屬之廷尉。釋之治問。曰：『縣人來，聞蹕，匿橋下。久之，以爲行已過，卽出，見乘輿車騎，卽走耳。』廷尉奏當：一人犯蹕，當罰金。文帝怒曰：『此人親驚吾馬，吾馬賴柔和，令他馬，固不敗傷我乎？而廷尉乃當之罰金！』釋之曰：『法者天子所與天下公共也。今法如此，而更重之，是法不信於民也。且方其時，上使立誅之則已。今既下廷尉，廷尉，天下之平也，一傾，而天下用法皆爲輕重，民安所措其手足？唯陛下察之。』良久，上曰：『廷尉當是也。』其後有人盜高廟坐前玉環，捕得，文帝怒，下廷尉治。釋之案律盜宗廟服御物者爲奏，奏當弃市。上大怒曰：『人之無道，乃盜先帝廟器，吾屬廷尉者，欲致之族，而君以法奏之，非吾所以共承宗廟意也。』釋之免冠頓首謝曰：『法如是足也。且罪等，然以逆順爲差。今盜宗廟器而族之，有如萬分之一，假令愚民取長陵一抔土，陛下何以加其法乎？』久之，文帝與太后言之，乃許廷尉當。是時，中尉條侯周亞夫與梁相山都侯王恬開見釋之持議平，乃結爲親友。張廷尉由此天下稱之。」漢書于定國傳：「于定國字曼倩，東海郯人也。其父于公爲縣獄史，郡決曹，決獄平，羅文法者，于公所決皆不恨。郡中爲之生立祠，號曰于公祠。（又見說苑貴德）……定國少學法於父，父死，後定國亦爲獄史，郡決曹，補廷尉史，以選與御史中丞從事治反者獄，以材高擧侍御史，遷御史中丞。……數年，遷水衡都尉，超爲廷尉。……其決疑平法，務在哀鰥寡，罪疑從輕，加審愼之心。朝廷稱之曰：『張釋之爲廷尉，天下無冤民；于定國爲廷尉，民自以不冤。』……爲廷尉十八歲，遷御史大夫。」又丙吉傳：「上（宣帝）固問，吉頓首曰：『……廷尉于定國執憲詳平，天下自以不冤。』」文選西征賦：「定國、釋之之聽理。」

〔五〕漢書刑法志：「（孝武）於是招進張湯、趙禹之屬，條定法令。」又公孫弘卜式兒寬傳贊：「定令則趙禹、張湯。」（論衡程材：「張湯、趙禹，漢之惠吏。」）史記酷吏趙禹傳：「趙禹者，斄人。以佐史補中都官，用廉爲令史，事太尉亞夫。亞夫爲丞相，禹爲丞相史，府中皆稱其廉平。……今上（武帝）時，禹以刀筆吏積勞，稍遷爲御史。上以爲能，至太中大夫。與張湯論定諸律令，作見知，吏傳得相監司。用法益刻，蓋自此始。」漢書陳萬年傳：「陳萬年字幼公，沛郡相人也。爲郡吏，察舉，至縣令，遷廣陵太守，以高弟入爲右扶風，遷太僕。萬年廉平，內行修，……及（丙）吉病甚，上（宣帝）自臨，問以大臣行能。吉薦于定國、杜延年及萬年。萬年竟代定國爲御史大夫，八歲病卒。子咸字子康，……有異材，抗直，數言事，刺譏近臣，書數十上，遷爲左曹。……元帝擢咸爲御史中丞，總領州郡奏事，課第諸刺史，內執法殿中，公卿以下皆敬憚之。是時中書令石顯用事顓權，咸頗言顯短，顯等恨之。」

〔六〕鷹鸇搏鳥雀，已見臣節篇「則若鷹鸇之驚鳥雀」句箋。

〔七〕左傳隱公六年：「周任有言曰：『爲國家者，見惡如農夫之務去草焉，芟夷蘊崇之，絶其本根，勿使能殖，則善者信矣。』」杜注：「芟，刈也。」説文艸部：「薙，除艸也。」又：「薉，蕪也。」玉篇艸部：「薉，又作穢。」

〔八〕六韜佚文：「賞賜不加於無功，刑罰不施於無罪；不因喜以賞，不因怒以誅。」（羣書治要三一引）鄧析子無厚：「喜不以賞，怒不以罰。」文子上仁：「喜不以賞賜，怒不以罪誅。」韓非子姦劫弒臣：「凡人臣者，有罪固不欲誅，無功者皆欲尊顯。而聖人之治國也，賞不加於無功，而誅必行於罪者也。」

或曰：「然則刑罰果所以助教與善〔一〕，式遏軌忒也〔二〕。若夫古之肉刑，亦可復與？」

〔一〕漢書敍傳下：「（刑法志述）威實輔德，刑亦助教。」

〔二〕式遏，已見嘉遯篇「式遏覬覦」句箋。左傳成公十七年：「（長魚矯）對曰：『人將忍君。臣聞亂在外爲姦，在內爲軌。御姦以德，御軌以刑。」書洪範：「民用僭忒。」釋文引馬融云：「忒，惡也。」漢書王嘉傳（復奏封事）引「忒」作「慝」，顏注：「慝，惡也。」是「忒」與「慝」通。

抱朴子曰：「曷爲而不可哉！昔周用肉刑，積祀七百〔一〕。漢氏廢之，年代不如〔二〕。至於改以鞭笞，大多死者。外有輕刑之名，內有殺人之實也〔三〕。及於犯罪上不足以至死，則其下唯有徒謫鞭杖，或遇赦令，則身無損〔四〕，且髡其更生之髮，撾其方愈之創，殊不足以懲次死之罪。今除肉刑，則死罪之下無復中刑在其閒，而次死罪不得不止於徒謫鞭杖，是輕重不得不疑衍適也〔五〕。又犯罪者希而時有耳，至於殺之則恨重，而鞭之則恨輕，犯此者爲多〔六〕。今不用肉刑，是次死之罪，常不見治也。

〔一〕左傳宣公三年：「（王孫滿）對曰：『……成王定鼎于郟鄏，卜世三十，卜年七百，天所命也。』」戰國策佚文：「呂不韋曰：『周凡三十七王，八百六十七年。』」（文選西征賦李注引）漢書律曆志下：「周凡三十六（當作七）王，八百六十七歲。」皇甫謐帝王世紀：「自剋殷至秦滅周之歲，凡三十七王，八百六十七年。武王一，成王二，……慎靚王三十六，赧王三十七。」（初學記九引）爾雅釋天：「商曰祀，周曰年。」

〔二〕漢書敘傳下：「故探纂前記，綴輯所聞，以述漢書。起元高祖，終於孝平王莽之誅，十有二世，二百三十年。」帝王世紀：「按：後漢十二帝：光武一，明帝二，……靈帝十一，獻帝十二。……自漢元至更始二年，凡二百一十二年；自居攝元年至更始二年，凡十八年。自建武元年至延康元年，凡一百九十五年。漢前後并諸廢帝及王莽，合三十一帝，四百二十六年。」（初學記九引）獻帝傳：「漢歷世二十有四，踐年四百二十有六。」（三國志魏書文帝紀裴注引）兩漢四百二十六年與兩周八百六十七年相較，差數懸殊，故曰年代不如。

〔三〕漢書刑法志：「外有輕刑之名，內實殺人。斬右止者又當死。斬左止者笞五百，當劓者笞三百，率多死。」顏注：「止，足也。斬右止者棄市，故入於死。以笞五百代斬左止，笞三百代劓，笞數既多，亦不活也。」後漢書崔寔傳：「（政論）文帝雖除肉刑，當劓者笞三百，當斬左趾者笞五百，當斬右趾者棄市。右趾者既殞其命，笞撻者往往至死，雖有輕刑之名，其實殺也。」

〔四〕後漢書仲長統傳：「（昌言損益篇）肉刑之廢，輕重無品，下死則得髡鉗，下髡鉗則得鞭笞。死者不可復生，而髡者無傷於人。髡笞不足以懲中罪，安得不至於死哉！」李注：「下，猶減也。」

〔五〕徐濟忠曰：「『不適』字有誤。」照按：非字有誤，孫星衍疑「不」字衍，是也。淮南子說山：「不若得事之所適。」高注：「適，宜適也。」

〔六〕後漢書仲長統傳：「（昌言損益篇）夫雞狗之攘竊，男女之淫奔，酒醴之賂遺，謬誤之傷害，皆非值於死者也。殺之則甚重，髡之則甚輕。不制中刑以稱其罪，則法令安得不參差，殺生安得不過謬乎？」

『今若自非謀反大逆，惡于君親，及用軍臨敵犯軍法者，及手殺人者，以肉刑代其死，則亦足以懲示凶人。而刑者猶任坐役〔一〕，能有所爲，又不絕其生類之道〔二〕，而終身殘毀，百姓見之，莫不寒心，亦足使未犯者肅慄，以彰示將來，乃過於殺人。殺人，非不重也。然辜之三日，行埋弃之〔三〕，不知者衆，不見者多也。若夫肉刑者之爲摽戒也多。

〔一〕謂刖足後尚能坐著勞役。

〔二〕列子說符：「天地萬物與我並生，類也。」張注：「同生是類。」文選東京賦：「方其用財取物，常畏生類之殄也。」薛注：「生類，謂天下萬物之類也。」又封禪文：「懷生之類。」李注：「懷生氣之類。」

〔三〕周禮秋官鄉士：「獄訟成，士師受中，協日刑殺，肆之三日。」鄭注：「受中，謂受獄訟之成也。鄭司農（衆）云：『士師受中，若今二千石受其獄也。中者，刑罰之中也。……。』玄謂士師既受獄訟之成，鄉士則擇可刑殺之日，至其時而往涖之，尸之三日乃反也。」賈疏：「乃反，謂收取其尸。」

『昔魏世數議此事，諸碩儒達學，洽通殷理者，咸謂宜復肉刑，而意異者駮之，皆不合也。魏武帝亦以爲然〔一〕。直以二陲未賓，遠人不能統至理者，卒聞中國刖人肢體，割人耳鼻，便當望風謂爲酷虐，故且權停，以須四方之并耳〔二〕。通人揚子雲亦以爲肉刑宜復也〔三〕。但廢之來久矣，坐而論道者〔四〕，未以爲急耳。』

〔一〕後漢紀獻帝紀：「（建安十三年）初，潁川陳紀論復肉刑：『書（呂刑）曰：「惟敬五刑，以成三德。」易著劓（睽）、刖（困）、滅趾（噬嗑）之法，所以輔政助教，懲惡息殺也。……若用古刑，使淫者下蠶室，盜者刖其足，永無淫放穿窬之姦矣。』（孔）融難之曰：『古者吏端刑清，治無過差，百姓有罪，皆不之濫。……陳湯之都賴（見漢書本傳），魏尚之邊功（見史記馮唐傳），無復悔也。』曹公將復肉刑，以衆議不同，乃止。」三國志魏書陳羣傳：「時太祖議復肉刑，令曰：『安得通理君子達於古今者，使平斯事乎！昔陳鴻臚（陳紀）以爲死刑有可加於仁恩者，正謂此也。御史中丞能申其父之論乎？』羣對曰：『臣父紀以爲：「漢除肉刑而增加笞，本與仁惻而死者更衆，所謂名輕而實重者也。名輕則易犯，實重則傷民。書曰：『惟敬五刑，以成三德。』……則永無淫放穿窬之姦矣。」夫三千之屬，雖未可悉復，若斯數者，時之所患，宜先施用。……今以笞死之法易不殺之刑，是重人支體而輕人軀命也。』時鍾繇與羣議同，王朗及議者多以爲未可行。太祖深善繇、羣言，以軍事未罷，顧衆議故，且寢。」又鍾繇傳：「初，太祖下令，使平議死刑可宮割者。繇以爲：『古之肉刑，更歷聖人，宜復施行，以代死刑。』議者以爲非悅民之道，遂寢。」又王脩傳：「太祖議行肉刑，脩以爲時未可行，太祖採其議。」博物志四：「肉刑，明王之制。荀卿每論之（見荀子正論）。漢興，文帝感太倉公女之言（見史記文帝紀及倉公傳）而廢之。班固著論宜復（見漢書刑法志）。迄漢末魏初，陳紀又論宜申古制，孔融云不可復，欲申之，鍾繇、王朗不同，遂寢。」

〔二〕三國志鍾繇傳：「及文帝臨饗羣臣，詔謂：『大理欲復肉刑，此誠聖王之法。公卿當善共議。』議未定，會有軍事，復寢。太和中，繇上疏曰：『……（先帝）思復古刑，爲一代法。連有軍事，遂未施行。陛下遠追二祖遺意，惜斬趾可以禁惡，恨入死之無辜，使明習律令，與羣臣共議。……張蒼除肉刑，所殺歲以萬計。臣欲復肉刑，歲生三千人。……若誠行之，斯民永濟。』書奏，詔曰：『太傅學優才高，留心政事，又於刑理深遠。此大事，公卿羣僚善共平議。』司徒王朗議，以爲：『繇欲輕減大辟之條，以增益刖刑之數，此卽起偃爲豎，化屍爲人矣。然臣之愚，猶有未合微異之意。……前世仁者，不忍肉刑之慘酷，是以廢而不用。不用已來，歷年數百。今復行之，恐所減之文未彰於萬民之目，而肉刑之問已宣於寇讎之耳，非所以來遠人也。今可按繇所欲輕之死罪，使減死之髡、刖。嫌其輕者，可倍其居作之歲數。內有以生易死不訾之恩，外無以刖易釱駭耳之聲。』議者百餘人，與朗同者多。帝以吳、蜀未平，且寢。」說文土部：「垂，遠邊也。」段注：「垂本謂遠邊，引申之，凡邊皆曰垂。俗書邊垂字作陲，乃由用垂爲𠂹，不得不用陲爲垂矣。」二陲，兩方遠邊。此指西蜀與東吳。大戴禮記保傅：「湯去張網者之三面而二垂至。」淮南子道應：「文王砥德修政，而天下二垂歸之。」

〔三〕法言先知：「唐、虞象刑惟明，夏后肉辟三千，不膠者卓矣。……井田之田，田也；肉刑之刑，刑也。田也者，與衆田之，刑也者，與衆棄之。……爲國不迪其法，而望其效，譬諸算乎？」李注：「三千之屬，是正法也。迪，蹈。效，功。夫算者不運籌策，不能定其數，治國不蹈法度，不能致其治。」

〔四〕周禮攷工記：「坐而論道，謂之王公。」（文選任昉齊竟陵文宣王行狀李注引「王」作「三」，疑今本「王」字有誤。）三國志魏書徐邈傳：「邈歎曰：『三公論道之官。』」續漢禮儀志上劉注引禮記月令盧植注：「天子及三公，坐而論道。」大戴禮記盛德盧注：「三公，無官，佐王論道而已。」呂氏春秋孟春紀高注：「三公至尊，坐而論道。」

抱朴子外篇校箋卷之十五

審舉

抱朴子曰：「華、霍所以能崇極天之峻者〔一〕，由乎其下之厚也。唐、虞所以能臻巍巍之功者〔二〕，實賴股肱之良也〔三〕。雖有孫陽之手〔四〕，而無騏驥之足，則不得致千里矣〔五〕。雖有稽古之才，而無宣力之佐〔六〕，則莫緣凝庶績矣〔七〕。人君雖明竝日月〔八〕，神鑒未兆，然萬機不可以獨統〔九〕，曲碎不可以親總，必假目以遐覽，借耳以廣聽〔一〇〕，誠須有司，是康是贊〔一一〕。

〔一〕爾雅釋山：「華山爲西嶽，霍山爲南嶽。」極天之峻，已見嘉遯篇「摧高則峻極頽淪」句箋。

〔二〕巍巍，亦見嘉遯篇「夫有唐所以巍巍」句箋。

〔三〕股肱之良，亦見嘉遯篇「明良之歌不作」句箋。

〔四〕孫陽，亦見嘉遯篇「孫陽之恥也」句箋。

〔五〕莊子秋水：「騏驥驊騮，一日而馳千里。」荀子修身：「夫驥一日而千里。」

〔六〕宣力，已見君道篇「明哲宣力於攸莅」句箋。

〔七〕凝庶績，已見臣節篇「庶績其凝」句箋。

〔八〕禮記經解：「天子者，與天地參，故德配天地，兼利萬物，與日月並明，明照四海而不遺微小。」淮南子本經：「法陰陽者，德與天地參，明與日月竝。」高注：「竝，併也。」家語五儀：「孔子曰：『所謂聖者，德合於天地，……明並日月，化行若神。』」

〔九〕書皐陶謨：「無教逸欲有邦，兢兢業業，一日二日萬幾。」孔傳：「幾，微也。言當戒懼萬事之微。」釋文：「幾，徐（邈）音機。」漢書王嘉傳：「嘉復奏封事曰：『臣聞咎繇（皐陶）戒帝舜曰：「亡敖佚欲有國，兢兢業業，一日二日萬機。」』」顏注：「言有國之人不可傲慢逸欲，是當戒慎危懼，以理萬事之機也。」又百官公卿表上：「相國、丞相，……掌丞天子助理萬機。」獻帝傳：「魏王登壇受禪，……僉曰：『天命不可以辭拒，神器不可以久曠，羣臣不可以無主，萬幾不可以無統。』丕祇承皇象，敢不欽承。」（三國志魏書文帝紀裴注引）「幾」、「機」古通。

〔一〇〕假目、借耳，已見欽士篇「終亦并目以遠其明，假耳以廣其聰」二句箋。

〔一一〕左傳昭公二十六年：「王子朝使告于諸侯曰：『……晉爲不道，是攝是贊。』」杜注：「贊，佐也。」正義：「是贊，謂佐助之使得存立也。」爾雅釋詁：「康，安也。」

「故聖君藏本脱君字，從舊寫本補。莫不根心招賢，以舉才爲首務，施玉帛於丘園〔一〕，馳翹車於巖藪〔二〕，勞於求人，逸於用能〔三〕，上自槐棘，降逮皁隸〔四〕，論道經國〔五〕，莫不任職。恭己無爲，而治平刑措〔六〕，而化洽無外，萬邦咸寧〔七〕。設官分職〔八〕，其猶構室，一物不堪，則崩橈之由也。然未貢舉之士，格以四科〔九〕，三事九列〔一〇〕，是之自出，必簡標穎拔萃之俊〔一一〕。而漢之末葉，桓、靈之世，柄去帝室，政在姦臣〔一二〕，網漏防潰，風積教沮，抑清德而揚諂媚，退履道而進多財。力競成俗，苟得無恥，或輸自售之寶，或賣要人之書，或父兄貴顯，望門而辟命；或低頭屈膝，積習而見收。或賣以下五句，藏本有脫誤，從意林改補。

〔一〕照按：「施」當作「旅」，形之誤也。文選東京賦：「聘丘園之耿潔，旅束帛之戔戔。」薛注：「耿，清也。旅，陳也。謂有清潔者也。言丘園中有隱士貞潔清白之人，聘而用之。束帛，謂古招士必以束帛加璧於上。周易（賁）曰：『六五，賁于丘園，束帛戔戔。』」又辨亡論上：「束帛旅於丘園。」晉書隱逸龔玄之傳：「（孝武帝詔）丘園旅束帛之觀。」並作「旅」。本書勗學篇「旅束帛乎丘園」，欽士篇「是以明主旅束帛於窮巷」，亦作「旅」。均足證此「施」字之誤。束帛，已見嘉遯篇「束帛之集」句箋。

〔二〕翹車，已見欽士篇「飛翹車於河梁」句箋。

〔三〕大戴禮記子張問入官：「賢君良上，必自擇左右。是故佚於取人，勞於治事；勞於取人，佚於治事。」荀子王霸：「故君人勞於索人，而休於使之。」韓非子難二：「桓公曰：『吾聞君人者勞於索人，佚於使人。』」呂氏春秋士節：「賢主勞於求人，而佚於治事。」高注：「得賢而任之，故佚於治事也。」鹽鐵論刺復：「故君子勞於求賢，逸於用之。」新序雜事四：「故王者勞於求人，佚於得賢。」

〔四〕周禮秋官朝士：「掌建邦外朝之灋：左九棘，孤卿大夫位焉，羣士在其後；右九棘，公侯伯子男位焉，羣吏在其後；面三槐，三公位焉，州長衆庶在其後；左嘉石，平罷民焉；右肺石，達窮民焉。」鄭注：「樹棘以爲位者，取其赤心而外刺，象以赤心三刺也。槐之言懷也。懷來人於此，欲與之謀。羣吏，謂府史也。州長，鄉遂之官。」槐棘，指三公或三公之位。左傳昭公七年：「人有十等，下所以事上，上所以共神也。故王臣公，公臣大夫，大夫臣士，士臣皁，皁臣輿，輿臣隸，隸臣僚，僚臣僕，僕臣臺。」皁隸，指職位低下者。

〔五〕書僞周官：「立太師、太傅、太保，茲惟三公，論道經邦，燮理陰陽。」

〔六〕恭己無爲，已見嘉遯篇「重華所以恭己」句箋。漢書文帝紀贊：「斷獄數百，幾致刑措。」顏注引應劭曰：「措，置也。民不犯法，無所刑也。」

〔七〕照按：「化」上「而」字應乙在「萬」字上，始能與上「恭己無爲，而治平刑措」二句相儷。後漢書班彪傳下：「（班固典引）躬奉天經，惇睦辯章之化洽。」無外，已見勗學篇「惠風被乎無外」句箋。易乾：「彖曰：『……首出庶物，萬國咸寧。』」書僞周官：「庶政惟和，萬國咸寧。」枚傳：「官職有序，故衆政惟和，萬國皆安，所以爲至治。」

〔八〕設官分職，已見君道篇「設官分職」句箋。

〔九〕應劭漢官儀：「建初八年十二月己未，詔書辟士四科：『一曰德行高妙，志節清白，二曰經明行脩，能任博士，三曰明曉法律，足以決疑，能案章覆問，文任御史，四曰剛毅多略，遭事不惑，明足照姦，勇足決斷，才任三輔令。』（宋書百官志下略同（「明曉法律」作「明習法令」））皆存孝悌清公之行。自今已後，審四科辟召，及刺史、二千石察舉茂才尤異孝廉吏，務實校試以職。有非其人，不習曹事，正舉者故不以實法。」（後漢書和帝紀李注引）崔寔政論：「詔書故事，三公辟召以四科取士：『一曰德行高妙，志節清白，二曰學通行修，經中博士，三曰明曉法令，足以決疑，能按章覆問，四曰剛毅多略，遭事不惑，才任三輔劇縣令。』」（文選王融永明九年策秀才文李注引）蒼頡篇：「格，量度也。」（文選鮑照蕪城賦李注引）

〔一〇〕詩小雅雨無正：「三事大夫，莫肯夙夜，邦君諸侯，莫肯朝夕。」鄭箋：「王（厲王）流在外，三公及諸侯隨王而行者，皆無君臣之禮，不肯晨夜朝暮省王也。」漢書韋玄成傳：「（戒示子孫詩）不遂我遺，恤我九列。……天子我監，登我三事。」顏注：「恤，安也。九列，卿之位，謂少府。……監，察也。三事，三公之位，謂丞相也。」

〔一一〕左傳昭公七年：「（士文伯）對曰：『……故政不可不慎也，務三而已：一曰擇人。』」杜注：「擇賢人。」孟子公孫丑上：「有若曰：『……聖人之於民，亦類也，出於其類，拔乎其萃，自生民以來，未有盛於孔子也。』」趙注：「萃，聚也。」後漢書蔡邕傳：「（釋誨）曾不能拔萃出羣，揚芳飛文。」

〔一二〕後漢書梁冀傳：「（桓）帝以冀有援立之功，欲崇殊典，乃大會公卿，共議其禮。……冀猶以所奏禮薄，意不悅。專擅威柄，凶恣日積，機事大小，莫不諮決之。宮衛近侍，並所親樹，禁省起居，纖微必知。百官遷召，皆先到冀門牋檄謝恩，然後敢詣尚書。……在位二十餘年，窮極滿盛，威行內外，百僚側目，莫敢違命，天子恭己而不得有所親豫。」

「夫銓衡不平，則輕重錯謬；斗斛不正，則少多混亂；繩墨不陳，則曲直不分〔一〕；準格傾側〔二〕，則滓雜實繁。以之治人，則虐暴而豺貪，受取聚斂〔三〕，以補買官之費；立之朝廷，則亂劇於棼絲〔四〕。引用駑庸，以爲黨援，而望風向草偃〔五〕，庶事之康〔六〕，何異懸瓦礫而責夜光〔七〕，絃不調而索清音哉！何可不澄濁飛沉，沙汰臧否〔八〕，嚴試對之法，峻貪夫之防哉！殄瘁攸階〔九〕，可勿畏乎？

〔一〕禮記經解：「故衡誠縣，不可欺以輕重；繩墨誠陳，不可欺以曲直；規矩誠設，不可欺以方圜。」（荀子禮論同）鄭注：「衡，稱也。縣，謂錘也。陳，設，謂彈畫也。誠，猶審也。」釋文：「縣，音玄。稱，尺證反。」文子下德：「老子曰：『衡之於左右，無私輕重，故可以爲平；繩之於內外，無私曲直，故可以爲正。』」（又見淮南子主術）

〔二〕荀子非十二子：「率道而行，端然正己，不爲物傾側，夫是之謂誠君子。」韓非子外儲說左下：「朋危曰：『……公傾側法令。」潛夫論實邊：「傾側巧文，要取便身利己。」

〔三〕漢書百官公卿表上：「武帝元封五年初置部刺史，掌奉詔條察州。」顏注：「漢官典職儀云：『刺史班宣，周行郡國，省察治狀，黜陟能否，斷治冤獄，以六條問事：……二條，二千石不奉詔書遵承典制，倍公向私，旁詔守利，侵漁百姓，聚斂爲姦。』」

〔四〕左傳隱公四年：「（衆仲）對曰：『臣聞以德和民，不聞以亂。以亂，猶治絲而棼之也。』」杜注：「絲見棼緼，益所以亂。」釋文：「棼，扶云反，亂也。」

〔五〕風向草偃，已見用刑篇「風向草偃」句箋。

〔六〕庶事之康，已見嘉遯篇「明良之歌不作」句箋。

〔七〕吕氏春秋重己：「人不愛崑山之玉，江漢之珠。」高注：「江漢有夜光之明珠，珠之美者也。」淮南子覽冥：「譬如隋侯之珠。」高注：「蓋明月珠也。」又説山：「明月之珠，出於蛖蜃。」許注：「夜光之珠有似明月，故曰明月也。」（文選西都賦李注引）戰國策楚策一：「（楚王）乃遣使車百乘，獻雞駭之犀，夜光之璧於秦王。」

〔八〕後漢書賈琮傳：「詔書沙汰刺史、二千石，更選清能吏，乃以琮爲冀州刺史。」三國志吴書朱據傳：「是時選曹尚書暨豔，疾貪汙在位，欲沙汰之。據以爲天下未定，宜以功覆過，棄瑕取用，舉清厲濁，足以沮勸。」臧否，已見勗學篇「不識大倫之臧否也」句箋。

〔九〕殄瘁，已見任能篇「殄瘁響集」句箋。

「古者諸侯貢士，適者謂之有功，有功者增班進爵；貢士不適者謂之有過，有過者黜位削地〔一〕。猶復不能令詩人謐大車、素餐之刺〔二〕，山林無伐檀、罝兔之賢〔三〕。況舉之無非才之罪，受之無負乘之患〔四〕，衡量一失其格〔五〕，多少安可復損乎〔六〕？夫孤立之翹秀〔七〕，藏器以待賈〔八〕；瑣碌之輕薄，人事以邀速。夫唯待價，故頓淪於窮瘁矣〔九〕；夫唯邀速，故佻竊而騰躍矣。

〔一〕尚書大傳：「古者諸侯之於天子也，三年一貢士。天子命與諸侯輔助爲政，所以通賢共治，示不獨專，重民之至。大國舉三人，次國舉二人，小國舉一人。一適謂之攸好德，再適謂之賢賢，三適謂之有功。有功者天子賜以車服弓矢，再賜以秬鬯，三賜以虎賁百人，號曰命諸侯。……有不貢士謂之不率正者，天子黜之。一不適謂之過，再不適謂之敖，三不適謂之誣。誣者天子絀之，一絀，少絀以爵；再絀，少絀以地；三絀而爵地畢。」（據左海文集本〔說苑修文同〕）鄭注：「適，猶得也。」漢書武帝紀：「（元朔元年）有司奏議曰：『古者諸侯貢士，壹適謂之好德，再適謂之賢賢，三適謂之有功，乃加九錫；不貢士，壹則黜爵，再則黜地，三而黜爵地畢矣。』」顔注引服虔曰：「適，得其人。」潛夫論考績：「古者諸侯貢士，一適謂之好德，載適謂之尚賢，三適謂之有功，則加之賞；其不貢士也，一則黜爵，載則黜地，三則爵土俱畢。」

〔二〕詩小雅無將大車序：「無將大車，大夫悔將小人也。」鄭箋：「周大夫悔將小人。幽王之時，小人衆多，賢者與之從事，反見譖害，自悔與小人竝。」荀子大略：「君人者不可以不慎取臣，匹夫不可以不慎取友。……取友善人，不可不慎，是德之基也。詩曰：『無將大車，維塵冥冥。』言無與小人處也。」楊注：「詩小雅無將大車之篇。將，猶扶進也。將車，賤者之事。塵冥冥蔽人目明，令無所見，與小人處亦然也。」易林井之大有：「大輿多塵，小人傷賢。」詩魏風伐檀：「彼君子兮，不素餐兮！」毛傳：「素，空也。」鄭箋：「彼君子者，斥伐檀之人。仕有功，乃肯受禄。」説苑修文：「天地四方者，男子之所有事也。必有意其所有事，然後敢食穀。故曰『不素餐兮』，此之謂也。」潛夫論三式：「子孫雖有食舊德之義，然封疆立國，不爲諸侯，張官置吏，不爲大夫。必有功於民，乃得保位。故有考績黜陟，九錫三削之義。詩云：『彼君子兮，不素餐兮！』由此觀之，未有得以無功而禄者也。」趙岐孟子盡心上「不素餐兮」注：「無功而食，謂之素餐。」王逸楚辭九辯「竊慕詩人之遺風兮，願託志乎素餐」注：「謂居位食禄，無有功德，名曰素餐也。」謚，無聲也。（見説文言部「謚」字下）

〔三〕詩伐檀序：「伐檀，刺貪也。在位貪鄙，無功而受禄，君子不得進仕爾。」鹽鐵論國疾：「今公卿處尊位，執天下之要，十有餘年，功德不施於天下，而勤勞於百姓，百姓貧陋困窮，而私家累萬金，此君子所恥，而伐檀所刺也。」漢書王吉傳：「（吉）又言：『……今使俗吏得任子弟，率多驕驁，不通古今，至於積功治人，亡益於民，此伐檀所爲作也。』」琴操上：「伐檀操者，魏國女之所作也。傷賢者隱避，素餐在位，閔傷怨曠，失其嘉會。夫聖王之制，能治人者食於人，不能治人食於田。今賢者隱退伐木，小人在位食禄，懸珍琦，積百穀，并包有土，德澤不加百姓。傷痛上之不知，王道之不施，仰天長歎，援琴而鼓之。」魚豢魏略：「爲上者不虚授，處下者不虚受，然後外無伐檀之歎，内無尸素之刺，雍熙之美著，太平之律顯矣。」（三國志魏書明帝紀裴注引）詩周南兔罝序：「兔罝，后妃之化也。關雎之化行，則莫不好德，賢人衆多也。」照按：毛詩序與抱朴文意不符，稚川當别有所本。墨子尚賢上：「文王舉閎夭、泰顛於罝罔之中，授以政，西土服。」文選桓温薦譙元彦表：「兔罝絶響於中林。」劉良曰：「兔罝，網也。詩云：『肅肅兔罝』，喻殷紂之賢人退於山林，網禽獸而食之。」箋此正合。（王先謙詩三家義集疏謂劉良注本韓詩説，據韓詩唐世尚存推之也。）

〔四〕負乘，已見嘉遯篇「貪進不慮負乘之禍」句箋。

〔五〕後漢書傅燮傳：「由是朝廷重其方格。」李注：「格，猶標準也。」

〔六〕虞預晉書：「（武）周字伯南，……子陔，字元夏。陔及二弟韶、茂，皆總角見稱，並有器望，雖鄉人諸父，未能覺其多少。」（三國志魏書胡質傳裴注引）晉書武陔傳：「武陔字元夏，……父周，魏衞尉。陔沈敏有器量，早獲時譽，與二弟韶叔夏、茂季夏並總角知名，雖諸父兄弟及鄉閭宿望，莫能覺其優劣。」是「多少」與「優劣」同。後漢書范升傳：「升退而奏曰：『……老子曰：「學道日損。」（見老子第四十八章，「學」作「爲」）損，猶約也。』」（說文糸部：「約，纏束也。」段注：「束者，縛也。」廣雅釋詁三：「約，束也。」）

〔七〕翹秀，已見勗學篇「匠成翹秀」句箋。

〔八〕藏器，已見嘉遯篇「藏器者珍於變通隨時」句箋。論語子罕：「子貢曰：『有美玉於斯，韞匵而藏諸？求善賈而沽諸？』子曰：『沽之哉！沽之哉！我待賈者也。』」集解：「馬（融）曰：『韞，藏也。匵，匱也。謂藏諸匱中。沽，賣也。得善賈，寧肯賣之耶？』包（咸）曰：『沽之哉，不衒賣之辭。我居而行賈。』」釋文：「匵，本又作櫝。賈，音嫁；一音古。」

〔九〕照按：此二句爲推衍上文「藏器以待賈」之辭，「價」當作「賈」，上下始一律。說文貝部：「賈，市也。」段注：「賈者，凡買賣之偁也。……引伸之，凡賣者之所得，買者之所出，皆曰賈。俗又別其字作價，別其音入禡韻，古無是也。」

「蓋鳥鴟屯飛，則鸞鳳幽集〔一〕；豺狼當路，則麒麟遐遁〔二〕。舉善而教，則不仁者遠矣〔三〕；姦僞榮顯，則英傑潛逝。高概恥與闒茸爲伍〔四〕，清節羞入饕餮之貫〔五〕。舉任竝謬，則羣賢括囊〔六〕；羣賢括囊，則凶邪相引；凶邪相引，則小人道長〔七〕；小人道長，則檮杌比肩〔八〕。頌聲所以不作〔九〕，怨嗟所以嗷嗷也〔一〇〕。

〔一〕「鳥」，藏本、魯藩本、吉藩本、愼本、盧本、舊寫本、柏筠堂本、文溯本、叢書本、崇文本作「梟」。照按：「鳥」乃平津本寫刻之誤，當依藏本等改作「梟」。管子小匡：「管子對曰：『夫鳳皇鸞鳥不降，而鷹隼鴟梟豐。』」史記賈生傳：「（弔屈原文）鸞鳳伏竄兮，鴟梟翱翔。」楚辭七諫怨思：「梟鴞並進而俱鳴兮，鳳皇飛而高翔。」並足以證「鳥」字之誤。本書交際篇「夫梧禽不與鴟梟同枝」，疾謬篇「猶鴟梟之來鳴也」，博喻篇「鴟梟宵集於垣宇」，尤爲切證。

〔二〕漢書孫寶傳：「（侯）文曰：『豺狼橫道，不宜復問狐狸。』」顏注：「言不當釋大而取小也。」後漢書張綱傳：「而綱獨埋其車輪於洛陽都亭，曰：『豺狼當路，安問狐狸？』」文選贈白馬王彪詩：「鴟梟鳴衡扼，豺狼當路衢。」李注：「鴟梟、豺狼，以喻小人也。」

〔三〕論語爲政：「季康子問：『使民敬、忠以勸，如之何？』子曰：『臨之以莊則敬，孝慈則忠，舉善而教不能則勸。』」又顏淵：「子夏曰：『……舜有天下，選於衆，舉皋陶，不仁者遠矣。湯有天下，選於衆，舉伊尹，不仁者遠矣。』」

〔四〕史記賈生傳：「（弔屈原文）闒茸尊顯兮，讒諛得志。」索隱：「闒，音天臘反。茸，音而隴反。案：應劭、胡廣云：『闒茸，不才之人，無六翮翱翔之用而反尊貴。』呂忱字林曰：『闒茸，不肖之人。』」漢書司馬遷傳：「（報任安書）今已虧形爲埽除之隸，在闒茸之中。」顏注：「闒茸，猥賤也。闒，下也。茸，細毛也。言非豪傑也。」

〔五〕左傳文公十八年：「縉雲氏有不才子，貪于飲食，冒于貨賄，侵欲崇侈，不可盈厭，聚斂積實，不知紀極，不分孤寡，不恤窮匱，天下之民，以比三凶，謂之饕餮。」杜注：「貪財爲饕，貪食爲餮。」淮南子兵略：「貪昧饕餮之人（文子上義作「貪饕多欲之人」），殘賊天下。」

〔六〕括囊，已見嘉遯篇「祕六奇以括囊」句箋。

〔七〕易否：「象曰：『……小人道長，君子道消也。』」漢書劉向傳：「（上封事）讒邪進則衆賢退，羣枉盛則正士消。故易有否、泰，小人道長，君子道消，君子道消，則政日亂。」

〔八〕左傳文公十八年：「顓頊氏有不才子，不可教訓，不知話言，告之則頑，舍之則嚚，傲很明德，以亂天常，天下之民，謂之檮杌。」

〔九〕頌聲，已見勗學篇「五刑厝而頌聲作」句箋。

〔一〇〕詩小雅鴻鴈：「鴻鴈于飛，哀鳴嗸嗸。」釋文：「嗸，本又作嗷，五刀反。聲也。」漢書劉向傳：「（上封事）故其詩曰：『……無罪無辜，讒口嗸嗸。』」顏注：「此小雅十月之交篇刺幽王之詩也。……嗸嗸，衆聲也。……嗸，音敖。」（毛詩作「囂囂」。鄭箋：「囂囂，衆多貌。時人非有辜罪，其被讒口，見椓譖囂囂然。」釋文：「囂，韓詩作嗸。」（劉向治魯詩者，是魯詩亦作嗸也。）

「高幹長材，恃能勝己，屈伸默語〔一〕，聽天任命〔二〕，窮通得失，委之自然〔三〕，亦焉得不墮多黨者之後〔四〕，而居有力者之下乎？逸倫之士，非禮不動〔五〕，山峙淵渟〔六〕，知之者希，馳逐之徒，蔽而毀之，故思賢之君，終不知奇才之所在，懷道之人，願效力而莫從。雖抱稷、禼之器〔七〕，資邈世之量，遂沈滯詣死〔八〕，不得登敍也。而有黨有力者，紛然鱗萃〔九〕，人乏官曠〔一〇〕，致者又美，亦安得不拾掇而用之乎？

〔一〕荀子不苟：「與時屈伸，柔從若蒲葦，非懾怯也。」家語屈節解：「孔子曰：『君子之行己，期於必達於己。可以屈則屈，可以伸則伸。故屈節者所以有待，求伸者所以及時。是以雖受屈而不毀其節，志達而不犯於義。』」後漢書馮衍傳下：「（自論）『用之則行，舍之則臧』，進退無主，屈申無常。」文選北征賦：「達人從事，有儀則兮。行止屈申，與時息兮。」「申」、「伸」古通。默語，已見嘉遯篇「隱顯默語」句箋。

〔二〕孔叢子連叢子上鴞賦：「聽天任命，慎厥所修。」

〔三〕莊子讓王：「子貢曰：『……古之得道者，窮亦樂，通亦樂，所樂非窮通也，道德於此，則窮通爲寒暑風雨之序矣。』」（又見呂氏春秋慎人（「德」作「得」是））

〔四〕六韜文韜舉賢：「太公曰：『君以世俗之所譽者爲賢，以世俗之所毁者爲不肖，則多黨者進，少黨者退。若是，則羣邪比周而蔽賢，忠臣死於無罪，姦臣以虚譽取爵位。是以世亂愈甚，則國不免於危亡。』」說苑君道：「太公曰：『……其君以譽爲功，以毁爲罪，有功者不賞，有罪者不罰，多黨者進，少黨者退。是以羣臣比周而蔽賢，百吏羣黨而多姦，忠臣以誹死於無罪，邪臣以譽賞於無功，其國見於危亡。』」

〔五〕論語顏淵：「顏淵問仁。子曰：『克己復禮爲仁。……爲仁由己，而由人乎哉？』顏淵曰：『請問其目。』子曰：『非禮勿視，非禮勿聽，非禮勿言，非禮勿動。』」

〔六〕孫子兵法：「其鎮如山，其渟如淵。」（文選王融三月三日曲水詩序「嶽鎮淵渟」李注引）仲長統昌言：「人之性有山峙淵渟者。」（意林五引）石崇楚妃歎：「矯矯莊王，淵渟嶽峙。」（文選曲水詩序李注引）佚名海内先賢傳：「許劭……山峙淵渟，行應規表。」（世說新語賞譽劉注引）埤蒼：「渟，水止也。」（文選長笛賦李注引）廣雅釋詁三：「渟，止也。」爾雅釋山注「有渟泉」釋文：「渟，音亭。亦作停，同。」

〔七〕稷，后稷。已見臣節篇「臯陶、后稷」句箋。詩商頌玄鳥箋「崩而始合祭於契之廟」釋文：「契，息列反。又作偰，同。又作卨，古字也。」左傳文公十八年杜注「此即稷、契、朱虎、熊羆之倫」釋文：「契，依字當作偰。古文作卨。」說文人部：「偰，高辛氏之子，爲堯司徒，殷之先也。」段注：「毛詩（商頌長發）傳曰：『玄王，契也。』經傳多作契，古亦假禼爲之。米部（糲字下）曰：『禼，古文偰。』言古文假借字也。」書舜典：「帝曰：『契，百姓不親，五品不遜，汝作司徒，敬敷五教在寬。』」後漢書崔寔傳：「（政論）然後選稷、契爲佐，伊、呂爲輔。」又竇武傳：「（上疏）臣惟（李）膺等建忠抗節，志經王室，此誠陛下稷、禼、伊、呂之佐。」又方術上謝夷吾傳：「（第五倫）令班固爲文薦夷吾曰：『臣聞堯登稷、契，政隆太平。』」潛夫論本政：「稷、禼、皋陶聚而致雍熙。」均以稷、禼並舉。

〔八〕蒼頡篇：「詣，至也。」（文選洞簫賦李注引）

〔九〕鱗萃，「已見嘉遯篇「髦彥鱗萃」句箋。

〔一〇〕書皋陶謨：「無曠庶官。」孔傳：「曠，空也。」

「靈、獻之世，閹官用事〔一〕，羣姦秉權，危害忠良〔二〕。臺閣失選用於上〔三〕，州郡輕貢舉於下〔四〕。夫選用失於上，則牧守非其人矣；貢舉輕於下，則秀、孝不得賢矣。故時人語曰：『舉秀才，不知書；察孝廉，父別居〔五〕。寒素清白濁如泥，高第良將怯如雞〔六〕。』又云：『古人欲達勤誦經，今世圖官免治生〔七〕。』蓋疾之甚也。

〔一〕後漢書宦者單超傳：「於是（桓）帝呼超、（左）悺入室，謂曰：『梁將軍兄弟專固國朝，迫脅外內，公卿以下從其風旨。今欲誅之，於常侍意何如？』超等對曰：『誠國姦賊，當誅日久。臣等弱劣，未知聖意何如耳。』……於是更召（徐）璜、（具）瑗等五人，遂定其議，帝齧超臂出血爲盟。於是詔收冀及宗親黨與悉誅之。悺、（唐）衡遷中常侍，封超新豐侯，二萬戶，璜武原侯，瑗東武陽侯，各萬五千戶，賜錢各千五百萬；悺上蔡侯，衡汝陽侯，各萬三千户，賜錢各千三百萬。五人同日封，故世謂之「五侯」。又封小黄門劉普、趙忠等八人爲鄉侯。自是權歸宦官，朝廷日亂矣。」又曹節傳：「建寧元年，持節將中黄門虎賁羽林千人，北迎靈帝，陪乘入宫。及即位，以定策封長安鄉侯，六百户。……節遂與王甫等誣奏桓帝弟勃海王悝謀反，誅之。以功封者十二人。甫封冠軍侯。節亦增邑四千六百户，并前七千六百户。父兄子弟皆爲公卿列校、牧守令長，布滿天下。」又張讓傳：「靈帝時，讓、(趙)忠並遷中常侍，封列侯，與曹節、王甫等相爲表裏。……是時讓、忠及夏惲、郭勝、……韓悝、宋典十二人，皆爲中常侍，封侯貴寵，父兄子弟布列州郡，所在貪殘，爲人蠹害。」又黨錮傳序：「逮桓、靈之間，主荒政繆，國命委於閹寺。」

〔二〕後漢書黨錮傳序：「初，(張)成以方伎交通宦官，(桓)帝亦頗誶其占。成弟子牢脩因上書誣告(李)膺等養太學遊士，交結諸郡生徒，更相驅馳，共爲部黨，誹訕朝廷，疑亂風俗。於是天子震怒，班下郡國，逮捕黨人，布告天下，使同忿疾，遂收執膺等。其辭所連及陳寔之徒二百餘人，或有逃遁不獲，皆懸金購募。……凡黨事始自甘陵、汝南，成於李膺、張儉，海内塗炭，二十餘年，諸所蔓衍，皆天下善士。」又竇武傳：「時國政多失，内官專寵，李膺、杜密等爲黨事考逮。永康元年，上疏諫曰：『……近者姦臣牢脩，造設黨議，遂收前司隸校尉李膺、太僕杜密、御史中丞陳翔、太尉范滂等逮考，連及數百人，曠年拘録，事無效驗。……天下寒心，海内失望。』」

〔三〕後漢書郎顗傳：「顗對曰：『……又今選舉皆歸三司，非有周、召之才，而當則哲之重，每有選用，輒參之掾屬，公府門巷，賓客填集，送去迎來，財貨無已。其當選者，競相薦謁，各遣子弟，充塞道路，開長姦門，興致浮僞，非所謂率由舊章也。』」潛夫論本政：「今當塗之人，既不能昭練賢鄙，然又卻於貴人之風指，脅以權勢之屬託，請謁闐門，禮贄輻湊，迫於目前之急，則且先之。此正士之所獨蔽，而羣邪之所黨進也。」

〔四〕後漢書和帝紀：「（永元五年詔）選舉良才，爲政之本。科別行能，必由鄉曲。而郡國舉吏，不加簡擇，故先帝（章帝）明勑在所，令試之以職，乃得充選。……而宣布以來，出入九年，二千石曾不承奉，恣心從好，司隸、刺史訖無糾察。……在位不以選舉爲憂，督察不以發覺爲負，非獨州郡也。是以庶官多非其人。下民被姦邪之傷，由法不行故也。」又仲長統傳：「（昌言法誡篇）光武皇帝慍數世之失權，忿彊臣之竊命，矯枉過直，政不任下，雖置三公，事歸臺閣。（李注：「臺閣，謂尚書也。」）自此以來，三公之職，備員而已；……而權移外戚之家，寵被近習之豎，親其黨類，用其私人，內充京師，外布列郡，顛倒賢愚，貿易選舉，疲駑守境，貪殘牧民，撓擾百姓，忿怒四夷，招致乖叛，亂離斯瘼。」潛夫論考績：「令長守相不思立功，貪殘專恣，不奉法令，侵冤小民。……羣僚舉士者，或以頑魯應茂才，以桀逆應至孝，以貪饕應廉吏，以狡猾應方正，以諛諂應直言，以輕薄應敦厚，以空虛應有道，以嚚闇應明經，以殘酷應寬博，以怯弱應武猛，以愚頑應治劇，名實不相副，求貢不相稱。富者乘其材〔財〕力，貴者阻其勢要，以錢多爲賢，以剛强爲上。凡在位所以多非其人，而官聽所以數亂荒也。」

〔五〕漢書武帝紀：「元光元年冬十一月，初令郡國舉孝、廉各一人。」顏注：「孝，謂善事父母者。廉，謂清潔有廉隅者。」又：「（元朔元年）有司奏議曰：『……今詔書昭先帝聖緒，令二千石舉孝、廉，所以化元元，移風易俗也。不舉孝，不奉詔，當以不敬論。不察廉，不勝任也，當免。』奏可。」又：「（元封五年）詔曰：『……其令州郡察吏民有茂材異等，可爲將相及使絕國者。』」顏注引應劭曰：「舊言秀才，避光武諱稱茂才。異等者，超等軼羣不與凡同也。」衞宏漢舊儀上：「刺史舉民有茂材移名丞相，丞相考召，取明經一科，明律令一科，能治劇一科，各一人。」宋書百官志下：「漢武元封四年，令諸州歲各舉秀才一人。後漢避光武諱改茂才，魏復曰秀才。」

〔六〕「雞」，意林四引作「黽」，袁楚客規魏元忠書（新唐書魏元忠傳）引作「擟」，太平御覽四九六引作「蠅」。照按：「黽」

字是。今本作「雞」，乃寫者不曉古音妄改。（古音泥讀如涅，黽讀如蔑，楊慎譚苑醍醐五黽音蔑條有説）丹鉛雜録五同。）「䵷」、「蠅」二字雖誤，然足以證原非「雞」字也。

〔七〕陳澧曰：「『免』當作『勉』。」王國維校同。照按：陳、王校是。太平御覽四九六引正作「勉」，當據改。又按：袁楚客規魏元忠書引此句作「今人圖家勉營生」，辭句雖異，其作「勉」則同。亦可證「免」字之誤。

「于時懸爵而賣之，猶列肆也〔一〕；爭津者買之，猶市人也。有直者無分而徑進，空拳者望途而收迹。其貨多者其官貴，其財少者其職卑。故東園積賣官之錢〔二〕，崔烈有銅臭之嗤〔三〕。上爲下俲〔四〕，君行臣甚〔五〕。故阿佞幸，獨談親容〔六〕；桑梓議主故阿以下數句，有脱字。中正吏部，竝爲魁儈，各責其估〔七〕。清貧之士〔八〕，何理有望哉！是既然矣。又邪正不同，譬猶冰炭〔九〕；惡直之人〔一〇〕，憎於非黨。刀尺顛到者〔一一〕，則恐人之議己也〔一二〕；達不由道者，則患言論之不美也。乃共搆合虛誣，中傷清德〔一三〕，瑕累横生，莫敢救拔。

〔一〕後漢書靈帝紀：「（光和元年）初開西邸賣官，自關内侯、虎賁、羽林，入錢各有差。私令左右賣公卿，公千萬，卿五百萬。」又：「（中平四年）是歲，賣關内侯，假金印紫綬，傳世，入錢五百萬。」又崔寔傳：「靈帝時，開鴻都門榜賣官爵，公卿州郡下至黄綬各有差。其富者則先入錢，貧者到官而後倍輸，或因常侍、阿保別自通達。是時，段熲、樊陵、張温等雖有功勤名譽，然皆先輸貨財而後登公位。」

〔二〕照按：「東」字可疑。漢書霍光傳「東園温明」顔注：「東園，署名也，屬少府。其署主作此器也。」又佞幸董賢傳「及至東園祕器」顔注：「東園，署名也。漢舊儀云：『東園祕器作棺梓，素木長二丈，崇廣四尺。』」後漢書后紀上鄧后紀「東園祕器」李注：「東園，署名，屬少府。主作凶器，故言祕也。」又后紀下匽后紀「斂以東園畫梓壽器」李注：「東園，署名，屬少府。掌爲棺器。」（蔡茂、梁竦、劉愷、胡廣、楊賜等傳並有「賜東園某器」之文）是兩漢之世，東園專爲制作祕器之署。後漢書靈帝紀「初開西邸（通鑑靈帝紀胡注：「開邸舍於西園，因謂之西邸。」）賣官」李注引樂資山陽公載記曰：「時賣官，二千石二千萬，四百石四百萬，其以德次應選者半之，或三分之一，於西園立庫以貯之。」又李燮傳：「擢遷河南尹。時既以貨賂爲官，詔書復橫發錢三億，以實西園。燮上書陳諫，辭義深切。」又宦者曹騰傳：「（曹）嵩靈帝時貨賂中官及輸西園錢一億萬，故位至太尉。」又張讓傳：「凡詔所徵求，皆令西園騶密約敕，號曰『中使』，恐動州郡，多受賕賂。刺史、二千石及茂才、孝廉遷除，皆責助軍修宮錢，大郡至二三千萬，餘各有差。當之官者，皆先至西園諧價，然後得去。」宋書五行志一：「世祖甚懼此事，與漢靈帝西園蓄私錢同也。」桓範世要論：「靈帝置西園之邸賣爵，號曰『禮錢』。」（太平御覽八三六引）文選任昉爲范尚書讓吏部封侯第一表：「鴻都不綱，西園成市。」李注引漢記曰：「靈帝卽位，太后臨朝，於西園賣官，自關內侯以下，入錢各有差。」是靈帝之開邸賣官，立庫貯錢，乃西園而非東園。則抱朴此文之「東」當作「西」，於史始合。又按：後漢書羊續傳：「（中平六年）靈帝欲以續爲太尉，時拜三公者，皆輸東園禮錢千萬，令中使督之，名爲『左騶』。其所之往，輒迎致禮敬，厚加贈賂。續乃坐使人於單席，舉緼袍以示之，曰：『臣之所資，唯斯而已。』左騶白之，帝不悅。以此故不登公位，而徵爲太常。」謝承後漢書：「靈帝時，拜三公者，皆輸東園禮錢千萬。」（北堂書鈔五十引）兩文皆言「輸東園禮錢」，非緣另立名目入錢，卽「東」亦爲「西」之誤。（後漢書應劭傳「膠東相董仲舒」之「東」，據史、漢仲舒傳及春秋繁露對膠西王篇，當作「西」。其誤「膠西」爲「膠東」，與此文之誤「西園」爲「東園」同。）

〔三〕後漢書崔寔傳：「寔從兄烈，有重名於北州，歷位郡守、九卿。……烈時因傅母入錢五百萬，得爲司徒。及拜日，天子臨軒，百僚畢會。帝顧謂親倖者曰：『悔不小靳，可至千萬。』程夫人於傍應曰：『崔公冀州名士，豈肯買官？賴我得是，反不知姝邪！』烈於是聲譽衰減。久之不自安，從容問其子鈞曰：『吾居三公，於議者何如？』鈞曰：『大人少有英稱，歷位卿守，論者不謂不當爲三公，而今登其位，天下失望。』烈曰：『何爲然也？』鈞曰：『論者嫌其銅臭。』」

〔四〕白虎通德論三教：「教者，效也。上爲之，下效之。」俲，傚之俗。

〔五〕禮記緇衣：「子曰：『下之事上也，不從其所令，從其所行。上好是物，下必有甚者矣。』」鄭注：「甚者，甚於君也。」孟子滕文公上：「上有好者，下必有甚焉者矣。」

〔六〕吉藩本無「故阿」至「望哉」三十三字。孫星衍曰：「『故阿』以下數句，有脱字。」照按：尋繹此文，「阿」下疑少一字，其餘各句似無脱落。吉藩本妄删，非是。後漢書崔寔傳：「靈帝時，開鴻都門榜賣官爵，……或因常侍、阿保別自通達。……（崔）烈時因傅母入錢五百萬，得爲司徒。」李注：「阿保，謂傅母也。」（通鑑靈帝紀胡注：「余謂阿保，保母也。」）是「阿」下應補一「保」字。佞幸，宦官。此二句就宫廷言，謂阿保、宦官沆瀣一氣，密商賣官也。

〔七〕詩小雅小弁：「維桑與梓，必恭敬止。」毛傳：「父之所樹，己尚不敢不恭敬。」文選張衡南都賦：「永世克孝，懷桑梓兮，真人南巡，覩舊里兮。」桑梓義主，鄉里主持人物品評者。傅子：「魏司空陳羣始立九品之制，郡置中正，平人才之高下，各爲輩目，州置州都，而總其義。」（文選沈約宋書恩倖傳論李注引（抱朴此文本論漢末貢舉，而忽用「中正」一詞，行文偶疏也。））「吏部」誤倒，當乙作「部吏」。後漢書左雄傳有「鄉官部吏」語，可證。中正部吏，州郡辦理貢舉官吏。此四句就郡國言，謂强宗、豪吏操縱州郡貢舉，而又從中勒索也。

〔八〕後漢書劉陶傳：「徙爲京兆尹，到職，當出修宫錢直千萬。陶既清貧，而恥以錢買職，稱疾不聽政。」李注：「時拜職名，當出買官之錢，謂之修宮錢也。」

〔九〕韓非子顯學：「夫冰炭不同器而久。」鹽鐵論刺復：「冰炭不同器。」後漢書傅燮傳：「（上疏）夫邪正之人不宜共國，猶冰炭不可同器。」

〔一〇〕惡直，已見君道篇「恭、顯之惡直」句箋。

〔一一〕刀尺，本謂裁量，此喻人倫品題。晉書李含傳：「本州大中正傅祗以名義貶含，中丞傅咸上表理含曰：『……中正龐騰便割含品，臣雖無祁大夫之德，見含爲騰所侮，謹表以聞。乞朝廷以時博議，無令騰得妄弄刀尺。』」顛到，品第倒置。後漢書仲長統傳：「（昌言法誡篇）顛倒賢愚，貿易選舉。」「到」、「倒」古通用不別。

〔一二〕照按：以下文「則患言論之不美也」例之，「人」上疑脫一字。

〔一三〕漢書趙敬肅王彭祖傳：「持詭辯以中人。」顏注：「中，傷也。音竹仲反。」後漢書楊秉傳：「秉因奏（侯）覽及中常侍具瑗曰：『臣案國舊典，宦豎之官，本在給使省闥，司昏守夜，而今猥受過寵，執政操權。其阿諛取容者，則因公褒舉，以報私惠；有忤逆於心者，必求事中傷，肆其凶忿。』」又陳蕃傳：「（上疏）今京師囂囂，道路諠譁，言侯覽、曹節、公乘昕、王甫、鄭颯等與趙夫人諸女尚書並亂天下，附從者升進，忤逆者中傷。……元惡大姦，莫此之甚！今不急誅，必生變亂，傾危社稷，其禍難量。」

「於是曾、閔獲商臣之謗〔一〕，孔、墨蒙盜跖之垢〔二〕。懷正居貞者〔三〕，填笮乎泥濘之中〔四〕；而狡猾巧僞者，軒翥乎虹霓之際矣〔五〕。而凡夫淺識，不辯邪正，謂守道者爲陸沈〔六〕，以履徑者爲知變。俗之隨風而動，逐波而流者，安能復身於德行，苦思於學問哉〔七〕！是莫不棄檢括之勞〔八〕，而赴用賂之速矣。斯誠有漢之所以傾〔九〕，來代之所宜深鑒也。」

〔一〕曾，曾參。已見良規篇「而云我能爲伯瑜、曾參之孝」句箋。閔，閔損。論語先進：「子曰：『孝哉閔子騫！人不閒於其父母昆弟之言。』」集解引陳羣曰：「言子騫上事父母，下順兄弟，動靜盡善，故人不得有非閒之言。」史記仲尼弟子傳：「閔損，字子騫。」漢書杜鄴傳：「扶陽侯韋育舉鄴方正，鄴對曰：『……昔曾子問從令之義，孔子曰：「是何言與！」善閔子騫守禮不苟，從親所行，無非理者，故無可閒也。』」說苑佚文：「閔子騫兄弟二人，母死，其父更娶，復有二子。子騫爲其父御車失轡，父持其手，衣甚單。父則歸呼其後母兒，持其手，衣甚厚溫。即謂其婦曰：『吾所以娶汝，乃爲吾子，今汝欺我，去！無留。』子騫前曰：『母在一子單，母去四子寒。』其父默然。故曰『孝哉閔子騫』！一言其母還，再言三子溫。」（藝文類聚二十引〔曾慥類說三八引韓詩外傳佚文較略〕）蒙求中「閔損衣單」句舊注：「史記：『閔損，字子騫。』早喪母，父娶後妻，生二子。損孝心不息，後母疾之，所生子衣綿絮，損以蘆花絮。父冬日令損御車，體寒失靷，父責之，損不自理。父察知之，欲遣後母。損啟父曰：『母在一子寒，母去三子單。』父善之。母亦改悔，待三子均平，遂成慈母。」（「早喪母」上疑漏書名）蕭廣濟孝子傳：「閔子騫幼時爲後母所苦，冬月以蘆花衣之以代絮。御車寒失紖，父怒，笞之。後撫背，知衣單，欲出後母。子騫跪曰：『母在一子單，母去三子寒。』父遂止。」（太平御覽三四又八一九引）後漢書延篤傳：「時人或疑仁孝前後之證，篤乃論之曰：『……夫曾、閔以孝悌爲至德，管仲以九合爲仁功。』」商臣，已見嘉遯篇「以商臣之凶逆」句箋。

〔二〕孔，孔子。墨，墨翟。韓非子顯學：「世之顯學，儒、墨也。儒之所至，孔丘也。墨之所至，墨翟也。」呂氏春秋當染：「此二士（高注：『二士，謂孔子、墨翟。』）者，無爵位以顯人，無賞祿以利人，舉天下之顯榮者，必稱此二士也。……從屬彌衆，弟子彌豐，充滿天下。王公大人，從而顯之，有愛子弟者，隨而學焉，無時乏絶。」又有度：「孔、墨之弟子徒屬，充滿天下，皆以仁義之術，教導於天下。」荀子不苟：「盜跖吟口，名聲若日月，與舜、禹俱傳而不息；然而君子不貴者，非禮義之中也。」（韓詩外傳三同）説苑談叢：「盜跖凶貪，名如日月，與舜、禹並傳而不息，而君子不貴。」史記伯夷傳：「盜蹠日殺不辜，肝人之肉，暴戾恣睢，聚黨數千人横行天下，竟以壽終。」索隱：「『蹠』及注作『跖』，並音之石反。按：盜蹠，柳下惠之弟，亦見莊子，爲篇名。」正義：「按：蹠者，黄帝時大盜之名。以柳下惠弟爲天下大盜，故世放古，號之盜蹠。」

〔三〕居貞，已見君道篇「居貞成務」句箋。

〔四〕國語周語上：「今三川實震，是陽失其所而鎮陰也。」韋注：「鎮，爲陰所鎮笮也。」史記周紀「鎮」作「填」，是填笮與鎮笮同。説文穴部：「窴，塞也。」（玉篇：「窴，今作填。」）又竹部：「笮，迫也。」（段注：「説文無窄字，笮、窄古今字也。」）填笮泥濘之中，言懷正居貞者於審舉備受壓抑也。

〔五〕楚辭遠遊：「鸞鳥軒翥而翔飛。」洪補注：「方言（十）：『翥，舉也。楚謂之翥。』」文選典引：「三足軒翥於茂樹。」吕向曰：「軒，飛貌。翥，飛也。」虹霓，已見嘉遯篇「思眇眇焉若居乎虹霓之端」句箋。

〔六〕陸沈，已見勗學篇「謂之陸沈迂濶」句箋。

〔七〕照按：「身」上當再有一字，始能與下句「苦思於學問」相儷。漢書王莽傳上：「勤身博學，被服如儒生。」又：「莽又令太后下詔曰：『……勤身極思，憂勞未綏。』」後漢書李恂等傳贊：「李叟勤身，甘飢辭饋。」三國志吴書賀邵傳：「（上疏）昔大皇帝勤身苦體，創基南夏。」並以「勤身」爲言，豈此文「身」上亦脱一「勤」字歟？

〔八〕檢括，已見崇教篇「斂之乎檢括之中」句箋。又按：「是」下疑脱「以」字。

〔九〕照按：「傾」下疑脱一字。君道篇「而傾僨惟憂矣」，臣節篇「親覽傾僨」，博喻篇「則傾僨於嶮塗焉」，嘉遯篇「故傾墜不能爲患也」，知止篇「跛不傾墜」，是「傾」下當補「僨」字或「墜」字。

或曰：「吾子論漢末貢舉之事，誠得其病也。今必欲戒既往之失，避傾車之路，改有代之絃調〔一〕，防法翫之或變，令濮上巴人，反安樂之正音〔二〕，腠理之疾，無退走之滯患者〔三〕，豈有方乎？士有風姿豐偉，雅望有餘，而懷空抱虛〔四〕，幹植不足，以貌取之，則不必得賢〔五〕，徐徐先試，則不可倉卒。將如之何？」

〔一〕改代絃調，已見君道篇「不吝改絃於宜易之調」句箋。

〔二〕濮上，已見崇教篇「濮上、北里」句箋。新序雜事一：「楚威王（文選作襄王，是。）問於宋玉曰：『先生其有遺行耶？何士民衆庶不譽之甚也！』宋玉對曰：『唯然有之。願大王寬其罪，使得畢其辭。客有歌於郢中者，其始曰下里巴人，國中屬而和者數千人。』」文選五臣注李周翰曰：「下里巴人，下曲名也。」禮記樂記：「是故治世之音，安以樂，其政和。」

〔三〕韓非子喻老：「扁鵲見蔡桓公，（史記、新序均作齊桓侯）立有閒，扁鵲曰：『君有疾在腠理，不治將恐深。』桓侯曰：『寡人無疾。』扁鵲出，桓侯曰：『醫之好治不病以爲功。』居十日，扁鵲復見，曰：『君之病在肌膚，不治將益深。』桓侯不應。扁鵲出，桓侯又不悦。居十日，扁鵲復見，曰：『君之病在腸胃，不治將益深。』桓侯又不應。扁鵲出，桓侯又不悦。居十日，扁鵲望桓侯而還走。桓侯故使人問之。扁鵲曰：『疾在腠理，湯熨之所及也；在肌膚，鍼石之所及也；在腸胃，火齊之所及也；在骨髓，司命之所屬，無奈何也。今在骨髓，臣是以無請也。』居五日，桓侯體痛，使人索扁鵲，已逃秦矣。桓侯遂死。」（又見史記扁鵲傳、新序雜事二）

〔四〕後漢書第五倫傳：「（上疏）臣得以空虛之質，當輔弼之任。」論衡量知：「空虛無德，飡人之祿，故曰素飡。」潛夫論考績：「羣僚舉士者，……以空虛應有道。」

〔五〕韓非子顯學：「澹臺子羽君子之容也，仲尼幾而取之，與處久而行不稱其貌。……故孔子曰：『以容取人乎？失之子羽。』」家語子路初見：「澹臺子羽有君子之容，而行不勝其貌。……孔子曰：『……以容取人，則失之子羽。』」

抱朴子荅曰：「知人則哲，上聖所難〔一〕。今使牧守皆能審良才於未用，保性履之始終，誠未易也。但共遣其私情，竭其聰明，不爲利慾動，不爲屬託屈。所欲舉者，必澄思以察之，博訪以詳之，修其名而考其行〔二〕，校同異以備虛飾。令親族稱其孝友〔三〕，邦閭歸其信義。嘗小仕者，有忠清之效，治事之幹，則寸錦足以知巧〔四〕，刺鼠足以觀勇也。

〔一〕書皋陶謨：「皋陶曰：『都！在知人，在安民。』禹曰：『吁！咸若時，惟帝其難之。知人則哲，能官人；安民則惠，黎民懷之。』」孔傳：「言帝堯亦以知人安民爲難。哲，智也。無所不知，故能官人。」

〔二〕照按：「修」當作「循」，形之誤也。（藏本、魯藩本、吉藩本等作「脩」，卽與「循」形近。）鄧析子無厚：「循名責實，君之事也。」文子上仁：「循名責實，使自有司。」韓非子定法：「因任而授官，循名而責實。」淮南子主術：「故有道之主，……循名責實，使有司任而弗詔，責而弗教。」並以「循名」爲言。（管子九守「修名而督實」之「修」，亦爲「循」之誤。）

〔三〕論語子路：「子貢問曰：『何如斯可謂之士矣？』子曰：『行己有恥，使於四方，不辱君命，可謂士矣。』曰：『敢問其次。』曰：『宗族稱孝焉，鄉黨稱弟焉。』」詩小雅六月：「侯誰在矣？張仲孝友。」毛傳：「善父母爲孝，善兄弟爲友。」

〔四〕中論修本：「故一尺之錦，足以見其巧。」

「又秀、孝皆宜如舊試經荅策〔一〕，防其罪罪疑作置。舊寫本罪字空白。對之姦〔二〕，當令必絶其不中者勿署，吏加罰禁錮〔三〕。其所舉書不中者，刺史太守免官〔四〕，不中左遷〔五〕。中者多不中者少，後轉不得過故。若受賕原注：「巨流切。」而舉所不當〔六〕，發覺有驗者除名，禁錮終身，不以赦令原，所舉與舉者同罪。藏本與字在舉者下，今從舊寫本。今試用此法，治一二歲之間，秀、孝必多不行者，亦足以知天下貢舉不精之久矣〔七〕。過此，則必多修德而勤學者矣。

〔一〕三國志魏書華歆傳：「三府議：『舉孝廉，本以德行，不復限以試經。』歆以爲『喪亂以來，六籍墮廢，當務存立，以崇王道。夫制法者，所以經盛衰。今聽孝廉不以經試，恐學業遂從此而廢。若有秀異，可特徵用。患於無其人，何患不得哉？』」

〔二〕孫星衍曰：「『罪』疑作『置』。舊寫本『罪』字空白。」照按：孫說是。漢書劉歆傳：「及歆親近，欲建立左氏春秋及毛詩、逸禮、古文尚書皆列於學官。哀帝令歆與五經博士講論其義，諸博士或不肯置對。」顏注：「置對，置辭以對也。」文選移書讓太常博士李注：「言諸博士既不肯立左氏，而又不肯與歆論議相對也。」

〔三〕左傳成公二年：「子反請以重幣錮之。」杜注：「禁錮勿令仕。」正義：「說文（金部）云：『錮，鑄塞也。』鐵器穿穴者，鑄鐵以塞之使不漏。禁人使不得仕宦者，其事亦似之，故謂之禁錮。今世猶然。」漢書貢禹傳：「禹又言：『孝文皇帝時，貴廉絜，賤貪汙，賈人、贅壻及吏坐贓者，皆禁錮不得爲吏。』」

〔四〕王國維「書」校「盡」。照按：王校是。交際篇「天下不爲盡不中交也」，百里篇「不爲盡無所中也」，語法與此同，可證。晉書孔坦傳：「先是，以兵亂之後，務存慰悅，遠方秀、孝到，不策試，普皆除署。至是，帝（元帝）申明舊制，皆令試經，有不中科，刺史、太守免官。」

〔五〕漢書周昌傳：「高祖曰：『吾極知其左遷。』」顏注：「是時尊右而卑左，故謂貶秩位爲左遷。」

〔六〕照按：「舉所」二字誤倒，當乙。史記滑稽優孟傳：「又恐受賕枉法。」說文貝部：「賕，以財物枉法相謝也。从貝，求聲。」段注：「枉法者，違法也。法當有罪，而以財求免，是曰賕；受之者，亦曰賕。」

〔七〕晉書孔坦傳：「太興三年，秀、孝多不敢行；其有到者，並託疾。帝欲除署孝廉，而秀才如前制。坦奏議曰：『臣聞經邦建國，教學爲先，移風崇化，莫尚斯矣。……自喪亂以來，十有餘年，干戈載揚，俎豆禮戢，家廢講誦，國闕庠序，率爾責試，竊以爲疑。然宣下以來，涉歷三載，累遇慶會，遂未一試。揚州諸郡，接近京都，懼累及君父，多不敢行。其遠州邊郡，掩誣朝廷，冀於不試，冒昧來赴，既到審試，遂不敢會。臣愚以不會與不行，其爲闕也同。……愚以王命無貳，憲制宜信。去年察舉，一皆策試。如不能試，可不拘到，遣歸不署。又秀才雖以事策，亦汎問經義，苟所未學，實難闇通，不足復曲碎垂例，違舊造異。謂宜因其不會，徐更革制。可申明前下，崇修學校，普延五年，以展講習。……況經國之典而可黷乎！』帝納焉。聽孝廉申至七年，秀才如故。」宋書五行志二毛蟲之孽：「晉成帝咸和六年正月丁巳，會州郡秀、孝於樂賢堂，有麏見於前，獲之。孫盛曰：『夫秀、孝，天下之彥士；樂賢堂，所以樂養賢也。晉自喪亂以後，風教凌夷，秀無策試之才，孝乏四行之實。麏興於前，或斯故乎？』」（晉書五行志中文有脫誤，故未引。）孔議孫評，均可作爲抱朴此文注脚。

「又諸居職，其犯公坐者，以法律從事；其以貪濁贓汙爲罪，不足至死者，刑竟及遇赦，皆宜禁錮終身，輕者二十年。如此，不廉之吏，必將化爲夷、齊矣〔一〕。若乃臨官受取，金錢山積，發覺則自恤得了，免退則旬日復用者，曾、史亦將變爲盜跖矣〔二〕。如此，則雖貢士皆中，不辭於官長之不良。」

〔一〕夷、齊，已見逸民篇「夷、齊一介」句箋。

〔二〕曾，曾參。孟子公孫丑下：「曾子曰：『晉、楚之富，不可及也。彼以其富，我以吾仁；彼以其爵，我以吾義。吾何慊乎哉？』」大戴禮記曾子制言上：「曾子曰：『……故君子不貴興道之士，而貴有恥之士也。若由富貴興道者與？貧賤，吾恐其或失也；若由貧賤興道者與？富貴，吾恐其贏驕也。夫有恥之士，富而不以道，則恥之；貧而不以道，則恥之。……富以苟，不如貧以譽；生以辱，不如死以榮。辱可避，避之而已矣。及其不可避也，君子視死若歸。』」又曾子制言中：「曾子曰：『……故君子無悒悒於貧，無勿勿於賤，無憚憚於不聞。布衣不完，蔬食不飽，蓬户穴牖，日孜孜上仁，知我，吾無訢訢；不知我，吾無悒悒。是以君子直言直行，不宛言而取富，不屈行而取位。仁之見逐，智之見殺，固不難；詘身而爲不仁，宛言而爲不智，則君子弗爲也。』」史，史鰌。左傳襄公二十九年：「（吴公子札）適衛，説蘧瑗、史狗、史鰌、公子荆、公叔發、公子朝，曰：『衛多君子，未有患也。』」杜注：「（史鰌）史魚。」釋文：「鰌，音秋。」論語衛靈公：「子曰：『直哉史魚！邦有道，如矢；邦無道，如矢。』」集解引孔安國曰：「衛大夫史鰌，有道無道，行直如矢，言不曲。」大戴禮記保傅：「衛靈公之時，蘧伯玉賢而不用，彌子瑕不肖而任事，史鰌患之。數言蘧伯玉賢而不聽。病且死，謂其子曰：『我卽死，治喪於北堂。吾生不能進蘧伯玉而退彌子瑕，是不能正君者，死不當成禮，而置屍於北堂，於我足矣。』靈公往弔，問其故。其子以父言聞。靈公造然失容，曰：『吾失矣。』立召蘧伯玉而貴之，召彌子瑕而退之。徙喪於堂，成禮而後去。衛國以治，史鰌之力也。夫生進賢而退不肖，死且未止，又以屍諫，可謂忠不衰矣。」（又見新書胎教、韓詩外傳七、新序雜事一、家語困誓）盜跖，已見本篇上文「孔、墨蒙盜跖之垢」句箋。莊子駢拇：「枝於仁者，擢德塞（搴）性，以收名聲，使天下簧鼓，以奉不及之法，非乎？而曾、史是已。」釋文：「曾、史，曾參、史鰌也。曾參行仁，史鰌行義。」又胠篋：「削曾、史之行。」均以曾、史連稱。莊子天地：「跖與曾、史行義有閒矣。」韓非子守道：「故君子與小人俱正，盜跖與曾、史俱廉。」文選演連珠：「是以淫風大行，貞女蒙冶容之悔；淳化殷流，盜跖挾曾、史之情。」呂向曰：「盜跖，東陵大盜也。曾參、史魚，廉潔之士也。」又以盜跖與曾、史對舉。

或曰：「能言不必能行〔一〕，今試經對策雖過，豈必有政事之才乎？」

〔一〕呂氏春秋不苟論：「子虎曰：『言之易，行之難。』」史記孫子吳起傳贊：「語曰：『能行之者未必能言，能言之者未必能行。』」說苑權謀：「竊牆者乃言之於楚王，遂解其縛，與俱之楚。故曰：『能言者未必能行，能行者未必能言。』」

抱朴子答曰：「古者猶以射擇人〔一〕，況經術乎？如其舍旃〔二〕，則未見餘法之賢乎此也。夫豐草不秀瘠土〔三〕，巨魚不生小水〔四〕，格言不吐庸人之口〔五〕，高文不墮頑夫之筆。故披洪範而知箕子有經世之器〔六〕，覽九術而見范生懷治國之略〔七〕，省夷吾之書，而明其有撥亂之幹〔八〕，視不害之文，而見其精霸王之道也〔九〕。今孝廉必試經無脫謬，而秀才必對策無失指，則亦不得闇蔽也。良將高第取其膽武，猶復試之以策，況文士乎？假令不能必盡得賢能，要必愈於了不試也。

〔一〕禮記射義：「故射者，進退周還必中禮。內志正，外體直，然後持弓矢審固；持弓矢審固，然後可以言中。此可以觀德行矣。……是故古者天子，以射選諸侯、卿、大夫、士。射者，男子之事也，因而飾之以禮樂也。故事之盡禮樂，而可數爲，以立德行者，莫若射。故聖王務焉。」鄭注：「選士者先考德行，乃後決之於射。男子生而有射事，長學禮樂以飾之。」

〔二〕詩唐風采苓：「舍旃，舍旃。」鄭箋：「旃之言『焉』也。」釋文：「舍，音捨。」

〔三〕國語魯語下：「擇瘠土而處之。」韋注：「墝确爲瘠。」玉篇土部：「塉，薄土。」「塉」、「瘠」古通用不別。

〔四〕淮南子俶真：「夫牛蹏之涔，無尺之鯉；塊阜之山，無大之材。所以然者何也？皆其營宇狹小，而不能容巨大也。」高注：「涔，潦水也。」

〔五〕荀子哀公：「孔子對曰：『所謂庸人者，口不能道善言。』」（韓詩外傳五同）家語五儀：「孔子曰：『所謂庸人者，心不存慎終之規，口不吐訓格之言。』」王注：「格，法。」三國志魏書崔琰傳：「琰書諫曰：『蓋聞盤於游田，書之所戒（見書無逸）；魯隱觀魚，春秋譏之（見左傳隱公五年）。此周、孔之格言，二經之明義。』」論語比考讖：「格言成法，亦可以次序也。」（文選閒居賦、沈約奏彈王源李注引）

〔六〕書洪範序：「武王勝殷，殺受，立武庚。以箕子歸，作洪範。」洪範：「惟十有三祀，王訪于箕子。王乃言曰：『嗚呼！箕子，惟天陰騭下民，相協厥居，我不知其彝倫攸敍。』箕子乃言曰：『我聞在昔鯀陻洪水，汩陳其五行，帝乃震怒，不畀洪範九疇，彝倫攸斁。鯀則殛死，禹乃嗣興。天乃錫禹洪範九疇，彝倫攸敍。初一曰五行，次二曰敬用五事，次三曰農用八政，次四曰協用五紀，次五曰建用皇極，次六曰乂用三德，次七曰明用稽疑，次八曰念用庶徵，次九曰嚮用五福，威用六極。』」孔傳：「洪，大。範，法也。言天地之大法。」正義：「（武王）訪以天道，箕子爲陳天地之大法，敍述其事作洪範。」史記宋微子世家：「箕子者，紂親戚也。」索隱：「箕，國；子，爵也。馬融、王肅以箕子爲紂之諸父。服虔、杜預以爲紂之庶兄。」

〔七〕范生，范蠡。（生爲先生之省，且係尊稱。）史記越王句踐世家：「人或讒（大夫）種且作亂，越王乃賜種劍曰：『子教寡人伐吴七術，寡人用其三而敗吴，其四在子，子爲我從先王試之。」種遂自殺。」又貨殖傳：「范蠡既雪會稽之恥，乃喟然而歎曰：『計然之策七，越用其五而得意。既已施於國，吾欲用之家。』乃乘扁舟，浮於江湖。」越絶書越絶内經九術：「昔者越王句踐問大夫種曰：『吾欲伐吴奈何？能有功乎？』大夫種對曰：『伐吴有九術。』王曰：『何謂九術？』對曰：『一曰尊天地，事鬼神；二曰重財幣以遺其君；三曰貴糴粟槀以空其邦；四曰遺之好美以爲勞（史記越世家正義引無「爲」字，「勞」作「熒」是）其志；五曰遺之巧匠，使起宫室高臺，盡其財，疲其力；六曰遺其諛臣，使之易伐；七曰彊其諫臣，使之自殺；八曰邦家富而備（利）器；九曰堅厲甲兵以承其弊。故曰九者勿患，戒口勿傳，以取天下不難。況於吴乎？』越王曰：『善。』……越乃興師伐吴，大敗之於秦餘杭山，滅吴，禽夫差。」（吴越春秋句踐陰謀外傳略同）是抱朴此文本史公貨殖傳而又兼采他書也。

〔八〕夷吾，管仲名。史記管仲傳：「管仲既用，任政於齊，齊桓公以霸，九合諸侯，一匡天下，管仲之謀也。……管仲既任政相齊，以區區之齊在海濱，通貨積財，富國彊兵，與俗同好惡。……俗之所欲，因而予之；俗之所否，因而去之。其爲政也，善因禍而爲福，轉敗而爲功。……管仲卒，齊國遵其政，常彊於諸侯。」漢書藝文志諸子略道家：「筦子八十六篇。」班固自注：「名夷吾，相齊桓公，九合諸侯，不以兵車也。」顔注：「筦，讀與管同。」

〔九〕不害，申子名。申子，已見用刑篇「揚子雲謂申、韓爲屠宰」句箋。史記老子韓非傳：「申子之學本於黄、老而主刑名。著書二篇，號曰申子。」劉向别録：「申子學號曰刑名家者，循名以責實，其尊君卑臣，崇上抑下，合於六經也。」（史記張叔傳索隱引）漢書藝文志諸子略法家：「申子六篇。」自注：「名不害，京人，相韓昭侯，終其身諸侯不敢侵韓。」王應麟漢書藝文志考證六：「（申子六篇）史記申不害傳：『……著書二篇，號申子』注：『（集解）劉向别録曰：「今民間所有上下二篇，中書六篇，皆合二篇。」已備，過太史公所記。』」

「今且令天下諸當在貢舉之流者，莫敢不勤學。但此一條，其爲長益風教，亦不細矣。若使海内畏妄舉之失，凡人息僥倖之求，背競逐之末，歸學問之本，儒道將大興，而私貨必漸絕，奇才可得而役，庶官可以不曠矣〔一〕。」

〔一〕庶官不曠，已見本篇上文「人乏官曠」句箋。

或曰：「先生欲急貢舉之法，但禁錮之罪，苛而且重，懼者甚衆。夫急轡繁策〔一〕，伯樂所不爲〔二〕；密防峻法〔三〕，德政之所恥〔四〕。」

〔一〕急轡繁策，已見用刑篇「夫繁策急轡」句箋。

〔二〕伯樂，已見嘉遯篇「孫陽之恥也」句箋。

〔三〕史記萬石君傳：「公家用少，桑弘羊等致利，王温舒之屬峻法。」三國志吳書陸遜傳：「（上疏）夫峻法嚴刑，非帝王之隆業。」

〔四〕左傳隱公十一年：「君子謂鄭莊公失政刑矣。政以治民，刑以正邪。既無德政，又無威刑，是以及邪。」

抱朴子曰：「夫骨填肉補之藥，長於養體益壽，而不可以救暍溺之急也〔一〕。務寬含垢之政〔二〕，可以蒞敦御朴，而不可以拯衰弊之變也。虎狼見逼，不揮戈奮劍，而彈琴詠詩，吾未見其身可保也〔三〕。燎火及室，不奔走灌注，而揖讓盤旋，吾未見其焚之自息也。今與知欲賣策者論此，是與跖議捕盜也。〔四〕」

〔一〕説文日部：「暍，傷暑也。」漢書武帝紀：「（元封四年）夏，大旱，民多暍死。」顏注：「如淳曰：『暍，音謁。』師古曰：「中熱而死也。」」

〔二〕務寬，已見君道篇「五教在寬」句箋。含垢，已見用刑篇「誘於含垢」句箋。

〔三〕「身」下，太平御覽三五一引有「之」字。照按：有「之」字始能與下「吾未見其焚之自息也」句相儷。當據增。

〔四〕跖，盜跖。已見本篇上文「孔、墨蒙盜跖之垢」句箋。

抱朴子曰：「今普天一統，九垓同風〔一〕，王制政令，誠宜齊一。夫衡量小器，猶不可使往往而有異，況人士之格，而可參差而無檢乎？江表雖遠，密邇海隅〔二〕，然染道化，率禮教，亦既千餘載矣〔三〕。往雖暫隔，不盈百年〔四〕。而儒學之事，亦不偏廢也。惟以其土宇褊於中州〔五〕，故人士之數，不得鈞其多少耳。及其德行才學之高者，子游、仲任之徒〔六〕，亦未謝上國也〔七〕。

〔一〕九垓，猶言九州。國語鄭語：「史伯對曰：『……故王者居九畡之田。』」韋注：「九畡，九州之極數也。」「畡」，說文土部「垓」字下引作「垓」。段注：「畡者，垓字之異也。」

〔二〕江表，指吳。三國志吳書陸遜傳：「（上疏）昔桓王（孫策）創基，兵不一旅，而開大業，陛下（孫權）承運，拓定江表。」左傳文公十七年：「以陳、蔡之密邇於楚，而不敢貳焉。」杜注：「密邇，比近也。」釋文：「比，毗志反。」書益稷：「禹曰：『俞哉！帝光天之下，至于海隅蒼生。』」正義：「至於海隅，舉極遠之處，言帝境所及廣遠。」吳境有沿海地區，故云密邇海隅。

〔三〕吳越春秋吳太伯傳：「凡從太伯至壽夢之世，與中國時通朝會，而國斯霸焉。」又吳王壽夢傳：「壽夢元年，朝周、適楚，觀諸侯禮樂。魯成公會於鍾離，深問周公禮樂，成公悉爲陳前王之禮樂，因爲詠歌三代之風。壽夢曰：『孤在夷蠻，徒以椎髻爲俗，豈有斯之服哉！』因歎而去，曰：『於乎哉！禮也。』」徐天祐注：「鍾離之會，吴始與中國接，事見春秋魯成公十五年。以史記（十二諸侯）年表考之，是爲壽夢十五年。此以爲元年，何也？」照按：壽夢朝周、適楚，觀諸侯禮樂與深問（魯成公）周公禮樂二事，他書未見；繫年亦與春秋經傳、史記年表不合，越絶或別有所本。抱朴此文，蓋即據越絶而增飾之也。

〔四〕自孫權黄武元年（公元二二二年）稱王訖孫皓天紀四年（公元二八零年）降晉，實爲五十八年。（如從孫策建安三年（公元一九八年）封吴侯起算，亦止有八十二年。）

〔五〕詩大雅卷阿：「爾土宇昄章，亦孔之厚矣。」鄭箋：「土宇，謂居民以土地屋宅也。」王沈魏書：「（曹操辭九錫令）夫受九錫，廣開土宇，周公其人也。」三國志魏書武帝紀建安十八年裴注引）說文衣部：「褊，衣小也。」段注：「引伸爲凡小之偁。」中州，泛指黄河中游地區。三國志吴書全琮傳：「全琮字子璜，吴郡錢唐人也。……是時中州士人避亂而南，依琮居者以百數。」

〔六〕論語先進：「文學：子游，子夏。」史記仲尼弟子傳：「言偃，吴人，字子游。……孔子以爲習於文學。」索隱：「家語（弟子解）云魯人。按：偃仕魯爲武城宰（見論語雍也）耳。今吴郡有言偃冢，蓋吴郡人爲是也。」照按：索隱說是。惜未引證抱朴此文耳。論衡自紀：「王充者，會稽上虞人也，字仲任。……充既疾俗情，作譏俗之書；又閔人君之政，徒欲治人，不得其宜，不曉其務，愁精苦思，不睹所趨，故作政務之書；又傷僞書俗文，多不實誠，故爲論衡之書。」後漢書王充傳：「充少孤，鄉里稱孝。後到京師，受業太學，師事扶風班彪。好博覽而不守章句。家貧無書，常游洛陽市肆，閲所賣書，一見輒能誦憶，遂博通衆流百家之言。……充好論說，始若詭異，終有理實。

以爲俗儒守文，多失其真，乃閉門潛思，絶慶弔之禮，户牖牆壁各置刀筆。箸論衡八十五篇，二十餘萬言，釋物類同異，正時俗嫌疑。……友人同郡謝夷吾上書薦充才學，肅宗特詔公車徵。」李注引謝承後漢書曰：「夷吾薦充曰：『充之天才，非學所加，雖前孟軻、孫卿，近漢揚雄、劉向、司馬遷，不能過也。』」會稽典録：「王府君（朗）笑曰：『地勢然矣，士女之名可悉聞乎？』（虞）翻對曰：『……有道山陰趙曄，徵士上虞王充，各洪才淵懿，學究道源，著書垂藻，駱驛百篇，釋經傳之宿疑，解當世之槃結，或上窮陰陽之奥祕，下攄人情之歸極。』」（三國志吴書虞翻傳裴注引）

〔七〕左傳昭公二十七年：「（吴子）使延州來季子聘于上國。」正義：「服虔云：『上國，中國也。』蓋以吴辟在東南，地勢卑下，中國在其上流，故謂中國爲上國也。」

「昔吴士初附，其貢士見偃以不試〔一〕。今太平已近四十年矣〔二〕，猶復不試，所以使東南儒業衰於在昔也。此乃見同於左袵之類〔三〕，非所以别之也。且夫君子猶愛人以禮，況爲其愷悌之父母邪〔四〕！法有招患，令有損化，其此之謂也。今貢士無復試者，則必皆修飾馳逐，以競虛名，誰肎復開卷受書哉？所謂饒之適足以敗之者也〔五〕。

〔一〕貢士見偃不試，已見本篇上文「其所舉書不中者」句及「亦足以知天下貢舉不精之久矣」句箋。

〔二〕抱朴子外篇寫定於晉元帝建武元年（公元三一七年），距吴之亡（公元二八零年）三十七年，故云「已近四十年矣。」

〔三〕左袵，已見君道篇「左袵仰之」句箋。（「袵」，「衽」之或體，見集韻五十二沁）

〔四〕詩大雅泂酌：「豈弟君子，民之父母。」毛傳：「樂以强教之，易以説安之，民皆有父之尊，有母之親。」荀子禮論、韓詩外傳六又八、新書君道、白虎通德論、説苑政理引「豈弟」二句，「豈弟」並作「愷悌」。後漢書章帝紀：「（建初元年詔）『愷悌君子』，大雅所歎。」李注：「愷，樂。悌，易也。」

〔五〕文子微明：「老子曰：『事或欲利之，適足以害之。』」（又見淮南子人間）漢書王嘉傳：「（奏封事）所謂愛之適足以害之者也。」

「自有天性好古，心悦藝文，學不爲禄，味道忘貧〔一〕，若法高卿、周生烈者〔二〕。學精而不仕，徇乎榮利者〔三〕，萬之一耳。至於甯越、倪寬、黄霸之徒〔四〕，所以强自篤勵於典籍者，非天性也，皆由患苦困瘁，欲以經術自拔耳。向使非漢武之世，則朱買臣、嚴助之屬〔五〕，亦未必讀書也。今若取富貴之道，幸有易於學者，而復素無自然之好〔六〕，豈肎復空自勤苦〔七〕，執灑埽爲諸生〔八〕，遠行尋師問道者乎〔九〕？

〔一〕論語衛靈公：「子曰：『君子謀道不謀食。耕也，餒在其中矣；學也，禄在其中矣。君子憂道不憂貧。』」味道，已見逸民篇「潛志味道」句箋。

〔二〕法高卿，已見逸民篇「法高卿再舉孝廉」條箋。周生烈子序：「六蔽鄙夫，燉煌周生烈字文逸。張角敗後，天下潰亂，哀苦之間，故著此書。以堯、舜作幹植，仲尼作師誡。」（意林五引）三國志魏書王肅傳「自魏初徵士燉煌周生烈」裴注：「臣松之案：此人姓周生，名烈。何晏論語集解有烈義例，餘所著述，見晉武帝中經簿。」何晏論語序：「近故司空陳羣、太常王肅、博士周生烈，皆爲義説。」陸德明經典釋文（論語）序録注：「（周生烈）燉煌人，（阮孝緒）七録云：『字文逢，本姓唐，魏博士、侍中。』」（論語邢疏引七録「文逢」作「文逸」，與意林所引周生烈子序合。)

〔三〕陳澧曰：「『仕』字疑衍，或下有脱字。」

〔四〕甯越，已見勗學篇「甯子勤夙夜以倍功」句箋。倪寬、黄霸，亦見勗學篇「飢寒危困而不廢」句箋。

〔五〕漢書朱買臣傳：「朱買臣字翁子，吴人也，家貧，好讀書，不治產業，常艾薪樵，賣以給食，擔束薪，行且誦書。……會邑子嚴助貴幸，薦買臣。召見，說春秋，言楚詞，帝（武帝）甚說之，拜買臣爲中大夫，與嚴助俱侍中。」又嚴助傳：「嚴助，會稽吴人。……郡舉賢良，對策百餘人，武帝善助對，繇是獨擢助爲中大夫。……上令助等與大臣辯論，中外相應以義理之文，大臣數詘。……唯助與（吾丘）壽王見任用，而助最先進。」

〔六〕自然之好，已見勗學篇「誠樂之自然也」句箋。

〔七〕漢書揚雄傳下：「而鉅鹿侯芭常從雄居，受其太玄、法言焉。劉歆亦嘗觀之，謂雄曰：『空自苦！今學者有祿利，然尚不能明易，又如玄何？吾恐後人用覆醬瓿也。』雄笑而不應。」

〔八〕論語子張：「子游曰：『子夏之門人小子，當洒埽、應對、進退，則可矣。抑末也，本之則無如之何？』」五經文字下水部：「灑，經典或借洒爲灑埽字。」

〔九〕文子精誠：「昔南榮趎恥聖道而獨亡於己，南見老子，受教一言，精神曉靈，屯閔條達，勤苦十日不食如享太牢。」（淮南子脩務略同）新書勸學：「昔者南榮跦醜聖道之亡乎己，故步涉山川，坌冒楚棘，彌道千餘，百舍重繭，而不敢久息。既遇老聃，噩若慈父，鴈行避景，夔立蛇進，而後敢問。見教一高言，若飢十日而得太牢焉。」（劉子惜時：「南榮之訪道，踵趼而不休。」）

「兵興之世，武貴文寢，俗人視儒士如僕虜，見經詁如芥壤者，何哉？由於聲名背乎此也。夫不用譬猶售章甫於夷越〔一〕，徇髯蛇於華夏矣〔二〕。今若遐邇一例，明考課試，則必多負笈千里，以尋師友〔三〕，轉其禮賂之費，以買記籍者，不俟終日矣〔四〕。」

〔一〕莊子逍遥遊：「宋人資章甫而適諸越，越人斷髮文身，無所用之。」釋文引李頤云：「資，貨也。章甫，殷冠也。以冠爲貨。」韓非子説林上：「魯人身善織屨，妻善織縞，而欲徙於越。或謂之曰：『子必窮矣。』魯人曰：『何也？』曰：『屨爲履之也，而越人跣行；縞爲冠之也，而越人被髮。以子之所長，游於不用之國，欲使無窮，其可得乎？』」（淮南子説山、説苑反質略同）

〔二〕淮南子精神：「越人得髯蛇以爲上肴，中國得而棄之無用。」高注：「髯蛇，大蛇也。其長數丈，俗以爲上肴。」（太平御覽九三三引正文及注，「髯」並作「蚺」。）嵇康集答向秀難養生論：「蚺蛇珍於越土，中國遇而惡之。」説文虫部：「蚺，大蛇，可食。」是髯蛇卽蚺蛇。

〔三〕鹽鐵論相刺：「誦詩、書負笈。」謝承後漢書：「袁閎字夏甫，汝南人也。博覽羣書，常負笈尋師。」又：「蘇章字士成，北海人。負笈追師，不遠萬里。」又：「李固傳曰：『固父爲三公，而固步行負笈，千里從師。』」（並太平御覽七一一引）周處風土記：「笈，謂學士所以負書箱，如冠箱面卑者也。」（一切經音義三引〔太平御覽七一一引作風俗記，疑「俗」字誤。〕）

〔四〕易繫辭下：「君子見幾而作，不俟終日。」

抱朴子曰：「才學之士堪秀、孝者，已不可多得矣。就令其人若如桓、靈之世，舉吏不先以財貨，便安臺閣主者〔一〕，則雖諸經兼本解〔二〕，於問無不對，猶見誣枉，使不得過矣。常追恨于時執事，不重爲之防。

〔一〕主者，主事之吏。史記陳丞相世家：「孝文皇帝既益明習國家事，朝問右丞相（周）勃曰：『天下一歲決獄幾何？』勃謝曰：『不知。』……於是上亦問左丞相（陳）平。平曰：『有主者。』上曰：『主者謂誰？』平曰：『陛下即問決獄，責廷尉；問錢穀，責治粟內史。』」後漢書何敞傳：「二府聞敞行，皆遣主者隨之。」李注：「主者，謂主知盜賊之曹也。」潛夫論愛日：「怨家務主者，結以貨財。」

〔二〕孫人和曰：「按：『諸經兼本解』，文義不明。『兼本解』，當作『無不解』。『不』與『本』形近，『兼』字或寫作『兼』，與『無』字形近。公孫龍子指物論云：『不爲指而謂之指，是無不爲指。』又云：『且指者，天下之所無。』今本『無』字，並誤爲『兼』。論衡無形篇云：『爊治者，用銅爲柈杅矣。』今本『爊』字誤爲『廉』。並『無』誤爲『兼』之證。」照按：「諸經兼本解」，語意確不明瞭。「本」字疑爲衍文。「諸經兼解」，謂兼解諸經也。後漢書盧植傳：「植乃上書曰：『……臣前以周禮諸經，發起粃謬，敢率愚淺，爲之解詁。』」魏略：「樂因從問詩，（隗）禧說齊、韓、魯、毛四家義，不復執文，有如諷誦。又撰作諸經解數十萬言。」（三國志魏書王肅傳裴注引）北堂書鈔九九引魏略云：「京兆隗禧撰作諸經解。」」

「余意謂新年當試貢舉者〔一〕，今年便可使儒官才士，豫作諸策，計足周用。集上禁其留草殿中〔二〕，封閉之；臨試之時，亟賦之。人事因緣於是絕。當荅策者，皆可會著一處，高選臺省之官親監察之。又嚴禁其交關出入，畢事乃遣。違犯有罪無赦。如此，屬託之冀窒矣。夫明君恃己之不可欺，不恃人之不欺己也。亦何恥於峻爲斯制乎？若試經法立，則天下可以不立學官〔三〕，而人自勤樂疑作業矣〔四〕。

〔一〕照按：「新年」既與下句之「今年」對舉，則新年謂明年也。

〔二〕陳澧曰：「『禁』字下疑有脱字。」

〔三〕漢書平帝紀：「（元始三年）立官稷及學官。郡國曰學，縣、道、邑、侯國曰校。校、學置經師一人。」又韓延壽傳：「修治學官。」顏注：「學官，謂庠序之舍也。」又何武傳：「武爲（揚州）刺史，……行部必先卽學官見諸生。」顏注：「卽，就也。學官，學舍也。」又循吏文翁傳：「又修起學官於成都市中，招下縣子弟以爲學官弟子。」顏注：「學官，學之官舍也。」

〔四〕孫星衍曰：「（『樂』）疑作『業』。」照按：「勤」、「樂」二字平列，卽既勤且樂之意，謂勤於學樂於學也。「樂」字似未誤。文淵本作「學」，乃臆改。

「案四科亦有明解法令之狀〔一〕，今在職之人，官無大小，悉不知法令。或有微言難曉，而小吏多頑，而使之決獄，無以死生委之〔二〕，以輕百姓之命，付無知之人也。作官長不知法，爲下吏所欺而不知，又決其口筆者〔三〕，憒憒不能知食法〔四〕，與不食不問，不以付主者。或以意斷事，蹉跌不慎法令，亦可令廉良之吏，皆取明律令者試之如試經，高者隨才品敍用。如此，天下必少弄法之吏，失理之獄矣。」

〔一〕四科，已見本篇上文「格以四科」句箋。

〔二〕孫人和曰：「『無以死生委之』句不相應，『無』疑『兼』字之誤。崇文局本改作『是』。」照按：「無」未必爲「兼」之誤（「無」下疑脱一「異」字）。盧本、柏筠堂本、文淵本並已作「是」，非始於崇文本也。

〔三〕陳澧曰：「此數句文意未明，或有脱誤。」

〔四〕「憤憤」，王國維校「憒憒」。照按：王校是。用刑篇「其爲憒憒」，藏本、魯藩本、吉藩本、愼本等亦誤爲「憤憤」，與此同。

抱朴子外篇校箋卷之十六

交際

抱朴子曰：「余以朋友之交，不宜浮雜〔一〕。藏本作雜浮，從意林乙轉。面而不心，揚雄藏本作揚雲，從意林改。攸譏〔二〕。故雖位顯名美，門齊年敵，而趨舍異規，業尚乖互者，未嘗結焉。或有矜其先達，步高視遠〔三〕，或遺忽陵遲之舊好，或簡弃後門之類味，或取人以官而不論德，其不遭知己，零淪丘園者〔四〕，雖才深智遠，操清節高者，不可也。其進趨偶合，位顯官通者，雖面牆庸瑣〔五〕，必及也。如此之徒，雖能令壤蟲雲飛〔六〕，斥鷃戾天〔七〕，手捉刀尺〔八〕，口爲禍福，得之則排冰吐華，失之則當春彫悴〔九〕，余代其踧踖〔一〇〕，恥與共世。

〔一〕孫星衍曰：「（『浮雜』）藏本作『雜浮』，從意林（四）乙轉。」照按：自敍篇有「浮雜之交」語，則此自以作「浮雜」爲是。禮記中庸：「朋友之交也。」

〔二〕孫星衍曰：「（『揚雄』）藏本作『揚雲』，從意林改。」照按：孫改非是。魯藩本、吉藩本、慎本、盧本、舊寫本、柏筠堂本、文淵本、叢書本、崇文本亦並作「揚雲」。逸民篇「揚雲不以治民益世」，酒誡篇「揚雲酒不離口」，又「揚雲通人」，是本書固有作「揚雲」者矣。博喻篇「干木、胡明以無爲折衝」，稱胡孔明爲胡明，正如稱揚子雲爲揚雲然也。馬氏蓋以意改(酒誡篇「揚雲酒不離口」,意林亦引作「揚雄」),孫氏從之,過矣。法言學行:「朋而不心,面朋也;友而不心,面友也。」

〔三〕國語周語下:「柯陵之會,單襄公見晉厲公,視遠步高。」韋注:「視遠,望視遠。步高,舉足高。」

〔四〕丘園,已見嘉遯篇「束帛之集」句及勗學篇「旅束帛乎丘園」句箋。

〔五〕面牆,已見勗學篇「然後覺面牆之至困也」句箋。

〔六〕淮南子道應:「猶黄鵠與壤蟲也。」許注:「壤蟲,蟲之幼也。」

〔七〕斥鷃,已見逸民篇「夫斥鷃不以蓬榛易雲霄之表」句箋。詩大雅旱麓:「鳶飛戾天。」鄭箋:「飛而至天。」

〔八〕刀尺,喻權柄。

〔九〕彫,與凋通。彫悴,猶凋謝,凋零。

〔一〇〕王廣恕曰:「『踧』)疑當作『跼』。」照按:王説是。詩小雅正月:「謂天蓋高,不敢不局;謂地蓋厚,不敢不蹐。」毛傳:「局,曲也。蹐,累足也。」鄭箋:「局蹐者,天高而有雷霆,地厚而有陷淪也。此民疾苦王政,上下皆可畏怖之言也。」釋文:「局,本又作跼。」説苑敬慎:「孔子論詩,至於正月之六章,懼然曰:『不逢時之君子,豈不殆哉!從上依世則廢道,違上離俗則危身,……故賢者不遇時,常恐不終焉。詩曰:「謂天蓋高,不敢不跼;謂地蓋厚,不敢不蹐。」此之謂也。』」(家語賢君末句作「此言上下畏罪,無所自容也」二句)後漢書陳忠傳:「(上疏)至有遝威濫怒,無辜僵仆,或有跼蹐比伍,轉相賦斂。」李注:「説文(足部)曰:『蹐,小步也。』言跼身小步,畏吏之甚也。」又仲長統傳:「(昌言理亂篇)當君子困賤之時,跼高天,蹐厚地,猶恐有鎮厭之禍也。」又蔡邕傳:「(釋誨)天高地厚,跼而蹐之。」又李固傳:「亭長歎曰:『居非命之世,天高不敢不跼,地厚不敢不蹐。耳目適宜視聽,口不可以妄言也。〔二〕文選東京賦：「悚悚黔首，豈徒跼高天，蹐厚地而已哉！乃救死於其頸。」薛注：「跼蹐，恐懼之貌也。」

「窮之與達，不能求也。然而輕薄之人，無分之子，曾無疾非俄然之節〔一〕，星言宵征〔二〕，守其門廷，翕然諂笑，卑辭悦色，提壺執贄，時行索媚；勤苦積久，猶見嫌拒，乃行因託長者以搆合之。其見受也，則踊悦過於幽繫之遇赦；其不合也，則懊悴劇於喪病之逮己也。通塞有命，道貴正直，否泰付之自然，津塗何足多咨。嗟乎細人，豈不鄙哉！人情不同，一何遠邪？每爲慨然，助彼羞之。

〔一〕孫人和曰：「按：俄然無義。『俄』當作『峨』，字之誤也。峨然者，亭亭高竦之貌。刺驕篇云：『其或峨然守正，確爾不移。』字正作『峨』。莊子天道篇云：『而狀義然。』義然，即峨然也。」照按：孫説是。傅暢晉諸公贊：「(和)嶠常慕其舅夏侯玄爲人，故於朝士中峨然不羣，時類憚其風節。」(世説新語賞譽劉注引）亦可證此文之當作峨然也。

〔二〕詩鄘風定之方中：「靈雨既零，命彼倌人，星言夙駕，説于桑田。」鄭箋：「靈，善也。星，雨止星見。夙，早也。文公於雨下，命主駕者：雨止，爲我晨早駕。欲往爲辭。説于桑田，教民稼穡農急也。」照按：稚川截「星言」二字以喻早駕，雖語近歇後，然漢魏六朝詩文中固不乏類似之例也（如「友于」、「孔懷」、「在位」、「微管」等是）。詩召南小星：「肅肅宵征。」毛傳：「肅肅，疾貌。宵，夜。征，行。」

「昔莊周見惠子從車之多，而弃其餘魚〔一〕。余感俗士不汲汲於攀及至也〔二〕。瞻彼云云〔三〕，馳騁風塵者〔四〕，不懋建德業，務本求己〔五〕，而偏徇高交以結朋黨，謂人理莫此之要，當世莫此之急也。以嶽峙獨立者，爲澀吝疏拙；以奴顏婢睞原注：「來去聲。」者，爲曉解當世。風成俗習，莫不逐末，流遁遂往〔六〕，可慨者也。

〔一〕淮南子齊俗：「故惠子從車百乘以過孟諸，莊子見之，弃其餘魚。」許注：「惠子名施，仕爲梁相。從車百乘，志尚未足。孟諸，宋澤。莊子名周，蒙人。隱而不仕。見惠施之不足，故弃餘魚。」風俗通義十反：「惠施從車以百乘。」

〔二〕照按：尋繹文意，「不」上疑脱一字（合是「無」字或「莫」字）。汲汲，已見勗學篇「汲汲於進趨」句箋。

〔三〕莊子在宥：「萬物云云，各復其根。」成疏：「云云，衆多也。」

〔四〕風塵，已見嘉遯篇「風塵之徒」句箋。

〔五〕論語衞靈公：「子曰：『君子求諸己，小人求諸人。』」

〔六〕流遁，已見嘉遯篇「不可放之於流遁也」句箋。

或有德薄位高〔一〕，器盈志溢，聞財利則驚掉，見奇士則坐睡〔二〕。繿縷杖策〔三〕，被褐負笈者〔四〕，雖文豔相、雄〔五〕，學優融、玄〔六〕，同之埃芥，不加接引。若夫程鄭、王孫、羅裒之徒〔七〕，乘肥衣輕〔八〕，懷金挾玉者，雖筆不集札〔九〕，菽麥不辨〔一〇〕，爲之倒屣〔一一〕，吐食握髮〔一二〕。

〔一〕易繫辭下：「子曰：『德薄而位尊，知小而謀大，力小而任重，鮮不及矣。』」

〔二〕史記商君傳：「公孫鞅聞秦孝公下令國中求賢者，將修繆公之業，東復侵地，迺遂西入秦，因孝公寵臣景監以求見孝公。孝公既見衛鞅，語事良久，孝公時時睡，弗聽。」

〔三〕左傳宣公十二年：「篳路藍縷，以啟山林。」杜注：「篳路，柴車。藍縷，敝衣。」方言三：「南楚凡人貧衣被醜弊，謂之須捷，……或謂之襤褸。故左傳曰：『篳路襤褸，以启山林。』殆謂此也。」梁書康絢傳：「在省，每寒月見省官繿縷，輒遺以襦衣。」集韻二十三談：「襤、縷，衣名。說文（衣部）：『裯謂之襤。』或从糸。」是「藍縷」、「襤褸」、「繿縷」字異音同，皆謂敝衣也。文選左思招隱詩：「杖策招隱士。」李注：「魯連子曰：『連却秦軍，平原君欲封之。遂杖策而去。』說文（木部）曰：『杖，持也。』方言（二）曰：『木細枝曰策。』」

〔四〕被褐，已見君道篇「披褐而朝隱」句箋。負笈，已見審舉篇「則必多負笈千里以尋師友」句箋。

〔五〕相，司馬相如。史記司馬相如傳：「司馬相如者，蜀郡成都人也，字長卿。……梁孝王令與諸生同舍，相如得與諸生游士居數歲，乃著子虛之賦。……上（武帝）讀子虛賦而善之，曰：『朕獨不得與此人同時哉！』（楊）得意曰：『臣邑人司馬相如自言爲此賦。』上驚，乃召問相如。相如曰：『有是。然此乃諸侯之事，未足觀也。請爲天子游獵賦，賦成奏之。』……奏之天子，天子大說。……相如既奏大人之頌，天子大說，飄飄有淩雲之氣，似游天地之間意。」漢書敘傳下：「文豔用寡，子虛烏有，寓言淫麗，託風終始，多識博物，有可觀采，蔚爲辭宗，賦頌之首。述司馬相如傳第二十七。」法言君子：「文麗用寡，長卿也。」雄，揚雄。漢書揚雄傳上：「雄少而好學，不爲章句，訓詁通而已，博覽無所不見。……顧嘗好辭賦。先是時，蜀有司馬相如，作賦弘麗溫雅，雄心壯之，每作賦，常擬之以爲式。」又敘傳下：「淵哉若人，實好斯文。初擬相如，獻賦黃門，輟而覃思，草法纂玄，斟酌六經，放易象論，潛於篇籍，以章厥身。述揚雄傳第五十七。」文選蜀都賦：「近則江漢炳靈，世載其英，蔚若相如，皭若君平，王褒暐曄而秀發，揚雄含章而挺生。幽思絢道德，摛藻掞天庭。」

〔六〕融，馬融。後漢書馬融傳：「馬融字季長，扶風茂陵人也。……初，京兆摯恂以儒術教授，隱於南山，不應徵聘，名重關西，融從其遊學，博通經籍。……融才高博洽，爲世通儒，教養諸生，常有千數。涿郡盧植，北海鄭玄，皆其徒也。……注孝經、論語、詩、易、三禮、尚書、列女傳、老子、淮南子、離騷。」馬融自敍：「少而好問，學無常師。」（世說新語文學劉注引）文心雕龍才略：「馬融鴻儒，思洽登高。」玄，鄭玄。後漢書鄭玄傳：「鄭玄字康成，北海高密人也。……遂造太學受業，師事京兆第五元先，始通京氏易、公羊春秋、三統歷、九章筭術。又從東郡張恭祖受周官、禮記、左氏春秋、韓詩、古文尚書。以山東無足問者，乃西入關，因涿郡盧植，事扶風馬融。……玄日夜尋誦，未嘗怠倦。會融集諸生考論圖緯，聞玄善筭，乃召見於樓上，玄因從質諸疑義，問畢辭歸。融喟然謂門人曰：『鄭生今去，吾道東矣。』玄自游學，十餘年乃歸鄉里。家貧，客耕東萊，學徒相隨已數百千人。……凡玄所注周易、尚書、毛詩、儀禮、禮記、論語、孝經、尚書大傳、中候、乾象歷，又著天文七政論、魯禮禘祫義、六藝論、毛詩譜、駁許慎五經異義、答臨孝存周禮難，凡百餘萬言。玄質於辭訓，通人頗譏其繁。至於經傳洽孰，稱爲純儒，齊、魯間宗之。」鄭玄別傳：「玄少好學書數，十三誦五經，好天文占候，風角隱術。……年二十一，博極羣書，精歷數圖緯之言，兼精算術。……周流博觀，每經歷山川，及接顏一見，皆終身不忘。扶風馬季長以英儒著名，玄往從之，參考同異。……時涿郡盧子幹爲門人冠首，季長又不解剖裂七事，玄思得五，子幹得三。季長謂子幹曰：『吾與汝皆弗如也。』季長臨別，執玄手曰：『大道東矣，子勉之！』後遇黨錮，隱居著述，凡百餘萬言。」（世說新語文學劉注引）

〔七〕史記貨殖傳：「蜀卓氏之先，趙人也，用鐵冶富。秦破趙，遷卓氏。……乃求遠遷，致之臨邛，大喜，即鐵山鼓鑄，運籌策，傾滇、蜀之民，富至僮千人。田池射獵之樂，擬於人君。程鄭，山東遷虜也，亦冶鑄，賈椎髻之民，富埒卓氏，俱居臨邛。」又司馬相如傳：「臨邛中多富人，而卓王孫家僮八百人，程鄭亦數百人。」漢書貨殖傳：「程、卓既衰，至成、哀間，成都羅裒訾至鉅萬。……依其權力，賒貸郡國，人莫敢負。擅鹽井之利，期年所得自倍，遂殖其貨。」

〔八〕論語雍也：「子曰：『赤之適齊也，乘肥馬，衣輕裘。』」

〔九〕論衡超奇：「集札爲文。」

〔一〇〕菽麥不辨，已見崇教篇「雖叔麥之能辯」句箋。

〔一一〕三國志魏書王粲傳：「獻帝西遷，粲徙長安，左中郎將蔡邕見而奇之。時邕才學顯著，貴重朝廷，常車騎填巷，賓客盈坐。聞粲在門，倒屣迎之。」

〔一二〕吐食握髮，已見嘉遯篇「悲吐握之良苦」句箋。

「余徒恨不在其位，有斧無柯〔一〕，無以爲國家流穢濁於四裔〔二〕，投畀於有北〔三〕。彼藏本作投負人於北波，今從盧本。雖赫奕，刀尺決乎有脱文勢力足以移山拔海〔四〕，吹呼能令泥象登雲，造其門庭，我則未暇也〔五〕。而多有下意怡顔〔六〕，匍匐膝進〔七〕，求交於若人〔八〕，以圖其益。悲夫！生民用心之不鈞〔九〕，何其遼邈之不肖也哉！余所以同生聖世而抱困賤，本後顧而不見者，今皆追瞻而不及，豈不有以乎〔一〇〕！然性苟不堪〔一一〕，各從所好〔一二〕，以此存亡，予不能易也〔一三〕。」

〔一〕論語泰伯：「子曰：『不在其位，不謀其政。』」（憲問同）新語辨惑：「夫言道因權而立，德因勢而行，不在其位者，則無以齊其政，不操其柄者，則無以制其剛。詩云：『有斧無（原誤作「有」，據文選檄吴將校部曲文李注所引改。）

柯。』（當是逸詩）言何以治之也。」孔叢子記問：「故夫子作丘陵之歌曰：『……將伐無柯，患兹蔓延。』」文選檄吴將校部曲文：「有斧無柯，何以自濟？」說文木部：「柯，斧柄也。」

〔二〕四裔，已見嘉遯篇「有虞舉則四凶戮」句箋。

〔三〕詩小雅巷伯：「取彼譖人，投畀豺虎；豺虎不食，投畀有北。」毛傳：「投，棄也。（有北）北方寒涼而不毛。」

〔四〕王廣恕曰：「疑作『拔山移海』。」照按：移山拔海乃夸飾語，極言其勢力之大耳。辭雖已甚，其義固無害也。王說過泥。（內篇辨問之「移山拔井」，則言其力量大。）

〔五〕文選東京賦：「作洛之制，我則未暇。」

〔六〕漢書蒯通傳：「通曰：『……彼東郭先生、梁石君，齊之俊士也，隱居不嫁，未嘗卑節下意以求仕也。』」文選漢高祖功臣頌：「怡顏高覽。」李周翰曰：「怡，和。」

〔七〕說文勹部：「匍，手行也。」又：「匐，伏地也。」段注：「二篆可合用，可析言。」廣韻一屋：「匍，匍匐，伏地皃。」莊子在宥：「廣成子南首而卧，黄帝順下風，膝行而進。」史記項羽紀：「項羽召見諸侯將，入轅門，無不膝行而前，莫敢仰視。」

〔八〕論語公冶長：「子謂子賤，君子哉若人！」集解引包咸曰：「若人者，若此人也。」

〔九〕左傳昭公二十八年：「祁盈之臣曰：『鈞將皆死。』」杜注：「鈞，同也。」

〔一〇〕詩邶風旄丘：「何其久也？必有以也。」漢書劉向傳「條其所以」顏注：「以，由也。」

〔一一〕文選與山巨源絶交書：「性有所不堪，真不可强。」爾雅釋詁：「堪，勝也。」

〔一二〕論語述而：「子曰：『富而可求也，雖執鞭之士，吾亦爲之。如不可求，從吾所好。』」集解引孔安國曰：「所好者，古人之道。」釋文：「所好，呼報反。」

〔一三〕論語微子：「夫子憮然曰：『鳥獸不可與同羣，吾非斯人之徒與而誰與？天下有道，丘不與易也。』」集解：「言凡天下有道者，丘皆不與易也　己大而人小故也。」

或又難曰：「時移世變，古今別務，行立乎己，名成乎人〔一〕。金玉經於不測者，託於輕舟也〔二〕；靈鳥萃於玄霄者，扶搖之力也〔三〕；芳蘭之芬烈者〔四〕，清風之功也；屈士起於丘園者〔五〕，知己之助也。今先生所交必清澄其行業，所厚必沙汰其心性，孑然隻跱，失弃名輩，結讎一世，招怨流俗，豈合和光以籠物，同塵之高義乎〔六〕？若比智而交，則白屋不降公旦之貴〔七〕；若鈞才而遊，則尼父必無入室之客矣〔八〕。」藏本此下提行，案文提行者非。

〔一〕周書謚法：「行出於己，名生於人。」白虎通德論謚：「行生於己，名生於人。」

〔二〕韓非子功名：「千鈞得船則浮。」淮南子齊俗：「金之性沈，託之於舟上則浮，勢有所支也。」

〔三〕「鳥」，藏本、魯藩本、吉藩本、舊寫本作「鳥」。照按：「鳥」字是。孫妄改爲「烏」，大謬。下文「子云玉浮鳥高，皆有所因」，乃轉述此文者，不作「烏」，尤爲切證。又下文「吾以爲寧作……不飛之鵬」，即由此二句而發，是靈鳥謂鵬也。莊子逍遙遊：「齊諧者，志怪者也。諧之言曰：『鵬之徙於南冥也，水擊三千里，摶扶搖而上者九萬里。』」釋文：「摶，徒端反。司馬（彪）云：『摶飛而上也。』崔（譔）云：『拊翼徘徊而上也。』扶搖，司馬云：『上行風謂之扶搖。』爾雅（釋天）云：『扶搖謂之猋。』郭璞云：『暴風從下上也。』」成疏：「扶搖，旋風也。」玄霄，高空。

〔四〕照按：「芬烈」上有脫字，覩上下排句自明。

〔五〕丘園，已見嘉遯篇「束帛之集」句及勗學篇「旅束帛乎丘園」句箋。

〔六〕老子第四章：「和其光，同其塵。」河上公注：「言雖有獨見之明，當知闇昧，不當以擢亂人也。常與衆庶同垢塵，不當自別殊。」王注：「和光而不汙其體，同塵而不渝其眞。」

〔七〕白屋，已見逸民篇「從白屋之士七十人」句箋。

〔八〕尼父，已見嘉遯篇「尼父聞偶葬而永歎」句箋。家語弟子行：「衞將軍文子問於子貢曰：『吾聞孔子之施教也，先之以詩書，而道之以孝悌，説之以仁義，觀之以禮樂，然後成之以文德。蓋入室升堂者（大戴禮記衞將軍文子作「蓋受教者」（周禮秋官司儀賈疏引同），陳士珂家語疏證三改爲「蓋入室升堂」，非是。）七十有餘人。』」

抱朴子曰：「吾聞詳交者不失人，而泛結者多後悔。故曩哲先擇而後交，不先交而後擇也〔一〕。子之所論，出人之計也〔二〕。吾之所守，退士之志也〔三〕。子云玉浮鳥高，皆有所因，誠復別理一家之説也。吾以爲寧作不載之寶，不飛之鵬，不颺之蘭，無黨之士，亦疑當有何字損於夜光之質〔四〕，垂天之大〔五〕，含芳之卉，不朽之蘭乎？且夫名多其實〔六〕，位過其才，處之者猶尠免於禍辱，交之者何足以爲榮福哉！

〔一〕説苑雜言：「上交者不失其禄，下交者不離於患。是以君子擇人與交，農人擇田而田。」

〔二〕出人，仕人。

〔三〕退士，隱士。

〔四〕戰國策楚策一：「（楚王）乃遣使車百乘，獻雞駭之犀，夜光之璧於秦王。」

〔五〕莊子逍遥遊：「鵬之背不知其幾千里也，怒而飛，其翼若垂天之雲。」釋文：「垂天之雲，司馬彪云：『若雲垂天旁。』」

崔（譔）云：『垂猶邊也，其大如天一面雲也。』」

〔六〕 韓詩外傳一：「名過其實者損。」淮南子繆稱：「名過其實者蔽。」説苑政理：「名過其實者削。」

「由兹論之，則交彼而遇者，雖得達不足貴；芘之而誤者〔一〕，譬如蔭朽樹之被笮也〔二〕。彼尚不能自止其顛歷，亦安能救我之碎首哉！吾聞大丈夫之自得而外物者，其於庸人也，蓋逼迫不獲已而與之形接，雖以千計，猶蚤蝨之積乎衣〔三〕，而贅疣之攢乎體也〔四〕。失之雖以萬數，猶飛塵之去嵩、岱〔五〕，鄧林之墮朽條耳〔六〕。豈以有之爲益，無之覺損乎？

〔一〕 王廣恕曰：『「芘」當作「庇」。』照按：「芘」與「庇」通，其字未誤。王説非。易剥：「上九，……小人剥廬。」王注：「小人用之則剥下所芘也。」釋文：「所芘，本又作庇。」詩大雅雲漢：「云我無所。」鄭箋：「言我無所芘蔭而處。」釋文：「芘，本亦作庇。」是「芘」、「庇」相通之證。爾雅釋言：「庇，蔭也。」説文广部：「庇，蔭也。」段注：「引伸之爲凡覆庇之偁。」

〔二〕 説文竹部：「笮，迫也。在瓦之下，棼之上。」段注：「説文無窄字，笮、窄古今字也。屋笮者本義，引伸爲逼窄字。……按：笮在上椽之下，下椽之上，迫居其間，故曰笮。」

〔三〕 論衡變動：「故人在天地之間，猶蚤虱之在衣裳之内，螻蟻之在穴隙之中。」又卜筮：「人在天地之間，猶蟣虱之著人身也。」

〔四〕 莊子大宗師：「彼以生爲附贅縣疣。」又駢拇：「附贅縣疣，出乎形哉！而侈於性。」釋文：「附贅，廣雅（釋言）云：『疣也。』釋名（釋疾病）云：『横生一肉屬著體也。』縣，音玄。疣，音尤。」（疣，説文作肬，肉部肬下云：「贅肬也。」）文選西都賦「列刃攢鍭」李注引蒼頡篇曰：「攢，聚也。」

〔五〕嵩，嵩山。岱，岱宗，即泰山。

〔六〕鄧林，已見嘉遯篇「而錐鑽不可以伐鄧林」句箋。

「且夫朋友也者，必取乎直諒多聞〔一〕，拾遺斥謬，生無請言，死無託辭，終始一契，寒暑不渝者。然而此人良未易得，而或默語殊塗〔二〕，或憎愛異心，或盛合衰離，或見利忘信。其處今也，譬猶禽魚之結侶〔三〕，冰炭之同器〔四〕，欲其久合，安可得哉！夫父子天性〔五〕，好惡宜鈞，而子政、子駿，平論異隔〔六〕；南山、伯奇，辯訟有無〔七〕。面別心殊，其來尚矣。總而混之，不亦難哉！

〔一〕「諒」，藏本、魯藩本、吉藩本、舊寫本作「亮」；慎本、盧本、柏筠堂本、文溯本、叢書本、崇文本作「諒」。照按：以疾謬篇「疾美而無直亮之鍼艾」例之，此必原是「亮」字。慎本等作「諒」，蓋據論語改耳。孫氏從之，是不忠於底本也。論語季氏：「孔子曰：『益者三友，……友直，友諒，友多聞，益矣。』」邢疏：「直謂正直。諒謂誠信。多聞謂博學。」朱注：「友直，則聞其過。友諒，則近於誠。友多聞，則進於明。」漢書楚元王傳贊：「（劉向）豈非直諒多聞，古之益友與！」說文無亮字。張揖字詁：「諒，今作亮，同力尚反。」（一切經音義一七引）詩大雅大明「涼彼武王」釋文：「涼，本亦作諒；韓詩作亮。」是「諒」與「亮」古本通用也。

〔二〕默語，已見嘉遯篇「隱顯默語」句箋。

〔三〕爾雅釋鳥：「二足而羽謂之禽。」此句謂禽、魚生性各異，難以結合。

〔四〕冰炭不同器，已見審舉篇「譬猶冰炭」句箋。

〔五〕父子天性，已見嘉遯篇「天性之愛」句箋。

〔六〕漢書劉向傳：「向字子政，……向三子皆好學，……少子歆，最知名。歆字子駿，……歆及向始皆治易，宣帝時，詔向受穀梁春秋，十餘年，大明習。及歆校祕書，見古文春秋左氏傳，歆大好之。時丞相史尹咸以能治左氏，與歆共校經傳。歆略從咸及丞相翟方進受，質問大義。初左氏傳多古字古言，學者傳訓故而已。及歆治左氏，引傳文以解經，轉相發明，由是章句義理備焉。歆亦湛靖有謀，父子俱好古，博見彊志，過絕於人。歆以爲左丘明好惡與聖人同，親見夫子，而公羊、穀梁在七十子後，傳聞之與親見之，其詳略不同。歆數以難向，向不能非閒也。」又五行志上：「漢興，承秦滅學之後，景、武之世，董仲舒治公羊春秋，始推陰陽，爲儒者宗。宣、元之後，劉向治穀梁春秋，數其旤（禍）福，傳以洪範，與仲舒錯。至向子歆治左氏傳，其春秋意亦已乖矣；言五行傳，又頗不同。」史通書志：「且每有敍一災，推一怪，董、京之說，前後相反；向、歆之解，父子不同。」（原注略去）

〔七〕南山、伯奇，未詳。

「世俗之人，交不論志，逐名趨勢，熱來冷去〔一〕；見過不改，視迷不救；有利則獨專而不相分，有害則苟免而不相恤〔二〕；或事便則先取而不讓，值機會則賣彼以安此。凡如是，則有不如無也。

〔一〕戰國策齊策四：「孟嘗君逐於齊而復反，譚拾子迎之於境，謂孟嘗君曰：『君得無有所怨齊士大夫？』孟嘗君曰：『有。』『君滿意殺之乎？』孟嘗君曰：『然！』譚拾子曰：『事有必至，理有固然，君知之乎？』孟嘗君曰：『不知。』譚拾子曰：『事之必至者，死也；理之固然者，富貴則就之，貧賤則去之，此事之必至，理之固然者。請以市論：市，朝則滿，夕則虛，非朝愛市而夕憎之也，求存故往，亡故去。願君勿怨。』」（風俗通義窮通略同）魯連子：「孟嘗君逐於齊，譚子曰：『富貴則就，貧賤則去，此物之必至，而理固然也。願君勿怨。請以市論：市，朝則盈，夕則虛，非朝愛而夕則憎之也，勢使然。』」（藝文類聚六五、文選張協雜詩又張華女史箴李注引）史記孟嘗君傳：「自齊王（愍王）毁廢孟嘗君，諸客皆去。後召而復之，馮驩迎之。未到，孟嘗君太息歎曰：『文常好客，遇客無所敢失，食客三千有餘人，先生所知也。客見文一日廢，皆背文而去，莫顧文者。……』（馮驩）曰：『生者必有死，物之必至也；富貴多士，貧賤寡友，事之固然也。君獨不見夫朝趣市者乎？明旦側肩爭門而入，日暮之後，過市朝者掉臂而不顧。非好朝而惡暮，所期物忘其中。今君失位，賓客皆去，不足以怨士而徒絕賓客之路。願君遇客如故。』」又廉頗傳：「廉頗之免長平歸也，失勢之時，故客盡去。及復用爲將，客又復至。廉頗曰：『客退矣！』客曰：『吁！君何見之晚也？夫天下以市道交，君有勢，我則從君，君無勢則去，此固其理也，有何怨乎？』」又汲鄭傳贊：「太史公曰：『夫以汲、鄭之賢，有勢則賓客十倍，無勢則否，況衆人乎！下邽翟公有言，始翟公爲廷尉，賓客闐門；及廢，門外可設雀羅。翟公復爲廷尉，賓客欲往，翟公乃大署其門曰：「一死一生，乃知交情。一貧一富，乃知交態。一貴一賤，交情乃見。」（又見說苑談叢）汲、鄭亦云，悲夫！』」潛夫論交際：「昔魏其之客，流於武安（見史記魏其武安侯傳）；長平之吏，移於冠軍（見史記衞將軍驃騎傳）；廉頗、翟公，載盈載虛（並已見上）。夫以四君之賢，藉舊貴之夙恩，客猶若此，則又況乎生貧賤者哉！」風俗通義窮通：「故長平之吏，移於冠軍；魏其之客，移於武安；鄭當、汲黯，亦旋復然；翟公疾之，乃書其門：『一死一生，乃知交情。一貴一賤，交情乃見。』自古患焉，非直今也。」

〔二〕禮記曲禮上：「臨財毋苟得，臨難毋苟免。」鄭注：「（毋苟得）爲傷廉也。（毋苟免）爲傷義也。」

「天下不爲盡不中交也，率於爲益者寡而生累者衆。知人之明，上聖所難〔一〕。而欲力厲近才，短於鑒物者，務廣其交，又欲使悉得，可與經夷險而不易情〔二〕，歷危苦而相負荷者，吾未見其可多得也。雖搜琬琰於培塿之上〔三〕，索鸞鳳乎鷦鷯之巢〔四〕，未爲難也。吾亦豈敢謂藍田之陽〔五〕，丹穴之中〔六〕，爲無此物哉！亦直言其稀已矣。

〔一〕知人之明，已見審舉篇「知人則哲」句箋。

〔二〕陸機要覽：「諸葛亮曰：『勢利之交，難以經遠。士之相知，溫不增華，寒不改葉，能貫四時而不衰，歷夷險而益固。』」（太平御覽四百六引）

〔三〕楚辭遠遊：「懷琬琰之華英。」洪補注：「琬，音宛。琰，音剡。皆玉名。」漢書司馬相如傳上：「（上林賦）鼂采琬琰，和氏出焉。」顏注：「琬琰，美玉名。」培塿，已見逸民篇「子可謂守培塿」句箋。

〔四〕鸞鳳，已見嘉遯篇「夫鸞不絓網」句及逸民篇「安知鴛鸞之遠指」句箋。鷦鷯，亦見嘉遯篇「一枝足以戢鸞羽」句箋。

〔五〕藍田，已見逸民篇「譬猶藍田之積玉」句箋。

〔六〕山海經南山經：「丹穴之山……有鳥焉，其狀如雞，五采而文，名曰鳳皇。」

「夫操尚不同，猶金沈羽浮也〔一〕。志好之乖次〔二〕，猶火升而水降也〔三〕。苟不可同，雖造化之靈，大塊之匠〔四〕，不可使同也，何可強乎！余所稟訥騃，藏本作湌稟訥駭，今從盧本。加之以天挺篤嬾〔五〕，諸戲弄之事，彈棊博弈〔六〕，皆所惡見；及飛輕走迅〔七〕，遊獵傲覽，咸所不爲，殊不喜嘲褻。凡此數者，皆時世所好，莫不躭之，而余悉闕焉，故親交所以尤遼也。

加以挾直，好吐忠蓋，藥石所集〔八〕，甘心者尠。又欲勉之以學問，諫之以馳競，止其摴蒲〔九〕，節其沈湎〔一〇〕，此又常人所不能悅也。

〔一〕照按：以下文「猶火升而水降也」句例之，「羽」上亦當有「而」字。

〔二〕照按：「之」字衍。上文「操尚不同」句可證。

〔三〕書洪範：「水曰潤下，火曰炎上。」孔傳：「言其自然之常性。」正義：「易（乾）文言云：『水流濕，火就燥。』王肅曰：『水之性潤萬物而退下，火之性炎盛而升上。』是潤下炎上，言其自然之本性。」

〔四〕莊子大宗師：「夫大塊載我以形。」文選江賦李注引司馬彪云：「大塊，自然也。」又：「今一以天地爲大鑪，以造化爲大冶，惡乎往而不可哉？」

〔五〕後漢書楊賜傳：「策曰：『故司空臨晉侯賜，華嶽所挺。』」李注：「挺，生也。」

〔六〕彈棊，已見崇教篇「校彈棊樗蒲之巧拙」句箋。博弈，已見勗學篇「息畋獵博弈之遊戲」句箋。

〔七〕輕，指鷹。迅，指犬。

〔八〕左傳襄公二十三年：「臧孫曰：『……孟孫之惡我，藥石也。』」杜注：「常志相違戾，猶藥石之療疾。」

〔九〕摴蒲，已見崇教篇「校彈棊樗蒲之巧拙」句箋。「摴」與「樗」通。

〔一〇〕說文水部：「湎，沈於酒也。……周書（酒誥）曰：『罔敢湎于酒。』」管子四稱：「湛湎於酒。」

「毀方瓦合〔一〕違情偶俗，人之愛力，甚所不堪，而欲好日新，安可得哉！知其如此而不辯盧本作便改之，可不謂之闇於當世，拙於用大乎〔二〕？夫交而不卒，合而又離，則兩受不弘之名，俱失克終之美。夫厚則親愛生焉，薄則嫌隙結焉，自然之理也，可不詳擇乎！爲可臨觴拊背，執手須臾，欲多其數而必其全，吾所懼也。」

〔一〕禮記儒行：「毀方而瓦合。」鄭注：「毀方而瓦合，去己之大圭角下與衆人小合也。」正義：「方，謂物之方正有圭角鋒鋩也。瓦合，謂瓦器破而相合也。言儒者身雖方正，毀屈己之方正下同凡衆，如破去圭角與瓦器相合也。」

〔二〕陳其榮曰：「案：『大』，疑『人』字之譌。」照按：莊子逍遥遊：「惠子謂莊子曰：『魏王貽我大瓠之種，我樹之成而實五石，以盛水漿，其堅不能自舉也。剖之以爲瓢，則瓠落無所容。非不呺然大也，吾爲其無用而掊之。』莊子曰：『夫子固拙於用大矣。』」「拙於用大」即出於此。陳説非是。文溯本剜改爲「人」，朱記榮翻刻本徑改作「人」，皆誤。

或曰：「然則都可以無交乎？」

抱朴子荅曰：「何其然哉〔一〕！夫畏水者何必廢舟楫〔二〕，忌傷者何必棄斧斤？交之爲道，其來尚矣。天地不交則不泰，上下不交卽乖志。夫不泰則二氣隔并矣，志乖則天下無國矣〔三〕。然始之甚易，終之竟難〔四〕。藏本作寬難，盧本如此。疑作蹇難。患乎所結非其人，敗於爭小以忘大也。易美金蘭〔五〕，詩詠百朋〔六〕，雖有兄弟，不如友生〔七〕。切思三益，大聖所嘉〔八〕，門人所以增親，惡言所以不至〔九〕；管仲所以免誅戮而立霸功〔一〇〕，子元所以去亭長而驅朱軒者〔一一〕，交之力也。

〔一〕照按：逸民篇：「逸民曰：『何謂其然乎？』」用刑篇：「抱朴子曰：『曷爲而不可哉！』」正郭篇：「抱朴子曰：『曷爲其然哉！』」句法並與此同，則「何」下當再有一字。

〔二〕呂氏春秋蕩兵：「有以乘舟死者，欲禁天下之船，悖。」

〔三〕易泰：「泰，小往大來，吉亨。彖曰：『泰，小往大來吉亨，則是天地交而萬物通也，上下交而其志同也。』……象曰：『天地交，泰。』」又否：「彖曰：『……大往小來，則是天地不交而萬物不通也，上下不交而天下无邦也。』……象曰：『天地不交，否。』」

〔四〕孫星衍曰：「（『竟難』）藏本作『寬難』，盧本如此。疑作『寔難』。」照按：吉藩本作「覺難」，較勝。（文淵本作「甚難」，乃臆改。）

〔五〕易繫辭上：「子曰：『……二人同心，其利斷金；同心之言，其臭如蘭。』」集解：「虞翻曰：『臭，氣也。蘭，香草。』案：……斷金之言，良藥苦口，故香若蘭矣。」

〔六〕詩小雅菁菁者莪：「既見君子，錫我百朋。」鄭箋：「古者貨貝，五貝爲朋。錫我百朋，得禄多，言得意也。」

〔七〕詩小雅常棣：「雖有兄弟，不如友生。」

〔八〕照按：尋繹文勢，「切思」與「三益」平列，「思」，疑當作「偲」。論語子路：「子路問曰：『何如斯可謂之士矣？』子曰：『切切、偲偲、怡怡如也，可謂士矣。朋友切切、偲偲，兄弟怡怡。』」集解引馬融曰：「切切、偲偲，相切責之貌。怡怡，和順之貌。」三益，已見本篇上文「必取乎直諒多聞」句箋。

〔九〕「增」，愼本、盧本、柏筠堂本、文淵本、叢書本、崇文本作「尊」。徐濟忠校「尊」爲「增」。照按：尚書大傳：「孔子曰：『文王得四臣，吾亦得四友：自吾得回也，門人加親，是非疏附與？……自吾得由也，惡言不至於門，是非禦侮與？』」（詩大雅緜正義、世說新語品藻劉注、後漢書祭肜傳李注引）史記仲尼弟子傳：「（顏回）蚤死，孔子哭之慟，曰：『自吾有回，門人益親。』……（仲由）已而果死，故孔子曰：『自吾得由，惡言不聞於耳。』」孔叢子論書：「孔子曰：『吾有四友焉：自吾得回也，門人加親（家語七十二弟子解作「門人日益親」），是非胥附乎？……自吾得由也，惡言不至於門，是非禦侮乎？』」「增親」與「加親」、「益親」義同，是愼本等作「尊」誤。

〔一〇〕左傳莊公九年：「鮑叔帥師來言曰：『子糾親也，請君討之；管、召讎也，請受而甘心焉。』乃殺子糾於生竇。召忽死之，管仲請囚。鮑叔受之，及堂阜而稅之。歸而以告曰：『管夷吾治於高傒，使相可也。』公從之。」大戴禮記保傅：「管仲者，桓公之讎也。鮑叔以爲賢於己而進之桓公，七十言說乃聽，遂使桓公除仇讎之心而委之國政焉。桓公垂拱無事而朝諸侯，鮑叔之力也。」（又見新書胎教、說苑尊賢）史記管晏傳：「（管仲）少時常與鮑叔牙游，鮑叔知其賢。……已而鮑叔事齊公子小白，管仲事公子糾。及小白立，爲桓公，公子糾死，管仲囚焉。鮑叔遂進管仲。管仲既用，任政於齊，齊桓公以霸。」

〔一一〕漢書朱博傳：「朱博字子元，杜陵人也。家貧，少時給事縣爲亭長，好客少年，捕搏敢行。稍遷爲功曹，伉俠好交，隨從士大夫，不避風雨。是時，前將軍望之子蕭育、御史大夫萬年子陳咸以公卿子著材知名，博皆友之矣。……而陳咸爲御史中丞，坐漏泄省中語下獄。博去吏，閒步至廷尉中，候伺咸事。咸掠治困篤，博詐得爲醫入獄，得見咸，具知其所坐罪。博出獄，又變姓名，爲咸驗治數百，卒免咸死罪。咸得論出，而博以此顯名，爲郡功曹。久之，成帝卽位，大將軍王鳳秉政，奏請陳咸爲長史。咸薦蕭育、朱博除莫府屬，鳳甚奇之，舉博櫟陽令，徙雲陽、平陵縣，以高弟入爲長安令。京師治理，遷冀州刺史。……州郡畏博威嚴，徙爲并州刺史、護漕都尉，遷琅邪太守。……視事數年，大改其俗。……哀帝卽位，以博名臣，召見，起家復爲光祿大夫，遷爲京兆尹，數月超爲大司空。」尚書大傳：「未命爲士者，不得乘朱軒。」鄭注：「軒，輿也。士以朱飾之。軒，車通稱也。」（文選別賦、張協詠史詩、顏延之曲水詩序等李注引）後漢書陳忠傳：「（上疏）比遣中使致敬甘陵，朱軒軿馬，相望道路。」

李注：「朱軒車，使者所乘。」

「單絃不能發韶、夏之和音〔一〕，孑色不能成衮龍之瑋燁〔二〕，一味不能合伊鼎之甘〔三〕，獨木不能致鄧林之茂〔四〕。玄圃極天〔五〕，蓋由衆石之積。南溟浩瀁〔六〕，實須羣流之赴。明鏡舉則傾冠見矣〔七〕，羲和照則曲影覺矣〔八〕，櫽括修則枉刺之疾消矣〔九〕，良友結則輔仁之道弘矣〔一〇〕。

〔一〕左傳昭公二十年：「晏子對曰：『……若琴瑟之專壹，誰能聽之？』」（晏子春秋外篇七同）國語鄭語：「（史伯）對曰：『……聲一無聽。』」韋注：「五聲雜，然後可聽。」淮南子説林：「一絃之瑟不可聽。」高注：「以其失和，故不可聽。」韶，舜樂。夏，禹樂。（文心雕龍情采：「五音比而成韶、夏。」）

〔二〕國語鄭語：「（史伯）對曰：『……物一無文。』」韋注：「五色雜，然後成文。」韓詩外傳五：「重色而成文。」廣韻十七薛：「孑，單也。居列切。」衮龍，已見嘉遯篇「緼袍麗於衮服」句箋。瑋燁，色彩絢麗。

〔三〕伊，伊尹。伊鼎，已見嘉遯篇「故或負鼎而龍躍」句箋。

〔四〕鄧林，亦見嘉遯篇「而錐鑽不可以伐鄧林」句箋。

〔五〕淮南子墬形：「縣圃、涼風、樊桐，在昆侖閶闔之中。」高注：「閶闔，昆侖虚門名也。縣圃、涼風、樊桐，皆昆侖之山名也。」文選東京賦：「右睨玄圃。」李注：「（淮南子）又曰：『懸圃，在崑崙閶闔之中。』『玄』與『懸』古字通。」（「縣」、「懸」古今字。）極天，已見嘉遯篇「摧高則峻極積淪」句箋。

〔六〕南溟，已見逸民篇「未浮南溟而涉天漢」句箋。浩瀁，水廣大無涯際貌。

〔七〕大戴禮記保傅：「明鏡者，所以察形也。」韓詩外傳五：「夫明鏡者，所以照形也。」文選陸機樂府詩君子行：「朗鑒豈遠假，取之在傾冠。」呂延濟曰：「朗，明也。鑒，鏡也。言鏡之明者豈遠假乎？但取之見傾冠也。」

〔八〕楚辭離騷：「吾令羲和弭節兮。」王注：「羲和，日御也。弭，按也。按節，徐步也。」廣雅釋天：「日御謂之羲和。」後漢書崔駰傳：「（崔篆慰志賦）氛霓鬱以橫厲兮，羲和忽以潛暉。」李注：「羲和，日也。」春秋繁露郊祭：「覺者，著也。」

〔九〕王廣恕曰：「『剌』疑作『㓨』，崇教篇云：『受繩墨者無枉㓨之木。』」照按：「刺」與「㓨」左邊之形不甚相近，恐難致誤。疑「剌」當作「刺」。說文木部：「枉，衺曲也。」廣雅釋詁二：「刺，衺也。」枉刺之疾，謂其衺曲須檃括也。鹽鐵論非鞅：「狐（㼌）刺之鑿。」又申韓：「若檃括輔檠之正弧（㼌）刺也。」「㼌刺」與「枉刺」意同。（廣韻九麻：「㼌，邪。」）藏本、魯藩本、吉藩本等作「刺」，未誤。當據改。說文木部：「檃，栝也。從木，隱省聲。栝，檃也。從木，𠯑聲。」段注：「檃與栝互訓。檃亦作隱，亦假借作隱。栝亦假借作括。尚書大傳：『子贛曰：「檃栝之旁多曲木。」』荀卿大略篇：『大山之木，示諸檃栝。』檃栝者，矯制衺曲之器也。」

〔一〇〕論語顔淵：「曾子曰：『君子以文會友，以友輔仁。』」集解引孔安國曰：「友相切磋之道，所以輔成己之仁。」

「達者知其然也，所企及則必簡乎勝己〔一一〕，所降結則必料乎同志〔一二〕。其處也則講道進德，其出也則齊心比翼。否則鈞魚釣之業〔一三〕，泰則協經世之務。安則有以精義，危則有以相恤。恥令譚、青專面地之篤〔一四〕，不使王、貢擅彈冠之美〔一五〕。夫然，故交道可貴也。

〔一一〕論語學而：「無友不如己者。」呂氏春秋觀世：「身已賢矣，行已高矣，左右視，尚盡賢於己。故周公旦曰：『不如吾者，吾不與處，累我者也。與我齊者，吾不與處，無益我者也。惟賢者必與賢於己者處。』」高注：「齊，等也。等則不能勝己，故曰無益我者也。」中論貴驗：「故君不友不如己者，非羞彼而大我也。不如己者，須己而植者也。

然則扶人不暇，將誰相我哉！吾之債也，亦無日矣。故債庫則縱多，友邪則己僻也。是以君子慎取友也。孔子曰：『居而得賢友，福之次也。』」

〔二〕國語晉語四：「同德則同心，同心則同志。」白虎通德論三綱六紀：「朋友者，何謂也？朋者，黨也；友者，有也。禮記（逸禮）曰：『同門曰朋，同志曰友。』」後漢書劉陶傳：「陶爲人居簡，不修小節。所與交友，必也同志。」

〔三〕照按：「魚」當作「漁」，音之誤也。史記齊太公世家：「太公望呂尚以漁釣奸周西伯。」漢書敍傳上：「漁釣於一壑。」後漢書郅惲傳：「（鄭敬）漁釣自娛。」又方術下郭玉傳：「初有老父……常漁釣於涪水。」文選閑居賦序：「池沼足以漁釣。」並其證。

〔四〕淮南子氾論：「及至韓娥、秦青、薛談之謳。」高注：「三人皆善謳者。」列子湯問：「薛譚學謳於秦青，未窮青之技，自謂盡之，遂辭歸。秦青弗止，餞於郊衢，撫節悲歌，聲振林木，響遏行雲。薛譚乃謝求反，終身不敢言歸。」（又見博物志五、宋書樂志一）

〔五〕漢書王吉傳：「王吉字子陽，琅邪皋虞人也。……吉與貢禹爲友，世稱『王陽在位，貢公彈冠』，言其取舍同也。」顏注：「彈冠者，且入仕也。取，進趣也。舍，止息也。」又貢禹傳：「貢禹字少翁，琅邪人也。」又蕭望之傳：「望之八子，至大官者育、咸、由。……（育）少與陳咸、朱博爲友，著聞當世。往者有王陽、貢公，故長安語曰：『蕭、朱結綬，王、貢彈冠』，言其相薦達也。」

「然有脫文。盧本補虛字，未知是否。實未易知〔一〕，勢利生去就〔二〕，積積字從盧本補毀壞刎頸之契〔三〕，漸漬釋膠漆之堅〔四〕。於是有忘素情之綢盧本作惆歎，或睚原注：「五懈切。」眥原注：「音貲。」而不思〔五〕，遂令元伯、巨卿之好，獨著於昔〔六〕；張耳、陳餘之變，屢搆於今〔七〕。推往尋來，良可歎也。夫梧禽不與鴟梟同枝〔八〕，麟虞不與豺狼連羣〔九〕，清源不與濁潦混流，仁明不與凶闇同處。何者？漸染積而移直道，暴迫則生害也。」

〔一〕孫星衍曰：「（『然』下）有脱文。盧本補『虚』字，未知是否。」照按：「然」下似脱一「人」字。呂氏春秋任數：「孔子歎曰：『弟子記之，知人固不易矣。』」史記范睢傳：「時侯嬴在旁曰：『人固未易知，知人亦未易也。』」是人之難知，固舊説也。本書行品篇「人技未易知」，自敍篇「洪以爲知人甚未易」，又「且人之未易知也」，内篇祛惑「知人之淺深實復未易」，尤爲切證。

〔二〕陳澧曰：「『就』下疑有脱文。」照按：此句似無脱文。勢利生去就者，謂去就由勢利而生也。卽有勢利時則就，無勢利時則去之意。史實已見本篇上文「逐名趨勢，熱來冷去」二句箋。

〔三〕史記張儀傳：「（復説魏王）衆口鑠金，積毁銷骨。」又鄒陽傳：「（獄中上書）夫以孔、墨之辯，不能自免於讒諛，而二國以危。何則？衆口鑠金，積毁銷骨也。」索隱引顔遊秦云：「讒人積久譖毁，則父兄伯叔自相誅戮，骨肉爲之消滅也。」文選鄒陽獄中上書自明李注：「積毁銷骨，謂積讒毁之言，骨肉之親爲之銷滅。」史記廉頗藺相如傳：「卒相與驩，爲刎頸之交。」索隱引崔浩云：「言要齊生死而刎頸無悔也。」又張耳陳餘傳：「餘年少，父事張耳，兩人相與爲刎頸交。」

〔四〕史記禮書：「漸漬於失教。」漢書禮樂志：「民漸漬惡俗。」説文水部：「漬，漚也。」段注：「謂浸漬也。」史記鄒陽傳：「（獄中上書）感於心，合於行，親於（漢書鄒陽傳、文選獄中上書自明作「堅如」）膠漆，昆弟不能離。」後漢書獨行陳重傳：「陳重字景公，豫章宜春人也。少與同郡雷義爲友。」又雷義傳：「雷義字仲公，豫章鄱陽人也。……義歸，舉茂才，讓於陳重，刺史不聽，義遂陽狂被髮走，不應命。鄉里爲之語曰：『膠漆自謂堅，不如雷與陳。』」稚川有感於交道善終之難，故以膠漆可釋爲言。

〔五〕戰國策韓策二：「聶政曰：『……夫賢者以感忿睚眦之意，而親信窮僻之人。』」史記范雎傳：「范雎於是散家財物，盡以報所嘗困戹者。一飯之德必償，睚眦之怨必報。」索隱：「睚眦，謂相嗔而怒目切齒。」漢書杜業傳：「（上書）反因時信其邪辟，報睚眦怨。」顏注：「睚音厓。眦，舉眼也。眦即眥字，謂目匡也。言舉目相忤者，即報之也。」

〔六〕後漢書獨行范式傳：「范式字巨卿，山陽金鄉人也，一名氾。少遊太學，爲諸生，與汝南張劭爲友。劭字元伯。二人並告歸鄉里。式謂元伯曰：『後二年當還，將過拜尊親，見孺子焉。』乃共剋期日。後期方至，元伯具以白母，請設饌以候之。母曰：『二年之別，千里結言，爾何相信之審邪？』對曰：『巨卿信士，必不乖違。』母曰：『若然，當爲爾醞酒。』至其日，巨卿果到，升堂拜飲，盡歡而別。……後元伯寢疾篤，……尋而卒。……式便服朋友之服，投其葬日，馳往赴之。式未及到，而喪已發引，既至壙，將窆，而柩不肯進。其母撫之曰：『元伯，豈有望邪？』遂停柩移時，乃見有素車白馬，號哭而來。其母望之曰：『是必范巨卿也。』巨卿既至，叩喪言曰：『行矣元伯！死生路異，永從此辭。』……式因執紼而引，柩於是乃前。式遂留止冢次，爲修墳樹，然後乃去。」（太平御覽三九七引謝承後漢書較略）

〔七〕史記張耳陳餘傳：「張耳者，大梁人也。其少時，及魏公子毋忌爲客。……陳餘者，亦大梁人也，好儒術。……餘年少，父事張耳，兩人相與爲刎頸交。……張耳數使人召前陳餘，陳餘自度兵少，不敵秦，不敢前。數月，張耳大怒，怨陳餘。……張耳與陳餘相見，責讓陳餘以不肯救趙，及問張黶、陳澤所在。陳餘怒曰：『張黶、陳澤以必死責臣，臣使將五千人先嘗秦軍，皆沒不出。』張耳不信，以爲殺之，數問陳餘。陳餘怒曰：『不意君之望臣深也！豈以臣爲重去將哉？』乃脫解印綬，推予張耳。……張耳遂收其兵。陳餘獨與麾下所善數百人之河上澤中漁獵。由此陳餘、張耳遂有郤。……陳餘已敗張耳，皆復收趙地，迎趙王於代，復爲趙王。趙王德陳餘，立以爲代王。……漢二年，東擊楚，使使告趙，欲與俱。陳餘曰：『漢殺張耳乃從。』於是漢王求人類張耳者斬之，持其頭遺陳餘。陳餘乃遣兵助漢。漢之敗於彭城西，陳餘亦復覺張耳不死，即背漢。漢三年，韓信已定魏地，遣張耳與韓信擊破趙井陘，斬陳餘泜水上。……太史公曰：『張耳、陳餘，世傳所稱賢者，……然張耳、陳餘始居約時，相然信以死，豈顧問哉？及據國爭權，卒相滅亡，何鄉者相慕用之誠，後相倍之戾也！豈非以勢利交哉？』」漢書敍傳下：「（張耳陳餘傳述）張、陳之交，斿如父子，攜手遯秦，拊翼俱起。據國爭權，還爲豺虎。」（風俗通義窮通略同）潛夫論交際：「是故陳餘、張耳老相全滅而無感痛。」

〔八〕梧禽，鳳皇。已見嘉遯篇「不縶翮於腐鼠」句及「仰棲梧桐」句箋。鴟梟，已見君道篇「則鴟梟化爲鸑鷟」句箋。

〔九〕麟，麒麟。已見嘉遯篇「郊畤獨角之獸」句及「驎不墮穽」句箋。虞，騶虞。已見逸民篇「不識騶虞之用心」句箋。

或人曰：「敢問全交之道可得聞乎〔一〕？」

〔一〕禮記曲禮上：「君子不盡人之歡，不竭人之忠，以全交也。」

抱朴子荅曰：「君子交絕猶無惡言〔一〕，豈肎向所異辭乎〔二〕？殺身猶以許友〔三〕，豈名位之足競乎？善交狎而不慢〔四〕，和而不同〔五〕，見彼有失，則正色而諫之，告我以過，則速改而不憚。不以忤彼心而不言，不以逆我耳而不納，不以巧辨飾其非，不以華辭文其失，不形同而神乖，不匿情而口合，不面從而背憎，不疾人之勝己，護其短而引其長〔六〕，隱其失而宣其得，外無計數之諍〔七〕，內遺心競之累〔八〕。夫然後鹿鳴之好全〔九〕，而伐木之刺息〔一〇〕。

若乃輕合而不重離，易厚而不難薄，始如形影，終爲參辰〔八〕，至歡變爲篤恨，接援化成讎敵，不詳之悔，亦無以下有脫文。

〔一〕戰國策燕策二：「望諸君乃使人獻書報燕王曰：『……臣聞古之君子，交絕不出惡聲。』」（史記樂毅傳同。正義：「言君子之人，交絕不說己長而談彼短。」）新序雜事三：「樂毅使人獻書燕王曰：『……臣聞君子絕交無惡言。』」

〔二〕照按：「胃向」當作「背向」（「胃」或書作「肯」，與「背」形近），始能與上「君子交絕猶無惡言」句文意相屬。內篇微旨：「背向異辭。」尤爲切證。

〔三〕殺身許友，如聶政之於嚴遂是。前嘉遯篇「聶政感惠而屠殖」句已箋，茲不再贅。

〔四〕禮記曲禮上：「賢者狎而敬之。」鄭注：「狎，習也，近也。謂附而近之，習其所行也。」

〔五〕論語子路：「子曰：『君子和而不同。』」集解：「君子心和，然其所見各異，故曰不同。」皇疏：「和，謂心不爭也。不同，謂立志各異也。君子之人，千萬千萬，其心和如一，而所習立之志業不同也。」

〔六〕荀子臣道：「言其所長，不稱其所短。」說苑雜言：「孔子將行，無蓋。弟子曰：『子夏有蓋，可以行。』孔子曰：『商之爲人也，甚短於財。吾聞與人交者，推其長者，違其短者，故能久長矣。』」（又見家語致思）文選與山濤絕交書：「仲尼不假蓋於子夏，護其短也。」

〔七〕管子七法：「剛柔也，輕重也，大小也，實虛也，遠近也，多少也，謂之計數。」尹注：「凡此十二事，必計之以知其數也。」荀子王制：「成侯、嗣公聚斂，計數之君也。」（韓詩外傳三同）又富國：「凡主相臣下百吏之俗，其於貨財取與計數也，須孰盡察。」楊注：「計數，計算也。」韓非子難一：「且臣盡死力以與君市，君垂爵祿以與臣市，君臣之際，非父子之親也，計數之所出也。」舊注：「君計臣力，臣計君祿。」韓詩外傳二：「智惠者不以端計數，而反以事姦飾詐。」鹽鐵論刺復：「計數不離於前，萬事簡閱於心。」論衡答佞：「誤設計數，煩擾農商。」是「計數」爲先秦兩漢常語，謂計算也。後酒誡篇「計數深尅」之「計數」，亦作計算解。說文言部：「諍，止也。」段注：「經傳通作爭。」

〔八〕晉書殷浩傳：「浩少與（桓）温齊名，而每心競。」（左傳襄公二十六年、莊子天運均有「心競」二字，注此不洽。）

〔九〕「後」，藏本、魯藩本、吉藩本、舊寫本作「故」。照按：以上文「夫然，故交道可貴也」例之，「故」字是。（「夫然」爲一逗）詩小雅鹿鳴序：「鹿鳴，燕羣臣嘉賓也。既飲食之，又實幣帛筐篚，以將其厚意，然後忠臣嘉賓得盡其心矣。」儀禮鄉飲酒禮：「工歌鹿鳴、四牡、皇皇者華。」鄭注：「三者皆小雅篇也。鹿鳴，君與臣下及四方之賓燕，講道修政之樂歌也。」

〔一〇〕韓詩伐木序：「伐木廢，朋友之道缺，饑者歌其食，勞者歌其事，詩人伐木，自苦其事，故以爲文」。（文選謝混游西池、閑居賦李注、初學記一五引）後漢書朱穆傳：「（崇厚論）是以虛華盛而忠信微，刻薄稠而純篤稀。斯蓋谷風有『棄予』之歎，伐木有『鳥鳴』之悲矣！」蔡邕正交論：「是以古之交者，其義敦以正，其誓信以固。逮至周德始衰，頌聲既寢，伐木有『鳥鳴』之刺，谷風有『棄予』之怨，其所由來，政之缺也。」（後漢書朱穆傳論李注引）風俗通義窮通：「厥後陵遲，彌已凋翫，伐木有『鳥鳴』之刺，谷風有『棄予』之怨。」

〔一一〕左傳昭公元年：「子產曰：『昔高辛氏有二子，伯曰閼伯，季曰實沈，居於曠林，不相能也，日尋干戈，以相征討。后帝不臧，遷閼伯於商丘，主辰，商人是因，故辰爲商星；遷實沈於大夏，主參，唐人是因，以服事夏、商。』」法言學行：「吾不覩參、辰之相比也。」文選陸機爲顧彥先贈婦詩：「形影參、商乖。」張銑曰：「參、商二星，常出没不相見。商則辰也。」

「往者漢季陵遲〔一〕，皇轡不振〔二〕，在公之義替〔三〕，紛競之俗成。以違時爲清高，以救世爲辱身，尊卑禮壞，大倫遂亂〔四〕。在位之人，不務盡節，委本趨末，背實尋聲。王事廢者其譽美，姦過積者其功多。莫不飛輪兼策，星言假寐〔五〕，冒寒觸暑，以走權門，市虛華之名於秉勢之口，買非分之位於賣官之家。或爭所欲，還相屠滅。

〔一〕陵遲，已見用刑篇「故無陵遲之政也」句箋。

〔二〕皇轡，猶皇輿。楚辭離騷：「豈余身之憚殃兮，恐皇輿之敗績。」王注：「皇，君也。輿，君之所乘，以喻國也。績，功也。言我欲諫爭者，非難身之被殃咎也，但恐君國傾危，以敗先王之功。」文選五臣注張銑曰：「敗績，崩壞。言我所以不難殃咎諫諍者，恐君行事之失，崩壞先王之功。」

〔三〕在公，已見貴賢篇「勤夙夜之在公」句箋。

〔四〕大倫，已見嘉遯篇「先生潔身而忽大倫之亂」句箋。

〔五〕星言，已見本篇上文「星言宵征」句箋。詩小雅小弁：「假寐永歎。」鄭箋：「不脱冠衣而寐曰假寐。」左傳宣公二年：「（趙盾）盛服將朝，尚早，坐而假寐。」杜注：「（假寐）不解衣冠而睡。」

「於是公叔、偉長疾其若彼，力不能正，不忍見之，爾乃發憤著論，杜門絶交，斯誠感激有爲而然〔一〕。蓋矯枉而過正〔二〕，非經常之永訓也。徒當遠非類之黨，慎諂黷之源〔三〕。何必裸袒以詭彼己〔四〕，斷粒以刺玉食哉〔五〕！夫交（藏本作反，從舊寫本改。）之爲非，重諫而不止，遂至大亂。故禮義之所弃，可以絶矣。」

〔一〕後漢書朱穆傳：「穆字公叔。……穆又著絶交論，亦矯時之作。」李注：「穆集載論，其略曰：『或曰：「子絶存問，不見客，亦不答也，何故？」曰：「古者進退趨業，無私游之交，相見以公朝，享會以禮紀，否則朋徒受習而已。」曰：「人將疾子，如何？」曰：「寧受疾。」曰：「受疾可乎？」曰：「世之務交游也久矣，敦千乘不忘於君，犯禮以追之，背公以從之。其愈者，則孺子之愛也；其甚者，則求蔽過竊譽，以贍其私。事替義退，公輕私重，居勞於聽也。或於道而求其私，贍矣。是故遂往不反，而莫敢止焉。是川瀆並決，而莫之敢塞，游豶蹂稼，而莫之禁也。詩（邶風柏舟）云：『威儀棣棣，不可筭也。』後生將復何述？而吾不才，焉能規此？實悼無行，子道多闕，臣事多尤，思復白圭，重考古言，以補往過。時無孔堂，（論語子張：「曾子曰：『堂堂乎張也。』」此「堂」字蓋指子張。）思兼則滯，匪有廢也，則亦焉與？是以敢受疾也，不亦可乎！」』」三國志魏書王粲傳：「粲與北海徐幹字偉長，……並見友善。」中論譴交：「民之好交游也，不及聖王之世乎？古之不交游也，將以自求乎？……且先王之教官，既不以交游導民，而鄉之考德，又不以交游舉賢。是以不禁其民，而民自舍之。及周之衰，而交游興矣。……取士不由於鄉黨，考行不本於閥閱。多助者爲賢才，寡助者爲不肖。序爵聽無證之論，班祿采方國之謡。民見其如此者，知富貴可以從衆爲也，知名譽可以虚譁獲也，乃離其父兄，去其邑里，不脩道藝，不治德行，講偶時之說，結比周之黨，汲汲皇皇，無日以處。更相歎揚，迭爲表裏，檮杌生華，憔悴布衣，以欺人主，惑宰相，竊選舉，盜榮寵者，不可勝數也。既獲者，賢己而遂往；羨慕者，並驅而追之。悠悠皆是，孰能不然者乎？桓、靈之世，其甚者也。自公卿大夫，州牧郡守，王事不恤，賓客爲務。……星言夙駕，送往迎來，亭傳常滿，吏卒傳問，炬火夜行，閽寺不閉。把臂捩腕，扣天矢誓。推託恩好，不較輕重。文書委於官曹，繫囚積於囹圄，而不遑省也。詳察其爲也，非欲憂國恤民，謀道講德也。徒營己治私，求勢逐利而已。有策名於朝，而稱門生於富貴之家者，比屋有之。爲之師而無以教，弟子亦不受業。然其於事也，至乎懷丈夫之容，而襲婢妾之態；或奉貨而行賂，以自固結，求志屬託，規圖仕進。然擲目指掌，高談大語。若此之類，言之猶可羞，而行之者不知恥。嗟乎！王教之敗，乃至於斯乎？」

〔二〕漢書諸侯王表序：「可謂撟枉過其正矣。」顏注：「撟與矯同。枉，曲也。正曲曰矯。」又王莽傳上：「莽又令太后下詔曰：『……矯枉者過其正。』」

〔三〕易繫辭下：「子曰：『知幾，其神乎！君子上交不諂，下交不瀆，其知幾乎？』」集解引侯果曰：「上謂王侯，下謂凡庶。上交不至諂媚，下交不至瀆慢，悔吝无從而生，豈非知微者乎？」文選蔡邕陳太丘碑文：「交不諂上，愛不瀆下。」瀆、黷古今字。

〔四〕孟子公孫丑上：「柳下惠不羞汙君，不卑小官。進不隱賢，必以其道。遺佚而不怨，阨窮而不憫。故曰：『爾爲爾，我爲我，雖袒裼裸裎於我側，爾焉能浼我哉？』」朱注：「袒裼，露臂也。裸裎，露身也。」詩曹風候人：「彼其之子，不稱其服。」鄭箋：「不稱者，言德薄而服尊。」釋文：「其，音記。稱，尺證反。」左傳僖公二十四年：「（子臧）好聚鷸冠，鄭伯（文公）聞而惡之。使盜誘之，八月，盜殺之于陳、宋之間。君子曰：『服之不衷，身之災也。詩曰：「彼己之子，不稱其服。」子臧之服，不稱也夫？』」杜注：「詩曹風刺小人在位，言彼人之德不稱其服。」釋文：「己，音記。」是「己」與「其」音讀同。（後漢書明帝紀：「〔永平二年詔〕詩刺彼己。」文選求自試表：「將挂風人彼己之譏。」皆截用候人作「彼己」。）

〔五〕書洪範：「惟辟作福，惟辟作威，惟辟玉食。」孔傳：「言惟君得專威福爲美食。」正義：「惟君玉食，得備珍食也。」漢書敘傳下：「（貨殖傳述）侯服玉食，敗俗傷化。」顏注引張晏曰：「玉食，珍食也。」

抱朴子外篇校箋卷之十七

備闕

抱朴子曰：「騕褭原注：「於咬切，駿馬也。」能奮藺筋以絶景，而不能履冰以乘深〔一〕；猛虎能似雷霆以搏噬〔二〕，而不能踊雲霧以淩虛；鴻、鶤不能振翅於籠罝之中〔三〕，輕鷂不能電擊於几筵之下〔四〕。物既然矣，人亦如之。故能調和陰陽者〔五〕，未必能兼百行〔六〕，修簡書也〔七〕；能敷五邁九者〔八〕，不必能全小潔，經曲碎也。

〔一〕爾雅釋畜：「玄駒，褭驂。」郭注：「或曰：『此即騕褭，古之良馬名。』」呂氏春秋離俗覽：「飛兔、要褭，古之駿馬也。」高注：「飛兔、要褭，皆馬名也，日行萬里。」淮南子齊俗：「夫待騕褭、飛兔而駕之，則世莫乘車。」許注：「騕褭，良馬。飛兔其子。褭、兔走，蓋皆一日萬里也。」文選爲曹洪與魏文帝書：「及整藺筋，揮勁翮，陵厲清浮，顧眄千里，豈可謂其借翰於晨風，假足於六駮哉？」李注：「相馬經云：『一筋從玄中出，謂之藺筋。玄中者，目上陷如井字。藺筋豎者千里。」絶景，謂駿馬。已見勗學篇「彼雖尋飛絶景」句箋。照按：「冰」上疑脫一字（或是「薄」字）。下文「而不能踊雲霧以淩虛」句可證。

〔二〕淮南子兵略：「卒如雷霆。」（卒讀曰猝，謂急遽也。）

〔三〕鴻、鶴，已見逸民篇「鴻、鶴登嵩巒而含慼」句箋。

〔四〕說文鳥部：「鶚，鷙鳥也。」文選宋玉高唐賦：「雕、鶚、鷹、鷂，飛揚伏竄。」

〔五〕書僞周官：「立太師，太傅、太保。茲惟三公，論道經邦，燮理陰陽。」史記陳丞相世家：「平謝曰：『……宰相者，上佐天子理陰陽，順四時，下育萬物之宜。』」（漢紀文帝紀上〔元年〕作「調理陰陽」。）

〔六〕百行，已見逸民篇「誠以百行殊尚」句箋。

〔七〕詩小雅出車：「畏此簡書。」正義：「古者無紙，有事書之於簡，謂之簡書。」

〔八〕敷五，敷五教。已見君道篇「五教在寬」句箋。書皋陶謨：「皋陶曰：『都！亦行有九德，亦言其人有德。』乃言曰：『載采采。』禹曰：『何？』皋陶曰：『寬而栗，柔而立，愿而恭，亂而敬，擾而毅，直而溫，簡而廉，剛而塞，彊而義，彰厥有常，吉哉！』」爾雅釋言：「邁，行也。」（左傳莊公八年：「夏書〔杜注：『逸書也。』〕曰：『皋陶邁種德。』」書僞大禹謨有此語，枚傳訓「邁」爲「行」。）

「惠子上相之標也，而不能役舟楫以淩陽侯〔一〕；漢高神武之傑也，而不能治產業，端檢括〔二〕；淮陰良將之元也，而不能修農商，免飢寒〔五〕；周勃社稷之骾也，而不能荅錢穀，責獄辭〔四〕。若以所短棄所長，則逸儕拔萃之才不用矣；責具體而論細禮，則匠世濟民之勳不著矣〔五〕。

〔一〕說苑雜言：「梁相死，惠子欲之梁。渡河，而遽墮水中。船人救之。船人曰：『子欲何之而遽也？』曰：『梁無相，吾欲往相之。』船人曰：『子居船楫之間而困。無我，則子死矣。子何能相梁乎？』惠子曰：『（子）居艘楫之間，則吾不如子。至於安國家，全社稷，子之比我，蒙蒙如未視之狗耳！』」陽侯，陽侯之波。已見用刑篇「金舟不能淩陽侯之波」句箋。照按：「以」字疑衍。下文可證。

〔二〕史記高祖紀：「（高祖）常有大度，不事家人生產作業。及壯，試爲吏，爲泗水亭長，廷中吏無所不狎侮。好酒及色。……高祖奉玉卮，起爲太上皇壽，曰：『始大人常以臣無賴，不能治產業，不如仲力。今某之業所就孰與仲多？』」檢括，已見崇教篇「斂之乎檢括之中」句箋。

〔三〕史記淮陰侯傳：「淮陰侯韓信者，淮陰人也。始爲布衣時，貧無行，不得推擇爲吏，又不能治生商賈，常從人寄食飲，人多厭之者。常數從其下鄉南昌亭長寄食，數月，亭長妻患之，乃晨炊蓐食。食時信往，不爲具食。信亦知其意，怒，竟絶去。信釣於城下，諸母漂，有一母見信飢，飯信，竟漂數十日。信喜，謂漂母曰：『吾必有以重報母。』母怒曰：『大丈夫不能自食，吾哀王孫而進食，豈望報乎！』」

〔四〕史記陳丞相世家：「孝文皇帝既益明習國家事，朝而問右丞相勃曰：『天下一歲決獄幾何？』勃謝曰：『不知。』問：『天下一歲錢穀出入幾何？』勃又謝不知，汗出沾背，愧不能對。」靦，已見臣節篇「社稷之靦也」句箋。

〔五〕「匠」，文溯本（剜改）作「匡」；崇文本同。照按：古籍中有言「匡時」、「匡國」、「匡君」、「匡主」者，其「匡」字誼與此同。若作「匠」，則不可解矣。論衡對作篇：「匡濟薄俗。」後漢書袁紹傳上「今欲與卿勠力同心，共安社稷，將何以匡濟之乎」，三國志魏書賈詡傳「乃拜詡尚書，典選舉，多所匡濟」，又趙儼傳「曹鎮東應期命世，必能匡濟華夏」，南齊書高帝紀「匡濟艱難，功均造物」，阮孝緒七録序「所以匡濟風俗，矯正彝倫」，皆以「匡濟」連文，足證此文「匠世」之「匠」碻爲誤字。後博喻篇「而抽匡世之器」，內篇論仙「未若攄匡世之高策」，又釋滯「古人多得道而匡世」，並作「匡世」，尤爲切證。

「天不能平其西北，地不能隆其東南〔一〕，日月不能摛光於曲穴，衝風不能揚波於井底〔二〕。摘齒，則松檟不及一寸之筳〔三〕；挑耳，則棟梁不如鷦鷯之羽〔四〕，彈鳥，則千金不及丸泥之用〔五〕；縫緝，則長劍不及數分之針。何必伏巨象而捕鼠，制大鵬以司晨乎？故姜牙賣煦疑當作漿。舊寫本「煦」字空白，盧本作「魚」，妄改耳。無所售，而見師於文、武〔六〕。蔣生憤慢於百里，而獨步三槐〔七〕。」

〔一〕淮南子天文：「昔者共工與顓頊爭爲帝，怒而觸不周之山，天柱折，地維絶；天傾西北，故日月星辰移焉。地不滿東南，故水潦塵埃歸焉。」（又見論衡談天、列子湯問）史記日者傳：「天不足西北，星辰西北移；地不足東南，以海爲池。」

〔二〕史記韓長孺傳：「安國曰：『……衝風之末，力不能漂鴻毛。』」漢書韓安國傳顔注：「衝風，疾風之衝突者也。」楚辭九歌少司命：「衝風至兮水揚波。」

〔三〕漢書孫寶傳「故欲擿觖以揚我惡」顔注：「擿觖，謂挑發之也。擿，音它歷反。」集韻二十三錫：「擿，挑也。」是擿齒即挑齒。淮南子齊俗：「柱不可以摘齒，筐〔筳〕不可以持屋。」許注：「筐〔筳〕，小簪也。」玉篇竹部：「筳，小破竹也，小簪也。」「摘」、「擿」古通用。

〔四〕鷦鷯，已見嘉遯篇「一枝足以戢鸑羽」句箋。

〔五〕東方朔對驃騎難：「以珠彈鳥，不如泥丸。」（北堂書鈔一二四、藝文類聚六十引）説苑雜言：「西閭過曰：『……隨侯之珠，國之寶也，然用之彈，（莊子讓王有「以隨侯之珠彈千仞之雀」語〔呂氏春秋貴生同〕，曾不如泥丸。』」

「彈」下脱「雀」字。本書前嘉遯篇「隋珠彈雀，知者不爲」，後安貧篇「勸隋珠之彈雀」，亦可證「彈」下合有「雀」字。』曾不如泥丸。」後漢書隗囂傳：「(王)元遂説囂曰：『……元請以一丸泥爲大王東封函谷關，此萬世一時也。』」「丸泥」與「泥丸」一實。安貧篇「夫丸泥已不能遏彭蠡之沸騰」，亦作「丸泥」，與此同。

【六】孫星衍曰：「(『煦』)疑當作『鬻』。舊寫本『煦』字空白，盧本作『魚』，妄改耳。」孫詒讓曰：「盧本固誤，然孫校亦非也。『賣煦』，蓋謂賣傭。戰國策秦策(五)：『姚賈曰：「(太公望)棘津之讎不庸。」』即其事也。但以傭爲煦，未詳其義。道藏本漢武帝外傳説李少君『或時煦賃』，亦用煦爲傭賃字，疑晉、宋俗語也。」照按：逸民篇：「且呂尚之未遇文王也，亦曾隱於窮賤，凡人易之，老婦逐之，賣傭不售。」彼此係用一事，則「煦」當作「傭」矣。戰國策秦策五：「姚賈曰：『太公望齊之逐夫，……棘津之讎不庸。』」高注：「賣庸作，又不能自售也。」此文之云「賣傭無所售」，與姚賈之言「棘津之讎不庸」，其實一也。酒誡篇「煦(此依藏本、魯藩本、吉藩本等，平津本已改作「愚」)人所不免也」，羣書治要五十引「煦」作「庸」。「傭」之誤「煦」，正如「庸」之誤「煦」然也。(「傭」與「庸」通。史記欒布傳「窮困賃傭於齊」，漢書欒布傳「傭」作「庸」。)史記齊太公世家：「太公望呂尚者，東海上人。……本姓姜氏，從其封姓，故曰呂尚。……言呂尚所以事周雖異，然要之爲文、武師。」索隱：「譙周(古史考)曰：『姓姜，名牙。』按：……蓋牙是字，尚是其名，後武王號爲師尚父(詩大雅大明：「維師尚父，時維鷹揚，涼彼武王。」)也。」

【七】三國志蜀書蔣琬傳：「蔣琬字公琰，零陵湘鄉人也。……琬以州書佐隨先主入蜀，除廣都長。先主嘗因游觀奄至廣都，見琬衆事不理，時又沈醉，先主大怒，將加罪戮。軍師將軍諸葛亮請曰：『蔣琬，社稷之器，非百里之才也。其爲政以安民爲本，不以脩飾爲先，願主公重加察之。』先主雅敬亮，乃不加罪，倉卒但免官而已。……先主爲漢中王，琬入爲尚書郎。建興元年，丞相亮開府，辟琬爲東曹掾。……亮數外出，琬常足食足兵以相供給。

亮每言：「公琰託志忠雅，當與吾共贊王業者也。」密表後主曰：「臣若不幸，後事宜以付琬。」亮卒，以琬爲尚書令，俄而加行都護，假節，領益州刺史，遷大將軍，録尚書事，封安陽亭侯。……（延熙元年）又命琬開府，明年就加爲大司馬。」「步」下，慎本、盧本、柏筠堂本、文溯本、叢書本、崇文本並有「於」字。照按：有於字始能與上「而見師於文、武」句儷。周禮秋官朝士：「面三槐，三公位焉。」此以三槐喻蔣琬官職。

抱朴子外篇校箋卷之十八

擢才

抱朴子曰：「華章藻蔚，非矇瞍所玩〔一〕；英逸之才，非淺短所識。夫瞻視不能接物，則衮龍與素褐同價矣〔二〕；聰鑒不足相涉，則俊民與庸夫一槩矣〔三〕。眼不見，則美不入神焉；莫之與，則傷之者至焉〔四〕。且夫愛憎好惡，古今不均，時移俗易，物同價異。譬之夏后之璜，曩直連城〔五〕，鬻之於今，賤於銅鐵。故昔以隱居求志爲高士〔六〕，今以山林之儒爲不肖。故聖世人衍人字之良幹，乃闇俗之罪人也；往者之介潔，乃末葉之羸劣也。

〔一〕詩大雅靈臺：「矇瞍奏公。」毛傳：「有眸子而無見曰矇。無眸子曰瞍。」

〔二〕衮龍，已見嘉遯篇「緼袍麗於衮服」句箋。

〔三〕俊民，亦見嘉遯篇「安可令俊民全其獨善之分」句箋。一槩，猶言一律。新語懷慮：「持一槩以等萬民。」楚辭九章懷沙：「同糅玉石兮，一槩而相量。」洪補注：「槩，平斗斛木。」

〔四〕莫與則傷之者至，已見官理篇「莫與則傷之者必至」句箋。

〔五〕左傳定公四年：「子魚曰：『……分魯公以大路，大旂，夏后氏之璜。』」杜注：「璜，美玉名。」淮南子精神：「夫有夏后氏之璜者，匣匱而藏之，寶之至也。」高注：「半璧曰璜。珍玉也。」史記廉頗藺相如傳：「趙惠文王時，得楚和氏璧。秦昭王聞之，使人遺趙王書，願以十五城請易璧。」文選魏文帝與鍾大理書：「猥以蒙鄙之姿，得覩希世之寶，不煩一介之使，不損連城之價，既有秦昭章臺之觀，而無藺生詭奪之誑。嘉貺益腆，敢不欽承。」

〔六〕隱居求志，已見逸民篇「隱居求志」句箋。

「弘偉之士，履道之生，其崇信匪徒重仞之牆〔一〕，其淵澤不唯呂梁之深也〔二〕，故短近不能賞，而淺促不能測焉。因以異乎己而薄之矣〔三〕，以不求我而疾之矣，不貴不用，何足言乎？乃有播埃塵於白珪，生瘡痏於玉肌〔四〕，訕疵雷同〔五〕攻伐獨立，曾參蒙劫剽之垢〔六〕，巢、許獲穿踰之謗〔七〕。自匪明並懸象〔八〕，玄鑒表微者〔九〕，焉能披泥抽淪玉，澄川掇沈珠哉！夫珪璋居肆而不售〔一〇〕，矧乃翳於槃璞乎〔一一〕？奇士扣角而見遏〔一二〕，況乃潛於罩藪乎〔一三〕？

〔一〕論語子張：「子貢曰：『譬之宮牆，賜之牆也及肩，窺見室家之好。夫子之牆數仞，不得其門而入，不見宗廟之美，百官之富。』」集解引包咸曰：「七尺曰仞。」

〔二〕莊子達生：「孔子觀於呂梁，縣水三十仞，流沫四十里，黿鼉魚鼈之所不能游也。」（又見説苑雜言、家語致思、列子黄帝又説符）釋文引司馬彪云：「河水有石絶處也。今西河離石西有此縣絶，世謂之黄梁。縣，音玄。」呂氏春秋愛類「呂梁未發」高注：「呂梁在彭城呂縣，大石在水中，禹決而通之，號曰呂梁。」淮南子本經「呂梁未發」高注：「呂梁在彭城呂縣，石生水中，禹決而通之，民所由得度也，故曰呂梁也。」成玄英莊子達生篇疏：「呂梁，水名，解者不同：或言是西河離石，有黄河縣絶之處，名吕梁也；或言蒲州二百里有龍門，河水所經，瀑布而下，亦名吕梁，或言宋國彭城縣之吕梁。」（莊逵吉淮南子本經篇「吕梁未發」句案語、俞正燮癸巳存稿卷十二吕梁條可參閲）

〔三〕莊子在宥：「世俗之人，皆喜人之同乎己，而惡人之異於己也。」

〔四〕文選西京賦：「所惡成創痏。」薛注：「創痏，謂瘢痕也。」李注：「蒼頡曰：『痏，毆傷也。』胡軌切。」「創」、「瘡」正俗字。

〔五〕雷同，已見逸民篇「赴雷同比周之末也」句箋。

〔六〕戰國策秦策二：「（甘茂）對曰：『……昔者曾子處費，費人有與曾子同名族者而殺人，人告曾子母曰：「曾參殺人。」曾子之母曰：「吾子不殺人。」織自若。有頃焉，人又曰：「曾參殺人。」其母尚織自若也。頃之，一人又告之曰：「曾參殺人。」其母懼，投杼踰牆而走。』」（又見史記甘茂傳、新序雜事二〔新語辨惑較略〕）

〔七〕巢、許，巢父、許由。已見嘉遯篇「各守洗耳之高」句及「而箕、潁有巢棲之客」句箋。孟子盡心下：「人能充無穿踰之心，而義不可勝用也。」趙注：「穿牆踰屋，姦利之心也。」

〔八〕「自匪」上，意林四引有「識珍者必拾濁水之明珠，賞氣者必將穢藪之芳蕙」二句（初學記二七、太平御覽八百三止引此二句〔「將」作「採」〕）。照按：此二句當據補。易繫辭上：「縣象著明，莫大乎日月。」漢書敍傳下：「（天文志述）炫炫上天，縣象著明。」顏注：「縣，古懸字。」淮南子本經：「明與日月竝。」

〔九〕淮南子修務：「執玄鑒於心，照物明白。」高注：「玄，水也。鑒，鏡也。」

〔一〇〕論語子張：「子夏曰：『百工居肆，以成其事。』」劉寶楠正義：「説文（長部）云：『肆，極陳也。』凡陳物必有所居之處，故市廛爲貨物所居，亦通名肆。」此句謂玉已成器爲珪璋，雖陳肆而不見售。

〔二〕說文羽部：「翳，華蓋也。」段注：「……翳之言蔽也，引伸爲凡蔽之偁。在上在旁皆曰翳。」槃璞，玉尚未雕琢者。尹文子大道下：「鄭人謂玉未理者爲璞。」（又見戰國策秦策三）孟子梁惠王下：「今有璞玉於此，雖萬鎰，必使玉人彫琢之。」趙注：「彫琢，治飾玉也。」焦循正義：「玉之未治者爲璞，必治之飾之，而後成器，故趙氏以治飾解之。」

〔三〕呂氏春秋舉難：「甯戚欲干齊桓公，……甯戚飯牛居車下，望桓公而悲，擊牛角疾商歌。桓公聞之，撫其僕之手曰：『異哉，之歌者非常人也！』命後車載之。桓公反至，從者以請，桓公賜之衣冠，將見之。甯戚見，說桓公以治境內。明日復見，說桓公以爲天下。桓公大說，將任之。羣臣爭之曰：『客衞人也，衞之去齊不遠，君不若使人問之，而固賢者也，用之未晚也。』桓公曰：『問之，患其有小惡，以人之小惡，亡人之大美，此人主之所以失天下之士也已。』」（又見淮南子道應、新序雜事五）

〔四〕「睪」，藏本、魯藩本、吉藩本、愼本、盧本、舊寫本、彙函本、柏筠堂本、文溯本、叢書本、崇文本作「皐」。照按：「皐」，「皋」之俗體。「皋」與「睪」同。「睪」乃「畢」之誤。

「孫臏思騁其袐略，而司馬刖之〔一〕，韓非願建治績，而李斯殺之〔二〕，賈誼慷慨，懷經國之術，而武夫排之〔三〕，子政忠良，有匡危之具，而恭、顯陷之〔四〕。和氏所以抱璞而泣血〔五〕，禽息所以發憤而碎首也〔六〕。夫玉石易別於賢愚，愛寶情篤於好士，以易別之寶，合篤好之物，猶獲罪截趾，歷世受誣。況乎難知之賢，非意所急，讒人畫蛇足於無形〔七〕，姦臣畏忠貞之害己〔八〕，體曲者忌繩墨之容，夜裸者憎明燭之來。是以高譽美行，抑而不揚，虛構之謗，先形生影。又無楚人號哭之薦，萬無一遇，固其宜矣。

〔一〕孫臏爲龐涓所刖，已見時難篇「龐涓之刖孫臏」句箋。（此云「司馬刖之」未詳）

〔二〕徐濟忠「建」下校沾「其」字。盧本「建其」二字並排刻，彙函本、柏筠堂本、文溯本等有「其」字。照按：有「其」字始能與上文相儷。李斯殺韓非，亦見時難篇「李斯之誅韓非」句箋。

〔三〕史記賈生傳：「賈生名誼，雒陽人也。年十八，以能誦詩屬書聞於郡中。……文帝召以爲博士。是時賈生年二十餘，最爲少。每詔令議下，諸老先生不能言，賈生盡爲之對，人人各如其意所欲出。諸生於是乃以爲能不及也。……賈生以爲漢興至孝文二十餘年，天下和洽，而固當改正朔，易服色，法制度，定官名，興禮樂，乃悉草具其事儀法，……悉更秦之法。孝文帝初卽位，謙讓未遑也。諸律令所更定，及列侯悉就國，其說皆自賈生發之。於是天子議以爲賈生任公卿之位。絳、灌、東陽侯、馮敬之屬盡害之，乃短賈生曰：『雒陽之人，年少初學，專欲擅權，紛亂諸事。』於是天子後亦疏之，不用其議。」漢書賈誼傳：「是時，匈奴彊，侵邊。天下初定，制度疏闊。諸侯王僭儗，地過古制，淮南、濟北王皆爲逆誅。誼數上疏陳政事，多所欲匡建，其大略曰：『臣竊惟事勢，可爲痛哭者一，可爲流涕者二，可爲長太息者六，若其它背理而傷道者，難徧以疏舉。……此之不爲，而顧彼之久行，故曰可爲長太息者此也。』……贊曰：『劉向稱「賈誼言三代與秦治亂之意，其論甚美，通達國體，雖古之伊、管未能遠過也。使時見用，功化必盛。爲庸臣所害，甚可悼痛。」追觀孝文玄默躬行以移風俗，誼之所陳略施行矣。』」

〔四〕漢書劉向傳：「向字子政，本名更生。……更生年少於（蕭）望之、（周）堪，然二人重之，薦更生宗室忠直，明經有行，擢爲散騎宗正給事中，與侍中金敞拾遺於左右。四人同心輔政，患苦外戚許、史在位放縱，而中書宦官弘恭、石顯弄權。望之、堪、更生議，欲白罷退之。未白而語泄，遂爲許、史及恭、顯所譖愬，堪、更生下獄，及望之皆罷官。……更生懼焉，乃使其外親上變事，……書奏，恭、顯疑其更生所爲，白請考姦詐。辭果服，遂逮更生繫獄。……更生見堪、（張）猛在位，幾已得復進，懼其傾危，乃上封事諫曰：『……臣幸得託肺附，誠見陰陽不調，不敢不通所聞。……臣謹重封昧死上。』恭、顯見其書，愈與許、史比而怨更生等。……遂廢十餘年。」恭、顯已見君道篇「恭、顯之惡直」句箋。

〔五〕韓非子和氏：「楚人和氏得玉璞楚山中，奉而獻之厲王。厲王使玉人相之，玉人曰：『石也。』王以和爲誑，而刖其左足。及厲王薨，武王即位，和又奉其璞而獻之武王。武王使玉人相之，又曰：『石也。』王又以和爲誑，而刖其右足。武王薨，文王即位，和乃抱其璞而哭於楚山之下，三日三夜，泣盡而繼之以血。王聞之，使人問其故，曰：『天下之刖者多矣，子奚哭之悲也？』和曰：『吾非悲刖也，悲夫寶玉而題之以石，貞士而名之誑，此吾所以悲也。』王乃使玉人理其璞，而得寶焉，遂命曰和氏之璧。夫珠玉人主之所急也，和雖獻璞而未美，未爲王之害也，然猶兩足斬而寶乃論。論寶若此其難也！」（又見新序雜事五）

〔六〕韓詩外傳佚文：「禽息，秦人，知百里奚之賢，薦之於穆公，爲私而加刑焉。公後知百里之賢，乃召禽息謝之。禽息對曰：『臣聞忠臣進賢不私顯，烈士憂國不喪志，奚陷刑，臣之罪也。』乃對使者以首觸楹而死。以上卿之禮葬之。」（文選演連珠李注引）又：「禽息，秦大夫，薦百里奚不見納。繆公出，當車以頭擊闑，腦乃精（後循吏孟嘗傳注作「播」，漢書杜鄴傳顏注引應劭説亦作「播」）出，曰：『臣生無補於國，不如死也。』繆公感寤而用百里奚，秦以大化。」（後漢書朱穆傳、孟嘗傳李注引。漢書杜鄴傳顏注所引應劭説同，蓋亦本韓詩外傳也。）論衡儒增：「儒書言：『禽息薦百里奚，繆公未聽。禽息出，當門仆頭，碎首而死。繆公痛之，乃用百里奚。』」劉子薦賢：「故黔息碎首以明百里。」黔息卽禽息。「禽」、「黔」雙聲。（孫志祖讀書脞録五禽息薦百里奚：「……據選注所云，是秦穆公已知百里奚之賢而謝之矣，又奚爲觸楹而死哉？當以章懷注爲正。」）

〔七〕 戰國策齊策二：「楚有祠者，賜其舍人巵酒，舍人相謂曰：『數人飲之不足，一人飲之有餘，請畫地爲蛇，先成者飲酒。』一人蛇先成，引酒且飲之，乃左手持巵，右手畫蛇曰：『吾能爲之足。』未成，一人之蛇成，奪其巵曰：『蛇固無足，子安能爲之足？』遂飲其酒。爲蛇足者，終亡其酒。」後漢書袁紹傳：「（審）配獻書於（袁）譚曰：『……何意凶臣郭圖，妄畫蛇足，曲辭諂媚，交亂懿親。』」（三國志魏書袁紹傳裴注引習鑿齒漢晉春秋「郭圖」作「逢紀」）

〔八〕 忠貞，已見君道篇「邪僞變成忠貞」句箋。

「夫以玉爲石者，亦將以石爲玉矣；以賢爲愚者，亦將以愚爲賢者矣。以石爲玉，未有傷也；以愚爲賢者，亡之診也。蓋診亡者，雖存而必亡；猶脈死者，雖生而必死也。可勿慎乎！於戲，悲夫！莫之思者也。昔仲尼上聖也，東受累於齊人，南見塞於子西〔一〕。文種大賢也，初不齒於荆俗，末雍游於鈞如〔二〕。競年立功，不亦難乎？夫結綠、玄黎，非陶、猗不能市也〔三〕；千鈞之重，非賁、獲不能抱也〔四〕。白雪之絃，非靈素不能徽也〔五〕；邁倫之才，非明主不能用也。

〔一〕 晏子春秋外篇八：「仲尼之齊，見景公，景公説之，欲封之以爾稽，以告晏子。晏子對曰：『不可。彼浩裾自順，不可以教下；好樂緩於民，不可使親治；立命而建事，不可守職；厚葬破民貧國，久喪道哀費日，不可使子民；行之難者在內，而傳者無其外，故異於服，勉於不可以道衆而馴百姓。……今孔丘盛聲樂以侈世，飾弦歌鼓舞以聚徒，繁登降之禮，趨翔之節以觀衆，博學不可以儀世，勞思不可以補民，……其道也，不可以示世，其教也，不可以導民。今欲封之，以移齊國之俗，非所以導衆存民也。」公曰：「善。」於是厚其禮而留其封，敬見不問其道。仲尼迺行。」（又見墨子非儒下、孔叢子詰墨〔史記孔子世家較略〕）史記孔子世家：「昭王將以書社地七百里封孔子。楚令尹子西曰：『王之使使諸侯有如子貢者乎？』曰：『無有。』『王之輔相有如顏回者乎？』曰：『無有。』『王之將率有如子路者乎？』曰：『無有。』『王之官尹有如宰予者乎？』曰：『無有。』『且楚之祖封於周，號爲子男五十里。今孔丘述三、五之法，明周、召之業，王若用之，則楚安得世世堂堂方數千里乎？夫文王在豐，武王在鎬，百里之君卒王天下。今孔丘得據土壤，賢弟子爲佐，非楚之福也。』昭王乃止。」說苑雜言：「楚昭王召孔子，將使執政，而封以書社七百。子西謂楚王曰：『王之臣用兵有如子路者乎？……長管五官有如子貢者乎？昔文王處酆，武王處鎬，酆、鎬之間，百乘之地，伐上殺主，立爲天子，世皆曰聖王。今以孔子之賢，而有書社七百里之地，而三子佐之，非楚之利也。』楚王遂止。夫善惡之難分也，聖人獨〔猶〕見疑，而況於賢者乎？是以聖賢罕合，諂諛常興也。故有千歲之亂，而無百歲之治。孔子之見疑，豈不痛哉！」

〔二〕吳越春秋佚文：「文種者，本楚南郢人也。姓文，字少禽。」（文選豪士賦序李注引）又：「文種，荆平王時爲宛令，不治官職，有若狂顛，惟歎笑也。」（北堂書鈔七八引）又：「大夫種姓文名種，字子禽。荆平王時爲宛令，之三户之里，范蠡從犬竇蹲而吠之，從吏恐文種慚，令人引衣而鄣之。文種曰：『無鄣也。吾聞犬之所吠者人，今吾到此，有聖人之氣，行而求之，來至於此。且人身而犬吠者，謂我是人也。』乃下車拜，蠡不爲禮。」（史記越世家正義引）會稽典錄：「范蠡字少伯，越之上將軍也。本是楚宛三户人，被髮佯狂，倜儻負俗。文種爲宛令，遣吏奉謁。吏還曰：『范蠡本國狂人，生有此病。』種笑曰：『吾聞士有賢俊之姿，必有佯狂之譏，內懷獨見之明，外有不知之毁，此固非二三子之所知也。』駕車而往，蠡避之。後知種之必來諷，謂兄嫂曰：『今日有客，願假衣冠。』有頃種至，抵掌而談，旁人觀者聳聽之矣。」（同上又太平御覽四七四引（北堂書鈔九八所引互有詳略））文種居楚時事跡，其可攷者如上。仕越後，甚得句踐信任。「填撫國家，親附百姓」，沼吳之功不亞於范蠡。國語越語、史記越世家、吳越春秋、越絶書均有或詳或略記載，茲不具録。下篇任命「文種解屩而紆青」一語，與此二句意同。蓋皆謂種初不得意，後乃顯達也。惟「雍游鈞如」四字，不知出何典記（或字有誤），俟攷。

〔三〕戰國策秦策三：「范子因王稽入秦，獻書昭王曰：『……臣聞周有砥厄，宋有結緑，梁有懸黎，楚有和璞，此四寶者，工之所失也，而爲天下名器。』」（又見史記范雎傳）「玄」、「懸」同聲通假。韓非子解老：「夫棄道理而妄舉動者，雖上有天子諸侯之勢尊，而下有猗頓、陶朱卜祝之富，猶失其民人而亡其財資也。」史記貨殖傳：「范蠡既雪會稽之恥，……乃乘扁舟浮於江湖，變名易姓，適齊爲鴟夷子皮，之陶爲朱公。朱公以爲陶天下之中，諸侯四通，貨物所交易也。乃治産積居，與時逐而不責於人。故善治生者，能擇人而任時。十九年之中三致千金，再分散與貧交疏昆弟。此所謂富好行其德者也。後年衰老而聽子孫，子孫脩業而息之，遂至巨萬。故言富者皆稱陶朱公。……猗頓用盬鹽起，……與王者埒富。」漢書顔注：「盬，鹽池也。於盬造鹽，故曰盬鹽。盬，音古。埒，等也。」孔叢子陳士義：「猗頓，魯之窮士也。耕則常飢，桑則長寒。聞陶朱公富，往而問術焉。朱公告之曰：『子欲速富，當畜五牸。』於是乃適西河，大畜牛羊於猗氏之南。十年之間，其滋息不可計，貲擬王公，馳名天下。以興富於猗氏，故富（曰）猗頓。」

〔四〕賁、獲，孟賁、烏獲。已見臣節篇「非賁、獲之壯，不可以舉兼人之重」二句箋。

〔五〕淮南子覽冥：「昔者師曠奏白雪之音，而神物爲之下降。」高注：「白雪，太乙五十弦（琴）瑟樂名也。」樂府詩集白雪歌序：「琴集曰：『白雪，師曠所作，商調曲也。』」史記封禪書：「或曰：『太帝使素女鼓五十弦瑟，悲，帝禁不止，故破其瑟爲二十五弦。』」風俗通義聲音：「黄帝書：『泰帝使素女鼓瑟而悲，帝禁不止，故破其瑟爲二十五絃。』」古文苑揚雄太玄賦：「聽素女之清聲兮。」章注：「素女，黄帝時人，鼓五十絃瑟。」文選文賦：「猶絃么而徽急，故雖和而不悲。」李注：「淮南子（主術）曰：『鄒忌一徽（琴），而威王終夕悲。』許慎注曰：『鼓琴循絃謂之徽。』」

「然耀靈、光夜之珍〔一〕，不爲莫求而虧其質，以苟且於賤賈；洪鍾、周鼎〔二〕，不爲委淪而輕其體，藏本作禮，從舊寫本改。取見舉於侏儒〔三〕；嶧陽、雲和〔四〕，不爲不御而息唱，以競顯於淫哇〔五〕；冠羣之德，不以沈抑而履徑，而剸節於流俗〔六〕。是以和璧變爲滯貨〔七〕，柔木廢於勿用〔八〕，赤刀之鑛，不得經歐冶之鑪〔九〕；元凱之疇，終不值四門之闢也〔一〇〕。」

〔一〕王逸楚辭天問注：「曜靈，日也。」（「曜」、「耀」古通）又：「夜光，月也。」（此倒作「光夜」者，蓋求其與「耀靈」相儷。）耀靈、光夜之珍，言寶玉光耀如日、月也。

〔二〕照按：以上文「然耀靈、光夜之珍」句例之，「鼎」下疑脱去二字（或是「之寶」二字）。文選西京賦：「洪鐘萬鈞。」薛注：「洪，大也。三十斤曰鈞。」「鍾」與「鐘」通。左傳桓公二年：「武王克商，遷九鼎于雒邑。」杜注：「九鼎，殷所受夏九鼎也。武王克商，乃營雒邑而後去之，又遷九鼎焉。」又宣公三年：「商紂暴虐，鼎遷于周。」戰國策東周策：「顏率曰：『……昔周之伐殷，得九鼎，凡一鼎而九萬人輓之。』」

〔三〕左傳襄公四年：「國人誦之曰：『……我君小子，朱儒是使。』」杜注：「臧紇短小，故曰朱儒。」釋文：「朱，本或作侏。亦音朱。」國語晉語四：「（胥臣）對曰：『……侏儒不可使援。』」韋注：「侏儒，短者，不能抗援。」

【四】書禹貢：「嶧陽孤桐。」孔傳：「孤，特也。嶧山之陽特生桐，中琴瑟。」史記夏紀正義：「括地志云：『嶧山，在兖州鄒縣南二十二里。鄒山記云：「鄒山，古之嶧山，言絡繹相連屬也。今猶多桐樹。」』按：今獨生桐，尚徵，一偏似琴瑟。」周禮春官大司樂：「雲和之琴瑟。」鄭注：「鄭司農（衆）云：『……雲和，地名也。』……玄謂：『雲和……山名。』」

【五】法言吾子：「或問：『交五聲、十二律也，或雅，或鄭，何也？』曰：『中正則雅，多哇則鄭。』」李注：「中正者，宫商，温雅也。多哇者，淫聲，繁越也。」漢書王莽傳贊：「紫色鼃聲。」顔注：「應劭曰：『鼃，邪音也。』師古曰：『鼃者，樂之淫聲，非正曲也。』」又敍傳上：「（答賓戲）淫鼃而不可聽者，非韶、夏之樂也。」顔注：「李奇曰：『鼃，不正之音也。』師古曰：『淫鼃，非正之聲也。』」文選養生論：「目惑玄黄，耳務淫哇。」又東京賦：「咸池不齊度於鼃咬」李注：「『然『哇』與『鼃』同。」（匡謬正俗六：「鼃，淫鼃，亂樂。按：鼃者，非法之曲，不正之音爾，非謂水中鼃黽之聲也。」）

【六】荀子榮辱：「信而不見敬者，好剸行也。」楊注：「剸與專同。專行，謂不度是非，好復言，如白公者也。」攷工記弓人：「是故厚其液而節其帤。」鄭注：「節，猶適也。」吕氏春秋情欲：「情有節。」高注：「節，適也。」剸節流俗，猶言一意隨和。

【七】周禮地官廛人：「凡珍異之有滯者，斂而入于膳府。」鄭注：「鄭司農（衆）云：『謂滯貨不售者，官爲居之。』玄謂：『滯，讀如沈滯之滯。珍異，四時食物也。不售而在廛，久則瘦臞腐敗，爲買之入膳夫之府。』」又泉府：「掌以市之征布，斂市之不售，貨之滯於民用者，亦其賈買之。」和璧，已見本篇上文「和氏所以抱璞而泣血」句箋。

【八】詩小雅巧言：「荏染柔木，君子樹之。往來行言，心焉數之。」毛傳：「荏染，柔意也。柔木，椅、桐、梓、漆也。」鄭箋：「此言君子樹善木，如人心思數善言而出之。」

〔九〕赤刀、歐冶，已見崇教篇「赤刀之鐄，不經歐冶之門者也」二句箋。

〔一〇〕元凱，已見嘉遯篇「而使聖朝乏乎元凱之用哉」句箋。「疇」與「儔」同。四門之闢，已見欽士篇「闢四門而不倦」句箋。

抱朴子外篇校箋卷之十九

任命

抱朴子曰：「余之友人有居泠先生者，恬愉靜素〔一〕，形神相忘〔二〕，外不飾驚愚之容〔三〕，內不寄有爲之心，遊精墳誥〔四〕，樂以忘憂〔五〕。晝競羲和之末景〔六〕，夕照望舒之餘耀〔七〕，道靡遠而不究，言無微而不研。然車迹不軔原注：「如震切。」權右之國〔八〕，疑作闕尺牘不經貴勢之庭。是以名不出蓬户〔九〕，身不離畎畝〔一〇〕。」

〔一〕管子心術上：「恬愉無爲。」莊子盜跖：「恬愉之安。」淮南子原道：「恬愉無矜而得於和。」高注：「恬愉，無所好憎也。」楚辭遠遊：「漠虛靜以恬愉兮。」王注：「恬然自守，內樂佚也。」

〔二〕莊子讓王：「故養志者忘形，養形者忘利，致道者忘心矣。」

〔三〕莊子達生：「扁子曰：『……今汝飾知以驚愚，脩身以明汙，昭昭乎若揭日月而行也。』」釋文：「知，音智。」又山木：「其意者飾知以驚愚。」文子下德：「民飾智以驚愚。」淮南子本經：「及僞之生也，飾智以驚愚。」（文選江淹詣建平王上書：「退不飾詩、書以驚愚。」）

〔四〕遊精，留心，注意。後漢書馮衍傳下：「（顯志賦自論）遊精宇宙，流目八紘。」華陽國志公孫述劉二牧志：「遊精博志，無嫌其繁矣。」墳誥，泛指典籍。

〔五〕論語述而：「子曰：『女奚不曰：「其爲人也，發憤忘食，樂以忘憂，不知老之將至云爾。」』」

〔六〕羲和，已見交際篇「羲和照則曲影覺矣」句箋。

〔七〕楚辭離騷：「前望舒使先驅兮。」王注：「望舒，月御也。」後漢書蔡邕傳：「（釋誨）元首寬則望舒朓。」李注：「望舒，月也。」

〔八〕孫星衍曰：「（『國』）疑作『閾』。」照按：以自敍篇「是以車馬之跡，不經貴勢之域；片字之書，不交在位之家」證之，「國」蓋「域」之誤。本篇下文「翳章甫於被髮之域」，內篇至理「運清鑒於玄漠之域」，又釋滯「內視於無形之域」，亦可證。權右，已見逸民篇「諂媚權右」句箋。

〔九〕蓬户，已見嘉遯篇「保恬寂乎蓬户」句箋。

〔一〇〕孟子告子下：「舜發於畎畝之中。」莊子讓王：「（舜）居於畎畝之中，而遊堯之門。」釋文引司馬彪云：「壟上曰畝，壟中曰畎。」

於是翼亮大夫俟而難之，曰：「余聞淵蟠起則玄雲赴〔一〕，道化霑則逸才奮。故康衢有角歌之音〔二〕，鼎俎發淩風之迹〔三〕。沽之則收不貲之賈〔四〕，踊之則超在天之舉〔五〕。耀逸景於暘谷〔六〕，播大明乎九垓〔七〕。勳蔭當世，藏本作已。從舊寫本改。聲揚罔極〔八〕。故尋仞之塗甚近而弗往者，雖追風之脚不能到也〔九〕；楹棁之下至卑而不動者，雖鴻、鵾之翅未之及也〔一〇〕。況乎寢足於大荒之表〔一一〕，斂羽於幽梧之枝〔一二〕，此下舊寫本空白七字安得效迅以尋景〔三〕，振輕乎蒼霄哉？

〔一〕 淵蟠，謂龍。已見君道篇「是以淵蟠者仰赴」句箋。玄雲，黑雲。已見勗學篇「披玄雲而揚大明」句箋。易乾：「（文言）雲從龍。」

〔二〕 角歌，指甯戚。已見嘉遯篇「或扣角以鳳歌」句箋。漢書敍傳上：「（答賓戲）齊甯激聲於康衢。」顏注：「鄭氏曰：『五達曰康，四達曰衢。』師古曰：『齊甯，甯戚也。聲激，謂叩角所歌也。』」

〔三〕 鼎俎，指伊尹。亦見嘉遯篇「故或負鼎而龍躍」句箋。

〔四〕 漢書蓋寬饒傳「用不訾之軀」顏注：「訾與貲同。不貲者，言無貲量可以比之，貴重之極也。」

〔五〕 易乾：「九五，飛龍在天，利見大人。」

〔六〕 暘谷，日所出處。已見勗學篇「雖失之於暘谷」句箋。

〔七〕 大明，謂日。亦見勗學篇「披玄雲而揚大明」句箋。九垓，猶言九州。已見審舉篇「九垓同風」句箋。

〔八〕 淮南子繆稱：「聲揚天地之間，配日月之光，甘樂之者也。」

〔九〕 追風，已見嘉遯篇「則追風之迅不形」句箋。

〔一〇〕 鴻、鶤，已見逸民篇「鴻、鶤登嵩巒而含慼」句箋。

〔一一〕 大戴禮記曾子制言上「無席則寢其趾」盧注：「寢，猶止也。」寢足，止足。山海經大荒西經：「大荒之中，有山名曰大荒之山，日月所入，……是謂大荒之野。」

〔一二〕 斂羽，猶戢翼、斂翼。詩小雅鴛鴦：「鴛鴦在梁，戢其左翼。」毛傳：「言休息也。」鄭箋：「戢，斂也。」文選應璩與侍郎曹長思書：「薄援助者，不能進參於高妙，復斂翼於故枝，塊然獨處，有離羣之志。」（「鳳皇非梧桐不棲」，已見嘉遯篇「仰棲梧桐」句箋。（此止借用其典，並非專指鳳皇。」）孫星衍曰：「此下舊寫本空白七字。」照按：藏本等均未有空格。尋繹上下文意，亦不應再有七字。舊寫本非是。

〔三〕文選西京賦：「尋景追括。」劉良曰：「尋景追括，言疾也。」

『年期奄冉而不久，託世飄迅而不再〔一〕，智者履霜則知堅冰之必至〔二〕，處始則悟生物之有終〔三〕。六龍促軌於大渾〔四〕，華顛倏忽而告暮〔五〕，古人所以映順流而顧歎〔六〕，眄過隙而興悲矣〔七〕。

〔一〕楚辭離騷：「老冉冉其將至兮。」王注：「冉冉，行皃。」文選五臣注呂向曰：「冉冉，漸漸也。」（陶靖節集閑情賦：「時奄冉而就過。」亦以「奄冉」爲言，蓋皆有逐漸之意。）說文言部：「託，寄也。」託世，寄世。尸子：「老萊子曰：『人生於天地之間，寄也。寄者，固歸也。』」（文選魏文帝善哉行、陸機豫章行、古詩十九首、歸去來辭李注引）文選古詩十九首：「人生寄一世，奄忽若飆塵。」又陸機歎逝賦：「時飄忽其不再。」

〔二〕履霜堅冰至，已見用刑篇「履霜遠冰」句箋。

〔三〕荀子禮論：「生，人之始也；死，人之終也。」法言君子：「有生者必有死，有始者必有終，自然之道也。」論衡道虛：「夫有始者必有終，有終者必有始。」家語本命：「死者生之終也，有始則必有終矣。」

〔四〕淮南子天文：「爰止羲和，爰息六螭，是謂懸車。」注：「日乘車，駕以六龍，羲和御之。日至此而薄於虞泉（淵），羲和至而迴六螭，卽六龍也。」（初學記一、太平御覽三引（今本正文有異，注亦無。））文選郭璞遊仙詩：「六龍安可頓？運流有代謝。」李注：「楚辭（九歎遠遊）曰：『貫鴻濛以東竭兮，維六龍於扶桑。』王逸曰：『結我車轡於扶桑以留日，幸得延年壽也。』」（今本注文有異）呂向曰：「六龍，日駕也，不可頓而止之。」大渾，指天。此句謂日駕經天從未停頓，即歲月不居之意。

〔五〕後漢書崔駰傳：「（達旨）唐且華顛以悟秦。」李注：「爾雅（釋言）曰：『顛，頂也。』華顛，謂白首也。」

〔六〕論語子罕：「子在川上，曰：『逝者如斯夫！不舍晝夜。』」文選西征賦：「丘去魯而顧歎。」李周翰曰：「丘，孔丘也。」

〔七〕過隙，已見嘉遯篇「以過隙之促」句箋。

『先生資命世之逸量〔一〕，含英偉以邈俗，銳翰汪濊以波涌〔二〕，六奇抑鬱而淵稸〔三〕；然不能淩扶搖以高竦〔四〕，揚清耀於九玄〔五〕，器不陳於瑚、簋之末〔六〕，體不免於負薪之勞〔七〕，猶奏和音於聾俗之地〔八〕，鬻章甫於被髮之域〔九〕。徒忘寢於翰林〔一〇〕，銳意以窮神，崇琬琰於懷抱之內〔一一〕，吐琳瑯於毛舊寫本作毫墨之端〔一二〕，躬困屢空之儉〔一三〕，神勞堅高之閒〔一四〕，譬若埋尺璧於重壤之下，封文錦於沓匱之中，終無交易之富，孰賞堙翳之珍哉？

〔一〕命世，已見勗學篇「仲舒命世」句箋。

〔二〕汪濊，已見嘉遯篇「玄澤則烟熅汪濊」句箋。

〔三〕六奇，亦見嘉遯篇「祕六奇以括囊」句箋。稸與蓄同（見廣韻一屋「稸」字注）。淵稸，猶言深藏。

〔四〕扶搖，已見交際篇「扶搖之力也」句箋。

〔五〕九玄，即九天。孫子形：「善攻者，動於九天之上。」九天，極言其高。

〔六〕禮記明堂位：「有虞氏之兩敦，夏后氏之四連，殷之六瑚，周之八簋。」鄭注：「皆黍稷器，制之異同未聞。」釋文：「瑚，音胡。簋，音軌。」此句言不仕未被敍用。

〔七〕漢書朱買臣傳：「家貧，好讀書，不治産業，常艾薪樵，賣以給食，擔束薪，行且誦書。」顏注：「艾讀曰刈。給，供也。」

〔八〕中論貴言：「使彼有金石絲竹之樂，則不奏乎聾者之側。」牟子理惑論：「譬對盲者説五色，爲聾者奏五音也。」

〔九〕翦章甫於被髮之域，已見審舉篇「譬猶售章甫於夷越」句箋。

〔一〇〕文選揚雄長楊賦：「聊因筆墨之成文章，故藉翰林以爲主人，子墨爲客卿以諷。」李注：「翰林，文翰之多若林也。」李周翰曰：「言林，比其茂也。」晉書陸雲傳：「移書太常府薦同郡張贍曰：『……辭邁翰林，言敷其藻。』」

〔一一〕琬琰，已見交際篇「雖搜琬琰於培塿之上」句箋。

〔一二〕孫星衍曰：「(『毛』)舊寫本作『毫』。」照按：舊寫本原作「毫」，孫擅改爲「毫」，非是。文選文賦「或含毫而邈然」李注：「毫，謂筆毫也。」是毫墨卽筆墨。崇教篇「毫墨所不能究也」作「毫墨」，此亦宜然。藏本、魯藩本、吉藩本作「毛」，蓋偶脱其上半耳。又按：「瑯」爲「琅」之俗體，當依藏本、魯藩本、吉藩本作「琅」。嘉遯篇「含琳琅而不吐」，「又沈琳琅於重淵」，君道篇「文則琳琅墮於筆端」，廣譬篇「則不能韜琳琅」，喻蔽篇「琳琅積而成山」，並作「琅」。則此不應獨作「瑯」也。琳琅，已見嘉遯篇「含琳琅而不吐」句箋。

〔一三〕論語先進：「子曰：『回也，其庶乎？屢空。』」集解：「言回庶幾聖道，雖數空匱，而樂在其中。」史記伯夷傳：「然回也屢空，糟糠不厭。」鹽鐵論地廣：「文學曰：『夫賤不周(害)智，貧不妨行。顏淵屢空，不爲不賢。』」

〔一四〕論語子罕：「顏淵喟然歎曰：『仰之彌高，鑽之彌堅，瞻之在前，忽焉在後。』」論衡恢國：「顏淵喟然歎曰：『仰之彌高，鑽之彌堅。』此言顏淵學於孔子，積累歲月，見道彌深也。」

『夫龍驥維縶〔一〕，則無以別乎蹇驢〔二〕；赤刀韜鋒〔三〕，則曷用異於鉛刃〔四〕。鱣鮪不居牛迹〔五〕，大鵬不滯蒿林〔六〕。願先生委龍蛇之穴〔七〕，升利見之塗〔八〕，釋户庭之獨潔，覽二鼠而遠痞〔九〕，越窮谷以登高，襲丹藻以改素，競驚飇於清晨，不盤旋以錯度藏本作詣夜。從舊寫本改。收名器於崇高，響鍾鼎之慶祚〔一〇〕。柏成舊寫本作伯夷，涉下句望文改耳。此乃柏成子高，與采薇非一事。一介之夫，採薇何足多慕乎〔一一〕？」

〔一〕周禮夏官廋人：「馬八尺以上爲龍。」說文馬部：「驥，千里馬也。」詩小雅白駒：「皎皎白駒，食我場苗。縶之維之，以永今朝。」毛傳：「縶，絆。維，繫也。」正義：「僖二十八年左傳曰：『韅靷鞅靽。』杜預云：『在後曰靽。』則縶之，謂絆其足，維之，謂繫靷也。」

〔二〕史記賈生傳：「爲賦以弔屈原，其辭曰：『……騰駕罷牛兮驂蹇驢。』」漢書賈誼傳顔注：「蹇，跛也。」楚辭七諫謬諫：「駕蹇驢而無策兮，又何路之能極。」王注：「蹇，跛也。」又九懷株昭：「蹇驢服駕兮，無用日多。」王注：「駑鈍之徒，爲輔翼也，僮蒙並進，填滿國也。」

〔三〕赤刀，已見崇教篇「赤刀之鑛」句箋。

〔四〕史記賈生傳：「（弔屈原賦）莫邪爲頓兮，鉛刀爲銛。」集解：「漢書音義曰：『銛，謂利。』」索隱：「鉛者，錫也。」楚辭九懷株昭：「鉛刀厲御兮，頓弃太阿。」王注：「頑嚚之徒，任政職也，明智忠賢，放斥逐也。」鉛刃，鉛刀之刃。因避上句「赤刀」之「刀」，故作「鉛刃」。

〔五〕淮南子氾論：「夫牛蹏之涔，不能生鱣鮪。」高注：「鱣，大魚，長丈餘，細鱗，黃首白身，短頭，口在腹下。鮪，大魚，亦長丈餘，仲春二月從西河上，得過龍門便爲龍。先師說云也。」

〔六〕莊子逍遥遊：「窮髮之北，有冥海者，天池也。……有鳥焉，其名爲鵬，搏扶摇羊角而上者九萬里，絶雲氣，負青天，然後圖南，且適南冥也。斥鴳笑之曰：『彼且奚適也？我騰躍而上，不過數仞而下，翱翔蓬蒿之間，此亦飛之至也！而彼且奚適也？』」嵇康集述志詩：「斥鷃擅蒿林，仰笑神鳳飛。」（說文鳥部鳳字下云：「鵬，亦古文鳳。」莊子逍遥遊「化而爲鳥，其名爲鵬」釋文引崔譔云：「鵬卽古鳳字，非『來儀』之鳳也。」）

〔七〕易繫辭下：「龍蛇之蟄，以存身也。」集解引虞翻曰：「蟄，潛藏也。」廣雅釋詁一：「委，棄也。」

〔八〕利見，已見嘉遯篇「在天利見」句箋。

〔九〕王廣恕曰：「（『二鼠』）疑『二疏』之誤。」照按：「鼠」字不誤。史記李斯傳：「（斯）年少時，爲郡小吏，見吏舍廁中鼠食不絜，近人犬，數驚恐之。斯入倉，觀倉中鼠，食積粟，居大廡之下，不見人犬之憂。於是李斯乃歎曰：『人之賢不肖譬如鼠矣，在所自處耳！』乃從荀卿學帝王之術。」卽此文所本。漢書疏廣傳所載二疏辭官歸鄉里事，與本段文意相反。王說大謬。說文心部：「悟，覺也。」段注：「按：古書多用『寤』爲之。」

〔一〇〕易繫辭上：「崇高莫大乎富貴。」國語魯語上：「鑄名器，藏寶財。」韋注：「名器，鍾鼎也。寶財，玉帛也。」文選朱浮爲幽州牧與彭寵書：「捐傳葉（後漢書朱浮傳作世）之慶祚。」劉良曰：「言光武封寵爲建忠侯，可傳後葉子孫慶善福祚也。」史記游俠傳「已饗其利者爲有德」索隱：「饗，音享。受也。」

〔一一〕孫星衍曰：「（『柏成』）舊寫本作『伯夷』，涉下句望文改耳。此乃柏成子高，與『采薇』非一事。」照按：此二句一意相承，非上句論柏成子高，下句又論伯夷、叔齊也。逸民篇：「夷、齊一介，不合變通。」又：「昔夷、齊不食周粟，餓焦死於橋上，彼之硜硜，何足師表哉！」持論與此正同。而嘉遯篇於柏成子高之辭諸侯而耕，一則曰：「柏成操耜，而不屑諸侯之高。」再則曰：「夏后御世，而窮藪有握耒之賓。」皆有褒無貶。再以逸民篇之「夷、齊一介」相證，前後持論亦復吻合。則此二句止論夷、齊，與柏成子高無關。孫說非是。「柏成」，當依舊寫本改作「伯夷」。

史記伯夷傳：「武王已平殷亂，天下宗周，而伯夷、叔齊恥之，義不食周粟，隱於首陽山，采薇而食之。及餓且死，作歌。其辭曰：『登彼西山兮，采其薇矣。以暴易暴兮，不知其非矣。神農、虞、夏忽焉没兮，我安適歸矣？于嗟徂兮，命之衰矣！』遂餓死於首陽山。」（法言淵騫：「無仲尼，則〔夷、齊〕西山之餓夫。」）索隱：「薇，蕨也。」

居泠先生應曰：『蓋聞靈機冥緬，混芒眇眛〔一〕，禍福交錯乎倚伏之間〔二〕，興亡纏綿乎盈虛之會；迅遊者不能脱逐身之景〔三〕，樂成者不能免理致疑有誤。舊寫本理字空白。之敗〔四〕；匡流末者，未若挺治乎無兆之中；藏本匡作匠，治乎無作治元，從舊寫本改。整已然者，不逮反舊寫本作原本乎玄朴之外。是以覺尺蠖者，甘屈以保伸〔五〕；識通塞者，不慘舊寫本作羞悦於否泰。

〔一〕照按：「眛」，字書所無。此平津本寫刻之誤。當依藏本等改作「昧」。

〔二〕禍福倚伏，已見君道篇「料倚伏於未萌之前」句箋。

〔三〕「遊」，藏本、魯藩本、吉藩本、愼本、盧本、舊寫本、柏筠堂本、文溯本、叢書本、崇文本作「逝」。照按：莊子漁父：「人有畏影惡跡而去之走者，舉足愈數，而跡愈多，走愈疾而影不離身；自以爲尚遲，疾走不休，絶力而死。」（鄒陽上吳王書略同，見漢書本傳及説苑正諫篇。）抱朴文意卽出於此，必原是「逝」字，平津本乃誤爲「遊」耳。當據改。（南齊書王儉傳：「畏影迹而馳騖。」「馳騖」與「迅逝」意同。）

〔四〕六韜佚文：「百姓可與樂成，難與慮始。」（太平御覽三二九引）管子法法：「故民未嘗可與慮始，可與樂成功。」商子更法：「民不可與慮始，可與樂成功。」

〔五〕尺蠖，已見嘉遯篇「同屈尺蠖」句箋。

『且夫洪陶範物〔一〕，大象流形〔二〕，躁靜異尚〔三〕，翔沈舛情〔四〕。金寶其重，羽矜其輕。

篤隘者，執束於滓涅；達妙者，逍遥於玄清。潢洿納行潦而潘溢〔五〕，渤澥吞百川而不盈〔六〕。鮋鰕踊悦於泥濘，赤螭淩厲乎高冥〔七〕。嚼香餌者，快嗜欲而赴死〔八〕，味虚淡者，含天和而趨生〔九〕；識機神者，瞻無兆而弗惑；闇休咎者，觸强弩而不驚。各附攸好，安肯改營？

〔一〕洪陶範物，已見勗學篇「運大鈞乎皇極」句箋。

〔二〕易乾：「象曰：『大哉乾元！萬物資始，乃統天。雲行雨施，品物流形。』」正義：「言乾能用天之德，使雲氣流行，雨澤施布，故品類之物，流布成形，各得亨通，無所壅蔽。」禮記孔子閒居：「地載神氣，神氣風霆，風霆流形，庶物露生。」正義：「言衆物感此神氣風霆之形，露見而生。」家語問玉：「地載神氣，吐納雷霆，流形庶物。」文選江賦：「煥大塊之流形。」李注：「莊子（大宗師）曰：『夫大塊載我以形，勞我以生。』司馬彪曰：『大塊，自然也。』」老子第三十五章「執大象」河上公注：「象，道也。」王注：「大象，天象之母也。不寒、不温、不涼，故能包統萬物，無所犯傷。」

〔三〕老子第四十五章：「躁勝熱，静勝寒。」河上公注：「勝，極也。春夏陽氣躁疾於上，萬物盛大，極則寒，寒則零落死亡也。言人不當剛躁也。秋冬萬物静於黄泉之下，極則熱，熱者生之源。」王注：「躁罷然後勝寒，静無爲以勝熱。」

〔四〕淮南子天文：「毛羽者，飛行之類也，故屬於陽。介鱗者，蟄伏之類也，故屬於陰。」

〔五〕潢洿行潦，已見嘉遯篇「潢洿足以泛龍鱗」句箋。管子五輔：「決潘溢。」尹注：「潘，溢也。潘溢者，疏決之令通。潘，音翻。」

〔六〕文選子虚賦：「浮渤澥。」（渤，史、漢司馬相如傳均作勃）李注：「應劭曰：『渤澥，海別枝也。』澥，音蟹。」

〔七〕史記司馬相如傳：「（上林賦）於是乎蛟龍赤螭。」索隱：「文穎曰：『龍子曰螭。』張揖云：『雌龍也。』」正義：「文穎云

「龍子爲螭」，張揖曰「雌龍也」，二說皆非。廣雅云：「有角曰虬，無角曰螭。」（今本釋魚無）案：虬、螭皆龍類而非龍。」淮南子覽冥：「今夫赤螭青虬之游冀州也。」高注：「赤螭青虬，皆龍屬也。」淩厲，已見嘉遯篇「不能淩厲九霄」句箋。高冥，高空。後漢書蔡邕傳：「（釋誨）……沈精重淵，抗志高冥。」文選陸機齊謳行：「崇山入高冥。」李注引傅毅洛都賦曰：「弋高冥之獨鵠。」

〔八〕香餌，已見嘉遯篇「淵魚之引芳餌」句箋。

〔九〕莊子知北遊：「若正汝形，一汝視，天和將至。」淮南子俶真：「交被天和，食于地德。」高注：「交，俱也。和，氣也。地德，五穀也。」漢書禮樂志：「（安世房中歌）嘉承天和，伊樂厥福。」

「吾聞五玉不能自剖於嵩岫〔一〕，騰蛇不能無霧而電征〔二〕，龍淵不能勿操而斷犀兕〔三〕，景鍾不能莫扣而揚洪聲〔四〕。金芝須商風而激耀〔五〕，倉庚俟煙熅而修鳴〔六〕，騏騄不苟馳以赴險〔七〕，君子不詭遇以毀名〔八〕。運屯，則沈淪於勿用〔九〕；時行，則高竦乎天庭〔一〇〕。士以自衒爲不高，女以自媒爲不貞〔一一〕。何必委洗耳之峻標〔一二〕，效負俎之干榮哉〔一三〕？

〔一〕書舜典：「修五禮、五玉。」孔傳：「五等（公、侯、伯、子、男）諸侯各執其玉。」白虎通德論文質：「五玉者各何施？蓋以爲璜以徵召，璧以聘問，璋以發兵，珪以信質，琮以起土功之事也。」此泛指玉。嵩，嵩山。

〔二〕爾雅釋魚：「螣，螣蛇。」郭注：「龍類也，能興雲霧而遊其中。」荀子勸學：「螣蛇無足而飛。」（大戴禮記勸學作「騰虵無足而騰」）韓非子難勢：「慎子曰：『飛龍乘雲，騰蛇遊霧，（論衡龍虛篇引同）雲罷霧霽，而龍、蛇與螾、螘同矣，則失其所乘矣。』」淮南子主術：「夫螣蛇游霧而動（騰）。」鹽鐵論刺復：「故賢者得位，猶龍得水，騰虵游霧也。」陸德明爾雅釋魚「螣，螣蛇」釋文：「螣，上音朕，下音騰。」阮元校勘記云：「據釋文，知本作『螣，騰蛇。』注云『能興雲霧而遊其中』，卽螣之謂也。」蛇、虵正俗字。玉篇虫部：「虵，毒虫。正作蛇。」電征，喻疾速。風俗通義十反：「星行電征。」

〔三〕龍淵，已見逸民篇「屈龍淵爲錐鑽之用」句箋。呂氏春秋用民：「劍不徒斷，或使之也。」說苑建本：「干將雖利，非人力不能自斷焉。」

〔四〕國語晉語七：「昔克潞之役，秦來圖敗晉功，魏顆以其身却退秦師於輔氏，親止杜回。其勳銘於景鍾。」韋注：「景鍾，景公鍾。」莊子天地：「故金石有聲，不考不鳴。」成疏：「考，擊也。」文子上德：「金石有聲，不動不鳴。」淮南子詮言：「金石有聲，弗叩弗鳴。」說文攴部：「敂，擊也。从攴，句聲，讀若扣。」段注：「自扣、叩行而敂廢矣。」

〔五〕漢書宣帝紀：「（神爵元年詔）金芝九莖產于函德殿銅池中。」顏注引服虔曰：「金芝，色像金也。」楚辭七諫沈江：「商風肅而害生兮。」王注：「商風，西風。」

〔六〕詩豳風七月：「春日載陽，有鳴倉庚。」毛傳：「倉庚，離黃也。」鄭箋：「陽，溫也。溫而倉庚又鳴，可蠶之候也。」禮記月令：「仲春之月……倉庚鳴。」煙熅，已見嘉遯篇「玄澤則烟熅汪濊」句箋。（烟，煙之或體，見說文火部「煙」字下。）

〔七〕戰國策齊策四：「（魯仲連）對曰：『君之廄馬百乘，無不被繡衣而食菽粟者，豈有騏驎騄耳哉？』」商子畫策：「騏驎騄耳，每一日走千里，有必走之勢也。」

〔八〕孟子滕文公下：「昔者趙簡子使王良與嬖奚乘，終日而不獲一禽。嬖奚反命曰：『天下之賤工也。』或以告王良。良曰：『請復之。』彊而後可，一朝而獲十禽。嬖奚反命曰：『天下之良工也。』簡子曰：『我使掌與女乘。』謂王良。良不可，曰：『吾爲之範我馳驅，終日不獲一，爲之詭遇，一朝而獲十。詩（小雅車攻）云：「不失其馳，舍矢如破。」

我不貫與小人乘，請辭。』」趙注：「範，法也。王良曰：我爲之法度之御，應禮之射，正殺之禽，不能得一。横而射之曰詭遇，非禮之射，則能獲十。言嬖奚小人也，不習於禮。」後漢書班固傳：「（東都賦）游基發射，范氏施御，弦不失禽，轡不詭遇。」文選李注引劉熙孟子注曰：「横而射之曰詭遇。」（東京賦「馭不詭遇」李注引劉熙説同）宋書臧燾等傳論：「史臣曰：『……由是仕憑借譽，學非爲己，崇詭遇之巧速，鄙税駕之遲難。』」

〔九〕說文屮部：「屯，難也。」易乾：「初九，潛龍勿用。」又文言：「初九曰：『潛龍勿用』，何謂也？子曰：『龍德而隱者也，不易乎世。』」王注：「不爲世俗所移易也。」集解引崔憬曰：「潛，隱也。龍下隱地，潛德不彰，是以君子韜光待時，未成其行，故曰勿用。」

〔一〇〕時行，已見嘉遯篇「時行則行」句箋。法言修身：「仰天庭而知天下之居卑也哉！」漢書敍傳上：「（答賓戲）未卬天庭而覩白日也。」此指帝王朝廷。

〔一一〕管子形勢：「自媒之女，醜而不信。」韓詩外傳二：「子路率爾而對曰：『昔者由也聞之於夫子，士不中道相見，女無媒而嫁者，君子不行也。』」（又見説苑尊賢、家語致思）越絶書外傳記范伯：「大夫石買〔賈〕居國有權，辯口，進曰：『衒女不貞，衒士不信。』」文選求自試表：「夫自衒自媒者，士女之醜行也。」

〔一二〕洗耳，已見嘉遯篇「若令各守洗耳之高」句箋。

〔一三〕負俎，亦見嘉遯篇「故或負鼎而龍躍」句箋。

『夫其窮也，則有虞婆娑而陶鈞〔一〕，尚父見逐於愚嫗〔二〕，范生來辱於溺簀〔三〕，原注：「苦怪切，籠也。」弘、式匿奇於耕牧〔四〕；及其達也，則淮陰投竿而稱孤〔五〕，文種解屩而紆青〔六〕，傅説釋築而論道〔七〕，管子脱桎爲上卿〔八〕。蓋君子藏器以有待也〔九〕，稽德以有爲也〔一〇〕，非其時不見也〔一一〕，非其君不事也〔一二〕，窮達任所值，出處無所繫。其静也，則爲逸民之宗；其動也，則爲元凱之表〔一三〕。或運思於立言〔一四〕，或銘勳乎國器〔一五〕。殊塗同歸，其致一焉〔一六〕。

〔一一〕「釣」，藏本、魯藩本、吉藩本、慎本、盧本、舊寫本、柏筠堂本、文溯本、叢書本、崇文本作「鈞」。照按：史記鄒陽傳：「（獄中上書）是以聖王制世御俗，獨化於陶鈞之上。」集解：「漢書音義曰：『陶家名模下圓轉者爲鈞。』」索隱：「張晏云：『陶，冶；鈞，範也。作器，下所轉者名鈞。』」漢書鄒陽傳顏注：「陶家名轉者爲鈞，蓋取周回調鈞耳。」平津本「鈞」作「釣」，乃寫刻之誤。當據改。漢書叙傳上：「（答賓戲）婆娑虖術藝之場，休息虖篇籍之囿。」（文選李注引項岱曰：「婆娑，偃息也。」）文選潘尼贈陸機出爲吳王郎中令詩：「婆娑翰林，容與墳、丘。」墨子尚賢中：「（舜）陶河瀕。」韓非子難一：「東夷之陶者器苦窳，舜往陶焉，朞年而器牢。」呂氏春秋慎人：「（舜）陶於河濱。」史記五帝紀：「（舜）陶河濱，河濱器皆不苦窳。」説苑反質：「東夷之陶器窳，而舜陶焉。」新序雜事一：「（舜）陶於河濱，河濱之陶者器不苦窳。」皆足以證此文之應作「陶鈞」也。（呂氏春秋慎人：「〔舜〕釣於雷澤。」淮南子原道：「〔舜〕釣於河濱。」作「釣」雖亦有據，然藏本等皆作「鈞」，則平津本仍未可從。）

〔一二〕尚父見逐，已見逸民篇「老婦逐之」句箋。

〔一三〕繼昌曰：「『簣』，原注：『苦怪切，籠也。』刻本誤作『簀』，當改正。」孫詒讓曰：「案：此當以作『簀』爲正。史記范雎傳：『（魏齊）笞睢，睢詳死，卽卷以簀，置厠中。賓客飲者醉，更溺睢。』卽葛氏所本。舊校乃依誤本作音，不足據。繼校轉改『簀』爲『簣』以就之，傎矣。（廣譬篇亦云：『應侯韜奇於溺簀。』）」王國維曰：「『簣』當作『簀』，此范睢事。注音『苦怪切』，非也。」照按：孫、王説是。吉藩本、慎本、盧本、舊寫本、柏筠堂本並作「簀」，未誤。（吉藩本無注，慎本等皆有注。）朱氏翻刻本據繼校改「簀」爲「簣」，大謬。史記范雎傳：「須賈爲魏昭王使於齊，范雎從。留數月，未得報。齊襄王聞雎辯口，乃使人賜雎金十斤及牛酒，雎辭謝不敢受。須賈知之，大怒，以爲雎持魏國陰事告齊，故得此饋。令雎受其牛酒，還其金。既歸，心怒雎，以告魏相。魏相，魏之諸公子，曰魏齊。魏齊大怒，使舍人笞擊雎，折脅摺齒。雎詳死，卽卷以簀，置廁中。賓客飲者醉，更溺雎，故僇辱以懲後。」

〔四〕史記平津侯傳：「丞相公孫弘者，齊菑川國薛縣人也，字季。少時爲薛獄吏，有辠，免。家貧，牧豕海上。年四十餘，乃學春秋雜說。……建元元年，天子（武帝）初卽位，招賢良文學之士。是時弘年六十，徵以賢良爲博士。……元狩二年，弘病，竟以丞相終。」漢書卜式傳：「卜式，河南人也。以田畜爲事。……時漢方事匈奴，式上書，願輸家財半助邊。……上不報，數歲乃罷式。式歸，復田牧。……上奇其言，欲試使治民。拜式緱氏令，緱氏便之。遷成臯令，將漕最。上以式朴忠，拜爲齊王太傅，轉爲相。……元鼎中，徵式代石慶爲御史大夫。……贊曰：『公孫弘、卜式、兒寬皆以鴻漸之翼困於燕爵，遠迹羊豕之閒，非遇其時，焉能致此位乎？』」

〔五〕淮陰，淮陰侯韓信。信垂釣淮陰城下淮水，已見備闕篇「淮陰良將之元也，而不能修農商免飢寒」二句箋。老子第三十九章：「是以侯王自謂孤、寡、不穀。」左傳僖公四年「豈不穀是爲」杜注：「孤、寡、不穀，諸侯謙稱。」史記淮陰侯傳：「（漢四年）乃遣張良往立信爲齊王。……（漢六年）遂械繫信，至雒陽，赦信罪，以爲淮陰侯。」

〔六〕史記虞卿傳：「虞卿者，游說之士也。躡蹻檐簦說趙孝成王。一見，賜黃金百鎰，白璧一雙；再見，爲趙上卿，故號爲虞卿。」集解引徐廣曰：「蹻，草履也。」漢書卜式傳：「式既爲郎，布衣屮蹻而牧羊。」顏注：「蹻，卽今之鞋也，南方謂之蹻。字本作屩，並音居略反。」又王褒傳：「（聖主得賢臣頌）離疏釋蹻而享膏粱。」顏注：「應劭曰：『離此疏食，釋此木蹻也。』臣瓚曰：『以繩爲蹻也。』師古曰：『蹻，卽今之鞋耳。瓚說是也。』」釋名釋衣服：「屩，蹻也。出行著之，蹻蹻輕便，因以爲名也。」漢書揚雄傳下：「（解嘲）紆青拕紫，朱丹其轂。」顏注：「青、紫，謂綬之色也。

紆，縈也。抴，曳也。」文選解嘲李注：「東觀漢記曰：『印綬，漢制，公侯紫綬，九卿青綬。』」此句謂文種居楚時僅爲宛令，仕越後便顯貴也。已詳擢才篇「文種大賢也」三句箋。

〔七〕傅說，已見時難篇「巖閒傅說之屬」句箋。

〔八〕管子，已見交際篇「管仲所以免誅戮而立霸功」句箋。

〔九〕藏器有待，已見嘉遯篇「故藏器者珍於變通隨時」句箋。

〔一〇〕易大畜：「象曰：『天在山中，大畜。君子以多識前言往行，以畜其德。』」正義：「君子則此大畜，物既大畜，德亦大畜，故多記識前代之言，往賢之行，使多聞多見以畜積己德。」文選高唐賦：「臨大阺之稸水。」李注：「字林曰：『稸，積也。與畜同。抽六切。』」

〔一一〕禮記儒行：「非時不見，不亦難得乎？」

〔一二〕孟子萬章下：「孟子曰：『伯夷目不視惡色，耳不聽惡聲，非其君不事，非其民不使。』」

〔一三〕元凱，已見嘉遯篇「而使聖朝乏乎元凱之用哉」句箋。

〔一四〕立言，亦見嘉遯篇「先生立言助教」句箋。

〔一五〕釋名釋言語：「銘，名也，記名其功也。」又釋典藝：「銘，名也。述其功美，使可稱名也。」蔡邕銘論：「鍾鼎禮樂之器，昭德紀功，以示子孫。」文選東京賦：「銘勳彝器，歷世彌光。」薛注：「宗廟之器稱彝。勳，功也。」

〔一六〕殊塗同歸，已見嘉遯篇「殊塗一致」句箋。

『士能爲可貴之行，而不能使俗必貴之也；能爲可用之才，而不能使世必用之也〔一〕。被褐、茹草，垂綸、罝兔，則心歡意得，如將終身；服冕乘軺，兼朱重紫，則若固有之〔二〕！常如布衣，此至人之用懷也〔三〕。

〔一〕荀子大略：「君子能爲可貴，不能使人必貴己；能爲可用，不能使人必用己。」楊注：「修德在己，所遇在命。」

〔二〕孟子盡心下：「孟子曰：『舜之飯糗茹草也，若將終身焉；及其爲天子也，被袗衣，鼓琴，二女果，若固有之。』」趙注：「糗，飯乾糒也。袗，畫也。果，侍也。舜耕、陶之時，飯糗茹草，若將終身如是。及爲天子，被畫衣，黼黻絺繡也。鼓琴，以協音律也。以堯二女自侍，亦不佚豫，如固自當有之也。」焦循正義：「茹草二字，趙氏皆無訓。草者，史記陳丞相世家云：『更以惡草具進楚使。』（集解）漢書音義云：『草，粗也。』索隱云：『戰國策（齊策四）云：「食馮諼以草具。」』如淳云：『藁草麤惡之具也。』」范雎列傳云：『使舍食草具。』索隱云：『謂亦舍之，而食以下客之具。』然草具謂麤食草萊之饌具。』然則茹草，猶云茹麤矣。」墨子尚賢中：「傅說被褐帶索，庸築乎傅巖。」（時難篇「巖間傅說之屬」句所箋較詳）呂氏春秋謹聽：「太公釣於滋泉。」韓詩外傳八：「（太公望）釣於磻溪。」（時難篇「吾知渭濱呂尚之儔」句所箋較詳）墨子尚賢上：「文王舉閎夭、泰顛於罝罔之中。」（審舉篇「山林無伐檀、罝兔之賢」句所箋較詳）服冕乘軺，已見逸民篇「服冕乘軺」句箋。朱、紫，謂印綬之色。

〔三〕莊子應帝王：「至人之用心若鏡。」

『若席上之珍不積〔一〕，環堵之操不粹者〔二〕，予之罪藏本作過，從舊寫本改。下云「非余罪」，明此作罪。也。知之者希，名位不臻，以玉爲石，謂鳳曰鷃者，非余罪也。夫汲汲於見知〔三〕，悒悒於否滯者〔四〕，裳卽常字民之情也〔五〕；浩然而養氣〔六〕，淡爾而靡欲者，無悶之志也〔七〕。時至道行，器大者不悅；天地之閒，知命者不憂〔八〕。若乃徇萬金之貨，以索百十舊寫本、盧本作百千。

之售〔九〕，多失骭原注：「干上聲。」毛〔一〇〕，我則未暇矣〔一一〕。」

〔一〕禮記儒行：「儒有席上之珍以待聘。」鄭注：「席，猶鋪陳也。鋪陳往古堯、舜之善道，以待見問也。大問曰聘。」正義：「席，猶鋪陳也。珍，謂美善之道。言儒能鋪陳上古堯、舜美善之道，以待君上聘召也。」

〔二〕禮記儒行：「儒有一畝之宮，環堵之室，……易衣而出，并日而食。上答之，不敢以疑；上不答，不敢以諂。其仕有如此者。」鄭注：「言貧窮屈道，仕爲小官也。宮，謂牆垣也。環堵，面一堵也。五版爲堵，五堵爲雉。……并日而食，二日用一日食也。上答之，謂君應用其言。」正義：「此明儒者仕宦，能自執其操也。」

〔三〕汲汲，已見勗學篇「汲汲於進趨」句箋。

〔四〕大戴禮記曾子制言中：「知我，吾無訢訢；不知我，吾無悒悒。」字林：「悒悒，不安也。」（一切經音義四引）

〔五〕孫星衍曰：「（『裳』）即『常』字。」照按：魯藩本、吉藩本、慎本、盧本、舊寫本、柏筠堂本、文溯本、叢書本、崇文本並作「常」；它篇亦率用「常」字。此固不應獨作「裳」也。（「裳」爲「常」之或體，見說文巾部「常」字下。）

〔六〕浩然養氣，已見嘉遯篇「養浩然於幽人之仵」句箋。

〔七〕易乾：「文言曰：『……不易乎世，不成乎名，遯世无悶，不見是而无悶。』」集解引崔憬曰：「道雖不行，達理，无悶也；世人雖不己是，而己知不違道，故无悶。」

〔八〕易繫辭上：「樂天知命，故不憂。」文子符言：「知命者不憂。」史記賈生傳：「（服鳥賦）德人無累兮，知命不憂。」

〔九〕孫星衍曰：「（『百十』）舊寫本、盧本作『百千』。」照按：慎本已是「千」字。（柏筠堂本、文溯本、叢書本、崇文本同）後百家篇：「聚百千可以致數於億兆。」內篇極言：「陶朱之資，必積百千。」是抱朴屢以「百千」爲言。

〔一〇〕失骭毛，已見嘉遯篇「楊朱吝其一毛」句及逸民篇「愛脛毛之士」句箋。

〔一一〕文選東京賦：「作洛之制，我則未暇。」

抱朴子外篇校箋卷之二十

名實

門人問曰：「聞漢末之世，靈、獻之時，品藻乖濫，英逸窮滯，饕餮得志，名不準實，賈不本物〔一〕，以其通者爲賢，塞者爲愚。其故何哉？」

〔一〕法言法言序：「爰及名將尊卑之條，稱述品藻。」李注：「（品藻）定其差品及文質也。」此指人物品題。左傳文公十八年：「縉雲氏有不才子，貪于飲食，冒于貨賄，侵欲崇侈，不可盈厭，聚斂積實，不知紀極，不分孤寡，不恤窮匱，天下之民以比三凶，謂之饕餮。」杜注：「貪財爲饕，貪食爲餮。」淮南子兵略：「貪昧饕餮之人，殘賊天下，萬人搔動，莫寧其所。」典論：「桓、靈之際，閹寺專命於上，布衣横議於下，干禄者殫貨以奉貴，要名者傾身以事勢，位成乎私門，名定乎横巷。由是户異議，人殊論，理無常檢，事無定價，長愛惡，興朋黨。」（意林五引）賈讀曰價。

抱朴子荅曰：「夫雷霆輷磕，而或不聞焉；七曜經天，而或不見焉〔一〕。豈唯形器有聾瞽哉！心神所蔽，亦又舊寫本作亦有，古通用。如之〔二〕。是以聞格言而不識者〔三〕，非無耳也，見英異而不知者，非無目也，由乎聰不經妙，而明不逮奇也。夫智大量遠者，盤桓以山峙〔四〕；器小志近者，蓬飛而萍浮〔五〕。夫唯山峙，故莫之能動焉；夫唯萍浮，故流而不滯焉。

〔一〕說文車部：「轟，羣車聲也。从三車。」（玉篇車部：「軥，車聲也。轟，同上。」）又石部：「磕，石聲也。」漢書揚雄傳上：「（甘泉賦）登長平兮雷鼓磕，天聲起兮勇士厲。」顏注：「磕，擊鼓聲也。天聲，聲至天也。」軥磕，象聲詞，此形容雷霆之聲。七曜，已見君道篇「則炳若七曜之麗天」句箋。韓詩外傳六：「孟子曰：『夫電雷之起也，破竹折木，震驚天下，而不能使聾者卒有聞；日月之明，偏照天下，而不能使盲者卒有見。』」

〔二〕莊子逍遥遊：「連叔曰：『然。瞽者無以與乎文章之觀，聾者無以與乎鍾鼓之聲。豈唯形骸有聾盲哉！夫知亦有之。』」文子符言：「故有闇聾之病者，莫知事通。豈獨形骸有闇聾哉！心亦有之，塞也。」淮南子泰族：「瘖者不言，聾者不聞。既瘖且聾，人道不通。故有瘖聾之病者，雖破家求醫，不顧其費。豈獨形骸有瘖聾哉！心志亦有之。」

〔三〕格言，已見審舉篇「格言不吐庸人之口」句箋。

〔四〕易屯：「初九，磐桓，利居貞，利建侯。」正義：「磐桓，不進之貌。」釋文：「磐，本亦作盤，又作槃。馬（融）云：『槃桓，旋也。』」文選幽通賦：「竚盤桓而且俟。」李注引曹大家曰：「竚，立也。盤桓，不進也。俟，待也。」

〔五〕商子禁使：「今夫飛蓬遇飄風而行千里，乘風之勢也。」後漢書鄭玄傳：「以書戒子益恩曰：『……而黄巾爲害，萍浮南北，復歸邦鄉。』」文選西征賦：「陋吾人之拘攣，飄萍浮而蓬轉。」李注：「東觀漢記太史官曰：『栗駭蓬轉，因遇際會。』」

「方之貨也，則緘連以待賈者〔一〕，唯至珍而難售〔二〕，鳴鼓以徇之者，雖凡敝而易盡。比之材也，則結根於嵩、岱者〔三〕，雖竦蓋千仞，垂蔭萬畝，而莫之知也；插株於塗要者，雖鉤曲戾細而速朽〔四〕，而猶見用也。故廟堂有枯楊之瑚、簋，窮谷多不伐之梓、豫藏本作橡，從舊寫本改。按本書屢用梓、豫。也〔五〕。

〔一〕說文糸部：「緘，束篋也。」（段注：「篋者，笥也。束者，縛也。束之者曰緘。」）玉篇糸部：「緘，束篋也，索也。」漢書外戚傳下趙皇后傳：「帝與昭儀坐，使（于）客子解篋緘，未已。」顏注：「緘，束篋之繩也。」字林：「連，縷不解也。」（一切經音義十四引）是緘連謂以繩索牢固纏束其笥也。待賈，已見審舉篇「藏器以待賈」句箋。

〔二〕「唯」，徐濟忠校「雖」。照按：作「雖」與下三句一律。徐校是。吉藩本、文溯本、叢書本、崇文本作「雖」，當據改。

〔三〕嵩、岱，嵩山、泰山。

〔四〕照按：「雖鉤曲戾細而速朽」與上文之「雖竦葢千仞，垂蔭萬畝」本爲排句，而參差不齊，疑有脫落。史記司馬相如傳：「（上林賦）蜿䗋膠戾。」索隱：「司馬彪云：『蜿䗋，展轉也。膠戾，邪屈也。』音婉、善、交、戾四音也。」（「戾」，漢書、文選並作「盭」，顏師古曰：「『盭』，古『戾』字。」李善注同。）楚辭九歎逢紛：「龍卬脟圈，繚戾宛轉，阻相薄兮。」洪補注：「繚，音了。戾，曲也。」（方言三：「軫，戾也。」郭注：「謂相了戾也。」荀子修身：「行而俯項，非擊戾也。」楊注：「擊戾，謂項曲戾不能仰者也。擊戾猶言了戾也。」酉陽雜俎續集八支動：「野牛，高丈餘，其頭似鹿，其角了戾。」了戾卽繚戾。）是「戾」上合補一「膠」字或「繚」字，始能與上文「雖竦葢千仞」句相儷。鉤曲膠戾（或繚戾）者，謂枝之屈曲交錯不直也。莊子逍遙遊：「惠子謂莊子曰：『吾有大樹，人謂之樗。其大本擁腫，而不中繩墨，其小枝卷曲，而不中規矩。』」釋文：「卷曲，本又作拳，同。音權。」成疏：「卷曲，不端直也。」又人間世：「子綦曰：『此何木也哉！此必有異材夫？』仰而視其細枝，則拳曲而不可以爲棟梁。」釋文：「則拳，本亦作卷，音權。」鉤曲，與卷曲、拳曲意同。

〔五〕瑚、簋，已見任命篇「器不陳於瑚、簋之末」句箋。梓、豫，並木名。戰國策宋策：「荆有長松、文梓、楩、柟、豫樟。」

高注：「皆大木也。」新語資質：「夫楩、枏（羣書治要四十、文選劉楨公讌詩又司馬彪贈山濤詩李注引作「梓」）、豫章，天下之名木也，生於深山之中，產於溪谷之傍，立則爲大山衆木之宗，仆則爲萬世之用。……商賈所不至，工匠所不窺，知者所不見，見者所不知，功棄而德亡，腐朽而枯傷，轉於百仞之壑，惕然而獨僵。當斯之時，不如道傍之枯楊。累累結屈，委曲不同，然生於大都之廣地，近於大匠之名工，材器制斷，規矩度量，堅者補朽，短者續長，大者治罇，小者治觴，飾以丹漆，斁以明光，上備大牢，春秋禮庠，褒以文采，立禮矜莊，冠帶正容，對酒行觴，卿士列位，布陳宮堂，望之者目眩，近之者鼻芳。故事閉之則絶，次之則通，抑之則沈，興之則揚，處地楩、梓，賤於枯楊。……彼則槁枯而遠棄，此則爲宗廟之瑚、璉者，通與不通也。」

「是以竊華名者，螻蜥騰於雲霄〔一〕；失實賈者，翠虯淪乎九泉〔二〕。於是斥鷃淩風以高翥〔三〕，靈鳳卷翮以幽戢〔四〕，鉛鋒充太阿之寶〔五〕，犬羊佻原注：「勑高切，獨行貌。」虎狼之資矣〔六〕。夫佞者鼓珍賂爲勁羽，則無高而不到矣；乘朋黨爲舟楫，則無遠而不濟矣。

〔一〕說文虫部：「螻，螻蛄也。」段注：「今之土狗也。」爾雅釋魚：「蠑螈，蜥蜴；蜥蜴，蝘蜓；蝘蜓，守宮也。」邢疏：「形狀相類而四名也。」

〔二〕照按：「九泉」，當作「九淵」。已詳勗學篇「而抑頓乎九泉之下」句箋。虯，龍屬。漢書揚雄傳下：「（解難）獨不見夫翠虯絳螭之將登虖天，必聳身於倉梧之淵。」

〔三〕斥鷃，已見逸民篇「夫斥鷃不以蓬榛易雲霄之表」句箋。

〔四〕靈鳳幽戢，已見嘉遯篇「龍起鳳戢」句箋。

〔五〕鉛鋒，已見任命篇「則曷用異於鉛刃」句箋。太阿，已見嘉遯篇「太阿潛鋒而不擊」句箋。

〔六〕俞樾曰：「謹按：『佻』字下舊有注曰：『勑高切，獨行貌。』詩大東篇『佻佻公子』毛傳：『佻佻，獨行貌。』然施之於此，則有未安。爾雅釋言：『佻，偷也。』此佻字當訓偷。言以犬羊而偷冒虎狼之資也。下文云觀彼佻竊，若草芥也』，疾謬篇『或因變故，佻竊榮貴』，刺驕篇『或佻竊虛名』，並以佻竊連文，可證此文佻字之義。又疾謬篇云：『或因時運，以佻榮位。』義亦同此。」照按：俞說極是。法言吾子：「羊質虎皮，見草而說，見豺而戰，忘其皮之虎也。」文選與吴質書：「以犬羊之質，服虎豹之文。」吴録：「萬彧既爲左丞相，（王）蕃嘲彧曰：『……彧出自谿谷，羊質虎皮，虛受光赫之寵，跨越三、九之位。』」（三國志吴書王蕃傳裴注引）

「持之以夙興側立〔一〕，加之以先意承指〔二〕，其利口諛辭也似辨〔三〕，其道聽塗說也似學〔四〕，其心險貌柔也似仁〔五〕，其行污言潔也似廉，其好說人短也似忠，其不知忌諱也似直，故多通焉。且亦奉望我者，欲我益之，不求我者，我不能愛，自然之理也。

〔一〕夙興，已見臣節篇「夙興夜寐」句箋。

〔二〕先意承指，亦見臣節篇「先意承指者」句箋。

〔三〕論語陽貨：「惡利口之覆邦家者。」史記張釋之傳：「釋之曰：『夫絳侯（周勃）、東陽侯（張相如）稱爲長者，此兩人言事曾不能出口，豈斆此嗇夫諜諜利口捷給哉！』」索隱：「漢書作『喋喋』，口多言。」中論覈辯：「且利口者，心足以見小數，言足以盡巧辭，給足以應切問，難足以斷俗疑，然而好說而不倦，諜諜如也。夫類族辯物之士者寡，而愚闇不達之人者多，孰知其非乎？此其所以無用而不見廢也，至賤而不見遺也。」

〔四〕論語陽貨：「子曰：『道聽而塗說，德之棄也。』」集解引馬融曰：「聞之於道路，則傳而說之。」

〔五〕莊子列禦寇：「孔子曰：『凡人心險於山川。』」（文心雕龍諧隱：「夫心險如山。」劉子心隱：「凡人之心，險於山川。」）

「夫賢常少而愚常多，多則比周而匿瑕〔一〕，少則孤弱而無援，佞人相汲引而柴正路，俊哲處下位而不見知，拔茅之義圯〔二〕，而負乘之羣興〔三〕，亢龍高墜〔四〕，泣血漣如〔五〕。故子西逐大聖之仲尼〔六〕，臧倉毀命世之孟軻〔七〕。二生不免斯患，降茲亦何足言！斯禍蓋與開闢竝生，苦之匪唯一世也。歷覽振古〔八〕，多同此疾。

〔一〕左傳文公十八年：「昔帝鴻氏有不才子，掩義隱賊，好行凶德，醜類惡物，頑嚚不友，是與比周。」杜注：「比，近也。周，密也。」釋文：「比，毗志反。」管子立政：「羣徒比周之說勝，則賢不肖不分。」

〔二〕照按：「圯」當作「圮」，形之誤也。（諸本中僅崇文本作「圮」，未誤。柏筠堂本、文溯本作「犯」，乃臆改。）說文土部：「圮，毀也。从土，己聲。虞書（堯典）曰：『方命圮族。』」又：「圯，東楚謂橋。从土，巳聲。」玉篇土部：「圮，皮美切，毀也。」又：「圯，弋之切，橋也。」是「圮」與「圯」音義俱別。此當作「圮」而訓爲毀，始合文意。易泰：「初九，拔茅茹，以其彙，征吉。」王注：「茅之爲物，拔其根而相牽引者也。茹，相牽引之貌也。」正義：「以其彙者，彙，類也，以類相從。」

〔三〕負乘，已見嘉遯篇「貪進不慮負乘之禍」句箋。

〔四〕亢龍，亦見嘉遯篇「畏亢悔而貪榮之欲不滅」句箋。

〔五〕易屯：「上六，乘馬班如，泣血漣如。」詩衞風氓「泣涕漣漣」釋文：「漣，音連。泣貌。」

〔六〕子西逐仲尼，已見擢才篇「（仲尼）南見塞於子西」句箋。

〔七〕孟子梁惠王下：「魯平公將出。嬖人臧倉者請曰：『他日君出，則必命有司所之。今乘輿已駕矣，有司未知所之。敢請。』公曰：『將見孟子。』曰：『何哉？君所爲輕身以先於匹夫者，以爲賢乎？禮義由賢者出。而孟子之後喪踰前喪。君無見焉！』公曰：『諾。』……樂正子見孟子，曰：『克告於君，君爲來見也。嬖人有臧倉者沮君，君是以不果來也。』曰：『行或使之，止或尼之。行、止，非人所能也。吾之不遇魯侯，天也。臧氏之子焉能使予不遇哉？』」（文選辨命論：「子輿困臧倉之訴。」）命世，已見勗學篇「仲舒命世」句箋。

〔八〕詩周頌載芟：「振古如兹。」毛傳：「振，自也。」

「至於駑蹇嬌首於琱原注：「多么切。」輦〔一〕，駥驥委牧乎林坰〔二〕，彼己尸禄〔三〕，邦國殄瘁〔四〕，下淩上替〔五〕，實此之由。或蟲流而莫斂〔六〕，或逆竄於申亥〔七〕，舊寫本作曲亥或擢筋於廟梁〔八〕，或絶命於望夷〔九〕，蓋所拔之非真，而忠能之不用也〔一〇〕。

〔一〕漢書敍傳上：「（王命論）是故駑蹇之乘，不騁千里之塗。」文選王命論李注：「廣雅（釋言）曰：『駑，駘也。』今謂馬之下者爲駑。王逸楚辭（七諫謬諫）注曰：『蹇，跛也。』」漢書揚雄傳上：「（甘泉賦）仰撟首以高視兮。」顔注：「撟，舉也。撟與嬌同。」（文選〔五臣注本〕甘泉賦「撟」作「嬌」）史記司馬相如傳：「（子虛賦）乘雕玉之輿。」（「雕」，漢書司馬相如傳上、文選子虛賦並作「彫」。顔注：「以玉飾輿而彫鏤之。」李注引郭璞曰：「刻玉以飾車也。」）文選東京賦：「下彫輦於東廂。」薛注：「輦，人挽車。彫，謂有彫飾也。」說文玉部：「琱，治玉也。」段注：「經傳以雕、彫爲琱。」又彡部：「彫，琢文也。」段注：「凡琱琢之成文曰彫，故字从彡。今則彫、雕行而琱廢矣。」又車部：「輦，輓車也。」段注：「謂人輓以行之車也。」

〔二〕爾雅釋畜：「馬八尺爲駥。」釋文：「駥，音戎。」文選爲曹洪與魏太子書：「夫騄驥垂耳於林坰。」李注：「爾雅（釋地）

曰：「野外謂之林，林外謂之坰。」

〔三〕彼己，已見交際篇「何必裸裎以詭彼己」句箋。漢書鮑宣傳：「（上書）以苟容曲從爲賢，以拱默尸祿爲智。」顔注：「尸，主也。不憂其職，但主食祿而已。」說苑尊賢：「誠使周公驕而且恡，則天下賢士至者寡矣。苟有至者，則必貪而尸祿者也。尸祿之臣，不能存君矣。」

〔四〕邦國殄瘁，已見任能篇「殄瘁嚮集」句箋。

〔五〕下淩上替，已見君道篇「陵替之災」句箋。「淩」、「陵」古通。

〔六〕呂氏春秋知接：「管仲有疾，桓公往問之曰：『仲父之疾病矣！將何以教寡人？』……管仲對曰：『願君之遠易牙、豎刀、常之巫、衛公子啓方。』……公曰：『諾。』管仲死，盡逐之。食不甘，宮不治，苛病起，朝不肅。居三年，公曰：『仲父不亦過乎？孰謂仲父盡之乎？』於是復召而反。明年，公有病，常之巫從中出曰：『公將以某日薨。』易牙、豎刀、常之巫相與作亂。塞宮門，築高牆，不通人，矯以公令。有一婦人踰垣入，至公所。公曰：『我欲食。』婦人曰：『吾無所得。』公又曰：『我欲飲。』婦人曰：『吾無所得。』公曰：『何故？』對曰：『常之巫從中出曰：「公將以某日薨。」易牙、豎刀、常之巫相與作亂，塞宮門，築高牆，不通人，故無所得。衛公子啓方以書社四十下衛。』公慨焉歎涕出曰：『嗟乎！聖人之所見，豈不遠哉？若死者有知，我將何面目以見仲父乎！』蒙衣袂而絶乎壽宮。蟲流出於户，上蓋以楊門之扇，三月不葬。此不卒聽管仲之言也。」（管子小稱有異，晏子春秋内篇諫上、韓非子十過又難一、史記齊太公世家、新書連語、說苑權謀則皆簡略。）

〔七〕左傳昭公十三年：「（楚靈）王沿夏，將欲入鄢。芋尹無宇之子申亥曰：『吾父再奸王命，王弗誅，惠孰大焉！君不可忍，惠不可弃。』吾其從王。乃求王，遇諸棘闈，以歸。夏五月癸亥，王縊于芋尹申亥氏，申亥以其二女殉而葬之。」國語吳語：「昔楚靈王不君，其臣箴諫以不入，乃築臺於章華之上，闕爲石郭，陂漢以象帝舜。罷弊楚國，以閒陳、蔡。不修方城之內，踰諸夏而圖東國，三歲於沮、汾以服吳、越。其民不忍飢勞之殃，三軍叛王於乾谿。王親獨行，屏營傍偟於山林之中。三日，乃見其涓人疇。王呼之曰：『余不食三日矣。』疇趨而進，王枕其股以寢於地。王寐，疇枕王以墣而去之。王覺而無見也，乃匍匐將入棘闈，棘闈不納。乃入芋尹申亥氏焉。王縊，申亥負王以歸，而土埋之其室。」

〔八〕戰國策秦策三：「淖齒管齊之權，縮閔王之筋，縣之廟梁，宿昔而死。」又楚策四：「淖齒用齊，擢閔王之筋，縣於其廟梁，宿夕而死。」韓非子姦劫弑臣：「淖齒之用齊也，擢湣王之筋，懸之廟梁，宿昔而死。」又難一：「湣王一用淖齒，而手〔身〕死乎東廟。」韓詩外傳四：「淖齒用齊，擢閔王之筋，而懸之於廟，宿昔而殺之。」新序雜事五：「楚使淖齒將兵救齊，因相閔王。淖齒擢閔王之筋，而懸之廟梁，宿昔而殺之，（上三句史記田完世家作「淖齒遂殺湣王」）而與燕共分齊地。」

〔九〕絶命望夷，已見用刑篇「趙高之弑秦」句箋。

〔一〇〕六韜文韜舉賢：「文王問太公曰：『君務舉賢而不獲其功，世亂愈甚以至危亡者，何也？』太公曰：『舉賢而不用，是有舉賢之名，而無用賢之實也。』文王曰：『其失安在？』太公曰：『其失在君好用世俗之所譽，而不得真賢也。』」（又見說苑君道〔「文王」作「武王」〕）

「故明君勤於招賢，而汲汲於擢奇〔一〕，導達凝滯，而嚴防壅蔽。才誠足委，不拘於屠釣〔二〕；言審可施，抽之於戎戍〔三〕。或舉於牛口之下，而加之於羣僚之上〔四〕；或拔於桎梏之中，而任以社稷之重〔五〕。故能勳業隆濟，拓境服遠，取威定功，垂統長世也。

〔一〕汲汲，已見勗學篇「汲汲於進趨」句箋。

〔二〕屠釣，謂呂尚。已見逸民篇「(呂尚)屠釣無獲」句及時難篇「吾知渭濱呂尚之徒」句箋。

〔三〕戎戍，謂劉敬。史記劉敬傳：「劉敬者，齊人也。漢五年，戍隴西，過洛陽，高帝在焉。婁敬脱輓輅，衣其羊裘，見齊人虞將軍曰：『臣願見上言便事。』虞將軍欲與之鮮衣，婁敬曰：『臣衣帛，衣帛見，衣褐，衣褐見。終不敢易衣。』於是虞將軍入言上。上召入見。賜食。已而問婁敬，婁敬說曰：『陛下都洛陽，豈欲與周室比隆哉？』上曰：『然。』婁敬曰：『陛下取天下與周室異。……而欲比隆於成、康之時，臣竊以爲不侔也。且夫秦地被山帶河，四塞以爲固，卒然有急，百萬之衆可具也，因秦之故，資甚美膏腴之地，此所謂天府者也。陛下入關而都之，山東雖亂，秦之故地可全而有也。夫與人鬭，不搤其亢，拊其背，未能全其勝也。今陛下入關而都，案秦之故地，此亦搤天下之亢而拊其背也。』高帝問羣臣，羣臣皆山東人，爭言周王數百年，秦二世即亡，不如都周。上疑未能決。及留侯明言入關便，即日車駕西都關中。於是上曰：『本言都秦地者婁敬，「婁」者乃「劉」也。』賜姓劉氏，拜爲郎中，號爲奉春君。」漢書揚雄傳下：「(解謿)天下已定，金革已平，都於雒陽，婁敬委輅脱輓，掉三寸之舌，建不拔之策，舉中國徙之長安，適也。」

〔四〕淮南子氾論：「與於牛領之下。」高注：「與，起也。謂百里奚也。」史記秦紀：「百里傒亡秦走宛，楚鄙人執之。繆公聞百里傒賢，……乃使人謂楚曰：『吾媵臣百里傒在焉，請以五羖羊皮贖之。』楚人遂許與之。……繆公大說，授之國政，號曰五羖大夫。」史記商君傳：「趙良曰：『夫五羖大夫，荆之鄙人也。聞秦繆公之賢而願望見，行而無資，自粥於秦客，被褐食牛。期年，繆公知之，舉之牛口之下，而加之百姓之上，秦國莫敢望焉。相秦六七年，而東伐鄭，三置晉國之君，一救荆國之禍。發教封內，而巴人致貢；施德諸侯，而八戎來服。』」(俞正燮癸巳類稿卷十二百里奚事異同論攷證翔實，可參閱。）「羣」上「於」字蓋涉上句衍，下文可證。

〔五〕淮南子氾論：「解於累紲之中。」高注：「累紲，所以束縛人。謂管仲。」管仲脱桎梏相桓公，已見交際篇「管仲所以免誅戮而立霸功」句箋。

「夫直繩者，枉木之所憎也〔一〕；清公者，姦慝之所讎也。人主不能運玄鑒以索隱〔二〕，而必須當塗之所舉〔三〕。然每觀前代專權之徒，率其所舉皆在乎附己者也，所薦者先乎利己者也〔四〕。毁所畏而進所愛，所畏則至公者也，所愛則同私者也。至公用則姦黨破，衆私立則主威奪矣〔五〕；姦黨破則昇泰之所由也，主威奪則危亡之端漸矣。毁所畏則恐辭之不痛，雖刖劓之，猶未愜意焉，故必除之而後快也；彼進所愛則苦談之不美〔六〕，雖位超之，猶未逞心焉，故必危彼以安此也。是故抱枉而死，無愆而黜者，有自來矣。

〔一〕鹽鐵論箴石：「語曰：『五盜執一良人，枉木惡直繩。』」又申韓：「故曲木惡直繩，姦邪惡正法。」潛夫論考績：「諺曰：『曲木惡直繩，重罰惡明證。』」

〔二〕玄鑒，已見擢才篇「玄鑒表微者」句箋。

〔三〕韓非子孤憤：「當塗之人擅事要，則外内爲之用矣。」漢書董仲舒傳：「制曰：『……夫五百年之間，守文之君，當塗之士，欲則先王之法以戴翼其世者甚衆。』」

〔四〕照按：此二句平列，非「皆」爲「者」之誤，卽「薦」下「者」字當作「皆」。

〔五〕六韜文韜佚文：「太公曰：『不法法，則令不行；令不行，則主威傷。』」（羣書治要三一引）漢書梅福傳：「（上書）方今君命犯而主威奪，外戚之權日以益隆。」

〔六〕 照按：「彼」字蓋涉下誤衍，上文「毀所畏」可證。

「所以體道合真，嶷然特立〔一〕，才遠量逸，懷霜履冰〔二〕，思緜天地，器兼元凱〔三〕，執經衡門〔四〕，淵渟嶽立〔五〕。寧潔身以守滯，恥脅肩以苟合〔六〕。樂飢陋巷〔七〕，以勵高尚之節〔八〕；藏器全真〔九〕，以待天年之盡。非時不出，非禮不動，結褐嚼蔬，而不悒悒也〔一〇〕；黃髮終否〔一一〕，而不悢悢原注：「力尚切。」也〔一二〕。安肯蹙太山之峻，以適鑿枘之中〔一三〕；斂垂天之羽〔一四〕，爲戒旦之役〔一五〕？編於仕類，而抑鬱庸兒之下。捨鸞鳳之林，適枳棘之藪〔一六〕，競腐鼠於踞鴟〔一七〕，而枉尺以直尋哉〔一八〕！

〔一〕 字指：「嶷、崱，山峯貌。」（華嚴經音義上引）

〔二〕 後漢書文苑下禰衡傳：「（孔融）上疏薦之曰：『……忠果正直，志懷霜雪。』」文選薦禰衡表五臣注張銑曰：「霜雪，言絜白而肅物也。」又文賦：「心懍懍以懷霜，志眇眇而臨雲。」李注：「懷霜、臨雲，言高絜也。」詩小雅小旻：「戰戰兢兢，如臨深淵，如履薄冰。」毛傳：「恐陷也。」漢書韋賢傳：「（諫詩）如何我王，不思守保，不惟履冰，以繼祖考！」顏注：「言不思念敬慎如履薄冰之義，用繼其祖考之業也。」

〔三〕 元凱，已見嘉遯篇「而使聖朝乏乎元凱之用哉」句箋。

〔四〕 衡門，亦見嘉遯篇「而樂飢衡門者可非乎」句箋。

〔五〕 淵渟嶽立，已見審舉篇「山峙淵渟」句箋。

【六】脅肩，已見逸民篇「不亦愈於脅肩低眉」句箋。

【七】樂飢陋巷，已見嘉遯篇「故不改樂於簞瓢」句箋。

【八】照按：「勵」，疑當作「厲」。逸民篇「厲苟進之貪夫」，又「山林者修德以厲貪濁」，交際篇「而欲力厲近才」，刺驕篇「執勁矢以厲羣枉」，詰鮑篇「厲秋威以肅物」，並其證。漢書董仲舒傳「士素不厲也」顏注：「厲，謂勸勉之也。一曰砥礪其行也。」又儒林傳「以厲賢材焉」顏注：「厲，勸勉之也。一曰砥厲也。」詁此均合。

【九】藏器，已見嘉遯篇「故藏器者珍於變通隨時」句箋。全真，亦見嘉遯篇「可以全真成名」句箋。

【一〇】說文心部：「悒，不安也。」大戴禮記曾子制言中：「故君子無悒悒於貧。」

【一一】書秦誓：「尚猷詢茲黃髮。」詩魯頌閟宮：「黃髮台背。」鄭箋：「黃髮、台背，皆壽徵也。」漢書韋賢傳：「（諫詩）追思黃髮，秦繆以霸。」顏注：「黃髮，老壽之人也，謂髮落更生黃者也。」

【一二】文選李陵與蘇武詩：「徘徊蹊路側，悢悢不得辭。」李注引廣雅（釋訓）曰：「悢悢，恨（今本作「悲」）（北征賦、與山巨源絕交書注並引作「悲」））也。」又陸機謝平原內史表：「所以臨難慷慨而不能不悢悢者，唯此而已。」張銑曰：「悢悢，悲也。」

【一三】文子上義：「今為學者，循先襲業，握篇籍，守文法，欲以為治，猶持方枘而內圓鑿也。欲得宜適，亦難矣。」（又見淮南子氾論）史記孟子傳：「持方枘欲內圜鑿，其能入乎？」索隱：「方枘是筍也，圜鑿是孔也。謂工人斲木，以方筍而內之圜孔，不可入也。」楚辭九辯：「圜鑿而方枘兮，吾固知其鉏鋙而難入。」王注：「正直邪枉行殊，則所務不同若粉墨也。」文選七辯五臣注呂延濟曰：「若鑿圓穴，斫方木內之，而必參差不可入。喻邪佞在前，忠賢何由能進。鉏鋙，相距貌。」（洪興祖楚辭補注：「枘，柄也。鉏鋙，不相當也。」（鑿枘，圓鑿方枘之省。此二句謂德行高者之不隨流俗，如鑿枘之因圓方不宜適，而鉏鋙難入然。中讀爲仲，得也。

〔一四〕垂天之羽，已見嘉遯篇「侶雲鵬以高逝」句箋。

〔一五〕文選與嵇茂齊書：「鳴雞戒旦，則飄爾晨征。」李注引陳琳武軍賦曰：「啟明戒旦。」「爲」上似脱一字。

〔一六〕易林屯之賁：「路多枳棘，步刺我足。」孔叢子記問：「故夫子作丘陵之歌曰：『……枳棘充路，陟之無緣。』」後漢書黄瓊傳：「（上疏）光武以聖武天挺，繼統興業，創基冰泮之上，立足枳棘之林。」李注：「枳棘，諭艱難。」文選左思詠史詩：「出門無通路，枳棘塞中塗。」

〔一七〕腐鼠踞鴟，已見嘉遯篇「故不縈翮於腐鼠」句箋。

〔一八〕孟子滕文公下：「陳代曰：『不見諸侯，宜若小然；今一見之，大則以王，小則以霸。且志曰：「枉尺而直尋。」宜若可爲也。』孟子曰：『……且夫枉尺而直尋者，以利言也。如以利，則枉尋直尺而利，亦可爲與？』」趙注：「志，記也。枉尺直尋，欲使孟子屈己信道，故言宜若可爲也。尺小尋大，不可枉大就小而以要利也。」（風俗通義十反：「孟軻稱不枉尺以直尋，況於枉尋以直尺？」）文子上義：「老子曰：『屈寸而伸尺，小枉而大直，聖人爲之。』」尸子：「孔子曰：『詘寸而信尺，小枉而大直，吾爲之也。』」（太平御覽八百三十引）淮南子氾論：「詘寸而伸尺，聖人爲之；小枉而大直，君子行之。」高注：「寸小，尺大。枉，曲也。直，直其道也。」詩魯頌閟宮「是尋是尺」毛傳：「八尺曰尋。」

「且大賢之狀也至拙，其爲味也甚淡，蕭然自足，泊爾無知，知之者稀而不慼，時不能用而不悶〔一〕。雖并日無藜藿之糝〔二〕，不以易不義之太牢也〔三〕；雖緼袍無卒歲之服〔四〕，不冐桀無道之狐白也〔五〕。獨可散髮高枕〔六〕，守其所有已〔七〕，絶不曲躬低眉，求其所未須也。

〔一〕不悶，已見任命篇「無悶之志也」句箋。

〔二〕禮記儒行：「并日而食。」鄭注：「并日而食，二日用一日食也。」藜藿，已見嘉遯篇「藜藿不供」句箋。莊子讓王：「孔子窮於陳、蔡之間，七日不火食，藜羹不糝。」成疏：「藜菜之羹，不加米糝。」說文米部：「糂，以米和羹也。……糝，古文糂。从參。」段注：「今南人俗語曰米糝，飯糝，謂孰者也。」釋名（釋飲食）曰：「『糝，黏也，相黏𥽖也。』」

〔三〕公羊傳桓公八年：「冬曰烝。」何注：「禮，天子、諸侯、卿大夫，牛、羊、豕凡三牲，曰大牢。」國語楚語下：「天子舉，以大牢祀以會。」韋注：「大牢，牛、羊、豕也。」「大」、「太」古通。

〔四〕照按：「緼袍」與「卒歲」當互乙，上文「雖并日無藜藿之糝」句可證。緼袍，已見嘉遯篇「緼袍麗於袞服」句箋。詩豳風七月：「無衣無褐，何以卒歲！」鄭箋：「卒，終也。」

〔五〕禮記玉藻：「士不衣狐白。」鄭注：「狐之白者少，以少爲貴也。」管子輕重戊：「管子對曰：『代之出狐白之皮，公其貴買之。』」墨子親士：「千鎰之裘，非一狐之白也。」呂氏春秋用衆：「天下無粹白之狐，而有粹白之裘，取之衆白也。」（又見淮南子說山）淮南子精神：「文繡、狐白，人之所好也。」

〔六〕後漢書袁閎傳：「延熹末，黨事將作，閎遂散髮絶世，欲投迹深林。」鍾會遺榮賦：「散髮抽簪，永縱一壑。」（文選沈約應詔樂游餞呂僧珍詩、張協詠史詩、張華答何劭詩李注引）文選嵇康幽憤詩：「散髮巖岫。」又張協詠史詩：「抽簪解朝衣，散髮歸海隅。」張銑曰：「凡束髮爲從宦，散髮爲罷宦。」又張華答何劭詩：「散髮重陰下。」張銑曰：「散髮，言不爲冠所束也。」高枕，已見君道篇「高枕以責成」句箋。

〔七〕陳其榮曰：「（『有已』）承訓本作『已有』（照按：承訓本仍作「有已」），當從之。」陳澧曰：「『有已』，疑當作『已有』。」

照按：陳澧說是。（朱氏翻刻平津本據陳其榮說改爲「已有」，非）

「德薄位厚，弗交也；名與實違，弗親也；榮華馳逐，弗務也；豪俠姦權，弗接也；俗說細辨，不荅也；脅肩所赴〔一〕，弗隨也。貌愚而志遠，面垢而行潔。確乎若嵩、岱，銓衡所不能測也；浩乎若滄海，斗斛所不能校也〔二〕。峻其重仞之高，隱其百官之富〔三〕。覩彼佻竊，若草莽也。邈世之操，眇焉冠秋雲之表；遺俗之神，緬焉棲九玄之端〔四〕。雖窮賤，而不可脅以威；雖危苦，而不可動以利。

〔一〕脅肩，已見逸民篇「不亦愈於脅肩低眉」句箋。

〔二〕淮南子泰族：「太山不可丈尺也，江海不可斗斛也。」

〔三〕論語子張：「叔孫武叔語大夫於朝，曰：『子貢賢於仲尼。』子服景伯以告子貢。子貢曰：『譬之宮牆，賜之牆也及肩，窺見室家之好。夫子之牆數仞，不得其門而入，不見宗廟之美，百官之富。得其門者或寡矣。夫子之云，不亦宜乎！』」集解引包咸曰：「七尺曰仞。」

〔四〕九玄，已見任命篇「揚清耀於九玄」句箋。

「其所業耳可聞而不可盡也〔一〕；其所執守，可見而不可論也。故疾之者，齊聲而側目；愛之者，寡弱而無益。亦猶撮壤不能塡決河〔二〕，升水不能殄原火。於是鼖鼓戢雷霆之音〔三〕，鞉原注：「徒刀切。」鞞原注：「奴移切。」恣喋謷原注：「音高。」之響〔四〕。芳蕙芰夷〔五〕，臭鮑佩御〔六〕。玄罂傾棄而不羞〔七〕，醨酪專灌於圓丘〔八〕。汗血驅放而垂耳〔九〕，跛蹇馳騁於鑾軒〔一〇〕。此古人之所以懷沙負石，赴流魚葬〔一一〕，而不堪與之同世也。已矣！悲夫！

〔一〕「耳」，藏本、魯藩、本吉藩本、慎本、舊寫本作「尚」。照按：「尚」字是。交際篇「業尚乖互者」，內篇明本「業尚本異」，並以「業尚」連文。晉書范甯傳：「甯又陳時政曰：『……凡庸競馳，傲誕成俗。謂宜驗其鄉黨，考其業尚，試其能否，然後升進。』」亦以「業尚」爲言。「其所業尚」，本與下文「其所執守」爲排句，若作「耳」，則不相儷矣。

〔二〕牟子理惑論：「舉土塊以塡河衢。」

〔三〕鼗鼓，已見逸民篇「抑靈鼗爲蕘鼙之音」句箋。爾雅釋詁：「戢，聚也。」

〔四〕禮記月令：「仲夏之月，……是月也，命樂師修鞀、鞞鼓。」正義：「鞀字或從兆下鼓（見說文革部「鞀」字下），按：周禮（春官）小師（鄭玄）注云：『鼗如鼓而小，持其柄搖之，旁耳還自擊。』鄭注詩（周頌有瞽）云：『小鼓在大鼓旁，應鞞之屬也。』鞞鼓者，周禮（地官）鼓人職掌六鼓，『雷鼓（鄭注：「八面鼓也。」）鼓神祀』之屬是也。」方言三：「恣，代也。」史記張釋之傳「豈斅此嗇夫諜諜利口捷給哉」索隱：「漢書作『喋喋』，口多言。」詩大雅緜：「百堵皆興，鼛鼓弗勝。」毛傳：「鼛，大鼓也，長一丈二尺。或鼛或鼓，言勸事樂功也。」鄭箋：「五版爲堵。興，起也。百堵同時起，鼛鼓不能止之使休息也。凡大鼓之側有小鼓，謂之應鼙、朔鼙。周禮（鼓人）曰：『以鼛鼓鼓役事。』」正義：「百堵皆同時而起，其間欲令之食息，擊鼛擊鼓不能勝而止之。民皆勸事樂功，競欲出力。……民欲疾作，鼓欲令止，二者交競，鼓不能勝止人使休，是其勸樂之甚也。」「民欲疾作，鼓欲令止」，是鼛鼓頻擊矣。多言爲喋，因以形容頻擊之鼛鼓爲喋鼛。此與上句皆喻小人當道（以下各句亦然）。

〔五〕周禮地官稻人：「凡稼澤，夏以水殄草而芟夷之。」左傳隱公六年：「周任有言曰：『爲國家者，見惡如農夫之務去草焉，芟夷蘊崇之，絕其本根，勿使能殖，則善者信矣。』」杜注：「芟，刈也。夷，殺也。」

〔六〕釋名釋飲食：「鮑魚，鮑，腐也，埋藏淹使腐臭也。」楚辭九章涉江：「腥臊並御，芳不得薄兮。」王注：「腥臊，臭惡也。御，用也。」

〔七〕詩大雅江漢：「秬鬯一卣。」毛傳：「秬，黑黍也。鬯，香草也。築煮合而鬱之曰鬯。」鄭箋：「秬鬯，黑黍酒也。謂之鬯者，芬香條鬯也。」周禮春官大宗伯：「以肆獻祼享先王。」鄭注：「祼之言灌，灌以鬱鬯，謂始獻尸求神時也。」又鬱人：「凡祭祀、賓客之祼事，和鬱鬯以實彝而陳之。」鄭注：「築鬱金煮之以和鬯酒。」又序官鬯人鄭注：「鬯，釀秬爲酒，芬香條暢於上下也，秬如黑黍，一稃二米。」玄鬯，即秬鬯。爾雅釋詁：「羞，進也。」說文丑部：「羞，進獻也。」

〔八〕說文酉部：「醨，薄酒也。」禮記禮運：「以爲醴酪。」鄭注：「酪，酢酨。」說文酉部：「酨，酢漿也。」廣韻十九代：「酨，醋也。」是酢酨即今之酒醋。（酢、醋古今字）周禮春官大司樂：「凡樂……冬至日，於地上之圜丘奏之。」正義：「言圜丘者，案：爾雅土之高者曰丘（爾雅無此文），取自然之丘。圜者，象天圜。」圓、圜古通。

〔九〕汗血，已見君道篇「止汗血之求於絶域之外」句箋。史記賈生傳：「（弔屈原賦）驥垂兩耳兮，服鹽車。」楚辭九懷：「驥垂兩耳兮，中坂蹉跎。」文選爲曹洪與魏文帝書：「夫騄驥垂耳於坰牧。」劉良曰：「垂耳，謂未效用其力，故耳垂也。」

〔一〇〕楚辭七諫謬諫：「駕蹇驢而無策兮，又何路之能極。」王注：「蹇，跛也。」說文金部：「鑾，人君乘車四馬、〔四〕鑣、八鑾。鈴，象鸞鳥之聲，和則敬也。」段注：「爲鈴系於馬銜之兩邊，聲中五音似鸞鳥，故曰鑾。」軒，車通稱。

〔一一〕莊子盜跖：「申徒狄諫而不聽，負石自投於河，爲魚鼈所食。」鶡冠子備知：「申徒狄以爲世溷濁不可居，故負石自投於河。」荀子不苟：「故懷負石而赴河，是行之難爲者也，而申徒狄能之。」韓詩外傳一：「申徒狄非其世，將自投於河，崔嘉聞而止之曰：『吾聞聖人仁士之於天地之間也，民之父母也，今爲儒雅〔濡足〕之故，不救溺人，可乎？』申徒狄曰：『不然。……故亡國滅家，非無聖智也，不用故也。』遂抱石而沈於河。」（又見新序節士）淮南子説山：「申徒狄負石自沈於淵。」高注：「申徒狄殷末人也，不忍見紂亂，故自沈於淵。」史記鄒陽傳：「（獄中上書）是以申徒狄自沈於河，徐衍負石入海。」集解引烈士傳曰：「（徐衍）周之末世人。」又屈原傳：「屈原曰：『……寧赴常流而葬江魚腹中耳，又安能以晧晧之白而蒙世俗之溫蠖乎！』乃作懷沙之賦。……於是懷石遂自投汨羅以死。」

「然捐玄黎於汚濘〔一〕，非夜光之不真也〔二〕，由莫識焉；投彤盧而不彎〔三〕，非繁弱之不勁也〔四〕，坐莫賞焉。故瓊瑤俟荆和而顯連城之價〔五〕，烏號須逢門而著陷堅之功〔六〕，飛菟待子豫而飈騰〔七〕，俊民值知己而宣力〔八〕。若夫美玉不出重岫，良弓不鑿百札〔九〕，驥騄不服朱軒〔一〇〕，命世不履爵勢〔一一〕，則孰知其能攄符彩之耀曄〔一二〕，頓雲禽於千仞，騁逸迹以追風〔一三〕，康庶績於百揆乎〔一四〕？

〔一〕玄黎，已見擢才篇「夫結緑玄黎」句箋。

〔二〕夜光，已見君道篇「夜光起乎泥濘」句箋。

〔三〕書文侯之命：「王曰：『父義和！其歸視爾師，寧爾邦，用賚爾秬鬯一卣，彤弓一，彤矢百，盧弓一，盧矢百，馬四匹。父往哉！』」孔傳：「彤，赤。盧，黑也。」左傳文公四年：「諸侯敵王所愾，而獻其功，王於是乎賜之彤弓一，彤矢百，玈弓、矢千，以覺報宴。」釋文：「玈，音盧。」説文弓部：「彎，持弓關矢也。」文選西京賦：「彎弓射乎西羌。」薛注：「彎，挽弓也。」

〔四〕左傳定公四年：「封父之繁弱。」杜注：「封父，古諸侯也。繁弱，大弓名。」荀子性惡：「繁弱、鉅黍，古之良弓也。」

〔五〕詩衛風木瓜：「投我以木桃，報之以瓊瑶。」毛傳：「瓊瑶，美玉〔石〕。」釋文：「瑶，說文（玉部）云：『美石。』」荆和，已見擢才篇「和氏所以抱璞而泣血」句箋。連城之價，亦見擢才篇「囊直連城」句箋。

〔六〕淮南子原道：「射者扞烏號之弓。」高注：「烏號，桑柘。其材堅勁，烏峙其上，及其將飛，枝必橈下，勁能復集，烏隨之，烏不敢飛，號呼其上，伐其枝以爲弓，因曰烏號之弓也。一說：黄帝鑄鼎於荆山鼎湖，得道而仙，乘龍而上，其臣援弓射龍，欲下黄帝不能也。烏，於也，號，呼也。於是抱弓而號，因名其弓爲烏號之弓也。」史記封禪書：「申公曰：『漢主亦當上封，上封則能僊登天矣。……黄帝采首山銅，鑄鼎於荆山下。鼎既成，有龍垂胡顙下迎黄帝。黄帝上騎，羣臣後宫從上者七十餘人，龍乃上去。餘小臣不得上，乃悉持龍顙，龍顙拔，墮，墮黄帝之弓。百姓仰望黄帝既上天，乃抱其弓與胡顙號，故後世因名其處曰鼎湖，其弓曰烏號。』」漢書司馬相如傳上：「（子虚賦）左烏號之彫弓。」顔注：「應劭曰：『楚有柘桑，烏棲其上，支下著地，不得飛，欲墮號呼，故曰烏號。』（風俗通義正失說同，文較詳。）張揖曰：『黄帝乘龍上天，小臣不得上，挽持龍顙，顙拔，墮黄帝弓，臣下抱弓而號，故名弓烏號。』師古曰：『烏號，應、張二說皆有據也。』」又王褒傳：「（聖主得賢臣頌）逢門子彎烏號。」顔注：「逢門，善射者，即逢蒙也。烏號，弓名也。」

〔七〕呂氏春秋離俗覽：「飛兔、要褭，古之駿馬也。」高注：「飛兔、要褭，皆馬名也。日行萬里，馳若兔之飛，因以爲名也。」淮南子齊俗：「夫待騕褭、飛兔而駕之，則世莫乘車。」（太平御覽八九六引「兔」作「菟」。）「兔」、「菟」古通用不別。「飛兔」之作「飛菟」，猶「兔罟」之作「菟罟」，「雉兔」之作「雉菟」然也。子豫，蓋古善御者，其事待考。

〔八〕俊民，已見嘉遯篇「安可令俊民全其獨善之分」句箋。宣力，已見君道篇「明哲宣力於攸莅」句箋。

〔九〕韓詩外傳八：「齊景公使人爲弓，三年乃成。景公得弓而射，不穿三〔一〕札。景公怒，將殺弓人。弓人之妻往見景公曰：「……此弓者，太山之南，烏號之柘，騂牛之角，荆麋之筋，河魚之膠也。四物者，天下之練材也。不宜穿札之少如此！……夫射之道，左手若附枝，掌如握卵，四指如斷短杖，右手發之，左手不知。此蓋射之道。」景公以爲儀而射之，穿七札。」列女傳辯通晉弓工妻傳：「弓工妻者，晉繁人之女也。當平公之時，使其夫爲弓，三年乃成。平公引弓而射，不穿一札。平公怒，將殺弓人。弓人之妻請見曰：「……而君不能以穿一札，是君之不能射也。而反欲殺妾之夫，不亦謬乎！妾聞射之道，左手如拒石，右手如附枝，右手發之，左手不知。此蓋射之道也。」平公以其言（爲儀）而射，穿七札。」（闕子：「宋景公使工人爲弓，九年乃成。公曰：『何其遲也！』對曰：『臣不復見君矣，臣之精盡於弓矣。』獻弓而歸，三日而死。景公登虎圈之臺，援弓東面而射之，矢踰於孟霜之山，集於彭城之東，餘勢逸勁，猶飲羽於石梁。」（水經睢水注引）所説有異。袁孝政劉子激通篇「矢驚則能踰白雪之嶺」句注，則由列女傳及闕子傅會而成，不具録。）廣雅釋詁三：「鑿，穿也。」左傳成公十六年：「潘尫之黨與養由基蹲甲而射之，徹七札焉。」杜注：「黨，潘尫之子。蹲，聚也。一發達七札，言其能陷堅。」

〔二〇〕朱軒，已見交際篇「子元所以去亭長而驅朱軒者」句箋。

〔二一〕命世，已見勗學篇「仲舒命世」句箋。

〔二二〕文選七啟：「符采照爛，流景揚煇。」李注引劉淵林蜀都賦（符采彪炳）注曰：「符采，玉之横文也。」

〔二三〕追風，已見嘉遯篇「則追風之迅不形」句箋。

〔二四〕庶績，已見臣節篇「庶績其凝」句箋。百揆，亦見臣節篇「百揆時序」句箋。

「夫其不遇，亦得不雜糅於瓦石，鈞賤於朽木，列鑣於下乘〔一〕，等望於凡瑣哉！嗟乎！饋棘矢而望高手於渠、廣〔二〕，策疲駑而求繼軌於周穆〔三〕，放斧斤而欲雙巧於班、墨〔四〕，忽良才而欲彝倫之攸敍〔五〕，不亦難乎？名實雖漏於一世，德音可邀乎將來。樂天知命〔六〕，何慮何憂？安時處順〔七〕，何怨何尤哉〔八〕！」

〔一〕說文金部：「鑣，馬銜也。」文選爲曹洪與魏文帝書：「夫騄驥垂耳於坰牧，鴻雀戢翼於汙池，褻之者固以爲園囿之凡鳥，外廄之下乘也。」

〔二〕孫子勢：「勢如彍弩。」淮南子兵略：「疾如彍弩。」漢書吾丘壽王傳：「丞相公孫弘奏言：『民不得挾弓弩。十賊彍弩，百吏不敢前。』」顏注：「張晏曰：『彍，音郭。』師古曰：『引滿曰彍。』」玉篇弓部：「彍，古鑊切。張也。說文（弓部）：『滿弩也。』彍，同上。」左傳昭公四年：「桃弧棘矢。」杜注：「桃弓棘箭。」正義引服虔云：「棘矢者，棘赤有箴，取其名也。」又十二年：「唯是桃弧棘矢，以共禦王事。」杜注：「桃弧棘矢，以禦不祥。言楚在山林，少所出有。」渠，熊渠。韓詩外傳六：「昔者楚熊渠子夜行，〔見〕寢石，以爲伏虎，彎弓而射之，沒金飲羽。下視，知其爲石。」（又見新序雜事四〔博物志八：「楚熊渠子夜行，射窮石，以爲伏虎，不爲沒羽。」〕）廣，李廣。史記李將軍傳：「李將軍廣者，隴西成紀人也。……廣出獵，見草中石，以爲虎而射之，中石沒鏃。視之，石也。」

〔三〕穆天子傳一：「天子之駿：赤驥、盜驪、白義、踰輪、山子、渠黃、華騮、綠耳。」又四：「天子命駕八駿之乘，……天子主車，造父爲御，……天子乃遂東南翔行，馳驅千里。」（列子周穆王略同）史記趙世家：「造父幸於周繆王。造父取驥之乘匹，與桃林盜驪、驊騮、綠耳，獻之繆王。繆王使造父御，西巡狩，見西王母，樂之忘歸。而徐偃王反，繆王日馳千里馬，攻徐偃王，大破之。」「繆」讀曰「穆」。

〔四〕班，公輸班（一作「般」，又作「盤」）。孟子離婁上：「公輸子之巧。」趙注：「公輸子，魯班，魯之巧人也。」墨子魯問：「公輸子自魯南游楚，焉始爲舟戰之器，作爲鉤强之備，退者鉤之，進者强之，量其鉤强之長，而制爲之兵。」

……公輸子削竹木以爲鵲，成而飛之，三日不下。」又公輸：「公輸盤爲楚造雲梯之械成，將以攻宋。」戰國策宋策：「公輸般爲楚設機，將以攻宋。」高注：「公輸般，魯班之號也。機，械。雲梯之屬也。」呂氏春秋愛類：「公輸般爲高雲梯，欲以攻宋。」淮南子脩務：「宋王曰：『公輸，天下之巧士，作雲梯之械，設以攻宋，曷爲弗取？』」高注：「公輸，魯般號。時在楚。雲梯，攻城具。高長上與雲齊，故曰雲梯。械，器。設，施也。」列子湯問：「夫班輸之雲梯。」張注：「班輸作雲梯，可以凌虛仰攻。」漢書敍傳上：「（答賓戲）班輸權巧於斧斤。」顔注：「班輸，即魯公輸班也。」（劉子兵術：「雲梯煙浮，魯生之巧。」又知人「公輸之刻鳳也」云云，語多夸飾，不具録。）墨，墨翟。韓非子外儲説左上：「墨子爲木鳶，三年而成，蜚一日而敗。」淮南子齊俗：「魯般、墨子以木爲鳶而飛之，三日不集。」論衡儒增：「儒書稱魯般、墨子之巧，刻木爲鳶，飛之三日而不集。」又亂龍：「魯般、墨子刻木爲鳶，蜚之三日而不集，爲之巧也。」列子湯問：「墨翟之飛鳶。」張注：「墨子作木鳶，飛三日不集。」

〔五〕彝倫攸敍，已見嘉遯篇「攸敍彝倫者」句箋。

〔六〕樂天知命，已見任命篇「知命者不憂」句箋。

〔七〕莊子養生主：「適來夫子時也，適去夫子順也。安時而處順，哀樂不能入也。」又大宗師：「且夫得者時也，失者順也。安時而處順，哀樂不能入也。」

〔八〕論語憲問：「子曰：『莫我知也夫！』子貢曰：『何爲其莫知子也？』子曰：『不怨天，不尤人。下學而上達。知我者其天乎！』」集解引馬融曰：「孔子不用於世而不怨天，人不知己亦不尤人。」邢疏：「尤，非也。」

抱朴子外篇校箋卷之二十一

清鑒

抱朴子曰：「咸謂：『勇力絶倫者〔一〕，則上將之器，洽聞治亂者，則三、九之才也〔二〕。』然張飛、關羽萬人之敵，而皆喪元辱主，授首非所〔三〕。孔融、邊讓文學邈俗，而竝不達治務，所在敗績〔四〕。鄧禹、馬援田閒諸生，而善於用兵〔五〕。蕭何、曹參不涉經誥，而優於宰輔〔六〕。爾則知人果未易也。欲試可乃已〔七〕，則恐成舊寫本成字空白，疑衍。折足覆餗〔八〕；欲聽言察貌，則或似是而非，真僞混錯〔九〕。然而世人甚以爲易，經耳過目，謂可精盡。余甚猜焉〔一〇〕，未敢許也。

〔一〕「咸」，吉藩本作「或」。照按：作「或」始與下段文意吻合。用刑篇「或云明后御世」，藏本、魯藩本、慎本等亦誤「或」爲「咸」也。

〔二〕後漢書郎顗傳：「（上書）陛下踐祚以來，勤心庶政，而三、九之位，未見其人。」李注：「（三、九）三公、九卿也。」隸釋孫叔敖碑：「三、九無嗣。」洪适注：「三，三公；九，九卿。」

〔三〕三國志蜀書關羽傳：「關羽字雲長，本字長生，河東解人也。亡命奔涿郡。先主於鄉里合徒衆，而羽與張飛爲之禦侮。先主爲平原相，以羽、飛爲別部司馬，分統部曲。……（建安）二十四年，先主爲漢中王，拜羽爲前將軍，假節鉞。是歲，羽率衆攻曹仁於樊。曹公遣于禁助仁。秋，大霖雨，漢水汎溢，禁所督七軍皆沒。禁降羽，羽又斬將軍龐德。梁郟、陸渾羣盜或遥受羽印號，爲之支黨，羽威震華夏。……於是（孫）權陰誘（麋）芳、（傅士）仁，芳、仁使人迎權。而曹公遣徐晃救曹仁，羽不能克，引軍退還。權已據江陵，盡虜羽士衆妻子，羽軍遂散。權遣將逆擊羽，斬羽及子平於臨沮。（裴注引吴歷曰：「權送羽首於曹公，以諸侯禮葬其屍骸。」）又張飛傳：「張飛字益德，涿郡人也。少與關羽俱事先主。……先主背曹公依袁紹、劉表。表卒，曹公入荆州，先主奔江南。曹公追之，一日一夜，及於當陽之長阪。先主聞曹公卒至，棄妻子走，使飛將二十騎拒後。飛據水斷橋，瞋目横矛曰：『身是張益德也，可來共決死！』敵皆無敢近者。……先主爲漢中王，拜飛爲右將軍，假節。……初，飛雄壯威猛，亞於關羽，魏謀臣程昱等咸稱羽、飛萬人之敵也。……先主伐吴，飛當率兵萬人，自閬中會江州。臨發，其帳下將張達、范彊殺飛，持其首，順流而奔孫權。……評曰：『關羽、張飛皆稱萬人之敵，爲世虎臣。羽報效曹公，飛義釋嚴顏，並有國士之風。』」左傳僖公三十三年：「（先軫）免胄入狄師，死焉。狄人歸其元，面如生。」杜注：「元，首。」孟子滕文公下：「勇士不忘喪其元。」趙注：「元，首也。」

〔四〕後漢書孔融傳：「孔融字文舉，魯國人，孔子二十世孫也。……辟司徒楊賜府，時隱覈官僚之貪濁者，將加貶黜，融多舉中官親族。尚書畏迫内寵，召掾屬詰責之。融陳對罪惡，言無阿撓。……舉高第，爲侍御史。與中丞趙舍不同，託病歸家。後辟司空掾，拜中軍候。在職三日，遷虎賁中郎將。會董卓廢立，融每因對答，輒有匡正之言。以忤卓旨，轉爲議郎。時黄巾寇數州，而北海最爲賊衝，卓乃諷三府同舉融爲北海相。融到郡，收合士民，起兵講武，馳檄飛翰，引謀州郡。賊張饒等羣輩二十萬衆從冀州還，融逆擊，爲饒所敗，乃收散兵保朱虚縣。……

時黃巾復來侵暴，融乃出屯都昌，爲賊管亥所圍。……融負其高氣，志在靖難，而才疎意廣，迄無成功。……曹操既積嫌忌，而郗慮復搆成其罪，遂令丞相軍謀祭酒路粹枉狀奏融曰：『……大逆不道，宜極重誅。』書奏，下獄棄市。時年五十六。妻子皆被誅。……魏文帝深好融文辭，每歎曰：『揚、班儔也。』募天下有上融文章者，輒賞以金帛。」又文苑下邊讓傳：「邊讓字文禮，陳留浚儀人也。少辯博，能屬文。……讓後以高才擢進，屢遷，出爲九江太守，不以爲能也。初平中，王室大亂，讓去官還家。恃才氣，不屈曹操，多輕侮之言。建安中，其鄉人有搆讓於操，操告郡就殺之。」

【五】後漢書鄧禹傳：「鄧禹字仲華，南陽新野人也。年十三，能誦詩。受業長安，時光武亦游學京師，禹年雖幼，而見光武知非常人，遂相親附。及漢兵起，更始立，豪桀多薦舉禹，禹不肯從。及聞光武安集河北，即杖策北渡，追及於鄴。光武見之甚歡，謂曰：『我得專封拜，生遠來，寧欲仕乎？』……禹曰：『但願明公威德加於四海，禹得効其尺寸，垂功名於竹帛耳。』光武笑，因留宿閒語。禹進說曰：『……以公而慮天下，不足定也。』光武大悅，因令左右號禹曰鄧將軍。常宿止於中，與定計議。……更始中郎將左輔都尉公乘歙，引其衆十萬，與左馮翊兵共拒禹於衙，禹復破走之，而赤眉遂入長安。是時三輔連覆敗，赤眉所過殘賊，百姓不知所歸。聞禹乘勝獨克而師行有紀，皆望風相攜負以迎軍，降者日以千數，衆號百萬。禹所止輒停車住節，以勞來之，父老童穉，垂髮戴白，滿其車下，莫不感悅，於是名震關西。」又馬援傳：「馬援字文淵，扶風茂陵人也。……援年十二而孤，少有大志，諸兄奇之。嘗受齊詩，意不能守章句，乃辭(兄)況，欲就邊郡田牧。……後爲郡督郵，送囚至司命府，因有重罪，援哀而縱之，遂亡命北地。遇赦，因留牧畜，賓客多歸附者，遂役屬數百家。……因處田牧，至有牛馬羊數千頭，穀數萬斛。……(建武)八年，帝自西征(隗)囂，至漆，諸將多以王師之重，不宜遠入險阻，計冘豫未決。會召援，夜至，帝大喜，引入，具以羣議質之。援因説隗囂將帥有土崩之執，兵進有必破之狀。又於帝前聚米爲山谷，指畫形執，開示衆軍所從道徑往來，分析曲折，昭然可曉。帝曰：『虜在吾目中矣。』明旦，遂進軍至第一，囂衆大潰。……又善兵策，帝常言『伏波論兵，與我意合』，每有所謀，未嘗不用。」

〔六〕蕭何、曹參，已見君道篇「蕭、曹竭能以經國」句箋。

〔七〕書堯典：「岳曰：『异哉，試可乃已。』」孔傳：「异，已也；退也。言餘人盡已，唯鯀可試，無成乃退。」

〔八〕孫星衍曰：「舊寫本『成』字空白，疑衍。」照按：以下文「欲聽言察貌，則或似是而非，真僞混錯」例之，此處不僅無衍羨，且脱去三字。折足覆餗，已見嘉遯篇「言亢悔則諱覆餗而不記」句箋。

〔九〕韓非子顯學：「澹臺子羽，君子之容也，仲尼幾而取之，與處久而行不稱其貌。宰予之辭，雅而文也，仲尼幾而取之，與處而智不充其辯。故孔子曰：『以容取人乎？失之子羽；以言取人乎？失之宰予。』故以仲尼之智，而有失實之聲。」

〔一〇〕廣雅釋言：「猜，疑也。」

「區别臧否〔一〕，瞻形得神，存乎其人〔二〕，不可力爲。自非明竝日月〔三〕，聽聞無音者〔四〕，願加清澄，以漸進用，不可頓任〔五〕。輕假利器，收還之既甚難〔六〕，所損者亦已多矣。無以一事闇保其餘，同乎己者，未必可用；異於我者，未必可忽也〔七〕。」

〔一〕臧否，已見勗學篇「不識大倫之臧否也」句箋。

〔二〕易繫辭上：「神而明之，存乎其人。」

〔三〕明竝日月，已見審舉篇「人君雖明竝日月」句箋。

〔四〕文子上德：「視於無有，則得所見；聽於無聲，則得所聞。」（又見淮南子說林）鄧析子無厚：「誠聽能聞於無聲，視能見於無形，……斯無他也，不以耳聽，則通於無聲矣；不以目視，則照於無形矣。」又轉辭：「視於無有，則得其所見；聽於無聲，則得其所聞。」呂氏春秋重言：「故聖人聽於無聲，視於無形。」新語術事：「登高及遠，達幽洞冥，聽之無聲，視之無形。」史記淮南王安傳：「（伍）被曰：『……臣聞聰者聽於無聲，明者見於未形，故聖人萬舉萬全。』」

〔五〕列子天瑞：「凡一氣不頓進，一形不頓虧；亦不覺其成，亦不覺其虧。」梁書孔休源傳：「侍中范雲一與相遇，深加哀賞，曰：『不期忽覿清顏，頓祛鄙吝。』」其「頓」字義與此同，猶今言立即也。

〔六〕後漢書翟酺傳：「（上疏）臣恐威權外假，歸之良難，……老子稱『國之利器，不可以示人。』」（見老子第三十六章）

〔七〕昌言：「同於我者，何必可愛；異於我者，何必可憎。」（意林五引）

或難曰：「夫在天者垂象，在地者有形〔一〕，故望山度水，則高深可推；風起雲飛，則吉凶可步〔二〕。智者覩木不瘁，則悟美玉之在山；覿岸不枯，則覺明珠之沈淵〔三〕。彗星出，則知鱣魚之方死〔四〕；日月蝕，則識騏驎之共鬬〔五〕。華、霍不須稱，而無限之重可知矣；江、河不待量，而不測之數已定矣。鴻鵠之翼，騄騏之足，雖未飛走，輕迅可必也〔六〕。豪曹之劍〔七〕，徐氏匕首〔八〕，雖未奮擊，其立斷無疑也。

〔一〕易繫辭上：「天垂象。」又：「在天成象，在地成形，變化見矣。」韓注：「象況日、月、星、辰，形況山、川、草、木也。懸象運轉，以成昏明；山澤通氣，而雲行雨施，故變化見矣。」管子君臣上：「天有常象，地有常形。」尹注：「懸象著明，不改其貞；山澤通氣，不改其靜。」

〔二〕步，推步。已見勗學篇「步三、五之變化」句箋。

〔三〕文子上德：「玉在山而草木潤，珠生淵而岸不枯。」荀子勸學：「玉在山而草木潤，淵生珠而崖不枯。」大戴禮記勸學：「玉居山而木潤，淵生珠而岸不枯。」淮南子說山：「故玉在山而草木潤，淵生珠而岸不枯。」高注：「玉，陽中之陰也，故能潤澤草木。珠，陰中之陽也，有光明，故岸不枯。」史記褚補龜策傳：「故玉處於山而木潤，淵生珠而岸不枯者，潤澤之所加也。」（陸機文賦：「石韞玉而山暉，水懷珠而川媚。」劉子崇學：「山抱玉而草木潤焉，川貯珠而岸不枯焉。」）

〔四〕照按：「鱣」當作「鯨」。「鯨」之或體作「鱷」（見說文魚部），與「鱣」形近，因而致誤。淮南子天文：「鯨魚死而彗星出。」又覽冥：「鯨魚死而彗星出，或動之也。」論衡亂龍：「鯨魚死彗星出，天道自然，非人事也。」春秋考異郵：「鯨魚死彗星出。」（太平御覽七又八七五又九三七引）博物志二：「鯨魚死而彗星出。」（劉子類感：「鯨魚死而彗星出。」）並其證。

〔五〕淮南子天文：「麒麟鬭而日月食。」博物志二：「麒麟鬭而日蝕。」（劉子類感：「騏驎鬭而日蝕。」）「蝕」、「食」，「騏」、「麒」，「驎」、「麟」，古並通用。

〔六〕照按：以下文「雖未奮擊，其立斷無疑也」例之，「輕」上亦當有「其」字。

〔七〕越絕書外傳記寶劍：「昔者越王句踐有寶劍五，聞於天下，客有能相劍者名薛燭，王召而問之，曰：『吾有寶劍五，請以示之。』……乃召掌者，王使取豪曹。薛燭對曰：『豪曹非寶劍也。夫寶劍五色並見，莫能相勝。豪曹已擅名矣，非寶劍也。』」吳越春秋闔閭內傳：「風湖子曰：『臣聞吳王得越所獻寶劍三枚：一曰魚腸，二曰磐郢，三曰湛盧。……一名磐郢，亦曰豪曹，不法之物，無益於人，故以送死。』」博物志四：「寶劍名純鉤（鈞）、湛盧、豪曹、魚腸、巨闕，五劍皆歐冶子所作。」

〔八〕戰國策燕策三：「於是太子（丹）預求天下之利匕首，得趙人徐夫人之匕首，取之百金，使工以藥淬之，以試人，血濡縷，人無不立死者。」（又見史記刺客荊軻傳、孔衍春秋後語〔太平御覽三七五引〕）史記刺客傳索隱：「徐，姓，夫人，名。謂男子也。」典論：「楚、越太阿、純鉤（鈞）、徐氏匕首，凡斯皆上世名器。」（北堂書鈔一二三引）

「駮子有吞牛之容，鶚鷇有淩鷙之貌〔一〕。卉茂者土必沃，魚大者水必廣〔二〕。虎尾不附狸身，象牙不出鼠口。叔魚無猒之心，見於初生之狀〔三〕。食我滅宗之徵，著乎開胞之始〔四〕。申童覺竊妻之巫臣〔五〕，張負知將貴之陳平〔六〕。范子所以絶迹於五湖者，以句踐蜂目而鳥喙也〔七〕。趙人所以息意於争鋒者，以白起首鋭而視直也〔八〕。文王之接呂尚，桑陰未移，而知其足師矣〔九〕。玄德之見孔明，晷景未改，而腹心已委矣〔一〇〕。

〔一〕詩秦風晨風：「隰有六駮。」毛傳：「駮，如馬，倨牙，食虎豹。」爾雅釋畜：「駮，如馬，倨牙，食虎豹。」山海經西山經：「中曲之山……有獸焉，其狀如馬，而白身黑尾，一角，虎牙爪，音如鼓，其名曰駮，是食虎豹。」又海外北經：「北海内……有獸焉，其名曰駮，狀如白馬，鋸牙，食虎豹。」管子小問：「管仲對曰：『此駮象也，駮食虎豹，故虎疑焉。』」尸子：「虎豹之駒未成文，而有食牛之氣，鴻鵠之鷇，羽翼未全，而有四海之心。」（意林一、藝文類聚九十、太平御覽四百二又八九一又九一六等引）漢書鄒陽傳：「（上書吳王）臣聞鷙鳥纍百，不如一鶚。」顏注：「孟康曰：『鶚，大鵰也。』師古曰：『鷙擊之鳥，鷹鸇之屬也。鶚自大鳥而鷙者耳，非鵰也。纍，古累字。鶚，音愕。』」爾雅釋鳥：「生哺鷇。」郭注：「鳥子須母食之。」邢疏：「鳥子生，須母哺而食之者名鷇。」鶚鷇，即鶚之幼子。

〔二〕文子上德：「川廣者魚大。」淮南子說山：「水廣者魚大。」（鹽鐵論刺權、說苑尊賢並有此語（韓詩外傳五「水」作「淵」））

〔三〕國語晉語八：「叔魚生，其母視之，（韋注：「叔魚，晉大夫叔向母弟羊舌鮒。視，相察也。」）曰：『是虎目而豕喙，鳶肩而牛腹，谿壑可盈，是不可饜也，必以賄死。』（韋注：「後爲贊理，受雍子女而抑邢侯，邢侯殺之。」）遂不視。」（韋注：「不自養視。」）說文甘部：「猒，飽也。」玉篇甘部：「猒，足也，飽也。」「饜」與「猒」同（見廣韻五十五豔「饜」字注）。

〔四〕左傳昭公二十八年：「晉殺祁盈及楊食我。食我，祁盈之黨也，而助亂，故殺之。遂滅祁氏、羊舌氏。初，叔向欲娶於申公巫臣氏，其母欲娶其黨。叔向曰：『吾母多而庶鮮，吾懲舅氏矣。』其母曰：『子靈之妻，（杜注：「子靈，巫臣。妻，夏姬也。」）殺三夫、一君、一子，而亡一國、兩卿矣，可無懲乎！吾聞之，甚美必有甚惡，……而天鍾美於是，（杜注：「是，夏姬也。」）將必以是大有敗也。……夫有尤物，足以移人，苟非德義，則必有禍。』叔向懼不敢取，平公强使取之，生伯石。伯石始生，子容之母走謁諸姑（杜注：「子容母，叔向嫂，伯華妻也。姑，叔向母。」）曰：『長叔姒生男。』姑視之，及堂，聞其聲而還，曰：『是豺狼之聲也，狼子野心，非是，莫喪羊舌氏矣。』遂弗視。」國語晉語八：「楊食我生，（韋注：「楊，叔向邑。食我，叔向子伯石也。其母夏姬之女。」）叔向之母聞之，往及堂，聞其號也乃還，曰：『其聲豺狼之聲，終滅羊舌氏之宗者，必是子也。』」（論衡本性亦略載此事）

〔五〕左傳成公二年：「楚之討陳夏氏也，莊王欲納夏姬。申公巫臣曰：『不可，君召諸侯，以討罪也。今納夏姬，貪其色也。貪色爲淫，淫爲大罰。……君其圖之。』王乃止。子反欲取之。巫臣曰：『是不祥人也！……天下多美婦人，何必是？』子反乃止。王以予連尹襄老。襄老死於邲，不獲其尸。其子黑要烝焉。巫臣使道焉，曰：『歸，吾聘女。』又使自鄭召之曰：『尸可得也，必來逆之。』……王遣夏姬歸，將行，謂送者曰：『不得尸，吾不反矣。』巫臣聘（杜注：「聘夏姬。諸鄭，鄭伯許之。及共王即位，將爲陽橋之役，使屈巫聘於齊，且告師期。巫臣盡室以行。申叔跪從其父（杜注：「叔跪，申叔時之子。」）將適郢，遇之，曰：『異哉！夫子有三軍之懼，而又有桑中之喜，宜將竊妻以逃者也。』及鄭，使介反幣，（杜注：「介，副也。幣，聘物。」）而以夏姬行。將奔齊，齊師新敗，曰：『吾不處不勝之國。』遂奔晉。」（列女傳孽嬖陳女夏姬傳即約左氏文而成）曹植相論：「申叔見巫臣，知其竊妻而逃也。」（藝文類聚七五引）

〔六〕史記陳丞相世家：「邑中有喪，平貧，侍喪，以先往後罷爲助。張負既見之喪所，獨視偉平，平亦以故後去。負隨平至其家，家乃負郭窮巷，以獘席爲門，然門外多有長者車轍。張負歸，謂其子仲曰：『吾欲以女孫予陳平。』張仲曰：『平貧不事事，一縣中盡笑其所爲，獨奈何予女乎？』負曰：『人固有好美如陳平而長貧賤者乎？』卒與女。爲平貧，乃假貸幣以聘，予酒肉之資以內婦。」索隱：「按：負是婦人老宿之稱，猶『武負』之類也。然此張負既稱富人，或恐是丈夫爾。」漢書補注引周壽昌云：「下云『張負既見之喪所』，又云『負隨平至其家』，此豈老婦人行動？其爲丈夫無疑。」

〔七〕國語越語下：「反至五湖，范蠡辭於王曰：『君王勉之，臣不復入越國矣。』……范蠡對曰：『臣聞命矣。君行制，臣行意。』遂乘輕舟以浮於五湖，莫知其所終極。」史記貨殖傳：「范蠡既雪會稽之恥，……乃乘扁舟浮於江湖。」又越王句踐世家：「范蠡遂去，自齊遺大夫種書曰：『……越王爲人長頸鳥喙，可與共患難，不可與共樂。子何不去？』」（論衡骨相同）吳越春秋句踐伐吳外傳：「范蠡從吳，欲去，恐句踐未返，失人臣之義，乃從入越。行，謂文種曰：『子來去矣，越王必將誅子。』種不然言。蠡復爲書遺種曰：『吾聞天有四時，春生冬伐；人有盛衰，泰終必否。知進退存亡而不失其正，惟賢人乎？蠡雖不才，明知進退。高鳥已散，良弓將藏；狡兔已盡，良犬就烹。夫越王爲人長頸鳥喙，鷹視狼步，可以共患難，而不可共處樂，可與履危，不可與安。子若不去，將害於子，明矣。』文種不信其言。（劉子命相：「越王句踐長頸鳥啄。」）句踐蜂目，未詳。（左傳文公元年：「初，楚子將以商臣爲大子，訪諸令尹子上。子上曰：『君之齒未也，……且是人也，蠭目而豺聲，忍人也，不可立也。』」釋文：「蠭，本又作蜂。」）

〔八〕嚴尤三將敍：「白起。平原君勸趙孝成王受馮亭，王曰：『受之，秦兵必至，武安君必將，誰能當之者乎？』對曰：『澠池之會，臣察武安君小頭而面鋭，瞳子白黑分明，視瞻不轉。小頭而面鋭者，敢斷決也；瞳子白黑分明者，見事明也；視瞻不轉者，執志强也。可與持久，難與争鋒。廉頗爲人，勇鷙而愛士，知難而忍恥，與之野戰則不如，持守足以當之。』王從其計。」（世説新語言語劉注引）曹植相論：「白起爲人，小頭而鋭，瞳子白黑分明，故可與持久，難與争鋒。」（北堂書鈔一一五引）春秋後語：「平原君曰：『澠池之會，臣察武安君之爲人，小頭而鋭，瞳子白黑分明，視瞻不轉。小頭而鋭，斷敢行也；瞳子白黑〔分明〕，見事明也；視瞻不轉，執志强也。可以持久，難與争鋒。廉頗足以當之。』」（太平御覽三六四引）

〔九〕説苑尊賢：「堯、舜相見，不違桑陰；文王舉太公，不以日久。（劉子知人：「堯之知舜，不違桑陰；文王之知吕尚，不以永日。」）故聖賢之接也，不待久而親；能者之相見也，不待試而知矣。」照按：稚川蓋混用説苑文，非别有所本也。

〔一〇〕三國志蜀書先主傳：「先主姓劉，諱備，字玄德，涿郡涿縣人。」又諸葛亮傳：「諸葛亮字孔明，琅邪陽都人也。……

時先主屯新野。徐庶見先主，先主器之，謂先主曰：「諸葛孔明者，卧龍也，將軍豈願見之乎？」先主曰：「君與俱來。」庶曰：「此人可就見，不可屈致也。將軍宜枉駕顧之。」由是先主遂詣亮，凡三往，乃見。因屏人曰：「漢室傾頹，姦臣竊命，主上蒙塵。……君謂計將安出？」亮答曰：「自董卓已來，豪傑並起，跨州連郡者，不可勝數。……將軍既帝室之胄，信義著於四海，總攬英雄，思賢如渴，若跨有荆、益，保其巖阻，西和諸戎，南撫夷越，外結好孫權，内修政理；天下有變，則命一上將將荆州之軍以向宛、洛，將軍身率益州之衆出於秦川，百姓孰敢不簞食壺漿以迎將軍者乎？誠如是，則霸業可成，漢室可興矣。」先主曰：「善！」於是與亮情好日密。（華陽國志劉先主志同）關羽、張飛等不悅，先主解之曰：「孤之有孔明，猶魚之有水也。願諸君勿復言。」羽、飛乃止。」

「郭泰中才，猶能知人〔一〕，故入潁川則友李元禮〔二〕，到陳留則結符偉明〔三〕，入外黄則親韓子助〔四〕，至蒲亭則師仇季知〔五〕，後漢郭太傳作雲中丘季智止學舍則收魏盧本改作「龐」，非。德公〔六〕，觀耕者則拔茅季偉〔七〕，奇孟敏於擔負〔八〕，戒元艾之必敗〔九〕。終如其言，一無差錯。必能簡精鈍於符表〔一〇〕，詳舒急乎聲氣，料明闇於舉厝〔一一〕，察清濁於財色〔一二〕，觀取與於宜適，謂虛實於言行〔一三〕，考操業於閨閫，校始終於信効，善否之驗，不其易乎？」

〔一〕後漢書郭太傳：「郭太字林宗，太原界休人也。……性明知人，好獎訓士類。……其獎拔士人，皆如所鑒。」李注：「范曄父名泰，故改爲此『太』。」

〔二〕後漢書黨錮李膺傳：「李膺字元禮，潁川襄城人也。……（桓帝）延熹二年徵，再遷河南尹。」又郭太傳：「乃游於洛陽，始見河南尹李膺，膺大奇之，遂相友善，於是名震京師。後歸鄉里，衣冠諸儒送至河上，車數千兩。林宗唯與李膺同舟而濟，衆賓望之，以爲神仙焉。」

〔三〕後漢書符融傳：「符融字偉明，陳留浚儀人也。……後遊太學，師事少府李膺。……郭林宗始入京師，時人莫識，融一見嗟服，因以介於李膺，由是知名。」李注引謝承後漢書曰：「融見林宗，便與之交。又紹介於膺，……膺與林宗相見，待以師友之禮，遂振名天下，融之致也。」

〔四〕後漢書符融傳：「太守馮岱有名稱，到官，請融相見。融一往，薦達郡士范冉、韓卓、孔伷三人，因辭病自絕。」李注引謝承後漢書曰：「（馮岱）既到官，融往相見，薦范冉爲功曹，韓卓爲主簿，孔伷爲上計吏。」又引袁山松後漢書曰：「卓字子助。臘日，奴竊食祭其先，卓義其心，即日免之。」（藝文類聚五、白帖四、太平御覽三三又五二六亦並引之，「字子助」下均有「陳留人」三字。）後漢紀靈帝紀上：「陳留人韓卓，有知人之鑒。」

〔五〕孫星衍曰：「（『仇季知』）後漢郭太傳作『雲中丘季智』。」照按：此文之「至蒲亭則師仇季知」與范書之「雲中丘季智」，里居既不相同，姓氏亦復各異，其非一人甚明。孫氏瞀說，大繆。後漢書循吏仇覽傳：「仇覽字季智，一名香，陳留考城人也。……年四十，縣召補吏，選爲蒲亭長。……覽入太學，時諸生同郡符融有高名，與覽比宇，賓客盈室。覽常自守，不與融言。融觀其容止，心獨奇之，乃謂曰：『與先生同郡壤，隣房牖。今京師英雄四集，志士交結之秋，雖務經學，守之何固？』覽乃正色曰：『天子修設太學，豈但使人游談其中！』高揖而去，不復與言。後融以告郭林宗，林宗因與融齎刺就房謁之，遂請留宿。林宗嗟歎，下牀爲拜。」後漢紀靈帝紀上：「陳留蒲亭亭長仇香，年已長矣，泰見香在而言之，明日起，朝之曰：『君，泰之師，非泰之友。』」謝承後漢書：「（泰）遊太學則師仇季智。」（後漢書郭太傳李注引）陳留耆舊傳：「仇香，考城人。年四十，爲蒲亭長。」（北堂書鈔七三引）海內先賢傳：「仇覽字季智，郭太齎刺從之，日暮，求留宿。明旦，太下牀朝之曰：『君非太友，乃太師也。』」（太平御覽四百四引）郭林宗別傳：「郭泰……過蒲亭則師仇季智。」（太平御覽四百九又四四四引）均足證孫說之誤。「知」讀爲「智」。又按：「亨」當從後漢書、後漢紀等改作「亭」。

〔六〕孫星衍曰：「(『魏』)盧本改作『龐』，非。」照按：孫說是。（柏筠堂本、文溯本、崇文本皆照改爲「龐」）謝承後漢書：「(泰)之陳國則親魏德公。」（後漢書郭太傳李注引）郭林宗別傳：「郭泰……止學舍則收魏德公。」（太平御覽四四四引）

〔七〕後漢書郭太傳：「茅容字季偉，陳留人也。年四十餘，耕於野，時與等輩避雨樹下，衆皆夷踞相對，容獨危坐愈恭。林宗行見之而奇其異，遂與共言，因請寓宿。旦日，容殺雞爲饌，林宗謂爲己設，既而以供其母，自以草蔬與客同飯。林宗起拜之曰：『卿賢乎哉！』因勸令學，卒以成德。」後漢紀靈帝紀上：「陳留茅容，年四十矣，親耕隴畝，避雨樹下，衆人悉踐蹲，容獨盩膝危坐。泰奇其異，請問舍所在，因寄宿。明旦殺雞作食，泰謂之爲己也，容分半食母，餘半度置，自與泰素飡。泰曰：『卿賢哉遠矣！郭泰猶減三牲之具以供賓旅，而卿如此，乃我友也。』起，對之揖，勸令學問，卒成盛德。」謝承後漢書（北堂書鈔一四三、初學記一七、太平御覽八四七引）、郭林宗別傳（太平御覽四一四引）略同。

〔八〕後漢書郭太傳：「孟敏字叔達，鉅鹿楊氏人也。客居太原。荷甑墮地，不顧而去。林宗見而問其意。對曰：『甑已破矣，視之何益？』林宗以此異之，因勸令遊學。十年知名，三公俱辟，並不屈云。」後漢紀靈帝紀上：「鉅鹿孟敏字叔達，客居太原，未有知名。叔達曾至市買甑，荷擔墮地，徑去不顧。時適遇林宗，林宗異而問之：『甑破可惜，何以不顧？』叔達曰：『甑既已破，視之無益。』林宗以爲有分決，與之言，知其德性，謂必爲善士，勸使讀書。游學十年，知名當世。」郭林宗別傳：「鉅鹿孟敏，客居太原。林宗見而問之（句前有脫落），對曰：『甑已破矣，視

之無益。』林宗以其分決，勸使學，果爲美士。」（太平御覽七五七引）

〔九〕後漢書郭太傳：「黄允字子艾，濟陰人也。以儁才知名。林宗見而謂曰：『卿有絶人之才，足成偉器。然恐守道不篤，將失之矣。』後司徒袁隗欲爲從女求姻，見允而歎曰：『得壻如是足矣。』允聞而黜遣其妻夏侯氏。婦謂姑曰：『今當見棄，方與黄氏長辭，乞一會親屬，以展離訣之情。』於是大集賓客三百餘人，婦中坐，攘袂數允隱匿穢惡十五事。言畢，登車而去。允以此廢於時。」後漢紀靈帝紀上：「（郭）泰謂濟陰黄元艾曰：『卿高才絶人，足爲偉器。然年過四十，名聲著矣，於此際當自匡持；不然，將失之矣。』元艾笑曰：『……若如所勑，敢自克保，庶不有累也。』林宗曰：『吾言方驗，卿其慎之！』元艾聲聞遂隆。後見司徒袁隗，隗歎其英異，曰：『若索女壻如此，善矣。』有人以隗言告元艾，又自生意謂之曰：『袁公有女，得無欲嫁與卿乎？』元艾婦夏侯氏，有三便遣歸家，將黜之，更索隗女也。夏侯氏父母曰：『婦人見去，當分釵斷帶，請還之。』遂還。元艾爲主人，請親屬及賓客二十餘人。夏侯氏便於座中攘臂大呼，數元艾隱匿穢惡十五事，曰：『吾早欲棄卿去，而情所未忍耳。今反黜我！』遂越席而去。元艾諸事悉發露，由此之故廢棄當世。」

〔一〇〕中論法象：「容貌者，人之符表也。」

〔一一〕荀子王制：「舉措應變而不窮。」攷工記梓人「則必如將廢措」鄭注：「故書『措』作『厝』。」晉書列女王凝之妻謝氏傳：「及遭孫恩之難，舉厝自若。」

〔一二〕周書官人：「臨之以利以觀其不貪。」又：「從之色以觀其常。」大戴禮記文王官人：「淹之以利以觀其不貪。」又：「縱之〔色〕以觀其常。」六韜龍韜選將：「太公曰：『知之有八徵：……五曰使之以財以觀其廉，六曰試之以色以觀其貞。』」

〔一三〕陳澧曰：「『謂』字疑誤。」照按：廣譬篇「未若聽其言而課其實」，語意與此相仿，未審「謂」爲「課」之誤否？

抱朴子荅曰：「余非謂人物了不可知，知人挺無形理也。徒以斯術存乎大明，非夫當疑作常人自許。然而世士各謂能之，是以有云〔一〕，以警付任耳。夫貌望豐偉者不必賢，而形器尪瘁者不必愚〔二〕，咆哮者不必勇，淳淡者不必怯。或外候同而用意異〔三〕，或氣性殊而所務合。非若天地有常候，山川有定止也〔四〕。

〔一〕左傳昭公元年：「（醫和）對曰：『……主不能禦，吾是以云也。』」後漢書蔡邕傳：「（釋誨）時逝歲暮，默而無聞，小子惑焉，是以有云。」詩小雅何人斯「伊誰云從」毛傳：「云，言也。」

〔二〕易繫辭上：「形乃謂之器。」韓注：「成形曰器。」此謂人體。玉篇尢部部首：「尢，烏光切。短小也。尪，同上。」廣韻十一唐：「尪，尪弱。」

〔三〕六韜龍韜五音：「太公曰：『微妙之音，皆有外候。』」此指人之外表。

〔四〕管子形勢：「天不變其常，地不易其則，春秋冬夏不更其節，古今一也。」又形勢解：「天覆萬物，制寒暑，行日月，次星辰，天之常也。……天未嘗變其所以治也，故曰『天不變其常』。地生養萬物，地之則也。……地不易其則，故萬物生焉。……地未嘗易其所以安也，故曰『地不易其則』。」漢書東方朔傳：「（答客難）天有常度，地有常形。」

「物亦故有遠而易知，近而難料〔一〕，譬猶眼能察天衢，而不能周項領之閒〔二〕；耳能聞雷霆，而不能識螘蝨之音也。唐、呂、樊、許善於相人狀，唯知壽夭貧富，官秩尊卑〔三〕，而不能審情性之寬剋，志行之洿隆。惟帝難之〔四〕，況庸人乎？而吾子舉論形之例，詰精神之談，未修其本〔五〕，殆失指矣。

〔一〕鬼谷子抵巇：「物有自然，事有合離，有近而不可見，遠而可知。」

〔二〕文子上德：「目見百步之外，而不能見其眥。」（淮南子說林同）韓非子喻老：「莊子曰：『臣患智之如目也，能見百步之外，而不能自見其睫。』」又觀行：「離朱易百步而難眉睫。」史記越王句踐世家：「齊使者曰：『幸也越之不亡也！吾不貴其用智之如目，見豪毛而不見其睫也。』」

〔三〕唐，唐舉。荀子非相：「今之世，梁有唐舉，相人之形狀顏色，而知其吉凶妖祥，世俗稱之，古之人無有也，學者不道也。」史記蔡澤傳：「蔡澤者，燕人也。游學干諸侯小大甚衆，不遇。而從唐舉相，曰：『吾聞先生相李兌，曰「百日之內持國秉」，有之乎？』曰：『有之。』曰：『若臣者何如？』唐舉孰視而笑曰：『先生曷鼻，巨肩，魋顏，蹙齃，膝攣。吾聞聖人不相，殆先生乎？』蔡澤知唐舉戲之，乃曰：『富貴吾所自有，吾所不知者壽也，願聞之。』唐舉曰：『先生之壽，從今以往者四十三歲。』蔡澤笑謝而去，謂其御者曰：『吾持梁刺齒（齧）肥，躍馬疾驅，懷黃金之印，結紫綬於要，揖讓人主之前，食肉富貴，四十三年足矣。』……聞應侯任鄭安平、王稽皆負重罪於秦，應侯內慙，蔡澤乃西入秦。……范睢免相，昭王新說蔡澤計畫，遂拜爲秦相。」（集解：「荀卿曰：『梁有唐舉。』」索隱：「荀卿書作『唐莒』。」是小司馬所見荀子，「舉」有作「莒」者。）潛夫論相列：「及唐舉之相李兌、蔡澤。」呂，呂公。史記高祖紀：「呂公者，好相人，見高祖狀貌，因重敬之，引入坐。蕭何曰：『劉季固多大言，少成事。』高祖因狎侮諸客，遂坐上坐，無所詘。酒闌，呂公因目固留高祖。高祖竟酒，後。呂公曰：『臣少好相人，相人多矣，無如季相，願季自愛。臣有息女，願爲季箕帚妾。』酒罷，呂媼怒呂公曰：『公始常欲奇此女，與貴人。沛令善公，求之不與，何自妄許與劉季？』呂公曰：『此非兒女子所知也。』卒與劉季。呂公女乃呂后也，生孝惠帝、魯元公主。」索隱：「崔浩云：『（呂公）史失其名，但舉姓而言公。』又按：漢（書）舊儀云：『呂公，汝南新蔡人。』又相經云：『魏人呂公，名文，字叔平』也。」論衡骨相：「高祖隆準、龍顏、美鬚，左股有七十二黑子。單父呂公善相，見高祖狀貌，奇之，因以其女妻高祖，呂后是也；卒生孝惠王〔帝〕、魯元公主。」樊，樊氏。樊氏相法：「耳門不容麥，百歲。」（藝文類聚一七引〔太平御覽三六六引作「耳門不容麥，歲至百兼富。」〕）又：「眉中長毫，百二十歲。」（太平御覽三六五引）照按：隋書經籍志子部五行類蕭吉相經要錄下子注：「相經三十卷，鍾武隸撰；相書十一卷，樊、許、唐氏武王相書一卷，雜相書九卷，相書圖七卷。亡。」列樊氏於許負之前，與此文同；而此文又列呂公於樊氏之前。是樊氏爲秦末漢初人，惟其名未詳耳。許，許負。史記外戚世家：「及諸侯畔秦，魏豹立爲魏王，而魏媼內其女於魏宮。媼之許負所相，相薄姬云：『當生天子。』……豹已死，漢王入織室，見薄姬有色，詔內後宮，歲餘不得幸。始姬少時，與管夫人、趙子兒相愛，約曰：『先貴無相忘。』已而管夫人、趙子兒先幸漢王。漢王坐河南宮成皋臺，此兩美人相與笑薄姬初時約。漢王聞之，問其故，兩人具以實告漢王。漢王心慘然，憐薄姬，是日召而幸之。薄姬曰：『昨暮夜妾夢蒼龍據吾腹。』高帝曰：『此貴徵也，吾爲女遂成之。』一幸生男，是爲代王。……代王立十七年，高后崩。大臣議立後，疾外家呂氏彊，皆稱薄氏仁善，故迎代王，立爲孝文皇帝。」又絳侯世家：「文帝乃擇絳侯勃子賢者河內守亞夫，封爲條侯，續絳侯後。條侯亞夫自未侯爲河內守時，許負相之，曰：『君後三歲而侯，侯八歲爲將相，持國秉，貴重矣，於人臣無兩，其後九歲而君餓死。』亞夫笑曰：『臣之兄已代父侯矣，有如卒，子當代，亞夫何說侯乎？然既已貴如負言，又何說餓死？指示我。』許負指其口曰：『有從理入口，此餓死法也。』居三歲，其兄絳侯勝之有罪，孝文帝擇絳侯子賢者，皆推亞夫，乃封亞夫爲條侯，續絳侯後。……文帝之後六年，匈奴大入邊。……以河内守亞夫爲將軍。……文帝崩，拜亞夫爲車騎將軍。孝景三年，吴楚反。亞夫以中尉爲太尉，東擊吴楚。……歸，復置太尉官。五歲，遷爲丞相。……條侯子爲父買工官尚方甲楯五百被可以葬者。取庸苦之，不予錢。庸知其盜買縣官器，怒而上變告子，事連汙條侯。書既聞上，上下吏。……吏侵之益急。……遂入廷尉，因不食五日，嘔血而死。」（論衡骨相所敍簡略）潛夫論相列：「許負之相鄧通、條侯。」（史記佞幸傳止言「上使善相者相通」，節信蓋由許負相條侯事連類及之。）三國志蜀書劉二牧傳評「昔魏豹聞許負之言則納薄姬於室」裴注：「孔衍漢魏春秋曰：『許負，河内温縣之婦人，漢高祖封爲明雌亭侯。』臣松之以爲今東人呼母爲負，衍以許負爲婦人，如爲有似，然漢高祖時封皆列侯，未有鄉亭之爵，疑此封爲不然。」相書：「許負曰：『乳間闊尺，富貴足壽，乳黑如墨，公侯之相。』」（太平御覽三七一引）

〔四〕惟帝難之，已見審舉篇「知人則哲上聖所難」句箋。

〔五〕照按：「修」疑「循」之形誤（藏本、魯藩本「修」作「脩」，即與「循」形近）。莊子秋水：「惠子曰：『我非子，固不知子矣，子固非魚也，子之不知魚之樂全矣。』莊子曰：『請循其本。』」成疏：「循，猶尋也。……請尋其源。」

『夫亡射之箭，皆破秋毫。然準的恒不得爲工〔一〕。叔向之母〔二〕，申氏之子〔三〕，非不一得，然不能常也。陶唐稽古而失任〔四〕，姬公欽明而謬授〔五〕。尼父遠得崇替於未兆〔六〕，近失澹臺於形骸〔七〕。延州審清濁於千載之外〔八〕，而蔽奇士於咫尺之内〔九〕。知人之難，如此其甚。郭泰所論，皆爲此人過上聖乎？但其所得者，顯而易識；其所失者，人不能紀。

〔一〕徐濟忠曰：「（『然準的』）有誤。」照按：韓非子外儲説左上：「夫新砥礪殺矢，彀弩而射，雖冥而妄發，其端未嘗不中秋毫也，然而莫能復其處，不可謂善射，無常儀的也。設五寸之的，引十步之遠，非羿、逄蒙不能必全者，有常儀的也，有度難而無度易也。有常儀的則羿、逢蒙以五寸爲巧，無常儀的則以妄發而中秋毫爲拙。」又問辯：「夫砥礪殺矢而以妄發，其端未嘗不中秋毫也，然而不可謂善射者，無常儀的也。設五寸之的，引十步之遠，非羿、逢蒙不能必中者，有常也。故有常則羿、逢蒙以五寸的爲巧，無常則以妄發之中秋毫爲拙。」稚川遣辭出此。則「亡」當作「妄」，「恒」上合有「無」字。「準的無恒」，即「無常儀的」也。

〔二〕叔向之母，已見本篇上文「食我滅宗之徵，著乎開胞之始」二句箋。

〔三〕申氏之子，亦見本篇上文「申童覺竊妻之巫臣」句箋。

〔四〕書堯典：「帝曰：『咨，四岳，湯湯洪水方割，蕩蕩懷山襄陵，浩浩滔天，下民其咨，有能俾乂？』僉曰：『於，鯀哉！』帝曰：『吁，咈哉！方命圮族。』岳曰：『异哉，試可乃已。』帝曰：『往，欽哉！』九載，績用弗成。」（又見史記五帝紀）稽古，已見嘉遯篇「則稽古之化不建」句箋。

〔五〕孟子公孫丑下：「燕人畔。（齊宣）王曰：『吾甚慚於孟子。』陳賈曰：『王無患焉。王自以爲與周公孰仁且智？』王曰：『惡！是何言也？』曰：『周公使管叔監殷，管叔以殷畔。知而使之，是不仁也；不知而使之，是不智也。仁、智，周公未之盡也，而況於王乎？賈請見而解之。』見孟子問曰：『周公何人也？』曰：『古聖人也。』曰：『使管叔監殷，管叔以殷畔也，有諸？』曰：『然。』曰：『周公知其將畔而使之與？』曰：『不知也。』『然則聖人且有過與？』曰：『周公弟也，管叔兄也，周公之過，不亦宜乎？』」史記周紀：「武王爲殷初定未集，乃使其弟管叔鮮、蔡叔度相祿父治殷。……成王少，周初定天下，周公恐諸侯畔周，公乃攝行政當國。管叔、蔡叔羣弟疑周公，與武庚作亂，畔周。」又魯周公世家：「周公旦者，周武王弟也。……及武王即位，旦常輔翼武王，用事居多。……封紂子武庚祿父，使管叔、蔡叔傅之，以續殷祀。」又管蔡世家：「武王已克殷紂，平天下，封功臣昆弟。於是封叔鮮於管，封叔度於蔡：二人相紂子武庚禄父，治殷遺民。……武王既崩，成王少，周公旦專王室。管叔、蔡叔疑周公之爲不利於成王，乃挾武庚以作亂。」欽明，已見君道篇「曷用貴欽明之高濟哉」句箋。

〔六〕論語爲政：「子張問：『十世可知也？』子曰：『殷因於夏禮，所損益，可知也；周因於殷禮，所損益，可知也；其或繼周者，雖百世可知也。』」又季氏：「季氏將伐顓臾。冉有、季路見於孔子曰：『季氏將有事於顓臾。』孔子曰：『求！無乃爾是過與？夫顓臾，昔者先王以爲東蒙主，且在邦域之中矣，是社稷之臣也。何以伐爲？』……冉有曰：『今夫顓臾，固而近於費。今不取，後世必爲子孫憂。』孔子曰：『求！君子疾夫舍曰欲之，而必爲之辭。丘也聞有國有家者，不患寡而患不均，不患貧而患不安。蓋均無貧，和無寡，安無傾。夫如是，故遠人不服，則修文德以來之。既來之，則安之。今由與求也，相夫子，遠人不服而不能來也，邦分崩離析而不能守也，而謀動干戈於邦内。吾恐季孫之憂不在顓臾，而在蕭牆之内也。』」尼父，已見嘉遯篇「尼父聞偶葬而永歎」句箋。崇替，已見崇教篇「能獨見崇替之理」句箋。

〔七〕失澹臺，已見審舉篇「以貌取之則不必得賢」句箋。未兆，已見勗學篇「甄未兆以如成」句箋。

〔八〕左傳襄公二十九年：「吳公子札來聘，……請觀於周樂。使工爲之歌周南、召南。曰：『美哉，始基之矣，猶未也。然勤而不怨矣。』爲之歌邶、鄘、衛。曰：『美哉，淵乎，憂而不困者也。吾聞衛康叔、武公之德如是，是其衛風乎？』爲之歌王。曰：『美哉，思而不懼，其周之東乎？』爲之歌鄭。曰：『美哉，其細已甚，民弗堪也，是其先亡乎？』爲之歌齊。曰：『美哉，泱泱乎，大風也哉，表東海者，其大公乎？國未可量也。』……自鄶以下，無譏焉。爲之歌小雅。曰：『美哉，思而不貳，怨而不言，其周德之衰乎？猶有先王之遺民焉。』爲之歌大雅。曰：『廣哉，熙熙乎，曲而有直體，其文王之德乎？』爲之歌頌。曰：『至矣哉，直而不倨，曲而不屈，邇而不偪，……五聲和，八風平，節有度，守有序，盛德之所同也。』見舞象箾、南籥者，曰：『美哉，猶有憾。』見舞大武者，曰：『美哉，周之盛也其若此乎？』……見舞韶箾者，曰：『德至矣哉，大矣，如天之無不幬也，如地之無不載也，雖甚盛德，其蔑以加於此矣。觀止矣！若有他樂，吾不敢請已。』」（又見史記吳太伯世家）又昭公二十七年「〔吳〕使延州來季子聘于上國」杜注：「季子本封延陵，後復封州來，故曰延州來。」是延州爲延州來省稱。淮南子主術：「延陵季子聽魯樂，而知殷、夏之風，論近以識遠也。」（文心雕龍樂府：「是以師曠覘風於盛衰，季札鑒微於興廢，精之至也。」）

〔九〕韓詩外傳十：「吳延陵季子遊於齊，見遺金，呼牧者取之。牧者曰：『子何居之高，視之下，貌之君子，而言之野也！吾有君不君，有友不友，當暑衣裘，君疑取金者乎？』延陵〔季〕子知其爲賢者，請問姓字。牧者曰：『子乃皮相之士也，何足語姓字哉！』遂去。延陵季子立而望之，不見乃止。」論衡書虛：「傳書言：延陵季子出游，見路有遺金，當夏五月有披裘而薪者。季子呼薪者曰：『取彼地金來。』薪者投鎌於地，瞋目拂手而言曰：『何子居之高，視之下，儀貌之壯〔莊〕，語言之野也！吾當夏五月披裘而薪，豈取金者哉？』季子謝之，請問姓字。薪者曰：『子皮相之士也，何足語姓字！』遂去不顧。」吳越春秋佚文：「延陵季子出遊於齊，見路有遺金。有披裘採薪者，季〔子〕呼薪者取彼地金。薪者曰：『吾當夏五月披裘而薪，豈取金者哉？』」（藝文類聚八三引〔北堂書鈔一二九所引較略，太平御覽六九四所引有誤字〕）嵇康高士傳：「被裘公者，吳人也。延陵季子出遊，見道中遺金，顧而覩之，謂公曰：『取彼金。』公投鑣〔鎌〕，瞋目拂手而言曰：『何子居之高，視之卑，吾被裘而負薪，豈取遺金者哉？』季子大驚，既謝而問其姓名，曰：『吾子皮相之士，何足語姓名哉！』」（藝文類聚三六、太平御覽一二二引）皇甫謐高士傳同。

『且夫所貴，貴乎見俊才於無名之中，料逸足乎吳坂之閒〔一〕，掇懷珠之蚌於九淵之底〔二〕，指含光之珍於積石之中。若伯喈識絕音之器於煙燼之餘〔三〕，平子剔逸響之竹於未用之前〔四〕。六軍之聚，市人之會，暫觀一覩，無所眩惑，探其潛生之心計，定其始終之事行，乃爲獨見不傳之妙耳。若如未論〔五〕，句有脱誤。盧本作末論，亦未確。必俟考其操蹈之全毁，觀其云爲之好醜〔六〕，此爲絲線既經於銓衡，布帛已歷於丈尺，徐乃說其斤兩之輕重，端匹之修短〔七〕，人皆能之，何煩於明哲哉！」

〔一〕文選舞賦：「良駿逸足，蹌捍凌越。」李注：「駿，馬也。逸，疾也。」三國志蜀書龐統傳：「（周）瑜卒，統送喪至吳，吳人多聞其名。及當西還，並會昌門，陸勣、顧劭、全琮皆往。統曰：『陸子可謂駑馬有逸足之力，顧子可謂駑牛能負重致遠也。』」又魏書陳思王植傳：「植復上疏陳審舉之義曰：『……昔騏驥之於吳阪，可謂困矣，及其伯樂相之，孫、郵御之，形體不勞而坐取千里。』」說文阜部：「阪，坡者曰阪。……一曰山脅也。」玉篇阜部：「阪，陂也，脅也，險也。」又土部：「坂，坡也。」廣韻二十阮：「阪，大陂不平。坂，上同。」

〔二〕墨子佚文：「楚之明月，出於蜯蜃。」（藝文類聚八三、太平御覽九四一引）史記褚補龜策傳：「明月之珠，出於江海，藏於蜯中，蚗龍伏之。」漢書敍傳上：「（答賓戲）賓又不聞龢氏之璧韞於荆石，隨侯之珠藏於蜯蛤虖？」顏注：「蜯卽蚌字也，音平項反。」九淵，極言其深。

〔三〕後漢書蔡邕傳：「蔡邕字伯喈，陳留圉人也。……吳人有燒桐以爨者，邕聞火烈之聲，知其良木，因請而裁爲琴，果有美音，而其尾猶焦，故時人名曰『焦尾琴』焉。」李注引傅玄琴賦序曰：「齊桓公有鳴琴曰『號鍾』，楚莊有鳴琴曰『繞梁』，司馬相如〔有〕『綠綺』，蔡邕有『焦尾』，皆名器也。」搜神記十三：「漢靈帝時，陳留蔡邕以數上書陳奏，忤上旨意，又內寵惡之。慮不免，乃亡命江海，遠跡吳會至。吳，吳人有燒桐以爨者，邕聞火烈聲，曰：『此良材也。』

因請之，削以爲琴，果有美音，而其尾焦，因名『焦尾琴』。」蔡邕別傳：「邕豪子弟，遊吳門，彈琴後廚中，聞爨火，驚往問之，吳人云：『桐材也。』請以爲琴，聲絶妙世，謂『焦尾琴』也。」（北堂書鈔一百九引）

〔四〕未詳。張隲文士傳：「（蔡）邕告吳人曰：『吾昔嘗經會稽高遷亭，見屋椽竹東間第十六可以爲笛。』取用，果有異聲。」（後漢書蔡邕傳李注、北堂書鈔一一一、太平御覽五八十引）伏滔長笛賦敍：「余同寮桓子野有故長笛，傳之耆老，云：『蔡邕伯喈之所製也。』初，邕避難江南，宿於柯亭之館，以竹爲椽。邕仰眄之，曰：『良竹也。』取以爲笛，音聲獨絶，歷代傳之至於今。」（世說新語輕詆、北堂書鈔一一一、藝文類聚四四、初學記一六引〔後漢書蔡邕傳李注所引略〕）搜神記十三：「蔡邕嘗至柯亭，以竹爲椽。邕仰眄之，曰：『良竹也。』取以爲笛，發聲遼亮。一云：邕告吳人曰：『吾昔嘗經會稽高遷亭，見屋東間第十六竹椽可爲笛。』取用，果有異聲。」郡國志：「柯亭，一名千秋亭，又名高遷亭。會稽記云：『漢議郎蔡邕避難宿於此亭，仰觀椽竹，知有奇響，因取爲笛，果有異聲。』」（太平御覽一九四引）平子剔逸響之竹於未用之前，蓋與伯喈鑒柯亭椽竹事類似，故具録之如上。平子，張衡字。剔，甄別。（意林四引「剔」作「別」）

〔五〕孫星衍曰：「句有脱誤。盧本作『末論』，亦未確。」照按：吉藩本「未」作「所」，肊改不足據。以其字形推之，蓋由「來」（俗作「来」）致誤。來論，指篇首之「或謂」及篇中之「或難」也。嵇康集明膽論「敬覽來論」，又難宅無吉凶攝生論「思省來論」，管辰管輅別傳「誠如來論」，（三國志魏書管輅傳裴注引）並有「來論」之文。

〔六〕易繫辭下：「是故變化云爲，吉事有祥。」正義：「是故變化云爲者，……或口之所云，或身之所爲也。」後漢書班固傳：「（東都賦）子實秦人，矜夸館室，保界河山，信識昭、襄而知始皇矣，惡睹大漢之云爲乎？」

〔七〕端匹，古布帛長度名。左傳昭公二十六年「以幣錦二兩」杜注：「二丈爲一端，二端爲一兩，所謂匹也。二兩，二匹。」小爾雅度：「倍丈謂之端，倍端謂之兩，（倍）兩謂之匹。」即長二丈爲端，四丈爲匹。

抱朴子外篇校箋卷之二十二

行品

抱朴子曰：「擬玄黄之覆載〔一〕，揚明竝以表微〔二〕，文彪昺而備體〔三〕，獨澄見以入神者〔四〕，聖人也。

〔一〕易坤：「（文言）夫玄黄者，天地之雜也，天玄而地黄。」正義：「天色玄，地色黄。」禮記中庸：「天之所覆，地之所載。」左傳襄公二十九年：「如天之無不幬也，如地之無不載也。」杜注：「幬，覆也。」

〔二〕家語五儀：「孔子曰：『所謂聖者，德合於天地，變通無方，窮萬事之終始，……明並日月，化行若神。』」（荀子哀公：「孔子對曰：『所謂大聖者，知通乎大道，應變而不窮，……明察乎日月。』」楊注：「聖人之明察如日月。」）淮南子本經：「明與日月竝。」高注：「竝，併也。」

〔三〕文選蜀都賦：「符采彪炳。」劉良曰：「彪炳，灼爍光彩貌。」玉篇日部：「昺，明也。亦作昞。」又火部：「炳，明著也。亦作昺。」孟子公孫丑上：「子夏、子游、子張，皆有聖人之一體。」趙注：「體者，四枝股肱也。……一體者，得一枝也。……體以喻德也。」文選運命論：「（仲尼）應聘七十國而不一獲其主，……其不遇也如此。及其孫子思，希聖備體而未之至。」李注引劉熙（孟子注）曰：「體者，四支股脚也。……體以喻德也。」

〔四〕易繫辭下：「精義入神，以致用也。」

「稟高亮之純粹〔一〕，抗峻標以邈俗，虛靈機以如愚〔二〕，不貳過而諂黷者〔三〕，賢人也。」

〔一〕楚辭離騷：「昔三后之純粹兮。」王注：「至美曰純，齊同曰粹。」

〔二〕論語爲政：「子曰：『吾與回言終日，不違如愚。退而省其私，亦足以發。回也不愚。』」集解引孔安國曰：「回，弟子，姓顏名回字子淵，魯人也。不違者，無所怪問，於孔子之言，默而識之，如愚。察其退還，與二三子説釋道義，發明大體，知其不愚。」

〔三〕論語雍也：「哀公問：『弟子孰爲好學？』孔子對曰：『有顏回者好學，不遷怒，不貳過。不幸短命死矣！今也則亡，未聞好學者也。』」集解：「不貳過者，有不善，未嘗復行。」易繫辭下：「子曰：『知幾其神乎？君子上交不諂，下交不瀆，其知幾乎？』」説文言部：「讇，諛也。从言，閻聲。諂，讇或從臽。」易蒙「再三瀆」釋文引鄭玄云：「（瀆）褻也。」集解引崔憬曰：「瀆，古黷字也。」

「居寂寞之無爲〔一〕，蹈修直而執平者，道人也。」

〔一〕莊子天道：「夫虛靜恬淡，寂漠無爲者，天地之平，而道德之至，故帝王、聖人休焉。」郭注：「凡不平、不至者，生於有爲。」楚辭遠遊「野寂漠其無人」舊校：「漠，一作寞。」是「寞」、「漠」古通。

「盡烝嘗於存亡〔一〕，保髮膚以揚名者〔二〕，孝人也。」

〔一〕爾雅釋天：「秋祭曰嘗，冬祭曰蒸。」郭注：「（嘗）嘗新穀。（蒸）進品物也。」「烝」、「蒸」古通。禮記中庸：「事死如事生，事亡如事存，孝之至也。」

〔二〕孝經開宗明義章：「身體髮膚，受之父母，不敢毁傷，孝之始也；立身行道，揚名於後世，以顯父母，孝之終也。」

「垂惻隱於有生〔一〕，恒恕己以接物者〔二〕，仁人也。

〔一〕孟子公孫丑上：「今人乍見孺子將入於井，皆有怵惕惻隱之心。……惻隱之心，仁之端也。」（朱注：「惻，傷之切也。隱，痛之深也。」）漢書鮑宣傳：「（上書）羣臣幸得居尊官，食重祿，豈有肯加惻隱於細民，助陛下流教化者邪？」顏注：「惻、隱，皆痛也。」

〔二〕管子版法解：「取人以己者，度恕而行也。度恕者，度之於己也。己之所不安，勿施於人。」漢書鼂錯傳：「錯對曰：『……取人以己，内恕及人。』」顏注：「以己之心揆之於人也。」又杜欽傳：「欽對曰：『……克己就義，恕以及人。』」顏注：「恕，仁也。言以仁愛爲心，内省己志施之於人也。」楚辭離騷：「羌内恕己以量人兮。」王注：「以心揆心爲恕。量，度也。」

「端身命以徇國〔一〕，經險難而一節者，忠人也。

〔一〕「端」，太平御覽四一八引作「竭」。照按：「竭」字較長。前貴賢篇「竭心力於百揆」，其用「竭」字誼與此同。（韋昭博弈論有「其在朝也竭命以納忠」語，見三國志吴書韋曜（昭）傳。）漢書司馬遷傳：「（報任安書）李陵……常思奮不顧身以徇國家之急。」顏注：「徇，從也，營也。」

「覩微理於難覺，料倚伏於將來者〔一〕，明人也。

〔一〕倚伏，已見君道篇「料倚伏於未萌之前」句箋。

「量理亂以卷舒〔一〕，審去就以保身者〔二〕，智人也。

〔一〕照按：「理」，疑當作「治」。（君道、用刑、應嘲三篇，並有「治亂」之文。）此蓋唐避高宗諱改而未校復者。卷舒，已見嘉遯篇「豈有懷於卷舒乎」句箋。

〔二〕詩大雅烝民：「既明且哲，以保其身。」

「順通塞而一情〔一〕，任性命而不滯者，達人也。

〔一〕易節：「象曰：『不出户庭，知通塞也。』」正義：「知通塞者，識時通塞，所以不出也。」文選西征賦：「生有脩短之命，位有通塞之遇。」李注：「通塞，猶窮達也。」

「不枉尺以直尋〔一〕，不降辱以苟合藏本作命，從舊寫本改。者〔二〕，雅人也。

〔一〕枉尺直尋，已見名實篇「而枉尺以直尋哉」句箋。

〔二〕不降辱，已見逸民篇「謂不降辱」句箋。戰國策秦策三：「（應侯）復曰：『……吳起事悼王，使私不害公，讒不蔽忠，言不取苟合，行不取苟容。』」史記游俠傳序：「及若季次、原憲，閭巷人也，讀書懷獨行君子之德，義不苟合當世。」漢書司馬遷傳：「（報任安書）四者無一遂，苟合取容，無所短長之效，可見於此矣。」

「據體度以動静〔一〕，每清詳而無悔者〔二〕，重人也。

〔一〕照按：「體」疑「禮」之形誤。本篇下文「奉禮度以戰兢」，後弭訟篇「心忘禮度」，詰鮑篇「閑之以禮度」，並其證。申鑒雜言上：「禮度之典，不曠於目。」蔡中郎集薦邊文禮：「口辯辭長，而節之以禮度。」其以「禮度」爲言均早於稚川。

〔二〕「清」，舊寫本作「精」。照按「精」字是。文選東京賦：「不能究其精詳。」李注引毛萇詩傳（鄘風牆有茨）曰：「詳，審也。」

「體冰霜之粹素〔一〕，不染潔於勢利者〔二〕，清人也。

〔一〕冰霜，喻操守純潔清白。

〔二〕廣雅釋詁三：「染，污也。」

「篤始終於寒暑〔一〕，雖危亡而不猜者〔二〕，義人也。

〔一〕篤始終於寒暑，即交際篇「終始一契，寒暑不渝」之意。

〔二〕左傳僖公九年：「耦俱無猜。」釋文：「猜，疑也。」

「守一言於久要〔一〕，歷衰而不渝者〔二〕，信人也。

〔一〕論語憲問：「久要不忘平生之言。」集解引孔安國曰：「久要，舊約也。平生，猶小時。」皇疏：「言成人平生期約雖久，至今不得忘少時之言。」

〔二〕爾雅釋言：「渝，變也。」照按：「衰」疑「盛」之誤。

「摛銳藻以立言〔一〕，辭炳蔚而清允者〔二〕，文人也。

〔一〕漢書敍傳上：「（答賓戲）摛藻如春華。」顏注：「摛，布也。藻，文辭也。」立言，已見嘉遯篇「先生立言助教」句箋。

〔二〕炳蔚，亦見嘉遯篇「掩炳蔚之文」句箋。

「奮果毅之壯烈〔一〕，騁干戈以靜難者，武人也。

〔一〕果毅，已見君道篇「介一人之心致其果毅」句箋。

「甄墳、索之淵奧〔一〕，該前言以窮理者〔二〕，儒人也。

〔一〕墳、索，已見逸民篇「窮覽墳、索」句箋。

〔二〕易大畜：「象曰：『天在山中，大畜。君子以多識前言往行，以畜其德。』」又說卦：「窮理盡性，以至於命。」

「銳乃心於精義，吝寸陰以進德者〔一〕，益人也。

〔一〕文子道原：「故聖人不貴尺之璧，而貴寸之陰，時難得而易失。」（又見淮南子原道）易乾：「（文言）君子進德脩業，欲及時也。」

「識多藏之厚亡〔一〕，臨祿利而如遺者〔二〕，廉人也。

〔一〕老子第四十四章：「多藏必厚亡。」

〔二〕詩小雅谷風：「棄予如遺。」鄭箋：「如遺者，如人行道遺忘物，忽然不省存也。」

「不改操於得失，不傾志於可欲者〔一〕，貞人也。

〔一〕老子第三章：「不見可欲，使心不亂。」韓非子解老：「禍難生於邪心，邪心誘於可欲。……故曰：『禍〔罪〕莫大於可欲。』」

「卹急難而忘勞〔一〕，以憂人爲己任者，篤人也。

〔一〕詩小雅常棣：「脊令在原，兄弟急難。」毛傳：「急難，言兄弟之相救於急難。」釋文：「難，如字，又乃旦反。」

「潔皎分以守終，不遜避而苟免者〔一〕，節人也。

〔一〕禮記曲禮上：「臨難毋苟免。」鄭注：「爲傷義也。」後漢書杜林傳：「林奏曰：『夫人情挫辱，則義節之風損；法防繁多，則苟免之行興。』」

「飛清機之英麗，言約暢而判滯者，辯人也〔一〕。

〔一〕淮南子人間：「人或問孔子：『……子貢何如人也？』曰：『辯人也。』」

「每居卑而推功〔一〕，雖處泰而滋恭者〔二〕，謙人也。

〔一〕孟子萬章下：「辭尊居卑。」

〔二〕左傳昭公七年：「及正考父，佐戴、武、宣，三命茲益共（後漢書馬援傳李注引作「三命滋益恭」）。」杜注：「三命，上卿也。言位高益共。」茲，滋古通。共讀曰恭。

「崇敦睦於九族〔一〕，必居正以赴理者〔二〕，順人也。

〔一〕書堯典：「克明俊德，以親九族。」孔傳：「能明俊德之士任用之，以睦高祖、玄孫之親。」釋文：「九族，上自高祖，下至玄孫，凡九族。馬（融）、鄭（玄）同。」曹子建集漢二祖優劣論：「敦睦九族，有唐、虞之親。」

〔二〕公羊傳隱公三年：「故君子大居正。」何注：「明脩法守正，最計之要者。」文選晉紀總論：「進仕者，以苟得爲貴而鄙居正。」呂向曰：「苟且之容而進仕者則貴之，居正直則見鄙惡。」

「臨凝結而能斷，操繩墨而無私者〔一〕，幹人也。

〔一〕楚辭離騷：「背繩墨以追曲兮。」王注：「追，猶隨也。繩墨，所以正曲直。」又：「舉賢而授能兮，循繩墨而不頗。」王注：「頗，傾也。」

「拔朱紫於中搆〔一〕，剖猶豫以允當者〔二〕，理人也。

〔一〕照按：「搆」爲「冓」之俗體，當作「冓」。「冓」與「冓」音同義近。詩鄘風牆有茨：「中冓之言，不可道也。」釋文引韓詩云：「中冓，中夜。」（大雅桑柔「征以中垢」毛傳：「中垢，言闇冥也。」是「中垢」與「中冓」義同。）漢書文三王傳：「太中大夫谷永上疏曰：『……是故帝王之意，不窺人閨門之私，聽聞中冓之言。』」顏注引晉灼曰：「魯詩以（中冓）爲夜也。」「冓」，「寠」之借字。廣雅釋詁四：「寠，昔、闇、暮，夜也。」玉篇宀部：「寠，古候切，夜也。詩曰：『中冓之言』，中夜之言也。（篝）本亦作冓。」廣韻五十候：「篝，夜也。」朱、紫二色相近，中夜尤難分辨。「拔朱紫於中構」者，言其善於識別也。

〔三〕左傳僖公二十八年：「軍志曰：『允當則歸。』」杜注：「無求過分。」

「步七曜之盈縮〔一〕，推興亡之道度者，術人也。

〔一〕步七曜盈縮，已見勗學篇「考七耀之盈虛，步三、五之變化」二句箋。「曜」、「耀」並「燿」之後起字。

「赴白刃而忘生〔一〕，格兕虎於林谷者，勇人也。

〔一〕禮記中庸：「白刃可蹈也。」正義：「言白刃雖利，尚可履蹈而行之。」莊子秋水：「白刃交於前，視死若生者，烈士之勇也。」

「整威容以肅衆〔一〕，仗法度而無二者〔二〕，嚴人也。

〔一〕韓非子難三：「廣廷嚴居，衆人之所肅也。」

〔二〕書僞大禹謨：「儆戒無虞，罔失法度。」新書過秦上：「商君佐之，内立法度，務耕織，修守戰之具。」

「創機巧以濟用，總音數而竝精者，蓺人也。

「淩强禦而無憚〔一〕，雖險逼而不沮者，黠人也〔二〕。

〔一〕詩大雅烝民：「不畏彊禦。」正義：「不畏懼於彊梁禦善之人。」「强」、「彊」通。

〔二〕方言一：「虔、儇，慧也。……自關而東，趙、魏之間謂之黠。」

「執匪懈於夙夜〔一〕，忘勞瘁於深峻者〔二〕，勤人也。

〔一〕詩大雅烝民：「夙夜匪解，以事一人。」鄭箋：「夙，早。夜，莫。匪，非也。」正義：「又能早起夜臥，非有解倦之時。」

解，讀曰懈。

〔三〕詩小雅蓼莪：「哀哀父母，生我勞瘁。」鄭箋：「瘁，病也。」

「蒙謗讟而晏如〔一〕，不慴懼於可畏者，勁人也。

〔一〕左傳昭公元年：「民無謗讟。」杜注：「讟，誹也。」正義：「說文（言部）云：『謗，毁也。誹，謗也。』然則謗、讟、誹，其義同。皆是非毁人。古人重言之，猶『險阻艱難』（出左傳僖公二十八年）也。」

「聞榮譽而不歡，遭憂難而不變者，審人也。

「知事可而必行，不猶豫於羣疑者，果人也。

「循繩墨以進止，不乾没於僥倖者〔一〕，謹人也。

〔一〕乾没，已見良規篇「不苟且於乾没」句箋。

「奉禮度以戰兢〔一〕，及親疏而無尤者〔二〕，良人也。

〔一〕戰兢，已見君道篇「臨深履冰」句箋。

〔二〕孟子梁惠王下：「君無尤焉。」趙注：「尤，過也。」

「履道素而無欲，時雖移而不變者，朴人也。

「凡此諸行，了無一然，而不躋善人之迹者，下人也。」

門人請曰：「善人之行，既聞其目矣；惡者之事，可以戒俗者，願文垂誥焉。」

抱朴子曰：「不致養於所生〔一〕，損道而危身者〔二〕，悖人也。

〔一〕所生，謂父母。已見嘉遯篇「夫七尺之骸稟之以所生」句箋。

〔二〕照按：「道」之上或下脱去一字。上下文辭句可證。

「懷邪僞以偷榮，豫利己而忘生者，逆人也。

「背仁義之正途，苟危人以自安者，凶人也。

「好爭奪而無猒〔一〕，專醜正而害直者〔二〕，惡人也。

〔一〕無猒，已見清鑒篇「叔魚無猒之心」句箋。

〔二〕醜正，已見君道篇「恭、顯之惡直」句箋。

「出繩墨以傷刻，心好殺而安忍者〔一〕，虐人也。

〔一〕安忍，已見良規篇「故樂羊以安忍見疎」句箋。

「飾邪説以浸潤〔一〕，構謗累於忠貞者〔二〕，讒人也。

〔一〕浸潤，已見君道篇「必清耳於浸潤」句箋。

〔二〕忠貞，亦見君道篇「邪僞變成忠貞」句箋。

「雖言巧而行違，實履濁而假清者，佞人也。

「不原本於枉直〔一〕，苟好勝而肆怒者，暴人也。

〔一〕枉直，已見君道篇「詳直枉以違悔吝」句箋。

「措細善以取信，陰挾毒而無親者，姦人也。

「承風指以苟容〔一〕，揆主意而扶非者，諂人也。

〔一〕苟容，已見臣道篇「偷容之尸素也」句箋。

「言不計於反覆，好輕諾而無實者〔一〕，虛人也。

〔一〕管子形勢：「必諾之言，不足信也。」老子第六十三章：「夫輕諾必寡信。」河上公注：「不重言也。」說苑談叢：「輕諾者寡信。」

「覩利地而忘義，棄廉恥以苟得者〔一〕，貪人也。

〔一〕禮記曲禮上：「臨財毋苟得。」鄭注：「爲傷廉也。」

「覿豔逸而心蕩〔一〕，飾誇綺而思邪者〔二〕，淫人也。

〔一〕爾雅釋詁：「覿，見也。」

〔二〕照按：「誇」，疑爲「袴」或「絝」之形誤。（玉篇衣部：「袴，亦作絝。」）漢書敍傳上：「（班伯）出與王、許子弟爲羣，在於綺襦紈絝之間，非其好也。」顏注：「晉灼曰：『白綺之襦，冰紈之絝也。』師古曰：『紈，素也。綺，今細綾也。並貴戚子弟之服。』」晉書束晳傳：「（玄居釋）丹墀紈袴之童。」文選任昉奏彈劉整文：「直以前代外戚，任因紈袴。」李周翰曰：「綺襦紈袴，謂外戚驕奢之服也。」並足證此文「誇」字之誤。本書疾謬篇：「舉足不離綺繻紈袴之側。」尤爲切證。

「見成事而疑惑〔一〕，動失計而多悔者，闇人也。

〔一〕戰國策趙策二：「愚者闇於成事。」

「背訓典而自任〔一〕，恥請問於勝己者，損人也。

〔一〕訓典，已見君道篇「樹訓典以示民直」句箋。

「知善事而不逮，雖多爲而無成者，劣人也。

「委德行而不修〔一〕，奉權勢以取媚者，弊人也。

〔一〕周禮地官師氏：「以三德教國子：一曰至德以爲道本，二曰敏德以爲行本，三曰孝德以知逆惡。教三行：一曰孝行以親父母，二曰友行以尊賢良，三曰順行以事師長。」鄭注：「德行，内外之稱，在心爲德，施之爲行。」釋文：「行，下孟反。」

「履蹊徑以僥速〔一〕，推貨賄以争津者〔二〕，邪人也。

〔一〕禮記月令：「孟冬之月，……塞傒徑。」正義：「傒徑，細小狹路。」荀子勸學：「將原先王，本仁義，則禮正其經緯蹊徑也。」（「傒」、「蹊」通）

〔二〕貨賄，已見逸民篇「或推貨賄以龍躍」句箋。

「既傲很以無禮〔一〕，好凌辱乎勝己者，悍人也。

〔一〕左傳文公十八年：「顓頊氏有不才子，……傲很明德，以亂天常，天下之民，謂之檮杌。」杜注：「謂鯀檮杌頑凶，無儔匹之貌。」史記五帝紀正義：「案：言無疇匹，言自縱恣也。神異經云：『西方荒中有獸焉，……名檮杌。一名傲很，一名難訓。』」

「被抑枉而自誣，事無苦而振懾者〔一〕，怯人也。

〔一〕禮記曲禮上：「貧賤而知好禮，則志不懾。」鄭注：「懾，猶怯惑。」正義：「懾，怯也，惑也。貧者之容好怯惑畏人，使心志不遂。若知禮者，則持禮而行之，故志不懾怯。」後漢書竇憲傳：「憲既平匈奴，威名大盛，……由是朝臣震懾，望風承旨。」又羊續傳：「其令長貪絜，吏民良猾，悉逆知其狀，郡内驚竦，莫不震懾。」。「振」與「震」同（見荀子正論「莫不振動從服」楊注）。

「治細辯於稠衆，非其人而盡言者〔一〕，淺人也。

〔一〕國語周語下：「單子曰：『……立於淫亂之國，而好盡言，以招人過，怨之本也。唯善人能受盡言。』」韋注：「盡者，盡其心意，善惡褒貶，無所諱也。」（録自上文「齊國佐見其語盡」句注）

「闇事宜之可否，雖企慕而不及者，頑人也。

「知事非而不改，聞良規而增劇者，惑人也。

「無濟恤之仁心，輕告絶於親舊者，薄人也。

「既疾其所不逮，喜他人之有災者，妬人也。

「專財穀而輕義，覩困匱而不振者〔一〕，吝人也。

〔一〕照按：「振」本與「賑」通，然君道篇「緩賑濟而急聚斂」，吴失篇「而不以賑戰士之凍餒」，守塉篇「收萬箱以賑乏乎」，辭義篇「賑貧者之乏」，應嘲篇「不能賑原憲之貧」，皆是「賑」字，此固不應獨作「振」也。改「振」爲「賑」，前後始能一律。

「冒至危以僥倖，值禍敗而不悔者，愚人也。

「情局碎而偏黨〔一〕，志唯務於盈利者，小人也。

〔一〕 偏黨，已見君道篇「去偏黨以平王道」句箋。

「騁鷹犬於原獸〔一〕，好博戲而無已者，迷人也。

〔一〕 左傳襄公四年：「在帝夷羿，冒于原獸。」杜注：「冒，貪也。」

「忘等威之異數〔一〕，快飾玩之誇麗者，奢人也。

〔一〕 左傳宣公十二年：「君子小人，物有服章，貴有常尊，賤有等威。」杜注：「威儀有等差。」又莊公十八年：「王命諸侯，名位不同，禮亦異數，不以禮假人。」正義：「周禮：（春官典命）王之三公八命，侯、伯七命。是其名位不同也。其禮各以命數爲節，是禮亦異數也。」漢書藝文志諸子略：「古者名位不同，禮亦異數。」

「耽聲色於飲讌，廢慶弔於人理者，荒人也。

「既無心於修尚，又怠惰於家業者，嬾人也。

「無抑斷之威儀〔一〕，每脱易而不思者〔二〕，輕人也。

〔一〕 詩大雅抑：「抑抑威儀，維德之隅。」毛傳：「抑抑，密也。隅，廉也。」鄭箋：「人密審於威儀抑抑然，是其德必嚴正也。」書秦誓：「斷斷猗無他伎。」正義引王肅云：「斷斷，守善之貌。」禮記大學鄭注：「斷斷，誠一之貌也。」

〔二〕 左傳僖公三十三年：「（王孫滿）言於王曰：『秦師輕而無禮，必敗。輕則寡謀，無禮則脱。』」杜注：「脱，易也。」史記禮書：「凡禮始乎脱，成乎文。」索隱：「脱，猶疏略也。始，初也。言禮之初尚疏略也。」韓非子八經：「脱易不自神曰彈威。」

「覩道義而如醉，聞貨殖而波擾者〔一〕，穢人也。

〔一〕論語先進：「子曰：『回也其庶乎，屢空。賜不受命，而貨殖焉，億則屢中。』」集解：「言回庶幾聖道，雖數空匱而樂在其中。賜不受教命，唯財貨是殖，億度是非。蓋美回所以勵賜也。」史記貨殖傳索隱：「論語云：『賜不受命，而貨殖焉。』廣雅（釋詁四）云：『殖，立也。』孔安國注尚書（仲虺之誥）云：『殖，生也。生資貨財利。』」

「杖淺短而多謬〔一〕，闇趨舍之臧否者〔二〕，笨原注：「步本切。」人也〔三〕。

〔一〕王廣恕曰：「案：『杖』疑『材』之誤。」照按：「杖」當作「仗」。王說非。嘉遯篇「仗獨是以彈衆非」，疾謬篇「而仗氣力以求畏」，廣譬篇「仗法度者」，內篇論仙「仗其短淺之耳目」，又微旨「仗其短見」，並其證。

〔二〕臧否，已見勗學篇「不識大倫之臧否也」句箋。

〔三〕集韻二十一混：「笨，一曰不精也。」晉宋以來凡斥爲「笨」者，皆以其不精也。如粗笨之車曰笨車，（宋書顏延之傳：「子竣既貴重，權傾一朝。……（延之）常乘羸牛笨車，逢竣鹵簿，卽屏往道側。」又隱逸劉凝之傳：「夫妻共乘薄笨車，出市買易。」）軀體笨重之人曰笨伯，（晉書羊聃傳：「先是兗州有八伯之號，其後更有四伯：……豫章太守（陳留）史疇以大肥爲笨伯。」）愚拙則曰笨人，如此文所指者是。

「憎賢者而不貴，聞高言而如聾者，嚚人也〔一〕。

〔一〕玉篇㗊部：「嚚，愚也。」

「覩朱紫而不分〔一〕，雖提耳而不悟者〔二〕，蔽人也。

〔一〕後漢書陳元傳：「（上疏）夫明者獨見，不惑於朱紫。」

〔二〕詩大雅抑：「匪面命之，言提其耳。」

「違道義以趦趄〔一〕，冒禮刑而罔顧者，亂人也。」

〔一〕易夬：「九四，臀无膚，其行次且。」正義：「次且，行不前進也。」釋文：「次，本亦作趑。七私反。馬（融）云：『卻行不前也。』且，本亦作趄。七餘反。王肅云：『趑趄，行止之礙也。』」「趦」，「趑」之俗體。

「每動作而受嗤，言發口而違理者，拙人也。」

「事酋豪如僕虜，值衰微而背惠者，慝人也〔一〕。」

〔一〕詩鄘風柏舟：「之死矢靡慝。」毛傳：「慝，邪也。」馬瑞辰毛詩傳箋通釋五：「按：慝當爲忒之同音假借。爾雅釋言：『爽，差也；爽，忒也。』說文（心部）：『忒，更也。又曰：忒，失常也。』二字音義同。靡忒，猶靡他也。」據此，則慝人謂反覆無常者。

「捐貧賤之故舊，輕人士而踞傲者，驕人也。」

「棄衰色而廣欲，非宦學而遠游者〔一〕，蕩人也。」

〔一〕禮記曲禮上：「宦學事師，非禮不親。」正義：「熊氏（安生）云：『宦，謂學仕宦之事。學，謂習學六藝。此二者俱是事師。』」

「無忠信之純固〔一〕，背恩養而趨利者，叛人也。」

〔一〕國語周語上：「穆王將征犬戎，祭公謀父諫曰：『……吾聞夫犬戎樹惇，能帥舊德而守終純固，其有以禦我矣。』」韋注：「帥，循也。純，專也。固，一也。……天性專一，終身不移。」

「當交顏而面從〔一〕，至析離而背毁者，僞人也。」

〔一〕書益稷：「予違汝弼，汝無面從，退有後言。」孔傳：「我違道汝當以義輔正我，無得面從我違，而退後有言我不可弼。」鹽鐵論刺議：「子非孔氏執經守道之儒，乃公卿面從之儒，非吾徒也。」

「習强梁而專己〔一〕，距忠告而不納者〔二〕，刺人也〔三〕。

〔一〕老子第四十二章：「强梁者不得其死。」河上公注：「强梁，謂不信玄妙，背叛道德，不從經教，尚勢任力也。」莊子山木：「從其彊梁。」釋文：「彊梁，多力也。」「强」、「彊」通。

〔二〕論語顔淵：「子貢問友。子曰：『忠告而善道之，不可則止，無自辱焉。』」集解引包咸曰：「忠告以是非，告之以善道，導之不見從，則止，必言之，或見辱。」皇疏：「朋友主切磋，若見有不善，當盡己忠心告語之，又以善事更相誘導也。」朱注：「告，工毒反。道，去聲。」

〔三〕周書謚法：「愎佷遂過曰刺。」孔晁注：「去諫曰愎，反是曰佷。」

抱朴子曰：「人技未易知，真僞或相似。士有顔貌修麗，風表閑雅，望之溢目，接之適意，威儀如龍虎，盤旋成規矩〔一〕。然心蔽神否，才無所堪，心中所有，盡附皮膚。口不能吐片奇，筆不能屬半句；入不能宰民，出不能用兵；治事則事廢，銜命則命辱〔二〕。動静無宜，出處莫可。蓋難分之一也。

〔一〕禮記玉藻：「周還中規，折還中矩。」鄭注：「（周還）反行也，宜圜。（折還）曲行也，宜方。」正義：「反行，謂到（倒）行，反而行。假令從北嚮南，或從南嚮北。曲行，謂屈曲而行。假令從北嚮南行，由折而東嚮西嚮也。」釋文：「還，音旋。本亦作旋。」淮南子氾論：「夫弦歌鼓舞以爲樂，盤旋揖讓以修禮，厚葬久喪以送死，此孔子之所立也。」

〔三〕禮記檀弓上：「銜君命而使。」漢書孫寶傳：「（上書）臣幸得銜命奉使，職在刺舉，不敢避貴幸之勢，以塞視聽之明。」

「士有貌望樸悴，容觀矬陋〔一〕，聲氣雌弱，進止質澀。然而含英懷寶〔二〕，經明行高，幹過元凱〔三〕，文蔚春林。官則庶績康用〔四〕，武則克全獨勝。蓋難分之二也。

〔一〕服虔通俗文：「侏儒曰矬。」（一切經音義二引）廣雅釋詁二：「矬，短也。」內篇塞難：「而或矬陋尪弱，或且黑且醜。」北史宋道璵傳：「形貌矬陋而好臧否人物，時論甚疾之。」

〔二〕論語陽貨：「（陽貨）謂孔子曰：『來！予與爾言。』曰：『懷其寶而迷其邦，可謂仁乎？』曰：『不可。』」集解引馬融曰：「言孔子不仕，是懷其寶也。」後漢書郎顗傳：「（上書）臣伏見光祿大夫黃瓊，耽道樂術，清亮自然，被褐懷寶，含味經籍。」又郭符許傳贊：「林宗懷寶，識深甄藻。」文選四子講德論：「幸遭聖主平世而久懷寶。」張銑曰：「懷寶，謂懷德也。」

〔三〕元凱，已見嘉遯篇「而使聖朝乏乎元凱之用哉」句箋。

〔四〕照按：「康用」二字誤倒，當乙轉。蒼頡篇：「用，以也。」（一切經音義七引）爾雅釋詁：「康，安也。」書堯典：「庶績咸熙。」（史記五帝紀作「衆功皆興」）孔傳：「績，功。咸，皆。熙，廣也。……衆功皆廣歎其善。」又益稷：「庶事康哉！」孔傳：「衆事乃安。」

「士有謀猷淵邃〔一〕，術畧入神，智周成敗〔二〕，思洞幽玄，才兼能事，神器無宜；而口不傳心，筆不盡意，造次之接〔三〕，不異凡庸。蓋難分之三也。

〔一〕禮記孔子閒居：「君陳曰：『爾有嘉謀嘉猷，入告爾君于內。』」鄭注：「君陳……名篇在尚書，今亡（僞君陳襲之)。嘉，善也。猷，道也。」

〔二〕易繫辭上：「知周乎萬物而道濟天下，故不過。」韓注：「知周萬物，則能以道濟天下也。」正義：「聖人无物不知，是知周於萬物，天下皆養，是道濟天下也。」釋文：「知，如字。荀爽、荀柔之、明僧紹音智。」

〔三〕論語里仁：「君子無終食之間違仁，造次必於是，顛沛必於是。」集解引馬融曰：「造次，急遽。」史記五宗世家：「河間獻王德……好儒學，被服造次必於儒者。」

「士有機變清銳〔一〕，巧言綺粲，擥引譬喻，淵湧風厲；然而口之所談，身不能行〔二〕；長於識古，短於理今，爲政政亂，牧民民怨。蓋難分之四也。

〔一〕「變」，藏本、魯藩本、吉藩本作「辯」，舊寫本作「辨」。慎本、盧本作「變」。照按：「變」字誤。本篇上文：「飛清機之英麗，言約暢而判滯者，辯人也。」專指善辯論者言，則此當以作「辯」爲是（「辨」與「辯」通）。論衡定賢篇：「口辯機利。」是「機辯」謂口辯機利也。後正郭篇：「此人有機辯風姿，又巧自抗遇而善用。」正以「機辯」評論林宗之善爲說辭。北史徐之才傳：「（蕭綜）啓魏（孝明）帝云：『之才大善醫術，兼有機辯。』」亦以「機辯」稱譽之才之「發言辯捷」也。（孟子盡心上有「爲機變之巧者」語，注此文不洽。）

〔二〕史記孫子吳起傳贊：「語曰：『能行之者未必能言，能言之者未必能行。』」

「士有外形足恭〔一〕，容虔言恪，而神疏心慢，中懷散放，受任不憂，居局不治，蓋難分之五也。

〔一〕論語公冶長：「子曰：『巧言、令色、足恭，左丘明恥之，丘亦恥之。』」集解引孔安國曰：「足恭，便僻貌。」邢疏：「孔以爲巧好言語，令善顔色，便僻其足以爲恭，謂前却俯仰，以足爲恭也。一曰：足，將樹切。足，成也。謂巧言、令色以成其恭，取媚於人也。」朱注：「足，將樹反。足，過也。」

「士有控弦命中〔一〕，空拳入白〔二〕，倒乘立騎，五兵畢習〔三〕；而體輕慮淺，手勦心怯，虛試無對，而實用無驗。望塵奔北〔四〕，聞敵失魄。蓋難分之六也。

〔一〕史記劉敬傳：「冒頓爲單于，兵彊，控弦三十萬，數苦北邊。」集解引應劭曰：「控，引也。」說文手部：「控，引也。……匈奴引弓曰控弦。」段注：「引者，開弓也。此引匈奴方語以證控、引一也。」

〔二〕文選司馬遷報任少卿書：「然（李）陵一呼勞軍，士無不起，躬自流涕，沬血飲泣，更張空拳，冒白刃，北嚮爭死敵。」李注：「李登聲類云：『拳，或作捲。』此言兵已盡，但張空拳以擊耳。鹽鐵論（險固）曰：『陳勝無將帥之兵（今本作「任」），師旅之衆，奮空捲（今本作「拳」）而破百萬之軍（今本作「師」）。』何晏白起故事：『白起雖坑趙卒，向使預知必死，則前驅空捲，猶可畏也，況三十萬被堅執銳乎？』」（史記孫子傳：「夫解雜亂紛糾者不控捲。」索隱：「謂解雜亂紛糾者，當善以手解之，不可控捲而擊之。捲即拳也。」）漢書司馬遷傳「拳」作「弮」，李奇曰：「弮，弩弓也。」師古曰：「弮，音丘權反。又音眷。讀者乃以拳擊之拳，大謬矣。拳則屈指，不當言張。陵時矢盡，故張弩之空弓，非是手拳也。」照按：抱朴此文既作「拳」，而又無「張」字，與班書不同，當各依其文解之。抱朴之「空拳」，即鹽鐵論、白起故事之「空捲」也。

〔三〕周禮夏官司兵：「掌五兵五盾。」鄭注：「鄭司農（衆）云：『五兵者，戈、殳、戟、酋矛、夷矛。』」又：「軍事，建車之五兵，會同，亦如之。」鄭注：「車之五兵，鄭司農所云者是也。步卒之五兵，則無夷矛而有弓矢。」穀梁傳莊公二十五年：「天子救日，置五麾，陳五兵五鼓。」范注：「五兵：矛、戟、鉞、楯、弓矢。」漢書吾丘壽王傳：「壽王對曰：『臣聞古者作五兵，非以相害，以禁暴討邪也。』」顏注：「五兵，謂矛、戟、弓、劍、戈。」此泛指五種兵器，不必過泥。

〔四〕鄧析子無厚：「御軍陳而奔北。」書甘誓正義：「奔北，謂背陳走也。」

「士有梗槩簡緩，言希貌樸，細行闕漏，不爲小勇，跼蹐拘檢〔一〕，犯而不校〔二〕，握爪垂翅〔三〕，名爲弱愿。然而膽勁心方，不畏强禦〔四〕，義正所在，視死猶歸〔五〕，支解寸斷，不易所守。蓋難分之七也。

〔一〕跼蹐，已見交際篇「余代其踧蹐」句箋。

〔二〕論語泰伯：「曾子曰：『以能問於不能，以多問於寡；有若無，實若虛，犯而不校。』」集解引包咸曰：「校，報也。言見侵犯不報。」邢疏：「言其好學持謙，見侵犯而不報也。」朱注：「校，計校也。」

〔三〕淮南子兵略：「猛獸之攫也，匿其爪。」說苑雜言：「孔雀愛羽，虎豹愛爪，所以輔其身也。」說文羽部：「翄，翼也。」玉篇羽部：「翅，翼也。翄，同上。」易明夷：「初九，明夷于飛，垂其翼。」王注：「明夷遠遯，絕跡匿形，不由軌路，故曰明夷于飛。懷懼而行，行不敢顯，故曰垂其翼也。」正義：「垂其翼者，飛不敢顯，故曰垂其翼也。」後漢書馮異傳：「璽書勞異曰：『赤眉破平，士吏勞苦，始雖垂翅回谿，終能奮翼黽池。』」李注：「以鳥爲喻。」

〔四〕不畏强禦，已見本篇上文「淩强禦而無憚」句箋。

〔五〕戰國策秦策三：「（應侯）復曰：『故君子殺身以成名，義之所在，雖死無憾悔。』」文子上義：「死君親之難，視死如歸，義重於身也。」（淮南子泰族同）呂氏春秋士節：「士之爲人，當理不避其難，臨患忘利，遺生行義，視死如歸。」高注：「理，義也。殺身成義，何難之避也。惟義所在，不必生也，故曰遺生也。（視死如歸）易也。」

「士有孝友溫淑〔一〕，恂恂平雅〔二〕，履信思順，非禮不蹈〔三〕，安困潔志，操清冰霜，而疏遲迂闊〔四〕，不達事要，見機不作〔五〕，所爲無成，居己梁倡〔六〕，受任不舉。蓋難分之八也。

〔一〕詩小雅六月：「張仲孝友。」毛傳：「張仲，賢臣也。善父母爲孝，善兄弟爲友。」（爾雅釋訓同）

〔二〕論語鄉黨：「孔子於鄉黨，恂恂如也，似不能言者。」集解引王肅曰：「恂恂，温恭之貌。」漢書李廣蘇建傳贊：「李將軍恂恂如鄙人，口不能出辭。」顏注：「恂恂，誠謹貌也。音荀。」（史記廣傳贊「恂恂」作「悛悛」）

〔三〕履信思順，已見臣道篇「履信思順」句箋。易大壯：「象曰：『……君子以非禮弗履。』」說文足部：「蹈，踐也。」詩大雅生民「履帝武敏歆」毛傳：「履，踐也。」是「蹈」與「履」義同。

〔四〕史記孟子傳：「適梁，梁惠王不果所言，則見以爲迂遠而闊於事情。」趙岐孟子題辭：「（孟子）遂以儒道游於諸侯，思濟斯民，然由不肯枉尺直尋，時君咸謂之迂闊於事，終莫能聽納其說。」漢書王吉傳：「上（宣帝）以其言迂闊，不甚寵異也。」顏注：「迂，遠也。」

〔五〕易繫辭下：「君子見幾而作，不俟終日。」正義：「言君子既見事之幾微，則須動作而應之，不得待終其日。言赴幾之速也。」「機」與「幾」通。（繫辭上「唯幾也故能成天下之務」釋文：「『幾』，本作『機』。」）

〔六〕楚辭九思疾世：「遠梁昌兮幾迷。」舊注：「梁昌，陷（一作「蹈」）據失所也。」文欽與郭淮書：「小人還項，復遇王基等十二軍，追尋毌丘，進兵討之，即時克破，所向全勝，要那後無繼何？孤軍梁昌，進退失所。」（三國志魏書毌丘儉傳裴注引）「梁倡」與「梁昌」同，疊韻聯綿字也。

「士有行己高簡，風格峻峭，嘯傲偃蹇〔一〕，淩儕慢俗，不肅檢括〔二〕，不護小失〔三〕，適情率意，旁若無人〔四〕，朋黨排讁，談者同敗，士友不附，品藻所遺〔五〕。而立朝正色，知無不爲〔六〕，忠於奉上，明以攝下〔七〕。蓋難分之九也。

〔一〕文選陶潛雜詩：「嘯傲東軒下，聊復得此生。」李注引郭璞遊仙詩曰：「嘯傲遺俗羅。」呂向曰：「嘯傲，超逸皃。」左傳哀公六年：「齊陳乞僞事高、國者，每朝必驂乘焉，所從必言。諸大夫曰：『彼皆偃蹇，將棄子之命。』」杜注：「偃蹇，驕敖。」釋文：「敖，五報反。」後漢書蔡邕傳：「（董卓）聞邕名高，辟之。稱疾不就。卓大怒，曰：『我力能族人，蔡邕遂偃蹇者，不旋踵矣。』」又文苑下趙壹傳：「（刺世疾邪賦）偃蹇反俗，立致咎殃。」李注：「偃蹇，驕敖也。」（説文人部：「傲，倨也。」段注：「古多假敖爲傲。」集韻二十七号：「傲，或从心。」）

〔二〕檢括，已見崇教篇「斂之乎檢括之中」句箋。

〔三〕文選與吴質書：「觀古今文人，類不護細行。」呂向曰：「類，例。護，拘。」

〔四〕旁若無人，已見嘉遯篇「旁若無物」句箋。

〔五〕品藻，已見名實篇「品藻乖濫」句箋。

〔六〕知無不爲，已見貴賢篇「知無不爲者」句箋。

〔七〕國語晉語一：「若下攝上與上攝下。」韋注：「攝，持也。」

「士有含弘曠濟〔一〕，虛己受物〔二〕，藏疾匿瑕〔三〕，温恭廉潔〔四〕，勞謙沖退〔五〕，救危全信，寄命不疑，託孤可保〔六〕；而純良暗權，仁而不斷，善不能賞，惡不忍罰，忠貞有餘〔七〕，而榦用不足，操柯猶豫〔八〕，廢法效非，枉直混錯〔九〕，終於負敗。蓋難分之十也。

〔一〕含弘，已見君道篇「雖務含弘」句箋。

〔二〕莊子山木：「人能虛己以遊世，其孰能害之？」成疏：「虛己，無心也。」韓詩外傳二：「君子盛德而卑，虛己以受人。」

〔三〕藏疾匿瑕，已見君道篇「匿瑕藏疾」句箋。

〔四〕詩小雅小宛：「温温恭人。」毛傳：「温温，和柔貌。」又商頌那：「温恭朝夕，執事有恪。」

〔五〕易謙：「九三，勞謙君子，有終吉。」王注：「勞謙匪解，是以吉也。」釋文：「解，佳賣反。」文選典引：「乃始虔鞏勞謙，兢兢業業。」

〔六〕寄命託孤，已見臣節篇「負荷寄託」句箋。

〔七〕忠貞，已見君道篇「邪僞變成忠貞」句箋。

〔八〕操柯，已見良規篇「嚴操柯斧」句箋。

〔九〕枉直，已見君道篇「詳直枉以違晦吝」句箋。

「夫物有似而實非〔一〕，若然而不然〔二〕。料之無惑，望形得神，聖者其將病諸〔三〕，況乎常人？故用才取士，推昵結友，不可以不精擇，不可以不詳試也。若乃性行之惑變〔四〕，始正而終邪，若王莽初則美於伊、霍〔五〕，晚則劇於趙高〔六〕，又非中才所能逆盡也。

〔一〕孟子盡心下：「孔子曰：『惡似而非者：惡莠，恐其亂苗也；惡佞，恐其亂義也；惡利口，恐其亂信也；惡鄭聲，恐其亂樂也；惡紫，恐其亂朱也；惡鄉原，恐其亂德也。』」趙注：「似真而非真者，孔子之所惡也：莠莖葉似苗；佞人詐飾，似有義者；利口辯辭，似若有信；鄭聲淫人之聽，似若美樂；紫色似朱，朱，赤也；鄉原惑衆，似有德者。此六似（論語陽貨祇有其三）者，皆孔子之所惡也。」戰國策魏策一：「夫物多相類而非也，幽莠之幼也似禾，驪牛之黄也似虎，白骨疑象，武夫類玉，此皆似之而非者也。」

〔二〕淮南子人間：「或若然而不然者。」人物志八觀：「若然而不然。」

〔三〕論語雍也：「子貢曰：『如有博施於民而能濟衆，何如？可謂仁乎？』子曰：『何事於仁，必也聖乎！堯、舜其猶病諸！』」集解引孔安國曰：「君能廣施恩惠，濟民於患難，堯、舜至聖，猶病其難。」皇疏：「病，猶患也。諸，之也。」朱注：「病，心有所不足也。」

〔四〕照按：「惑」疑「或」之誤。文選西征賦「懼銜檿之或變」，前審舉篇「防法翫之或變」，均以「或變」爲言，此亦宜然。

〔五〕王莽，已見逸民篇「王莽與二龔共世」句及良規篇「致令王莽之徒生其姦變」句箋。伊、霍，已見良規篇「伊尹之黜太甲，霍光之廢昌邑」二句又「由於伊、霍基斯亂也」句箋。

〔六〕趙高，已見君道篇「獨任則悟鹿馬之作威」句、臣節篇「專威若趙高」句及用刑篇「趙高之弑秦」句箋。

「若令士之易別，如鷦鷯之與鴻鵠〔一〕，狐兔之與龍麟者，則四凶不得官於堯朝〔二〕，管、蔡不得幾危宗周〔三〕，仲尼無澹臺之失〔四〕，延陵無捐金之恨〔五〕，伊尹無七十之勞〔六〕，項羽無嫌范之悔矣〔七〕。所患於其如碔砆原注：「上音武，下音夫。」之亂瑾瑜〔八〕，鷦螟即焦明之似鳳皇〔九〕，凝冰之類水精〔一〇〕，烟熏之疑雲氣，故令不謬者尟也。惟帝難之〔一一〕，矧乎近人哉！

〔一〕鷦鷯，已見嘉遯篇「一枝足以戢鸞羽」句箋。

〔二〕四凶，已見嘉遯篇「有虞舉則四凶戮」句及用刑篇「唐、虞其仁如天，而不原四罪」二句又「竄、殛、放、流，天下乃服」二句箋。

〔三〕管、蔡，已見用刑篇「姬公友于兄弟，而不赦二叔」二句箋。詩小雅正月：「赫赫宗周。」毛傳：「宗周，鎬京也。」

〔四〕仲尼失澹臺，已見審舉篇「以貌取之則不必得賢」句箋。

〔五〕「捐」，吉藩本作「損」。照按：「捐」、「損」二字於此均不愜，疑爲「指」之誤。延陵指金事，已詳清鑒篇「（延州）而蔽奇士於咫尺之內」句箋，茲不再迻錄。

〔六〕伊尹七十之勢，已見時難篇「故伊尹干湯至於七十也」句箋。

〔七〕史記項羽紀：「漢之三年，項王數侵奪漢甬道，漢王食乏，恐，請和，割滎陽以西爲漢。項王欲聽之。歷陽侯范增曰：『漢易與耳，今釋弗取，後必悔之。』項王乃與范增急圍滎陽。漢王患之，乃用陳平計閒項王。項王使者來，爲太牢具，舉欲進之。見使者，詳驚愕曰：『吾以爲亞父使者，乃反項王使者。』更持去，以惡食食項王使者。使者歸報項王，項王乃疑范增與漢有私，稍奪之權。范增大怒，曰：『天下事大定矣，君王自爲之。願賜骸骨歸卒伍。』項王許之。行未至彭城，疽發背而死。」又陳丞相世家：「陳平曰：『顧楚有可亂者，彼項王骨鯁之臣亞父、鍾離昧、龍且、周殷之屬，不過數人耳。大王誠能出捐數萬斤金，行反閒，閒其君臣，以疑其心，項王爲人意忌信讒，必內相誅。漢因舉兵攻之，破楚必矣。』……項王果大疑亞父。亞父欲急攻下滎陽城，項王不信，不肯聽。……（亞父）歸未至彭城，疽發背而死。陳平乃夜出女子二千人滎陽城東門，楚因擊之，陳平乃與漢王從城西門夜出去。遂入關，收散兵復東。」

〔八〕文選子虛賦：「其石則……碝石、碔砆。」李注引張揖曰：「碝石、碔砆，皆石之次玉者。碝石，白者如冰，半有赤色。碔砆，赤地白采，葱蘢白黑不分。」（「碔砆」，史記相如傳、漢書相如傳上並作「武夫」，音義同。）漢書董仲舒傳：「猶武夫之與美玉也。」顏注引應劭曰：「武夫，石而似玉者也。」左傳宣公十五年「瑾瑜匿瑕」正義：「瑾瑜，玉之美者。」

〔九〕孫星衍曰：「（『鷦螟』）即『焦明』。」照按：「鷦螟」除通作「焦明」外，尚有作「鷦鵬」、「鷦明」者，其音義並同。史記司馬相如傳：「（上林賦）掩焦明。」集解：「焦明似鳳。」索隱：「張揖曰：『焦明似鳳，西方鳥。』（說文鳥部：「鷫，鷫鷞也。……五方神鳥也。東方發明，南方焦明，西方鷫鸘，北方幽昌，中央鳳皇。」廣韻四宵：「鷦，鷦鵬〔䳟〕，南方神鳥，似鳳。」又十二庚：「䳟，鷦䳟，似鳳，南方神鳥。」是「西」字有誤，當作「南」。）樂叶圖徵曰：『焦明狀似鳳皇。』宋衷（注）曰：『水鳥。』」法言問明：「鷦明遴集，食其絜者矣。」李注：「鷦明非竹實之絜不食。」楚辭九懷株昭：「鷦䳟開路兮。」舊校：「一作焦明。」又九歎遠遊：「駕鸞鳳以上遊兮，從玄鶴與鷦明。」王注：「鷦明，俊鳥也。」

〔一〇〕山海經南山經：「堂庭之山……多水玉。」郭注：「水玉，今水精也。」史記司馬相如傳：「（上林賦）水玉磊砢。」集解引郭璞曰：「水玉，水精也。」水精，今作水晶。

〔一一〕惟帝難之，已見審舉篇「知人則哲，上聖所難」二句箋。

「夫惟大明，玄鑒幽微〔一〕，靈銓揣物，思灼沈昧，瞻山識璞，臨川知珠。士於難分之中，而無取舍之恨者，使臧否區分〔二〕，抑揚咸允。武丁、姬文不獨治，而傅說、呂尚不永棄〔三〕；高、莽、宰嚭不得成其惡〔四〕，弘恭、石顯無所容其僞矣〔五〕。斯蓋取士之較略，選擇之大都耳。精微以求，存乎其人〔六〕，固非毫翰之所備縷也。

〔一〕玄鑒，已見擢才篇「玄鑒表微者」句箋。

〔二〕臧否，已見勗學篇「不識大倫之臧否也」句箋。

〔三〕武丁，殷高宗。武丁、傅說，已見時難篇「巖閒傅說之屬」句箋。姬文，周文王。姬文、呂尚，亦見時難篇「吾知渭濱呂尚之儔」句箋。

〔四〕高，趙高。莽，王莽。本篇上文「若王莽初則美於伊、霍，晚則劇於趙高」二句已注所見各篇辭句。宰嚭，即伯嚭。左傳定公四年：「伯州犁之孫嚭，爲吳大宰以謀楚。」又哀公元年：「吳王夫差敗越于夫椒，報檇李也。遂入越。越子以甲楯五千，保于會稽。使大夫種因吳大宰嚭以行成。吳子將許之。伍員曰：『不可！……句踐能親而務施，施不失人，親不棄勞，與我同壤，而世爲仇讎，於是乎克而弗取，將又存之，違天而長寇讎，後雖悔之，不可食已。……介在蠻夷，而長寇讎，以是求伯，必不行矣！』弗聽。」國語越語上：「越人飾美女八人納之大宰嚭，曰：『子苟赦越國之罪，又有美於此者。』將進之，大宰嚭諫曰：『嚭聞古之伐國者，服之而已；今已服矣，又何求焉？』夫差與之成而去之。」史記吳太伯世家：「（王夫差）二年，吳王悉精兵以伐越，敗之夫椒，報姑蘇也。越王句踐乃以甲兵五千人棲於會稽，使大夫種因吳太宰嚭而行成，請委國爲臣妾。吳王將許之，伍子胥諫曰：『……今不因此而滅之，又將寬之，不亦難乎！且句踐爲人能辛苦，今不滅，後悔之。』吳王不聽，聽太宰嚭，卒許越平，與盟而罷兵去。……（二十三年）越王滅吳，誅太宰嚭，以爲不忠。」又越王句踐世家：「子胥言曰：『王不聽諫，後三年吳其墟乎！』太宰嚭聞之，乃數與子胥爭越議，因讒子胥曰：『伍員貌忠而實忍人，其父兄不顧，安能顧王？……王不備伍員，員必爲亂。』與逢同共謀，讒之王。……（吳師敗）……吳王謝曰：『吾老矣，不能事君王。』遂自殺。……越王乃葬吳王而誅太宰嚭。」

〔五〕弘恭、石顯，已見君道篇「恭、顯之惡直」句箋。

〔六〕存乎其人，已見清鑒篇「存乎其人」句箋。

抱朴子外篇校箋卷之二十三

弭訟

姑子劉君士由之論曰：「人綱始於夫婦，判合擬乎二儀〔一〕。是故大婚之禮，古人所重，將合二姓之好，以承祖宗之基。主人拜迎於門，聽命於廟〔二〕。玄纁贄幣〔三〕，親御授綏〔四〕。壻有三年之喪，致命女氏，女氏許諾而不敢改。大喪既没，請命於壻，壻有辭焉，然後乃嫁〔五〕。所以崇敬讓也。豈有先訟後壻之謂乎〔六〕？

〔一〕易序卦：「有天地，然後有萬物；有萬物，然後有男女；有男女，然後有夫婦；有夫婦，然後有父子；有父子，然後有君臣；有君臣，然後有上下；有上下，然後禮義有所錯。」周禮地官媒氏：「掌萬民之判。」鄭注：「判，半也。得耦爲合，主合其半成夫婦也。（儀禮）喪服傳曰：『夫妻判合。』（「判」，今本作「胖」。「判」、「胖」古通。）鄭司農（衆）云：『主萬民之判合。』」白虎通德論三綱六紀：「三綱者，何謂也？謂君臣、父子、夫婦也。……故含文嘉曰：『君爲臣綱，父爲子綱，夫爲妻綱。』」漢書郊祀志下：「（王）莽又頗改其舊禮，曰：『……天墜合精，夫婦判合。』」又翟方進傳：「（王）莽於是依周書作大誥，曰：『天地判合，乾坤序德。』」二儀，兩儀。已見君道篇「往聖取諸兩儀」句箋。

〔二〕禮記哀公問：「孔子愀然作色而對曰：『合二姓之好，以繼先聖之後，以爲天地、宗廟、社稷之主，君何謂已重乎？』……孔子曰：『天地不合，萬物不生。大昏，萬世之嗣也。君何謂已重焉？』」又昏義：「昏禮者，將合二姓之好，上以事宗廟，而下以繼後世也。故君子重之。是以昏禮：納采，問名，納吉，納徵，請期，皆主人筵几於廟，而拜迎於門外，入揖讓而升，聽命於廟，所以敬慎重正昏禮也。」鄭注：「聽命，謂主人聽使者所傳壻家之命。」穀梁傳桓公三年：「子貢曰：『冕而親迎，不已重乎？』孔子曰：『合二姓之好，以繼萬世之後，何謂已重乎！』」

〔三〕儀禮士昏禮：「納徵，玄纁、束帛、儷皮，如納吉禮。」鄭注：「徵，成也。使使者納幣以成昏禮。用玄纁者，象陰陽備也。束帛，十端也。周禮（地官媒氏）曰：『凡嫁子、取妻，入幣純帛，無過五兩。』儷，兩也。執束帛以致命，兩皮爲庭實。皮，鹿皮。」賈疏：「此納徵無鴈者，以有束帛爲贄故也。」

〔四〕儀禮士昏禮：「壻御婦車，授綏。」鄭注：「壻御者，親而下之。綏，所以引升車者。僕人之禮，必授人綏。」賈疏：「今壻御車，卽僕人禮。」禮記昏義：「降出，御婦車，而壻授綏。」正義：「降出，御婦車者，謂壻降西階而出，親御婦車也。而壻授綏者，謂婦升車之時，而壻授之以綏。」白虎通德論嫁娶：「天子下至士必親迎授綏者何？以陽下陰也，欲得其歡心，示親之心也。」

〔五〕禮記曾子問：「曾子問曰：『昏禮既納幣，有吉日，女之父母死，則如之何？』孔子曰：『壻使人弔。如壻之父母死，則女之家亦使人弔。父喪稱父，母喪稱母。父母不在，則稱伯父世母。壻已葬，壻之伯父致命女氏曰：「某之子有父母之喪，不得嗣爲兄弟，使某致命。」女氏許諾而弗敢嫁。禮也。壻免喪，女之父母使人請。壻弗取而后嫁之。禮也。女之父母死，壻亦如之。』」（白虎通德論嫁娶略同）

〔六〕陳其榮曰：「（『後壻』）承訓本作『後婚』。」照按：藏本、舊寫本亦作「後婚」，較勝。

「而末世輕慢，傷化敗俗〔一〕，舉不修義〔二〕，訐而弗與〔三〕，訟閲穢辱〔四〕，煩塞官曹。今可使諸爭婚者，未及同牢〔五〕，皆聽義絕；而倍還酒禮，歸其幣帛。其嘗已再離者，一倍裨娉〔六〕；其三絕者，再倍裨娉。如此，離者不生訟心，貪吝者無利重受，乃王治之要術，不易之永法也。」

〔一〕詩鄘風相鼠：「人而無儀，不死何爲！」鄭箋：「人以有威儀爲貴，今反無之，傷化敗俗，不如其死無所害也。」漢書貨殖傳：「傷化敗俗，大亂之道也。」又敘傳下：「（貨殖傳述）侯服玉食，敗俗傷化。」

〔二〕照按：「修」疑「循」之誤。

〔三〕照按：「訐」字誤，當依藏本等改作「許」（此平津本寫刻之誤）。

〔四〕說文門部：「鬩，恆訟也。詩（小雅常棣）曰：『兄弟鬩于牆。』从門、兒。兒，善訟者也。」

〔五〕禮記郊特牲：「共牢而食，同尊卑也。」又昏義：「婦至，壻揖婦以入，共牢而食，合巹而酳，所以合體，同尊卑，以親之也。」正義：「共牢而食者，在夫之寢，壻東面，婦西面，共一牲牢而同食，不異牲。」

〔六〕荀子富國：「婚姻娉內，送逆無禮。」楊注：「聘，問名也。內讀曰納，納幣也。」說文女部：「娉，問也。」段注：「凡娉女及聘問之禮，古皆用此字。……而經傳槩以聘代之，聘行而娉廢矣。」廣雅釋詁三：「裨，予也。」裨娉，謂壻家所下聘禮。

抱朴子荅曰：「劉君慜德讓之淩替〔一〕，疾民爭之損化，雖速我訟，室家不足〔二〕；用和之貴，將遂淪胥〔三〕。創讜言以拾世遺〔四〕，建嘉謀以拯流遁〔五〕，紛譁之俗，將以此而易；無恥之風，將由茲而移。彌綸情僞〔六〕，固難間矣〔七〕。誠經國之永法，至益之篤論也。

〔一〕淩替，已見君道篇「陵替之災」句箋。「淩」、「陵」古通。

〔二〕詩召南行露：「誰謂雀無角！何以穿我屋？誰謂女無家！何以速我獄？雖速我獄，室家不足！」毛傳：「不思物變而推其類，雀之穿屋，似有角者。速，召。獄，埆也。昏禮，純帛不過五兩。」鄭箋：「女，女彊暴之男。變，異也。人皆謂雀之穿屋似有角，彊暴之男召我而獄，似有室家之道於我也。物有似而不同，雀之穿屋不以角，乃以咮。今彊暴之男召我而獄，不以室家之道於我，乃以侵陵。物與事有似而非者，士師所當審也。幣可備也。室家不足，謂媒妁之言不和六禮之來，彊委之。」又：「誰謂鼠無牙！何以穿我墉？誰謂女無家！何以速我訟？雖速我訟，亦不女從！」毛傳：「墉，牆也。視牆之穿，推其類，可謂鼠有牙。不從，終不棄禮而隨此彊暴之男。」

〔三〕論語學而：「有子曰：『禮之用，和爲貴。先王之道斯爲美，小大由之。有所不行，知和而和，不以禮節之，亦不可行也。』」集解引馬融曰：「人知禮貴和，而每事從和，不以禮爲節，亦不可行。」詩小雅小旻：「如彼泉流，無淪胥以敗。」鄭箋：「淪，率也。王之爲政者，如原泉之流行則清，無相牽率爲惡，以自濁敗。」又大雅抑：「肆皇天弗尚，如彼泉流，無淪胥以亡。」毛傳：「淪，率也。」鄭箋：「胥，皆也。王爲政如是，故今皇天不高尚之，所謂仍下災異也。王自絕於天，如泉水之流，稍就虛竭。無見率引爲惡，皆與之以亡。」

〔四〕漢書敍傳上：「上（成帝）乃喟然歎曰：『吾久不見班生（白），今日復聞讜言。』」顔注：「讜言，善言也。音黨。」

〔五〕嘉謀，已見行品篇「士有謀猷淵邃」句箋。流遁，已見嘉遯篇「不可放之於流遁也」句箋。

〔六〕易繫辭上：「易與天地準，故能彌綸天地之道。」王肅曰：「彌綸，纏裹也。」（文選文賦李注引）又：「聖人立象以盡意，設卦以盡情僞。」左傳僖公二十八年：「晉侯在外十九年矣，……民之情僞，盡知之矣。」

〔七〕論語泰伯：「子曰：『禹，吾無閒然矣。』」（後漢書殤帝紀（延平元年詔）孔子曰「吾無閒然」李注：「閒，非也。」）漢書敍傳上：「（谷）永指以駮譏趙、李，亦無閒云。」顏注：「閒，非也。音居莧反。」

「洪以不敏〔一〕，不識至理，造次承問〔二〕，竊有疑焉。夫婚媾之結，義無逼迫，彼則簡擇而求，此則可意乃許，輕諾後悔〔三〕，罪在女氏，食言棄信〔四〕，與奪任情，嚴防峻制，未之能弭，今猥恣之，唯責裨娉倍貧者所憚也〔五〕，豐於財者，則適其願矣。後所許者，或能富殖，助其裨娉，必所甘心。然則先家拱默〔六〕，不得有言，原情論之，能無怨歎乎？」

〔一〕論語顏淵：「顏淵曰：『回雖不敏，請事斯語矣。』」皇疏：「敏，達也。」

〔二〕造次，已見行品篇「造次之接」句箋。

〔三〕輕諾，亦見行品篇「好輕諾而無實者」句箋。

〔四〕左傳哀公二十五年：「公曰：『是食言多矣，能無肥乎？』」國語晉語八：「虢之會，魯人食言。」韋注：「食，僞也。」（孔穎達書僞湯誓「朕不食言」正義：「（爾雅）釋詁云：『食，僞也。』孫炎曰：『食，言之僞也。』哀二十五年左傳云：『……是食言多矣，能無肥乎？』然則言而不行，如食之消盡。後終不行，前言爲僞。故通謂僞言爲食言。故爾雅訓食爲僞也。」

〔五〕照按：「倍」，疑應乙在「責」字下，並於「娉」下加豆。

〔六〕漢書鮑宣傳：「（上書）羣臣幸得居尊官，食重禄，……以拱默尸禄爲智。」後漢書左雄傳：「尚書僕射虞詡以雄有忠公節，上疏薦之曰：『臣見方今公卿以下，類多拱默。』」

「夫不伏之人，視死猶歸〔一〕，血刃之禍，於是將起。今苟惜其辭訟之小醜，而搆其難忍之大恨，所謂愛其僦原注：「子宙切。」覽之煩〔二〕，忘其凋殞之酷也。夫買物於市者，或加價而奪之，則尠忍而不忿然矣。況乎見奪待告之妻哉！此法遂用者，將使結婚者雖納敬、親迎〔三〕，猶抱有見奪之慮。何者？劉君之論，以同牢爲斷，固也。

〔一〕吕氏春秋士節「視死如歸」高注：「易也。」

〔二〕漢書王莽傳中「（寶貨）皆輕則僦載煩費」顔注：「僦，送也，一曰賃也。音子就反。」僦覽，蓋指送審兩造爭訟案牘。

〔三〕王廣恕曰：「（『敬』）疑作『徵』」。」照按：王説甚確。納徵，古婚禮六禮之一。除篇首「玄纁贄幣」句已引儀禮士昏禮以注外，禮記昏義、穀梁傳莊公二十二年、白虎通德論嫁娶均有納徵之文。納徵，亦稱納幣。禮記雜記下：「納幣一束。」鄭注：「納幣，謂昏禮納徵也。」是也。又哀公問：「大昏既至，冕而親迎，親之也。」

「爾則女氏雖受幣積年，恒挾在意之威〔一〕，恃可數奪，必惰於擇壻；壻小不得意，便得改悔。結讎速禍，莫此之甚矣。曩人畫法，慮闕終始，杜漸防萌〔二〕，思之良精。而不闕恣奪之路〔三〕，斷以報板之制者〔四〕，殆有意乎？

〔一〕王廣恕曰：「『在』，疑當作『任』。」照按：王説是。

〔二〕後漢書丁鴻傳：「（上封事）若敕政責躬，杜漸防萌，則凶妖銷滅，害除福湊矣。」三國志蜀書秦宓傳：「宓報曰：『……杜漸防萌，預有所抑，是以老氏絶禍於未萌，豈不信邪！』」潛夫論浮侈：「是以明王之養民也，憂之勞之，教之誨之，慎微防萌，以斷其邪。」

〔三〕王廣恕曰："〔'闕'〕疑作'開'。"照按：作"開"始合文意，王説是也。

〔四〕周禮天官宫伯："掌王宫之士庶子，凡在版者。"鄭注："鄭司農（衆）云：'版，名籍也。以版爲之，今時鄉户籍謂之户版。'"又秋官司民："掌登萬民之數，自生齒以上，皆書於版。"鄭注："登，上也。男八月、女七月而生齒。版，今户籍也。"報板，謂婚前應於户籍上登記有關事項。"版"、"板"古今字。

「儻令女有國色〔一〕，傾城絶倫〔二〕，而值豪右權臣之徒〔三〕，目玩冶容〔四〕，心忘禮度，貲累千金，情無所吝，十倍還娉，猶所不憚，況但一乎？華氏不難於殺孔父而取其妻〔五〕，楚人爲子迎婦以其美而自納之〔六〕。以此論之，豈惜傾竭居産，以助女氏還前家之直哉！小人輕薄，睚原注："五懈、魚計二切。"眦原注："在懈、在計二切。"成怨〔七〕，又喜委衰逐盛，踢冷趨熱。此法之行，則必多奪貧賤而與富貴者矣。不審吾君何方以防弊乎？」

〔一〕公羊傳僖公十年："驪姬者，國色也。"何注："其顔色一國之選。"

〔二〕漢書外戚傳上孝武李夫人傳："初，夫人兄延年性知音，善歌舞，武帝愛之。……延年侍上起舞，歌曰：'北方有佳人，絶世而獨立，一顧傾人城，再顧傾人國。寧不知傾城與傾國，佳人難再得！'"

〔三〕漢書宣帝紀："（地節四年詔）東織室令史張赦使魏郡豪李竟報冠陽侯霍雲謀爲大逆。"顔注引文穎曰："（豪）有權勢豪右大家。"後漢書明帝紀："（永平十三年詔）今五土之宜，反其正色，濱渠下田，賦與貧人，無令豪右得固其利。"李注："豪右，大家也。"

〔四〕易繫辭上："慢藏誨盜，冶容誨淫。"正義："女子妖冶其容，身不精慤，是教誨淫者使來淫己也。"

〔五〕左傳桓公元年：「宋華父督見孔父之妻于路，目逆而送之，曰：『美而豔。』」又二年：「春，宋督攻孔氏，殺孔父而取其妻。」杜注：「華父督，宋戴公孫也。孔父嘉，孔子六世祖。色美曰豔。」正義：「未至則目逆，既過則目送，俱是目也，故以目冠之。美者，言其形貌美；豔者，言其顏色好。故曰『美而豔』，爲二事之辭。」

〔六〕左傳昭公十九年：「費無極爲少師，無寵焉，欲譖諸王，曰：『建可室矣。』王爲之聘於秦。無極與逆，勸王取之。」杜注：「室，妻也。」史記楚世家：「平王二年，使費無忌（索隱：「左傳作『無極』，極、忌聲相近。」）如秦爲太子建取婦。婦好，來，未至，無忌先歸，說平王曰：『秦女好，可自娶，爲太子更求。』平王聽之，卒自娶秦女。」

〔七〕睚眦，已見交際篇「或睚眥而不思」句箋。

或曰：「可使女氏受娉禮無豐約，皆以即日報板，後皆使時人署姓名於別板，必十人已上，以備遠行及死亡。又令女之父兄若伯叔，荅壻家書，必手書一紙。若有變悔而證據明者，女氏父母兄弟皆加刑罪。如此，庶於無訟者乎〔一〕！」

〔一〕論語顏淵：「子曰：『聽訟，吾猶人也，必也使無訟乎！』」（禮記大學同）集解引王肅曰：「化之在前。」

抱朴子外篇校箋卷之二十四

酒誡

抱朴子曰：「目之所好，不可從也；耳之所樂，不可順也；鼻之所喜，不可任也；口之所嗜，不可隨也；心之所欲，不可恣也。故惑目者，必逸容鮮藻也；惑耳者，必妍音淫聲也；惑鼻者，必茝原注：「昌紿切。」蕙芬馥也；惑口者，必珍羞嘉旨也；惑心者，必勢利功名也〔一〕。五者畢惑，則或承之禍爲身患者，不亦信哉！

〔一〕文子符言：「故聖人損欲以從性，目好色，耳好聲，鼻好香，口好味，合而説之，不離利害嗜欲也。耳、目、鼻、口不知所欲，皆心爲之制，各得其所。由此觀之，欲不可勝亦明矣。」孟子盡心下：「孟子曰：『口之於味也，目之於色也，耳之於聲也，鼻之於臭也，四肢之於安佚也，性也。』」荀子王霸：「夫人之情，目欲綦色，耳欲綦聲，口欲綦味，鼻欲綦臭，心欲綦佚。此五綦者，人情之所必不免也。」韓詩外傳五：「人有六情：目欲視好色，耳欲聽宮商，鼻欲嗅芬香，口欲嗜甘旨，其身體四肢欲安而不作，衣欲被文繡而輕暖。此六者，民之六情也。」

「是以智者嚴隄括於性理〔一〕，不肆神以逐物〔二〕，檢之以恬愉〔三〕，增之以長算。其抑情也，劇乎隄防之備決〔四〕。其御性也，過乎腐轡之乘奔〔五〕。故能内保永年，外免釁累也。

蓋飢寒難堪者也，而清節者不納不義之穀帛焉〔六〕；困賤難居者也，而高尚者不處危亂之榮貴焉〔七〕。蓋計得則能忍之心全矣，道勝則害性之事棄矣〔八〕。

〔一〕檃括，已見交際篇「檃括修則枉刺之疾消矣」句箋。

〔二〕後漢書文苑下趙壹傳：「（刺世疾邪賦）捷懾逐物，日富月昌。」李注：「捷，疾也。懾，懼也。急懼逐物，則致富昌。」

〔三〕恬愉，已見任命篇「恬愉靜素」句箋。

〔四〕隄防備決，已見崇教篇「堅隄防以杜決溢」句箋。

〔五〕腐轡乘奔，已見君道篇「居安不忘乘奔之戒」句箋。

〔六〕莊子讓王：「子列子窮，容貌有飢色。客有言之於鄭子陽者，曰：『列御寇蓋有道之士也，居君之國而窮，君无乃爲不好士乎！』鄭子陽卽令官遺之粟。子列子見使者，再拜而辭。使者去。子列子入，其妻望之而拊心曰：『妾聞爲有道者之妻子皆得佚樂。今有飢色，君過而遺先生食，先生不受，豈不命邪？』子列子笑謂之曰：『君非自知我也。以人之言而遺我粟，至其罪我也，又且以人之言，此吾所以不受也。』其卒，民果作難而殺子陽。」（又見呂氏春秋觀世、新序節士、列子說符、皇甫謐高士傳）

〔七〕韓詩外傳九：「楚莊王使使齎金百斤，聘北郭先生。先生曰：『臣有箕箒之使，願入計之。』卽謂婦人曰：『楚欲以我爲相。今日相，卽結駟列騎，食方丈於前，如何？』婦人曰：『夫子以織屨爲食，食粥毚履，無怵惕之憂者，何哉？與物無治也。今如結駟列騎，所安不過容膝，食方丈於前，所甘不過一肉；以容膝之安，一肉之味，而殉楚國之憂，其可乎？』於是遂不應聘，與婦去之。」（又見渚宮舊事一（列女傳賢明楚於陵妻傳以爲於陵子終事，「其可乎」下有「亂世多害，妾恐先生之不保命也」二句。」

〔八〕淮南子精神：「故子夏見曾子一臞一肥，曾子問其故？曰：『出見富貴之樂而欲之，入見先王之道又說之，兩者心戰，故臞，先王之道勝，故肥。』推此志，非能貪富貴之位，不便侈靡之樂，直宜迫性閉欲，以義自防也。」

「夫酒醴之近味，生病之毒物，無毫分之細益，有丘山之巨損，君子以之敗德，小人以之速罪，耽之惑之，尠原注：「息淺切。」不及禍。世之士人，亦知其然，既莫能絕，又不肎節，縱心口之近欲，輕召災之根源，似熱渴之恣冷，雖適己而身危也〔一〕。小大亂喪，亦罔非酒〔二〕。

〔一〕淮南子詮言：「渴而飲水，非不快也，……然而弗爲者，害於性也。」

〔二〕書酒誥：「天降威，我民用大亂喪德，亦罔非酒惟行。越小大邦用喪，亦罔非酒惟辜。」孔傳：「天下威罰使民亂德，亦無非以酒爲行者，言酒本爲祭祀，亦爲亂行。於小大之國所用喪亡，亦無不以酒爲罪也。」

「然而俗人是酣是湎〔一〕：原注：「音沔。」其初筵也，抑抑濟濟〔二〕，言希容整，詠湛露之「厭厭」〔三〕，歌「在鎬」之「愷樂」〔四〕，舉「萬壽」之觴〔五〕，誦「温克」之義〔六〕。日未移晷〔七〕，體輕耳熱〔八〕。夫琉璃海螺之器竝用〔九〕，滿酌罰餘之令遂急〔一〇〕。醉而不止〔一一〕，拔轄投井〔一二〕。

〔一〕說文酉部：「酣，酒樂也。」又水部：「湎，沈於酒也。」

〔二〕詩小雅賓之初筵：「賓之初筵，温温其恭。……其未醉止，威儀抑抑。」毛傳：「抑抑，慎密也。」鄭箋：「筵，席也。温温，柔和也。」又大雅文王：「濟濟多士，文王以寧。」毛傳：「濟濟，多威儀也。」釋文：「濟，子禮反。」

〔三〕詩小雅湛露：「湛湛露斯，匪陽不晞。厭厭夜飲，不醉無歸。」毛傳：「厭厭，安也。夜飲，燕私也。」釋文：「厭，於鹽反。韓詩作『愔愔』，和悅之貌。」

〔四〕詩小雅魚藻：「王在在鎬，豈樂飲酒。」鄭箋：「豈，亦『樂』也。天下平安，萬物得其性。武王何所處乎？處於鎬京，樂八音之樂，與羣臣飲酒而已。」釋文：「豈，本亦作愷。」「豈」、「愷」古今字之異。

〔五〕詩小雅楚茨：「獻醻交錯，禮儀卒度。笑語卒獲，神保是格。報以介福，萬壽攸酢。」毛傳：「東西爲交，邪行爲錯。度，法度也。獲，得時也。」鄭箋：「始主人酌賓爲獻，賓既酌主人，主人又自飲酌賓曰醻，至旅而爵交錯以徧。卒，盡也。『古者於旅也語』（儀禮鄉射禮）。格，來。酢，報也。」

〔六〕詩小雅小宛：「人之齊聖，飲酒温克。」毛傳：「齊，正。克，勝也。」鄭箋：「中正通知之人，飲酒雖醉，猶能温藉自持以勝。」

〔七〕漢書王莽傳上：「（陳）崇奏之曰：『……人不還踵，日不移晷。』」顏注：「還讀曰旋。晷，景也。言其速疾。」

〔八〕漢書楊敞傳：「（楊惲）報（孫）會宗書曰：『……奴婢歌者數人，酒後耳熱，仰天拊缶而呼烏烏。』」文選與吴質書：「每至觴酌流行，絲竹並奏，酒酣耳熱，仰而賦詩，當此之時，忽然不自知樂也。」

〔九〕「琉璃」，羣書治要五十引作「流離」。照按：「琉璃」與「流離」同。漢書西域傳上：「罽賓國……出……珠璣、珊瑚、虎魄、壁流離。」顏注：「孟康曰：『流離，青色如玉。』師古曰：『魏略云：「大秦國出赤、白、黑、黄、青、緑、縹、紺、紅、紫十種流離。」（太平御覽八百八引作「琉璃」）孟言青色，不博通也。此蓋自然之物，采澤光潤，踰於衆玉，其色不恆。』」傅咸汙卮賦：「人有遺余琉璃卮者。」（藝文類聚七三、太平御覽八百八引）是琉璃可作酒器也。楊孚交州異物志：「螺大者如筥，一邊重，可爲酒器。」（太平御覽九四一引）嶺表録異：「鸚鵡螺……大者可受二升，殼内光瑩如雲母，裝爲酒杯，奇而可翫。又紅螺，大小亦類鸚鵡螺，殼薄而紅，亦堪爲酒器。」（同上）陶侃故事：「侃上成帝螺杯一枚。」（藝文類聚七三引）宋書張暢傳：「（托跋）燾又乞酒並甘橘，暢宣世祖問致意……今致魏王螺杯、雜粽，南土所珍。」是海螺亦堪爲酒器也。

〔一〇〕漢書敍傳上：「自大將軍（王鳳）薨後，富平、定陵侯張放、淳于長等始愛幸，出爲微行，行則同與執轡；入侍禁中，設宴飲之會，及趙、李諸侍中皆引滿舉白，談笑大噱。」顏注：「服虔曰：『舉滿桮，有餘白瀝者，罰之也。』孟康曰：『舉白，見驗飲酒盡不也。』師古曰：『謂引取滿觴而飲，飲訖，舉觴告白盡不也。』」文選蜀都賦：「合樽促席，引滿相罰。」張銑曰：「引，持也。持滿以相罰。」

〔一一〕陳其榮曰：「（『不止』）治要（五十）作『不出』。此用詩小雅賓之初筵篇語，當據改。」照按：陳説是。賓之初筵：「既醉而出，並受其福；醉而不出，是謂伐德。」鄭箋：「出，猶去也。」晏子春秋内篇雜上：「晏子飲景公酒，日暮，公呼具火。晏子辭曰：『詩云：「……醉而不出，是謂伐德」，賓之罪也。』」（説苑反質同）

〔一二〕漢書游俠陳遵傳：「遵耆酒，每大飲，賓客滿堂，輒關門，取客車轄投井中，雖有急，終不得去。」顏注：「耆，讀曰嗜。既關閉門，又投車轄也。」

「於是口涌鼻溢，濡首及亂〔一〕。屢儛蹮蹮，舍其坐遷〔二〕，載號載呶〔三〕，原注：「女交切。喧也。」如沸如羹〔四〕。或爭辭尚勝，或啞啞原注：「烏格切。笑聲。」獨笑〔五〕，或無對而談，或嘔吐几筵，或傎藏本作值。羣書治要載此篇作顛蹷梁倡。知舊作傎。蹷原注：「居月切。」良倡〔六〕，或冠脱帶解。

〔一〕易未濟：「上九，有孚於飲酒，无咎。濡其首，有孚失是。象曰：『飲酒濡首，亦不知節也。』」禮記喪大記「濡濯棄于坎」正義引皇侃云：「濡，謂煩潤其髮。」論語鄉黨：「唯酒無量，不及亂。」皇疏：「酒雖多無有限量，而人宜隨己能而飲，不得及至於醉亂也。」莊子人間世：「以禮飲酒者，始乎治，常卒乎亂；泰至，則多奇樂。」郭注：「湛湎淫液也。淫荒縱橫，無所不至。」

〔二〕「躚躚」，羣書治要作「僊僊」。照按：篇中援用詩句皆未改字，此亦宜然。治要作「僊僊」，是也。當據改。賓之初筵：「舍其坐遷，屢舞僊僊。」毛傳：「遷，徙。屢，數也。僊僊然。」正義：「數數起舞，僊僊然失所也。……僊僊，舞貌也。傳直云『僊僊』者，是貌狀之辭。」馬瑞辰曰：「古者飲酒之禮，取觶、奠觶皆坐。又凡禮盛者，坐卒爵，其餘則皆立飲。又有升降興拜，復席復位諸禮，皆可以『遷』統之。『舍其坐遷』，謂舍其當坐、當遷之禮耳。」（毛詩傳箋通釋卷二二）「儛」同「舞」。（莊子在宥：「鼓歌以儛之。」）

〔三〕詩小雅賓之初筵：「賓既醉止，載號載呶。」毛傳：「號呶，號呼讙呶也。」正義：「言爵行無筭，賓既醉於酒止，於是則號呼則讙呶而唱叫也。」（後漢書孔融傳「衛武之初筵」李注：「韓詩曰：『賓之初筵，衛武公飲酒悔過也。』言賓客初就筵之時，賓主秩秩然，俱謹敬也。『賓既醉止，載號載呶』，不知其爲惡也。」）

〔四〕詩大雅蕩：「文王曰咨，咨女殷商！如蜩如螗，如沸如羹。」鄭箋：「飲酒號呼之聲，如蜩螗之鳴；其笑語沓沓，又如湯之沸，羹之方熟。」正義：「其號呼如蜩之聲，如螗之鳴，言其讙譁之無次也；其笑語如湯之沸，如羹之熟，言其噂沓無節也。」

〔五〕易震：「震，亨。震來虩虩，笑言啞啞。」釋文：「（啞啞）烏客反。馬（融）云：『笑聲。』鄭（玄）云：『樂也。』」

〔六〕照按：「良倡」與「梁倡」同。梁倡，已見行品篇「居己梁倡」句箋。

「貞良者流華督之顧眄〔一〕，怯懦者效慶忌之蕃捷〔二〕，遲重者蓬轉而波擾，意林作偃整肅者鹿踊而魚躍。口訥於寒暑者，皆搖掌而譜聲〔三〕；藏本作垂掌而諧聲，從意林改。謙卑而不競者，悉裨瞻以高交〔四〕。意林作皆裨膽而高發廉恥之儀毀，而荒錯之疾發；闒茸之性露〔五〕，而傲佷之態出〔六〕。

〔一〕華督顧眄，已見行品篇「華氏不難於殺孔父而取其妻」句箋。

〔二〕吳越春秋闔閭內傳：「要離卽進曰：『大王患慶忌乎？臣能殺之。』王曰：『慶忌之勇，世所聞也。筋骨果勁，萬人莫當。走追奔獸，手接飛鳥，骨騰肉飛，拊膝數百里。吾嘗追之於江，駟馬馳不及，射之，闇接矢不可中。今子之力，不如也。』要離曰：『王有意焉，臣能殺之。』……（要離）遂如衞，求見慶忌。見曰：『闔閭無道，王子所知。……吳國之事，吾知其情。願因王子之勇，闔閭可得也。何不與我東之於吳？』慶忌信其謀。後三月，揀練士卒，遂之吳。將渡江，於中流，要離力微，坐與（徐天祐云：「『與』當作『於』。」）上風，因風勢以矛鉤其冠，順風而刺慶忌。慶忌顧而揮之，三捽其頭於水中，乃加於膝上。『嘻嘻哉！天下之勇士也，乃敢加兵刃於我！』」（呂氏春秋忠廉較略，嘉遯篇「若夫要離滅家以效功」句箋已引之，茲不再贅。）史記司馬相如傳：「是時天子方好自擊熊彘，馳逐野獸，相如上疏諫之。其辭曰：『臣聞物有同類而殊能者，故力稱烏獲，捷言慶忌，勇期賁、育。』」索隱引張揖曰：「（慶忌）吳王僚之子。」呂氏春秋忠廉「吳王欲殺王子慶忌」高注：「慶忌有力捷疾，而人皆畏之。」易晉「康侯用錫馬蕃庶」釋文：「蕃，多也。」

〔三〕孫星衍曰：「藏本作『垂掌而諧聲』，從意林改。」照按：羣書治要作「撫掌」，較勝。當從之。

〔四〕孫星衍曰：「意林作『皆裨膽而高發』。」照按：「膽」字義長。膽，膽量。說文衣部：「裨，接益也。」裨膽，猶言鼓起勇氣。交際篇「而偏徇高交以結朋黨」，是「發」字未可從。

〔五〕鹽鐵論利議：「大夫曰：『嘻，諸生闒茸無行。』」楚辭九歎憂苦：「雜班駮與闒茸。」王注：「闒茸，駑頓也。」洪補注：「闒茸，劣也。」

〔六〕照按：行品篇「既傲很以無禮」，疾謬篇「所謂傲很明德」，並作「很」。則此亦當作「很」始前後一律。（「傲很」連文，出左傳文公十八年。）

「精濁神亂，臧否顛倒〔一〕。或奔車走馬，赴阬原注：「客庚切。」谷而不憚，以九折之阪爲螘封〔二〕，或登危蹋積，雖墮墜而不覺，以呂梁之淵爲牛跡也〔三〕。或肆忿於器物，或酗醬原注：「爲命切，酗酒。」於妻子；加枉酷於臣僕，用剡鋒乎六畜〔四〕；本脫「六畜」二字，從羣書治要補。熾火烈於室廬〔五〕，捪寶玩於淵流；遷威怒於路人〔六〕，本作踞人，從羣書治要改。加暴害於士友。褻嚴主以夷戮者，有矣；犯凶人而受困者，有矣。

〔一〕臧否，已見勗學篇「不識大倫之臧否也」句箋。

〔二〕漢書王尊傳：「遷益州刺史。先是，琅邪王陽爲益州刺史，行部至邛郲九折阪，歎曰：『奉先人遺體，奈何數乘此險！』後以病去。及尊爲刺史，至其阪，問吏曰：『此非王陽所畏道邪？』吏對曰：『是。』尊叱其馭曰：『驅之！王陽爲孝子，王尊爲忠臣。』」顏注：「乘，登也。（驅之）驅馬令疾行也。」（九折阪，在今四川滎經縣西邛崍山）螘封，蟻穴外隆起小土堆。孟子公孫丑上：「泰山之於丘垤。」趙注：「垤，蟻封也。」「螘」、「蟻」，正俗字。「封」下，當據羣書治要補「也」字，始能與下文「以呂梁之淵爲牛跡也」句相儷。

〔三〕呂梁，已見擢才篇「其淵澤不唯呂梁之深也」句箋。

〔四〕剡鋒，已見君道篇「剡鋭截胥」句箋。周禮天官庖人：「掌共六畜、六獸、六禽。」鄭注：「六畜，六牲也。始養之曰畜，將用之曰牲。」賈疏：「掌共六畜者，馬、牛、羊、豕、犬、雞。」

〔五〕照按：「火烈」二字當乙轉，上下各句可證。（詩鄭風大叔于田「火烈具舉」之「火烈」，與此文意不符。）

〔六〕論語雍也：「不遷怒。」集解：「遷者，移也。」

言雖尚辭，煩而叛理；拜伏徒多，勞而非敬。臣子失禮於君親之前，幼賤悖慢於耆宿之坐。謂清談爲詆詈〔一〕，以忠告爲侵己〔二〕。於是白刃抽而忘思難之慮〔三〕，棒杖奮而罔顧乎前後。搆漉群書治要作灑血之讎，招大辟之禍〔四〕。

〔一〕後漢書鄭太傳：「孔公緒清談高論，噓枯吹生。」李注：「枯者噓之使生，生者吹之使枯。言談論有所抑揚也。」「謂清談爲詆詈」，蓋亦以其有所抑揚也。（三國志魏書劉劭傳：「散騎侍郎夏侯惠薦劭曰：『……臣數聽其清談，覽其篤論，漸漬歷年，服膺彌久，實爲朝廷奇其器重。』」文選贈五官中郎將詩：「清談同日夕，情眄敍憂勤。」又與曹長思書：「幸有袁生時步玉趾，樵蘇不爨，清談而已。」劉良曰：「袁生，璩友也，時來與璩言談。」其清談含義與此同，皆泛指議論，非謂「覈玄玄於道流」也。

〔二〕忠告，已見行品篇「距忠告而不納者」句箋。

〔三〕文選鮑照結客少年場行：「失意杯酒間，白刃起相讎。」

〔四〕大辟，死刑。已見勗學篇「五刑厝而頌聲作」句箋。

「以少淩長〔一〕，則鄉群書治要作邦黨加重責矣；辱人父兄，則子弟將推刃矣〔二〕；發人所諱，則壯士不能堪矣；計數深尅，則醒者不能恕矣。起衆患於須臾，結百痾於膏肓〔三〕。原注：「呼光切。」奔駟不能追既往之悔〔四〕，思改而無自反之蹊〔五〕。蓋智者所深防，而愚藏本作煦人所不免也〔六〕。其爲禍敗，不可勝載。

〔一〕左傳隱公三年：「少陵長。」正義：「陵，謂加上之。」「淩」、「陵」古通。

〔二〕公羊傳定公四年：「父受誅，子復讎，推刃之道也。」何注：「一往一來曰推刃。」後漢書臧洪傳：「洪據地瞋目曰：『……惜洪力劣，不能推刃爲天下報仇，何謂服乎！』」

〔三〕說文疒部：「痾，病也。」玉篇疒部：「痾，於何切，病也。痾，同上。」膏肓，已見貴賢篇「二豎之疾既據而募良醫」句箋。

〔四〕禮記緇衣：「口費而煩，易出難悔。」鄭注：「費，猶惠也。言口多空言，且煩數也。過言一出，駟馬不能及，不可得悔也。」論語顏淵：「棘子成曰：『君子質而已矣，何以文爲？』子貢曰：『惜乎！夫子之說君子也，駟不及舌。』」集解引鄭玄曰：「過言一出，駟馬追之不及。」鄧析子轉辭：「一聲而非，駟馬勿追；一言而急，駟馬不及。」文子微明：「出言不當，駟馬不追。」說苑談叢：「一言而非，四馬不能追；一言而急，四馬不能及。」

〔五〕史記倉公傳：「於是少女緹縈傷父之言，乃隨父西。上書曰：『……妾切痛死者不可復生而刑者不可復續，雖欲改過自新，其道莫由，終不可得。』」

〔六〕孫星衍曰：「（『愚』）藏本作『煦』。」照按：魯藩本、吉藩本、慎本、舊寫本亦並作「煦」，固誤；孫氏據盧本改爲「愚」，亦非。羣書治要作「庸」，極是。當據改。此文「庸」之誤「煦」，正如備闕篇「故姜牙賣傭無所售」之「傭」誤「煦」然也。（「庸」、「傭」古通）

「然而歡集，莫之或釋，舉白盈耳〔一〕，不論於能否〔二〕。計瀝霤於小餘〔三〕，以稽遲爲輕己。傾匡注於所敬〔四〕，殷勤變（藏本作勸，盧本作勸，從羣書治要改。）而成薄〔五〕。勸之不持〔六〕，督之不盡〔七〕，怨羣書治要作惡色醜音所由而發也。

〔一〕淮南子道應：「魏文侯觴諸大夫於曲陽。飲酒酣，文侯喟然歎曰：『吾獨無豫讓以爲臣乎？』蹇重舉白而進之，曰：『請浮君。』」許注：「蹇重，文侯臣。舉白，進酒也。浮，猶罰也，以酒罰君也。」文選吴都賦：「里讌巷飲，飛觴舉白。」

〔二〕陳其榮曰：「治要無『於』字，當從之。」照按：無「於」字是。

〔三〕陳其榮曰：「『計』字治要作『料』，承訓本同。」照按：藏本、吉藩本、慎本、舊寫本亦並作「料」。本書屢用「料」字，孫氏據盧本改「料」爲「計」，非是。說文斗部：「料，量也。」（段注：「量者，稱輕重也。稱其輕重曰量，稱其多少曰料，其義一也。……讀去聲。」）詁此正合。史記滑稽傳：「（淳于）髡曰：『……侍酒於前，時賜餘瀝。』」瀝霤，喻所餘點滴殘酒。

〔四〕「匡」，羣書治要作「筐」。照按：說文匚部：「匡，飯器，筥也。……筐，匡或从竹。」是「筐」爲「匡」之或體。傾匡，謂罄其所盛酒。世說新語賢媛：「王右軍郗夫人謂二弟司空（郗愔）、中郎（郗曇）曰：『王家見二謝（謝安、謝萬），傾筐倒庋，見汝輩來，平平爾。汝可無煩復往。』」

〔五〕淮南子詮言：「今有美酒嘉肴以相饗，卑體婉辭以接之，欲以合歡。爭盈爵之間，反生鬭。鬭而相傷，三族結怨。反其所憎，此酒之敗也。」

〔六〕潛夫論斷訟：「傳空引滿。」晉書王羲之傳：「（與謝萬書）銜杯引滿。」文選蜀都賦：「引滿相罰。」張銑曰：「引，持也。」是不持謂不引滿也。

〔七〕不盡，謂未飲盡，杯中尚有餘瀝也。

「夫風經府藏，使人惚怳〔一〕，及其劇者，自傷自虞〔二〕。或遇斯疾，莫不憂懼，吞苦忍痛，欲其速愈。至於醉之病性，何異於兹。而獨居密以逃風，不能割情以節酒。若畏酒如畏風，憎醉如憎病，今本但作若畏風憎病，從羣書治要補。又意林作君若畏酒如畏疾，憎醉如憎大病。則荒沈之咎塞，而流連之失止矣〔三〕。夫風之爲疾，羣書治要作病猶展攻治，酒之爲變，在乎呼噏〔四〕。及其悶亂，本作閒亂，從羣書治要改。若存若亡〔五〕，視泰山如彈丸，見滄海如盤盂〔六〕，仰嚾原注：「荒旦切。」天墮〔七〕，俯呼地陷，臥待虎狼，投井赴火，而不謂惡也。夫用身之如此，亦安能惜敬恭之禮，護喜怒之失哉！

〔一〕府，六府（俗作腑）。藏，五藏（俗作臟）。韓詩外傳佚文：「人有五藏六府。何謂五藏？精藏於腎，神藏於心，魂藏於肝，魄藏於肺，志藏於脾，此之謂五藏也。何謂六府？喉咽者，量腸之府也；胃者，五穀之府也；大腸者，轉輸之府也；小腸者，受成之府也；膽者，積精之府也；旁光者，湊液之府也。」（後漢書馬融傳李注、太平御覽三六三引）金匱要略中風歷節第五：「夫風之爲病，當半身不遂，或但臂不遂者，此爲痺。脉微而數，中風使然。……邪入於腑，卽不識人；邪入於臟，舌卽難言。」

〔二〕太玄瑩：「古者不遷不虞。」范注：「虞，憂也。」

〔三〕流連，已見崇教篇「流連於羽觴之間」句箋。

〔四〕呼噏，卽呼吸。廣韻二十六緝：「吸，内息。噏，上同。」

〔五〕老子第四十一章：「中士聞道，若存若亡。」

〔六〕荀子解蔽：「醉者越百步之溝，以爲蹞步之澮也，俯而出城門，以爲小之閨也。酒亂其神也。」楊注：「蹞與跬同。半步曰跬。澮，小溝也。閨，小門也。」淮南子氾論：「夫醉者俛入城門，以爲七尺之閨也；超江、淮，以爲尋常之溝也。酒濁其神也。」均與此文意同。

〔七〕服虔通俗文：「大呼曰嚾。」（一切經音義十三引）

昔儀狄既疏，大禹以興〔一〕。糟丘酒池，辛、癸以亡〔二〕。豐侯得罪，以戴尊銜盃〔三〕。景升荒壞，以三雅之爵〔四〕。劉松爛腸，以逃暑之飲〔五〕。郭珍發狂，以無日不醉〔六〕。信陵之凶短〔七〕，襄子之亂政〔八〕，趙武之失衆〔九〕，子反之誅戮〔一〇〕，漢惠之伐命〔一一〕，灌夫之滅族〔一二〕，陳遵之遇害〔一三〕，季布之疏斥〔一四〕，子建之免退〔一五〕，徐邈之禁言〔一六〕，皆是物也。世人好之樂之者甚多，而戒之畏之者至少。彼衆我寡〔一七〕，良箴安施？且願君子節之而已。

〔一〕儀狄，已見君道篇「旨甘之進，則疏儀狄」二句箋。

〔二〕六韜佚文：「桀、紂王天下之時，積糟爲阜，以酒爲池。」（文選西征賦李注引）又：「古之亂君，夏桀、殷紂，積糟爲丘，以酒爲池。」（北堂書鈔一四七引）韓非子喻老：「紂爲肉圃，設炮烙，登糟邱，臨酒池，紂遂以亡。」韓詩外傳二：「昔者桀爲酒池糟隄，縱靡靡之樂，一鼓而牛飲者，三千人。」（又見新序刺奢）又四：「桀爲酒池可以運舟，糟丘足以望十里。」（又見新序節士）淮南子本經：「紂爲肉圃酒池。」高注：「紂積肉以爲園圃，積酒以爲淵池。今河内朝歌，紂所都也，城西有糟丘酒池處，是也。」史記夏紀：「帝發崩，子帝履癸立，是爲桀。」又殷紀：「帝乙崩，子辛立，是爲帝辛，天下謂之紂。……以酒爲池，縣肉爲林，使男女倮相逐其間，爲長夜之飲。」

〔三〕竹書紀年下：「（成王十九年）黜豐侯。」崔駰酒箴：「豐侯沈湎，荷罌負缶。自戮於世，圖形戒後。」（太平御覽七六二引〔北堂書鈔一四八引作崔寔〕）李尤豐侯銘：「豐侯荒繆，醉亂迷逸。乃象其形，爲禮戒式。後世傳之，固無正說。」（太平御覽七六二引）三禮圖：「射爲罰爵之豐，作人形也。豐，國名也。坐酒亡國，戴盂戒酒。」（太平御覽七六二引）聶崇義三禮圖十二：「舊圖引制度云：『射罰爵之豐，作人形。豐，國名。其君坐酒亡國，戴杅以爲戒。』」

〔四〕典論：「荆州牧劉表跨有南土，子弟驕貴，以酒器名三爵：上者曰伯雅，受七勝（升）；中雅受六勝；季雅受五勝。」（意林五、初學記三、太平御覽四九七又七六十又八四五引）

〔五〕典論：「大駕都許，使光祿大夫劉松北鎮袁紹軍，與紹子弟日共宴飲。嘗以盛夏三伏之際，晝夜酣飲，極醉，至於無知。云以避一時之暑。二方化之，故南荆有三雅之爵，河朔有避暑之飲。」（初學記三、太平御覽四九七引）呂氏春秋本生：「肥肉厚酒，務以自彊，命之曰爛腸之食。」

〔六〕典論：「雒陽令郭珍居財巨億，每暑夏召客，侍婢數十，盛裝飾，被羅縠，袒裸其中，使之進酒。」（太平御覽四七二又八四五引）

〔七〕史記魏公子傳：「魏公子無忌者，魏昭王少子而魏安釐王異母弟也。昭王薨，安釐王卽位，封公子爲信陵君。……魏王日聞其毀，不能不信，後果使人代公子將。公子自知再以毀廢，乃謝病不朝，與賓客爲長夜飲，飲醇酒，多近婦女。日夜爲樂飲者四歲，竟病酒而卒。」書洪範：「六極：一曰凶、短、折。」孔傳：「動不遇吉。短，未六十。折，未三十。言辛苦。」正義：「動不遇吉者，解凶也。傳以壽爲百二十年，短者半之，爲未六十。折又半，爲未三十。」

〔八〕新序刺奢：「趙襄子飲酒，五日五夜不廢酒。謂侍者曰：『我誠邦士也夫！飲酒五日五夜矣，而殊不病。』優莫曰：『君勉之！不及紂二日耳。紂七日七夜，今君五日（五夜）。』襄子懼，謂優莫曰：『然則吾亡乎？』優莫曰：『不亡。』襄子曰：『不及紂二日耳，不亡何待？』優莫曰：『桀、紂之亡也，遇湯、武。今天下盡桀也，而君紂也，桀、紂並世，焉能相亡？然亦殆矣。』」韓非子八說：「人主肆意陳欲曰亂。」

〔九〕左傳昭公元年：「趙孟（名武）賦常棣，且曰：『吾兄弟比以安，尨也可使無吠。』穆叔、子皮及曹大夫興拜，舉兕爵曰：『小國賴子，知免於戾矣。』飲酒樂。趙孟出，曰：『吾不復此矣。』天王（周景王）使劉定公勞趙孟於潁，館於雒汭。劉子曰：『美哉禹功，明德遠矣！微禹，吾其魚乎？……子盍亦遠績禹功，而大庇民乎？』對曰：『老夫罪戾是懼，焉能恤遠？吾儕偷食，朝不謀夕，何其長也！』劉子歸以語王曰：『諺所謂老將知而耄及之者，其趙孟之謂乎？爲晉正卿，以主諸侯，而儕於隸人，朝不謀夕，棄神人矣。神怒民叛，何以能久？趙孟不復年矣。神怒不歆其祀，民叛不卽其事，祀、事不從，又何以年？』」

〔一〇〕左傳成公十六年：「（楚共王）召子反謀。穀陽豎獻飲於子反，子反醉而不能見。（史記晉世家同）王曰：『天敗楚也夫！余不可以待。』乃宵遁。」韓非子十過：「昔者楚共王與晉厲公戰於鄢陵，楚師敗，而共王傷其目。酣戰之時，司馬子反渴而求飲，豎穀陽操觴酒而進之。子反曰：『嘻，退！酒也。』穀陽曰：『非酒也。』子反受而飲之。子反之爲人也，嗜酒而甘之，弗能絕於口，而醉。戰既罷，共王欲復戰，令人召司馬子反，司馬子反辭以心疾。共王駕而自往，入其幄中，聞酒臭而還，曰：『今日之戰，不穀親傷，所恃者司馬也，而司馬又醉如此，是亡楚國之社稷而不恤吾衆也，不穀無復戰矣。』於是還師而去，斬司馬子反以爲大戮。」（又見飾邪、呂氏春秋權勳、淮南子人間、説苑敬愼）

〔一一〕史記呂后紀：「太后遂斷戚夫人手足，去眼，煇耳，飲瘖藥，使居廁中，命曰『人彘』。居數日，迺召孝惠帝觀人彘。孝惠見，問，迺知其戚夫人，迺大哭，因病，歲餘不能起。使人請太后曰：『此非人所爲。臣爲太后子，終不能治天下。』孝惠以此日飲爲淫樂，不聽政，故有病也。……七年秋八月戊寅，孝惠帝崩。」集解引皇甫謐（帝王世紀）曰：「帝以秦始皇三十七年生，崩時年二十三。」呂氏春秋本生：「靡曼皓齒，鄭、衞之音，務以自樂，命之曰伐性（意林二引作『命』）之斧。」

〔一二〕史記魏其武安侯傳：「灌將軍夫者，潁陰人也。……灌夫爲人剛直使酒，不好面諛。……宗族賓客爲權利，橫於潁川。潁川兒乃歌之曰：『潁水清，灌氏寧；潁水濁，灌氏族。』……及飲酒酣，夫起舞屬丞相（田蚡），丞相不起，夫從坐上語侵之。魏其乃扶灌夫去，謝丞相。……丞相取燕王女爲夫人，有太后詔，召列侯宗室皆往賀。魏其侯過灌夫，欲與俱。夫謝曰：『夫數以酒失得過丞相，丞相今者又與夫有郄。』魏其曰：『事已解。』彊與俱。飲酒酣，武安起爲壽，坐皆避席伏。已魏其侯爲壽，獨故人避席耳，餘半膝席。灌夫不悅。起行酒，至武安，武安膝席曰：『不能滿觴。』夫怒，因嘻笑曰：『將軍貴人也，屬之！』時武安不肯。……坐乃起更衣，稍稍去。魏其侯去，麾灌夫出。武安遂怒曰：『此吾驕灌夫罪。』乃令騎留灌夫。灌夫欲出不得。……武安乃麾騎縛夫置傳舍，召長史曰：『今日召宗室，有詔。』劾灌夫罵坐不敬，繫居室。遂按其前事，遣吏分曹逐捕諸灌氏支屬，皆得棄市罪。……五年十月，悉論灌夫及家屬。」

〔一三〕漢書游俠陳遵傳：「陳遵字孟公，杜陵人也。……遵耆酒。……而遵晝夜呼號，車騎滿門，酒肉相屬。……遵留朔方，爲賊所敗，時醉見殺。」

〔一四〕史記季布傳：「季布者，楚人也。爲氣任俠，有名於楚。……季布爲河東守，孝文時，人有言其賢者，孝文召，欲以爲御史大夫。復有言其勇，使酒難近。至，留邸一月，見罷。」

〔一五〕三國志魏書陳思王植傳：「陳思王植字子建。……植既以才見異，而丁儀、丁廙、楊脩等爲之羽翼。太祖狐疑，幾爲太子者數矣。而植任性而行，不自彫勵，飲酒不節。文帝御之以術，矯情自飾，宮人左右，並爲之說，故遂定爲嗣。……二十四年，曹仁爲關羽所圍，太祖以植爲南中郎將，行征虜將軍，欲遣救仁，呼有所勅戒。植醉不能受命，於是悔而罷之。」裴注引孫盛魏氏春秋曰：「植將行，太子飲焉，偪而醉之。王召植，植不能受王命，故王怒也。」

〔一六〕三國志魏書徐邈傳：「徐邈字景山，燕國薊人也。魏國初建，爲尚書郎。時科禁酒，而邈私飲至於沈醉。校事趙達問以曹事，邈曰：『中聖人。』達白之太祖，太祖甚怒。度遼將軍鮮于輔進曰：『平日醉客謂酒清者爲聖人，濁者爲賢人，邈性脩慎，偶醉言耳。』竟坐得免刑。」魏略：「太祖禁酒，而人竊飲之，故難言酒，以白酒爲賢者、淸酒爲聖人。」（藝文類聚七二、太平御覽八四四引（北堂書鈔引無「故難言酒」句））「禁言」，卽「難言酒」也。

〔一七〕左傳僖公二十二年：「司馬曰：『彼衆我寡。』」

「曩者既年荒穀貴，人有醉者相殺，牧伯因此輒有酒禁〔一〕，嚴令重申，官司搜索，收執榜原注：「薄行切，擊也。」徇者相辱，當作屬 制鞭而死者太半〔二〕。防之彌峻，犯者至多。至乃穴地而釀，油囊懷酒。民之好此，可謂篤矣。余以匹夫之賤，託此空言之書〔三〕，末如之何矣〔四〕。

〔一〕後漢書孔融傳：「時年飢兵興，（曹）操表制禁酒。」三國志蜀書簡雍傳：「時天旱禁酒，釀者有刑。」

〔二〕史記項羽紀：「漢欲西歸，張良、陳平說曰：『漢有天下太半，而諸侯皆附之。』」集解引韋昭曰：「凡數三分有二爲太半，一爲少半。」

〔三〕春秋繁露俞序：「孔子曰：『吾因其行事而加乎王心焉，以爲見之空言，不如行事博深切明。』」史記太史公自序：「子曰：『我欲載之空言，不如見之於行事之深切著明也。』」

〔四〕論語衛靈公：「子曰：『不曰「如之何如之何」者，吾末如之何也已矣。』」

「又臨民者雖設其法，而不能自斷斯物，緩己急人，雖令不從〔一〕，弗躬弗親，庶民弗信〔二〕。以此而教，教安得行？以此而禁，禁安得止哉！沽賣之家，廢業則困，遂修飾賂遺，依憑權右〔三〕，所屬吏不敢問。無力者獨止，而有勢者擅市。張壚專利〔四〕，乃更倍售，從其酤買，公行靡憚，法輕利重，安能免乎哉？」意林作安能令絶乎。

〔一〕論語子路：「子曰：『其身正，不令而行；其身不正，雖令不從。』」

〔二〕詩小雅節南山：「弗躬弗親，庶民弗信。」鄭箋：「此言王之政不躬而親之，則恩澤不信於衆民矣。」

〔三〕權右，已見逸民篇「諂媚權右」句箋。

〔四〕史記司馬相如傳：「相如與俱之臨邛，盡賣其車騎，買一酒舍酤酒，而令文君當鑪。」集解引韋昭曰：「鑪，酒肆也。以土爲墮，邊高似鑪。」漢書司馬相如傳上「鑪」作「盧」。顏注：「郭璞曰：『盧，酒盧。』」師古曰：「『賣酒之處累土爲盧以居酒瓮，四邊隆起，其一面高，形如鍛盧，故名盧耳。而俗之學者，皆謂當盧爲對溫酒火盧，失其義矣。』」後漢書孔融傳「大鑪不欲令酒酸也」李注：「鑪，累土爲之，以居酒瓮，四邊隆起，一面高如鍛鑪，故名鑪。字或作『壚』。」

或人難曰：「夫夏桀、殷紂之亡，信陵、漢惠之殘，聲色之過，豈唯酒乎〔一〕！以其生患於古，而斷之於今，所謂以褒姒喪周〔二〕，而欲人君廢六宮〔三〕，以阿房之危秦〔四〕，而使王者結草菴也。蓋聞昊天表酒旗之宿〔五〕，坤靈挺空桑之化〔六〕，燎祡員丘，瘞薶圻澤〔七〕，祼鬯儀彝〔八〕，實降神祇〔九〕，酒爲禮也〔一〇〕。已上三十四字，從書鈔一百四十八補。

〔一〕史記外戚世家：「夏之興也以塗山，而桀之放也以末喜。」列女傳孽嬖夏桀末喜傳：「末喜者，夏桀之妃也。美於色，薄於德，亂孽無道。……桀既棄禮義，淫於婦人，求美女，積之於後宮。收倡優侏儒徒，能爲奇偉戲者，聚之於旁。造爛漫之樂。日夜與末喜及宮女飲酒，無有休時。置末喜於膝上，聽用其言。昏亂失道，驕奢自恣。」史記殷紀：「（帝紂）好酒淫樂，嬖於婦人，愛妲己，妲己之言是從。於是使師涓作新淫聲，北里之舞，靡靡之樂。」列女傳孽嬖殷紂妲己傳：「妲己者，殷紂之妃也。嬖幸於紂。……好酒淫樂，不離妲己。妲己之所譽，貴之；妲己之所憎，誅之。作新淫之聲，北鄙之舞，靡靡之樂。收珍物，積之於後宮，諛臣羣女咸獲所欲。」信陵，已見本篇上文「信陵之凶短」句箋。漢惠，亦見本篇上文「漢惠之伐命」句箋。

〔二〕詩小雅正月：「赫赫宗周，褒姒威之。」毛傳：「褒，國也。姒，姓也。威，滅也。有褒國之女，幽王惑焉，而以爲后，詩人知其必滅周也。」史記周紀：「幽王嬖愛褒姒。褒姒生子伯服，幽王欲廢太子。太子母申侯女，而爲后。後幽王得褒姒，愛之，欲廢申后，并去太子宜臼，以褒姒爲后，以伯服爲太子。……申侯怒，與繒、西夷犬戎攻幽王。幽王舉烽火徵兵，兵莫至。遂殺幽王驪山下。虜褒姒，盡取周賂而去。於是諸侯乃即申侯而共立故幽王太子宜臼，是爲平王，以奉周祀。」列女傳孽嬖周幽褒姒傳：「褒姒者，童妾之女，周幽王之后也。……幽王惑於褒姒，出入與之同乘，不卹國事，驅馳弋獵不時，以適褒姒之意。飲酒流湎，倡優在前，以夜續晝。……忠諫者誅，唯褒姒言是從。上下相諛，百姓乖離。申侯乃與繒、西夷犬戎共攻幽王。……遂殺幽王於驪山之下。……於是諸侯乃卽申侯而共立故太子宜臼，是爲平王。自是之後，周與諸侯無異。詩曰：『赫赫宗周，褒姒滅之。』此之謂也。」

〔三〕六宮，已見君道篇「防人彘之變於六宮之中」句箋。

〔四〕阿房，已見君道篇「悟阿房之速禍」句箋。

〔五〕春秋元命苞：「酒旗主上尊，大帝運樞，陰陽滿陳，列宿成德，五星布恩，神明和合，四節並宜，歷紀齊得，諸靈合懽，故設酒旗，以人侑神。」（開元占經二九引（北堂書鈔一四八引「酒旗主上尊，故設酒旗以侑神」二句。））後漢書孔融傳：「（曹）操表制酒禁，融頻書爭之，多侮慢之辭。」李注：「融集與操書云：『酒之爲德久矣。古先哲王，類帝禋宗，和神定人，以濟萬國，非酒莫以也。故天垂酒星之燿，地列酒泉之郡，人著旨酒之德。』」（張璠漢紀（見三國志魏書崔琰傳裴注）、司馬彪九州春秋（太平御覽八四四）、孔融別傳（北堂書鈔一四八）所載融書，均較李注略；藝文類聚七二所引者亦然。）晉書天文志上：「軒轅右角南三星曰酒旗，酒官之旗也，主宴饗飲食。」

〔六〕酒經：「空桑穢飯，醞以稷麥，以成醇醪，酒之始也。」（北堂書鈔一四八、初學記二六、太平御覽八四三引）庾闡斷酒戒：「蓋空桑珍味，始於無情。」（藝文類聚七二引）江統酒誥：「酒之所興，乃自上皇。或云儀狄，一曰杜康。有飯不盡，委餘空桑。本出於此，不由奇方。」（北堂書鈔一四八引）

〔七〕禮記祭法：「燔柴於泰壇，祭天也。瘞埋於泰折，祭地也。」鄭注：「壇、折，封土爲祭處也。壇之言坦也，坦，明貌也。折，炤晳也。必爲炤明之名，尊神也。」正義：「燔柴於泰壇者，謂積薪於壇上，而取玉及牲置柴上燔之，使氣達於天也。……瘞埋於泰折祭地也者，謂瘞繒埋牲，祭神州地祇於北郊也。」釋文：「爾雅（釋天）云：『祭天曰燔祡。』……爾雅（釋天）云：『祭地曰瘞埋。』折，之設反。注同。舊音逝，又音制。」是此文之「折」當作「折」矣。周禮春官大司樂：「凡樂……冬日至，於地上之圜丘奏之。……夏日至，於澤中之方丘奏之。」賈疏：「言圜丘者，案：爾雅土之高者曰丘，（爾雅無此文，蓋誤記。左傳僖公十五年「敗于宗丘」正義：「土之高者曰丘。」並未言其出爾雅。）取自然之丘。圜者，象天圜。既取丘之自然，則未必要在郊，無問東西與南北方皆可。地言澤中方丘者 因高以事天，故於地上因下以事地。故於澤中取方丘者。水鍾曰澤，不可以水中設祭，故亦取自然之方丘。象地方，故也。」說文示部：「祡，燒柴尞祭天也。」段注：「柴與祡同此聲，故燒柴祭曰祡。」「員」、「圜」古通用。「薶」、「埋」正俗字。

〔八〕周禮春官大宗伯：「以肆獻祼享先王。」鄭注：「祼之言灌，灌以鬱鬯，謂始獻尸求神時也。」賈疏：「云祼之言灌者，經云祼者是古之祼字，取神示之義，故從示。鄭轉從灌者，以鬱鬯灌地降神，取澆灌之義，故從水。」釋文：「祼，古亂反。」又鬱人：「掌祼器。凡祭祀，賓客之祼事，和鬱鬯以實彝而陳之。」鄭注：「祼器，謂彝及舟與瓚。築鬱金煮之，以和鬯酒。」賈疏：「云和鬱鬯者，謂和鬯人所造秬黍之酒也。」

〔九〕周禮春官大宗伯：「大宗伯之職，掌建邦之天神、人鬼、地示之禮。」鄭注：「建，立也。立天神、地祇、人鬼之禮者，謂祀之，祭之，享之。禮，吉禮是也。」釋文：「示，音祇。本或作祇。」

〔一〇〕左傳莊公二十二年：「君子曰：『酒以成禮。』」漢書食貨志下：「羲和魯匡言：『……酒者，天之美祿，帝王所以頤養天下，享祀祈福，扶衰養疾。百禮之會，非酒不行。』」

「千鍾、百觚，堯、舜之飲也〔一〕。唯酒無量，仲尼之能也〔二〕。姬旦酒肴不徹，故能制禮作樂〔三〕。漢高婆娑巨醉，故能斬蛇鞠旅〔四〕。于公引滿一斛，而斷獄益明〔五〕。管輅傾仰三斗，而清辯綺粲〔六〕。揚雲酒不離口，而太玄乃就〔七〕。子圉疑有誤醉無所識，而霸功以舉〔八〕。一瓶之醪傾，而三軍之衆悅〔九〕。解毒之觴行，而盜馬之屬感〔一〇〕。消憂成禮〔一一〕，衮勳飲至〔一二〕，降神合人〔一三〕，非此莫以也。内速諸父〔一四〕，外將嘉賓〔一五〕，如淮如澠，春秋所貴〔一六〕。由斯言之，安可識當作誡乎〔一七〕？」

〔一〕孔叢子儒服：「平原君與子高飲，强子高酒，曰：『昔有遺諺：「堯、舜千鍾，孔子百觚，子路嗑嗑，尚飲十榼。」古之聖賢，無不能飲也。吾子何辭焉？』」（論衡語增：「傳語曰：『文王飲酒千鍾，孔子百觚。』」）孔融與曹操書：「堯不千鍾，無以建太平。」（後漢書孔融傳李注、藝文類聚七二引（張璠漢紀作『故堯不飲千鍾，無以成其聖。』見三國志魏書崔琰傳裴注。司馬彪九州春秋作『故堯不先千鍾，無以成其聖。』見太平御覽八四四。））傅玄敍酒賦：「唐堯千鍾竭，周文百斛洽。」（北堂書鈔一四八引）

〔二〕唯酒無量，已見本篇上文「濡首及亂」句箋。

〔三〕尸子分：「周公之治天下也，酒肉不徹於前，鐘鼓不解於懸。聽樂而國治，勞無事焉；飲酒而賢舉，智無事焉。」（羣書治要三六引）淮南子詮言：「周公殽臑不收於前，鐘鼓不解於縣，以輔成王，而海内平。」泰族同。（韓詩外傳四：「周平公酒不離於前，鐘石不解於懸，而宇内亦治。」（『周』下『平』字，當係誤衍。））尚書大傳：「周公居攝六年，制禮作樂，天下和平。」（太平御覽七八五引）

〔四〕史記高祖紀：「高祖被酒，夜徑澤中，令一人行前。行前者還報曰：『前有大蛇當徑，願還。』高祖醉，曰：『壯士行，何畏！』乃前，拔劍擊斬蛇。蛇遂分爲兩，徑開。」孔融與曹操書：「高祖非醉斬白蛇，無以暢其靈。」婆娑，已見崇教篇「婆娑綺紈之間」句箋。詩小雅采芑：「鉦人伐鼓，陳師鞠旅。」毛傳：「鞠，告也。」鄭箋：「二千五百人爲師，五百人爲旅。此言將戰之日，陳列其師旅誓告之也。陳師告旅，亦互言之。」

【五】漢書于定國傳：「于定國字曼倩，東海郯人也。……其決疑平法，務在哀鰥寡，罪疑從輕，加審慎之心。朝廷稱之曰：『張釋之爲廷尉，天下無冤民；于定國爲廷尉，民自以不冤。』定國食酒至數石不亂，冬月請治讞，飲酒益精明。爲廷尉十八歲，遷御史大夫。」孔融與曹操書：「定國不酣飲一斛，無以決其法。」說文斗部：「斛，十斗也。」

【六】陳漢章曰：「『三斗』，北堂書鈔一百四十八引作『三升』，與三國志管輅傳注合。（孫人和說同，文長不錄。）又『傾』作『頓』。」照按：書鈔所引並是。三國志魏書管輅傳：「管輅字公明，平原人也。容貌粗醜，無威儀而嗜酒。」裴注引輅別傳曰：「父爲琅邪即丘長，時年十五，來至官舍讀書。始讀詩、論語及易本，便開淵布筆，辭義斐然。……琅邪太守單子春雅有材度，聞輅一黌之儁，欲得見，輅父即遣輅造之。大會賓客百餘人，坐上有能言之士，輅問子春：『府君名士，加有雄貴之姿，輅既年少，膽未堅剛，若欲相觀，懼失精神，請先飲三升清酒，然後言之。』子春大喜，便酌三升清酒，獨使飲之。酒盡之後，問子春：『今欲與輅爲對者，若府君四坐之士邪？』子春曰：『吾欲自與卿旗鼓相當。』輅言：『始讀詩、論、易本，學問微淺，未能上引聖人之道，陳秦、漢之事，但欲論金、木、水、火、土、鬼神之情耳。』子春言：『此最難者，而卿以爲易邪？』於是唱大論之端，遂經於陰陽，文采葩流，枝葉橫生，少引聖籍，多發天然。子春及衆士互共攻劫，論難鋒起，而輅人人答對，言皆有餘。至日向暮，酒食不行。子春語衆人曰：『此年少，盛有才器，聽其言論，正似司馬犬子游獵之賦，何其磊落雄壯，英神以茂，必能明天文地理變化之數，不徒有言也。』於是發聲徐州，號之神童。」（太平御覽三七六又三八五所引稍略，亦並作「三升」。）

【七】漢書揚雄傳贊：「其意欲求文章成名於後世，以爲經莫大於易，故作太玄。……家素貧，耆酒，人希至其門。時有好事者載酒肴從游學，而鉅鹿侯芭常從雄居，受其太玄、法言焉。」

〔八〕孫星衍曰：「（『子圉』）疑有誤。」照按：「子圉」二字有誤誠如孫氏說，惟未言其所當作。攷周代稱子圉者，有晉懷公（懷公本名圉，春秋內、外傳及史記時稱爲子圉）及見商太宰者（見韓非子說林上）。然一則被殺於高梁，一則爲宋臣，與霸均無涉也。又羣籍所稱古代霸者，有昆吾、大彭、豕韋、齊桓、晉文、秦穆、宋襄、楚莊、吳闔閭、吳夫差、越句踐十一人（余曾撰五霸攷，載一九四零年文學年報第六期）。其中與醉酒有關者，厥惟晉文。左傳僖公二十三年：「（晉公子重耳）及齊，齊桓公妻之，有馬二十乘。公子安之。從者以爲不可。將行，謀於桑下。蠶妾在其上，以告姜氏。姜氏殺之，而謂公子曰：『子有四方之志，其聞之者，吾殺之矣。』公子曰：『無之。』姜曰：『行也！懷與安，實敗名。』公子不可。姜與子犯謀，醉而遣之。」（又見國語晉語四、史記晉世家、列女傳賢明晉文齊姜傳）即其事。是「子圉」當作「晉文」矣。晉文醉無所識而霸功以舉者，蓋謂其得爲盟主，實濫觴於醉遣（抱朴此段假或人難語，極贊酒之功能故云然）。否則懷安於齊，焉有四方之志，而終爲五霸之豪英哉？子圉係重耳之侄，稚川殆誤記致譌耳。

〔九〕黃石公記：「昔良將之用兵也，人有饋一簞之醪，投河，令將士迎流而飲之。夫一簞之醪不味一河，而三軍思爲致死者，以滋味及之也。」（文選七命李注、北堂書鈔一四八、藝文類聚七二、初學記二六、太平御覽八四五（呂氏春秋察微高注略同））呂氏春秋順民：「越王苦會稽之恥，欲深得民心，以致必死於吳。……有酒，流之江，與民同之。」（列女傳母儀楚子發母傳、水經漸江水注亦並以爲越王句踐事）王孫子新書：「楚莊王攻宋，將軍子重諫曰：『今君厨肉臭而不可食，罇酒敗而不可飲，而三軍之士皆有饑色，欲以勝敵，不亦難乎？』莊王曰：『請有酒投之水，有食饋之賢。』」（藝文類聚二四、太平御覽四五七又八四五引）蔣子萬機論：「秦穆公伐晉，及河，將軍勞之，

繆唯一鍾。蹇叔乃曰：『一杯可以投河而釀也。』穆公乃一醪投河，三軍皆飲之。」（北堂書鈔一一五引）

〔一〇〕呂氏春秋愛士：「昔者秦繆公乘馬而車爲敗，右服失而野人取之。繆公自往求之，見野人方將食之於岐山之陽。繆公歎曰：『食駿馬之肉而不還飲酒，余恐其傷女也。』於是徧飲而去。處一年，爲韓原之戰，晉人已環繆公之車矣，晉梁由靡已扣繆公之左驂矣，晉惠公之右路石奮投而擊繆公之甲，中之者已六札矣。野人之嘗食馬肉於岐山之陽者三百有餘人，畢力爲繆公疾鬬於車下，遂大克晉，反獲惠公以歸。」（又見韓詩外傳十、淮南子氾論）史記秦紀：「初，繆公亡善馬，岐下野人共得而食之者三百餘人。吏逐得，欲法之。繆公曰：『君子不以畜產害人。吾聞食善馬肉，不飲酒，傷人。』乃皆賜酒而赦之。三百人者聞秦擊晉，皆求從。從而見繆公窘，亦皆推鋒爭死，以報食馬之德。於是繆公虜晉君以歸。」淮南子泰族：「秦穆公爲野人食駿馬肉之傷也，飲之美酒。韓之戰，以其死力報。」說苑復恩：「秦繆公嘗出而亡其駿馬，自往求之，見人已殺其馬，方共食其肉。繆公謂曰：『是吾駿馬也。』諸人皆懼而起。繆公曰：『吾聞食駿馬肉，不飲酒者殺人。』即以次飲之酒，殺馬者皆慚而去。居三年，晉攻秦繆公，圍之。往時食馬肉者相謂曰：『可以出死，報食馬得酒之恩矣。』遂潰圍，繆公卒得以解難，勝晉，獲惠公以歸。此德出而福反也。」

〔一一〕漢書東方朔傳：「銷憂者莫若酒。」

〔一二〕左傳桓公二年：「凡公行，告於宗廟；反行飲至，舍爵策勳焉，禮也。」杜注：「爵，飲酒器也。既飲置爵，則書勳勞於策，言速紀有功也。」

〔一三〕漢書食貨志下：「（王）莽知民苦之，復下詔曰：『……酒，百藥之長，嘉會之好。』」

〔一四〕詩小雅伐木：「既有肥羜，以速諸父。」毛傳：「羜，未成羊也。天子謂同姓諸侯、諸侯謂同姓大夫皆曰父，異姓則稱舅。國君友其賢臣，大夫、士友其宗族之仁者。」鄭箋：「速，召也。有酒有羜，今以召族人飲酒。」

〔一五〕詩周頌我將：「我將我享。」鄭箋：「將，猶奉也。」

〔一六〕左傳昭公十二年：「晉侯（平公）以齊侯（景公）晏，中行穆子相。投壺，晉侯先，穆子曰：『有酒如淮，有肉如坻，寡君中此，爲諸侯師。』中之。齊侯舉矢曰：『有酒如澠，有肉如陵，寡人中此，與君代興。』亦中之。」杜注：「淮，水名。坻，山名。澠水，出齊國臨淄縣，北入時水。陵，大阜也。」

〔一七〕孫星衍曰：「（『識』）當作『誡』。」照按：孫說是。

抱朴子答曰：「酒旗之宿，則有之矣。譬猶懸象著明，莫大乎日月〔一〕；水火之原，於是在焉〔二〕。然節而宣之〔三〕，則以養生立功；用之失適，則焚溺而死〔四〕。豈可恃懸象之在天，而謂水火不殺人哉？宜生之具，莫先於食；食之過多，實結癥瘕。況於酒醴之毒物乎！

藏本作毒之物乎，從盧本乙轉。

〔一〕懸象著明，已見嘉遯篇「則麗天之明不著」句箋。

〔二〕莊子佚文：「陽燧見日則燃爲火。」（太平御覽三、記纂淵海五八引）淮南子天文：「物類相動，本標相應，故陽燧見日，則燃而爲火，方諸見月，則津而爲水。」高注：「陽燧，金也。取金杯無緣者，熟摩令熱，日中時以當日下，以艾承之，則燃得火也。方諸，陰燧，大蛤也。熟磨令熱，月盛時以向月下，則水生。以銅盤受之，下水數滴。先師說然也。」又覽冥：「夫（陽）燧取火於日，方諸取露於月。」論衡亂龍：「日，火也。月，水也。水火感動，常以真氣。今伎道之家，鑄陽燧取飛火於日，作方諸取水於月。」管輅別傳：「（徐）季龍言：『龍之在淵，不過一井之底。虎之悲嘯，不過百步之中。形氣淺弱，所通者近，何能漂景雲而馳東風？』輅言：『君不見陰、陽燧在掌握之中。

形不出手，乃上引太陽之火，（下引）太陰之水，噓吸之間，煙景以集，自然之道，無有遠近。」」（楚辭七諫謬諫洪補注引）抱朴子內篇對俗：「陽燧取火於朝日。」又黃白：「水、火在天，而取之諸、燧。」（淮南萬畢術：「方諸取水。」注：「方諸，形若杯，无耳，以五石合治，以十二月壬子夜半作之，以承水卽來。」（太平御覽五八引）崔豹古今註雜註：「陽燧，以銅爲之，形如鏡。照物則影倒，向日則火生。以艾炷之，則得火。」）

〔三〕左傳昭公元年：「僑聞之：君子有四時，朝以聽政，晝以訪問，夕以脩令，夜以安身，於是乎節宣其氣。」杜注：「宣，散也。」

〔四〕呂氏春秋蕩兵：「譬之若水火然，善用之則爲福，不能〔善〕用之則爲禍。」

「夫使彼夏桀、殷紂、信陵、漢惠荒流於亡國之淫聲，沈溺於傾城之亂色〔一〕，皆由乎酒熏其性，醉成其勢，所以致極情之失，忘修飾之術者也。我論其本，子識其末，謂非酒禍，禍其安出？是獨知猛雨之霑衣，而不知雲氣之所作；唯患飛埃之糝目〔二〕，而不覺飈風之所爲也。

〔一〕傾城，已見弭訟篇「傾城絕倫」句箋。

〔二〕通俗文：「沙入飯曰糝。」（太平御覽八百五十引）是糝目謂沙入眼中也。

「千鍾、百觚，不經之言〔一〕，不然之事，明者不信矣。夫聖人之異自才智，至於形骸非能兼人，有七尺（當有誤）三丈之長，萬倍之大也。一日之飲，安能至是〔二〕？仲尼則畏性之變，不敢及亂〔三〕。周公則終日百拜，肴乾酒澄〔四〕。上聖戰戰，猶且若斯。況乎庸人，能無悔乎？

〔一〕史記孟子荀卿傳：「（騶衍）乃深觀陰陽消息而作怪迂之變，終始、大聖之篇十餘萬言，其語閎大不經。」

〔二〕孫星衍曰：「（『七尺』）當有誤。」照按：「七尺」二字原爲寫者旁注，後誤入正文者。（荀子勸學：「口耳之間則四寸，曷足以美七尺之軀哉！」淮南子精神：「吾生也有七尺之形。」論衡吉驗：「夫人身長七尺。」又別通：「夫通人猶富人，不通者猶貧人也，俱以七尺爲形。」皆以「七尺」指人身之長，故寫者旁注「七尺」二字。）孔叢子儒服：「子高曰：『以穿所聞，聖賢以道德兼人，未聞以飲食也。』」論衡語增：「（聖人）胸腹小大，與人均等。飲酒用千鍾，用肴宜盡百牛，百觚，則宜用十羊。夫以千鍾百牛、百觚十羊言之，文王之身，如防風之君，孔子之體，如長狄之人，乃能堪之。案文王、孔子之體，不能及防風、長狄，以短小之身，飲食衆多，是缺文王之廣，貶孔子之崇也。……世聞『德將毋醉』（書酒誥）之言，見聖人有多德之效，則虛增文王以爲千鍾，空益孔子以百觚矣。」

〔三〕不敢及亂，已見本篇上文「濡首及亂」句箋。

〔四〕周公二句，未詳所出。（禮記聘義：「酒清，人渴而不敢飲也；肉乾，人飢而不敢食也。」左傳成公十二年「享以訓共儉」杜注：「爵盈而不飲，肴乾而不食。」淮南子精神：「趣翔周旋，詘節卑拜，肉凝而不食，酒澄而不飲。」）

「漢高應天，承運革命，向雖不醉，猶當斬蛇〔一〕。于公聽達，明於聽斷，小大以情〔二〕，不失枉直〔三〕。是以刑不濫加〔四〕，世無怨民。但其健飲，不即廢事。若論大醉，亦俱無知。決疑之才，何賴於酒？未聞皐繇、甫侯、子產、釋之，醉乃折獄也〔五〕。

〔一〕漢書高帝紀贊：「漢承堯運，德祚已盛，斷蛇著符，旗幟上赤，協于火德，自然之應，得天統矣。」又敍傳下：「皇矣漢祖，纂堯之緒，實天生德，聰明神武。……爰茲發迹，斷蛇奮旅。……革命創制，三章是紀，應天順民，五星同暑。……龔行天罰，赫赫明明。述高紀第一。」

〔二〕左傳莊公十年：「公曰：『小大之獄，雖不能察，必以情。』」杜注：「必盡己情察審也。」

〔三〕枉直，已見君道篇「詳直枉以違晦吝」句箋。

〔四〕左傳襄公二十六年：「歸生聞之：善爲國者，賞不僭而刑不濫。賞僭，則懼及淫人；刑濫，則懼及善人。」荀子致士：「賞不欲僭，刑不欲濫。賞僭，則利及小人；刑濫，則害及君子。」

〔五〕書舜典：「帝曰：『皋陶，蠻夷猾夏，寇賊姦宄，汝作士，五刑有服，五服三就，五流有宅，五宅三居，惟明克允。』」孔傳：「士，理官也。……言皋陶能明信五刑，施之遠近，蠻夷猾夏，使咸信服，無敢犯者。」淮南子詮言：「聽獄制中者，皋陶也。」漢書百官公卿表序：「咎繇作士，正五刑。」顏注：「應劭曰：『士，獄官之長。』師古曰：『咎，音皋。繇，音弋昭反。』」皋繇，即皋陶。書呂刑序：「呂命。穆王訓夏贖刑，作呂刑。」孔傳：「呂侯見命爲天子司寇。呂侯以穆王命作書，訓暢夏禹贖刑之法，更從輕以布告天下。（呂侯）後爲甫侯，故或稱甫刑。」史記周紀：「諸侯有不睦者，甫侯言於（穆）王，作脩刑辟。……命曰甫刑。」漢書刑法志：「周道既衰，穆王眊荒，命甫侯度時作刑，以詰四方。……五刑之屬三千，蓋多於平邦中典五百章，所謂刑亂邦用重典者也。」顏注：「（穆王）乃命甫侯爲司寇，商度時宜，而作刑之制，以治四方也。」左傳昭公六年：「鄭人鑄刑書。叔向使詒子產書，曰：『始吾有虞於子，今則已矣。昔先王議事以制，不爲刑辟，懼民之有爭心也。……肸聞之：國將亡，必多制。其此之謂乎？』復書曰：『若吾子之言，僑不才，不能及子孫，吾以救世也。既不承命，敢忘大惠！』」杜注：「鑄刑書於鼎，以爲國之常法。詒，遺也。復，報也。」漢書刑法志：「春秋之時，王道寖壞，教化不行，子產相鄭而鑄刑書。」顏注：「子產，鄭大夫公孫僑也。」史記張釋之傳：「張廷尉釋之者，堵陽人也。……文帝稱善。其後拜釋之爲廷尉。……文帝怒曰：『此人親驚吾馬，吾馬賴柔和，令他馬，固不敗傷我乎？而廷尉乃當之罰金！」釋之曰：「法者，天子所與天下公共也。今法如此而更重之，是法不信於民也。且方其時，上使立誅之則已。今既下廷尉，廷尉，天下之平也，一傾而天下用法皆爲輕重，民安所措其手足？唯陛下察之。」良久，上曰：「廷尉當是也。」其後有人盜高廟坐前玉環，捕得，文帝怒，下廷尉治。釋之案律盜宗廟服御物者爲奏，奏當棄市。上大怒曰：「人之無道，乃盜先帝廟器，吾屬廷尉者，欲致之族，而君以法奏之，非吾所以共承宗廟意也。」釋之免冠頓首謝曰：「法如是足也。且罪等，然以逆順爲差。今盜宗廟器而族之，有如萬分之一，假令愚民取長陵一抔土，陛下何以加其法乎？」久之，文帝與太后言之，乃許廷尉當。是時，中尉條侯周亞夫與梁相山都侯王恬開見釋之持議平，乃結爲親友。張廷尉由此天下稱之。」論語顏淵：「子曰：『片言可以折獄者，其由也與？』」鄭玄注：「折，斷也。」（太平御覽六三九引）皇疏：「折獄，謂判辨獄訟之事也。」

「管輅年少，希當劇談〔一〕，故假酒勢以助膽氣。若過其量，亦必迷錯。及其刺毫釐於爻卦〔二〕，索鬼神之變化〔三〕，占氣色以決盛衰〔四〕，聆鳴鳥以知方來〔五〕，候風雲而尅吉凶〔六〕，覩碑柏而識禍福〔七〕，豈復須酒，然後審之？

〔一〕爾雅釋詁：「希，罕也。」劇談，已見崇教篇「劇談則方戰而已屈」句箋。

〔二〕管輅別傳：「利漕民郭恩，字義博，有才學，善周易、春秋，又能仰觀。輅就義博讀易，數十日中，意便開發，言難踰師。於此分蓍下卦，用思精妙，占黌上諸生疾病死亡、貧富喪衰，初無差錯，莫不驚怪，謂之神人也。」又：「輅爲何晏所請，果共論易九事，九事皆明。」又：「魏郡太守鍾毓，清逸有才，難輅易二十餘事，自以爲難之至精也。輅尋聲投響，言無留滯，分張爻象，義皆殊妙。毓即謝輅。」（三國志魏書管輅傳裴注引）

〔三〕三國志魏書管輅傳：「父爲利漕，利漕民郭恩兄弟三人，皆得躄疾，使輅筮其所由。輅曰：『卦中有君本墓，墓中有女鬼，非君伯母，當叔母也。昔饑荒之世，當有利其數升米者，排著井中，嘖嘖有聲，推一大石下，破其頭。孤魂寃痛，自訴於天。』」（搜神記三同）於是恩涕泣服罪。」（裴注引輅别傳互有詳略）又：「時信都令家婦女驚恐，更互疾病，使輅筮之。輅曰：『君北堂西頭，有兩死男子，一男持矛，一男持弓箭，頭在壁內，脚在壁外。持矛者主刺頭，故頭重痛不得舉也。持弓箭者主射胸腹，故心中縣痛不得飲食也。晝則浮游，夜來病人，故使驚恐也。』（搜神記三同）於是掘徙骸骨，家中皆愈。」裴注引輅别傳曰：「王基卽遣信都令遷掘其室中，入地八尺，果得二棺，一棺中有矛，一棺中有角弓及箭，箭久遠，木皆消爛，但有鐵及角完耳。及徙骸骨，去城二十里埋之，無復疾病。」（搜神記三同，「二十」作「二十」是。）

〔四〕三國志魏書管輅傳：「輅族兄孝國，居在斥丘，輅往從之，與二客會。客去後，輅謂孝國曰：『此二人天庭及口耳之間同有凶氣，異變俱起，雙魂無宅，流魂于海，骨歸于家，少許時當並死也。』復數十日，二人飲酒醉，夜共載車，牛驚下道入漳河中，皆卽溺死也。」管辰管輅别傳敍：「觀骨骸而審貴賤，覽形色而知生死，許負、唐舉不超也。」（三國志魏書管輅傳裴注引）

〔五〕三國志魏書管輅傳：「輅又至郭恩家，有飛鳩來在梁頭，鳴甚悲。輅曰：『當有老公從東方來，攜豚一頭，酒一壺。主人雖喜，當有小故。』明日果有客，如所占。恩使客節酒、戒肉、愼火，而射雞作食，箭從樹間激中數歲女子手，流血驚怖。輅至安德令劉長仁家，有鳴鵲來在閤屋上，其聲甚急。輅曰：『鵲言東北有婦昨殺夫，牽引西家人夫離婁（？），候不過日在虞淵之際，告者至矣。』到時，果有東北同伍民來告，鄰婦手殺其夫，詐言西家人與夫有嫌，來殺我壻。」

〔六〕三國志魏書管輅傳：「輅至列人典農王弘直許，有飄風高三尺餘，從申上來，在庭中幢幢回轉，息以復起，良久乃止。直以問輅，輅曰：『東方當有馬吏至，恐父哭子，如何！』明日膠東吏到，直子果亡。直問其故？輅曰：『其日乙卯，則長子之候也。木落於申，斗建申，申破寅，死喪之候也。日加午而風發，則馬之候也。離爲文章，則吏之候也。申未爲虎，虎爲大人，則父之候也。』」

〔七〕三國志魏書管輅傳：「輅隨軍西行，過毌丘儉〔父〕墓下，倚樹哀吟，精神不樂。人問其故？輅曰：『林木雖茂，無形可久，碑誄雖美，無後可守。玄武藏頭，蒼龍無足，白虎銜尸，朱雀悲哭。四危以備，法當滅族。不過二載，其應至矣。』卒如其言。」碑，墓碑。（毌丘儉父與墓碑，索靖書，見張懷瓘書斷中索靖條。）柏，柏樹。（風俗通義佚文：「墓上樹柏，路頭石虎，……而魍象畏虎與柏，故墓前立虎與柏。」（封氏聞見記六、事類賦二五、太平御覽九五四引）昌言：「古之葬者，樹松、柏、梧桐以識其墳。」（文選潘岳懷舊賦、阮籍詠懷詩、陸機門有車馬客行、古詩十九首李注引））

「揚雲通人，才高思遠，英贍之富，稟之自天，豈藉外物，以助著述？及其數飲，由於偶好；亦或有疾，以宣藥勢耳。子圉肆志，蓋已素定。雖復不醉，亦於終果。瓶醪悅衆，寓言之喻。誠能賞罰允當〔一〕，威恩得所，長算縱橫，應機無方，則士思果毅〔二〕，人樂奮命。其不然也，雖流酒淵，何補勝負？繆公飲盜，造次之權〔三〕，舍法長惡〔四〕，何足多稱哉！豈如慎之邪？」

〔一〕允當，已見行品篇「剖猶豫以允當者」句箋。

〔二〕果毅，已見君道篇「介一人之心致其果毅」句箋。

〔三〕造次，已見行品篇「造次之接」句箋。

〔四〕左傳隱公六年：「君子曰：『善不可失，惡不可長。』」

抱朴子外篇校箋卷之二十五

疾謬

抱朴子曰："「世故繼有，禮教漸積，敬讓莫崇，傲慢成俗，儔類飲會，或蹲或踞，暑夏之月，露首袒體。盛務唯在摴蒱彈棊〔一〕，所論極於聲色之閒，舉足不離本作舉口不踰，從羣書治要改。綺襦紈袴之側〔二〕，游步不去勢利酒客之門。不聞清談講本作論，從羣書治要改。道之言〔三〕，專以醜辭嘲弄爲先。以如此者爲高遠，以不爾者爲騃原注："「五駭切，癡也。」野。

〔一〕摴蒱，與樗蒱同。摴蒱、彈棊，已見崇教篇「校彈棊樗蒱之巧拙」句箋。

〔二〕綺襦紈袴，已見行品篇「飾誇綺而思邪者」句箋。

〔三〕清談，已見酒誡篇「謂清談爲詆詈」句箋。

「於是馳逐之庸民，偶俗之近人〔一〕，慕之者猶宵蟲之赴明燭，學之者猶輕毛意林作埃之應飆原注："「甫遙切。」風。嘲戲之談，或上及祖考，或下逮婦女。往者務其必藏本作不深焉，報者恐其不重焉。倡之者不慮見荅之後患，和之者恥於言輕之不塞。周禾之芟，溫麥之刈〔二〕，實由報恨，不能已也。利口者扶强而黨勢〔三〕，辯給者借鍒以刺瞂〔四〕。原注："「鍒，耳由切。瞂，扶發切。」以不應者爲拙劣，以先止者爲負敗〔五〕。如此交惡之辭，焉能羣書治要作得默哉！

〔一〕論衡累害：「偶俗全身。」文選文賦：「徒悦目而偶俗。」李注：「廣雅（釋詁三）曰：『耦，諧也。』『耦』、『偶』古字通。」

〔二〕左傳隱公三年：「鄭武公、莊公爲平王卿士，王貳于虢。鄭伯怨王。王曰：『無之。』故周、鄭交質，王子狐爲質於鄭，鄭公子忽爲質於周。王崩，周人將畀虢公政。四月，鄭祭足帥師取温之麥；秋，又取成周之禾。周、鄭交惡。」杜注：「四月，今二月也。秋，今之夏也。麥、禾皆未熟。言取者，蓋芟踐之。温，今河内温縣。成周，洛陽縣也。（交惡）兩相疾惡。」

〔三〕利口，已見名實篇「其利口諛辭也似辨」句箋。

〔四〕俞樾曰：「謹按：說文金部：『鍒，鐵之耎也。』然則此文鍒字必是叚音，其字當爲鉾。玉篇矛部：鉾爲矛古文。」陳漢章曰：「鍒即矛，瞂即盾。」照按：俞、陳說是。方言九：「盾，自關而東或謂之瞂（郭注音伐）。」韓非子難言：「捷敏辯給，繁於文采，則見以爲史。」

〔五〕韓非子外儲說左上：「鄭人有相與爭年者，其一人曰：『我與黄帝之兄同年。』訟此而不決，以後息者爲勝耳。」鹽鐵論論誹：「論者……相矜於後息，期於苟勝，非其貴者也。」劉向別録：「夫繳紛爭言，而競後息，不能無害君子。」（史記平原君傳集解引）

「其有才思者之爲之也，本作者爲人也，從羣書治要補改。猶善於依因機會，準擬體例，引古喻今，言微理舉，雅而可笑，中而不傷，不棖人之所諱〔一〕，不犯人之所惜。若夫拙者之爲之本作人，從羣書治要改。也，則枉曲直湊〔二〕，使人愕愕然〔三〕。妍之與媸，其於宜絶，豈唯無益而已哉！

〔一〕文選謝惠連祭古冢文："以物根撥之。"李注："説文（木部）曰：'根，杖也。'宅庚切。然南人以物觸物爲根也。"

〔二〕韓非子有度："朝廷羣下，直湊單微，不敢相踰越。"枉曲直湊，蓋信口中傷之意。

〔三〕"愕愕"，徐濟忠删一"愕"字。陳其榮曰："承訓本'愕'字不重。"照按：舊寫本"愕"字不重，羣書治要五十引亦不重"愕"字。省煩篇有"必將愕然創見"語，則此當以删一"愕"字爲是。史記黥布傳："布愕然。"漢書張良傳："（老父）直墮其履圯下，顧謂良曰：'孺子下取履！'良愕然，欲毆之。"顏注："愕，驚貌也。"（史記留侯世家作"鄂然"。）

"乃有使酒之客〔一〕，及於難侵之性，不能堪之，拂衣拔棘〔二〕，而手足相及。醜言加於所尊，歡心變而成讎，絶交壞身，搆隙致禍。以杯螺相擲者，有矣；以陰私相訐原注："居謁切。面斥人。"者，有矣。昔陳靈之被矢〔三〕，灌氏本作管氏，從羣書治要改。之泯族〔四〕，匪降自天〔五〕，口實爲之。樞機之發，榮辱之主〔六〕。三緘之戒，豈欺我哉〔七〕？

〔一〕史記季布傳"使酒難近"索隱："因酒縱性謂之使酒，即酗酒也。"（漢書季布傳顏注："言因酒霑洽而使氣也。"）

〔二〕左傳襄公二十六年："拂衣從之。"杜注："拂衣，褰裳也。"正義："拂者，披迅之義。"又隱公十一年："子都拔棘以逐之。"杜注："棘，戟也。"

〔三〕左傳宣公十年："陳靈公與孔寧、儀行父飲酒於夏氏，公謂行父曰：'徵舒似女。'對曰：'亦似君。'徵舒病之。公出，自其廏射而殺之。"

〔四〕灌氏泯族，已見酒誡篇"灌氏之滅族"句箋。詩大雅桑柔："靡國不泯。"毛傳："泯，滅也。"

〔五〕匪降自天，已見臣節篇"殃禍之集匪降自天也"句箋。

〔六〕易繫辭上：「言行，君子之樞機，樞機之發，榮辱之主也。」韓注：「樞機，制動之主。」集解引翟元曰：「樞主開閉，機主發動，開閉有明暗，發動有中否，主於榮辱也。」

〔七〕荀子佚文：「金人銘曰：『周大廟右階之前，有金人焉，三緘其口，而銘其背曰：「我，古之慎言人也。戒之哉，毋多言，毋多事！多言多敗，多事多害。」』」（太平御覽三九十引（原有小注：「皇覽云：『出太公金匱，家語、說苑又載。』」））說苑敬慎：「孔子之周，觀於太廟，右陛之前有金人焉，三緘其口，而銘其背曰：『古之慎言人也。戒之哉，戒之哉！無多言，多言多敗；無多事，多事多患。安樂必戒，無行所悔。勿謂何傷，其禍將長。勿謂何害，其禍將大。……天道無親，常與善人。戒之哉，戒之哉！』孔子顧謂弟子曰：『記之！此言雖鄙，而中事情。詩（小雅小旻）曰：「戰戰兢兢，如臨深淵，如履薄冰。」行身如此，豈以口遇禍哉！』」（又見家語觀周（金樓子戒子較略））孟子滕文公上：「公明儀曰：『文王我師也，周公豈欺我哉？』」

「激雷不能追既往之失辭〔一〕，班輸不能磨斯言之既玷〔二〕。原注：「音點。」雖不能三思而吐清談〔三〕，猶可息謔調以防羣書治要作杜禍萌也。尊其辭令，敬其威儀，使言無口過〔四〕，體無倨原注：「居御切。」容〔五〕，可法可觀，可畏可愛〔六〕。蓋遠辱之良術，全交之要道也〔七〕。

〔一〕陳其榮曰：「（『激雷』）治要作『激電』，當從之。」照按：陳說是。後自敍篇「激電之乍照」，正以「激電」爲言，形容其速。文選潘岳射雉賦：「來若處子，去如激電。」徐爰曰：「來若處女之畏人，去若激電之迅疾也。」呂向曰：「言來遲而去速。」又陸倕新刻漏銘：「微若抽繭，逝如激電。」呂向曰：「機發之疾如激電也。」並其旁證。（班固答賓戲有「風颺電激」語）

〔二〕班輸，已見勗學篇「未加班輸之結搆也」句箋。詩大雅抑：「白圭之玷，尚可磨也；斯言之玷，不可爲也。」毛傳：

「玷，缺也。」鄭箋：「斯，此也。玉之缺尚可磨鑢而平，人君政教一失，誰能反覆之。」禮記緇衣：「子曰：『言從而行之，則言不可飾也；行從而言之，則行不可飾也。……詩云：「白圭之玷，尚可磨也；斯言之玷，不可爲也。」』」鄭注：「玷，缺也。言白圭之缺尚可磨而平之，言之缺無如之何。」

〔三〕論語公冶長：「季文子三思而後行。子聞之，曰：『再，斯可矣。』」朱注：「三，去聲。」

〔四〕孝經卿大夫章：「言滿天下無口過。」鹽鐵論毀學：「是以終日言，無口過。」

〔五〕莊子漁父：「夫子猶有倨傲之容。」釋文：「倨，音據。」漢書匈奴傳上：「倨驁其辭。」顏注：「倨，慢也。驁，與傲同。」

〔六〕左傳襄公三十一年：「故君子在位可畏，施舍可愛，進退可度，周旋可則，容止可觀，作事可法，德行可象，聲氣可樂，動作有文，言語有章，以臨其下，謂之有威儀也。」孝經聖治章：「君子……言思可道，行思可樂，德義可尊，作事可法，容止可觀，進退可度，以臨其民。是以其民畏而愛之，則而象之。」

〔七〕禮記曲禮上：「君子不盡人之歡，不竭人之忠，以全交也。」

「且夫慢人者不愛其親者也〔一〕。輕鬭者，不重遺體者也〔二〕。皆陷不孝，可不詳乎！然而迷謬者無自見之明〔三〕，觸情者諱逆耳之規〔四〕。疾美而無直亮之鍼原注：「鍼深切。」艾〔五〕，羣惑而無指南以自反〔六〕。諂媚小人，歡笑以贊善；面從之徒，拊節以稱功。益使惑者不覺其非，自謂有端、晏之捷，過人之辯〔七〕，而不悟斯乃招患之旌，召害之符，傳非之驛，傾身之車也；豈徒減其方策之令聞〔八〕，羣書治要作問虧其没世之德音而已哉〔九〕！

〔一〕孝經天子章：「子曰：『愛親者，不敢惡於人；敬親者，不敢慢於人。』」呂氏春秋孝行覽：「故愛其親，不敢惡人；敬其親，不敢慢人。」

〔二〕禮記祭義：「曾子曰：『身也者，父母之遺體也。行父母之遺體，敢不敬乎！』」（呂氏春秋孝行覽同〔高注：「敬，畏愼。」〕）荀子榮辱：「鬬者，忘其身者也，忘其親者也。」（說苑貴德同）

〔三〕韓非子喻老：「故知之難不在見人，在自見。故曰：自見之謂明。」

〔四〕逆耳，已見君道篇「聞逆耳而不諱」句箋。

〔五〕「疾」，羣書治要作「恢」，眉端有校語云：「『恢』作『疾』。按：『疾』當作『疢』。」照按：「疢」字是。「恢」即由「疢」致誤。左傳襄公二十三年：「臧孫曰：『季孫之愛我，疾疢也；（杜注：「常志相順從，身之害。」）孟孫之惡我，藥石也。（杜注：「常志相違戾，猶藥石之療疾。」）美疢不如惡石。夫石猶生我，（杜注：「愈己疾也。」）疢之美，其毒滋多。』」即「疢美」二字所出。（內篇勤求「但惜美疢而距惡石者」，藏本、魯藩本又誤「疢」爲「病」。）直亮，已見交際篇「必取乎直諒多聞」句箋。山海經東山經：「高氏之山……其下多箴石。」郭注：「可以爲砥針治癰腫者。」鹽鐵論鹽鐵箴石：「縣官所招舉賢良文學，而及親民偉仕，亦未見其能用箴石而醫百姓之疾也。」漢書藝文志方技略：「而用度箴石湯火所施。」顏注：「箴，所以刺病也。石謂砭石，即石箴也。古者攻病則有砭，今其術絕矣。」字詁：「又針、箴二形今作鍼，同支淫反。」（一切經音義一八引）詩王風采葛：「彼采艾兮。」毛傳：「艾，所以療疾。」孟子離婁上：「今之欲王者，猶七年之病，求三年之艾也。」趙注：「艾，可以爲灸人病，乾久益善。」名醫別錄：「艾葉，味苦，微溫，無毒。主灸百病。」（重修政和證類本草九草部中品之下引）

〔六〕指南，已見嘉遯篇「必須指南以知道」句箋。

〔七〕端，端木賜。史記仲尼弟子傳：「端木賜，衛人，字子貢。……子貢利口巧辭。」論語先進：「言語，宰我、子貢。」皇疏引范甯曰：「言語，謂賓主相對之辭也。」孟子公孫丑上：「宰我、子貢，善爲說辭。」晏，晏嬰。史記管晏傳：「晏平仲嬰者，萊之夷維人也。」晏子春秋內篇雜下：「晏子使吳，吳王謂行人曰：『吾聞晏嬰蓋北方辯於辭，習於禮者也。』」（又見說苑奉使）又：「晏子將至楚，楚王聞之，謂左右曰：『晏嬰，齊之習辭者也，今方來，吾欲辱之，何以也？』左右對曰：『爲其來也，臣請縛一人，過王而行，王曰：「何爲者也？」對曰：「齊人也。」王曰：「何坐？」曰：「坐盜。」』晏子至，楚王賜晏子酒，酒酣，吏二縛一人詣王，王曰：『縛者曷爲者也？』對曰：『齊人也，坐盜。』王視晏子曰：『齊人固善盜乎？』晏子避席對曰：『嬰聞之，橘生淮南則爲橘，生於淮北則爲枳，葉徒相似，其實味不同。所以然者何？水土異也。今民生長於齊不盜，入楚則盜，得無楚之水土使民善盜耶？』王笑曰：『聖人非所與熙也，寡人反取病焉。』」（韓詩外傳十、說苑奉使有異）

〔八〕孫星衍曰：「（『聞』）羣書治要作『問』。」照按：「聞」與「問」通，已見勗學篇「清芳令問」句箋。

〔九〕詩鄭風有女同車：「德音不忘。」鄭箋：「不忘者，後世傳道其德也。」

「蓋雖有偕老之慎，不能救一朝之過；雖有陶朱之富〔一〕，不能贖片言之謬。故毫氂之失，有千里之差〔二〕。傷人之語，有劒戟之痛〔三〕。積微致著〔四〕，累淺成深，鴻羽所以沈龍舟，羣輕所以折勁軸〔五〕，寸飈所以燔百尋之室〔六〕，蠹蝎所以仆原注：「普卜切。」連抱之木也〔七〕。古賢何獨跼蹐恂恂之如彼〔八〕，今人何其慣慢傲放之如此乎〔九〕！

〔一〕陶朱，已見擢才篇「非陶、猗不能市也」句箋。

〔二〕禮記經解：「易曰：『君子慎始，差若毫氂，（釋文：「氂，李其反。徐〔邈〕音來。本又作釐。」）繆以千里。』」（又見大戴禮記禮察）新書胎教：「易曰：『正其本而萬物理，失之毫釐，差以千里。』故君子慎始。」（又見大戴禮記保傅、說苑建本）史記太史公自序：「故易曰：『失之豪釐，差以千里。』」集解：「駰案：今易無此語，易緯（乾鑿度）有之。」漢書司馬遷傳顔注：「今之易經及彖、象、繫辭，並無此語。所稱易緯者，則有之焉。斯蓋易家之別説者也。」

〔三〕荀子榮辱：「傷人以言，深於矛戟。」又佚文：「傷人以言，重於刃戟。」（太平御覽五九十引）説苑談叢：「言人之惡，痛於矛戟。」

〔四〕荀子大略：「積微者著。」

〔五〕羣輕折軸，已見嘉遯篇「塵羽之積，則沈舟折軸」二句箋。

〔六〕韓非子喻老：「百尺之室，以突隙之烟（熛）焚。」呂氏春秋慎小：「突洩一煙（熛），而焚宮燒積。」淮南子人間：「百尋之屋，以突之煙（熛）焚。」飈與猋同，（文選曹植雜詩「何意迴飈舉」李注：「飈與猋同。」）而猋又與熛通（文選答賓戲「其餘猋飛景附」李注：「猋與熛古字通。」）説文火部：「熛，火飛也。」是寸飈即寸熛也。

〔七〕商子修權：「諺曰：『蠹衆而木折。』」淮南子説林：「蠹衆則木折。」易林乾之大壯：「蠹衆木折。」呂氏春秋達鬱：「樹鬱則爲蠹。」高注：「蠹，蝎。木中之蟲也。」爾雅釋蟲：「蝎，蛣蝠。」郭注：「木中蠹蟲。」

〔八〕跼蹐，已見交際篇「余代其跼蹐」句箋。恂恂，已見行品篇「恂恂平雅」句箋。

〔九〕説文心部：「憒，亂也。」

「是以高世之士，望塵而旋迹。輕薄之徒，響赴而影集〔一〕。謀事無智者之助，居危無切磋之益〔二〕。良史懸筆，無可書之善。談者含音，無足傳之美。令聞不著，醜聲宣流。没有餘敗，貽譏將來。始無可法，終無可紀。斯亦志士之恥也。

〔一〕漢書敍傳上：「（王命論）趣時如嚮赴。」顔注：「嚮讀曰響。如響之赴聲也。」文選爲曹洪與魏文帝書：「未有星流景集，飈奮霆擊。」劉良曰：「星流景集，飈舉霆擊，言疾速也。景，日影。」（影，景之後起字。）

〔一二〕切磋，出詩衞風淇奧，已見崇教篇「雕琢切磋」句箋。後漢書馬援傳：「援又爲書與囂將楊廣，使曉勸於囂曰：『……言君臣邪，固當諫爭；語朋友邪，應有切磋。』」三國志蜀書霍峻傳：「子弋，……後主立太子璿，以弋爲中庶子，璿好騎射，出入無度，弋援引古義，盡言規諫，甚得切磋之體。」

「安忍爲之〔一〕，過而不改〔二〕，斯誠委夷路而陷叢棘〔三〕，舍嘉旨而咽鉤吻者也〔四〕。豈所謂以小善爲無益而不爲，以小惡爲無損而不止，以至惡積而不可掩，罪大而不可解者邪〔五〕？余願世人改其無檢之行，除其驕吝之失〔六〕，遣其誇矜尚人之疾〔七〕，絕息嘲弄不典之言，則趙勝之門無去客〔八〕，黄祖之棓無所用矣〔九〕。」

〔一〕安忍，已見良規「故樂羊以安忍見疏」句箋。

〔二〕論語衞靈公：「子曰：『過而不改，是謂過矣。』」

〔三〕老子第五十三章：「大道甚夷，而民好徑。」河上公注：「夷，平易也。徑，邪，不平正也。大道甚平易，而民好從邪徑也。」漢書息夫躬傳：「（絕命辭）叢棘棧棧，曷可棲兮！」顏注：「棧棧，衆盛貌。」（叢棘連文，出易坎上六爻辭。孔穎達正義：「（叢棘）謂囚執之處，以棘叢而禁之也。」）

〔四〕桓譚新論：「鉤吻不與人相宜，故食則死。」（太平御覽九百九十引）博物志七：「神農經曰：『藥物有大毒不可入口、鼻、耳、目者，卽殺人。一曰鉤吻。』」又：「黄帝問天老曰：『天地所生，豈有食之令人不死者乎！』天老曰：『……太陰之草，名曰鉤吻，不可食，入口立死。』」（重修政和證類本草草部下品之上鉤吻條亦引此文）

〔五〕小善爲無益而不爲，已見君道篇「是以小善雖無大益而不可不爲」句箋。

〔六〕論語泰伯：「子曰：『如有周公之才之美，使驕且吝，其餘不足觀也已。』」朱注：「驕，矜夸。吝，鄙嗇也。」

〔七〕史記貨殖傳：「耳目欲極聲色之好，口欲窮芻豢之味，身安逸樂，而心誇矜埶能之榮。」

〔八〕史記平原君傳：「平原君趙勝者，趙之諸公子也。諸子中勝最賢，喜賓客，賓客蓋至者數千人。……平原君家樓臨民家。民家有躄者，槃散行汲。平原君美人居樓上，臨見，大笑之。明日，躄者至平原君門，請曰：『臣聞君之喜士，士不遠千里而至者，以君能貴士而賤妾也。臣不幸有罷癃之病，而君之後宮臨而笑臣，臣願得笑臣者頭。』平原君笑應曰：『諾。』躄者去，平原君笑曰：『觀此豎子，乃欲以一笑之故殺吾美人，不亦甚乎！』終不殺。居歲餘，賓客門下舍人稍稍引去者過半。平原君怪之，曰：『勝所以待諸君者未嘗敢失禮，而去者何多也？』門下一人前對曰：『以君之不殺笑躄者，以君爲愛色而賤士，士卽去耳。』於是平原君乃斬笑躄者美人頭，自造門進躄者，因謝焉。其後門下乃復稍稍來。」

〔九〕黃祖之棓，詳後彈禰篇「（禰衡）而復走荆楚終陷極刑」句箋。戰國策秦策三：「（大夫種）以禽勁吳，成霸功，句踐棓而殺之。」淮南子詮言：「羿死於桃棓。」許注：「棓，大杖。以桃木爲之，以擊殺羿。」說文木部：「棓，棁也。」段注：「棓、棒正俗字。」

抱朴子曰：「或有不治清德以取敬，而仗氣力以求畏。其入衆也，則亭立不坐，爭處端上，作色諧聲，逐人自安。其不得意，恚懟不退。其行出也〔一〕，則逼狹之地，恥於分塗，振策長驅〔二〕，推人於險，有不卽避，更加攄頓〔三〕。嗚呼，悲哉！此云古之卑而不可踰〔四〕，推蔭讓路〔五〕，勞謙下士〔六〕，無競於物，立若不勝衣〔七〕，行若不容身者〔八〕，何其緬然之不肖哉！

〔一〕照按：「行出」二字當互乙，始能與上「其入衆也」句相儷。

〔二〕振策，已見勗學篇「遂振策於聖途」句箋。

〔三〕攄，騰躍。頓，停頓。攄頓，形容馬且騰躍且停頓之狀。漢書李廣傳：「就善水草頓舍。」顏注：「頓，止也。」後漢書張衡傳：「（思玄賦）僕夫儼其正策兮，八乘攄而超驤。」李注：「攄，猶騰也。」

〔四〕「云」，吉藩本作「於」。王廣恕曰：「案：疑作『去』。」照按：「云」、「於」二字均與文意不符，王謂作「去」是也。易謙：「象曰：『……謙尊而光，卑而不可踰，君子之終也。』」正義：「尊者有謙而更光明盛大，卑者有謙而不可踰越。」（今本正義「卑者」句有脱落，此據集解所引補。）

〔五〕詩大雅緜：「虞、芮質厥成，文王蹶厥生。」毛傳：「虞、芮之君相與爭田，久而不平，乃相謂曰：『西伯仁人也，盍往質焉？』乃相與朝周。入其境，則耕者讓畔，行者讓路。」（又見家語好生）

〔六〕勞謙，已見行品篇「勞謙沖退」句箋。

〔七〕禮記檀弓下：「（趙）文子其中退然如不勝衣。」鄭注：「中，身也。退，柔和貌。」釋文：「勝，音升。」（孔叢子對魏王：「（子高）答曰：『……趙文子其身如不勝衣。』」）韓非子外儲説左下：「平公問叔向曰：『羣臣孰賢？』曰：『趙武。』公曰：『子黨於師人。』曰：『武立如不勝衣，言如不出口，……臣敢以爲賢也。』」（又見新序雜事四）韓詩外傳七：「孔子曰：『昔者周公事文王，行無專制，事無由己，身若不勝衣，言若不出口，有奉持於前，洞洞焉若將失之，可謂子矣。』」

〔八〕論語鄉黨：「入公門，鞠躬如也，如不容。」集解引孔安國曰：「斂身。」皇疏：「君門雖大，而己恆曲斂，如君門之狹不見容焉。」史記魏公子傳：「於是公子立自責，似若無所容者。」

「夫德盛操清，則雖深自挹降，而人猶貴之。若履蹈不高，則雖行淩暴，而人猶不敬。假令外服人體，內失人心，所謂見憎惡，非爲見尊重也。昔莊生未食，趙王側立〔一〕。騶衍入壃，燕君擁篲〔二〕。康成之里，逆虜望拜〔三〕，林宗之庭，莫不卑肅〔四〕。非力之所服也。

〔一〕莊生未食，趙王側立，前欽士篇「莊周未食，而趙惠竦立」二句箋已注明未詳。

〔二〕騶衍入壃，燕君擁篲，已見君道篇「擁篲以顯巖棲之士」句箋。壃，疆之或體。

〔三〕後漢書鄭玄傳：「鄭玄字康成，北海高密人也。……建安元年，自徐州還高密，道遇黃巾賊數萬人，見玄皆拜，相約不敢入縣境。」（又見鄭玄別傳〔北堂書鈔八五引「約」作「戒」；太平御覽五四二引無「相約」句〕）後漢紀獻帝紀：「（建安三年）玄身長八尺，秀眉朗目，造次顛沛非禮不動。黃巾賊數萬人經玄廬，皆爲之拜。高密一縣，不被抄掠。」

〔四〕後漢書郭太傳：「郭太字林宗，太原界休人也。」郭太別傳：「鄉人見太，皆於床下拜。」（太平御覽五四二引）

「夫以抄盜致財，雖巨富不足嘉；凶德脅人，雖見憚不足榮也。然而庸民爲之不惡，故聞其言者，猶鴟梟之來鳴也〔一〕；覩其面者，若鬼魅之見形也。其所至詣，則如妖怪之集也；其在道塗，則甚逢虎之羣也。愚夫行之，自矜爲豪；小人徵之，以爲橫階〔二〕。亂靡有定〔三〕，寔此之由也。

〔一〕詩大雅瞻卬：「爲梟爲鴟。」鄭箋：「梟鴟，惡聲之鳥。」魯連子：「（魯仲連）往請田巴曰：『……國亡在旦夕，先生奈之何？若不能者，先生之言，有似梟鳴，出聲而人惡之，願先生勿復言！』」（史記魯仲連傳正義、太平御覽四六四又九二七引）說苑談叢：「梟逢鳩，鳩曰：『子將安之？』梟曰：『我將東徙。』鳩曰：『何故？』梟曰：『鄉人皆惡我鳴，以故東徙。』鳩曰：『子能更鳴，可矣；不能更鳴，東徙猶惡子之聲。』」（曹子建集令禽惡鳥論「荆梟將徙巢於吳」云云，即本此文。）易林蠱之恆：「梟鳴室北，聲醜可惡。」

〔二〕橫，橫行。荀子修身：「橫行天下。」楊注：「橫行，不順理而行也。」詩大雅瞻卬：「維厲之階。」鄭箋：「階，所由上下也。」玉篇阜部：「階，梯也。」

〔三〕詩小雅節南山：「不弔昊天，亂靡有定。」鄭箋：「定，止。……天下之亂無肯止之者。」

「然敢爲此者，非必篤頑也，率多本無多字，從羣書治要補。冠蓋之後〔一〕，勢援之門，素頗力行善事，以竊虛名；名既粗立，本情便放：或假財色以交權豪，或因時運以佻榮位，或以婚姻而連貴戚，或弄毀譽以合威柄。器盈志溢，態發病出，黨成交廣，道通步高〔二〕。清論所不能復制，繩墨所不能復彈，遂成鷹頭之蠅，廟垣之鼠〔三〕。

〔一〕冠蓋，已見崇教篇「望冠蓋以選用」句箋。

〔二〕步高，已見交際篇「步高視遠」句箋。

〔三〕晏子春秋問上：「景公問於晏子曰：『治國何患？』晏子對曰：『患夫社鼠。』公曰：『何謂也？』對曰：『夫社，束木而塗之，鼠因往託焉，熏之則恐燒其木，灌之則恐敗其塗，此鼠所以不可得殺者，以社故也。夫國亦有焉，人主左右是也。內則蔽善惡於君上，外則賣權重於百姓，不誅之則亂，誅之則爲人主所案據，腹而有之，此亦國之社鼠也。』」（韓詩外傳七略同，韓非子外儲說右上（兩見）、說苑政理則並以爲「桓公問管仲。」）魏略：「君側之人，衆所畏憚，所謂鷹頭之蠅，廟垣之鼠者也。」（新唐書魏元忠傳袁楚客規元忠書同）典語：「社稷之鼠，竄於宮側。」（太

平御覽九一一引）

「所未及者，則低眉埽地以奉望之〔一〕；居其下者，作威作福以控御之〔二〕。故勝己者則不得聞，聞亦陽不知也；減己者則不敢言，言亦不能禁也。夫災蟲害穀，至降霜則殄矣。佞雄亂羣，值嚴時則敗矣。獨善其身者〔三〕，唯可以不肎事之，不行傚之而已耳。有斧無柯〔四〕，其如之何哉？」

〔一〕低眉，已見逸民篇「不亦愈於脅肩低眉」句箋。史記齊悼惠王世家：「及魏勃少時，欲求見齊相曹參，家貧無以自通，乃常獨早夜埽齊相舍人門外。」

〔二〕照按：「作」上似應有「則」字，上文「所未及者，則低眉埽地以奉望之」二句可證。作威作福，已見君道篇「獨任則悟鹿馬之作威」句箋。

〔三〕孟子盡心上：「窮則獨善其身。」

〔四〕有斧無柯，已見交際篇「有斧無柯」句箋。

抱朴子曰：「詩美雎鳩，貴其有別〔一〕。在禮：男女無行媒，不相見；不雜坐，不通問，不同衣物，不得親授。姊妹出適而反，兄弟不共席而坐。外言不入，內言不出〔二〕。婦人送迎不出門〔三〕，行必擁蔽其面〔四〕。道路男由左，女由右〔五〕。此聖人重別杜漸之明制也。

〔一〕詩周南關雎：「關關雎鳩，在河之洲。」毛傳：「關關，和聲也。雎鳩，王雎也。鳥摯而有別。水中可居者曰洲。后妃說樂君子之德，無不和諧，又不淫其色，慎固幽深，若關雎之有別焉，然後可以風化天下。夫婦有別則父子親，父子親則君臣敬，君臣敬則朝廷正，朝廷正則王化成。」鄭箋：「摯之言至也，謂王雎之鳥，雌雄情意至，然而有別。」淮南子泰族：「關雎興於鳥，而君子美之，爲其雌雄之不乖居也。」家語好生：「關雎興于鳥，而君子美之，取其雌雄之有別。」（文心雕龍比興：「關雎有別，故后妃方德。」）列女傳仁智魏曲沃負傳：「夫雎鳩之鳥，猶未嘗見乘居而匹處也。」（王先謙詩三家義集疏一：「〔淮南〕『不乖居』，言不亂耦。……或改『乖』爲『乘』，以合列女傳〔此指王念孫讀淮南子雜志說〕，非。」）

〔二〕禮記曲禮上：「男女不雜坐，不同椸枷，不同巾櫛，不親授，嫂、叔不通問，諸母不漱裳，外言不入於梱，內言不出於梱。」鄭注：「不雜坐，謂男子在堂，女子在房也。椸，可以枷衣者。通問，謂相稱謝也。諸母，庶母也。漱，澣也。庶母賤，可使漱衣，不可使漱裳。裳，賤。尊之者，亦所以遠別。外言內言，言男女之職也。不出入者，不以相問也。梱，門限也。」又：「姑、姊、妹、女子子已嫁而反，兄弟弗與同席而坐，弗與同器而食。」鄭注：「女子十年而不出嫁，及成人可以出矣，猶不與男子共席而坐，亦遠別也。」又：「男女非有行媒，不相知名。」鄭注：「見媒往來傳婚姻之言，乃相知姓名。」又內則：「內言不出，外言不入。」又坊記「故男女授受不親」鄭注：「不親者，不以手相與也。」儀禮喪服「子嫁反在父之室」鄭注：「凡女行於大夫以上曰嫁，行於士、庶人曰適人。」文選潘岳寡婦賦「適人而所天又殞」李注：「家語（本命解）曰：『女子十五有適人之道。』適，謂往嫁也。」

〔三〕左傳僖公二十二年：「楚子使師縉示之俘馘。君子曰：『非禮也。婦人送迎不出門，見兄弟不踰閾，戎事不邇女器。』」

〔四〕禮記內則：「女子出門，必擁蔽其面。」鄭注：「擁，猶障也。」

〔五〕照按：「左」「右」二字當互乙。禮記王制：「道路：男子由右，婦人由左，車從中央。」鄭注：「道有三途，遠別也。」又內則：「道路：男子由右，女子由左。」鄭注：「地道尊右。」呂氏春秋樂成：「孔子始用於魯，……用三年，男子行乎塗右，女子行乎塗左。」並其證也。

「且夫婦之閒可謂昵矣，而猶男子非疾病不晝居於內〔一〕，將終不死婦人之手〔二〕，況於他乎？昔魯女不幽居深處，以致扈犖原注：「力各切。」之變〔三〕。孔妻不密潛戶庭，以起華督之禍〔四〕。史激無防，有汗種之悔〔五〕。王孫不嚴，有杜門之辱〔六〕。而今俗婦女，休其蠶織之業〔七〕，廢其玄紞之務〔八〕。不績其麻，市也婆娑〔九〕。舍中饋之事〔一〇〕，修周旋之好。更相從詣〔一一〕，之適親戚，承星舉火，不已于行。多將侍從〔一二〕，暐曄盈路，婢使吏卒，錯雜如市，尋道褻謔，可憎可惡。

〔一〕禮記檀弓上：「故君子之執親之子非有大故，不宿於外。非致齊也，非疾也，不晝夜居於內。」鄭注：「內，正寢之中。」釋文：「齊，側皆反。」

〔二〕儀禮既夕禮：「男子不絕於婦人之手。」鄭注：「備褻。」禮記喪大記：「男子不死於婦人之手。」鄭注：「君子重終，爲其相褻。」穀梁傳成公十八年：「男子不絕婦人之手，以齊終也。」釋文：「齊，如字，又側皆反。」

〔三〕左傳莊公三十二年：「初，公築臺臨黨氏，（杜注：「黨氏，魯大夫。」）見孟任，從之，閟，（杜注：「孟任，黨氏女。閟，不從公。」）而以夫人言許之，割臂盟公。生子般焉。雩，講于梁氏，女公子觀之。（杜注：「雩，祭天也。講，肄也。梁氏，魯大夫。女公子，子般妹。」）圉人犖自牆外與之戲。（杜注：「圉人，掌養馬者。以慢言戲之。」）子般怒，使鞭之。公曰：『不如殺之，是不可鞭，犖有力焉，能投蓋於稷門。』……八月癸亥，公薨於路寢。子般卽位，次於黨氏。冬，十月己未，共仲使圉人犖賊子般於黨氏。」（又見史記魯世家）公羊傳宣公十二年：「廝、役、扈養死者數百人。」何注：「養馬者曰扈。」（廣雅釋詁一同）盧本「扈」作「圉」，乃臆改。柏筠堂本、文溯本等從之，非是。

〔四〕孔妻事，已見弭謗篇「華氏不難於殺孔父而取其妻」句箋。

〔五〕徐濟忠改「汗」爲「汙」，顧廣圻改同。照按：「汗」改「汙」是。戰國策齊策六：「齊閔王之遇殺，其子法章變姓名爲莒太史家庸夫。太史敫女奇法章之狀貌，以爲非常人，憐而常竊衣食之，與私焉。莒中及齊亡臣相聚求閔王子，欲立之。法章乃自言於莒。共立法章爲襄王。襄王立，以太史氏女爲王后，生子建。太史敫曰：『女無媒而嫁者，非吾種也，汙吾世矣！』終身不覩君王后。」（又見史記田完世家）即其事已。魯藩本作「汙」，不誤。當據改。又按：「激」當依齊策、史記作「敫」。裴駰集解引徐廣曰：「（敫）音躍，一音皎。」則原非「激」字明矣。（徐濟忠謂當作「嬓」，蓋據田單傳贊「莒人求湣王子法章，得之太史嬓之家」之文也。張守節正義：「嬓，音皎。」與徐廣之一音同。是「敫」與「嬓」通。）

〔六〕史記司馬相如傳：「是時卓王孫有女文君新寡，好音，故相如繆與令（王吉）相重，而以琴心挑之。相如之臨邛，從車騎，雍容閒雅，甚都。及飲卓氏，弄琴，文君竊從户窺之，心悦而好之，恐不得當也。既罷，相如乃使人重賜文君侍者通殷勤。文君夜亡奔相如，相如乃與馳歸成都。家居徒四壁立。卓王孫大怒曰：『女至不材，我不忍殺，不分一錢也。』人或謂王孫，王孫終不聽。文君久之不樂，曰：『長卿第俱如臨邛，從昆弟假貸，猶足爲生，何至自苦如此！』相如與俱之臨邛，盡賣其車騎，買一酒舍酤酒，而令文君當鑪。相如身自著犢鼻褌，與保庸雜作，滌器於市中。卓王孫聞而恥之，爲杜門不出。」漢書司馬相如傳上顏注：「杜，塞也。」（西京雜記二：「司馬相如初與卓文君還成都，居貧愁懣，以所著鷫鸘裘就市人陽昌貰酒，與文君爲歡。既而文君抱頸而泣曰：『我平生富足，今乃以衣裘貰酒。』遂相與謀，於成都賣酒。相如親著犢鼻褌滌器，以恥王孫。王孫果以爲病，乃厚給文君，文君遂爲富人。」）

〔七〕詩大雅瞻卬：「婦無公事，休其蠶織。」毛傳：「休，息也。婦人無與外政，雖王后猶以蠶織爲事。」鄭箋：「今婦人休其蠶桑織紝之職，而與朝廷之事，其爲非宜，亦猶是也。」列女傳母儀魯季敬姜傳：「詩曰：『婦無公事，休其蠶織。』言婦人以織績爲公事者也，休之非禮也。」

〔八〕國語魯語下：「王后親織玄紞。」韋注：「說云：『紞，冠之垂前後者。』昭謂紞所以縣瑱當耳者。」

〔九〕詩陳風東門之枌：「不績其麻，市也婆娑。」毛傳：「婆娑，舞也。」（此據首章「婆娑其下」句傳迻録）鄭箋：「績麻者，婦人之事也。疾其今不爲。」

〔一〇〕易家人：「六二，无攸遂，在中饋，貞吉。」集解引荀爽曰：「坤道順從，故无所得遂，供肴中饋，酒食是議，故曰中饋。」後漢書王符傳：「（潛夫論）浮侈篇曰：『……詩刺「不績其麻，市也婆娑」。又婦人不修中饋，休其蠶織，而起學巫祝，鼓舞事神。』」李注：「鄭玄注云：『中饋，酒食也。』」

〔一一〕說文言部：「詣，候至也。」玉篇言部：「詣，往也，到也。」

〔一二〕詩大雅板：「多將熇熇。」鄭箋：「將，行也。」

「或宿于他門，或冒夜而反。游戲佛寺，觀視漁畋，登高臨水，出境慶弔〔一〕。開車褰幃〔二〕，周章城邑〔三〕，盃觴路酌，絃歌行奏。轉相高尚，習非成俗，生致因緣，無所不肎，誨淫之源〔四〕，不急之甚。刑于寡妻，家邦乃正〔五〕。願諸君子，少可禁絕。婦無外事〔六〕，所以防微矣。

〔一〕禮記檀弓下：「婦人不越疆而弔人。」鄭注：「不通於外。」又雜記下：「婦人非三年之喪，不踰封而弔。」鄭注：「踰封，越竟也。或爲越疆。」穀梁傳莊公二年：「婦人既嫁不踰竟。踰竟，非正也。」釋文：「踰竟，音境。」春秋繁露玉英：「婦人無出境之事，經禮也。」白虎通德論喪服：「婦人不出境弔者，婦人無外事，防淫佚也。」

〔二〕詩衞風氓：「淇水湯湯，漸車帷裳。」毛傳：「湯湯，水盛貌。帷裳，婦人之車也。」鄭箋：「帷裳，童容也。我乃渡深水，至漸車童容，猶冒此難而往，又明己專心於女。」正義：「幃裳，一名童容。故（周禮春官）巾車云：『重翟、厭翟、安車皆有容蓋。』鄭司農（衆）云：『容謂襜車，山東謂之裳幃，或曰童容。』以幃障車之旁如裳，以爲容飾，故或謂之幃裳，或謂之童容，其上有蓋，四旁垂而下，謂之襜。」釋名釋車：「容車，婦人所載小車也。其蓋施帷，所以隱蔽其形容也。」說文手部：「攓，摳衣也。」禮記曲禮上「摳衣」鄭注：「摳，提也。」「褰」，「攓」之借字。「帷」、「幃」古通（詩氓「漸車帷裳」，儀禮士昏禮賈疏引「帷」作「幃」）。褰幃，卽車幃撩起而未下垂之意。

〔三〕楚辭九歌雲中君：「聊翺遊兮周章。」王注：「周章，猶周流也。」（顏氏家訓風操：「周章道路，要候執事。」）

〔四〕誨淫，已見弭訟篇「目玩冶容」句箋。

〔五〕詩大雅思齊：「刑于寡妻，至于兄弟，以御于家邦。」毛傳：「刑，法也。寡妻，適妻也。御，迎也。」鄭箋：「寡妻，寡有之妻，言賢也。御，治也。」釋文：「刑，韓詩云：『刑，正也。』」

〔六〕穀梁傳僖公九年：「（葵丘之會）曰：『毋雍泉，……毋使婦人與國事。』」范注：「女正位於內。」釋文：「與，音豫。」白虎通德論爵：「婦人無爵何？陰卑無外事。」又謚：「婦人本無外事。」

抱朴子曰：「輕薄之人，迹廁高深，交成財贍，名位粗會，便背禮叛教，託云率任，才不逸倫，強爲放達〔一〕，以傲兀無檢者爲大度〔二〕，以惜護節操者爲澀少。於是臘鼓垂無賴之子，白醉耳熱之後〔三〕，結黨合羣，遊不擇類，奇士碩儒，或隔籬而不接；妄行所在，雖遠而必至。攜手連袂，以遨以集，入他堂室，觀人婦女，指玷修短〔四〕，評論美醜。不解此等何爲者哉？

〔一〕魏氏春秋：「（阮）籍曠達不羈，不拘禮俗。」（三國志魏書王粲傳裴注引）王隱晉書：「魏末，阮籍嗜酒荒放，露頭散髮，裸袒箕踞。其後貴游子弟阮瞻、王澄、謝鯤、胡毋輔之之徒，皆祖述於籍，謂得大道之本。故去巾幘，脫衣服，露醜惡，同禽獸。甚者名之爲通，次者名之爲達也。」（世說新語德行劉注引）干寶晉紀：「何曾嘗謂阮籍曰：『卿恣情任性，敗俗之人也。今忠賢執政，綜核名實，若卿之徒，何可長也！』復言之太祖，籍飲（酒）噉（肉）不輟。故魏、晉之間，有被髮夷傲之事，背死忘生之人，反謂行禮者，籍爲之也。」（世說新語任誕劉注引）又晉紀總論：「故觀阮籍之行，而覺禮教崩弛之所由。」（李注引干寶晉紀曰：「阮籍宏逸曠達，居喪不帥常檢。」）晉書隱逸戴逵傳：「（逵）性高潔，常以禮度自處，深以放達爲非道，乃著論曰：『……若元康之人，可謂好遁跡而不求其本，故有捐本徇末之弊，舍實逐聲之行，是猶美西施而學其顰眉，慕有道而折其巾角，所以爲慕者，非其所以爲美，徒貴貌似而已矣。夫紫之亂朱，以其似朱也。故鄉原似中和，所以亂德，放者似達，所以亂道。然竹林之爲放，有疾而爲顰者也，元康之爲放，無德而折巾者也。可無察乎！……不然，則流遁忘反，爲風波之行，自驅以物，自誑以僞，外眩囂華，內喪道實，以矜尚奪其真主，以塵垢翳其天正，貽笑千載，可不慎歟！』」世說新語德行：「王平子（名澄）、胡毋彥國（名輔之）諸人，皆以任放爲達，或有裸體者。」又任誕：「諸阮皆能飲酒，仲容（名咸）至宗人間共集，不復用常桮斟酌，以大甕盛酒，圍坐，相向大酌。時有羣豬來飲，直接去上，便共飲之。」（又見晉書阮咸傳）又：「阮宣子（名脩）常步行，以百錢挂杖頭，至酒店，便獨酣暢。」（又見晉書阮脩傳）又：「畢茂世（名卓）云：『一手持蟹螯，一手持酒桮，拍浮酒池中，便足了一生。』」劉注引何法盛晉中興書曰：「畢卓……少傲達，爲胡毋輔之所知。太興末，爲吏部郎，嘗飲酒廢職。比舍郎釀酒熟，卓因醉，夜至其甕間取飲之。主者謂是盜，執而縛之。知爲吏部也，釋之。卓遂引主人燕甕側，取醉而去。」（又見晉書畢卓傳）

〔二〕說文儿部：「兀，高而上平也。」段注：「凡从兀聲之字，多孤高之意。」傲兀，倨傲孤高。

〔三〕繼昌曰：「『臘鼓垂』有脫誤。舊寫本作『臘鼓』（吉藩本同），是『垂』亦有誤。」照按：「臘鼓垂」三字實有脫誤。以意校之，「臘」上疑脫「伏」字，「垂」爲「缶」之形誤。（魯藩本「垂」作「垂」，與「缶」形尤近。）史記留侯世家：「每上冢伏臘，祠黄石。」（漢書張良傳同）漢書元后傳：「（王）莽更漢家黑貂，著黄貂，又改漢正朔伏臘日。太后令其官屬黑貂，至漢家正臘日，獨與其左右相對飲酒食。」獨斷佚文：「臘者，歲終大祭，縱吏民宴飲。」（北堂書鈔一五五、藝文類聚五、初學記四、太平御覽三三引）文選閑居賦：「牧羊酤酪，以俟伏臘之費。」劉子適才：「伏臘合歡，必歌采菱。」據此，夏伏冬臘，爲古代重視之佳節矣。詩陳風宛丘：「坎其擊缶，宛丘之道。」（風俗通義聲音：「缶者，瓦器，所以盛漿，秦人鼓之以節歌。」）晏子春秋外篇上：「景公飲酒數日而樂，釋衣冠，自鼓缶。」（又見新序刺奢）史記廉頗藺相如傳：「藺相如前曰：『趙王竊聞秦王善爲秦聲，請奏盆缻（詩陳風宛丘正義引作「缶」）秦王，以相娛樂。』」（索隱：「缻，音缶。」）又李斯傳：「（上書）夫擊甕叩缶，彈箏搏髀，而歌呼嗚嗚快耳者，真秦之聲也。」（索隱：「缶，瓦器也，秦人鼓之以節樂。」）鹽鐵論散不足：「往者民間酒會，各以黨俗，彈箏鼓缶而已。」據此，古人於娛樂、飲酒時，往往鼓缶以助興或節歌矣。漢書楊惲傳：「（報孫會宗書）田家作苦，歲時伏臘，亨羊炰羔，斗酒自勞。家本秦也，能爲秦聲。婦，趙女也，雅善鼓瑟。奴婢歌者數人，酒後耳熱，仰天拊缶而呼烏烏。……是日也，拂衣而喜，奮褎低卬，頓足起舞，誠淫荒無度，不知其不可也。」子幼所言與稚川此語略同，故謂當作「伏臘鼓缶」也。

〔四〕指玷，猶指點。修短，長短。（小爾雅廣言：「修，長也。」）

「或有不通主人，便共突前，嚴飾未辦，不復窺聽，犯門折關〔一〕，踰垝原注：「居毀切。」穿隙〔二〕，有似抄劫之至也。其或妾媵藏避不及，至搜索隱僻，就而引曳，亦怪事也。夫君子之居室，猶不掩家人之不備。故入門則揚聲，升堂則下視〔三〕。而唐突他家〔四〕，將何理乎！

〔一〕左傳襄公二十三年：「（季孫）乃盟臧氏曰：『無或如臧孫紇干國之紀，犯門斬關。』」

〔二〕說文土部：「垝，毀垣也。……詩（衞風氓）曰：『乘彼垝垣。』」

〔三〕照按：文有倒誤，「入門」與「升堂」當互乙。禮記曲禮上：「將上堂，聲必揚。」鄭注：「警内人也。」又：「將入户，視必下。」鄭注：「不干掩人之私也。」韓詩外傳九：「孟子妻獨居踞，孟子入户視之，白其母曰：『婦無禮，請去之。』母曰：『何也？』曰：『踞。』其母曰：『何知之？』孟子曰：『我親見之。』母曰：『乃汝無禮也！非婦無禮。禮不云乎：將入門，問孰存？將上堂，聲必揚。將入户，視必下。不掩人不備也。今汝往燕私之處，入户不有聲，令人踞而視之，是汝之無禮也，非婦無禮也。』」列女傳母儀鄒孟軻母傳：「孟子既娶，將入私室，其婦袒而在内，孟子不悦。遂去，不入。婦辭孟母而求去。……於是孟母召孟子而謂之曰：『夫禮：將入門，問孰存？所以致敬也。將上堂，聲必揚，所以戒人也。將入户，視必下，恐見人過也。今子不察於禮，而責禮於人，不亦遠乎！』」

〔四〕詩小雅漸漸之石：「有豕白蹢，烝涉波矣。」鄭箋：「豕之性能水，又唐突難禁制。四蹄皆白曰駭，則白蹄其尤躁疾者。」後漢書孔融傳：「（路粹）枉狀奏融曰：『……又融爲九列，不遵朝儀，禿巾微行，唐突宮掖。』」文選任昉到大司馬記室牋：「維此魚目，唐突璵璠。」李注引孔融汝潁優劣論：「陳羣曰：『頗有蕪菁，唐突人參也。』」

「然落拓之子〔一〕，無骨骾而好隨俗者〔二〕，以通此者爲親密，距此者爲不恭，誠爲當世不可以不爾。於是要呼憒雜〔三〕，入室視妻，促膝之狹坐，交杯觴於咫尺，絃歌淫冶之音曲，以誂文君之動心〔四〕。載號載呶〔五〕，謔戲醜褻，窮鄙極黷，爾乃笑亂男女之大節〔六〕，蹈相鼠之無儀〔七〕。

〔一〕史記酈食其傳：「家貧落魄，無以爲衣食業。」集解：「應劭曰：『落魄，志行衰惡之貌也。』晉灼曰：『落薄，落託，義同也。』」漢書酈食其傳顔注：「鄭氏曰：『魄音薄。』師古曰：『落魄，失業無次也。鄭音是。』」「落拓」與「落託」音同得通，亦言「拓落」，漢書揚雄傳下：「（解嘲）何爲官之拓落也？」顔注：「拓落，不耦也。拓音託。」是「拓落」猶「落拓」矣。

〔二〕骨骾，已見臣節篇「社稷之骾也」句箋。

〔三〕要，平聲。説文心部：「憒，亂也。」

〔四〕廣雅釋詁一：「誂，誘也。」誂文君，已見本篇上文「王孫不嚴，有杜門之辱」二句箋。

〔五〕載號載呶，已見酒誡篇「載號載呶」句箋。

〔六〕「笑」上，吉藩本有「喧」字。照按：有「喧」字較勝。左傳莊公二十四年：「御孫曰：『今男女同贄，是無別也。男女之別，國之大節也。』」

〔七〕詩鄘風相鼠：「相鼠有皮，人而無儀！人而無儀，不死何爲！」毛傳：「相，視也。無禮儀者雖居尊位，猶爲闇昧之行。」鄭箋：「儀，威儀也。視鼠有皮，雖處高顯之處，偷食苟得，不知廉恥，亦與人無威儀者同。人以有威儀爲貴，今反無之，傷化敗俗，不如其死，無所害也。」釋文：「相，息亮反。」

「夫桀傾紂覆〔一〕，周滅陳亡〔二〕，咸由無禮，況匹庶乎！蓋信不由中，則屢盟無益〔三〕。意得神至，則形器可忘〔四〕。君子之交也，以道義合，以志契親，故淡而成焉；小人之接也，以勢利結，以狎慢密，故甘而敗焉〔五〕。何必房集內讌，爾乃款誠〔六〕，著妻妾飲會〔七〕，然後分好昵哉！

〔一〕桀傾、紂覆，已見酒誡篇「糟丘、酒池，辛、癸以亡」二句箋。

〔二〕周滅，亦見酒誡篇「所謂以褒姒喪周」句箋。左傳宣公九年：「陳靈公與孔寧、儀行父通於夏姬，皆衷其衵服，以戲於朝。」又十年：「陳靈公與孔寧、儀行父飲酒於夏氏，公謂行父曰：『徵舒似女。』對曰：『亦似君。』徵舒病之。公出，自其廄射而殺之。」又十一年：「楚子爲陳夏氏亂故，伐陳。謂陳人無動，將討於少西氏。遂入陳，殺夏徵舒，轘諸栗門。因縣陳。」杜注：「滅陳，以爲楚縣。」

〔三〕左傳隱公三年：「君子曰：『信不由中，質無益也。』」又桓公十二年：「君子曰：『苟信不繼，盟無益也。詩（小雅巧言）云：「君子屢盟，亂是用長。」無信也。』」杜注：「詩小雅言無信故數盟，數盟則情疏，情疏而憾結，故云長亂。」潛夫論交際：「『君子屢盟，亂是用長。』大人之道，周而不比，微言相感，掩若同符，又焉用盟？」（文心雕龍祝盟：「故知信不由衷，盟無益也。」）

〔四〕易繫辭上：「形乃謂之器。」韓注：「成形曰器。」形器，指人軀體。形器可忘，即忘形之意。

〔五〕禮記表記：「故君子之接如水，小人之接如醴。君子淡以成，小人甘以壞。」鄭注：「水相得，合而已。酒醴相得，則敗。淡，無酸酢，少味也。接，或爲交。」正義：「水相合爲江河，酒醴相合而久，乃敗壞也。」莊子山木：「且君子之交淡若水，小人之交甘若醴。君子淡以親，小人甘以絕。」郭注：「去利，故淡。道合，故親也。飾利，故甘。利不可常，故有時而絕也。」

〔六〕漢書王莽傳上：「(上書)非有款誠，豈可虛致？」文選贈熊文顯詩：「夫子茂遠猷，款誠寄惠音。」李注引秦嘉贈婦詩曰：「何用敍我心，遺思致款誠。」廣雅釋詁一：「款，誠也。」

〔七〕張璠漢紀：「初(周)景歷位牧守，好善愛士，每歲舉孝廉，延請入，上後堂，與家人宴會，如此者數四。」(三國志吳書周瑜傳裴注引)後漢書周景傳：「景字仲饗(嚮)。……好賢愛士，其拔才薦善，常恐不及。每至歲時，延請舉吏入上後堂，與共宴會，如此數四，乃遣之。」風俗通義十反：「河內太守(府)廬江周景仲嚮，每舉孝廉，請之上堂，家人宴飲，皆令平仰，言笑晏晏，如是三四。」三國志魏書衛臻傳：「夏侯惇爲陳留太守，舉臻計吏，命婦出宴，臻以爲『末世之俗，非禮之正』。」是此風漢季已然矣。

「古人鑒淫敗之曲防〔一〕，杜傾邪之端漸，可謂至矣。修之者爲君子〔二〕，背之者爲罪人。然禁疏則上宮有穿窬之男〔三〕，網漏則桑中有奔隨之女〔四〕。縱而肆之，其猶烈猛火於雲夢〔五〕，開積水乎萬仞〔六〕，其可撲以箒篲，遏以撮壤哉！然而俗習行慣，皆曰此乃京城上國〔七〕，公子王孫貴人所共爲也〔八〕。」

〔一〕漢書禮樂志：「周監於二代，禮文尤具，事爲之制，曲爲之防。」顏注：「言每事立制，委曲防閑也。」

〔二〕照按：此句緊承上文，「修」當作「循」。(古籍中「修」、「脩」常混用，「循」與「脩」形近，往往互誤。)循，遵循；順從。

〔三〕詩鄘風桑中：「爰采唐矣，沬之鄉矣。云誰之思？美孟姜矣。期我乎桑中，要我乎上宮，送我乎淇之上矣。」毛傳：「爰，於也。唐，蒙，菜名。沬，衞邑。姜，姓也。言世族在位，有是惡行。桑中、上宮，所期之地。淇，水名也。」鄭箋：「如何采唐必沬之鄉，猶言欲爲淫亂者必之衞之都。惡衞爲淫亂之主。淫亂之人誰思乎？乃思美孟姜。孟姜，列國之長女，而思與淫亂，疾世族在位有是惡行也。此思美孟姜之愛厚己也，與我期於桑中，而要見我於上宮，其送我則於淇水之上。」釋文：「要，於遥反。」王先謙詩三家義集疏卷三中：「上宮未聞，既會而後約，則桑中、上宮非一地。上宮蓋孟姜所居，故易林（艮之解）云『上宮長女』也。」禮記表記：「在小人則穿窬之盜也。」論語陽貨：「譬諸小人，其猶穿窬之盜也。」集解引孔安國曰：「穿，穿壁。窬，窬牆。」

〔四〕詩鄘風桑中序：「桑中，刺奔也。衞之公室淫亂，男女相奔，至於世族在位，相竊妻妾，期於幽遠，政散民流而不可止。」鄭箋：「衞之公室淫亂，謂宣、惠之世，男女相奔，不待媒氏以禮會之也。世族在位，取姜氏、弋氏、庸氏者也。竊，盜也。幽遠，謂桑中之野。」左傳成公二年：「（楚）使屈巫聘於齊，且告師期，巫臣盡室以行。申叔跪從其父將適郢，遇之，曰：『異哉！夫子有三軍之懼，而又有桑中之喜，宜將竊妻以逃者也。』」杜注：「桑中，衞（鄘）風淫奔之詩。」續漢郡國志三東郡濮陽劉注引博物記曰：「桑中在其中。」

〔五〕雲夢，已見嘉遯篇「夫羣迷乎雲夢者」句箋。

〔六〕孫子軍形：「勝者之戰，若決積水於千仞之谿者，形也。」吕氏春秋適威：「民之走之也，若決積水於千仞之谿。」高注：「七尺曰仞。」淮南子兵略：「是故善用兵者，勢如決積水於千仞之隄。」

〔七〕上國，已見審舉篇「子游、仲任之徒，亦未謝上國也」二句箋。

〔八〕公子王孫，已見崇教篇「若夫王孫公子」句箋。

余每折之曰：「夫中州禮之所自出也〔一〕，禮豈然乎？蓋衰亂之所興，非治世之舊風也。夫老聃清虛之至者也，猶不敢見乎所欲，以防心亂〔二〕。若使柳下惠潔疑脱一字高行，屢接褻讌〔三〕，將不能不使情生於中，而色形于表。況乎情淡者萬未一，而抑情者難多得。如斯之事，何足長乎！

〔一〕中州，已見審舉篇「惟以其土宇褊於中州」句箋。

〔二〕史記老子傳：「姓李氏，名耳，字聃。」漢書藝文志諸子略：「道家者流，……清虛以自守。」老子第三章：「不見可欲，使心不亂。」河上公注：「放鄭聲，遠美人，不邪淫，不惑亂也。」

〔三〕孫星衍曰：「（『潔』下）疑脱一字。」照按：交際篇：「操清潔高者。」安貧篇：「而言高行方。」是此文「行」下漏一「方」字，非「潔」下有脱落也。詩小雅巷伯：「哆兮侈兮，成事南箕。」毛傳：「昔者顔叔子獨處于室，鄰之釐婦又獨處于室，夜暴風雨至而室壞。婦人趨而至，顔叔子納之，而使執燭，放乎旦而蒸盡，縮屋而繼之，自以爲辟嫌之不審矣。若其審者，宜若魯人然。魯人有男子獨處于室，鄰之釐婦又獨處于室，夜暴風雨至而室壞，婦人趨而託之，男子閉户而不納。婦人自牖與之言曰：『子何爲而不納我乎？』男子曰：『吾聞之也，男子不六十不閒居，今子幼，吾亦幼，不可以納子。』婦人曰：『子何不若柳下惠然？嫗不逮門之女，國人不稱其亂。』」（「魯人有男子」以下又見家語好生）釋文：「釐，力之反，寡婦也。依字作嫠。閒，閒廁之閒；又音閑。嫗，本或作煦。」韓詩外傳佚文：「魯有男子獨處，夜暴風雨至，婦人趨而託之。男子閉户不納，曰：『吾聞男子不六十不閒居。』婦人曰：『子何不學柳下惠然？嫗不逮門之女，國人不稱其亂焉。』」（後漢書崔駰傳李注引）中論貴驗：「伊尹放太甲，展季覆寒女，商、魯之民，不稱淫、篡焉。何則？積之於素也。」後漢書崔駰傳：「（崔篆慰志賦）展季效貞於門女。」（羅隱兩同書：「柳下惠與女子同寢，終不爲亂。」）

「窮士雖知此風俗不足引進，而名勢竝乏，何以整之？每以爲慨。故常獲憎於斯黨，而見謂爲野朴之人，不能隨時之宜。余期於信己而已，亦安以我之不可，從人之可乎〔一〕！可歎非一，率如此也。已矣夫，吾末如之何也。彼之染入邪俗，淪胥以敗者〔二〕，曷肎納逆耳之讜言〔三〕，而反其東走之遠迹哉〔四〕？」

〔一〕詩小雅巷伯「哆兮侈兮，成是南箕」毛傳：「魯人有男子獨處于室，……男子曰：『柳下惠固可，吾固不可，吾將以吾不可，學柳下惠之可？』」（又見家語好生）

〔二〕淪胥以敗，已見弭訟篇「將遂淪胥」句箋。

〔三〕逆耳，已見君道篇「聞逆耳而不諱」句箋。讜言，亦已見君道篇「聆公廬之讜言」句箋。

〔四〕韓非子說林上：「慧子（惠施）曰：『狂者東走，逐者亦東走，其東走則同，其所以東走之爲則異。』」（又見淮南子說山）

抱朴子曰：「俗閒有戲婦之法〔一〕，於稠衆之中，親屬之前，問以醜言，責以慢對，其爲鄙黷，不可忍論。或蹙以楚撻〔二〕，或繫脚倒懸。酒客酗醟〔三〕，不知限齊〔四〕，至使有傷於流血，踒原注：「烏卧切。」折支體者〔五〕。可歎者也。古人感離别而不滅燭，悲代親而不擧樂〔六〕。禮論：娶者羞而不賀〔七〕。今既不能動蹈舊典，至於德爲鄉閭之所敬，言爲人士之所信，誠宜正色矯而呵之，何謂同其波流〔八〕，長此弊俗哉！然民閒行之日久，莫覺其非，或清談所不能禁，非峻刑不能止也〔九〕。遂詘周而疵孔，謂傲放爲邈世矣〔一〇〕。

〔一〕風俗通義佚文：「汝南張妙會杜士，士家娶婦，酒後相戲，張妙縛杜士，捶二十下，又懸足指，士遂至死。」（意林四、太平御覽八四六引）昌言：「今嫁娶之會，捶杖以督之戲謔，酒醴以趣〔之〕情欲，宣淫佚於廣衆之中，顯陰私於族親之間，污風詭俗，生淫長奸，莫此之甚，不可不斷者也。」（羣書治要四五引）是「鬧新房」敝俗，漢季已然矣。歷千餘年而相沿未改，愈演愈奇，楊慎丹鉛雜録一戲婦條曾慨乎言之（文長不録）。今則舊染污俗，咸與惟新，惜葛、楊二公無緣聞知也。

〔二〕廣雅釋詁三：「蹙，迫也。」

〔三〕書無逸：「無若殷王受之迷亂，酗于酒德哉！」孔傳：「以酒爲凶謂之酗。」周禮地官司救：「掌萬民之衺惡，過失。」鄭注：「過失亦由衺惡，酗醟、好訟。」釋文：「酗，況付反。醟，音詠。」漢書趙充國傳：「（辛）湯數醉䣱羌人。」顏注：「䣱，音況務反。即酗字也。醉怒曰䣱。」（說文酉部有「䣱」無「酗」。）又敍傳下：「（景十三王傳述）中山淫、醟。」顏注：「醟，酗酒也。」

〔四〕列子楊朱：「百年，壽之大齊。」釋文：「齊，去聲，限也。」

〔五〕說文足部：「踒，足折也。」廣雅釋詁一：「踒，折也。」

〔六〕禮記曾子問：「孔子曰：『嫁女之家，三夜不息燭，思相離也；取婦之家，三日不舉樂，思嗣親也。』」（又見韓詩外傳二）正義：「所以不舉樂者，思念己之取妻，嗣續其親，則是親之代謝。所以悲哀感傷，重世之改變也。」

〔七〕禮記曲禮上：「賀取妻者曰：『某子使某，聞子有客，使某羞。』」鄭注：「謂不在賓客之中使人往者。羞，進也。言進於客。古者謂候爲進。其禮蓋壺酒，束脩若犬也。不斥主人，昏禮不賀。」又郊特牲：「昏禮不賀，人之序也。」

（又見韓詩外傳二）鄭注：「序，猶代也。」

〔八〕「謂」與「爲」同。（「謂」、「爲」聲同，古多通用。（丹鉛雜録一引，逕改作「爲」。））莊子應帝王：「因以爲弟靡，因以爲波流，故逃也。」郭注：「變化頹靡，世事波流，無往而不因也。」文選與山巨源絶交書：「今空語同知有達人，無所不堪，外不殊俗而内不失正，與一世同其波流，而悔吝不生耳。」

〔九〕陳澧曰：「『止也』後當有脱文。」王國維曰：「此下又是一事，中間當有闕文。」照按：陳、王説是。

〔一〇〕文選與山巨源絶交書：「又每非湯、武而薄周、孔，在人間不止，此事會顯，世教所不容。」李周翰曰：「湯與武王以臣伐君，故非之；周公、孔子立禮，使人澆競，故薄之。言非、薄不止，則必會明於世，則爲禮教之人不容我也。」陸善經曰：「晉氏方欲遵湯、武革命，而非之；周、孔以禮義教人，而薄之，故不爲世所容也。」又干寶晉紀總論：「風俗淫僻，恥尚失所，學者以莊、老爲宗，而黜六經。」（顔氏家訓勉學：「何晏、王弼，祖述玄宗，遞相誇尚，景附草靡，皆以農、黄之化，在乎己身，周、孔之業，棄之度外。」）

「或因變故，佻竊榮貴；或賴高援，翻飛拔萃〔一〕。於是便驕矜誇驁，氣淩雲物，步高視遠〔二〕，眇然自足。顧瞻否滯失羣之士，雖實英異，忽焉若草。或傾枕而延賓，或稱疾以距客。欲令人士立門以成林，車騎填噎於閭巷，呼謂尊貴，不可不爾。

〔一〕文選謝瞻張子房詩：「翻飛指帝鄉。」李注引薛君韓詩章句（周頌小毖）曰：「翻，飛貌。」拔萃，已見審舉篇「必簡標穎拔萃之士」句箋。

〔二〕步高視遠，已見交際篇「步高視遠」句箋。

「夫以勢位言之，則周公勤於吐握〔一〕，以聞望校之〔二〕，則仲尼恂恂善誘〔三〕。咸以勞謙爲務〔四〕，不以驕慢爲高。漢之末世，則異於茲，蓬髮亂鬢，橫挾不帶，或褻衣以接人，或裸袒而箕踞，朋友之集，類味之遊，莫切切進德〔五〕，誾誾修業〔六〕，攻過弼違〔七〕，講道精義。

〔一〕吐握，已見嘉遯篇「悲吐握之良苦」句箋。

〔二〕聞望，已見勗學篇「清芳令問」句箋。

〔三〕陳其榮曰：「『恂恂』，盧本作『循循』，此當依鄭注魯論。榮案後漢書趙壹傳注引，作恂恂，恭順貌。又李膺傳注、吳志步騭傳、孟子章指引，並同。與何氏集解異。又後漢書郭太傳論：『（林宗）恂恂善導。』當亦用鄭本。錢坫論語後錄云：『恂，與循同。』」照按：稚川用經傳辭句，不主一家。盧氏改「恂恂」爲「循徇」，非是。論語子罕：「顏淵喟然歎曰：『……夫子循循然善誘人。』」集解：「循循，次序貌。誘，進也。言夫子正以此道進勸人有所序。」（劉寶楠論語正義一：「循循，或作恂恂。後漢書趙壹傳：『失恂恂善誘之德。』注引論語『夫子恂恂然善誘人。』又李膺傳注、三國志步騭傳、孟子明堂章章指引文並同。又蔡邕姜伯淮碑、後漢郭泰傳論、宋書禮志載晉袁瓌疏、南史王琳傳、魏書高允傳、賈思伯傳、隋書煬帝紀用此文，亦作恂恂。其趙壹傳注，先引論語，復云『恂恂，恭順貌。』與鄭注鄉黨『恂恂，恭慎貌。』同。故翟氏灝考異、馮氏登府異文考證、臧氏庸鄭注輯本並以恭順之訓，亦本鄭氏。則謂鄭本作恂恂矣。」）

〔四〕勞謙，已見行品篇「勞謙沖退」句箋。

〔五〕論語子路：「子路問曰：『何如斯可謂之士矣？』子曰：『切切、偲偲、怡怡如也，可謂士矣。朋友切切、偲偲，兄弟怡怡。』」集解引馬融曰：「切切、相切責之貌。怡怡，和順之貌。」皇疏：「切切、偲偲，相切磋之貌也。」大戴禮記曾子立事：「朋友切切。」易乾：「文言……子曰：『君子進德脩業。忠信，所以進德也，脩辭立其誠，所以居業也。』」

〔六〕廣雅釋訓：「誾誾，敬也。」（論語鄉黨「誾誾如也」孔注：「誾誾，中正之貌。」說文言部：「誾，和說而諍也。」詁此均不洽。）管子宙合：「修業不息版。」尹注：「版，牘也。」（禮記曲禮上「請業則起」鄭注：「業，謂篇卷也。」）業，泛指典籍。誾誾修業，謂專心致志所學也。（禮記學記有「敬業」之文）誾，魚巾反。

〔七〕弼違，已見臣節篇「匡過弼違者」句箋。

「其相見也，不復敍離闊，問安否〔一〕。賓則入門而呼奴，主則望客而喚狗〔二〕。其或不爾，不成親至，而棄之不與爲黨。及好會，則狐蹲牛飲，爭食競割，掣、撥、淼、摺〔三〕，無復廉恥。以同此者爲泰，以不爾者爲劣。終日無及義之言〔四〕，徹夜無箴規之益。誣引老、莊，貴於率任〔五〕，大行不顧細禮〔六〕，至人不拘檢括〔七〕，嘯傲縱逸，謂之體道。嗚呼惜乎！豈不哀哉！

〔一〕禮記曲禮上：「主人不問，客不先舉。」鄭注：「客自外來，宜問其安否無恙，及所爲來故。」

〔二〕禮記曲禮上：「尊客之前不叱狗。」鄭注：「主人於尊客之前不敢厭倦，嫌若風去之。」正義：「若有尊客至而主人叱罵於狗，則似嫌倦其客，欲去之也。卑客亦當然，舉尊爲甚。」

〔三〕掣，拽也。（詩大雅抑箋「我非但以手攜掣之」釋文）撥，析理也。（淮南子齊俗「拔斷撥檖」許注）淼，水流廣大貌。（文選吳都賦「滇㴔淼漫」呂向注）摺，折也。（廣雅釋詁一）此句形容荒湛於酒及爭食競割之狀。

〔四〕論語衞靈公：「子曰：『羣居終日，言不及義，好行小慧，難矣哉！』」

〔五〕文選與山巨源絶交書：「老子、莊周，吾之師也。……又讀莊、老，重增其放。」李注：「放，謂放蕩。」王隱晉書：「王衍不治經、史，唯以莊、老虛談惑衆。」（文選晉紀總論李注引）晉書裴頠傳：「頠深患時俗放蕩，不尊儒術，何晏、阮籍素有高名於世，口談浮虛，不遵禮法，尸祿耽寵，仕不事事；至王衍之徒，聲譽太盛，位高勢重，不以物務自嬰，遂相放效，風教陵遲，乃著崇有之論以釋其蔽。」又范甯傳：「時以浮虛相扇，儒雅日替，甯以爲其源始於王弼、何晏，二人之罪深於桀、紂。乃著論曰：『……王、何蔑棄典文，不遵禮度，游辭浮說，波蕩後生，飾華言以翳實，騁繁文以惑世。……桀、紂暴虐，正足以滅身覆國，爲後世鑒戒耳，豈能迴百姓之視聽哉！王、何叨海內之浮譽，資膏粱之傲誕，畫螭魅以爲巧，扇無檢以爲俗，鄭聲之亂樂，利口之覆邦，信矣哉！吾固以爲一世之禍輕，歷代之罪重，自喪之釁小，迷衆之愆大也。』」（文選答盧諶詩序：「昔在少壯，未嘗檢括，遠慕老、莊之齊物，近嘉阮生之放曠。」張銑曰：「阮生，阮籍也，執性不以法俗自拘。言少縱誕，慕此齊物放曠之事。」）

〔六〕史記項羽紀：「樊噲曰：『大行不顧細謹，大禮不辭小讓。』」又李斯傳：「（趙）高曰：『……夫大行不小謹，盛德不辭讓。』」又酈食其傳：「酈生曰：『舉大事不細謹，盛德不辭讓。』」（管子形勢：「小謹者不大立。」）

〔七〕檢括，已見崇教篇「斂之乎檢括之中」句箋。

「於是嘲族以敍歡交，極黷以結情款，以傾倚申脚羣書治要作屈申者爲妖妍標秀，以風格端嚴者爲田舍朴騃，以蚩鎮抗指者爲勦令鮮倚〔一〕，以出言有章者爲摺答猝突〔二〕。凡彼輕薄之徒，雖便辟偶俗〔三〕，廣結伴流，更相推揚，取達速易；然率皆皮膚狡澤〔四〕，而懷空抱虛，有似蜀人瓠壺之喻〔五〕，胸中無一紙之誦〔六〕，所識不過酒炙之事。所謂傲很明德，即聾從昧，冒于貨財，貪于飲食，左生所載不才之子也〔七〕。

〔一〕照按：此句未詳其意，俟攷。

〔二〕詩小雅都人士：「出言有章。」鄭箋：「吐口言語又有法度文章。」又齊風南山序箋「襄公使公子彭生乘公而搚殺之」正義：「搚與拉音義同。」漢書揚雄傳下：「（解嘲）范睢以折搚而危穰侯。」顏注引晉灼曰：「搚，古拉字也。」搚答，拉雜對答。猝突，言其疾速。

〔三〕論語季氏：「孔子曰：『益者三友，損者三友。……友便辟，友善柔，友便佞，損矣。』」集解引馬融曰：「便辟，巧辟人之所忌，以求容媚。」皇疏：「謂與便辟之人爲朋友者。謂語巧能爲避人所忌者，爲便辟也。」朱注：「便，平聲。辟，婢亦反。便，習熟也。便辟，謂習於威儀而不直。」爾雅釋詁：「偶，合也。」

〔四〕詩鄭風山有扶蘇：「不見子充，乃見狡童。」鄭箋：「狡童，有貌而無實。」正義：「狡童，謂狡好之童。」（「狡」與「姣」、「佼」古通）

〔五〕三國志蜀書張裔傳：「張裔字君嗣，蜀郡成都人也。……先是，益州郡殺太守正昂，耆率雍闓恩信著於南土，使命周旋，遠通孫權。乃以裔爲益州太守，徑往至郡。闓遂趦趄不賓，假鬼教曰：『張府君如瓠壺，外雖澤而內實麤，不足殺，令縛與吳。』於是遂送裔於權。」（又見華陽國志南中志）

〔六〕論衡別通：「夫通人猶富人，不通者猶貧人也。俱以七尺爲形，通人胸中，懷百家之言；不通者空腹，無一牒之誦。」牒，紙古代用以寫書者，胸中無一紙之誦，與空腹無一牒之誦意同，皆謂其不學也。

〔七〕左傳文公十八年：「顓頊氏有不才子，不可教訓，……傲佷明德，以亂天常。……縉雲氏有不才子，貪于飲食，冒于貨賄。」杜注：「冒亦貪也。」又僖公二十四年：「即聾從昧，與頑用嚚，姦之大者也。」正義：「即訓就也。就其耳聾者，從其目昧者。」又按：「財」，太平御覽四四七引作「賄」，與左傳合。百里篇「冒于貨賄」，內篇論仙「冒于貨賄」，遣辭皆出左傳，亦並作「賄」。（逸民、安貧二篇亦以「貨賄」連文）此文明言「左生所載不才之子」，則應據御覽改「財」爲「賄」審矣。

「若問以墳、素之微言〔一〕，鬼神之情狀〔二〕，萬物之變化，殊方之奇怪〔三〕，朝廷宗廟之大禮〔四〕，郊祀禘祫之儀品〔五〕，三正四始之原本〔六〕，陰陽律歷之道度〔七〕，軍國社稷之典式〔八〕，古今因革之異同，則悅悸自失，喑嗚俛仰〔九〕，蒙蒙焉〔一〇〕，莫莫焉〔一一〕，雖心覺面牆之困〔一二〕，而外護其短乏之病，不肎謚已〔一三〕，强張大談曰：『雜碎故事，蓋是窮巷諸生，章句之士〔一四〕，吟詠而向枯簡〔一五〕，匍匐以守黄卷者所宜識〔一六〕，不足以問吾徒也。』

〔一〕墳、索，已見逸民篇「窮覽墳、索」句箋。微言，已見嘉遯篇「興儒教以救微言之絶」句箋。

〔二〕易繫辭上：「精氣爲物，遊魂爲變，是故知鬼神之情狀。」韓注：「精氣烟熅聚而成物，聚極則散而遊魂爲變也。遊魂，言其遊散也。盡聚散之理，則能知變化之道，无幽而不通也。」

〔三〕文選西都賦：「其中乃有九真之麟，大宛之馬，黄支之犀，條枝之鳥，踰崐崘，越巨海，殊方異類，至於三萬里。」

〔四〕周禮春官大宗伯：「大宗伯之職，掌建邦之天神、人鬼、地示之禮，以佐王建保邦國。……以嘉禮，親萬民；以飲食之禮，親宗族兄弟；以昏冠之禮，親成男女；以賓射之禮，親故舊朋友；以饗燕之禮，親四方之賓客；以脤膰之禮，親兄弟之國；以賀慶之禮，親異姓之國。」禮記經解：「故朝覲之禮，所以明君臣之義也；聘問之禮，所以使諸侯相尊敬也；喪祭之禮，所以明臣子之恩也；鄉飲酒之禮，所以明長幼之序也；昏姻之禮，所以明男女之別也。」又哀公問：「哀公問於孔子曰：『大禮何如？君子之言禮，何其尊也！』孔子曰：『丘也小人，不足以知禮。』君曰：『否，吾子言之也。』孔子曰：『丘聞之，民之所由生，禮爲大。非禮，無以節事天地之神也；非禮，無以辨君臣上下長幼之位也；非禮，無以別男女父子兄弟之親，昏姻疏數之交也。君子以此之爲尊敬然。』」又中庸：「宗廟之禮，所以序昭穆也。……宗廟之禮，所以祀乎其先也。」論語先進：「宗廟之事。」集解引鄭玄曰：「宗廟之事，謂祭祀也。」皇疏：「宗廟之事，謂人君祭祀之事。」

〔五〕禮記郊特牲：「天垂象，聖人則之。郊，所以明天道也。……萬物本乎天，人本乎祖，此所以配上帝也。郊之祭也，大報本反始也。」又哀公問：「子曰：『郊社之義，所以仁鬼神也；嘗禘之禮，所以仁昭穆也。』」鄭注：「仁，猶存也。……郊有后稷，社有句龍。」又中庸：「郊社之禮，所以事上帝也。」鄭注：「社，祭地神。不言后土者，省文。」論語八佾：「子曰：『禘自既灌而往者，吾不欲觀之矣。』」集解引孔安國曰：「禘祫之禮，爲序昭穆。故毀廟之主及羣廟之主，皆合食於太祖廟。灌者，酌鬱鬯灌於太祖以降神也。既灌之後，列尊卑，序昭穆。而魯逆祀，躋僖公，亂昭穆，故不欲觀之矣。」（劉寶楠正義攷禘禮說甚詳，可參閱。）

〔六〕左傳隱公元年經：「元年，春，王正月。」杜注：「隱公之始年，周王之正月也。」正義：「夏以建寅之月爲正，殷以建丑之月爲正，周以建子之月爲正。三代異制，正朔不同。……周以建子爲正，則周之二月、三月，皆是前世之正月也。故於春每月書王。王二月者，言是我王之二月，乃殷之正月也。王三月者，言是我王之三月，乃夏之正月也。既有正朔之異，故每月稱王以別之。何休云：『二月、三月皆有王者，二月，殷之正月也；三月，夏之正月也。王者存二王之後，使統其正朔，服其服色，行其禮樂，所以尊先聖，通三統，師法之義，恭讓之禮。』服虔亦云：『孔子作春秋，於春每月書王以統三王之正。』其意以爲王二月、王三月，是夏、殷之王，謂大禹、成湯也。」（書甘誓「怠棄三正」釋文引馬融云：「建子、建丑、建寅三正也。」）詩大序：「是以一國之事，繫一人之本，謂之風；言天下之事，形四方之風，謂之雅。雅者，正也，言王政之所由廢興也。政有小大，故有小雅焉，有大雅焉。頌者，美盛德之形容，以其成功告於神明者也。是謂四始，詩之至也。」正義：「四始者，鄭（玄）答張逸云：『風也，小雅也，大雅也，頌也，此四者，人君行之則爲興，廢之則爲衰。』又箋云：『始者，王道興衰之所由。』然則此四者，是人君興廢之始，故謂之四始也。……案：詩緯汎歷樞云：『大明在亥，水始也；四牡在寅，木始也；嘉魚在巳，火始也；鴻雁在申，金始也。』與此不同者，緯文因金、木、水、火有四始之義，以詩文託之。」史記孔子世家：「古者詩三千餘篇，及至孔子，去其重，取可施於禮義，上采契、后稷，中述殷、周之盛，至幽、厲之缺，始於衽席，故曰『關雎之亂以爲風始，鹿鳴爲小雅始，文王爲大雅始，清廟爲頌始。』」

〔七〕史記太史公自序：「非兵不彊，非德不昌，黃帝、湯、武以興，桀、紂、二世以崩，可不慎歟？司馬法所從來尚矣，太公、孫、吳、王子能紹而明之，切近世，極人變。作律書第三。律居陰而治陽，歷居陽而治陰，律歷更相治，間不容翻忽。五家之文怫異，維太初之元論。作歷書第四。」漢書敍傳下：「元元本本，數始於一，産氣黄鍾，造計秒忽。八音七始，五聲六律，度量權衡，歷算逌出。官失學微，六家分乖，壹彼壹此，庶研其幾。述律歷志第一。」

〔八〕白虎通德論社稷：「王者所以有社稷何？爲天下求福報功。人非土不立，非穀不食。土地廣博，不可徧敬也；五穀衆多，不可一一祭也。故封土立社，示有土也。稷，五穀之長，故立稷而祭之也。稷者，得陰陽中和之氣而用尤多，故爲長也。歲再祭之何？春求秋報之義也。……祭社稷以三牲何？重功故也。……大夫有民，其有社稷者，亦爲報功也。禮祭法曰：『大夫以下成羣立社，曰置社。』月令（仲春之月）曰：『擇元日，命民社。』論語（先進）曰：『季路使子羔爲費宰，曰：「有民人焉，有社稷焉。」』不謂之土何？封土立社，故變名謂之社，別於衆土也。爲社立祀，始謂之稷。」

〔九〕說文口部：「喑，宋、齊謂兒泣不止曰喑。」段注：「方言（一）：『齊、宋之間謂之喑，或謂之惄。』按：喑之言瘖也，謂啼極無聲。」通鑑漢紀順帝紀：「永建元年……（虞）詡曰：『寧伏歐刀以示遠近，喑嗚自殺，是非孰辨邪！』」胡

注：「類篇曰：「啼泣無聲謂之喑，歎傷謂之嗚。」」

〔一○〕釋名釋天：「蒙，日光不明，蒙蒙然也。」廣雅釋訓：「蒙蒙，暗也。」漢書敍傳上：「（幽通賦）心蒙蒙猶未察。」

〔一一〕荀子非十二子：「其容簡連，……莫莫然。」楊注：「莫讀爲貊。貊，静也。不言之貌。」

〔一二〕面牆，已見勗學篇「然後覺面牆之至困也」句箋。

〔一三〕爾雅釋詁：「謐，静也。」説文言部：「謐，一曰無聲也。」詩鄭風風雨「雞鳴不已」鄭箋：「已，止也。」

〔一四〕漢書夏侯勝傳：「勝從父子建字長卿，自師事勝及歐陽高，左右采獲，又從五經諸儒問與尚書相出入者，牽引以次章句，具文飾説。勝非之曰：『建所謂章句小儒，破碎大道。』」後漢書桓譚傳：「博學多通，徧習五經，皆詁訓大義，不爲章句。」李注：「章句，謂離章辨句，委曲枝派也。」又徐防傳：「防以五經久遠，聖意難明，宜爲章句，以悟後學。上疏曰：『臣聞詩、書、禮、樂，定自孔子，發明章句，始於子夏。』」應劭風俗通義序：「漢興，儒者競復比誼會意，爲之章句，家有五六，皆析文便辭，彌以馳遠。」

〔一五〕簡，竹簡，無紙前用以繕寫文字者。枯簡，謂古代典籍。

〔一六〕古人寫書用紙，以黄蘗汁染之防蠹，故稱書爲黄卷。

「誠知不學之弊，碩儒之貴，所祖習之非，所輕易之謬，然終於迷而不返者，由乎放誕者無損於進趨故也。若高人以格言彈而呵之〔一〕，有不畏大人而長惡不悛者〔二〕，下其名品，則宜必懼然〔三〕，冰泮而革面〔四〕，旋而東走之迹矣〔五〕。」

〔一〕格言，已見審舉篇「格言不吐庸人之口」句箋。

〔二〕論語季氏：「孔子曰：『君子有三畏：畏天命，畏大人，畏聖人之言。』」（左傳昭公十八年「而後及其大人」杜注：「大人，在位者。」）左傳隱公六年：「君子曰：『……長惡不悛，從自及也。』」杜注：「悛，止也。從，隨也。」釋文：「悛，七全反。」

〔三〕莊子庚桑楚：「南榮趎懼然顧其後。」成疏：「懼然，驚貌也。」史記孟子傳：「王公大人初見其術，懼然顧化。」索隱：「懼，音劬。」漢書惠帝紀贊：「聞叔孫通之諫則懼然。」顏注：「懼讀曰瞿。瞿然，失守貌。」

〔四〕淮南子俶真：「冰迎春則泮而爲水。」高注：「泮，釋也。」又說山：「冰之泮愈其凝也，以其反宗。」高注：「冰釋反水也。宗，本也。」風俗通義佚文：「冰解曰泮。」（初學記七、太平御覽六八、事文類聚前五、紀纂淵海二引）革面，已見君道篇「莫不含歡革面」句箋。

〔五〕照按：「旋而」二字當互乙，本篇上文「望塵而旋迹」及「而反其東走之遠迹哉」二句可證。